에듀윌과 함께 시작하면,
당신도 합격할 수 있습니다!

대학 진학 후 진로를 고민하다 1년 만에
서울시 행정직 9급, 7급에 모두 합격한 대학생

다니던 직장을 그만두고
어릴 적 꿈이었던 경찰공무원에 합격한 30세 퇴직자

용기를 내 계리직공무원에 도전해
4개월 만에 합격한 40대 주부

직장생활과 병행하며 7개월간 공부해
국가공무원 세무직에 당당히 합격한 51세 직장인까지

누구나 합격할 수 있습니다.
시작하겠다는 '다짐' 하나면 충분합니다.

마지막 페이지를 덮으면,

에듀윌과 함께
공무원 합격이 시작됩니다.

eduwill

누적판매량 250만 부 돌파!
59개월 베스트셀러 1위 공무원 교재

7·9급공무원 교재

기본서
(국어/영어/한국사)

기본서
(행정학/행정법총론)

단원별 기출&예상 문제집
(국어/영어/한국사)

단원별 기출&예상 문제집
(행정학/행정법총론)

기출문제집
(국어/영어/한국사)

기출문제집
(행정학/행정법총론/사회복지학개론)

9급공무원 교재

기출 오답률 TOP 100
(국어+영어+한국사 300제)

기출PACK
공통과목(국어+영어+한국사)
/전문과목(행정법총론+행정학)

실전동형 모의고사
(국어/영어/한국사)

실전동형 모의고사
(행정학/행정법총론)

봉투모의고사
(일반행정직 대비 필수과목
/국가직·지방직 대비 공통과목 1, 2)

지방직 합격면접

7급공무원 교재

PSAT 기본서
(언어논리/상황판단/자료해석)

PSAT 기출문제집

민경채 PSAT 기출문제집

기출문제집
(행정학/행정법/헌법)

군무원 교재

기출문제집
(국어/행정법/행정학)

파이널 적중 모의고사
(국어+행정법+행정학)

경찰공무원 교재

기본서
(경찰학)

기본서
(형사법)

기본서
(헌법)

기출문제집
(경찰학/형사법/헌법)

실전동형 모의고사
2차 시험 대비
(경찰학/형사법/헌법)

합격 경찰면접

계리직공무원 교재

기본서
(우편상식_우편일반)

기본서
(금융상식_예금일반+보험일반)

기본서
(컴퓨터일반·기초영어)

단원별 문제집
(우편상식_우편일반)

단원별 문제집
(금융상식_예금일반+보험일반)

단원별 문제집
(컴퓨터일반_기초영어 포함)

소방공무원 교재

기본서
(소방학개론/소방관계법규
/행정법총론)

단원별 기출문제집
(소방학개론/소방관계법규
/행정법총론)

기출PACK
(소방학개론+소방관계법규
+행정법총론)

(ebook)파이널 적중 모의고사
(소방학개론/소방관계법규
/행정법총론)

국어 집중 교재

매일 기출한자(빈출순)

매일 푸는 비문학(4주 완성)

영어 집중 교재

빈출 VOCA

매일 3문 독해(4주 완성)

빈출 문법(4주 완성)

기출판례집(빈출순) 교재

행정법

헌법

형사법

단권화 요약노트 교재

국어 문법 단권화 요약노트

영어 단기 공략
(핵심 요약집)

한국사 흐름노트

행정학 단권화 요약노트

행정법 단권화 요약노트

더 많은
공무원 교재

1초 합격예측
모바일 성적분석표

1초 안에 '클릭' 한 번으로 성적을 확인하실 수 있습니다!

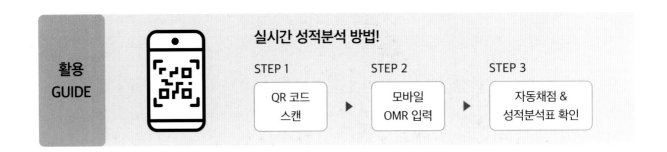

활용 GUIDE

실시간 성적분석 방법!

STEP 1
QR 코드 스캔

▶

STEP 2
모바일 OMR 입력

▶

STEP 3
자동채점 & 성적분석표 확인

STEP 1

QR 코드 스캔

- 교재의 QR 코드를 모바일로 스캔 후 에듀윌 회원 로그인
- QR 코드 하단의 바로가기 주소로도 접속 가능

STEP 2

모바일 OMR 입력

- 회차 확인 후 '응시하기' 클릭
- 모바일 OMR에 답안 입력
- 문제풀이 시간까지 측정 가능

STEP 3

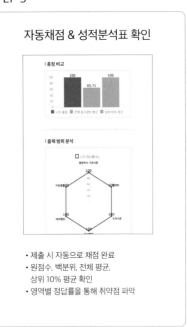

자동채점 & 성적분석표 확인

- 제출 시 자동으로 채점 완료
- 원점수, 백분위, 전체 평균, 상위 10% 평균 확인
- 영역별 정답률을 통해 취약점 파악

※ 본 서비스는 에듀윌 공무원 교재(연도별, 회차별 문항이 수록된 교재)를 구입하는 분에게 제공됨.

군무원,
에듀윌을 선택해야 하는 이유

합격자 수 수직 상승
2,100%

명품 강의 만족도
100%

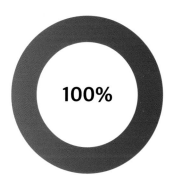

군무원

베스트셀러 1위
59개월(4년 11개월)

5년 연속 군무원 교육
1위

eduwill

1위 에듀윌만의
체계적인 합격 커리큘럼

원하는 시간과 장소에서, 1:1 관리까지 한번에
온라인 강의

① 독한 교수진의 1:1 학습관리
② 과목별 테마특강, 기출문제 해설강의 무료 제공
③ 초보 수험생 필수 기초강의와 합격필독서 무료 제공

쉽고 빠른 합격의 첫걸음 합격필독서 무료 신청

최고의 학습 환경과 빈틈 없는 학습 관리
직영 학원

① 현장 강의와 온라인 강의를 한번에
② 확실한 합격관리 시스템, 아케르
③ 완벽 몰입이 가능한 프리미엄 학습 공간

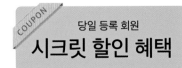

COUPON 당일 등록 회원
시크릿 할인 혜택

합격전략 설명회 신청 시 당일 등록 수강 할인권 제공

친구 추천 이벤트

"친구 추천하고 한 달 만에
920만원 받았어요"

친구 1명 추천할 때마다 현금 10만원 제공
추천 참여 횟수 무제한 반복 가능

※ *a*o*h**** 회원의 2021년 2월 실제 리워드 금액 기준
※ 해당 이벤트는 예고 없이 변경되거나 종료될 수 있습니다.

친구 추천 이벤트
바로가기

☑ 효율적인 회독을 위한
3회독 플래너

☑ 한눈에 확인하는
3회독 점수체크표

구분		1회독	2회독	3회독
	2023			
	2022			
	2021			
	2020			
	2019(추가)			
	2019			
	2018			
	2017			
	2016			
PART 01 9급	2015			
	2014			
	2013			
	2012			
	2011			
	2010			
	2009			
	2008			
	2007			
	2006			
PART 02 7급	2023			
	2022			

구분		1회독	2회독	3회독
	2023			
	2022			
	2021			
	2020			
	2019(추가)			
	2019			
	2018			
	2017			
	2016			
PART 01 9급	2015			
	2014			
	2013			
	2012			
	2011			
	2010			
	2009			
	2008			
	2007			
	2006			
PART 02 7급	2023			
	2022			

플래너&점수체크표 활용 TIP

1. 기출문제를 풀고 난 후, **각 회차의 맨 앞 회독표**에 푼 날짜, 시간, 점수를 기록하세요!

2. **3회독 플래너**에 ☑ 표시하여 회독을 철저히 체크하세요!

3. **3회독 점수체크표**에 회독별 점수를 기록하여 합격선과 비교해보고 변화하는 본인의 점수를 확인하세요!

시작하는 방법은
말을 멈추고
즉시 행동하는 것이다.

– 월트 디즈니(Walt Disney)

2024
에듀윌 군무원
18개년 기출문제집

국어

왜, 군무원인가?

군무원이란?

군부대에서 군인과 함께 근무하는 공무원으로 신분은 「국가공무원법」상 특정직 공무원으로 분류됩니다. 일반군무원과 전문군무경력관, 임기제 군무원으로 나뉘며 일반군무원은 기술·연구 또는 행정일반에 대한 업무를 담당하고 국방부 직할부대(정보사, 기무사, 국통사, 의무사 등), 육군·해군(해병대)·공군 본부 및 예하부대에서 근무하게 됩니다.

선호 이유

1 단, 3과목만으로 공무원 합격!

- ☑ **영어 과락 걱정 Zero!**
  영어 과목이 영어능력검정시험으로 대체
- ☑ **방대한 한국사 학습 부담 Zero!**
  한국사 과목이 한국사능력검정시험으로 대체
- ☑ **국어, 전공과목1, 전공과목2 → 총 3과목**(7급은 총 4과목)
  단기간에 3과목만으로도 군무원 합격 가능
  * 상세 기준은 본책 9p 참고

2 일반 공무원 시험과 병행 가능!

- ☑ **9급공무원 행정직과 유사한 시험 과목!**
  군무원 행정직은 국어, 행정법, 행정학, 군수직은 국어, 행정법, 경영학으로 9급공무원 응시 과목과 유사
- ☑ **누구나 응시 가능!**
  학력 및 성별 차별이 없는 공정한 시험
  행정직과 군수직은 특정 자격증 없이도 응시 가능

3 일반 공무원과 동일 대우! 동일 혜택!

- ☑ **급여, 수당, 연금 혜택 등 일반 공무원과 동일 대우!**
  「공무원보수규정」을 적용하며 공무원과 동일한 급여체계
  60세까지 정년 보장과 군무원 연금의 혜택
- ☑ **다양한 휴가제도!**
  연가, 병가, 공가, 특별휴가 등 여유로운 개인생활 보장
- ☑ **군무원만의 혜택은 덤!**
  군인과 동일하게 군 복지시설 이용 가능

몇 개년을 풀어봐야 할까?

과거의 군무원 시험은 일반 공무원 시험에 비해 지엽적으로 출제되는 경향이 있었으나 2020년 기출문제가 공개되면서부터 이러한 부분들이 많이 개선되었다는 평이 있습니다. 하지만, 공개된 기출문제는 4개년뿐이고, 한 번이라도 출제된 문항은 언제든지 다시 출제될 가능성이 있으므로 본 교재는 전 회차 기출문제를 수록하였습니다. 전 회차 기출문제를 바탕으로 빈틈없이 학습하여 군무원 고득점을 달성하시기 바랍니다.

군무원을 준비해야 하는 이유

1 **지속적으로 증가하는 군무원 정원**

국방부는 업무보고를 통해 국방업무의 전문성·연속성을 위해 군무원을 2027년까지 4.7만여 명으로 확대한다고 발표하였습니다. 이에 앞으로도 군무원 채용은 긍정적 흐름을 유지할 것으로 보입니다.

2 **상대적으로 낮은 경쟁률**

2023년 기준 9급 국가직 일반행정직(전국 일반)의 경쟁률은 73.5:1이었던 반면, 9급 육군 행정직 군무원의 경쟁률은 38.7:1이었습니다. 상대적으로 낮은 경쟁률로 합격에 대한 부담감이 적습니다.

2023년 9급 행정·군수 필기 합격선

*육군 기준

구분	모집인원	지원인원	경쟁률
행정	246명	9,523명	38.7:1
군수	519명	3,238명	6.2:1

머리말

기출은 출제되는 문제의 유형을 알고,
앞으로 우리가 학습해야 할 방향을 가늠하는 기준이 됩니다.

기출문제는 그동안의 출제 유형을 파악하고, 앞으로 학습해야 할 방향을 설정할 수 있는 가장 완벽한 기준이 됩니다. 또한 이전에 출제되었던 유형이 동일하게 다시 출제되기도 합니다. 특히 군무원 시험은 다른 일반 공무원 시험과는 달리 군무원 시험만의 특징을 지닌 유형으로 출제됩니다. 따라서 반드시 기출을 분석하고, 학습해야 합니다.

2019년 이전까지는 기출문제를 공개하지 않아 시험을 치른 수험생들의 도움으로 기출문제를 복원하였습니다. 따라서 일부 복원이 미흡한 부분이 있을 수 있으나 최대한 원형에 가깝게 복원하려고 노력하여 군무원 시험을 준비하는 수험생들이 학습하는 데 도움이 될 수 있도록 하였습니다. 그리고 기출문제를 공개하기 시작한 2020년부터 2023년까지의 기출을 철저히 분석하여 앞으로의 출제경향을 가늠할 수 있도록 하였습니다.

지금까지 다년간 강의를 하며 국어 학습에 어려움을 토로하는 수험생들을 많이 만났습니다. 수험생들의 입장에서 보면 국어라는 과목은 범위가 넓고, 노력한 만큼 쉽게 성과가 보이지 않는 과목일 수 있습니다. 어떻게 시작해야 할지, 영역에 따라 어떻게 학습해야 할지 막연할 것입니다. 하지만 기출을 분석해 보면 그 길이 보입니다. 혼자 가는 길은 외롭습니다. 그러나 누군가와 함께 한다면 그 길은 즐거운 여행길이 될 수 있습니다. 본 교재가 군무원 시험을 준비하는 수험생들과 함께 하는 동반자가 될 것이라 생각합니다.

우리는 살아가면서 여러 가지 경험을 하고 다양한 '맞섬'의 상황에 놓이기도 합니다. 누구도 예외일 수 없으며, 이 '맞섬'의 상황에서 선택을 하고 그 선택을 이루기 위해 노력합니다. 결국 '맞섬'의 과정에서 성공과 실패를 반복하며 살아가게 됩니다. 이 '맞섬'의 상황을 회피하지 않고 부딪치는 것이 '도전'입니다. 새로운 '도전'은 인류가 이만큼 발전하고 성장해 온 원동력과도 같습니다. 이것은 한 개인에게도 마찬가지입니다.

여러분은 군무원이라는 하나의 목표를 선택하고, 도전을 시작했습니다. 도전의 가장 큰 보상은 목표를 이루는 것에 그치지 않고, 우리가 스스로 더 많은 일을 할 수 있다는 희망을 갖게 한다는 것입니다. 쉽지 않은 과정이기에 때로 눈물을 흘렸을 것입니다. 한 문제 차이로 희비가 엇갈리기도 했을 것입니다. '어제의 비로 오늘의 옷을 적시지 말라.'는 말이 있습니다. 지나간 일로 인하여 너무 걱정하지 말라는 의미입니다. 어제의 부족함을 채우기 위해서 지나간 후회를 반복하지 않기 위해서 도전하는 것입니다.

여러분은 지금 자신의 미래를 위해 도전하는 매우 아름다운 사람입니다. 미래는 여러분의 것입니다.
여러분의 합격을 간절히 응원합니다.

저자 송운학

군무원 시험 정보

직렬 정보 & 주요 업무

직군	직렬	업무내용
행정	행정	• 국방정책, 군사전략, 체계분석, 평가, 제도, 계획, 연구 업무 • 일반행정, 정훈, 심리 업무 • 법제, 송무, 행정소송 업무 • 세입·세출결산, 재정금융 조사분석, 계산증명, 급여 업무 • 국유재산, 부동산 관리유지·처분에 관한 업무
	사서	도서의 수집·선택·분류·목록작성·보관·열람에 관한 업무
	군수	• 군수품의 소요·조달, 보급·재고관리, 정비계획, 물자수불(청구, 불출) 업무 • 물품의 생산·공정·품질·안전관리·지원활용 등 작업계획, 생산시설 유지·생산품 처리 업무
	군사정보	주변국 및 대북 군사정보 수집, 생산관리, 부대전파 및 군사보안 업무
	기술정보	• 외국정보 및 산업, 경제, 과학기술 정보의 수집, 생산관리 보안 업무 • 정보용 장비, 기기 등에 의한 정보수집 업무
	수사	• 범죄수사, 비위조사, 범죄예방, 계몽활동 등에 관한 업무

※ 그 외 시설, 정보통신, 공업, 함정, 항공, 기상, 보건 직군별 직렬의 업무내용은 국방부 군무원 채용관리 사이트에서 확인할 수 있음

지원자격 및 시행일정

1. 응시원서 접수 시 유의사항

필기시험일이 동일하므로 공채(일반, 장애인 구분) 및 경채(육군·지역 구분·장애인 구분, 국직기관) 중복지원이 불가하며, 국방부·육군·해군(해병대)·공군 주관 채용시험도 2개 이상 기관에 중복(복수)하여 응시원서를 접수할 수 없으며, 중복(복수) 접수가 확인되는 경우 접수일자를 기준으로 나중에 접수한 원서를 취소합니다.

※ 모집 구분별, 채용시험 주관 기관별 하나만 선택하여 응시원서 접수 가능

2. 응시연령

• 7급 이상: 20세 이상
• 8급 이하: 18세 이상

3. 2024년 채용일정(안)

채용 구분	원서접수	필기시험	면접시험	합격자 발표
공개경쟁채용	5월 초	7월 중순	9월 말	10월 초
경력경쟁채용				

※ 최근 채용일정을 기준으로 하였으며, 세부 일정은 추후 반드시 국방부 군무원 채용관리 사이트에서 확인하여야 함

※ 각 군별 군무원 채용관리 사이트
- 국방부: https://recruit.mnd.go.kr
- 육군: https://www.goarmy.mil.kr
- 해군/해병대: https://www.navy.mil.kr
- 공군: https://rokaf.airforce.mil.kr

시험 과목

1. 공개경쟁채용 시험 과목

직군	직렬	계급	시험 과목
행정	행정	5급	국어, 한국사, 영어, 행정법, 행정학, 경제학, 헌법
		7급	국어, 한국사, 영어, 행정법, 행정학, 경제학
		9급	국어, 한국사, 영어, 행정법, 행정학
	사서	5급	국어, 한국사, 영어, 자료조직론, 도서관경영론, 정보학개론, 참고봉사론
		7급	국어, 한국사, 영어, 자료조직론, 도서관경영론, 정보봉사론
		9급	국어, 한국사, 영어, 자료조직론, 정보봉사론
	군수	5급	국어, 한국사, 영어, 행정법, 행정학, 경제학, 경영학
		7급	국어, 한국사, 영어, 행정법, 행정학, 경영학
		9급	국어, 한국사, 영어, 행정법, 경영학
	군사정보	5급	국어, 한국사, 영어, 국가정보학, 정보사회론, 정치학, 심리학
		7급	국어, 한국사, 영어, 국가정보학, 정보사회론, 심리학
		9급	국어, 한국사, 영어, 국가정보학, 정보사회론
	기술정보	5급	국어, 한국사, 영어, 국가정보학, 정보사회론, 정보체계론, 암호학
		7급	국어, 한국사, 영어, 국가정보학, 정보사회론, 암호학
		9급	국어, 한국사, 영어, 국가정보학, 정보사회론
	수사	5급	국어, 한국사, 영어, 형법, 형사소송법, 행정법, 교정학
		7급	국어, 한국사, 영어, 형법, 형사소송법, 행정법
		9급	국어, 한국사, 영어, 형법, 형사소송법

※ 영어는 영어능력검정시험, 한국사는 한국사능력검정시험으로 대체함

※ 그 외 직군과 경력경쟁채용 시험 과목은 국방부 군무원 채용관리 사이트에서 확인할 수 있음

2. 영어능력검정시험 기준 점수

시험의 종류	5급	7급	9급
토익(TOEIC)	700점 이상	570점 이상	470점 이상
토플(TOEFL)	PBT 530점 이상, IBT 71점 이상	PBT 480점 이상, IBT 54점 이상	PBT 440점 이상, IBT 41점 이상
신텝스(TEPS) (2018.5.12. 이후에 실시된 시험)	340점 이상	268점 이상	211점 이상
지텔프(G-TELP)	Level 2 65점 이상	Level 2 47점 이상	Level 2 32점 이상
플렉스(FLEX)	625점 이상	500점 이상	400점 이상

※ 청각장애 2·3급 응시자의 경우, 국방부 군무원 채용관리 사이트에서 기준 점수 확인 가능
※ 해당 공개경쟁채용시험의 필기시험 예정일로부터 역산하여 3년이 되는 해의 1.1. 이후에 실시된 시험에 한하여 기준점수 인정
※ 응시원서 접수 시에 본인이 취득한 영어능력검정시험명, 시험일자 및 점수 등을 정확히 표기

3. 한국사능력검정시험 기준 등급

시험의 종류	5급	7급	9급
한국사능력검정시험	2급 이상	3급 이상	4급 이상

※ 해당 공개경쟁채용시험의 필기시험 예정일로부터 역산하여 4년이 되는 해의 1.1. 이후에 실시된 시험으로서, 필기시험 예정일 전까지 성적이 발표된 시험 중 응시 계급별 기준 등급 이상의 성적에 한해 인정
※ 응시원서 접수 시에 본인이 취득한 한국사능력검정시험의 합격 등급, 인증자리(8자리)를 정확히 표기(증빙서류 제출 없음)

가산점

1. 취업지원대상자 및 의사상자 등

적용대상	• 「독립유공자예우에 관한 법률」 제16조, 「국가유공자 등 예우 및 지원에 관한 법률」 제29조, 「보훈보상대상자 지원에 관한 법률」 제33조, 「5 · 18민주유공자 예우에 관한 법률」 제20조, 「특수임무유공자 예우 및 단체설립에 관한 법률」 제19조에 의한 취업지원대상자 • 「고엽제후유의증 등 환자지원 및 단체설립에 관한 법률」 제7조의9에 의한 고엽제후유의증 환자와 그 가족 및 「국가공무원법」 제36조의2에 의한 의사자 유족, 의상자 본인 및 가족
가점비율	과목별 만점의 40% 이상 득점한 자에 한하여, 과목별 득점에 과목별 만점의 일정비율(10%, 5%, 3%)에 해당하는 점수를 가산함
선발범위	취업지원대상자 가점을 받아 합격하는 사람은 선발예정인원의 30%(의사상자 등 가점의 경우 10%)를 초과할 수 없음

※ 취업지원대상자 및 의사상자 등의 여부와 가점비율은 국가보훈처 및 지방보훈청, 보건복지부 사회서비스자원과 등으로 본인이 사전에 확인하여야 함

2. 응시직렬 가산 자격증 소지자

직렬(30개)	토목, 건축, 시설, 전기, 전자, 통신, 지도, 영상, 일반기계, 금속, 용접, 물리분석, 화학분석, 유도무기, 총포, 탄약, 전차, 차량, 인쇄, 선체, 선거, 함정기관, 잠수, 기체, 항공기관, 항공보기, 항공지원, 기상, 기상예보, 의공
적용대상	7급 · 9급 공개경쟁채용 시험 응시자에 한함 ※ 공채 시험 응시자격증 · 면허증 소지 필수 직렬(사서, 환경 등)은 가산점 반영 제외
가산비율	• 7급: 기술사 · 기능장 · 기사 5%, 산업기사 3% • 9급: 기술사 · 기능장 · 기사 · 산업기사 5%, 기능사 3%

3. 가산점 적용 관련 유의사항

• 필기시험 시행 전일까지 취업지원대상자 및 의사상자 등에 해당하거나 공채 가산 자격증 · 면허증을 소지(취득)한 경우 가산점을 부여함
• 필기시험 매 과목 만점의 40% 이상 득점한 자에 한하여, 각 과목별 득점에 각 과목별 만점의 일정 비율(10%, 5%, 3%)에 해당하는 점수를 가산함
• 가산점이 중복되는 경우 다음과 같이 적용함
  – 취업지원대상자 가점과 의사상자 등 가점 → 1개만 적용
  – 취업지원대상자/의사상자 등 가점과 자격증 가산점 → 각각 적용
  – 응시직렬 가산 자격증이 두 개 이상 → 본인에게 유리한 것 1개만 가산

출제경향 & 학습전략

영역별 출제경향

*2023~2006년도 18개년 기준

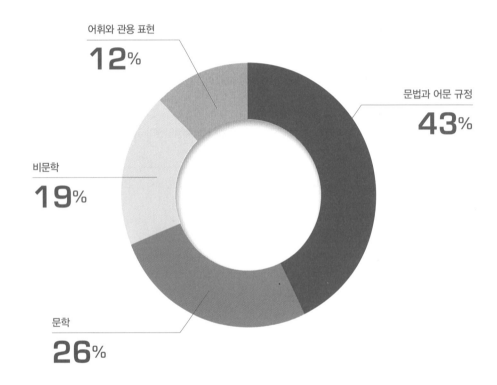

어휘와 관용 표현
12%

비문학
19%

문학
26%

문법과 어문 규정
43%

문법과 어문 규정, 비문학의 출제비중이 높았다.

일반 공무원 시험에서 문법과 어문 규정의 문항이 줄어든 데 반하여, 군무원 시험은 오히려 문법과 어문 규정에서 다수 문항이 출제되고 있다. 한글 맞춤법, 높임법, 띄어쓰기, 외래어 표기법, 로마자 표기법 등은 기존의 출제경향을 유지하면서 고유어의 의미, 한자어의 표기 등은 고난도로 출제되고 있다. 문학의 경우, 자주 출제되었던 익숙한 작품들과 낯선 작품들이 고른 분포를 보이고 있다. 이는 고전 문학과 현대 문학 모두 마찬가지이다. 한자와 한자 성어의 경우, 일반 공무원 시험과 마찬가지로 어휘와 한자 성어에서 각각 1문항 정도씩 출제되는데, 간혹 어휘에서만 2문항이 출제되기도 한다. 또한 일상적으로 사용하지 않는 전문 한자어가 출제되기도 하여 난도가 상당히 높은 편이라 할 수 있다.

군무원 시험이 기출문제를 공개한 2020년부터 일반 공무원 시험과 마찬가지로 꾸준히 비문학의 출제비중이 높아지고 있다. 일반적으로 사회, 인문 영역에서 출제되었던 지문의 소재도 철학, 과학 영역으로 확대되고 있으며, 문제 유형도 내용 일치/불일치뿐만 아니라 전개 방식, 화법, 내용 추론, 어휘 추론, 글의 전개 순서, 조건에 따른 글쓰기 등으로 다양하게 출제되고 있다.

전체적으로 군무원 시험은 지방직 일반 공무원 시험과 유사한 경향을 보이나, 군무원 시험만의 고난도 유형이 함께 출제된다. 따라서 기출문제 풀이를 통해 출제경향을 먼저 파악하고, 이에 따라 군무원 시험을 대비해야 한다.

영역별 학습전략

현대 문법

빈출키워드 ▶ 파생어, 품사, 높임법, 능동 표현과 피동 표현, 문맥적 의미

기본 개념을 확실하게 이해하고, 다양한 문제풀이를 통해 개념을 적용하는 연습을 해야 한다. 문제의 난도는 어렵지 않으나, 음운의 변동, 형태소, 문장 성분 및 문장의 갈래, 문장 성분 간의 호응 관계 등은 철저하게 학습해야 한다.

어문 규정

빈출키워드 ▶ 한글 맞춤법, 표준어, 띄어쓰기, 표준 발음법, 외래어 표기법, 로마자 표기법

어문 규정은 출제되었던 내용이 반복 출제된다. 기출문제 풀이를 통해 자주 출제되는 개념들은 반드시 학습해야 한다. 맞춤법이나 표준어 등은 어휘의 양이 방대하므로 혼동되는 어휘들을 따로 단어장을 만들어 활용하는 것이 좋다.

비문학

빈출키워드 ▶ 글의 제목, 내용 추론, 전개 방식, 글의 연결 순서

비문학은 점차 출제비중이 높아지고 있다. 지문의 소재도 철학, 과학, 경제 등 전문적인 내용으로 난도가 높으므로 다양한 지문의 독해 연습이 필요하다. 독해에 필요한 문장의 연결 관계, 문단의 구성 원리, 추론 방법, 화제와 주제 파악, 논지 전개의 원리 등의 여러 가지 능력들을 이해하고 익혀야 한다.

고전 문학

빈출키워드 ▶ 표현상 특징, 작품의 주제, 장르의 특징, 시어/구절의 함축적 의미

수능형의 작품 분석형뿐 아니라 단순 지식형으로도 출제되기도 한다. 각 시대별 대표 작품들의 장르상 특징, 작품의 주제, 문학사적 의의, 표현상 특징 등은 미리 학습해 두어야 한다.

현대 문학

빈출키워드 ▶ 주제, 표현 기법, 시어/구절의 함축적 의미, 표현상 특징

수능형의 작품 분석형뿐 아니라 단순 지식형으로도 출제되기도 한다. 현대 시의 경우 낯선 작품들도 출제되므로 다양한 작품들을 학습해야 한다. 출제 빈도가 높은 현대 소설들은 주제, 줄거리, 인물의 성격 등을 미리 파악해 두는 것이 좋다.

한문

빈출키워드 ▶ 한자어, 한자 성어

일반적으로 한자어와 한자 성어는 각각 1문항 정도씩 출제된다. 생활 한자어가 아닌 전문 어휘가 출제되기도 하고, 어휘의 양도 방대하여 단시간 안에 학습하기가 어렵다. 따라서 매일 한두 어휘라도 꾸준하게 학습하는 것이 좋다. 참고로, 한문법이나 부수자, 형성법 등은 거의 출제되지 않는다.

어휘와 관용 표현

빈출키워드 ▶ 고유어, 관용구, 속담

관용구, 속담의 출제 빈도는 높지 않다. 그러나 우리말 어휘의 뜻, 관용구의 쓰임, 적절한 속담의 활용 등의 유형으로 출제된다. 최근에는 고유어의 의미, 한자어의 표기 등의 유형이 어렵게 출제되었다. 사전을 활용하여 다양한 우리말 어휘를 학습해야 한다.

구성과 특징

기출문제편

분석해설편

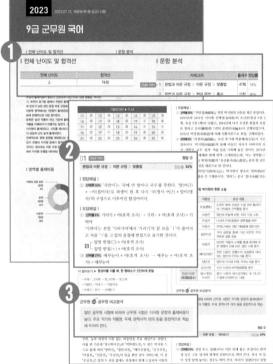

❶ 18개년 연도별 기출문제 수록

최신 기출을 포함한 2023~2006년도 18개년 기출문제를 수록하였습니다.

※ 2019~2006년도 시험은 기출문제를 복원하여 수록함

❷ 회독 체크표

연도별 3회독 체크표로 회독의 효과를 높일 수 있습니다.

❸ 1초 합격예측 서비스

회차마다 수록된 QR 코드를 스캔하여 모바일 OMR에 정답을 입력한 후, 성적결과분석으로 자신의 위치와 취약점을 확인할 수 있습니다. (자세한 활용 GUIDE는 교재 앞쪽에 수록된 광고 p.4 참고)

❶ 연도별 기출분석

상세한 기출분석으로 기출경향을 파악할 수 있으며, 개념 카테고리와 정답률, 출제수를 통해 연도별 고난도 문항 및 지엽적 문항을 한눈에 확인할 수 있습니다.

❷ 문항별 정답률&선택률

모든 문항의 정답률과 선지별 선택률을 수록하고, 정답률이 낮은 고난도 TOP 3 문항을 표시하여 회독 시 고난도 문항 위주로 복습할 수 있도록 하였습니다.

❸ 군무원 vs. 공무원 비교분석

공무원 병행 준비생 주목! 해당 문항이 공무원 시험에서는 어떻게 출제되는지 그 차이점과 공통점을 비교분석하였습니다.

🔍 연도별 기출문제부터 상세한 기출분석과 해설까지 수록하였습니다.

무료 합격팩

암기 워크북 & 오답노트(PDF)

암기 워크북을 통해 최신 4개년 기출 어휘를 언제 어디서든 학습할 수 있고, 오답노트를 통해 틀린 문제를 확실하게 점검할 수 있습니다.

3회독 플래너 & 점수체크표

회독 날짜와 점수를 한눈에 확인하여 효율적인 회독이 가능합니다.

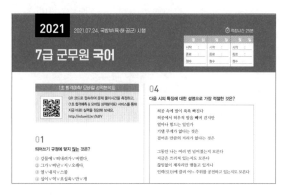

7급 2개년 기출(PDF)

교재에 수록된 회차를 모두 푼 후, 더 많은 문제를 풀고자 한다면 2021~2020 7급 기출을 추가로 풀어볼 수 있습니다.

※ 다운로드 방법: 에듀윌 도서몰(book.eduwill.net) 접속 → 도서자료실 → 부가학습자료에서 다운로드 또는 위 QR코드를 통해 바로 접속

OMR 카드 & 빠른 정답표

특수 OMR 카드를 통해 실전처럼 문제풀이 연습을 할 수 있고, 빠른 정답표를 통해 빠르게 채점할 수 있습니다.

최신 3개년 무료 해설강의

- 9급 군무원 주요과목의 최신 3개년 무료 해설강의
- 수강방법: 에듀윌 도서몰(book.eduwill.net) 접속 → 동영상강의실 → 공무원 → [해설특강] 군무원 기출문제집 국어 → 수강 또는 좌측 QR 코드를 통해 바로 접속

차 례

PART 01

9급 군무원 국어

2023

2023.07.15. 국방부(육·해·공군) 시행

⏱ 적정시간 25분

월	일	월	일	월	일
시작	:	시작	:	시작	:
종료	:	종료	:	종료	:
점수		점수		점수	

9급 군무원 국어

01

다음 중 밑줄 친 부분의 표기가 옳은 것은?

① 출산 후 붓기가 안 빠진다고 해서 제가 먹었던 건강식품을 권했어요.
② 유명 할리우드 스타들이 마신다고 해서 유명세를 타기 시작한 건강음료랍니다.
③ 어리버리해 보이는 친구가 한 명 있었는데 사실은 감기 때문에 몸이 안 좋았다더군요.
④ 사실 이번 일의 책임을 누구에게 묻기란 참 어렵지만 아무튼지 그는 책임을 면할 수 없게 되었다.

02

다음 중 '쓰다'의 품사가 나머지 셋과 다른 하나는?

① 양지바른 곳을 묏자리로 썼다.
② 그는 취직 기념으로 친구들에게 한턱을 썼다.
③ 여러 번 실패를 경험했지만 언제나 그 맛은 썼다.
④ 그 사람은 억울하게 누명을 썼다.

03

다음 중 (㉠)에 들어갈 사자성어로 가장 적절한 것은?

> 이탈리아 볼로냐 대학에서 개발한 휴대용 암 진단기는 암이 의심되는 환자의 몸을 간편하게 스캔해 종양을 진단한다. 원리는 간단하다. 인체의 서로 다른 조직들이 진단기에서 발산되는 마이크로파에 서로 다르게 반향을 보인다. 즉 종양 조직은 건강한 조직과는 다른 주파수 대역에서 반향하기 때문에 암 조직과 정상 조직을 구별할 수 있다. 물론 이 진단기가 (㉠)의 능력을 가진 것은 아니다. 종양의 크기 또는 종양의 정확한 위치를 판별할 수는 없다.

① 變化無雙
② 無所不爲
③ 先見之明
④ 刮目相對

04

다음 중 밑줄 친 표기가 국어의 〈로마자 표기법〉 규정에 어긋난 것은?

① 경기도 의정부시 – Uijeongbu-si
② 홍빛나 주무관님 – Hong Binna
③ 서울시 종로구 종로 2가 – Jongno 2(i)-ga
④ 부석사 무량수전 앞에 서서 – Muryangsujeon

05

밑줄 친 어휘의 쓰임이 의미상 적절하지 않은 것은?

① 자네 덕에 생일을 잘 쇠어서 고맙네.
② 그동안의 노고에 심심한 경의를 표하는 바입니다.
③ 나는 식탁 위에 밥을 차릴 겨를도 없이 닥치는 대로 게걸스럽게 식사를 해치웠다.
④ 아이가 밖에서 제 물건을 잃어버리고 들어온 날이면 어머니는 애가 칠칠맞다고 타박을 주었다.

06

다음 〈한글 맞춤법〉의 규정에 근거할 때 본말과 준말의 짝이 옳지 않은 것은?

[제32항]
단어의 끝모음이 줄어지고 자음만 남은 것은 그 앞의 음절에 받침으로 적는다.

[제39항]
어미 '-지' 뒤에 '않-'이 어울려 '-잖-'이 될 적과 '-하지' 뒤에 '않-'이 어울려 '-찮-'이 될 적에는 준 대로 적는다.

[제40항]
어간의 끝음절 '하'의 'ㅏ'가 줄고 'ㅎ'이 다음 음절의 첫소리와 어울려 거센소리로 될 적에는 거센소리로 적는다.

① 어제그저께 – 엊그저께
② 그렇지 않은 – 그렇잖은
③ 만만하지 않다 – 만만찮다
④ 연구하도록 – 연구토록

07

다음 중 밑줄 친 부분의 띄어쓰기가 적절하지 않은 것은?

① 가진 게 없으면 몸이나마 건강해야지.
② 그 책을 다 읽는데 삼 일이 걸렸다.
③ 그는 그런 비싼 차를 살 만한 형편이 못 된다.
④ 그 고통에 비하면 내 괴로움 따위는 아무것도 아니었다.

08

다음 중 밑줄 친 단어의 한자로 틀린 것은?

기업이 현장에서 ㉠ 체감할 때까지 규제 ㉡ 혁파를 지속적으로, 또 신속하게 추진해야 한다. 그러려면 기업이 덜어주기를 바라는 모래주머니 얘기를 지금의 몇 배 이상으로 ㉢ 경청하고 즉각 혁파에 나서야 한다. 공무원들이 책상머리에서 이것저것 따지는 만큼 기업의 고통은 크다는 점을 명심하길 바란다. 규제 총량제, ㉣ 일몰제 등의 해법을 쏟아 내고도 성과를 내지 못했던 과거의 실패에서 교훈을 얻어야 할 것이다.

① ㉠: 體感
② ㉡: 革罷
③ ㉢: 敬聽
④ ㉣: 日沒

09

"그렇게 하면 무릎에 무리가 갈텐데 괜찮을까요?"에서의 '-ㄹ텐데'를 국어사전에서 찾으니 표제어가 존재하지 않는다고 나왔다. 이에 대해 가장 적절하게 설명한 것은?

① '-ㄹ텐데'가 방언이기 때문에 표준어인 표제어가 실려 있지 않은 것이다.
② '-ㄹ텐데'를 '-ㄹ테'와 '-ㄴ데'로 분석해서 각각 찾으면 된다.
③ 기본형 '-ㄹ테다'를 찾아야 한다.
④ 의존 명사 '터'를 찾아야 한다.

10

다음 중 아래 글에 나타난 저자의 의도를 가장 적절하게 설명한 것은?

> 인공지능은 컴퓨터 프로그램을 활용해 인간과 비슷한 인지적 능력을 구현한 기술을 말한다. 인공지능은 기본적으로 보고 듣고 읽고 말하는 능력을 갖춤으로써 인간과 대화할 수 있을 뿐만 아니라 지적 판단이 필요한 상황에서 합리적 결정을 내릴 수 있다. 인공지능이 인간의 말을 알아듣고 명령을 실행하는 똑똑한 기계가 되는 것은 반길 일인가, 아니면 주인과 노예의 관계를 역전시키는 재앙이라고 경계해야 할 일인가?

① 쟁점 제기
② 정서적 공감
③ 논리적 설득
④ 배경 설명

11

다음 중 (㉠)에 들어가기에 가장 적절한 속담은?

> 춘향이가 마지막으로 유언을 허는디,
> "서방님!"
> "왜야?"
> "내일 본관 사또 생신 잔치 끝에 나를 올려 죽인다니, 날 올리라고 영이 내리거든 칼머리나 들어주고, 나를 죽여 내어놓거든, 다른 사람 손 대기 전에 서방님이 삯꾼인 체 달려들어, 나를 업고 물러나와 우리 둘이 인연 맺던 부용당에 나를 뉘고, 옥중에서 서방님을 그려 간장 썩은 역류수 땀내 묻은 속적삼 벗겨, 세 번 불러 초혼허고, 서방님 속적삼 벗어 나의 가슴을 덮어 주오. 수의 입관도 내사 싫소. 서방님이 나를 안고 정결한 곳 찾아가서 은근히 묻어 주고, 묘 앞에다 표석을 세워, '수절원사 춘향지묘'라 크게 새겨주옵시면, 아무 여한이 없겠네다."
> 어사또 이 말 듣고,
> "오, 춘향! 오냐, 춘향아, 우지 마라. 내일 날이 밝거드면 상여를 탈지, 가마를 탈지 그 속이야 누가 알랴마는, 천붕우출이라, (㉠) 법이요, 극성이면 필패라니, 본관이 네게 너무 극성을 뵈었으니, 무슨 변을 볼지 알겠느냐?"

① 도둑이 제 발 저리는
② 웃는 낯에 침 못 뱉는
③ 모로 가도 서울만 가면 되는
④ 하늘이 무너져도 솟아날 구멍이 있는

12

다음 작품의 언어에 대한 설명으로 옳은 것은?

> 년닙희 밥 싸 두고 반찬으란 쟝만 마라
> 닫 드러라 닫 드러라
> 靑청蒻약笠립은 써 잇노라 綠녹蓑사依의 가져오냐
> 至지匊국悤총 至지匊국悤총 於어思사臥와
> 無무心심한 白백駒구는 내 좃는가 제 좃는가

① '년닙희'의 '닙'은 ㄴ 첨가 현상이 표기에 반영된 것이다.
② '써 잇노라'는 현대 국어에서 '-고 있다'를 이용해 표현하는 것으로 바뀌었다.
③ '닫'과 '좃는가'의 받침은 당시의 실제 발음대로 적은 것이다.
④ '반찬으란'의 '으란'은 현대 국어 조사 '이랑'에 해당한다.

※ 다음 글을 읽고 물음에 답하시오. [13]

> (가) 공감은 상대방의 생각과 느낌을 자신의 생각과 느낌처럼 받아들이고 이해하는 것이다. (나) 상대방이 나를 분석하거나 판단하지 않고, 있는 그대로 나의 감정을 이해하고 있다고 느끼게 될 때 사람들은 그 상대방을 나를 이해하는 사람, 나를 알아주는 사람으로 여기게 된다.
> 판단 기준과 가치관이 다른 사람의 생각과 느낌을 공감을 하면서 이해하는 것은 여간 어려운 일이 아니다. (다) 사람은 누구나 자신의 느낌과 생각을 바탕으로 말하고 판단하고 일을 결정하게 되므로, 상대방의 입장을 헤아리고 그의 느낌과 생각을 내가 그렇게 생각하고 느끼는 것처럼 이해하기가 어렵다. (라) 상대방의 말투, 표정, 자세를 관찰하면서 그와 같은 관점, 심정, 분위기 또는 태도로 맞추는 것도 공감에 도움이 된다.

13

아래 내용을 위 글의 (가)~(라)에 넣을 때 가장 적절한 위치는?

> 공감의 출발은 상대방의 이야기를 경청하면서 상대방의 감정과 느낌이 어떠했을까를 헤아리며 그것을 이해하도록 노력하는 것이다. 그리고 상대방의 입장을 이해한다는 것을 언어적, 비언어적으로 표현하는 것이 중요하다.

① (가)
② (나)
③ (다)
④ (라)

※ 다음 글을 읽고 물음에 답하시오. [14~15]

가시리 가시리잇고 ⊙ 나는
ᄇ리고 가시리잇고 나는
　　위 증즐가 大平盛代

날러는 엇디 살라 ᄒ고
ᄇ리고 가시리잇고 나는
　　위 증즐가 大平盛代

ⓒ 잡ᄉ아 두어리마ᄂᆞᄂᆞᆫ
ⓒ 선ᄒ면 아니 올셰라
　　위 증즐가 大平盛代

ⓔ 셜온 님 보내ᄋᆞ노니 나는
가시ᄂᆞᆫ 듯 도셔 오쇼셔 나는
　　위 증즐가 大平盛代

14

위 글에 대한 설명으로 가장 적절하지 <u>않은</u> 것은?

① 고려 시대에 불리던 노래이다.
② 제목은 「가시리」이다.
③ 고려 시대에 누군가 기록해 놓은 것을 찾아내어 다시 한글로 기록하였다.
④ 후렴구는 궁중악으로 불리면서 발생한 것으로 추정된다.

15

밑줄 친 ⊙~ⓔ에 대한 설명으로 가장 적절한 것은?

① ⊙: '나ᄂᆞᆫ'은 '나는'의 예전 표기이다.
② ⓒ: '잡ᄉ아 두어리마ᄂᆞᄂᆞᆫ'의 뜻은 '(음식을) 잡수시고 가게 하고 싶다'는 의미이다.
③ ⓒ: '선ᄒ면 아니 올셰라'의 뜻은 '선하게 살면 올 것이다'라는 믿음을 표현한 말이다.
④ ⓔ: '셜온 님 보내ᄋᆞ노니'의 뜻은 '서러운 님을 보내드린다'는 의미이다.

16

다음은 〈한글 맞춤법〉의 문장 부호 사용법에 대한 설명이다. 이 설명에 <u>어긋나는</u> 예문은?

[물음표(?)]
(1) 의문문이나 의문을 나타내는 어구의 끝에 쓴다.
[붙임 1] 한 문장 안에 몇 개의 선택적인 물음이 이어질 때는 맨 끝의 물음에만 쓰고, 각 물음이 독립적일 때는 각 물음의 뒤에 쓴다.
(2) 특정한 어구의 내용에 대하여 의심, 빈정거림 등을 표시할 때, 또는 적절한 말을 쓰기 어려울 때 소괄호 안에 쓴다.
(3) 모르거나 불확실한 내용임을 나타낼 때 쓴다.

---

① 너는 중학생이냐? 고등학생이냐?
② 이번에 가시면 언제 돌아오세요?
③ 주말 내내 누워서 텔레비전만 보고 있는 당신도 참 대단(?)하네요.
④ 노자(?~?)는 중국 춘추 시대의 사상가로 도를 좇아서 살 것을 역설하였다.

창밖에 밤비가 속살거려
㉠ 육첩방(六疊房)은 남의 나라,

시인이란 슬픈 천명인 줄 알면서도
㉡ 한 줄 시를 적어 볼까,

땀내와 사랑내 포근히 품긴
보내주신 학비 봉투를 받아

대학 노트를 끼고
늙은 교수의 강의 들으러 간다.

생각해 보면 어린 때 동무를
하나, 둘, 죄다 잃어버리고

ⓐ 나는 무얼 바라
ⓑ 나는 다만, 홀로 침전하는 것일까?

인생은 살기 어렵다는데
시가 이렇게 쉽게 씌어지는 것은
㉢ 부끄러운 일이다.

육첩방은 남의 나라
창밖에 밤비가 속살거리는데,

등불을 밝혀 어둠을 조금 내몰고,
시대처럼 올 아침을 기다리는 최후의 ⓒ 나.

ⓓ 나는 ⓔ 나에게 작은 손을 내밀어
눈물과 위안으로 잡는 ㉣ 최초의 악수.

– 윤동주, 「쉽게 씌어진 시」

17

㉠~㉣에 대한 설명으로 가장 적절하지 않은 것은?

① ㉠은 조선인으로서의 정체성에 대한 인식을 드러낸다.
② ㉡은 식민지 지식인으로서의 소명 의식을 드러낸다.
③ ㉢은 친일파 지식인에 대한 비판 정신을 보여준다.
④ ㉣은 어두운 현실을 극복하려는 화자의 의지이다.

18

ⓐ~ⓔ에 대한 설명으로 가장 적절한 것은?

① ⓐ, ⓑ, ⓔ는 현실적 자아이고, ⓒ, ⓓ는 성찰적 자아이다.
② ⓐ, ⓑ는 현실적 자아이고, ⓒ, ⓓ, ⓔ는 성찰적 자아이다.
③ ⓐ, ⓑ, ⓔ는 이상적 자아이고, ⓒ, ⓓ는 현실적 자아이다.
④ ⓐ, ⓑ는 이상적 자아이고, ⓒ, ⓓ, ⓔ는 현실적 자아이다.

19

위 시의 제목에 대한 이해로 가장 적절한 것은?

① 시인의 평소 생각을 특별한 표현 기법 없이 소박하게 나타낸 작품이기에 쉽게 쓰인 시라고 하였다.
② 독립지사로서의 저항 정신을 시인의 시적 표현으로 여과 없이 옮긴 작품이기에 쉽게 쓰인 시라고 하였다.
③ 조선의 독립이 갑자기 쉽게 이루어질 것이라는 확고한 신념을 표현하려는 작품이기에 쉽게 쓰인 시라고 하였다.
④ 시인으로의 인간적 갈등과 자아 성찰을 담아 어렵게 쓴 작품이기에 반어적으로 표현하여 쉽게 쓰인 시라고 하였다.

20

다음 글의 문맥상 (   ) 안에 들어갈 말로 가장 적절한 것은?

행루오리(幸漏誤羅)는 운 좋게 누락되거나 잘못 걸려드는 것을 말한다. (   ) 걸려든 사람만 억울하다. 아무 잘못 없이 집행자의 착오나 악의로 법망에 걸려들어도 마찬가지다. 여기에 부정이나 청탁이 개입되기라도 하면 바로 국가의 법질서에 대한 불신으로 이어진다. 결국 행루오리는 법 집행의 일관성을 강조한 말이다.

① 똑같이 죄를 지었는데 당국자의 태만이나 부주의로 법망을 빠져나가는 사람이 있으면
② 가벼운 죄를 짓고도 엄혹한 심판관 때문에 무거운 벌을 받으면
③ 가족이나 이웃의 범죄에 연루되어 죄 없이 벌을 받게 되면
④ 현실과 맞지 않는 법 때문에 성실한 사람이 범죄자로 몰리게 되면

※ 다음 글을 읽고 물음에 답하시오. [21~22]

2016년 3월을 생생히 기억한다. 알파고가 사람을 이겼다. 알파고가 뭔가 세상에 파란을 불러일으키지 않을까, 라고 상상하고 있던 시기였다. 이른바 '알파고 모멘텀' 이후 에이아이(AI) 산업은 발전했지만, 기대만큼 성장했다고 보긴 어렵다. 킬러 애플리케이션(Killer Application)이 나오지 않았기 때문이다. 에이아이(AI) 챗봇이 상용화됐지만, 알파고가 줬던 놀라움만큼은 아니다.

2022년 11월 또 다른 모멘텀이 등장했다. 오픈 에이아이(OpenAI)의 챗지피티(ChatGPT)다. 지금은 1억 명 이상이 챗지피티를 사용하고 있다. '챗지피티 모멘텀'이라고 불릴 만하다. 챗지피티가 알파고와 다른 점은 대중성이다. TV를 통해 알파고를 접했다면, 챗지피티는 내가 직접 체험할 수 있다.

많은 사람이 챗지피티는 모든 산업에 지각변동을 불러일으킬 것으로 기대한다. 챗지피티는 그 자체로 킬러 애플리케이션이다. 챗지피티는 알려진 바와 같이 2021년 9월까지 데이터만으로 학습했다. 그 이후 정보는 반영이 안 됐다. 챗지피티만으로는 우리가 원하는 답변을 얻기 힘들 수 있다. 오픈 에이아이는 챗지피티를 왜 이렇게 만들었을까?

챗지피티는 '언어 모델'이다. '지식 모델'은 아니다. 챗지피티는 정보를 종합하고 추론하는 능력은 매우 우수하지만, 최신 지식은 부족하다. 세상 물정은 모르지만, 매우 똑똑한 친구다. 이 친구에게 나도 이해하기 어려운 최신 논문을 주고, 해석을 부탁해 볼 수 있지 않을까? 챗지피티에 최신 정보를 전달하고, 챗지피티가 제대로 답변하도록 지시하는 일은 중요하다. 다양한 산업에 챗지피티를 적용하기 위해서도 그렇다. 챗지피티가 추론할 정보를 찾아 오는 시맨틱 검색(Semantic Search), 정확한 지시를 하는 프롬프트 엔지니어링(Prompt Engineering), 모든 과정을 조율하는 오케스트레이터(Orchestrator), 챗지피티와 같은 대형 언어 모델(Large Language Model)을 필요에 맞게 튜닝하는 일 등 서비스 영역에서 새로운 사업 기회를 찾을 수 있다.

챗지피티와 같은 대형 언어 모델 기반의 에이아이 산업 생태계는 크게 세 개다. 첫째, 오픈 에이아이, 마이크로소프트, 구글과 같이 대형 언어 모델 자체를 제공하는 원천기술 기업, 둘째, 대형 언어 모델이 고객 요청에 맞게 작동하도록 개선하는 서비스 기업, 셋째, 특정 도메인에서 애플리케이션을 제공하는 기업이다. 현재 대형 언어 모델을 만드는 빅테크 기업들이 주목받고 있지만, 실리콘밸리에서는 스케일에이아이(ScaleAI), 디스틸에이아이(DistylAI), 퀀티파이(Quantiphi) 등 서비스 기업들이 부상 중이다. 실제 업무에 활용하기엔 원천기술만으로는 부족하기 때문이다. 엘지씨

엔에스(LG CNS)도 서비스 기업이다. 우리나라에서도 많은 서비스 기업이 나와서 함께 국가 경쟁력을 높여 나가기를 기대해 본다.

21

다음 중 위 글의 제목으로 가장 적절한 것은?

① 챗지피티, 이제 서비스다
② 알파고 모멘텀, 그 끝은 어디인가?
③ 챗지피티야말로 킬러 애플리케이션이다
④ 대형 언어 모델 자체를 제공하는 빅테크 기업에 주목하라

22

다음 중 위 글의 내용에 대한 이해로 가장 적절하지 않은 것은?

① 챗지피티는 알파고보다 훨씬 더 대중적인 놀라움을 주고 있다.
② 많은 사람들은 챗지피티가 모든 산업에 지각 변동을 불러일으킬 것으로 기대한다.
③ 챗지피티는 정보를 종합하여 추론하는 언어 모델이 아니라 최신 정보를 축적하는 지식 모델이다.
④ 현재 대형 언어 모델이 고객 요청에 맞게 작동하도록 개선하는 여러 서비스 기업이 부상 중이다.

23

다음 글에 대한 이해로 가장 적절한 것은?

우리 부부는 숙명적으로 발이 맞지 않는 절름발이인 것이다. 내가 아내나 제 거동에 로직(논리)을 붙일 필요는 없다. 변해(辯解)할 필요도 없다. 사실은 사실대로 오해는 오해대로 그저 끝없이 발을 절뚝거리면서 세상을 걸어가면 되는 것이다. 그렇지 않을까?

그러나 나는 이 발길이 아내에게로 돌아가야 옳은가 이것만은 분간하기가 좀 어려웠다. 가야 하나? 그럼 어디로 가나?

이때 뚜— 하고 정오 사이렌이 울렸다. 사람들은 모두 네 활개를 펴고 닭처럼 푸드덕거리는 것 같고 온갖 유리와 강철과 대리석과 지폐와 잉크가 부글부글 끓고 수선을 떨고 하는 것 같은 찰나, 그야말로 현란을 극한 정오다.

나는 불현듯이 겨드랑이가 가렵다. 아하 그것은 내 인공의 날개가 돋았던 자국이다. 오늘은 없는 이 날개, 머릿속에서는 희망과 야심의 말소된 페이지가 딕셔너리(사전) 넘어가듯 번뜩였다.

나는 걷던 걸음을 멈추고 그리고 어디 한번 이렇게 외쳐 보고 싶었다.

날개야 다시 돋아라.
날자. 날자. 날자. 한 번만 더 날자꾸나.
한 번만 더 날아 보자꾸나.

– 이상, 「날개」

---

① 가난한 무명작가 부부의 생활고와 부부애를 다루고 있다.
② 농촌 계몽을 위한 두 남녀의 헌신적 노력과 사랑을 보여준다.
③ 식민지 농촌 사회에서 농민들이 겪는 가혹한 현실을 보여주려 한다.
④ 자아 상실의 무기력한 삶에서 벗어나 본래의 자아를 회복하려는 의지를 보여준다.

24

다음 글을 읽고 필자의 서술 태도와 가장 거리가 먼 것을 고르시오.

겨울철에 빙판이 만들어지면 노인들의 낙상 사고가 잦아진다. 대부분의 노인들은 근육 감소로 인한 순발력 저하로 방어기제가 제대로 작동하지 않는다. 그런 사고를 당하면 운동이 부족해져 그나마 남아 있던 근육이 퇴화하고 노화가 빨라진다. 건강수명은 대부분 거기서 끝이다. 참으로 무서운 일이다. 그런데도 불구하고 노년층에게 적극적으로 근력운동을 처방하지 않는다. 우리의 주변을 둘러보라. 요양병원이 상당히 많이 늘어났다. 앞으로도 부가가치가 매우 높은 산업이라고 한다. 안타까운 일이다.

---

① 논리적
② 회고적
③ 비판적
④ 동정적

25

다음 글의 (가)와 (나)에 들어갈 적절한 말을 순서대로 바르게 짝지은 것은?

비즈니스 화법에서는 상사에게 보고할 때 결론부터 말하라고 한다. 이것도 맞는 말이다. 그렇지 않아도 바쁜데 주저리주저리 이야기를 길게 늘어놓으면 짜증이 난다. (가) 현실은 인간관계의 미묘한 심리가 복잡하게 얽혀 있는 비즈니스 사회다. 때로는 일부러 결론을 뒤로 미뤄 상대의 관심을 끌게 만들어야 할 때도 있다. 예를 들어, 회사에서의 라이벌 동료와의 관계처럼 자기와 상대의 힘의 균형이 미묘할 때이다.

당신과 상사, 당신과 부하라는 상하관계가 분명한 경우는 대응이 항상 사무적이 된다. 사무적인 관계에서는 쓸데없는 시간과 노력을 들이지 않아도 된다. (나) 같은 사내의 인간관계라도 라이벌 동료가 되면 일을 원활하게 해 나가는 것만이 능사는 아니다. 권력관계에서의 차이가 없는 만큼 미묘한 줄다리기가 필요하다. 이렇게 권력관계가 미묘한 상대와의 대화에서 탁월한 최면 효과를 발휘하는 것이 '클라이맥스 법'이다. 비즈니스 현장에서뿐만 아니라 미묘한 줄다리기를 요하는 연애 관계에서도 초기에는 클라이맥스 법이 그 위력을 발휘한다.

① 그러므로 – 그러므로
② 하지만 – 하지만
③ 하지만 – 그러므로
④ 그러므로 – 하지만

빠른 정답표 ▶ 분석해설편 P.1
정답과 해설 ▶ 분석해설편 P.6

9급 군무원 국어

1초 합격예측! 모바일 성적분석표

QR 코드로 접속하여 문제 풀이시간을 측정하고,
〈1초 합격예측 & 모바일 성적분석표〉 서비스를 통해
지금 바로! 실력을 점검해 보세요.
http://eduwill.kr/ZyZj

01

다음 중 띄어쓰기가 가장 옳은 것은?

① 지난 달에 나는 딸도 만날겸 여행도 할겸 미국에 다녀왔어.
② 이 회사의 경비병들은 물 샐 틈없이 경비를 선다.
③ 저 사과들 중에서 좀더 큰것을 주세요.
④ 그 사람은 감사하기는 커녕 적게 주었다고 원망만 하더라.

02

다음 중 파생법으로 만들어진 단어가 아닌 것은?

① 교육자답다
② 살펴보다
③ 탐스럽다
④ 순수하다

03

다음 중 사자성어가 가장 적절하게 쓰이지 않은 것은?

① 견강부회(牽強附會) 하지 말고 타당한 논거로 반박을 하세요.
② 그는 언제나 호시우보(虎視牛步) 하여 훌륭한 리더가 되었다.
③ 함부로 도청도설(道聽塗說)에 현혹되어 주책없이 행동하지 마시오.
④ 이번에 우리 팀이 크게 이긴 것을 전화위복(轉禍爲福)으로 여기자.

04

다음 중 밑줄 친 부분의 한자가 나머지 셋과 다른 것은?

① 오래된 나사여서 마모가 심해 빼기 어렵다.
② 평소 절차탁마에 힘써야 대기만성에 이를 수 있다.
③ 정신을 수양하고 심신을 연마하는 것이 진정한 배움이다.
④ 너무 열중하여 힘을 주다 보니 근육이 마비되었다.

05

밑줄 친 부분의 띄어쓰기가 잘못된 것은?

① 한번 실패했더라도 다시 도전하면 된다.
② 한번은 네거리에서 큰 사고를 낼 뻔했다.
③ 고 녀석, 울음소리 한번 크구나.
④ 심심한데 노래나 한번 불러 볼까?

※ 다음 글을 읽고 물음에 답하시오. [06~07]

인류는 우주의 중심이 아니라 가장자리에 있으며, 인류의 기적 같은 진화는 유대, 기독교, 이슬람이 전제하고 있는 바와 같이 초월자의 선택에 의해 결정됐거나 힌두, 불교가 주장하고 있는 것과는 달리 자연의 우연한 산물이다. 우주적인 관점에서 볼 때 인류의 가치는 동물의 가치와 근원적으로 차별되지 않으며, 그의 존엄성은 다른 동물의 존엄성과 근본적으로 차등 지을 수 없다. 자연은 한없이 아름답고 자비롭다. 미국 원주민이 대지를 '어머니'라고 부르는 것으로 알 수 있듯이 자연은 모든 생성의 원천이자 젖줄이다. 그것은 대자연 즉 산천초목이 보면 볼수록 느끼면 느낄수록 생각하면 생각할수록 신선하고 풍요하기 때문이다. 자연은 무한히 조용하면서도 생기에 넘치고, 무한히 소박하면서도 환상적으로 아름답고 장엄하고 거룩한 모든 것들의 모체이자 그것들 자체이다. 자연은 영혼을 가진 인류를 비롯한 유인원, 그 밖의 수많은 종류의 식물과 동물들 및 신비롭고 거룩한 모든 생명체의 고향이자 거처이며, 일터이자 휴식처이고, 행복의 둥지이며, 영혼을 가진 인간이 태어났던 땅이기 때문이다. 자연은 모든 존재의 터전인 동시에 그 원리이며 그러한 것들의 궁극적 의미이기도 하다. 자연은 생명 그 자체의 활기, 존재 자체의 아름다움의 표상이다. 또한 그것은 인간이 배워야 할 진리이며 모든 행동의 도덕적 및 실용적 규범이며 지침이며 길이다. 자연은 정복과 활용이 아니라 감사와 보존의 대상이다.

06

다음 중 위 글을 통해 파악할 수 있는 글쓴이의 성격으로 가장 적절한 것은?

① 낭만주의자(浪漫主義者)
② 자연주의자(自然主義者)
③ 신비주의자(神秘主義者)
④ 실용주의자(實用主義者)

07

위 글의 구성 방식으로 가장 적절한 것은?

① 두괄식
② 양괄식
③ 미괄식
④ 중괄식

08

다음 중 아래의 글을 읽고 추론한 라캉의 생각과 가장 거리가 먼 것은?

라캉에 의하면, 사회화 과정에 들어서기 전의 거울 단계에서, 자기와 자기 영상, 혹은 자기와 어머니 같은 양자 관계에 새로운 타인, 다시 말해 아버지, 곧 법으로서의 큰 타자가 개입하는 삼자 관계, 즉 상징적 관계가 형성된다. 이 형성은 제3자가 외부에서 인위적으로 비집고 들어섬을 뜻하는 것이 아니다. 인간이 상징적 질서를 생각하게 되는 것은, 이미 그 질서가 구조적으로 인간에게 기능하게끔 되어 있기 때문이다. 인간이 후천적, 인위적으로 그 구조를 만들었다고 생각하는 것은 잘못이다. 인간은 단지 구조되어 있는 그 질서에 참여할 뿐이다.

말하자면 구조란 의식되지 않는 가운데 인간 문화의 기저에서 인간의 행위를 규정함을 뜻하는 것이다. 그러므로 라캉에게 있어서, 주체의 존재 양태는 무의식적인 것을 바탕으로 해서 가능하다. 주체 자체가 무의식적인 것으로서 형성된다. 그러므로 주체는 무의식적 주체이다.

라캉에게 나의 사유와 나의 존재는 사실상 분리되어 있다. 그는 나의 사유가 나의 존재를 확인시켜 주지 못한다고 주장한다. 라캉의 경우, '나는 생각한다'라는 의식이 없는 곳에서 '나는 존재'하고, 또 '내가 존재하는 곳'에서 '나는 생각하지 않는다'. 라캉은 무의식은 타자의 진술이라고 말한다. 바꾸어 말한다면 언어 활동에서 우리가 보내는 메시지는 타자로부터 발원되어 우리에게 온 것이다. '무의식은 주체에 끼치는 기표의 영향'이라고 라캉은 말한다.

이런 연유에서 '인간의 욕망은 타자의 욕망'이라는 논리가 라캉에게 성립된다. 의식의 차원에서 '내가 스스로 주체적'이라고 말하는 것 같지만, 그것은 어디까지나 허상이다. 실상은, 나의 진술은 타자의 진술에 의해서 구성된다는 것이다. 나의 욕망도 타자의 욕망에 의해서 구성된다. 내가 스스로 원한 욕망이란 성립하지 않는다.

① 주체의 무의식은 구조화된 상징적 질서에 의해 형성된다.
② 주체의 의식적 사유와 행위에 의해 새로운 문화 질서가 창조된다.
③ 대중매체의 광고는 주체의 욕망이 형성되는 데 큰 영향을 미친다.
④ 데카르트의 '나는 생각한다. 고로 존재한다'라는 명제는 옳지 않다.

09

다음 중 아래 시의 주제로 가장 옳은 것은?

> 바람결보다 더 부드러운 은빛 날리는
> 가을 하늘 현란한 광채가 흘러
> 양양한 대기에 바다의 무늬가 인다.
>
> 한 마음에 담을 수 없는 천지의 감동 속에
> 찬연히 피어난 백일(白日)의 환상을 따라
> 달음치는 하루의 분방한 정념에 헌신된 모습
>
> 생의 근원을 향한 아폴로의 호탕한 눈동자같이
> 황색 꽃잎 금빛 가루로 겹겹이 단장한
> 아! 의욕의 씨 원광(圓光)에 묻힌 듯 향기에 익어 가니
>
> 한줄기로 지향한 높다란 꼭대기의 환희에서
> 순간마다 이룩하는 태양의 축복을 받는 자
> 늠름한 잎사귀들 경이(驚異)를 담아 들고 찬양한다.
>
> — 김광섭, 「해바라기」

① 자연과 인간의 교감
② 가을의 정경과 정취
③ 생명에 대한 강렬한 의욕
④ 환희가 넘치는 삶

10

다음 중 아래 글의 제목으로 가장 옳은 것은?

방정식이라는 단어는 '정치권의 통합 방정식', '경영에서의 성공 방정식', '영화의 흥행 방정식' 등 다양한 분야에서 애용된다. 수학의 방정식은 문자를 포함하는 등식에서 문자의 값에 따라 등식이 참이 되기도 하고 거짓이 되기도 하는 경우를 말한다. 통합 방정식의 경우, 통합을 하는 데 여러 변수가 있고 변수에 따라 통합이 성공하거나 실패할 수 있으므로 방정식이라는 표현은 대체로 적절하다.

그런데 방정식은 '변수가 많은 고차 방정식', '국내·국제·남북 관계의 3차 방정식'이란 표현에서 보듯이 차수와 함께 거론되기도 한다. 엄밀하게 따지면 변수의 개수와 방정식의 차수는 무관하다. 변수가 1개라도 고차 방정식이 될 수 있고 변수가 많아도 1차 방정식이 될 수 있다. 따라서 상황에 영향을 미치는 변수의 개수에 따라 m원 방정식으로, 상황의 복잡도에 따라 n차 방정식으로 구분할 필요가 있다. 또 4차 방정식까지는 근의 공식, 즉 일반해가 존재하므로 해를 구할 수 없을 정도의 난맥상이라면 5차 방정식 이상이라는 표현이 안전하다.

① 수학 용어의 올바른 활용
② 실생활에서의 수학 공식의 적용
③ 방정식의 정의와 구성 요소
④ 수학 용어의 추상성과 엄밀성

11

다음 중 ㉠~㉢에 알맞은 말을 순서대로 나열한 것은?

먼 곳의 물체를 볼 때 물체에서 반사되어 나온 빛이 눈 속으로 들어가면서 각막과 수정체에 의해 굴절되어 망막의 앞쪽에 초점을 맺게 되면 망막에는 초점이 맞지 않는 상이 맺힘으로써 먼 곳의 물체가 흐리게 보인다. 이것을 근시라고 한다.

근시인 눈에서 보고자 하는 물체가 눈에 가까워지면 망막의 (㉠)에 맺혔던 초점이 (㉡)으로 이동하여 망막에 초점이 맺혀 흐리게 보이던 물체가 선명하게 보인다. 그리고 이 지점보다 더 가까운 곳의 물체는 조절 능력에 의하여 계속 잘 보인다.

이와 같이 근시는 먼 곳의 물체는 잘 안 보이고 가까운 곳의 물체는 잘 보이는 것을 말한다. 근시의 정도가 심하면 심할수록 눈 속에 맺히는 초점이 망막으로부터 (㉢)으로 멀어져 가까운 곳의 잘 보이는 거리가 짧아지고 근시의 정도가 약하면 꽤 먼 곳까지 잘 볼 수 있다.

	㉠	㉡	㉢
①	앞쪽	뒤쪽	앞쪽
②	뒤쪽	앞쪽	앞쪽
③	앞쪽	뒤쪽	뒤쪽
④	뒤쪽	앞쪽	뒤쪽

12

다음 중 ㉠을 가리키기에 적절하지 않은 것은?

"허, 참, 세상 일두……."
마을 갔던 아버지가 언제 돌아왔는지,
"윤초시댁두 말이 아니어. ㉠그 많든 전답을 다 팔아 버리구, 대대루 살아오든 집마저 남의 손에 넘기드니, 또 악상꺼지 당하는 걸 보면……."
남폿불 밑에서 바느질감을 안고 있던 어머니가,
"증손이라곤 기집애 그 애 하나뿐이었지요?"
"그렇지. 사내애 둘 있든 건 어려서 잃구……."
"어쩌믄 그렇게 자식복이 없을까."

– 황순원, 「소나기」 중에서

① 雪上加霜　② 前虎後狼
③ 禍不單行　④ 孤掌難鳴

13

밑줄 친 말이 한자어와 고유어의 결합이 아닌 것은?

① 이번 달은 예상외로 가욋돈이 많이 나갔다.
② 앞뒤 사정도 모르고 고자질을 하면 안 된다.
③ 불이 나자 순식간에 장내가 아수라장으로 변했다.
④ 두통이 심할 때 관자놀이를 문지르면 도움이 된다.

14

다음 중 아래의 작품과 내용 및 주제가 가장 비슷한 것은?

동풍(東風)이 건듯 부러 적설(積雪)을 헤텨 내니
창 밧긔 심근 매화 두세 가지 픠여셰라
ㄱ득 냉담(冷淡)ᄒᆞᆫ듸 암향(暗香)은 므ᄉᆞ 일고
황혼의 달이 조차 벼마ᄐᆡ 빗최니
늣기난 ᄃᆞᆺ 반기난 ᄃᆞᆺ 님이신가 아니신가
뎌 매화 것거 내여 님 겨신 ᄃᆡ 보내오져
님이 너를 보고 엇더타 너기실고

ᄭᅩᆺ 디고 새 닙 나니 녹음이 ᄭᆞᆯ렷ᄂᆞᆫᄃᆡ
나위(羅幃) 적막ᄒᆞ고 수막(繡幕)이 뷔여 잇다
부용(芙蓉)을 거더 노코 공작(孔雀)을 둘러 두니
ㄱ득 시름한ᄃᆡ 날은 엇디 기돗던고
원앙금(鴛鴦錦) 버혀 노코 오색선 플텨 내여
금자히 견화이셔 님의 옷 지어내니
수품(手品)은ᄏᆞ니와 제도도 ᄀᆞᄌᆞᆯ시고
산호수 지게 우희 백옥함의 다마 두고
님의게 보내오려 님 겨신 ᄃᆡ ᄇᆞ라보니
산인가 구름인가 머흐도 머흘시고
천리 만리 길희 뉘라셔 ᄎᆞ자갈고
니거든 여러 두고 날인가 반기실가

– 정철, 「사미인곡」 중에서

① 고인도 날 몯 보고 나도 고인 몯 뵈
고인을 몯 뵈도 녀던 길 알ᄑᆡ 잇ᄂᆡ
녀던 길 알ᄑᆡ 잇거든 아니 녀고 엇뎔고
② 삼동에 베옷 입고 암혈(巖穴)에 눈비 맞아
구름 낀 볕뉘도 쬔 적이 없건마는
서산에 해 지다 하니 눈물 겨워 하노라
③ 묏버들 갈히 것거 보내노라 님의손ᄃᆡ
자시ᄂᆞᆫ 창 밧긔 심거두고 보쇼셔
밤비예 새 닙 곳 나거든 날인가도 너기쇼셔
④ 반중(盤中) 조홍(早紅) 감이 고아도 보이ᄂᆞ다
유자 안이라도 품엄즉도 ᄒᆞ다마ᄂᆞᆫ
품어 가 반기 리 업슬새 글노 설워ᄒᆞᄂᆞ이다

15

다음 중 표준어가 <u>아닌</u> 것은?

① 발가숭이
② 깡충깡충
③ 뻗정다리
④ 오뚝이

16

다음 중 아래 글의 내용을 포괄하여 설명하기에 가장 적절한 것은?

> 주체 경어법은 용언에 선어말 어미 '-시-'를 넣음으로써 이루어진다. 만약 여러 개의 용언이 함께 나타나는 경우라면 일률적인 규칙을 세우기는 어렵지만 대체로 문장의 마지막 용언에 선어말 어미 '-시-'를 쓴다. 또한 여러 개의 용언 가운데 어휘적으로 높임의 용언이 따로 있는 경우에는 반드시 그 용언을 사용해야 한다.

① 할머니, 어디가 어떻게 편찮으세요?
② 어머님께서 돌아보시고 주인에게 부탁하셨다.
③ 선생님께서 책을 펴며 웃으셨다.
④ 할아버지께서 주무시고 가셨다.

17

아래의 글에 나타나지 <u>않는</u> 설명 방식은?

> 텔레비전에서는 여러 종류의 자막이 쓰인다. 뉴스의 경우, 앵커가 기사를 소개할 때에는 앵커의 왼쪽 위에 기사 전체의 내용을 요약하거나 핵심을 추려 제목 자막을 쓴다. 보도 중간에는 화면의 하단에 기사의 제목이나 소제목을 자막으로 보여 준다. 그리고 보도 내용을 이해하는 데 꼭 필요한 핵심적인 내용이나 세부 자료도 자막으로 보여 준다.
>
> 관객이나 시청자가 읽을 수 있도록 화면에 보여 주는 글자라는 점에서 영화에서 쓰이는 자막도 텔레비전 자막과 비슷하게 활용된다. 그런데 영화의 자막은 타이틀과 엔딩 크레디트 그리고 번역 대사가 전부이다. 이는 모두 영화 제작과 관련된 정보를 알려주는 제한된 용도로만 사용된다. 번역 대사는 더빙하지 않은 외국영화의 대사를 보여 주기 위한 수단으로 사용된다.
>
> 텔레비전에서는 영화에서 쓰는 자막을 모두 사용할 뿐 아니라 각종 제목과 요약 내용을 나타내기도 하고 시청자의 흥미를 돋우기 위해 말과 감탄사를 표현하기도 한다. 음성으로 전달할 수 없는 다양한 정보를 제작자의 의도에 맞게끔 자막을 활용하여 제공하는 것이다.

① 정의   ② 유추   ③ 예시   ④ 대조

18

다음 중 (가)~(다)를 문맥에 맞는 순서대로 나열한 것은?

> 최근 수십 년간 세계 각국의 정부들은 공격적인 환경보호 조치들을 취해왔다. 대기오염과 수질오염, 살충제와 독성 화학물질의 확산, 동식물의 멸종 위기 등을 우려한 각국의 정부들은 인간의 건강을 증진하고 인간 활동이 야생 및 원시 지역에서 만들어 낸 해로운 결과를 줄이기 위해 상당한 자원을 투자해 왔다.
>
> (가) 그러나 이러한 규제 노력 가운데는 막대한 비용을 헛되이 낭비한 것들도 상당수에 달하며, 그중 일부는 해결하고자 했던 문제를 오히려 악화시키기도 했다.
>
> (나) 이 중 많은 조치들이 커다란 성과를 거두었다. 이를테면 대기오염을 줄이려는 노력으로 수십만 명의 조기 사망과 수백만 가지의 질병을 예방할 수 있었다.
>
> (다) 예를 들어, 새로운 대기 오염원을 공격적으로 통제할 경우, 기존의 오래된 오염원의 수명이 길어져서 적어도 단기적으로는 대기오염을 가중시킬 수 있다.

① (나) → (가) → (다)   ② (나) → (다) → (가)
③ (다) → (가) → (나)   ④ (다) → (나) → (가)

19

다음 중 밑줄 친 부분과 같은 수사법이 쓰인 것은?

> 흰 수건이 검은 머리를 두르고
> 흰 고무신이 거친 발에 걸리우다.
>
> 흰 저고리 치마가 슬픈 몸집을 가리고
> 흰 띠가 가는 허리를 질끈 동이다.
>
> – 윤동주, 「슬픈 족속」

① 내 누님같이 생긴 꽃이여
② 나의 마음은 고요한 물결
③ 파도가 아가리를 쳐들고 달려드는 곳
④ 의(義) 있는 사람은 옳은 일을 위하여는 칼날을 밟습니다

20

밑줄 친 말의 표기가 잘못된 것은?

① 배가 고파서 공기밥을 두 그릇이나 먹었다.
② 선출된 임원들이 차례로 인사말을 하였다.
③ 사고 뒤처리를 하느라 골머리를 앓았다.
④ 이메일보다는 손수 쓴 편지글이 더 낫다.

21

다음 중 아래 글에 대한 이해로 가장 적절하지 않은 것은?

> 어떤 사람은 이곳이 옛 전쟁터였기 때문에 물소리가 그렇다고 말하나 그래서가 아니라 물소리는 듣기 여하에 달린 것이다.
> 나의 집이 있는 산속 바로 문 앞에 큰 내가 있다. 해마다 여름철 폭우가 한바탕 지나가고 나면 냇물이 갑자기 불어나 늘 수레와 말, 대포와 북의 소리를 듣게 되어 마침내 귀에 못이 박힐 정도가 되어 버렸다.
> 나는 문을 닫고 드러누워 그 냇물 소리를 구별해서 들어 본 적이 있었다. 깊숙한 솔숲에서 울려 나오는 솔바람 같은 소리, 이 소리는 청아하게 들린다. 산이 찢어지고 언덕이 무너지는 듯한 소리, 이 소리는 격분해 있는 것처럼 들린다. 뭇 개구리들이 다투어 우는 듯한 소리, 이 소리는 교만한 것처럼 들린다. 수많은 축(筑)이 번갈아 울리는 듯한 소리, 이 소리는 노기에 차있는 것처럼 들린다. 별안간 떨어지는 천둥 같은 소리, 이 소리는 놀란 듯이 들린다. 약하기도 세기도 한 불에 찻물이 끓는 듯한 소리, 이 소리는 분위기 있게 들린다. 거문고가 궁조(宮調)·우조(羽調)로 울려 나오는 듯한 소리, 이 소리는 슬픔에 젖어 있는 듯이 들린다. 종이 바른 창문에 바람이 우는 듯한 소리, 이 소리는 회의(懷疑)스러운 듯 들린다. 그러나 이 모두가 똑바로 듣지 못한 것이다. 단지 마음속에 품은 뜻이 귀로 소리를 받아들여 만들어 낸 것일 따름이다.
>
> – 박지원, 「일야구도하기」 중에서

① 직유와 은유를 활용하여 대상을 묘사하였다.
② 세심한 관찰을 통해 사물의 본질을 이해할 수 있음을 역설하였다.
③ 일상에서의 경험을 자기 생각의 근거로 제시하였다.
④ 다른 이의 생각을 반박하기 위하여 서술하였다.

22

밑줄 친 '보다'의 활용형이 지닌 의미가 나머지 셋과 다른 것은?

① 어쩐지 그의 행동을 실수로 볼 수가 없었다.
② 손해를 보면서 물건을 팔 사람은 없다.
③ 그는 상대를 만만하게 보는 나쁜 버릇이 있다.
④ 날씨가 좋을 것으로 보고 우산을 놓고 나왔다.

23

다음 중 '을'이 '동의의 격률'에 따라 대화를 한 것은?

① 갑: 저를 좀 도와주실 수 있어요?

　을: 무슨 일이지요? 지금 급히 해야 할 일이 있어요.

② 갑: 글씨를 좀 크게 써 주세요.

　을: 귀가 어두워서 잘 들리지 않는데 좀 크게 말씀해 주세요.

③ 갑: 여러 모로 부족한 점이 많은데, 앞으로 잘 부탁합니다.

　을: 저는 매우 부족한 사람이라서 제대로 도와드릴 수 있을지 걱정입니다.

④ 갑: 여러 침대 중에 이것이 커서 좋은데 살까요?

　을: 그 침대가 크고 매우 우아해서 좋군요. 그런데 좀 커서 우리 방에 들어가지 않을 것 같아요.

24

아래의 글에서 밑줄 친 단어들 중 고유어에 해당하는 것은?

> 절간의 여름 수도(修道)인 하안거(夏安居)가 끝나면 스님들은 바랑을 메고 바리를 들고서 <u>동냥</u> 수도에 나선다. 이 동냥이 경제적인 <u>구걸</u>로 타락된 적도 없지 않지만 원래는 <u>중생</u>으로 하여금 <u>자비</u>를 베풀 기회를 줌으로써 업고(業苦)를 멸각시키려는 수도 행사였다.

① 동냥　　　　　　② 구걸

③ 중생　　　　　　④ 자비

25

다음 중 밑줄 친 단어를 〈로마자 표기법〉에 맞게 표기한 것은?

> 내 이름은 <u>복연필</u>이다.
> 어제 우리는 <u>청와대</u>를 다녀왔다.
> 작년에 나는 <u>한라산</u>을 등산하였다.
> 다음 주에 나는 <u>북한산</u>을 등산하려고 한다.

① 복연필 − Bok Nyeonphil

② 청와대 − Chungwadae

③ 한라산 − Hanrasan

④ 북한산 − Bukhansan

빠른 정답표 ▶ 분석해설편 P.1
정답과 해설 ▶ 분석해설편 P.15

2021

2021.07.24. 국방부(육·해·공군) 시행

⏱ 적정시간 25분

월 일	월 일	월 일
시작 :	시작 :	시작 :
종료 :	종료 :	종료 :
점수	점수	점수

9급 군무원 국어

01

밑줄 친 단어 중 어법에 맞지 **않는** 것은?

① 오늘 이것으로 치사를 <u>갈음</u>하고자 합니다.
② <u>내노라하는</u> 재계의 인사들이 한곳에 모였다.
③ 예산을 대충 <u>걸잡아서</u> 말하지 말고 잘 뽑아 보시오.
④ 그가 무슨 잘못을 저질렀는지 나와 눈길을 <u>부딪치기를</u> 꺼려했다.

02

띄어쓰기 규정에 맞지 **않는** 것은?

① 모르는 척하고 넘어갈 만도 하다.
② 내가 몇 등일지 걱정이 가득했다.
③ 그 책을 다 읽는 데 삼 일이 걸렸다.
④ 그는 돕기는커녕 방해할 생각만 한다.

03

밑줄 친 ㉠~㉣에 해당하는 한자로 적절하지 **않은** 것은?

> 목판이 오래되어 ㉠<u>훼손</u>되거나 분실된 경우에는 판목을 다시 만들어 보충하는 경우가 있다. 이것을 ㉡<u>보판</u> 혹은 보수판이라고 한다. 판목의 일부분에서 수정이 필요한 경우, 그 부분을 깎아 내고 대신 다른 나무판을 박아 글자를 새기는 경우가 있다. 이 나무판을 ㉢<u>매목</u>이라고 하고, 매목에 글자를 새로 새긴 것을 ㉣<u>상감</u>이라고 한다.

① ㉠: 毁損
② ㉡: 保版
③ ㉢: 埋木
④ ㉣: 象嵌

※ 다음은 어떤 사전에 제시된 '고르다'의 내용이다. [04~05]

> ■ 고르다 1 [고르다]. 골라[골라], 고르니[고르니].
> 「동사」【…에서 …을】 여럿 중에서 가려내거나 뽑다.
> ■ 고르다 2 [고르다]. 골라[골라], 고르니[고르니].
> 「동사」【…을】
> 「1」 울퉁불퉁한 것을 평평하게 하거나 들쭉날쭉한 것을 가지런하게 하다.
> 「2」 붓이나 악기의 줄 따위가 제 기능을 발휘하도록 다듬거나 손질하다.
> ■ 고르다 3 [고르다]. 골라[골라], 고르니[고르니].
> 「형용사」
> 「1」 여럿이 다 높낮이, 크기, 양 따위의 차이가 없이 한결같다.
> 「2」 상태가 정상적으로 순조롭다.

04

위 사전에 대한 설명으로 가장 옳지 **않은** 것은?

① '고르다 1', '고르다 2', '고르다 3'은 서로 동음이의어이다.
② '고르다 1', '고르다 2', '고르다 3'은 모두 불규칙 활용을 한다.
③ '고르다 2'와 '고르다 3'은 다의어이지만 '고르다 1'은 다의어가 아니다.
④ '고르다 1', '고르다 2', '고르다 3'은 모두 현재 진행형으로 사용할 수 있다.

05

다음 밑줄 친 '고르다'가 위 사전의 '고르다 2'의 「2」에 해당하는 것은?

① 울퉁불퉁한 곳을 흙으로 메워 판판하게 <u>골라</u> 놓았다.
② 요즘처럼 <u>고른</u> 날씨가 이어지면 여행을 가도 좋겠어.
③ 그는 이제 가쁘게 몰아쉬던 숨을 <u>고르고</u> 있다.
④ 이 문장의 서술어는 저 사전에서 <u>골라</u> 써.

06

아래의 문장이 들어가기에 가장 적절한 위치로 옳은 것은?

> 문학의 범위를 좁게 잡는 것은 나중에 나타난 새로운 관습이다.

(가) 문학의 범위는 시대에 따라서 달라져왔다. 한문학에서 '문(文)'이라고 하던 것은 '시(詩)'와 함께 참으로 큰 비중을 차지하고 실용적인 글도 적지 않게 포함했다.

(나) 시대가 변하면서 '문'이라는 개념은 뒷전으로 밀려나고, 시·소설·희곡이 아닌 것 가운데는 수필이라고 이름을 구태여 따로 붙이는 글만 문학 세계의 준회원 정도로 인정하기에 이르렀다.

(다) 근래에 와서 사람이 하는 활동을 세분하면서 무엇이든지 전문화할 때 문학 고유의 영역을 좁게 잡았다.

(라) 문학의 범위를 좁게 잡는 오늘날의 관점으로 과거의 문학을 재단하지 말고, 문학의 범위에 관한 오늘날의 통념을 반성해야 한다.

① (가) 문단 뒤
② (나) 문단 뒤
③ (다) 문단 뒤
④ (라) 문단 뒤

07

한글 맞춤법 규정에 맞는 문장으로 옳은 것은?

① 아무래도 나 자리 뺐겼나 봐요.
② 오늘 하룻동안 해야 할 일이 엄청나네.
③ 그런 일에 발목 잡혀 번번히 주저앉았지.
④ 저희 아이의 석차 백분율이 1%만 올라도 좋겠습니다.

08

아래 글의 (㉠)과 (㉡)에 들어갈 가장 적절한 접속어로 옳은 것은?

> 히포크라테스가 분류한 네 가지 기질이나 성격 유형에 대한 고대의 개념으로 성격에 대한 논의를 시작하는 것이 일반적인 방식이지만, 나는 여기에서 1884년 『포트나이트리 리뷰』에 실렸던 프랜시스 골턴 경의 논문 「성격의 측정」으로 이야기를 시작하겠다.
>
> 찰스 다윈의 사촌이었던 골턴은 초기 진화론자로서 진화가 인간에게도 영향을 끼쳤다고 주장한 사람이다. (㉠) 그의 관념은 빅토리아 시대적 편견을 가지고 있었고, (㉡) 그의 주장이 오늘날에는 설득력이 떨어진다. 그럼에도 불구하고 결국에는 자연 선택 이론이 인간을 설명하는 지배적인 학설이 될 것이라는 그의 직관은 옳았다.

	㉠	㉡
①	그래서	그리하여
②	그리고	그래서
③	그러나	따라서
④	그런데	그리고

09

밑줄 친 단어 중 외래어 표기법이 모두 맞는 문장으로 옳은 것은?

① 리모콘에 있는 버턴의 번호를 눌러주세요.
② 벤젠이나 시너, 알코올 등으로 닦지 마세요.
③ 전원 코드를 컨센트에 바르게 연결해 주세요.
④ 썬루프 안쪽은 수돗물을 적신 스폰지로 닦아 냅니다.

※ 다음 글을 읽고 물음에 답하시오. [10~11]

> 紅塵에 뭇친 분네 이 내 生涯 엇더ᄒ고.
> 넷 사ᄅᆞᆷ 風流ᄅᆞᆯ 미ᄎᆞᆯ가 못 미ᄎᆞᆯ가.
> 天地間 男子 몸이 날만ᄒᆞᆫ 이 하건마ᄂᆞᆫ,
> 山林에 뭇쳐 이셔 至樂ᄋᆞᆯ ᄆᆞ를 것가.
> 數間茅屋을 碧溪水 앏픠 두고,
> 松竹 鬱鬱裏예 風月主人 되여셔라.
> 엇그제 겨을 지나 새 봄이 도라오니,
> 桃花杏花ᄂᆞᆫ 夕陽裏예 퓌여 잇고,
> 綠楊芳草ᄂᆞᆫ 細雨 中에 프르도다.
> 칼로 ᄆᆞᆯ아 낸가, 붓으로 그려 낸가,
> 造化神功이 物物마다 헌ᄉᆞ롭다.
> (가) 수풀에 우는 새는 春氣ᄅᆞᆯ 못내 계워 소ᄅᆡ마다 嬌態
> 로다.
> 物我一體어니, 興이이 다ᄅᆞᆯ소냐.
> 柴扉예 거러 보고, 亭子애 안자 보니,
> 逍遙吟詠ᄒᆞ야, 山日이 寂寂ᄒᆞᆫ듸,
> 閑中眞味ᄅᆞᆯ 알 니 업시 호재로다.
> 이바 니웃드라, 山水 구경 가쟈스라.
>
> – 정극인, 「상춘곡」

10

이 글에 대한 설명으로 가장 적절한 것은?

① '홍진에 묻힌 분'과 묻고 대답하는 형식이다.
② '나'의 공간 이동에 따라 시상을 전개하고 있다.
③ '이웃'을 끌어들임으로써 봄의 아름다움을 객관화하고
　있다.
④ 서사−본사−결사가 진행되는 가운데 여음을 삽입하여
　흥을 돋운다.

11

(가)에 나타난 화자의 정서로 가장 적절한 것은?

① 화자와 산수자연 사이에 가로놓인 방해물에 대한 불만
② 산수자연 속의 모든 존재들과 합일하는 흥겨움의 마음
③ 산수자연의 즐거움을 혼자서만 누리는 것에 대한 안타
　까움
④ 산수자연에 제대로 몰입하지 못하는 자신의 처지에 대한
　회한

12

밑줄 친 ㉠~㉣에 대한 설명으로 가장 적절하지 않은 것은?

> 잠자코 앉아 있노라면 한 큼직한 사람이 느릿느릿 돌계
> 단을 밟고 올라와서는 탑을 지나 종루의 문을 열고 무거운
> 망치를 꺼내어 들었다. 그는 한참 동안 멍하니 서서는 음
> 향에 귀를 ㉠기울였다. 음향이 끝나자마자 그는 망치를
> ㉡매어 들며 큰 종을 두들겼다. 그 소리는 산까지 울리며
> 떨리었다. 우리는 그 ㉢종루지기를 둘러싸고 모여 몇 번
> 이나 치는지 헤아려 보았다. 그러면 열이 되고 그래서 우
> 리는 오른손으로 다시 열까지 셀 수 있도록 곧 왼손의
> ㉣엄지손가락을 굽혔다.

① ㉠: '기울다'의 피동사이다.
② ㉡: '메어'로 표기되어야 한다.
③ ㉢: 접미사 '−지기'는 "그것을 지키는 사람"을 뜻한다.
④ ㉣: 가장 짧고 굵은 손가락으로 '무지(拇指)'라고도 한다.

13

다음 로마자 표기법 중 옳은 것은?

① 순대 sundai
② 광희문 Gwanghimun
③ 왕십리 Wangsibni
④ 정릉 Jeongneung

14

대괄호의 사용이 적절하지 않은 것은?

① 말소리[音聲]의 특징을 알아보자.
② 모두가 건물[에, 로, 까지] 달려갔다.
③ 이윽고 겨울이 오면 초록은 실색한다. [이상 전집3(1958),
　235쪽 참조]
④ 난 그 이야기[합격 소식]를 듣고 미소 짓기 시작했다.

(가) (㉠)의 확산은 1930년에 접어들어 보다 빠른 속도로 경성의 거리를 획일적인 풍경으로 바꿔 놓았는데, 뉴욕이나 파리의 (㉠)은 경성에서도 거의 동시에 (㉠)했다. 이는 물론 영화를 비롯한 근대 과학 기술의 덕택이었다.

(나) 하지만 뉴욕과 경성의 (㉠)이 모두 동일한 것은 아니었다. 뉴욕걸이나 할리우드 배우들이나 경성의 모던걸이 입은 패션은 동일해도, 그네들 주변의 풍경은 근대적인 빌딩 숲과 초가집만큼 차이가 났기 때문이다. 경성 모던걸의 (㉠)은 이 같은 근대와 전근대의 아이러니를 내포하고 있었다.

(다) (㉠)은 "일초 동안에 지구를 네박휘"를 돈다는 전파만큼이나 빨라서, 1931년에 이르면 뉴욕이나 할리우드에서 (㉠)하던 파자마라는 '침의패션'은 곧 바로 서울에서도 (㉠)했다. 서구에서 시작한 (㉠)이 일본을 거쳐 한국으로 전달되는 속도는 너무나 빨라 거의 동시적이었다.

(라) 폐쇄된 규방에만 있었던 조선의 여성이 신문과 라디오로, 세계의 동태를 듣게 되면서부터, 지구 한 모퉁이에서 일어나는 일이 그 지구에 매달려 사는 자기 자신에도 큰 파동을 끼치고 있다는 사실을 깨닫게 되었다. 규방 여성이 근대 여성이 되기까지는 그리 오랜 시간이 필요하지 않았다. 신문이나 라디오 같은 미디어를 통해 속성 세계인이 될 수 있었기 때문이다. 동시에 미디어는 식민지 조선 여성에게 세계적인 불안도 함께 안겨주었다. 자본주의적 근대의 환상과 그 이면의 불안을 동시에 던져 주었던 것이다.

(마) 근대로 이행하는 데 필요한 절대적인 시간을 뛰어넘어 조선에 근대가 잠입해 올 수 있었던 것은 한편으로 미디어 덕분이었다. 미디어는 근대를 향한 이행을 식민지 조선에 요구했고, 단기간에 조선 사람들을 '속성 세계인'으로 변모시키는 역할을 했다.

15

문맥상 ㉠에 들어갈 단어로 가장 적절한 것은?

① 성행(盛行)
② 편승(便乘)
③ 기승(氣勝)
④ 유행(流行)

16

내용에 따른 (나)~(마)의 순서 배열로 가장 적절한 것은?

① (나) – (다) – (라) – (마)
② (나) – (라) – (다) – (마)
③ (다) – (나) – (마) – (라)
④ (마) – (다) – (라) – (나)

17

위 글을 이해한 내용으로 가장 적절하지 않은 것은?

① 모던걸의 패션은 뉴욕걸이나 할리우드 배우들과 동일했다.
② 신문이나 라디오는 조선 사람이 속성 세계인이 되도록 해 주었다.
③ 파자마 '침의패션'은 뉴욕과 할리우드보다 일본에서 먼저 시작되었다.
④ 식민지 조선 여성은 근대적 환상과 그 이면의 불안을 함께 안고 있었다.

18

다음 밑줄 친 합성어를 구성하는 성분이 모두 고유어인 것은?

① 비지땀을 흘리며 공부하는구나.
② 이분을 사랑채로 안내해 드려라.
③ 이렇게 큰 쌍동밤을 본 적 있어?
④ 아궁이에는 장작불이 활활 타올랐다.

※ 다음 글을 읽고 물음에 답하시오. [19~20]

> 정 씨 옆에 앉았던 노인이 두 사람의 행색과 무릎 위의 배낭을 눈여겨 살피더니 말을 걸어왔다.
> "어디 일들 가슈?"
> "아뇨, 고향에 갑니다."
> "고향이 어딘데……."
> "삼포라구 아십니까?"
> "어 알지, 우리 아들놈이 거기서 도자를 끄는데……."
> "삼포에서요? 거 어디 공사 벌릴 데나 됩니까? 고작해야 ㉠고기잡이나 하구 ㉡감자나 매는데요."
> "어허! 몇 년 만에 가는 거요?"
> "십 년."
> 노인은 그렇겠다며 고개를 끄덕였다.
> "말두 말우. 거긴 지금 육지야. 바다에 방둑을 쌓아 놓구, 트럭이 수십 대씩 돌을 실어 나른다구."
> "뭣 땜에요?"
> "낸들 아나. 뭐 관광호텔을 여러 채 짓는담서, 복잡하기가 말할 수 없네."
> "동네는 그대로 있을까요?"
> "그대루가 뭐요. 맨 천지에 공사판 사람들에다 장까지 들어섰는걸."
> "그럼 ㉢나룻배두 없어졌겠네요."
> "바다 위로 ㉣신작로가 났는데, 나룻배는 뭐에 쓰오. 허허, 사람이 많아지니 변고지. 사람이 많아지면 하늘을 잊는 법이거든."
> 작정하고 벼르다가 찾아가는 고향이었으나, 정 씨에게는 풍문마저 낯설었다. 옆에서 잠자코 듣고 있던 영달이가 말했다.
> "잘 됐군. 우리 거기서 공사판 일이나 잡읍시다."
> 그때에 기차가 도착했다. 정 씨는 발걸음이 내키질 않았다. 그는 마음의 정처를 방금 잃어버렸던 때문이었다. 어느 결에 정 씨는 영달이와 똑같은 입장이 되어 버렸다.
> 기차는 눈발이 날리는 어두운 들판을 향해서 달려갔다.
>
> – 황석영, 「삼포 가는 길」

19

문맥적 성격이 다른 하나는?

① ㉠
② ㉡
③ ㉢
④ ㉣

20

이 글의 주제를 표현한 시구로 가장 적절한 것은?

① 빼앗긴 들에도 봄은 오는가.
② 죽어도 아니 눈물 흘리우리다.
③ 내가 사랑했던 자리마다 모두 폐허다.
④ 님은 갔지마는 나는 님을 보내지 아니하였습니다.

21

다음 시의 주된 정조를 가장 잘 나타내는 것은?

> 神策究天文
> 妙算窮地理
> 戰勝功旣高
> 知足願云止
>
> – 乙支文德, 「與隋將于仲文」

① 悠悠自適
② 戀戀不忘
③ 得意滿面
④ 山紫水明

22

다음 예문의 밑줄 친 ㉠에 들어갈 말로 가장 적절한 것은?

> 시집갈 때 혼수를 간소하게 하라는 간절한 요청은 ㉠ 부잣집과 사돈을 맺는 데 따르는 부담감을 일시에 벗겨 주었다.
>
> – 박완서, 「아주 오래된 농담」

① 불감청이언정 고소원이어서
② 배보다 배꼽이 더 크다고
③ 미운 자식 떡 하나 더 준다고
④ 똥 묻은 개가 겨 묻은 개를 나무라는 격이라

23

다음 시에 대한 설명으로 가장 옳은 것은?

> 차운산 바위 위에 하늘은 멀어
> 산새가 구슬피 울음 운다
>
> 구름 흘러가는
> 물길은 칠백 리
>
> 나그네 긴 소매 꽃잎에 젖어
> 술 익는 강마을의 저녁노을이여
>
> 이 밤 자면 저 마을에
> 꽃은 지리라
>
> 다정하고 한 많음도 병인 양하여
> 달빛 아래 고요히 흔들리며 가노니……
>
> — 조지훈, 「완화삼」

① '구름, 물길'은 정처 없이 유랑하는 내적 현실을 암시한다.
② '강마을'은 방황하던 서정적 자아가 정착하고자 하는 공간이다.
③ '나그네'는 고향을 떠남으로써 현실의 질곡을 벗어나려는 의지를 상징한다.
④ '한 많음'은 민중적 삶 속에 구현된 전통적 미학에 맞닿아 있는 정서를 대변한다.

24

다음 한자어의 발음 중 표준 발음으로 옳지 <u>않은</u> 것은?

① 마천루(摩天樓) – [마천누]
② 공권력(公權力) – [공꿘녁]
③ 생산력(生産力) – [생산녁]
④ 결단력(決斷力) – [결딴녁]

25

다음 글의 중심 내용으로 가장 옳은 것은?

> 이제 우리는 세계의 변방이 아니다. 세계화는 점점 더, 과거와는 분명 다르게 우리가 주목과 관심의 대상이 되는 방향으로 진행되고 있다. 이제 한국은 더 이상 '작은 나라'라고만 생각하지 않게 되었다. 한국인의 예술성을 세계에서 인정하고 있는 지금 이 시기에 가장 중요한 것은 무엇일까? 그 무엇보다 시급한 것이 바로 '전략'이다. 지금이야말로 세계 시장에 우리의 예술을 알릴 수 있는 기회가 왔고, 우리만의 전략이 필요한 시기가 왔다.
>
> 한국인의 끼는 각별하다. 신바람, 신명풀이가 문화유전자로 등록되어 있는 민족이다. 게다가 신이 나면 어깨춤 덩실덩실 추던 그 어깨 너머로 쓱 보고도 뚝딱 뭔가 만들어낼 줄 아는 재주와 감각도 있고, 문화 선진국의 전문가들도 감탄하는 섬세한 재능과 디테일한 예술적 취향도 있다. 문화 예술의 시대를 맞은 오늘날, 우리가 먹거리로 삼을 수 있고 상품화할 수 있는 바탕들이 다 갖추어진 유전자들이다. 선진이 선진이고 후진이 후진이면 역사는 바뀌지 않는다. 선진이 후진되고 후진이 선진될 때 시대가 바뀌고 새로운 역사가 시작되는 법이다. 우리 앞에 그런 전환점이 놓여 있다.

① 주어진 현실에 안주하는 실리감각
② 다가오는 미래에 대한 희망찬 포부
③ 냉엄한 국제질서에 따른 각박한 삶
④ 사라져 가는 미풍양속에 대한 아쉬움

빠른 정답표 ▶ 분석해설편 P.1
정답과 해설 ▶ 분석해설편 P.25

2020　2020.07.18. 국방부(육·해·공군) 시행　⏱ 적정시간 25분

월	일	월	일	월	일
시작	:	시작	:	시작	:
종료	:	종료	:	종료	:
점수		점수		점수	

9급 군무원 국어

01

홑문장에 해당하는 것은?

① 어제 빨간 모자를 샀다.
② 봄이 오니 꽃이 피었다.
③ 남긴 만큼 버려지고, 버린 만큼 오염된다.
④ 우리 집 앞마당에 드디어 장미꽃이 피었다.

02

다음 중 가장 적절한 문장은?

① 인생을 살다 보면 남을 도와주기도 하고 도움을 받기도 한다.
② 형은 조문객들과 잠시 환담을 나눈 후 다시 상주 자리로 돌아왔다.
③ 가벼운 물건이라도 높은 위치에서 던지면 인명 사고나 차량 파손을 일으킬 수 있다.
④ 중인이 보는 앞에서 병기에게 친히 불리어서 가까이 가는 것만 해도 여간한 우대였다.

03

국어 순화가 옳지 않은 것은?

① 핸드레일(handrail) → 안전손잡이
② 스크린 도어(screen door) → 차단문
③ 프로필(profile) → 인물 소개, 약력
④ 팝업창(pop-up 窓) → 알림창

04

밑줄 친 부분의 비유 방식이 다른 것은?

비유(比喩/譬喩): 『명사』 어떤 현상이나 사물을 직접 설명하지 아니하고 다른 비슷한 현상이나 사물에 빗대어서 설명하는 일

① 요즘은 회사의 경영진에 합류하는 <u>블루칼라</u>가 많아지고 있다.
② 암 진단 결과를 받아들자, 그의 마음은 <u>산산조각</u>이 났다.
③ 내부의 <u>유리 천장</u>은 없으며 여성들의 상위적 진출이 확대될 것이라고 전망했다.
④ 사업이 실패한 후 <u>그는 사회의 가장 밑바닥으로</u> 떨어졌다.

05

다음 글을 요약한 것으로 가장 적절한 것은?

> 요즘 들어 사람들은 건강에 대한 많은 관심을 보이고 있다. 특히 운동을 통한 건강 유지에 대한 관심이 각별하다고 할 수 있다. 부지런히 뛰고 땀을 흠뻑 흘린 뒤에 느끼는 개운함을 좋아한다. 그렇지만 무조건 신체를 움직인다고 해서 다 운동이 되는 것은 아니다. 무리하게 움직이면 오히려 역효과를 가져온다. 그러므로 운동의 강도를 결정할 때는 자신의 신체 조건을 우선적으로 고려해야 한다. 자신의 체력에 비추어 신체 기능을 충분히 자극할 수는 있어야 하지만 부담이 지나치지 않게 해야 한다. 운동의 시간과 빈도는 개인의 생활양식에 의해 많은 영향을 받게 되지만, 일반적으로는 일주일에 한 번씩 오랜 운동 시간을 하는 것보다는 운동 시간이 짧더라도 빈도를 높여서 규칙적으로 움직이는 것이 운동의 효과를 높이는 데 효과적이다. 가장 바람직한 것은 매일 일정량의 운동을 실천하여 운동을 하나의 생활 습관으로 정착시키는 것이다.

① 운동의 효과는 운동의 빈도를 높일수록 좋다고 할 수 있으므로 가급적 쉬지 말고 부지런히 운동을 하는 것이 좋다.

② 운동의 효과를 높이기 위해서는 무리한 운동보다는 신체에 적절한 자극이 가해지는 운동을 생활 습관으로 정착시켜야 한다.

③ 신체를 무조건 움직인다고 해서 운동이 되는 것이 아니므로 자신의 신체 조건을 우선적으로 고려하여 운동의 강도를 결정한다.

④ 매일 일정량의 운동을 통해 운동을 생활 습관으로 정착시키기 위해서는 운동의 긍정적인 측면과 부정적인 측면을 모두 고려해야 한다.

06

국어 로마자 표기법 규정에 어긋난 것은?

① 종로 2가 Jongno 2(i)-ga
② 신라 Silla
③ 속리산 Songnisan
④ 금강 Keumgang

07

사동사와 피동사를 만드는 형태와 방식이 다른 것은?

> • 사동사(使動詞):『언어』문장의 주체가 자기 스스로 행하지 않고 남에게 그 행동이나 동작을 하게 함을 나타내는 동사
> • 피동사(被動詞):『언어』남의 행동을 입어서 행하여지는 동작을 나타내는 동사

① 보다　　② 잡다　　③ 밀다　　④ 안다

08

㉠의 처지와 관련된 속담으로 가장 적절한 것은?

> "쥔 어른 계서유?"
> 몸을 돌리어 바느질거리를 다시 들려 할 제 이번에는 짜장 인끼가 난다. 황급하게 "누구유?" 하고 일어서며 문을 열어보았다.
> "왜 그리유?"
> "저어, 하룻밤만 드새고 가게 해주세유."
> 남정네도 아닌데 이 밤중에 웬일인가, 맨발에 짚신 짝으로. 그야 아무렇든,
> "어서 들어와 불 쬐게유."
> ㉠나그네는 주춤주춤 방 안으로 들어와서 화로 곁에 도사려 앉는다. 낡은 치맛자락 위로 비어지려는 속살을 아무리자 허리를 지그시 튼다. 그리고는 묵묵하다. 주인은 물끄러미 보고 있다가 밥을 좀 주려느냐고 물어보아도 잠자코 있다.
> 그러나 먹던 대궁을 주워모아 짠지쪽하고 갖다주니 감지덕지 받는다. 그리고 물 한 모금 마심 없이 잠깐 동안에 밥그릇의 밑바닥을 긁는다.
> 밥숟가락을 놓기가 무섭게 주인은 이야기를 붙이기 시작하였다. 미주알고주알 물어보니 이야기는 지수가 없다. 자기로도 너무 지쳐 물은 듯싶은 만치 대구 추근거렸다. 나그네는 싫단 기색도 좋단 기색도 별로 없이 시나브로 대꾸하였다. 남편 없고 몸 붙일 곳 없다는 것을 간단히 말하고 난 뒤,
> "이리저리 얻어먹고 단게유."
> 하고 턱을 가슴에 묻는다.

① 패랭이에 숟가락 꽂고 산다
② 태산 명동에 서일필이라
③ 터진 방앗공이에 보리알 끼듯 하였다
④ 보리누름까지 세배한다

09

밑줄 친 단어의 품사가 다른 것은?

① 집에 들어가 보니 동생이 혼자 밥을 먹고 있었다.
② 정녕 가시겠다면 고이 보내 드리리다.
③ 나는 과일 중에 사과를 제일 좋아한다.
④ 둘째 며느리 삼아 보아야 맏며느리 착한 줄 안다.

10

밑줄 친 부분의 한자어로 적절하지 않은 것은?

코로나가 갖고 온 변화는 ㉠침체된 것처럼 보이는 삶—㉡위축된 경제와 단절된 관계와 불투명한 미래까지—에서부터 일상의 작은 규칙들, 마스크를 쓰고 손을 씻고 사회적 거리두기를 하는 것 등 삶의 전반에 크고 작은 영향을 끼쳤다. 그것이 우리 눈앞에 펼쳐진 코로나 이후의 맞닥뜨린 냉혹한 현실이지만 반대급부도 분명 존재한다. 가만히 들여다보면 차가운 현실의 이면에는 분명 또 다른 내용의 속지가 숨겨져 있다. 코로나로 인해 '국가의 감염병 예방 시스템이 새롭게 정비되고 ㉢방역 의료 체계가 발전하고 환경오염이 줄고'와 같은 거창한 것은 ㉣차치하고라도 당장, 홀로 있음의 경험을 통해서 내 자신의 마음 들여다보기가 가능해졌다.

① ㉠: 沈滯   ② ㉡: 萎縮
③ ㉢: 紡疫   ④ ㉣: 且置

11

띄어쓰기가 옳지 않은 것은?

① 그녀는 사업차 외국에 나갔다.
② 들고 갈 수 있을 만큼만 담아라.
③ 그는 세 번만에 시험에 합격했다.
④ 쌀, 보리, 콩, 조, 기장 들을 오곡(五穀)이라 한다.

12

언어 예절에 가장 알맞게 발화한 것은?

① (아침에 출근해서 직급이 같은 동료에게) 좋은 아침!
② (집에서 손님을 보낼 때 손위 사람에게) 살펴 가십시오.
③ (윗사람의 생일을 축하하며) 건강하십시오.
④ (관공서에서 손님이 들어올 때) 무엇을 도와드릴까요?

※ 다음 글을 읽고 물음에 답하시오. [13~14]

계해년(癸亥年) 겨울에 우리 전하께서 정음 28자를 처음으로 만들어 예의(例義)를 간략하게 들어 보이고 이름을 훈민정음(訓民正音)이라 하였다. (①) 천지인(天地人) 삼극(三極)의 뜻과 음양(陰陽)의 이기(二氣)의 정묘함을 포괄(包括)하지 않은 것이 없다. 28자로써 전환이 무궁하고 간요(簡要)하며 모든 음에 정통하였다. (㉠) 슬기로운 사람은 하루아침을 마치기도 전에 깨우치고, 어리석은 이라도 열흘이면 배울 수 있다. (②) 이 글자로써 글을 풀면 그 뜻을 알 수 있고, 이 글자로써 송사를 심리하더라도 그 실정을 알 수 있게 되었다. (③) 한자음은 청탁을 능히 구별할 수 있고 악기는 율려에 잘 맞는다. 쓰는 데 갖추어지지 않은 바가 없고, 가서 통달되지 않는 바가 없다. 바람 소리, 학의 울음, 닭의 홰치며 우는 소리, 개 짖는 소리일지라도 모두 이 글자를 가지고 적을 수가 있다. (④)

– 『훈민정음 해례(解例)』 정인지(鄭麟趾) 서문(序文) 중에서

13

다음 (가)의 위치로 가장 적절한 것은?

(가) 상형을 기본으로 하고 글자는 고전(古篆)을 본떴고 사성을 기초로 하고 음(音)이 칠조(七調)를 갖추었다.

①   ②   ③   ④

14

㉠에 들어갈 접속 부사로 가장 적절한 것은?

① 그리고   ② 그런데
③ 그러므로   ④ 왜냐하면

15

우리말 어법에 맞고 가장 자연스러운 문장은?

① 그의 하루 일과를 일어나자마자 아침 신문을 읽는 데서 시작한다.
② 저녁노을이 지는 들판에서 농부 내외가 조용히 기도하는 모습이 멀리 보였다.
③ 졸업한 형도 못 푸는 문제인데, 하물며 네가 풀겠다고 덤볐다.
④ 제가 여러분에게 당부하고 싶은 것은 주변 환경을 탓하지 마시기 바랍니다.

16

밑줄 친 '성김'과 '빽빽함'의 의미 관계와 같지 않은 것은?

> 구도의 필요에 따라 좌우와 상하의 거리 조정, 허와 실의 보완, 성김과 빽빽함의 변화 표현 등이 자유로워졌다.

① 곱다 : 거칠다
② 무르다 : 야무지다
③ 넉넉하다 : 푼푼하다
④ 느슨하다 : 팽팽하다

17

한글 맞춤법에 옳게 쓰인 것을 모두 고른 것은?

> 나는 먼저 미역을 물에 ㉠ 담궈 두고 밥을 ㉡ 안쳤다. 불린 미역을 냄비에 넣고 불을 ㉢ 붙였다. 미역국이 끓는 동안 생선도 ㉣ 졸였다. 마지막으로 두부에 달걀옷을 입혀 ㉤ 부쳤다. 상을 차려놓고 어머니가 오시기를 기다렸다. ㉥ 하느라고 했는데 생일상치고 영 볼품이 없는 것 같다.

① ㉠, ㉡, ㉣
② ㉢, ㉤, ㉥
③ ㉡, ㉣, ㉥
④ ㉡, ㉢, ㉤

18

다음 내용과 관계있는 한자 성어로 가장 거리가 먼 것은?

> 선비는 단순한 지식 습득에 목적을 두지 않고 아는 것을 실천하는 것에 중점을 두고 있다. 또한 선비는 개인의 이익보다 사회 정의를 생각하며 행동하고 살아간다. 자신의 인격을 완성하고 그것을 통해 모든 사람에게 평안한 삶을 살게 하는 것이 그들의 궁극적 목적이다. 선비가 갖추어야 할 덕목은 많지만 상호 연결되어 있다. 자신을 낮추는 자세, 타인을 존중하는 마음, 검소하고 청렴결백한 삶 등이 하나로 연결되어 있는 것이다.

① 見利思義
② 勞謙君子
③ 修己安人
④ 梁上君子

19

다음 밑줄 친 '의' 중에서 '기쁨의 열매'와 쓰임이 같은 것은?

① 조선의 독립국임
② 천(天)의 명명(明命)
③ 인도(人道)의 간과(干戈)
④ 대의(大義)의 극명(克明)

20

다음 글에서 밑줄 친 ㉠과 바꿔 쓰기에 가장 적절한 것은?

> 킬트의 독특한 체크무늬가 각 씨족의 상징으로 자리 잡은 것은, 1822년에 영국 왕이 방문했을 때 성대한 환영 행사를 마련하면서 각 씨족장들에게 다른 무늬의 킬트를 입도록 종용하면서부터이다. 이때 채택된 독특한 체크무늬가 각 씨족을 대표하는 의상으로 ㉠ 자리를 잡게 되었다.

① 정돈(整頓)되었다.
② 정제(精製)되었다.
③ 정리(整理)되었다.
④ 정착(定着)되었다.

21

다음 글의 내용과 가장 부합하는 것은?

> 심리학자 융은 인간에게는 '페르소나(persona)'와 '그림자(shadow)'의 측면이 있다고 한다. 페르소나란 한 개인이 사회에서 요구하는 역할에 적응하면서 얻어진 자아의 한 측면을 의미한다. 그런데 오로지 페르소나만 추구하려 한다면 그림자가 위축되어 결국 자기 자신으로부터 소외를 당해 무기력하고 생기가 없어지게 된다. 한편 그림자는 인간의 원시적인 본능 성향을 의미한다. 이것은 사회에서 부도덕하다고 생각하는 충동적인 면이 있지만, 자발성, 창의성, 통찰력, 깊은 정서 등 긍정적인 면이 있어 지나치게 억압해서는 안 된다.

① 페르소나는 현실적인 속성, 그림자는 근원적인 속성을 갖고 있다.
② 페르소나를 멀리 하게 되면, 자아는 무기력하게 된다.
③ 그림자는 도덕성을 추구할 때, 자발성과 창의성이 더욱 커진다.
④ 그림자를 억압하게 되면 페르소나를 더욱 추구하게 된다.

22

낱말의 발음이 옳지 않은 것은?

① 맑고 → [말꼬]
② 끊기다 → [끈기다]
③ 맏형 → [마텽]
④ 밟고 → [밥:꼬]

23

단어의 구조가 다른 것은?

① 도시락
② 선생님
③ 날고기
④ 밤나무

24

다음 글의 내용과 가장 거리가 먼 것은?

> 항생제는 세균에 대한 항균 효과가 있는 물질을 말한다. '프로폴리스' 같이 자연적으로 존재하는 항생제를 자연 요법제라고 하고, '설파제'같이 화학적으로 합성된 항생제를 화학 요법제라고 한다. 현재 사용되고 있는 많은 항생제들은 곰팡이가 생성한 물질을 화학적으로 보다 효과가 좋게 합성한 것들이어서 넓은 의미에서는 이들도 화학 요법제라고 할 수 있을 것이다.
>
> '페니실린', '세파로스포린'같은 것은 우리 몸의 세포에는 없는 세균의 세포벽에 작용하여 세균을 죽이는 것이다. 그 밖의 항생제들은 '테트라사이크린', '클로로마이신' 등과 같이 세균세포의 단백합성에 장애를 만들어 항균 효과를 나타내거나, '퀴노론', '리팜핀' 등과 같이 세균세포의 핵산합성을 저해하거나, '포리믹신' 등과 같이 세균세포막의 투과성에 장애를 일으켜 항균 효과를 나타낸다.

① 항생제의 정의
② 항생제의 내성 정도
③ 항균 작용의 기제
④ 항생제의 분류 방법

25

주장하는 말이 범하는 논리적 오류 유형이 다른 하나는?

① 식량을 주면, 옷을 달라고 할 것이고, 그 다음 집을 달라고 할 것이고, 결국 평생직장을 보장하라고 할 것이 틀림없어. 식량 배급은 당장 그만두어야 해.
② 네가 술 한 잔을 마시면, 다시 마시게 되고, 결국 알코올 중독자가 될 거야. 애초부터 술 마실 생각은 하지 마라.
③ 아이들에게 부드럽게 말하면, 아이들은 부모를 무서워하지 않게 되고, 그 부모는 아이들을 망치게 될 겁니다. 아이들에게 엄하게 말하는 것을 두려워하지 마세요.
④ 식이요법을 시작하면 영양 부족에 빠지고, 어설픈 식이요법이 알코올 중독에 이르게 한다는 것을 암시해. 식이요법을 시작하지 못하게 막아야 해.

빠른 정답표 ▶ 분석해설편 P.1
정답과 해설 ▶ 분석해설편 P.34

2019

2019.12.21. 국방부(육·해·공군) 시행

⏱ 적정시간 25분

월 일	월 일	월 일
시작 :	시작 :	시작 :
종료 :	종료 :	종료 :
점수	점수	점수

9급 군무원 국어(추가채용)

01

다음 중 준말이 아닌 것은 무엇인가?

① 기럭아   ② 국말이
③ 애꾸눈아   ④ 열무

02

다음 중 「예덕선생전」의 출전은?

① 『연암집』   ② 『과정록』
③ 『열하일기』   ④ 『방경각외전』

03

다음 중 고유 명사 및 전문 용어의 띄어쓰기에 대한 설명으로 올바른 것은?

① 성과 이름, 성과 호 등은 띄어 쓴다. – 홍 길동, 최 남선
② 성명 또는 성이나 이름 뒤에 붙는 호칭어나 관직명 등은 띄어 쓴다. – 홍 씨, 최치원 선생
③ 성명 이외의 고유 명사는 단위별로 띄어 씀을 원칙으로 하되, 단어별로 띄어 쓸 수 있다.
　– 한국대학교 사범대학(원칙), 한국 대학교 사범 대학 (허용)
④ 전문 용어는 단어별로 붙여 씀을 원칙으로 하되, 띄어 쓸 수 있다.
　– 만성골수성백혈병(원칙), 만성 골수성 백혈병 (허용)

04

다음 밑줄 친 내용 중 '상대방으로 하여금 무엇을 하게 하다'라는 뜻을 가지지 않은 것은?

① 어머니가 아이들에게 밥을 먹게 하셨다.
② 우리는 전투에서 적군들에게 당했다.
③ 사장님은 아이들을 미국으로 유학 보냈다.
④ 부모님은 나를 입원시켰다.

05

다음 중 사자성어의 한자 표기가 바르지 않은 것은?

① 이심전심(以心傳心)   ② 전전반측(輾轉反側)
③ 사필귀정(事必歸定)   ④ 인과응보(因果應報)

※ 다음 글을 읽고 물음에 답하시오. [06~07]

판소리는 호남의 음악과 결합되면서 그 정체성을 획득할 수 있었다. 그 기본적인 토대는 호남의 무악(巫樂)이었지만, 다른 지역의 음악이라 하여 배제하지 않았다. 경기 지역의 것을 받아들이니 '경드름'이고, 흥부 아내는 경상도와 가까운 곳에 살아 '메나리 목청'으로 박 타는 사설을 매겼다. 또한 판소리는 '아니리 광대'라는 말이 있는 것처럼 이야기를 그 본질로 하여 이루어진 형태이다. 그래서 '춘향가(春香歌)'는 노래(歌)이면서 동시에 '춘향의 이야기'이다. 그러나 판소리는 이렇게 장편의 노래로만 이루어져 있지 않다. '본사가(本事歌)'의 앞에 불리는 단가(短歌) 또한 판소리의 하위 영역으로 그것을 판소리 아닌 다른 어떤 것으로 부르지 않는다. 또 본사가의 어떤 한 대목, 이른바 오페라의 아리아라고 할 수 있는 ㉠더늠만을 불러도 그것은 훌륭한 판소리로 인정된다. 심지어는 일상적 말투로 이루어진 (㉡)만을 불러도 우리는 그것을 판소리로 인식한다.

06

윗글의 밑줄 친 ㉠에 대한 설명으로 <u>잘못된</u> 것은?

① 명창이 자신의 독특한 방식으로 다듬어 부르는 어떤 마당의 한 대목으로, 명창 개인의 이름이 붙는다.

② 명창의 장기(長技)로 인정되고, 또 다른 창자들에 의해 널리 연행되어 후대에 전승된 것이다.

③ 독창적이면서 예술적으로 뛰어나야 하는데, 이 독창성과 예술성은 주로 음악적인 측면에서 구현된 경우가 대부분이다.

④ 명창이 스승으로부터 전승하여 판소리 한 마당 전부를 음악적으로 절묘하게 다듬어 놓은 소리를 말한다.

07

윗글의 ㉡에 들어갈 말로 알맞은 것은?

① 발림   ② 추임새
③ 아니리   ④ 눈대목

08

다음 글의 배열 순서로 알맞은 것은?

(가) 여기서 그가 말하는 사이보그는 우리가 아는 것과 조금 다르다. 그는 사이보그를 오늘날 로봇과 인공지능(AI) 시스템의 후예로 자급자족하고 자각할 수 있는 존재라고 묘사했다. 이는 뇌를 제외한 팔다리나 장기를 기계로 바꾼 개조인간을 뜻하는 사이보그보다 AI 로봇의 의미에 가깝다. 새 시대를 뜻하는 『노바세(Novacene)』라는 이 책에서 그는 인류의 후임자가 영화 터미네이터 속 폭력적인 존재가 아니라 오히려 진화적인 전환으로 우위에 설 것이라고 말했다. 이는 인류는 기술에 의해 점차 뒤처지게 된다는 것이다.

(나) 또 그는 "사이보그를 생물의 또 다른 계(kingdom)라고 생각한다"면서 "그들은 인간이 동물계로서 식물계 위에 선 것처럼 우리 위에 설 것"이라고 말했다. 그 과정은 구글 딥마인드의 '알파 제로' 같은 AI 시스템을 통해 이미 진행 중이라고 그는 덧붙였다. 알파 제로는 세계 최고의 인간 프로 바둑 기사들을 꺾은 알파고를 상대로 전승을 거둔 알파고 제로의 범용 버전으로, 독학으로 바둑과 체스 등을 독파한 AI 시스템이다. 이에 대해 러브록은 계속해서 자신을 개선할 수 있는 알파 제로 같은 AI 시스템의 발명은 노바세의 결실에 다가가는 중요한 핵심 요소라고 말했다. 러브록은 인류세 다음이 되는 노바세가 이미 시작됐다면서, 이는 컴퓨터를 사용해 스스로 설계하고 만들어 내는 것이라고 밝혔다. 이와 함께 이제 우리 중 누군가가 만든 선구적인 AI 시스템, 아마 알파 제로 같은 것으로부터 새로운 형태의 지적 생명체가 생겨날 가능성이 있다고 말했다.

(다) 지구를 하나의 작은 생명체로 보는 '가이아 이론'의 창시자가 인간은 인공지능(AI) 로봇에 의해 지구 최상위층 자리를 내줄 수도 있다고 경고하고 나섰다. 영국의 과학자이자 환경운동가 그리고 미래학자인 제임스 러브록은 신간 「노바세(Novacene)」에서 이렇게 밝혔다고 미국 NBC뉴스 등 외신이 25일(현지시간) 전했다. 보도에 따르면, 러브록은 책에서 "인간의 우위가 급격히 약해지고 있다. 미래에는 인간이 아니라 스스로 설계하고 만드는 존재들이 우위에 설 것"이라면서 "난 그들을 쉽게 사이보그라고 부른다"고 말했다.

(라) 만일 지구가 멸망 위기에 직면하면 사이보그는 대규모 지구공학을 이용해 지구를 인간보다 자신들 환경에 맞게 바꿔놓으려 할 수도 있을 것이라고 그는 설명했다. 그러면 세계는 산소나 물이 필요하지 않은 사이보그에게 맞게 변해 인간의 생존에는 적합하지 않을 수도 있다는 것이다. 하지만 이보다 가능성이 높은 상황은 지능이 매우 높은 사이보그들이 지구에서 지내기 어려운 상황이 되기 전에 지구를 떠나는 길을 선택할 수도 있다는 것이다. 러브록은 자신의 견해가 무서운 소리로 들릴지도 모르지만, 미래는 반드시 암울하게 변하는 것이 아니라 오히려 자연스럽게 바뀌어 나갈 것이라고 말했다.

① (가) - (라) - (다) - (나)
② (나) - (다) - (라) - (가)
③ (다) - (가) - (나) - (라)
④ (라) - (나) - (가) - (다)

09

다음 중 단어의 형성 방법이 <u>다른</u> 것은?

① 높푸르다   ② 풋고추
③ 시뻘겋다   ④ 덧붙이다

10

다음 밑줄 친 단어의 쓰임이 바르지 <u>않은</u> 것은?

① 할머니는 도토리의 <u>보늬</u>를 벗겨 내셨다.
② 원숭이는 먹이를 주는 대로 <u>닝큼닝큼</u> 주워 먹었다.
③ 외상값 대신에 고구마 <u>엇셈</u>을 했다.
④ 날씨가 추워 모시로 만든 <u>핫옷</u>을 꺼내 입었다.

11

다음 중 로마자 표기가 모두 올바른 것은?

㉠ 구미(Kumi)	㉡ 학여울(Hangnyeoul)
㉢ 합덕(Hapdeok)	㉣ 울릉(Ulreung)
㉤ 구리(Guri)	㉥ 왕십리(Wangsimri)

① ㉠, ㉡, ㉣   ② ㉡, ㉢, ㉤
③ ㉢, ㉣, ㉤   ④ ㉣, ㉤, ㉥

12

다음 〈보기〉와 같은 문학의 갈래에 대한 설명으로 바르지 <u>않은</u> 것은?

| 보기 |

천만리(千萬里) 머느먼 길흐 고은 님 여희읍고
늬 ᄆᆞ음 둘 듸 업서 냇ᄀᆞ의 안쟈시니
져 믈도 늬 안 ᄀᆞᆺᄒᆞ여 우러 밤길 녜놋다

－ 왕방연

① 3장 6구 45자 내외로 우리 민족이 만든 독특한 정형시이다.
② 대체로 3·4조, 4·4조의 음수율과 4음보의 율격을 유지한다.
③ 종장의 첫 구는 반드시 4음절로 고정되어 있다.
④ 고려 말에 형식이 확립되어 조선 시대에 가장 활발하게 창작되었다.

13

다음 중 어휘의 뜻이 바르지 <u>않은</u> 것은?

① 소래기: 운두가 조금 높고 굽이 없는 접시 모양으로 생긴 넓은 질그릇
② 장부꾼: 가래질을 할 때 가랫장부를 잡는 사람
③ 세숫덩이: 개피떡 세 개를 붙여 만든 떡
④ 윤똑똑이: 자기만 혼자 잘나고 영악한 체하는 사람

14

다음 중 밑줄 친 어휘의 표기가 올바른 것은?

㉠ 날씨가 추워서 <u>웃옷</u>을 걸쳐 입었다.
㉡ 그는 일을 끝내고 나서 <u>윗몸</u>을 뒤로 젖혔다.
㉢ 오른쪽에서 <u>윗쪽</u>으로 가야 한다.
㉣ <u>윗입술</u>을 자꾸만 깨물어 상처가 생겼다.
㉤ 그는 <u>웃도리</u> 안주머니에서 명함을 한 장 꺼내 놓았다.
㉥ 어르신들이 <u>윗돈</u>을 더 챙겨 주셨다.

① ㉠, ㉡, ㉣   ② ㉡, ㉢, ㉥
③ ㉠, ㉣, ㉤   ④ ㉡, ㉣, ㉥

15

다음 중 복수 표준어로 바르게 연결된 것이 <u>아닌</u> 것은?

① 샛별 － 새벽별
② 제가끔 － 제각기
③ 멀찌감치 － 멀찌가니
④ 욕심꾸러기 － 욕심쟁이

16

다음 밑줄 친 어휘의 표준 발음으로 인정하는 것만으로 연결된 것은?

- 이번 달 용돈을 <u>야금야금</u> 다 써 버렸다.
- <u>낯선</u> 사람이 알은척을 한다.
- 흰 눈이 소복하게 <u>쌓인</u> 거리를 걸었다.
- 양가 부모님을 모시고 <u>상견례</u> 자리를 마련했다.

① 야금야금[야금냐금], 낯선[나썬], 쌓인[싸힌], 상견례[상견례]
② 야금야금[야금냐금], 낯선[낟썬], 쌓인[싸인], 상견례[상견네]
③ 야금야금[야그먀금], 낯선[낟썬], 쌓인[싸힌], 상견례[상견례]
④ 야금야금[야그먀금], 낯선[나썬], 쌓인[싸인], 상견례[상견네]

※ 다음 글을 읽고 물음에 답하시오. [17~19]

(가) 만물은 시간의 흐름에 따라 끊임없이 변화한다. ㉠ <u>언어 또한 끊임없이 변화하는 실체이다.</u> 언어의 변화는 음운, 형태, 통사, 의미 등 언어를 구성하는 모든 측면에서 변화한다.

(나) 특정한 어느 한 시기의 언어 상태를 공시태라고 하고, 어떤 언어의 변화 상태를 통시태라고 할 때, 공시태는 같은 언어의 같은 시기에 속하는 언어 상태를 말하며, ㉡ <u>통시태</u>는 같은 언어의 다른 변화 시기에 속하는 다른 언어 상태를 말한다.

(다) 그러나 모든 언어 현상은 항상 역사적인 요인과 결합되어 있다. 즉, 공시적 언어 현상은 항상 다음 단계로 변화하는 시발점이 되어 동요하고 있다. 따라서 공시적 언어 상태는 새로이 생겨나는 요소와 없어져 가는 요소의 혼합체라고 할 수 있으며, 공시태는 과거를 반영하고 미래를 예측하게 하는 것이다.

(라) 언어의 변화는 음운, 형태, 통사, 의미 등 언어를 구성하는 모든 측면에서 일어난다고 하였다. 통사 현상 역시 변화한다. 통사 변화에는 역시 문법범주의 변화와 문장구성의 변화를 포함한다.

17

다음 중 〈보기〉의 지문이 들어가기에 적절한 곳은?

| 보기 |

    이러한 언어의 변화는 원칙적으로는 어느 한 공시태에서 다른 공시태로의 변화를 의미한다.

① (가)의 뒤   ② (나)의 뒤
③ (다)의 뒤   ④ (라)의 뒤

18

다음 중 윗글의 밑줄 친 ㉠에 해당하는 언어의 특성으로 알맞은 것은?

① 자의성   ② 역사성
③ 사회성   ④ 창조성

19

윗글의 밑줄 친 ㉡에 해당하지 <u>않는</u> 것은?

① 모음 조화 현상이 문란해졌다.
② 청자 높임법의 체계나 실현 방식이 변화하였다.
③ 신조어가 등장하고, 방언이 다양하게 실현되고 있다.
④ 아래아, 순경음 비읍, 반치음의 표기방식이 변화하였다.

20

다음 중 띄어쓰기가 올바른 것은?

① 열내지 스물
② 먹을만큼만 먹어라.
③ 여기서부터가 서울입니다.
④ 십이억 삼천사백 오십육만 칠천팔백구십팔

이 몸 삼기실 제 님을 조차 삼기시니,
ᄒᆞᆫ 생 연분(緣分)이며 하늘 모ᄅᆞᆯ 일이런가.
나 ᄒᆞ나 졈어 잇고 ⊙ 님 ᄒᆞ나 날 괴시니,
이 ᄆᆞᄋᆞᆷ이 스랑 견졸 ᄃᆡ 노여 업다.
평ᄉᆡᆼ(平生)애 원(願)ᄒᆞ요ᄃᆡ ⓛ ᄒᆞᆫᄃᆡ 녜쟈 ᄒᆞᆫ얏더니,
늙거야 므스 일로 외오 두고 글이ᄂᆞᆫ고.
엇그제 님을 뫼셔 광한뎐(廣寒殿)의 올낫더니,
그 더딕 엇디ᄒᆞ야 하계(下界)예 ᄂᆞ려오니,
올 적의 비슨 머리 ⓒ 얼킈연디 삼 년(三年)이라.
연지분(臙脂粉) 잇닉마ᄂᆞᆫ 눌 위ᄒᆞ야 고이 ᄒᆞᆯ고.
ᄆᆞᄋᆞᆷ의 미친 실음 텹텹(疊疊)이 빠혀 이셔,
ⓔ 짓ᄂᆞ니 한숨이오 디ᄂᆞ니 눈믈이라.
인ᄉᆡᆼ(人生)은 유ᄒᆞᆫ(有限)ᄒᆞᆫ듸 시름도 그지업다.
무심(無心)ᄒᆞᆫ 세월(歲月)은 믈 흐ᄅᆞᆺ듯 ᄒᆞᄂᆞᆫ고야.
[가] ┌ 염냥(炎涼)이 ᄌᆞ째 아라 가ᄂᆞᆫ 듯 고려 오니,
     └ 듯거니 보거니 늣길 일도 하도 할샤.

21

윗글의 ⊙~ⓔ을 현대어로 해석한 것으로 바르지 않은 것은?

① ⊙ 임은 오직 나를 사랑하시니
② ⓛ 함께 살아가려 하였더니
③ ⓒ 헝클어진 지 3년이라
④ ⓔ 짓는 것이 한숨이요, 지나는 것은 눈물이라

22

윗글의 [가]에 나타난 화자의 심리로 적절한 것은?

① 임에 대한 원망의 마음이 드러나 있다.
② 계절의 변화에 따라 사랑이 변하고 있음을 고백하고 있다.
③ 자신이 한 일에 대한 회한의 정서가 잘 드러나 있다.
④ 임과 이별한 채 세월만 덧없이 흘러가는 것을 안타까워하고 있다.

23

다음 밑줄 친 어휘의 맞춤법이 올바른 것은?

① 인간은 자연을 잘 보전함으로서 자연으로부터 여러 가지 혜택을 얻는다.
② 신재생 에너지 비중을 높임으로서 미래 성장 동력을 키워야 한다.
③ 우리는 학생으로서 공부를 열심히 해야 한다.
④ 그는 우스갯소리를 툭툭 던짐으로서 딱딱한 분위기를 풀어 주었다.

24

다음 중 맞춤법이 바르지 않은 것은?

① 조용히
② 번듯이
③ 따뜻이
④ 꼼꼼이

25

다음 중 남사당패 놀이에 대한 설명으로 바르지 않은 것은?

① '버나'는 사발이나 대접을 두어 뼘 되는 막대기나 담뱃대 같은 것으로 돌리는 묘기이다.
② '어름'은 줄타기 재주이며, 어름사니와 어릿광대가 재담을 주고받으며, 줄 위에서 가창을 한다.
③ '덜미'는 꼭두각시놀음을 말하는데 인형의 목덜미를 잡고 논다는 데서 나온 말이다.
④ '살판'은 판소리를 부르면서 마당에서 하는 놀이를 뜻한다.

※ 2019년도(추가채용) 기출복원문제는 시험 응시자들과 집필진의 기억을 토대로 재구성되었습니다. 실제 기출문제와는 다소 차이가 있을 수 있음을 알려드립니다.

빠른 정답표 ▶ 분석해설편 P.1
정답과 해설 ▶ 분석해설편 P.44

2019

2019.06.22. 국방부(육·해·공군) 시행

⏱ 적정시간 25분

	월 일		월 일		월 일
시작	:	시작	:	시작	:
종료	:	종료	:	종료	:
점수		점수		점수	

9급 군무원 국어

01

다음 〈보기〉 중 밑줄 친 어휘의 맞춤법이 옳은 것은?

┤ 보기 ├

㉠ 우리는 널따란 바위 위에 자리를 잡고 앉았다.
㉡ 그의 코는 뭉툭하고 입은 넓죽하게 생겨서 볼품이 없다.
㉢ 그는 매일 반복되는 생활에 실증을 느끼고 있었다.
㉣ 그 집 지붕에는 얇다란 함석판들이 이어져 있었다.
㉤ 그는 어머니를 생각하며 굵다란 눈물을 뚝뚝 흘렸다.

① ㉠, ㉢, ㉤
② ㉡, ㉣, ㉤
③ ㉠, ㉡, ㉤
④ ㉡, ㉢, ㉤

02

다음 중 밑줄 친 부분의 공통적인 특징에 해당하는 것은?

┤ 보기 ├

불휘 기픈 남곤 ᄇᆞᄅᆞ매 아니 뮐씨, 곶 됴코 여름 하ᄂᆞ니
시미 기픈 므른 ᄀᆞᄆᆞ래 아니 그츨씨, 내히 이러 바ᄅᆞ래 가ᄂᆞ니

– 「용비어천가(龍飛御天歌)」 제2장

믈 깊고 ᄇᆡ 업건마른 하ᄂᆞᆯ히 명(命)ᄒᆞ실씨 ᄆᆞᆯ 톤자히 건너시니이다
성(城) 높고 ᄃᆞ리 업건마른 하ᄂᆞᆯ히 도ᄫᆞ실씨 ᄆᆞᆯ 톤자히 ᄂᆞ리시니이다

– 「용비어천가(龍飛御天歌)」 제34장

님그미 현(賢)커신마른 태자(太子)ᄅᆞᆯ 몰 어드실씨 누본 남기 니러셔니이다
나라히 오라건마른 천명(天命)이 다아갈씨 이본 남ᄀᆞ 새 닢 나니이다

– 「용비어천가(龍飛御天歌)」 제84장

① 초성종성통용팔자
② 종성부용초성
③ 초성독용팔자
④ 종성독용팔자

03

다음 중 줄여서 쓸 수 있는 말에 해당하는 것은?

① 신호가 파란불로 바뀌었습니다.
② 저런! 그 일로 인해 두 분이서 다투었군요.
③ 의사는 환자를 침대에 도로 뉘었습니다.
④ 이것은 우리 가게에선 취급하지 않는 품종이어요.

04

다음 〈보기〉 중 로마자 표기가 올바른 것은?

보기

김치 kimchi　　　　　　설날 seollal
왕십리 Wangsimni　　　벚꽃 beotkkot
불국사 Bulkuksa　　　　속리산 Songnisan
대관령 daegwalryeong

① 김치 kimchi, 왕십리 Wangsimni, 벚꽃 beotkkot,
　속리산 Songnisan, 대관령 daegwalryeong
② 설날 seollal, 왕십리 Wangsimni, 불국사 Bulkuksa,
　속리산 Songnisan
③ 김치 kimchi, 설날 seollal, 왕십리 Wangsimni,
　벚꽃 beotkkot, 속리산 Songnisan
④ 설날 seollal, 왕십리 Wangsimni, 불국사 Bulkuksa,
　속리산 Songnisan, 대관령 daegwalryeong

05

다음 빈칸에 들어갈 한자 성어로 옳은 것은?

> 과연 노파는 한 푼이라도 더 돈으로 바꾸고 싶은 노파심에서였을 것이다. 먹지도 않고 그 곁에서 (　　　　)하는 나에게 하나쯤 먹어 보는 것도 좋다. 그리고 먹음직하거든 제발 좀 사달라고 얼굴은 울음 반 웃음 반이다. 나는 나대로의 노파심 때문에 하여간 나는 사지 않을 테니 필요 없다고 말한다.

① 小貪大失　　　　② 寤寐不忘
③ 十匙一飯　　　　④ 垂涎萬丈

06

다음 중 한국어를 기술하기 위해 만든 책이 아닌 것은?

①『훈몽자회』　　　　②『한불자전』
③『말모이사전』　　　④『큰사전』

※ 다음 글을 읽고 물음에 답하시오. [07~08]

(가) 비자의 생명은 유연성이란 특질에 있다. 한번 균열이 생겼다가 제 힘으로 도로 유착·결합했다는 것은 그 유연성이란 특질을 실지로 증명해 보인, 이를테면 졸업 증서이다. 하마터면 목침같이 될 뻔했던 불구 병신이, 그 치명적인 시련을 이겨 내면 되레 한 급(級)이 올라 특급품이 되어 버린다. 재미가 깨를 볶는 이야기다.

(나) 반면이 갈라진다는 것이 기약치 않은 불측(不測)의 사고이다. 사고란 어느 때 어느 경우에도 별로 환영할 것이 못 된다. 그 균열(龜裂)의 성질 여하에 따라서는 일급품 바둑판이 목침(木枕)감으로 전락해 버릴 수도 있다. 그러나 그렇게 큰 균열이 아니고 회생할 여지가 있을 정도라면 헝겊으로 싸고 뚜껑을 덮어서 조심스럽게 간수해 둔다(갈라진 균열 사이로 먼지나 티가 들어가지 않도록 하는 단속이다).

(다) 1년, 이태, 때로는 3년까지 그냥 내버려 둔다. 계절이 바뀌고 추위, 더위가 여러 차례 순환한다. 그 동안에 상처났던 바둑판은 제 힘으로 제 상처를 고쳐서 본디대로 유착(癒着)해 버리고, 균열진 자리에 머리카락 같은 희미한 흔적만이 남는다.

(라) 비자반 일등품 위에 또 한층 뛰어 특급품이란 것이 있다. 반재며, 치수며, 연륜이며 어느 점이 일급과 다르다는 것은 아니나, 반면에 머리카락 같은 가느다란 흉터가 보이면 이게 특급품이다. 알기 쉽게 값으로 따지자면, 전전(戰前) 시세로 일급이 2천 원(돌은 따로 하고) 전후인데, 특급은 2천 4, 5백 원, 상처가 있어서 값을 내리기는커녕 오히려 비싸진다는 데 진진(津津)한 묘미가 있다.

07

다음 중 윗글의 배열 순서로 적절한 것은?

① (라) - (가) - (나) - (다)
② (라) - (나) - (다) - (가)
③ (나) - (라) - (가) - (다)
④ (나) - (가) - (라) - (다)

08

다음 중 윗글의 주제로 옳은 것은?

① 삶의 과실을 극복할 줄 아는 유연한 태도가 필요하다.
② 각박한 현실에 맞서서 대항하는 자세가 중요하다.
③ 내면의 가치를 더욱 중시해야 한다.
④ 위기를 기회로 삼아야 한다.

09

다음 중 띄어쓰기가 바르지 않은 것은?

① 아버지와 나는 등산을 하며 부자 간의 정을 나눈다.
② 그는 대학 재학 중에 군대에 갔다.
③ 그 사람을 만난 지도 꽤 오래되었다.
④ 시장을 보는 데만 세 시간이 걸렸다.

10

다음 〈보기〉의 한글 맞춤법 제39항을 적용하였을 때 옳지 않은 것은?

┌─────────── 보기 ───────────┐

[제39항]
　어미 '-지' 뒤에 '않-'이 어울려 '-잖-'이 될 적과 '-하지' 뒤에 '않-'이 어울려 '-찮-'이 될 적에는 준 대로 적는다.

└────────────────────────┘

① 작은 선행을 베풀었을 뿐인데 이런 주목을 받는 건 당찮다.
② 이상과 달리 현실은 그렇잖다.
③ 친구를 맞이하는 눈길이 영 달갑잖다.
④ 그는 매사에 상대방을 대하는 태도가 올곧찮다.

※ 다음 글을 읽고 물음에 답하시오. [11~13]

┌──────────────────────────────────┐

(가) 왜 LP를 듣다가 CD를 들으면 불편할까? 고음역이 깨끗하게 들리는 CD는 저음역의 음악 정보를 제대로 담지 못하는 반쪽짜리 그릇이기 때문이다. '양자화(quantize)'라고 불리는 디지털화 과정에서 저음역의 주파수가 아주 미세한 ㉠근삿값으로 바뀌는데, 그 순간 다른 음으로 변화된 저음이 화음과 어울리지 않게 되어 버린다. 배음(倍音)과 화음의 바탕을 이루는 베이스음이 변동되는 순간, 조화를 이루어야 할 음악의 구조는 기초부터 흔들리게 된다.

(나) 왜 이런 오류가 발생하는 걸까? 디지털화의 기본 처리 과정에서 충분한 해상도가 확보되지 않을 때, 음악 정보가 원본과 다른 근삿값으로 바뀌어 기록되기 때문이다. 예를 들어, 소수점 한 자리까지 처리할 수 있는 성적 시스템에서 89.4와 89.5는 0.1의 작은 차이를 보이는 점수이다. 그런데 만일 소수점을 처리하지 못하는 시스템이라면 어떻게 될까? 89.4점은 근삿값인 89점이 되고 89.5점은 근삿값인 90점이 된다. 작은 차이의 점수가 '수'와 '우'라는 현격한 차이의 점수로 바뀐다. 해상도가 떨어지는 디지털 변환은 이처럼 매우 미세한 차이를 차원이 다른 결과로 바꿔 버리는 문제를 안고 있다.

(다) 디지털의 오류는 44.1kHZ, 16비트 해상도의 '작은 그릇'인 CD가 안고 있는 치명적인 단점이다. 잡음 없는 깨끗한 소리를 전달한다는 장점과는 달리, 음악의 전체적인 조화를 무너뜨릴 수 있는 커다란 오류를 지니고 있는 것이다. CD의 편의성에 찬사를 보내면서도 음악성에는 불합격점을 줄 수밖에 없는 이유다. CD의 사운드는 충분하지 못한 해상도의 디지털이 갖는 단점을 명백하게 드러낸다. 해상도 낮은 사진에서 불분명한 화소가 뭉뚱그려져 보이는 '깍두기 현상'이 나타나듯, 클래식 음악에 사용되는 악기들의 섬세한 사운드에 담긴 미묘한 변화와 표정, 다이내믹, 특징적인 공명을 제대로 잡아내지 못한다.

(라) 구스타프 말러의 교향곡 제2번 '부활'의 서주부와 같이 더블베이스의 저음이 중요한 비중을 차지하는 연주를 CD와 LP로 비교하여 들어 보면, 저음 정보가 충분하지 않을 때 오케스트라의 사운드가 얼마나 빈약하게 느껴지는지 잘 알 수 있다. 정확한 저음을 바탕으로 하모니를 만들어 가는 클래식 음악을 CD로 듣고 있으면, 마치 모래 위에 지어진 집처럼 위태롭고 불안한 느낌이 들곤 한다.

└──────────────────────────────────┘

11

윗글의 밑줄 친 ㉠과 사이시옷의 형성이 동일한 것은?

① 시냇물
② 조갯살
③ 전셋집
④ 두렛일

12

윗글의 내용과 일치하지 않는 것은?

① CD는 고음역의 음악 정보를 제대로 전달할 수 있다.
② CD의 치명적인 단점은 CD가 44.1kHZ, 16비트 해상도
의 '작은 그릇'이라는 것이다.
③ LP에 비해 CD는 위태롭고 불안한 느낌이 든다.
④ CD는 양자화 과정에서 소수점 한 자리까지 처리할 수
있다.

13

윗글의 설명 방식으로 옳은 것은?

① (가)와 (나)는 원인과 결과의 순서대로 나열되어 있다.
② (나)와 (다)는 수학적 원리를 이용하여 설명하고 있다.
③ (다)와 (라)는 CD의 장점에 대해 설명하고 있다.
④ (가), (다), (라)에서는 은유법과 직유법을 사용하고 있다.

14

다음 중 현대어 풀이로 옳지 않은 것은?

> ㉠비로봉(毗盧峰) 샹상두(上上頭)의 올라 보니 긔 뉘신고.
> ㉡동산(東山) 태산(泰山)이 어느야 놉돗던고.
> 노국(魯國) 조븐 줄도 우리는 모르거든
> ㉢넙거나 넙은 텬하(天下) 엇찌ᄒᆞ야 젹닷 말고.
> 어와 뎌 디위를 어이ᄒᆞ면 알 거이고.
> ㉣오르디 못ᄒᆞ거니 ᄂᆞ려가미 고이ᄒᆞᆯ가.

① ㉠: 비로봉에 올라보니 그대는 누구이신가?
② ㉡: 동산과 태산은 어느 것이 높은가?
③ ㉢: 넓거나 넓은 천하를 왜 작다고 했는가?
④ ㉣: 오르지 못하는데 내려감이 무엇이 이상하겠는가?

15

다음 중 회의 의안 심의 과정 순서로 올바른 것은?

① 제출 – 상정 – 제안 설명 – 질의 응답 – 찬반 토론 – 표결
② 제출 – 찬반 토론 – 상정 – 제안 설명 – 질의 응답 – 표결
③ 제출 – 상정 – 제안 설명 – 찬반 토론 – 질의 응답 – 표결
④ 제출 – 제안 설명 – 상정 – 찬반 토론 – 질의 응답 – 표결

16

다음 〈보기〉를 참고하여 단어의 구성을 분석했을 때, 구조 분석이 바르지 <u>않은</u> 것은?

┤ 보기 ├

[제10항]

한자음 '녀, 뇨, 뉴, 니'가 단어 첫머리에 올 적에는, 두음 법칙에 따라 '여, 요, 유, 이'로 적는다.

[붙임 1] 단어의 첫머리 이외의 경우에는 본음대로 적는다.

[붙임 2] 접두사처럼 쓰이는 한자가 붙어서 된 말이나 합성어에서, 뒷말의 첫소리가 'ㄴ' 소리로 나더라도 두음법칙에 따라 적는다.

① 공염불(공+염불)　② 신년도(신+년도)
③ 강수량(강수+량)　④ 비구니(비구+니)

17

다음 중 띄어쓰기가 <u>잘못된</u> 것은?

① 그쪽으로 갈까요? 어젯밤에 갔던데요.
② 오랜만에 고향에 내려오니 길을 <u>모르겠던데요.</u>
③ 어제 집으로 택배가 <u>왔던데요.</u>
④ 공부를 열심히 했더니 팔이 <u>아프던데요.</u>

18

다음 〈보기〉의 용례를 통해 알 수 있는 단어의 쓰임을 고려하여 〈보기〉에 문장을 추가하려고 한다. 가장 적절한 것은?

┤ 보기 ├

• 그날 밤이 새도록, 그는 흥분이 되어서 자기의 과거를 일일이 다 이야기하였습니다.
• 어느덧 밤이 새는지 창문이 뿌옇게 밝아 온다.
• 그녀는 잠을 자지 않고 밤새도록 남편을 기다렸다.
• 어제는 책을 읽느라고 밤을 새웠다.
• 나는 어제 밤새워 시험공부를 했다.
• 오랜만에 재회한 그들은 밤새워 이야기하며 옛정을 나누었다.

① 밤을 새서라도 일을 끝마치겠다.
② 수연은 수다를 떠느라 밤새우는 줄도 몰랐다.
③ 밤샌 보람이 있다.
④ 몇 밤을 뜬눈으로 새웠다.

19

다음 〈보기〉에 나와 있는 높임법이 모두 쓰인 것은?

┤ 보기 ├

아버지께서 쓰시던 물건을 그분께 가져다 드렸습니다.

① 누나가 아버지를 모시고 병원에 갔습니다.
② 선생님은 제가 여쭈었던 내용을 기억하고 계셨습니다.
③ 아버지께서 제게 용돈을 주셨습니다.
④ 어머니께서 방에서 주무시고 계십니다.

20

다음 중 밑줄 친 단어를 사전에서 검색할 때 표제어로 적절한 것은?

① 우리의 생각대로 일이 진행되었다. → 생각대로
② 나는 국물을 <u>그릇째로</u> 들고 먹었다. → 그릇째
③ 할머니는 손녀에게 이야기를 <u>들려주곤</u> 하셨다. → 들리다
④ 어머니는 아들에게 조심하라고 <u>신신당부했건만</u> 듣지 않았다. → 신신당부하다

> ㉠ 열무 삼십 단을 이고
> 시장에 간 우리 엄마
> 안 오시네, ㉡ 해는 시든 지 오래
> 나는 ㉢ 찬밥처럼 방에 담겨
> 아무리 천천히 숙제를 해도
> 엄마 안 오시네, ㉣ 배춧잎 같은 발소리 타박타박
> 안 들리네, 어둡고 무서워
> 금 간 창 틈으로 고요한 빗소리
> 빈 방에 혼자 엎드려 훌쩍거리던
>
> 아주 먼 옛날
> 지금도 내 눈시울을 뜨겁게 하는
> 그 시절, 내 유년의 윗목

21

다음 중 엄마의 고단한 삶을 나타내는 표현이 아닌 것은?

① ㉠
② ㉡
③ ㉢
④ ㉣

22

다음 중 '배춧잎 같은 발소리'와 같은 표현 기법이 쓰인 것은?

① 해는 시든 지 오래
② 찬밥처럼 방에 담겨
③ 고요한 빗소리
④ 내 유년의 윗목

23

다음 중 표준어와 비표준어 연결이 잘못된 것은?

	표준어	비표준어
①	총각무	알타리무
②	개다리밥상	개다리소반
③	방고래	구들고래
④	산누에	멧누에

24

다음 중 문장 부호에 대한 설명으로 옳지 않은 것은?

① 글의 제목이나 작품명, 각종 구호 등에는 마침표를 쓰지 않는다.
② 말줄임표 앞에는 쉼표를 쓸 수 없다.
③ 기준 단위당 수량을 적을 때는 가운뎃점을 쓴다.
④ 문장 안에서 책의 제목이나 신문의 이름 등을 나타낼 때 겹낫표를 쓴다.

25

다음 중 외래어 표기법 원칙으로 옳지 않은 것은?

① 외래어는 국어의 현용 24자모만으로 적는다.
② 외래어의 1음운은 원칙적으로 1기호로 적는다.
③ 받침에는 'ㄱ, ㄴ, ㄷ, ㄹ, ㅁ, ㅂ, ㅇ'만을 쓴다.
④ 파열음 표기에는 된소리를 쓰지 않는 것을 원칙으로 한다.

※ 2019년도 기출복원문제는 시험 응시자들과 집필진의 기억을 토대로 재구성되었습니다. 실제 기출문제와는 다소 차이가 있을 수 있음을 알려드립니다.

빠른 정답표 ▶ 분석해설편 P.1
정답과 해설 ▶ 분석해설편 P.52

2018

2018.08.11. 국방부(육·해·공군) 시행

⏱ 적정시간 25분

월 일	월 일	월 일
시작 :	시작 :	시작 :
종료 :	종료 :	종료 :
점수	점수	점수

9급 군무원 국어

1초 합격예측! 모바일 성적분석표

QR 코드로 접속하여 문제 풀이시간을 측정하고,
〈1초 합격예측 & 모바일 성적분석표〉 서비스를 통해
지금 바로! 실력을 점검해 보세요.
http://eduwill.kr/rv36

01

다음 중 띄어쓰기가 옳은 문장은?

① 새 일꾼이 일도 잘할뿐더러 성격도 좋다.
② 보잘것 없는 물건들은 갖다 버려야 되겠다.
③ 그러한 하잘것 없는 일에 마음 쓰지 마세요.
④ 적들은 아군의 물샐틈 없는 포위진에서 벗어날 길은 없
  었다.

02

다음 밑줄 친 어휘 중 감탄사가 아닌 것은?

① <u>어</u>, 이러다가 차 놓치겠다.
② <u>어머나</u>, 벌써 꽃이 피었네.
③ <u>청춘</u>, 이것은 듣기만 해도 가슴이 설레는 말이다.
④ <u>애</u>, 이리 좀 오너라.

03

다음 중 문법에 어긋나지 않는 문장은?

① 그는 내가 지시하는 데로 행동에 옮겼다.
② 실패를 인정하므로써 더 큰 성공을 거둘 수 있다.
③ 그는 어떤 질문에도 일체 답하지 않았다.
④ 술을 마신 상태에서는 절대 운전을 해서는 안 된다.

04

다음 작품의 ㉠, ㉡에 들어갈 말이 바르게 연결된 것은?

> 한기태심(旱旣太甚)ᄒ야 시절(時節)이 다 느즌 제,
> 서주(西疇) 놉흔 논애 잠깐 긴 녈비예
> 도상(道上) 무원수(無源水)를 반만깐 딕혀두고,
> 쇼 ᄒ 적 듀마 ᄒ고 엄섬이 ᄒᄂᆫ 말삼
> 친절(親切)호라 너긴 집의 둘 업슨 황혼(黃昏)의 (㉠)
> 다라 가셔,
> 구디 다든 문(門) 밧긔 어득히 혼자 셔셔
> 큰 기춤 아함이를 양구(良久)토록 ᄒ온 후(後)에,
> 어와 긔 뉘신고 염치(廉恥) 업산 닉옵노라.
> 초경(初更)도 거읜딕 긔 엇지 와 겨신고.
> 연년(年年)에 이러ᄒ기 구차(苟且)ᄒ 줄 알건마는
> 쇼 업슨 궁가(窮家)애 혜염 만하 왓삽노라.
> 공ᄒ니나 갑시나 주엄 즉도 ᄒ다마는,
> 다만 어제 밤의 거넨 집 져 사름이,
> 목 불근 수기치(雉)을 옥지읍(玉脂泣)게 ᄭ어 닉고,
> 간 이근 삼해주(三亥酒)을 취(醉)토록 권(勸)ᄒ거든,
> 이러한 은혜(恩惠)을 어이 아니 갑흘넌고.
> 내일(來日)로 주마 ᄒ고 큰 언약(言約) ᄒ야거든,
> 실약(失約)이 미편(未便)ᄒ니 사셜이 어려왜라.
> 실위(實爲) 그러ᄒ면 혈마 어이ᄒᆯ고.
> 헌 먼덕 수기 스고 측 업슨 집신에 (㉡) 믈너 오니,
> 풍채(風採) 저근 형용(形容)애 긔 즈칠 쭌이로다.
>
> – 박인로, 「누항사(陋巷詞)」

	㉠	㉡
①	얼렁얼렁	허방지방
②	곰븨님븨	감숭감숭
③	허위허위	설피설피
④	허둥허둥	타박타박

05

다음 중 『훈몽자회(訓蒙字會)』에 대한 설명으로 옳지 <u>않은</u> 것은?

① 어린이들의 한자 학습을 위한 교습서로서, 최세진이 1527년에 편찬한 책이다.
② 모음의 수는 ㅏ, ㅑ, ㅓ, ㅕ, ㅗ, ㅛ, ㅜ, ㅠ, ㅡ, ㅣ, ㆍ(아래아)의 11개로 규정하였다.
③ 초성에만 쓰이는 자음은 'ㅈ, ㅊ, ㅋ, ㅌ, ㅍ, ㅎ'의 6자다.
④ '언문자모(諺文字母)'는 훈민정음의 28자 중에서 'ㆆ'이 빠진 체계를 보여 준다.

06

의미 관계가 유사한 한자 성어와 속담의 연결로 적절하지 <u>않은</u> 것은?

① 동병상련(同病相憐) – 비렁뱅이가 하늘을 불쌍히 여긴다
② 마호체승(馬好替乘) – 역말도 갈아타면 낫다
③ 작학관보(雀學鸛步) – 뱁새가 황새를 따라가면 다리가 찢어진다
④ 외부내빈(外富內貧) – 난부자든거지

07

다음 〈보기〉의 조건에 모두 해당하는 것은?

┌─────── 보기 ───────┐
ㄱ 주어가 생물이 아닐 것
ㄴ 이중 피동 표현을 사용하지 않을 것
ㄷ 지나친 명사화 구성을 쓰지 않을 것
└─────────────────────┘

① 역사의 중요성을 강조하시던 선생님의 말씀이 아직도 잊혀지지 않는다.
② 한글이 과학적이고 독창적인 문자라고 하는 사실은 널리 알려져 있다.
③ 과학자들이 과학기술 부문과 관련된 경제사회의 제반 문제를 연구, 분석함으로써 과학기술 발전에 이바지하고 있다.
④ 대학축제는 전체 학생들이 참여하기 때문에 일체감을 이룰 수 있다.

※ 다음 글을 읽고 물음에 답하시오. [08~10]

관계 내에 갈등이 발생할 때 무엇보다도 먼저 피해야 할 것이 성급한 판단이다. "저 사람 때문에 이런 문제가 발생했다.", "저 사람은 ㉠그 만한 문제도 그냥 못 넘긴다." 또는 "우리 관계는 엉망이다."라는 식으로 결론부터 내려놓게 되면 서로에게 좋은 결론을 찾는다는 것은 애시당초 그른 일이다. 한쪽에서 판단부터 내려놓고 문제를 접근하게 되면 다른 쪽은 자신의 가치가 무시되었다고 느끼기 때문에 감정적으로 반응하게 되고 때로는 적대감까지 가지게 된다. 따라서 성급한 판단을 피하고 문제를 되도록 객관적인 방향으로 표현하여야 한다.

문제를 객관적으로 표현하기 위해서는 묘사적인 언어를 사용해야 한다. 묘사적인 언어란 상대방을 비난하거나 동기를 해석하지 않고 일어난 일을 그대로 기술하는 표현법을 가리킨다. 즉, 자신의 가치나 판단을 개입시키지 않는 표현법을 일컫는 것이다. 이를테면, 노사관계에서 사원복지의 문제로 갈등이 생겨났을 때 노조 측에서 "회사 측은 자기 이익밖에 모른다. ㉡쥐꼬리만 한 월급만 던져 주면 그만이냐?"라고 한다면 이것은 극히 판단이 개입된 표현이다. 이런 말을 들으면 회사 측은 "너희들은 어떤가? 회사야 ㉢망하든말든 ㉣제이익만 챙기지 않느냐?" 하는 식으로 나오게 되어 갈등은 심화되기 마련이다. 이럴 때는 "우리 회사의 사원복지는 다른 회사에 비하여 부족한 점이 많다."라는 식으로 객관적으로 묘사하는 것이 통합적 해결책을 찾기 위한 출발점이 된다.

08

밑줄 친 ㉠~㉣ 중 띄어쓰기가 옳은 것은?

① ㉠
② ㉡
③ ㉢
④ ㉣

09

윗글의 제목으로 가장 적절한 것은?

① 갈등의 유형
② 객관적인 표현
③ 언어 표현의 중요성
④ 갈등을 해소하기 위한 대응 전략

10

윗글의 주제로 옳은 것은?

① 갈등 관계에서 문제를 객관적으로 바라볼 수 있어야 한다.
② 성급하게 판단하지 말고 묘사적인 언어를 사용해야 한다.
③ 말은 어떻게 표현하는가에 따라 전달효과가 다르게 나타난다.
④ 객관적으로 표현하기 위해서는 말의 중요성을 알아야 한다.

11

다음은 박경리의 「토지」에 등장하는 단어이다. 어휘의 뜻으로 옳지 않은 것은?

① 질정 없다: 일 처리를 잘하여 뒤끝이 깨끗하다.
② 상글하다: 눈과 입을 귀엽게 움직이며 소리 없이 보드랍게 웃다.
③ 부지하다: 상당히 어렵게 보존하거나 유지하여 나가다.
④ 억실억실하다: 얼굴 모양이나 생김새가 선이 굵고 시원시원하다.

12

다음 (가)~(라) 뒤에 〈보기〉의 문장이 들어갈 때 알맞은 곳은?

(가) 우리가 매일 되풀이해 행하는 '습관'은 개개인의 인생 행로를 결정하는, 가장 정신적이면서도 구체적인 기본 원리 중 하나이다. 다시 말해, 그것이 무엇이든 현재 가장 습관적으로 하는 일이 우리의 미래를 결정짓는다.

(나) 인생이 뜻대로 풀리지 않을 때마다 초조해하고, 다른 사람의 비판에 대해 공격적이거나 방어적인 자세를 취하며, 항상 자신이 옳다고 주장하거나, 불운한 상황을 실제보다 훨씬 더 비관적인 눈길로 바라보고, 인생이 위급 상황인 양 행동하는 습관에 젖어 있다면, 우리의 삶 역시 이러한 습관의 반영물이 되고 만다.

(다) 나는 인간은 연습을 통해 완벽해질 수 있으며, 그렇기 때문에 매일매일의 습관에 주의를 기울여야 한다고 생각한다. 그렇다고 인생 전체를 원대한 계획으로 가득 채우고, 목표 달성을 향해 항상 자신을 질책해야 한다는 것은 아니다. 다만, 자신의 내적·외적 습관을 의식하는 것이 삶에 큰 도움이 된다는 것이다.

(라) 지금 어디에 관심을 쏟고 있는가? 어떻게 시간을 보내고 있는가? 자신이 정한 목표에 도움이 되는 습관을 개발하고 있는가? 자신이 기대해 온 인생이 실제 자신의 인생과 일치하는가? 스스로에게 이러한 질문을 던져 보고, 정직하게 대답하는 것만으로도 어떤 방법이 자신에게 가장 유용한지 결정하는 데 도움이 된다.

┤ 보기 ├

이 말을 다시 하자면, 실패하고 좌절하는 연습을 하기 때문에 결국 좌절하고 마는 것이다. 이와 마찬가지로, 연습을 통해서 자신에게 숨겨져 있는 연민과 인내력, 친절, 겸손, 그리고 평화라는 더없이 긍정적인 자질을 끌어낼 수도 있다.

① (가)의 뒤   ② (나)의 뒤   ③ (다)의 뒤   ④ (라)의 뒤

13

다음 문장의 로마자 표기법으로 올바른 것은?

웃는 순간 어색함이 사라진다.

① unneun sungan eosaekami sarajinda.
② un-nun sungan eosaekhami sarajinda.
③ utneun sungan eosaekami sarajinda.
④ un-neun sungan eosaekhami sarajinda.

14

다음 중 비격식체 문장으로 옳은 것은?

① 사모님께서는 여전히 아름다우십니다.
② 그동안 고생 많이 하셨겠어요.
③ 어서 빨리 집으로 돌아가시오.
④ 나에게 수건 좀 가져다주게.

15

다음 〈보기〉 단어들의 발음이 바르게 나열된 것은?

┤ 보기 ├

절약 – 몰상식한 – 낯설다 – 읊조리다

① [저략] – [몰쌍시칸] – [낟썰다] – [읍쪼리다]
② [절략] – [몰쌍식칸] – [낫썰다] – [읍쪼리다]
③ [저략] – [몰쌍식칸] – [낟썰다] – [읍쪼리다]
④ [절략] – [몰쌍식한] – [낫썰다] – [읍쪼리다]

16

다음 〈보기〉의 외래어 표기법과 예시가 바르게 연결된 것은?

┤ 보기 ├

ⓐ 원지음이 아닌 제3국의 발음으로 통용되고 있는 것은 관용을 따른다.
ⓑ 일본의 인명과 지명은 과거와 현대의 구분 없이 일본어 표기법에 따라 표기하는 것을 원칙으로 하되, 필요한 경우 한자를 병기한다.
ⓒ 중국 인명은 과거인과 현대인을 구분하여 과거인은 종전의 한자음대로 표기하고, 현대인은 원칙적으로 중국어 표기법에 따라 표기하되, 필요한 경우 한자를 병기한다.
ⓓ 지명이 '산맥, 산, 강' 등의 뜻이 들어 있는 것은 '산맥, 산, 강' 등을 겹쳐 적는다.

① ⓐ: 앙카라(Ankara), 간디(Gandhi)
② ⓑ: 이등박문(伊藤博文), 풍신수길(豊臣秀吉)
③ ⓒ: 공쯔(孔子), 등소평(鄧小平)
④ ⓓ: 히말라야산맥(Himalaya山脈), 몽블랑산(Mont Blanc山)

※ 다음 글을 읽고 물음에 답하시오. [17~19]

울지 마라
외로우니까 사람이다
살아간다는 것은 외로움을 견디는 것이다
공연히 오지 않는 전화를 기다리지 마라
눈이 오면 눈길을 걸어가고
비가 오면 빗길을 걸어가라
갈대숲에서 가슴검은도요새도 너를 보고 있다
가끔은 하느님도 외로워서 눈물을 흘리신다
새들이 나뭇가지에 앉아 있는 것도 외로움 때문이고
내가 물가에 앉아 있는 것도 외로움 때문이다
산그림자도 외로워서 하루에 한 번씩 마을로 내려온다
종소리도 외로워서 울려퍼진다

– 정호승, 「수선화에게」

17

위 시에 대한 설명으로 적절하지 <u>않은</u> 것은?

① 여러 수사법을 사용하여 정서를 표현하고 있다.
② 직설적인 표현과 명령형을 적절히 구사하여 주제를 부각시키고 있다.
③ 화자가 청자에게 말을 건네는 형식으로 표현되어 있다.
④ 청유형과 풍유법을 사용하여 시적 화자의 정서를 강조하고 있다.

18

위 시에서 '너'가 지칭하는 것으로 옳은 것은?

① 눈
② 비
③ 수선화
④ 종소리

19

위 시의 주제로 옳은 것은?

① 삶의 근원적인 본질은 외로움이다.
② 인간 소외의 본질은 고독함이다.
③ 고독을 극복할 때 자유로운 존재가 된다.
④ 인간은 자연의 섭리에 순응하는 존재이다.

20

다음 글의 중심 내용을 바르게 이해한 것은?

(가) 도대체 객관적인 역사적 사실의 인식은 가능한가? 여기에 대해서는 역사가들 사이에서도 회의적인 견해를 표명한 사람들이 있다. 그것은 현재 남아 있는 사료란 극히 제한된 범위의 것이고, 따라서 이를 통해서 진실을 밝히기가 힘들기 때문이다. 그러나 객관적 사실에 대한 인식의 가능성을 부인하는 것은 비단 역사에 대해서뿐만 아니라 인생 자체를 허무하게 만드는 결과를 가져오는 것이 아닐까? 가령 네거리의 신호등이 붉게 켜져 있는데, 그것이 푸르다고 보고 길을 건너는 경우를 생각해 보자. 그 결과가 어떻게 될 것인지는 너무나 분명하다. 모든 일이 이와 같아서는 인간 생활의 뿌리가 흔들리고 말지 않을까? 그러면 어떻게 해야 과거의 역사적 사실에 대한 객관적 인식이 가능하게 되는가?

(나) 그 첫째는 주관적인 선입견을 없애는 일이다. 인간의 인식 활동에서 주관을 전적으로 배제하기는 힘들 것이다. 그러나 주관을 배제하면 배제할수록 그만큼 진리는 앞으로 가까이 다가오게 될 것이다. 반대로 주관을 강하게 노출시키면 노출시킬수록 진리는 그에게서 멀어져 갈 것이다.

(다) 다음으로는 논리적인 사고에 충실한 것이다. 객관적인 역사적 사실을 추구하는 데 있어서 논리의 비약은 절대로 허락될 수가 없다. 대개 이러한 논리의 비약은 어떤 주관적인 선입관 때문이고, 따라서 첫째 이유와 결국은 표리를 이루는 관계에 있긴 하다. 그러나 한편 논리적인 사고의 훈련은 주관의 개입을 최대한으로 막아 줄 것이기 때문에 이 점은 역시 강조될 필요가 있다.

(라) 이같이 주관적인 선입견을 배제하고 논리적인 사고를 통하여 얻어진 객관적 사실은 역사를 이해하는 토대가 된다. 그러나 이러한 객관적 사실의 인식만으로써 역사를 이해하는 작업이 끝나는 것은 물론 아니다. 역사는 단순한 사실의 무더기만은 아니기 때문이다.

① 역사는 단순한 사실의 나열이 아니다.
② 역사에서 객관적 진리란 그 형체가 없는 것이다.
③ 선입견을 배제하고 논리적으로 사고해야 역사적 사실을 객관적으로 인식할 수 있다.
④ 역사적 사실에 대한 해석은 시대에 따라 달라질 수밖에 없다.

21

다음 글의 전개 방식으로 적절하지 않은 것은?

청소년 아르바이트는 보통 10대인 시간제근로자 혹은 그들이 하는 일을 말한다. 이를 둘러싼 부작용을 해소하고 바람직한 근로 환경을 마련하기 위해서는 이에 대한 규제가 필요하다.

그 근거로 첫째, 현재 청소년 근로 환경에서 청소년의 노동 인권이 심각하게 침해받고 있다. 고용주들은 청소년을 싼값에 부리고 손해가 나면 쉽게 해고한다. 또 지각을 하면 월급을 삭감하거나 사고 책임을 아르바이트생에게 전가하는 일도 비일비재하다. 이처럼 청소년 근로자들은 고용이나 임금 체불 문제 등에 무방비 상태로 노출되어 있다. 이런 상황에서 청소년들은 노동의 가치를 경험하기보다 심각한 신체적, 정신적 상처에 시달릴 뿐이다. 따라서 청소년 아르바이트를 규제해야 한다.

둘째, 청소년들은 현재의 돈보다 미래를 준비하는 데 집중해야 한다. 바람직한 근로 경험을 통해 일에 대한 긍정적인 인식을 형성하고 진로에 도움이 되는 경험을 쌓는 것은 권장할 일이다. 그러나 현재 아르바이트를 하는 대부분의 청소년들은 유흥비나 용돈벌이를 위해 일하고 있으며 진로와 연계된 일을 하는 경우는 매우 적다. 오히려 현재 노동 환경은 정상적인 학교생활을 방해하고 있다. 늦게까지 아르바이트를 하고 다음 날 학교생활에 지장을 초래하는 것이 대부분이다. 이는 청소년이 학업에 집중하고 진로를 탐색하는 것을 방해하고 있다. 진로와 연계된 근로 경험의 토대가 마련되지 않은 상황에서 단기간 근로를 통해 돈을 벌어 소비하는 것에 머무는 현재의 청소년 아르바이트는 규제해야 한다.

① 개념에 대한 정의를 명확히 하고 있다.
② 주장의 요지를 먼저 밝힌 후 근거를 들고 있다.
③ 현상을 열거하여 실태의 심각성을 강조하고 있다.
④ 구체적인 통계치를 근거로 발언의 신뢰성을 확보하고 있다.

22

다음 글에 대한 설명으로 옳지 <u>않은</u> 것은?

온달(溫達)은 고구려 평강왕(平岡王) 때 사람이다. 얼굴은 웃음직하게 못났으나 마음씨는 고왔다. 집이 매우 가난하여 노상 밥을 빌어 모친을 봉양하며 해진 적삼에 헐어빠진 신발로 시정(市井) 사이를 왕래하니 사람들이 지목하여 '우온달(愚溫達)'이라고 하였다. 평강왕이 어린 딸아이가 울기를 좋아하니 농담으로,

"네가 노상 울어서 내 귀를 시끄럽게 하니 자란 다음에도 반드시 사대부(士大夫)의 아내 노릇은 못할 것이니 우온달에게 시집보내야 마땅하겠다." 하며 마냥 그렇게 말했다.

그녀의 나이 16세가 되자 상부(上部)의 고씨(高氏)에게 출가시키려고 하니 공주는 아뢰되,

"대왕께서는 항상 말씀하시기를, '너는 반드시 온달의 아내가 될 것이다.'고 하셨는데 이제 와서 무슨 까닭으로 말씀을 고치십니까? 필부도 식언(食言)하지 않는데 하물며 지존(至尊)이시옵니까. 그러므로 왕자(王者)는 농담이 없다 하였습니다. 지금 대왕의 명령은 그릇된 것이니 감히 받들지 못하겠습니다." 하였다. 왕은 노하며,

"네가 나의 명령을 복종하지 않으면 단연코 내 딸이 될 수 없다. 같이 살아서 무엇하느냐. 네 갈 대로 가라."고 하였다.

이에 공주는 값진 패물 수십 개를 팔목에 차고 궁중을 나와 혼자 가다가 길에서 한 사람을 만나 온달의 집을 물어 바로 그 집에 당도하여 앞 못 보는 늙은 어머니를 보고 앞에 가까이 가서 절하며 그 아들의 행방을 물으니 노모(老母)는 대답하되,

"우리 아들은 가난하고 추하여 귀인(貴人)이 가까이할 인물이 못 됩니다. 지금 그대에게서 이상한 향내가 나고, 손을 만지니 솜같이 부드러우니, 반드시 천하의 귀인일 것이오. 누구의 꾐에 빠져 여기에 오게 되었소? 내 자식은 굶주림을 참지 못하여 산으로 느릅나무 껍질을 벗기러 간 지 오래인데, 아직 돌아오지 않았소." 하였다.

공주가 집을 나와 산 아래에 당도하여 온달이 느티나무 껍질을 지고 오는 것을 보고 그와 더불어 자신의 소회(所懷)를 말하니 온달은 성내며,

"이는 어린 여자의 행동이 아니다. 반드시 사람이 아니고 여우나 귀신일 것이니 나를 박해하지 말라."

하고 드디어 돌아보지 않으며 바로 갔다. 공주는 홀로 돌아와 그 집 사립문 밖에서 자고 다음 날 아침에 다시 들어가 모자(母子)와 더불어 자세히 말을 하니 온달은 의아하여 결정을 못하고, 그 모친은,

"우리 아들이 지극히 천하여 귀인의 배필이 될 수 없고 우리 집이 지극히 가난하여 귀인의 살 곳이 못 되오."

하였다. 공주는 대답하되,

"옛 사람의 말에, '한 말 곡식도 방아 찧을 수 있고 한 자의 베도 재봉할 수 있다.'고 하였는데 어찌 반드시 부귀한 뒤에야만 같이 살 수 있겠습니까."

하고 가졌던 패물을 팔아 전택(田宅), 노비(奴婢), 우마(牛馬), 기물(器物)을 사들여 살림을 두루 갖췄다. 처음 말을 사들일 적에 공주는 온달에게,

"아무쪼록 상인의 말은 사지 말고 국마(國馬)가 병들고 여위어 버림을 당한 것만을 가려서 사오세요."

부탁하므로 온달은 그의 말대로 하니 공주는 착실히 사육하여 그 말이 날로 살찌고 장대하여졌다. 고구려가 항상 봄 3월 3일에 낙랑벌에 모여 사냥하고 잡은 그 돼지, 사슴으로 하늘 및 산천의 신에게 제사하므로 그 날이 되면 왕이 사냥 나오고 여러 신하 및 5부의 병정이 다 따르게 된다. 이때 온달은 자기가 기른 말을 타고 수행하는데 그 말의 달림이 항상 다른 말보다 앞서고 잡은 것도 많아 다른 사람은 그와 같이 하는 자가 없으므로 왕은 불러 오라 하여 성명을 묻고 놀라며 특이하게 여겼다. 때마침 후주 무제(後周武帝)가 군사를 출동하여 요동(遼東)을 치니, 왕은 군사를 거느리고 배산(拜山)의 들에서 마주쳐 싸우는데 온달이 선봉이 되어 날랜 격투로 적군 수십여 명을 베니 모든 군사가 승세를 타서 들이쳐 크게 이겼다. 공을 논할 적에 온달로써 제일이라 하지 않는 자 없으므로 왕은 감탄하며,

"너는 내 사위다." 하고 예를 갖추어 맞아들인 다음 벼슬을 내려 대형(大兄)으로 삼으니 이로 인해 은총과 영화가 더욱 거룩하고 위엄과 권세가 날로 성하였다. 영양왕(嬰陽王)이 즉위하자 온달은 아뢰기를,

"신라가 우리 한강 이북의 땅을 짜개서 저희들의 군현(郡縣)을 만들었으므로 백성이 원통히 여겨 항상 조국을 잊지 않고 있으니 원컨대 대왕은 저더러 어리석다 마시고 군사를 내주시면 한번 걸음에 반드시 우리 땅을 되찾겠습니다."고 하니 왕은 허락하였다. 온달은 출전할 적에 맹세하되,

"계립현(鷄立峴), 죽령(竹嶺)의 서편 땅을 찾지 못하면 돌아오지 않겠다." 하고 드디어 길을 떠나 신라군과 아단성(阿旦城) 아래서 싸우다가 유시(流矢)에 맞아 길에서 죽었다. 그를 장사하려 하는데 관이 움직이지 않으므로 공주가 와서 관을 어루만지며,

"죽고 삶이 결정났으니 아! 돌아갈지어다." 하니 드디어 관이 들려서 장사하였다. 대왕은 듣고 애통하였다.

① 백제 '무왕설화'와 모티프가 유사하다.
② 『삼국유사(三國遺事)』의 「기이(紀異)」편에 실린 작품이다.
③ 설화적인 줄거리를 전(傳)의 형식에 담았다.
④ 역사적인 인물과 전래 설화가 결합된 역사 설화이다.

23

다음 빈칸 안에 들어갈 격 조사가 순서대로 바르게 연결된 것은?

> 奉天討罪( )실·씨·四方諸侯( )몬·더·니 聖化ㅣ오·라·샤·西夷·쏘모·ᄃ·니.
>
> – 「용비어천가(龍飛御天歌)」 9장

① 이 – ㅣ
② ㅣ – 이
③ 생략 – ㅣ
④ ㅣ – ㅣ

24

윗글이 전설이라는 증거를 알 수 있는 것은?

① 옛날 이 원소가 생기기 전에, 이 터에는 장자 첨지가 수 없는 종들과 전지와 살진 가축들을 가지고 살았다는 것이다.

② 몇 해를 거푸 흉년이 들어서 이 동네 사람들이 모두 굶어 죽게 되었을 때 그들은 하루에도 몇 번씩 장자 첨지에게 애걸을 하였다.

③ 무수한 악형을 하고 혹은 죽이고 그나마는 멀리 쫓아버렸다는 것이다.

④ 장자 첨지네 고래잔등 같은 기와집이 하룻밤 새에 큰 못으로 변하였다는 것이다. 그 못이 바로 즉, 내려다보이는 저 푸른 못이다.

※ 다음 글을 읽고 물음에 답하시오. [24~25]

> 옛날 이 ㉠원소가 생기기 전에, 이 터에는 장자 첨지가 수없는 종들과 전지와 살진 가축들을 가지고 살았다는 것이다. 그런데 그 첨지는 하도 인색하여서, 연년이 추수하는 곡식을 미처 먹지 못하고 곳간에서 푹푹 썩어 내도 근처 어려운 사람들을 구제할 생각은 고사하고, 어쩌다 걸인이 밥 한 술을 구걸하여도 그것이 아까워서는 대문을 닫아걸고 끼니도 끓여 먹었다는 것이다.
>
> 그런데 마침 몇 해를 거푸 흉년이 들어서 이 동네 사람들이 모두 굶어 죽게 되었을 때 그들은 하루에도 몇 번씩 장자 첨지에게 애걸을 하였다. 그러나 첨지는 들은 체도 하지 않고 오히려 그들을 나무라고 문간에도 들이지 않았다는 것이다.
>
> 그러므로 그들은 하는 수 없이 몰래 작정을 하여 가지고 밤중에 장자 첨지네 집을 급습하여 쌀과 살진 짐승들을 끌어냈다는 것이다. 이런 일이 있은 후 며칠 만에 장자 첨지는 관가에 고소장을 들여 이 근처 농민들을 모두 잡아가게 하였다. 그래서 무수한 악형을 하고 혹은 죽이고 그나마는 멀리 쫓아버렸다는 것이다.
>
> 아버지, 어머니 혹은 아들, 딸을 잃어버린 이 동네 노인이며 어린 것들은 목이 터지도록 아버지, 어머니를 부르며 혹은 아들과 딸을 찾으며 장자 첨지네 마당가를 떠나지 않고 울었다는 것이다.
>
> 그래서 울고 울고 또 울어서 그 눈물이 고이고 고이어서 마침내 장자 첨지네 고래잔등 같은 기와집이 하룻밤 새에 큰 못으로 변하였다는 것이다. 그 못이 바로 즉, 내려다보이는 저 푸른 못이다.

25

밑줄 친 ㉠을 한자로 바르게 표기한 것은?

① 苑沼
② 怨沼
③ 原沼
④ 元沼

※ 2018년도 기출복원문제는 시험 응시자들과 집필진의 기억을 토대로 재구성되었습니다. 실제 기출문제와는 다소 차이가 있을 수 있음을 알려드립니다.

빠른 정답표 ▶ 분석해설편 P.1
정답과 해설 ▶ 분석해설편 P.61

9급 군무원 국어

1초 합격예측! 모바일 성적분석표

QR 코드로 접속하여 문제 풀이시간을 측정하고, 〈1초 합격예측 & 모바일 성적분석표〉 서비스를 통해 지금 바로! 실력을 점검해 보세요.
http://eduwill.kr/Qv36

01

다음 〈보기〉 중 맞춤법이 옳은 것은?

┤ 보기 ├

㉠ 새벽녘부터 비가 내리기 시작했다.
㉡ 내가 짐작컨대 그는 장차 크게 될 아이다.
㉢ 잠시 눈을 부치고 나니 피로가 풀렸다.
㉣ 넉넉지 못한 선물이지만 받아 주기 바랍니다.

① ㉠, ㉡, ㉢, ㉣   ② ㉠, ㉡, ㉢
③ ㉠, ㉢, ㉣   ④ ㉠, ㉣

02

다음 〈보기〉의 글에 대한 설명으로 옳지 않은 것은?

┤ 보기 ├

블·휘 기·픈 남·ᄀᆞᆫ ·ᄇᆞᄅᆞ·매 아·니 :뮐·ᄊᆡ, 곶 :됴·코
·여·름 ·하ᄂᆞ·니
:식·미 기·픈 ·므·른 ·ᄀᆞ·ᄆᆞ·래 아·니 그·츨·ᄊᆡ :내
·히 이·러 ·바·ᄅᆞ·래 ·가ᄂᆞ·니

– 「용비어천가(龍飛御天歌)」 2장

① 경기체가(景幾體歌)의 대표작이다.
② '남·ᄀᆞᆫ'과 ':식·미'는 조선을, '·ᄇᆞᄅᆞ·매'와 '·ᄀᆞ·ᄆᆞ·래'는 내우외환(內憂外患)을 상징한다.
③ '·여·름 ·하ᄂᆞ·니'는 '열매가 많다'라는 뜻이다.
④ ':내·히 이·러'는 '냇물이 모여 흐른다'라는 뜻이다.

03

다음 중 띄어쓰기가 옳게 된 문장은?

① 그것 밖에 방법이 없다.
② 하연이는 예쁜데다가 마음씨도 곱다.
③ 비 오는데도 축구하고 있다.
④ 지금 시작하는 게 좋을텐데.

04

다음 글의 밑줄 친 ㉠~㉣에 대한 설명으로 적절하지 않은 것은?

처음에는 바람 속에서 판득판득하던 불이 삽시간에 그 산 같은 보릿짚 더미에 붙었다.

"휘쓰(불이야)!" 하는 고함과 함께 사람의 소리는 요란하였다. 모진 바람에 하늘하늘 일어서는 불길은 어느새 보릿짚 더미를 살라 버리고 울타리를 살라 버리고 울타리 안에 있는 집에 옮았다.

"푸우 우루루루루 쏴아······."

동풍이 몹시 일면은 불기둥은 서편으로, 서풍이 몹시 부는 때면 불기둥은 동으로 쏠려서 모진 소리를 치고 검은 연기를 뿜다가도, 동서풍이 어울치면 축늉[화신(火神)]의 붉은 혓발은 하늘하늘 염염이 타올라서 차디찬 별―억만 년 변함이 없을 듯하던 별까지 녹아 내릴 것 같이 검은 연기는 하늘을 덮고 붉은빛은 깜깜하던 골짜기에 차 흘러서 어둠을 기회로 모여들었던 온갖 요귀를 몰아 내는 것 같다. 불을 질러 놓고 뒷숲 속에 앉아서 내려다보는 그 그림자―딸과 아내를 잃은 문 서방은, "하하하······."

시원스럽게 웃고 가슴을 만지면서 ㉠한 손으로 꽁무니에 찼던 도끼를 만져 보았다.

일동리 사람들과 인가의 집 일꾼들은 불붙는 데 모여들었으나 모두 어쩔 줄을 모르고 떠들고 덤비면서 달려가고 달려올 뿐이었다. 그러는 사이에 울타리는 물론 울타리 속에 엉큼히 서 있던 큰 집 두 채도 반이나 타서 쓰러졌다.

이런 불 속으로부터 여러 사람이 오고 가는 밭 가운데로 뛰어나가는 두 그림자가 있었다. 하나는 커다란 장정이요, 하나는 작은 여자이다. 뒷산 숲에서 이것을 본 문 서방은 그 두 그림자를 향하고 내리뛰었다. 그는 천방지방 내리뛰

었다. ⓒ독살이 잔뜩 올라서 불빛에 번쩍이는 그의 눈에는 이 두 그림자밖에는 아무것도 보이지 않았다.

"으윽 끅."

ⓒ문 서방이 여러 사람을 헤치고 두 그림자 앞에 가 섰을 때, 앞에 섰던 장정의 그림자는 땅에 거꾸러졌다. 그때는 벌써 문 서방의 손에 쥐었던 도끼가 장정 인가의 머리에 박혔다. 도끼를 놓은 문 서방의 품에는 어린 여자의 그림자가 안겼다. 용례가……

그 바람에 모여 섰던 사람들은 혹은 허둥지둥 뛰어 버리고 혹은 뒤로 자빠져서 부르르 떨었다. 용례도 거꾸러지는 것을 안았다.

"용례야! 놀라지 마라! 나다! 아버지다! 용례야!"

문 서방은 딸을 품에 안으니 이때까지 악만 찼던 가슴이 스르르 풀리면서 ⓔ독살이 올랐던 눈에서 뜨거운 눈물이 떨어졌다. 이렇게 슬픈 중에도 그의 마음은 기쁘고 시원하였다. 하늘과 땅을 주어도 그 기쁨을 바꿀 것 같지 않았다.

그 기쁨! 그 기쁨은 딸을 안은 기쁨만이 아니었다. 적다고 믿었던 자기의 힘이 철통 같은 성벽을 무너뜨리고 자기의 요구를 채울 때 사람은 무한한 기쁨과 충동을 받는다.

불길은—그 붉은 불길은 의연히 모든 것을 태워 버릴 것처럼 하늘하늘 올랐다.

① ㉠: 인가를 살해하기 위해 가져온 도끼를 확인하는 행동
② ㉡: 원한을 갚고자 하는 문 서방의 일념
③ ㉢: 원한의 대상을 살해한 문 서방
④ ㉣: 우발적 살인에 대한 자책감

05

다음 중 표준어로서 두 어휘의 관계가 다른 것은?

① 복사뼈 : 복숭아뼈
② 남우세스럽다 : 남사스럽다
③ 허섭스레기 : 허접쓰레기
④ 어수룩하다 : 어리숙하다

06

다음 중 '일이 잘되도록 노력해야 할 사람이 도리어 엉뚱한 행동을 한다.'라는 의미의 속담은?

① 논 팔아 굿하니 맏며느리 춤추더라
② 눈 어둡다 하더니 다홍고추만 잘 딴다
③ 동방삭이는 백지장도 높다고 하였단다
④ 봄에 깐 병아리 가을에 와서 세어 본다

07

다음 글에서 문맥상 어울리지 않는 문장은?

㉠우리나라는 술자리에서 신입들에게 술을 많이 먹이는 술 문화가 있어서 여러 문제를 일으키기도 한다. 기업들은 회식과 음주 문화 개선을 위해 노력하고 있지만, 조직에 갓 들어온 신입사원들은 술을 강권하는 기업 문화가 여전하다고 입을 모은다. ㉡알코올 분해효소는 사람들마다 달라서 효소가 적은 사람에게는 치명적일 수 있다. 알코올 분해효소인 알데히드탈수소 효소는 백인이나 흑인에 비해 동양인, 우리나라 사람에게 상대적으로 적다. 따라서 이 효소가 적거나 없는 사람들은 술을 마시기만 하면 얼굴이 붉어지고 가슴이 울렁거리는 등의 증세가 나타나게 된다. 특히 한국인의 40%는 술을 조금만 먹어도 위험하다. ㉢이러한 우리나라의 술 문화는 어쩔 수 없는 문화이기도 하다. 술자리를 가지는 구체적인 대상은 직장동료뿐만 아니라 친족, 동창생, 이웃, 친구가 될 수 있으며, 이 때문에 우리나라에서 술자리는 사회적 동지 관계가 형성, 강화되는 자리이기도 하다. 인간됨과 업무실력보다는 술로 관계를 맺어서 일을 해결하기도 하고, 그들 이외의 집단에 대해서는 배타적인 태도를 취하기도 한다. ㉣하지만 요새는 종전과 다른 문화들이 생겨나고 있다. 웰빙과 커피전문점 문화의 확산 등을 통해 소비자들의 수요가 기존 제품에서 이동하는 계기가 되었고, 음주문화가 취하는 문화에서 즐기는 문화로 변화하고 있는 것이다.

① ㉠
② ㉡
③ ㉢
④ ㉣

08

다음 밑줄 친 한자 성어의 쓰임이 적절하지 않은 것은?

① 孤掌難鳴이라고, 도와주는 사람이 없으니 일을 하기가 너무 어려웠다.
② 난리가 나자 마을 사람들은 모두 男負女戴하고 피란길에 올랐다.
③ 시험에 떨어진 후 그는 肝膽相照하며 밤새워 공부하고 있다.
④ 상대방이 온화한 표정으로 협상에 임할수록 口蜜腹劍의 유형이 아닌지를 잘 살펴야 한다.

09

다음 제시된 글의 순서를 가장 올바르게 배열한 것은?

> (가) 이 부작용은 특히 무한 경쟁이라는 정글의 법칙에서 더욱 뚜렷하게 나타난다.
>
> (나) 그러나 문화와 문명의 발달이 순기능 못지않게 그 역기능을 심각하게 드러내고 있다는 데서 문제가 제기된다.
>
> (다) 독일 프랑크푸르트학파의 중심인물이었던 호르크하이머(Max Horkheimer)는 '시장지배적 이성'이라는 말로 이러한 현대 산업사회의 문제점을 오래전부터 예견한 바 있다.
>
> (라) 첨단 과학과 기술이 눈부신 발달을 이루면서, 이 사회의 구성원들은 지난 세기에는 경험해 보지 못한 다양한 종류의 문화적 혜택을 만끽하고 있다.
>
> (마) 컴퓨터와 인터넷의 발달, 생명공학의 놀라운 진보와 인간 게놈 프로젝트의 확산, 기술 혁신에 힘입은 각종 기기의 첨단화는 사회 구성원들에게 편리함과 함께 심각한 부작용까지 안겨준 것이다.
>
> (바) 모든 것이 이윤 중심의 경제 논리에 따라 조정되기 때문에, 인간은 본래의 창조 목적과 가치를 상실하고, 상품의 수요자와 공급자라는 시장 경제의 도구로 전락하기에 이른 것이다.

① (라) - (마) - (나) - (가) - (다) - (바)
② (라) - (나) - (마) - (가) - (바) - (다)
③ (다) - (마) - (라) - (나) - (바) - (가)
④ (다) - (라) - (마) - (나) - (가) - (바)

10

다음 〈보기〉에 제시된 단어에서 알 수 있는 로마자 표기의 기본 원칙이 아닌 것은?

보기
묵호(Mukho)   집현전(Jiphyeonjeon)
오죽헌(Ojukheon)   압구정(Apgujeong)

① 고유 명사의 로마자 표기는 첫 글자를 대문자로 표기해야 한다.
② 된소리되기는 로마자 표기에 반영하지 않는다.
③ 체언에서 'ㄱ, ㄷ, ㅂ' 뒤에 'ㅎ'이 따를 때에는 'ㅎ'을 밝혀 적는다.
④ 로마자 표기에서 장모음의 장음은 따로 표기하지 않는다.

11

다음 중 밑줄 친 '훔치다'의 의미가 다른 것은?

① 그녀는 손수건으로 눈물을 훔쳤다.
② 그 농부는 손으로 풀을 훔치며 이마의 땀을 닦았다.
③ 그는 긴장을 했는지 연방 식은땀을 훔쳐 내었다.
④ 남편은 걸레를 빨아서 방을 닦고 마루를 훔쳤다.

12

다음 글의 내용을 참고하여 주장할 내용으로 가장 적절한 것은?

> 우리나라 노인들의 우울하고 슬픈 현주소를 보여 주는 지표가 나왔다. 65세 이상 국내 노인 가구의 평균 소득은 전체 가구 평균 소득의 66.7%로, 경제 협력 개발 기구(OECD) 30개국과 그 비중을 비교해 보니 꼴찌에서 둘째라고 한다. 멕시코, 오스트리아, 프랑스 등은 95%가 넘었고, 우리보다 먼저 고령 사회를 경험한 일본도 86.6%로 훨씬 높았다.
>
> 노인층의 소득이 낮은 이유는 OECD 통계에서 확인되듯 노후에 경제적 버팀목이 되는 공적 연금 제도가 제구실을 하지 못하기 때문이다. 그렇다고 노년 시절을 대비한 개인적 투자에 적극적이었던 것도 아니다. 그들은 그저 자식의 교육과 결혼 뒷바라지 등에 온 힘을 쏟았을 뿐이다. 그러곤 황혼길에 경제적 어려움과 심리적 박탈감으로 고통받는 이들이 한국의 노인층이다.
>
> 노인층의 소득 보장 대책으로는 우선 소득 하위 70%의 노인에게 지급되는 기초 노령 연금의 확대를 꼽을 수 있다. 올해 기준으로 한 달에 고작 94,600원인 기초 노령 연금은 안정된 노후 생활에 큰 보탬이 되기 어렵다. 일부에선 재정 부담 증가 등을 이유로 기초 노령 연금 증액에 난색을 표시하지만, 우리나라의 복지 재정 비중은 국내총생산의 9%로 OECD 국가 평균인 19%보다 훨씬 낮다. 이와 함께 정년 연장 등을 통해 노후 준비 기간을 늘려 주고, 공공 노인 요양 시설 확대 등 사회적 복지 지원 체계를 강화하는 방안도 필요하다.

① 노인층 빈곤 문제는 더 이상 한 국가만의 문제가 아니다.
② 노년 시절에 대비하기 위해 젊었을 때 더 많은 투자가 필요하다.
③ 노인층 빈곤 문제를 해결하기 위하여 노인 일자리를 확보해야 한다.
④ 노인 복지 정책 강화를 통해 노인 빈곤층 문제에 적극적으로 대처해야 한다.

13

다음 단어 중 사이시옷을 표기하는 구성이 다른 것은?

① 베갯잇   ② 가욋일
③ 깻잎   ④ 나뭇잎

14

다음 밑줄 친 부분의 띄어쓰기가 바르지 않은 것은?

① 나는 어릴 적 찍은 사진을 아직도 간직하고 있다.
② 두 사람의 관계는 먼 촌수의 숙질간이었다.
③ 그는 최 씨 문중의 장손으로 조상의 유업을 물려받기로 했다.
④ 우리나라 독립운동사에서 빠질 수 없는 분이 바로 백범 김구 선생입니다.

15

다음 글의 대화에서 며느리가 말하고 있는 의도로 적절한 것은?

> "어머님, 그때 우시지 않았어요?"
> "울기만 했겠냐. 오목오목 디뎌 논 그 아그 발자국마다 한도 없는 눈물을 뿌리며 돌아왔제. 내 자석아, 내 자석아, 부디 몸이나 성히 지내거라. 부디부디 너라도 좋은 운 타서 복받고 살거라…… 눈앞이 가리도록 눈물을 떨구면서 눈물로 저 아그 앞길을 빌고 왔제……."
> 노인의 이야기는 이제 거의 끝이 나 가고 있는 것 같았다. 아내는 이제 할 말을 잊은 듯 입을 조용히 다물고 있었다.
> "그런디 그 서두를 것도 없는 길이라 그렁저렁 시름없이 걸어온 발걸음이 그래도 어느 참에 동네 뒷산을 당도해 있었구나. 하지만 나는 그 길로 차마 동네를 바로 들어설 수가 없어 잿등 위에 눈을 쓸고 아직도 한참이나 시간을 기다리고 앉아 있었더니라……."
> "어머님도 이젠 돌아가실 거처가 없으셨던 거지요."
> 한동안 조용히 입을 다물고 있던 아내가 이제 더 이상 참을 수가 없어진 듯 갑자기 노인을 추궁하고 나섰다. 그녀의 목소리는 이제 울먹임 때문에 떨리고 있었다.
>
> – 이청준, 「눈길」

① 어머니의 행동을 격려하고 있다.
② '나'에 대한 미움과 원망을 어머니에게 드러내고 있다.
③ 어머니가 계속 말을 할 수 있도록 유도하고 있다.
④ 어머니가 진실을 말할 때까지 신문하고 있다.

16

다음 중 밑줄 친 한자의 표기가 바르지 않은 것은?

① 너무 단조로운 생활에 염증(炎症)이 났다.
② 그는 술을 물에 희석(稀釋)해 마셨다.
③ 아내의 정성 어린 간호 덕택(德澤)에 건강을 회복하였다.
④ 그 노래는 많은 사람 사이에서 널리 회자(膾炙)되고 있다.

17

다음 밑줄 친 단어의 품사와 문장 성분은?

> 공문서를 작성할 때는 맞춤법을 틀리게 쓰면 안 된다.

① 동사, 부사어   ② 형용사, 관형어
③ 동사, 목적어   ④ 명사, 주어

18

다음 중 어법이 올바른 문장은?

① 이 영화에 나오는 장면은 허구이므로 어린이들은 반드시 흉내 내면 안 된다.
② 소생의 자식 결혼 시에 축복하고 격려해 주셔서 감사를 드립니다.
③ 정성을 다한 시공과 최대한 공사 기간을 단축하여 차도 공사를 마무리하도록 하겠습니다.
④ 춘향호의 선장과 선원들은 배 침몰과 함께 사망했습니다.

19

다음 밑줄 친 어휘 중 사용이 적절한 것은?

① 이번 시험은 난도를 낮춰 매우 쉬웠다.
② 승호는 합격자 발표를 기다리며 안절부절못했다.
③ 바쁘신 와중에도 참석해 주신 여러분께 감사드립니다.
④ 현대 사회에서 영화가 차지하는 비율은 아주 크다.

20

다음 중 '세대 갈등'에 대한 글쓴이의 의견과 다른 것은?

어느 시대에나 세대 갈등은 존재한다. 그때마다 인류는 그것을 통합하고 화합하고자 하였으나 실패하였다. 세대 갈등을 해결한다는 것은 사실 불가능한 일이며, 다만 세대 간의 대화가 그나마 유일한 방식일 뿐이다. 대화의 결론 역시 어떤 통합이 아니라 공존을 모색하는 형태로밖에 내릴 수 없다.

세대 간의 갈등이 부각되는 것은 현대 산업 사회의 발달과 맞물려 있다. 이전 사회는 약간의 노력과 학습으로도 한 생애를 살아가는 데 어려움이 없었으나 현대는 극단적인 경우 인생의 절반을 투자하여 학습하고 성장한 후에도 그 나머지 인생을 살아가기가 어려운 시대이다. 자아 정체성의 확립과 사회 생활의 엄청난 격리 속에서 성장하는 세대는 자기만의 독자적인 시공간을 요구하게 되고 기성 세대는 그것을 철없는 아이들의 투정으로 여기는 것이다. 이는 단지 가정 불화에 그치는 게 아니라 구체적인 사회 상황에서 매우 격렬한 대립으로 나타난다. 젊은 세대는 자유로운 생활 양식과 급진적인 정치적 요구를 외치고 기성 세대는 이 철부지들을 다양한 형태로 억압한다.

특히 2002년은 월드컵, 촛불 시위, 대통령 선거라는 일련의 과정을 거친 젊은 세대의 사회적 영향력과 이에 대한 기성 세대의 우려가 나타난 매우 의미심장한 해였다. 개발 독재를 거친 장년층은 물론이고 1980년대를 거친 이른바 386세대에서도 상호 비판과 토론이란 자연스러운 일상이 아니라 계몽적 정치 학습이었다. 목적 의식이 강한, 뭔가 결단을 내려야 하는, 비장한 각오로 사회에 참여하는 것이 그들의 방식이었다. 그러나 2002년의 젊은 세대는 달랐다. 그들은 전혀 새로운 방식으로 성장했다. 그들의 스승은 기성 세대가 곧잘 싸구려 퇴폐 문화라고 일컫는 대중문화이다. 대중문화는 누구에게나 열려 있으며 그 문을 열고 들어서는 순간 우리는 수많은 시빗거리가 넘쳐나는 거대한 공론장을 발견하게 된다. 젊은 세대는 대중문화와 인터넷이 교접한 아크로폴리스로 몰려가 자기가 좋아하는 가수를 열렬히 옹호하거나 표절 시비에 참여하거나 립싱크 가수를 질타하였다. 이 토론의 광장에서 그들은 지역, 학력, 성별, 신분 등 기성 세대가 소중히 여겨온 가치를 가볍게 묵살하고 오로지 자기 감수성과 논리에 입각한 열렬한 상호 토론의 판을 벌여왔던 것이다. 그들은 자기들만의 공론장에서 끊임없이 시비를 걸고 토론을 하면서 스스로 학습하고 성장했다.

요컨대 세대 간의 단절, 문화적 격차, 무관심과 몰이해 등으로 요약되는 세대 간의 문화적 갈등을 해결하기 위한 우선적인 과제는 그 차이를 존중하는 것이다. 우리 사회의 문화적 병리 현상은 세대 간의 공통 문화가 없기 때문이 아니라 각 세대에게 맞는 자기만의 문화가 존재하지 않기 때문이다. 세대 문화의 바른 이해는 각 세대의 문화, 그 자체의 내적 목소리에 귀를 기울이지 않고 이를 사회 통합이라는 가설, 도덕적 사회의 수립이라는 허구에 기댈수록 더욱 어려워진다. 문화의 다층적 내면을 섬세하게 파악하기보다는 이를 도덕과 윤리, 사회 통합이라는 틀에 억지로 꿰어 맞추다 보면 결국 젊은 세대의 개과천선과 기성 세대의 너른 아량만이 남는 공허한 귀결에 이르게 된다.

도대체 세대 문화의 통합이란 가능한 일인가. 대화가 안 되고, 따라서 통합이 안 된다면 그것은 그 나름대로 이유가 있지 않겠는가. 오히려 문화의 성장과 역사의 발전이라는 큰 틀에서 볼 때 궁극적으로 세대 간의 문화적 대화와 통합은 불가능하며, 사실 불가능해야 더욱 큰 발전이 기약되는 게 아닌가. 그 점에서 우리는 세대 간의 문화적 차이를 존중함으로써 각 세대만의 고유한 문화를 생산해 내는 길을 열어 나가야 할 것이다.

① 이전 사회에서보다 현대 산업 사회의 세대 간 갈등이 더 심하다.
② 세대 갈등은 어느 시대에나 존재했으며 이를 해결하기가 쉽지 않다.
③ 세대 간의 갈등을 줄이기 위해서는 공통의 문화를 만들어야 한다.
④ 세대 갈등은 문화의 성장과 역사 발전에 긍정적으로 작용할 수 있다.

21

다음 중 외래어 표기가 바르지 않은 것은?

① 섀도우복싱(shadow−boxing)
② 앙케트(enquête)
③ 바리케이드(barricade)
④ 카펫(carpet)

22

다음 글의 내용과 일치하지 <u>않는</u> 것은?

인간은 누구나 질병을 무서워하지만, 사실은 대개의 경우 한두 개의 질병과 함께 인생을 살아가고 있다. 그리고 동양에서는 서양 의학과 달리 질병을 그렇게 무서운 것만으로 보지 않았다. 질병은 왜 발생하는 것일까? 팔에 종기가 생겼다고 하자. 종기는 왜 생겼을까? 서양에서 세균의 사체라고 보는 것과 달리 한의학에서는 종기가 생긴 부위에 기와 혈이 울체(鬱滯)*된 것으로 본다. 그러니까 울체된 기와 혈을 빨리 없애기 위하여 종기가 생겼다고 볼 수 있다. 길에 먹다 남은 빵을 버리면 벌레가 생기는 것과 같은 이치이다.

그렇다면 감기가 걸리는 것은 어떻게 생각할 수 있겠는가? 여러 가지로 생각할 수 있겠지만, 영양 물질과 연관을 지어 생각한다면, 체내에 세균이 좋아하는 영양분이 축적되기 때문에 감기에 걸리는 것이다. 물론 적당량의 노폐물쯤은 인체 스스로 배출할 수 있으므로 문제가 되지 않지만, 많은 양의 노폐물이 쌓여 인체 여러 곳에서 요구하는 영양분을 공급할 수 없게 되면 병이 발생하는 것이다. 사업을 하다가 자금이 잘 회수되지 않으면 우선 빚을 내어 메워가지만, 그러한 상태가 장기간 계속되어 도저히 빚을 갚을 수 없게 되면 파산 선고를 하게 되는 것과 같은 것이다.

일단 병이 발생하면 먹는 것을 줄이게 된다. 언뜻 보기에 먹는 것을 줄이면 사람이 기운이 떨어져 몸이 더욱 나빠질 것 같지만, 사실은 먹는 것을 줄이는 것이 인체의 정기를 회복하는 데 가장 빠른 방법 중 하나이다. 병이 발생하여 먹으려 하지 않고 입맛이 떨어지는 것은 병을 치료하기 위한 인체 스스로의 반응이므로 억지로 먹으려고 하거나 먹으려 하지 않는 것이 좋다. 둘째로 인체는 병이 나면 잠을 자려 한다. 잠을 자는 것은 정기를 저축하는 수단이다. 평소 잠을 자고 나면 힘이 생기듯, 아플 때야말로 잠을 자야 힘을 만들 수 있는 것이다. 셋째로 병이 나면 아프고 힘이 없어 활동을 하지 못하게 된다. 이것도 병을 치료하기 위한 수단이다. 그러므로 아플 때에는 억지로 활동하려 하지 말고 푹 쉬어야 한다.

이렇게 보면 '병'이야말로 건강을 회복시키는 가장 훌륭한 수단이다. 그런데 만일 피로하여 병이 나려고 할 때 약물 투여 등 인위적인 방법을 통해 병의 발생을 막아 버린다면, 우선은 병이 발생하지 않아 계속 생업에 종사할 수 있을지는 모른다. 하지만 그 병은 점점 속으로 들어가 오장육부를 망가뜨려 결국 도저히 회복할 수 없는 질병에 걸리게 될 것이다.

황제내경(黃帝內經)*에 "풍자백병지장야"라는 말이 있다. 이 말은 곧 감기가 모든 병의 원인이라는 말이다. 그러므로 과로를 피하고 휴식을 취하여 감기에 걸리지 말아야 한다. 그러나 사람이 살다 보면 과로를 하지 않을 수 없게 된다. 일단 과로를 하고 병이 발생할 지경에 이르면 그 병을 거부하지 말고 순순히 받아들여야 한다. 이미 과로를 해 놓고 병을 받지 않으려 하면, 죄를 짓고 벌을 받지 않으려는 것과 같다. 그러므로 일단 그 병을 받아들여 제대로 앓으면 인체에 별다른 해를 끼치지 않겠지만, 이 병을 제대로 앓지 않으면 많은 문제가 발생하게 된다. 이렇게 병을 잘 앓고 나면 오히려 더 건강한 몸으로 회복할 수 있다. 예전부터 장티푸스나 천연두를 앓은 사람들이 앓지 않은 사람보다 훨씬 건강한 예를 볼 수가 있고, 홍역 후에 아이들이 체력은 물론 지각도 발달한다고 한다. 이처럼 병은 우리에게 말 못할 고통도 주지만 그 고통의 대가도 준다.

서양 의학에서 질병에 걸렸을 때 항생제 같은 독한 약을 쓰는 것은 병증을 무조건 빨리 없애야 된다는 생각이 앞서기 때문이다. 물론 한의학에서도 병을 환영하여 몸에 붙들어 두려는 것은 아니지만, 서양 의학처럼 무조건 쫓아내는 데에만 급급하지는 않는다. 한의학에서도 서양 의학의 세균과 흡사한 사기(邪氣)*라는 개념이 있어 이 사기를 쫓아내려고 땀을 내고 대변을 통하고 구토시키는 방법을 많이 썼지만, 항상 정기의 손상을 먼저 염두에 두어 함부로 사용하지는 않았다. 어디까지나 병의 진행 과정을 지켜보면서 그 과정에 꼭 필요한 조치를 간단하게 하였을 뿐이다. 즉, 감기에 걸려 땀을 낼 필요가 있을 때에도 땀을 많이 내면 망양증(亡陽症)*에 걸릴 수 있음을 경고하였고, 대변을 내려 보낼 때에도 정말로 배 속에 뭉친 열이 있는지를 세밀히 살필 것을 누차 강조하고 있다. 이는 어디까지나 질병의 치료, 즉, 사기를 쫓아내기에 앞서 정기의 손상을 먼저 생각하고 있기 때문이다. 이처럼 기본적인 질병관에 있어 동서양의 차이가 존재한다.

* 울체(鬱滯): 공기나 기 따위가 막히거나 가득 참.
* 황제내경(黃帝內經): 의학오경의 하나로, 중국 신화의 인물인 황제와 천하의 명의인 기백과의 의술에 관한 토론을 기록한 것이라 함.
* 사기(邪氣): ㉠ 요망스럽고 간악한 기운. ㉡ 한의학에서, 사람의 몸에 병을 일으키는 여러 가지 외적 요인을 통틀어 이르는 말
* 망양증(亡陽症): 한의학상 증세의 하나로, 양을 잃어 원기가 손모되는 것

① 적당한 노폐물은 인체의 자정 능력으로 해결이 가능하다.
② 한의학의 입장에서 질병은 긍정적인 평가를 받을 수도 있다.
③ 동양 의학이든 서양 의학이든 최우선 순위는 병증의 제거이다.
④ 한의학에서는 질병의 진행 과정에 따라 필요한 조치를 간단히 취할 뿐이다.

23

다음 시에서 밑줄 친 시어의 의미로 적절하지 않은 것은?

(가) 가난한 내가
     아름다운 나타샤를 사랑해서
     오늘밤은 푹푹 눈이 나린다

(나) 이 흰 바람벽에
     내 가난한 늙은 어머니가 있다
     내 가난한 늙은 어머니가
     이렇게 시퍼러둥둥하니 추운 날인데 차디찬 물에 손을 담그고 무이며 배추를 씻고 있다

(다) 눈이 많이 와서
     산엣새가 벌로 나려 멕이고
     눈구덩이에 토끼가 더러 빠지기도 하면
     마을에는 그 무슨 반가운 것이 오는가보다
     한가한 애동들은 어둡도록 꿩 사냥을 하고
     가난한 엄매는 밤중에 김치가재미로 가고
     마을을 구수한 즐거움에 사서 은근하니 홍성홍성 들뜨게 하며
     이것은 오는 것이다

(라) 내가 이렇게 외면하고 거리를 걸어가는 것은 잠풍 날씨가 너무나 좋은 탓이고
     가난한 동무가 새 구두를 신고 지나간 탓이고 언제나 꼭 같은 넥타이를 매고 고은 사람을 사랑하는 탓이다

---

① 모두 기본적으로 물질적 가난을 포함한다.
② (가)의 '가난'은 사랑하는 여인과 그 사랑을 이룰 수 없는 화자의 처지를 의미한다.
③ (나)와 (라)는 자신과 가까운 사람에게 친근하게 가난하다고 표현하고 있다.
④ (다)는 가난과 결부된 생활의 빈곤을 강조하고 있다.

24

다음 밑줄 친 단어 중 품사가 다른 것은?

① 저는 선생님의 곧은 성품을 본받고 싶습니다.
② 성격이 다른 사람하고 함께 사는 것은 쉽지 않다.
③ 가벼운 발걸음으로 집에 갔다.
④ 그는 바른 주먹으로 턱을 괴고 앉아 있었다.

25

다음 중 호칭에 대한 설명이 바르지 않은 것은?

① 남의 어머니를 지칭할 때는 '자당(慈堂)'이라고 불러야 한다.
② 남편 누나의 남편을 '아주버님', '서방님'이라 하던 것을 '아주버님'만 쓰도록 하였다.
③ 결혼한 남동생의 장인을 '사돈어른'이라고 부르는 것이 전통적인 표준 예절이다.
④ 조의금 봉투에 '부의(賻儀)'가 일반적으로 쓰이며 '근조(謹弔)'라고 쓰기도 한다.

빠른 정답표 ▶ 분석해설편 P.1
정답과 해설 ▶ 분석해설편 P.70

2016

2016.07.02. 국방부(육·해·공군) 시행

⏱ 적정시간 25분

9급 군무원 국어

월 일	월 일	월 일
시작 :	시작 :	시작 :
종료 :	종료 :	종료 :
점수	점수	점수

01

다음 중 표준어로 옳지 <u>않은</u> 것은?

① 무우
② 개발새발
③ 남사스럽다
④ 이쁘다

02

다음 중 외래어 표기법으로 옳지 <u>않은</u> 것은?

① 레크리에이션(recreation), 랍스터(lobster)
② 비스킷(biscuit), 내비게이션(navigation)
③ 주스(juice), 스케일링(scaling)
④ 앙케이트(enquête), 초콜렛(chocolate)

03

다음 작품에 대한 설명으로 적절하지 <u>않은</u> 것은?

일청 전징(日淸戰爭)의 총쇼리ᄂᆞᆫ 평양 일경(平壤一境)이 ᄶᅥᄂᆞ가ᄂᆞᆫ 듯ᄒᆞ더니, 그 총쇼리가 긋치ᄆᆡ 사ᄅᆞᆷ의 ᄌᆞ취ᄂᆞᆫ ᄯᅳ너지고 샨과 들에 비린 ᄲᅵᆯᄂᆞᆫ이라.

평양성 외(外) 모란봉에 ᄶᅥ러지ᄂᆞᆫ 저녁 볏은 누엿누엿 너머가ᄂᆞᆫᄃᆡ, 져 히ᄲᅵᆺ을 붓드러 미고 시푼 마음에 붓드러 미지ᄂᆞᆫ 못ᄒᆞ고, 숨이 턱에 단 드시 갈팡질팡ᄒᆞᄂᆞᆫ 흔 부인

(婦人)이 나이 삼십이 될락말락ᄒᆞ고, 얼골은 분(粉)을 싸고 넌드시 흰 얼골이ᄂᆞ 인정(人情) 업시 쓰겁게 ᄂᆡ리 쏘히ᄂᆞᆫ 가을 볏에 얼골이 익어셔 션 잉두빗이 되고, 거름거리ᄂᆞᆫ 허동지동ᄒᆞᄂᆞᆫ디 옷은 흘러 ᄂᆞ려서 젓가슴이 다 드러ᄂᆞ고, 치마ᄶᅳ락은 ᄶᅡ헤 질질 썰려서 거름을 건ᄂᆞᆫ 디로 치마가 발피니, 그 부인은 아무리 급흔 거름거리를 ᄒᆞ더리도 멀리 가지도 못ᄒᆞ고 허동거리기만 흔다.

남이 그 모양을 볼 지경이면 저럿케 어엿쌘 졀믄 녀편네가 슐 먹고 힝길에 ᄂᆞ와서 쥬졍흔다 홀 터이나, 그 부인은 슐 먹엇다 ᄒᆞᄂᆞᆫ 말은 고사ᄒᆞ고 밋쳣다 지랄흔다 ᄒᆞ더리도 그 싸위 소리ᄂᆞᆫ 귀에 들니지 아니할 만ᄒᆞ더라. 무슨 소회가 그리 디단한지 그 부인더러 무를 지경이면 디답할 여가도 업시 옥년(玉蓮)이를 부르면서 도라닷니더라.

"옥년아 옥년아, 옥년아 옥년아, 쥭엇ᄂᆞ냐 사럿ᄂᆞ냐. 쥭엇거던 쥭은 얼골이라도 흔 번 다시 만ᄂᆞ 보자. 옥년아 옥년아, 사랏거던 어미 익를 그만 씨히고 어셔 밧비 ᄂᆡ 눈에 보히게 ᄒᆞ여라. 옥년아, 총에 맛저 쥭엇ᄂᆞ냐 창에 ᄶᅵᆯ려 쥭엇ᄂᆞ냐 사ᄅᆞᆷ의게 볼펴 쥭엇ᄂᆞ냐. 어리고 고흔 살에 가시가 빅힌 것을 보아도 어미 된 이ᄂᆡ 마음에 ᄂᆡ 살이 지긔엽게 압푸던 ᄂᆡ 마음이라. 오늘 아참에 집에서 쎠ᄂᆞ올 쎡에 옥년이가 ᄂᆡ 압헤 셔셔 아장아장 거러단니면셔, '어머니 어셔 갑시다.' ᄒᆞ던 옥년이가 어디로 갓ᄂᆞ야." ᄒᆞ면셔 옥년이를 차지려고 골몰흔 정신에, 옥년이보다 열 갑절 스무 갑절 더 소즁ᄒᆞ게 싱각ᄒᆞᄂᆞᆫ 사ᄅᆞᆷ을 일코도 모르고 옥년이만 불으며 단니다가 목이 쉬고 긔운이 탈진(脫盡)ᄒᆞ야 산비탈 잔듸풀 우에 털셕 쥬저 안젓다가 혼자말로,

"옥련 아버지는 옥년이 ᄎᆞ지려고 저 건너 ᄉᆞᆫ(山) 밋흐로 가더니, 어디ᄭᅡ지 ᄀᆞ누." 하며 옥년이를 ᄎᆞᆺ던 마음이 홀지(忽地)에 변ᄒᆞ야 옥년 아버지를 기다린다.

― 이인직, 「혈의 누」

① 청일 전쟁을 배경으로 개화기의 시대상을 그려 낸 우리나라 최초의 신소설로 알려져 있다.
② 부국강병으로 자주 독립 국가를 지향하는 의식을 드러낸 정치 소설이다.
③ 고전 소설과 현대 소설의 다리 역할을 한 작품으로 평가받고 있다.
④ 서술자가 작품 속에서 편집자적 논평을 통해 직접 개입하고 있다.

04

다음 중 속담과 뜻풀이가 바르게 연결된 것은?

① 가을에는 부지깽이도 덤병인다: 여기저기 분주히 돌아다님.
② 남의 술에 삼십 리 간다: 남의 일에 공연히 간섭하고 나섬.
③ 파충 벼슬에 감투 걱정한다: 어떤 일이 경우에 몹시 어긋남.
④ 벼린 도끼가 이 빠진다: 공을 들여 잘 장만한 것이 오히려 빨리 못쓰게 됨.

05

다음 밑줄 친 부분의 표기가 옳은 것은?

① 화장장 설치는 주민들의 <u>찬반 여부</u>에 따라 결정된다.
② 정부는 매몰자의 <u>생존 여부</u>에 상관없이 구조 작업을 연장할 것이다.
③ 새로 발굴된 유물의 <u>진위 여부</u>에 대해 학계에서 논란이 일고 있다.
④ 이번 선거의 <u>당락 여부</u>는 부동층의 표가 결정적 변수로 작용할 것이다.

06

다음 중 어법에 맞게 쓴 문장은?

① 그는 자신의 성적표를 보며 만족스런 표정을 지었다.
② 몸도 아프신데 일어나지 말고 가만히 누워 계세요.
③ 어제는 활짝 개인 날씨였지만 오늘은 갑자기 비가 내렸다.
④ 달걀 껍데기는 완전한 탄산칼슘으로서, 우수한 칼슘 공급원이다.

07

다음 중 로마자 표기법이 옳은 것은?

① 여의도: Yeoui-do
② 왕십리: Wangsimri
③ 창경궁: Changgyeonggung
④ 삼죽면: Samjung-myeon

08

다음 중 밑줄 친 단어가 동음이의어에 해당하지 않는 것은?

① ㉠ 속만 썩이던 막내딸이 <u>철</u>이 들었다.
  ㉡ 요즘 과일은 <u>철</u>을 가리지 않고 생산된다.
② ㉠ 그는 회사에서 가장 인사성이 <u>바른</u> 사람이다.
  ㉡ 집은 햇볕 <u>바르고</u> 편리하게 꾸며져 있었다.
③ ㉠ 그녀는 반죽을 하기 전에 밀가루를 체에 <u>걸렀다</u>.
  ㉡ 요즘 시간에 쫓겨 아침 식사를 자주 <u>걸렀다</u>.
④ ㉠ 방바닥에 습기가 차서 장판이 <u>떴다</u>.
  ㉡ 그는 먹고살 길이 없어 고향을 <u>떴다</u>.

09

〈보기〉에서 '자라'가 처한 상황을 나타내기에 가장 적절한 속담은?

┤ 보기 ├

밤에 즐겁게 놀고, 이튿날 왕께 하직하고 별주부의 등에 올라 만경창파(萬頃蒼波) 큰 바다를 순식간에 건너 와서 육지에 내려 자라에게 하는 말이,

"내 한 번 속은 것도 생각하면 진저리가 나거든 하물며 두 번까지 속을소냐. 내 너를 다리뼈를 추려 보낼 것이로되 십분 용서하노니 너의 용왕에게 내 말로 이리 전하여라. 세상 만물이 어찌 간을 임의로 꺼내었다 넣었다 하리오. 신출귀몰한 꾀에 너의 미련한 용왕이 잘 속았다 하여라."

하니, 자라가 하릴없어 뒤통수 툭툭 치고 무료히 회정(回程)하여 들어가니, 용왕의 병세와 자라의 소식을 다시 전하여 알 일이 없더라.

– 「별주부전」

① 못난 놈 잡아들이라면 없는 놈 잡아간다
② 왜가리 새 여울목 넘어다보듯
③ 콧병 든 병아리 같다
④ 닭 쫓던 개 지붕 쳐다본다

10

다음 글의 밑줄 친 ㉠과 가장 관련이 깊은 것은?

> 기술 혁신의 과정은 과다한 비용 지출이나 실패의 위험이 도사리고 있는 험난한 길이기도 하다. 그렇지만 그러한 위험을 감수하면서 기술 혁신에 도전했던 기업가와 기술자의 노력 덕분에 산업의 생산성은 지속적으로 향상되었고, 지금 우리는 그 혜택을 누리고 있다. 우리가 ㉠기술 혁신의 역사를 돌아보고 그 의미를 되짚는 이유는, 그러한 위험 요인들을 예측하고 적절히 통제할 수 있는 능력을 갖춘 자만이 앞으로 다가올 기술 혁신을 주도할 수 있으리라는 믿음 때문이다.

① 法古創新　　　② 脣亡齒寒
③ 入室操戈　　　④ 糊口之策

11

다음 중 띄어쓰기가 바르지 않은 것은?

① 손님 중에 이영숙 씨 계시면 앞으로 나와 주시기 바랍니다.
② 나는 선생님께 어제 하신 말씀의 의미를 여쭈어보았다.
③ 책상 위에 놓인 공책, 신문, 지갑 들을 가방에 넣었다.
④ 그는 마치 백두산에 가 본듯이 이야기했다.

12

다음 중 접두사 '수-'와 '숫-'의 쓰임이 옳지 않은 것은?

① 수컷　　　　　② 숫꿩
③ 수퇘지　　　　④ 숫염소

13

다음 작품에 대한 설명으로 적절하지 않은 것은?

> 년닙희 밥 싸 두고 반찬으란 쟝만 마라
> 　닫 드러라 닫 드러라
> 청약립(靑蒻笠)은 써 잇노라 녹사의(綠蓑衣) 가져오냐
> 　㉠지국총(至匊悤) 지국총(至匊悤) 어사와(於思臥)
> 　㉡무심(無心)혼 백구(白鷗)눈 내 좃는가 제 좃는가

① 고려의 「어부가」와 이현보의 「어부단가」를 잇는 작품이다.
② ㉠은 배 저을 때 나는 소리의 음을 빌려 적은 것이다.
③ 후렴구를 제외하면 초장, 중장, 종장 형태의 사설시조가 된다.
④ 여름철 어부의 소박한 삶이 드러난 작품으로, ㉡에는 물아일체(物我一體)의 경지가 드러나 있다.

14

다음 글의 ㉠~㉢에 적절한 접속어가 바르게 연결된 것은?

> 고대 이집트의 파피루스에 "도망간 노예 '샘'을 찾아 주면 순금 반지를 드립니다."라고 쓰인 기록이 있다. 이처럼 광고의 역사는 기원전 1,000년경 고대 이집트 시대까지 거슬러 올라간다. 그러나 광고학이 자리를 잡게 된 것은 아주 최근의 일이다. 광고학은 원래 상품 판매를 위한 마케팅 수단인 동시에 소비자 심리를 움직이기 위한 설득 커뮤니케이션의 일종이었다. (㉠) 현대 사회에서 광고의 기능을 원래의 개념대로만 이해하는 것은 지나치게 근시안적인 시각이다.
>
> 현대 사회를 살아가는 사람들은 광고를 단지 상품에 대한 정보를 얻는 수단으로만 보지 않는다. (㉡) 상품 판매의 한 수단으로서의 전통적인 광고 개념은 사람들의 관심 사항에서 벗어나 버린 것이다. 왜냐하면 오늘날의 사람들은 광고를 먹고 마시기도 한다고 비유할 수 있을 만큼 광고의 기능을 제한적으로 보지 않기 때문이다. (㉢) 상품이 아무리 좋아도 광고가 좋지 않으면 상품을 외면할 지경에까지 이르게 된 것이다. 이 점에 비추어 볼 때 앞으로의 광고는 대중 스스로가 자신의 문화적 욕구를 실천하기 위해 대중문화를 만들어 나가는 기능을 높여 나갈 수밖에 없게 되었다.

	㉠	㉡	㉢
①	그런데	왜냐하면	그러므로
②	또한	즉	왜냐하면
③	그러나	다시 말해	따라서
④	그리고	하지만	한편

15

다음 밑줄 친 어휘 중 고유어인 것은?

① 네가 그렇게 파렴치하게 행동할 줄 몰랐어.
② 이 가구점은 빈티지 가구를 전문적으로 취급한다.
③ 누가 중간에서 우리 둘을 이간질하는 것 같아.
④ 그는 자신의 괴로운 심정을 하소연할 곳도 없었다.

※ 다음 글을 읽고 물음에 답하시오. [16~17]

(가) 껍데기는 가라.
　　사월도 알맹이만 남고
　　껍데기는 가라.

　　껍데기는 가라.
　　동학년(東學年) 곰나루의, 그 아우성만 살고
　　껍데기는 가라.

(나) 내가 그의 이름을 불러 주기 전에는
　　그는 다만
　　하나의 몸짓에 지나지 않았다.

　　내가 그의 이름을 불러 주었을 때
　　그는 나에게로 와서
　　꽃이 되었다.

　　내가 그의 이름을 불러 준 것처럼
　　나의 이 빛깔과 향기에 알맞은
　　누가 나의 이름을 불러다오.
　　그에게로 가서 나도
　　그의 꽃이 되고 싶다.

　　우리들은 모두
　　무엇이 되고 싶다.
　　너는 나에게 나는 너에게
　　잊혀지지 않는 하나의 눈짓이 되고 싶다.

(다) 유리(琉璃)에 차고 슬픈 것이 어린거린다.
　　열없이 붙어 서서 입김을 흐리우니
　　길들은 양 언 날개를 파다거린다.
　　지우고 보고 지우고 보아도
　　새까만 밤이 밀려 나가고 밀려와 부딪히고,
　　물 먹은 별이, 반짝, 보석(寶石)처럼 백힌다.
　　밤에 홀로 유리를 닦는 것은
　　외로운 황홀한 심사이어니,
　　고운 폐혈관(肺血管)이 찢어진 채로
　　아아, 늬는 산(山)ㅅ새처럼 날아갔구나!

(라) 세상의 나무들은
　　무슨 일을 하지?
　　그걸 바라보기 좋아하는 사람,
　　허구한 날 봐도 나날이 좋아
　　가슴이 고만 푸르게 푸르게 두근거리는
　　그런 사람 땅에 뿌리내려 마지않게 하고
　　몸에 온몸에 수액 오르게 하고
　　하늘로 높은 데로 오르게 하고
　　하늘로 높은 데로 오르게 하고
　　둥글고 둥글어 탄력의 샘!

　　하늘에도 땅에도 우리들 가슴에도
　　들리지 나무들아 날이면 날마다
　　첫사랑 두근두근 팽창하는 기운을!

16

위 작품이 발표된 시기를 순서대로 나열한 것은?

① (가) - (나) - (다) - (라)
② (나) - (라) - (가) - (다)
③ (다) - (나) - (가) - (라)
④ (라) - (다) - (나) - (가)

17

(나) 시를 쓴 작가의 시적 경향으로 알맞은 것은?

① 무의미시론　　　　② 현실참여시
③ 고현학(考現學)　　④ 인형조종술

18

다음 글에 나타난 서술 방식으로 옳은 것은?

비트겐슈타인에 따르면, 게임은 본질이 있어서가 아니라 게임이라 불리는 것들 사이의 유사성에 의해 성립되는 개념이다. 이러한 경우 발견되는 유사성을 '가족 유사성'이라 부르기로 해 보자. 가족의 구성원으로서 어머니와 나와 동생의 외양은 이런저런 면에서 서로 닮았다. 하지만 그렇다고 해서 셋이 공통적으로 닮은 한 가지 특징이 있다는 말은 아니다. 비슷한 예로 실을 꼬아 만든 밧줄은 그 밧줄의 처음부터 끝까지를 관통하는 하나의 실이 있어서 만들어지는 것이 아니라 짧은 실들의 연속된 연계를 통해 구성된다. 그렇게 되면 심지어 전혀 만나지 않는 실들도 같은 밧줄 속의 실일 수 있다.

미학자 와이츠는 예술이라는 개념도 이와 마찬가지라고 주장한다. 그에게 예술은 가족 유사성만을 갖는 '열린 개념'이다. 열린 개념이란 주어진 대상이 이미 그 개념을 이루고 있는 구성원 일부와 닮았다면, 그 점을 근거로 하여 얼마든지 그 개념의 새로운 구성원이 될 수 있을 만큼 테두리가 열려 있는 개념을 말한다.

① 비교 ② 유추
③ 분류 ④ 분석

19

다음 중 본말과 준말이 바르게 연결된 것은?

① 넉넉하지 않다 – 넉넉치 않다
② 그렇지 않은 – 그렇찮은
③ 기러기야 – 기럭아
④ 짓무르다 – 짓물다

20

다음 중 밑줄 친 부분의 쓰임이 적절하지 <u>않은</u> 것은?

① 이제서야 좀 운이 트이나 보다.
② 지금에서야 주변의 눈치를 살폈다.
③ 인제야 이놈의 생활도 끝났군.
④ 이곳에야 찾아오지 못하겠지.

21

다음 〈보기〉의 글을 문맥에 맞게 순서대로 배열한 것은?

┤ 보기 ├

㉠ 따라서 인간이 집단생활을 한다는 것은 집단 내에서 지위를 차지하고 그 지위에 알맞은 역할을 수행한다는 것을 뜻한다.

㉡ 그리고 그 지위를 차지한 개인에게 기대되는 행동 양식을 역할이라고 한다.

㉢ 이때 한 개인이 집단 내에서 차지하고 있는 위치를 지위라 부른다.

㉣ 인간은 집단 속에서 생활하는 동안 자신이 집단 내에서 처한 위치와 그 위치에서 해야 하는 바가 무엇인가를 분별하여 행동하게 된다.

① ㉣ – ㉡ – ㉠ – ㉢
② ㉣ – ㉠ – ㉢ – ㉡
③ ㉣ – ㉢ – ㉡ – ㉠
④ ㉣ – ㉠ – ㉡ – ㉢

22

다음 중 맞춤법이 옳은 문장은?

① 면도를 하지 못해 <u>구렛나루</u>가 시커멓게 자라 있었다.
② 적은 월급에 다섯 식구가 <u>목매고</u> 살고 있다.
③ 시험을 <u>치루고</u> 나온 그의 얼굴은 사뭇 상기되어 있었다.
④ 그는 자신의 주장과 반대되는 의견이 나오면 입에 <u>개거품</u>을 문다.

23

다음 글의 밑줄 친 단어의 동의어를 잘못 쓴 것은?

피와 뼈와 살을 ㉠조상(祖上)에게서 물려받았을 뿐, 문화라고 일컬을 수 있는 거의 모든 것이 서양에서 받아들인 것들인 듯싶다. 이러한 현실을 앞에 놓고서 민족 문화의 전통을 찾고 이를 ㉡계승(繼承)하자고 한다면, 이것은 ㉢편협(偏狹)한 배타주의(排他主義)나 국수주의(國粹主義)로 ㉣오인(誤認)되기에 알맞은 이야기가 될 것 같다.

① ㉠ – 先祖 ② ㉡ – 斷絕
③ ㉢ – 狹小 ④ ㉣ – 錯認

24

다음 글에 대한 설명으로 적절하지 않은 것은?

> 이십뉵일의 니경직(李景稷), 김신국(金藎國)이 술, 고기 은합을 가지고 적진의 가니, 적쟝이 글오듸,
> "군듕(軍中)의 날마다 쇼를 잡고 보믈이 뫼ᄀ치 ᄡᅡ혓시니, 이거슬 므어서 ᄡᅳ리오. 네 나라 군신(君臣)이 돌 굼겨셔 굴믄 지 오라니, 가히 스스로 ᄣᅥᆷ죽 ᄒᆞ도다."
> ᄒᆞ고, 드듸여 밧디 아니ᄒᆞ고 도로 보ᄂᆞ니라.
> 이십칠일의 날마다 셩듕의 구완ᄒᆞ라 오는 군ᄉᆞ를 ᄇᆞ라듸 일인도 오ᄂᆞ니 업고, 강원 감ᄉᆞ 됴뎡호(趙廷虎ㅣ) 본도 군(本道軍)이 다 못지 못ᄒᆞ엿기로 써 양근(楊根)의 퇴진ᄒᆞ여 후의 오는 군ᄉᆞ를 기ᄃᆞ리고, 몬져 영쟝(營將) 권졍길(權井吉)노 ᄒᆞ여곰 녕병(領兵)ᄒᆞ야 검단산셩(黔丹山城)의 니르러 봉화(烽火)를 드러 셔로 응ᄒᆞ다.
> 이십팔일의 톄찰ᄉᆞ(體察使) 김뉴(金瑬ㅣ) 친히 쟝ᄉᆞ를 거ᄂᆞ려 북셩의 가 독젼(督戰)홀ᄉᆡ, 도적이 방포(放砲) 소ᄅᆡ를 듯고 거줏 믈너ᄂᆞ며 져근 군ᄉᆞ와 우마(牛馬)를 머므르니, 이 유인ᄒᆞᄂᆞᆫ 쇠라. 김뉴 그를 헤아리지 못ᄒᆞ고 군ᄉᆞ를 독쵹ᄒᆞ야 ᄂᆞ려가 치라 ᄒᆞ니, 산셩(山城)의 잇는 근신 그 쇠를 알고 ᄂᆞ리지 아니ᄒᆞ니, 김뉴 병방 비쟝(兵房裨將) 뉴호를 환도(環刀)를 쥬어 아니 ᄂᆞ리ᄂᆞᆫ 니는 어즈러이 즛ᄣᅵᄅᆞ니, 군ᄉᆞ ᄂᆞ려도 죽고 아니 ᄂᆞ려도 죽게ᄉᆡ민, 비로소 ᄂᆞ려가 적진의 우마를 가지듸, 적이 본 톄 아니타가, 군ᄉᆞ 다 ᄂᆞ리기를 기ᄃᆞ려 적의 복병(伏兵)이 ᄉᆞ면의셔 닉닷고, 믈너갓던 적병이 나아드러 잠시의 우리 군을 다 죽이고 졉젼홀 젹, 김뉴 화약을 앗겨 흠긔 만히 쥬기를 아니ᄒᆞ고 달나기를 기ᄃᆞ려 주더니, 이 ᄢᅥ 급ᄒᆞ야 화약을 미쳐 쳥치 못ᄒᆞ고, 조총(鳥銃)으로 셔로 티ᄃᆞ가 못 이긔니, 뫼길이 급ᄒᆞ야 오르기 어려오니, 이에 다 죽기에 니르니라.

① 「계축일기(癸丑日記)」와 함께 국문학사상 쌍벽을 이루는 내간체 작품이다.
② 조선 인조 때 어느 궁녀가 쓴 것으로 추정하는 일기체 궁중 수필이다.
③ 인조가 남한산성에서 항전하던 비참한 모습을 일기 형식을 빌려 주관적 감정에 초점을 두고 서술하였다.
④ 병자호란(丙子胡亂) 당시의 역사적 사실을 한글로 기록한 유일한 작품이다.

25

다음 글을 논리적 순서로 바르게 배열한 것은?

> ㉠ 식민 지배를 공고히 하기 위해 일제는 "조선인들은 김정호와 대동여지도의 위대함을 알아보지 못하고 목판마저 불태워버린 미개한 민족"이라고 비난하며 진품의 존재를 숨겨 왔던 것이다.
> ㉡ 그러나 연구 결과 김정호의 옥사설은 사실이 아닌 것으로 확인되었으며, 흥선대원군에 의해 불타 사라졌던 대동여지도의 원판이 11장이나 발견되었다.
> ㉢ 최근까지도 이것은 사실로 받아들여지고 있었다.
> ㉣ 이는 일제 강점기 때 조선 총독부가 발행한 「조선어독본」에 나와 있는 내용이다.
> ㉤ 김정호가 대동여지도를 제작하자 흥선대원군은 김정호를 감옥에 가두고 지도의 판목은 압수해 불태웠다고 한다.

① ㉤ - ㉠ - ㉣ - ㉢ - ㉡
② ㉠ - ㉣ - ㉤ - ㉡ - ㉢
③ ㉠ - ㉢ - ㉤ - ㉣ - ㉡
④ ㉤ - ㉣ - ㉢ - ㉡ - ㉠

※ 2016년도 기출복원문제는 시험 응시자들과 집필진의 기억을 토대로 재구성되었습니다. 실제 기출문제와는 다소 차이가 있을 수 있음을 알려드립니다.

빠른 정답표 ▶ 분석해설편 P.1
정답과 해설 ▶ 분석해설편 P.80

한 글자로는 '꿈'

두 글자로는 '희망'

세 글자로는 '가능성'

네 글자로는 '할 수 있어'

– 정철, 『머리를 구하라』, 리더스북

2015

2015.07.04. 국방부(육·해·공군) 시행

⏱ 적정시간 25분

월 일		월 일		월 일	
시작	:	시작	:	시작	:
종료	:	종료	:	종료	:
점수		점수		점수	

9급 군무원 국어

01

다음 중 맞춤법이 잘못된 단어가 포함된 문장은?

① 네 말이 아니꼬워 견딜 수가 없다.
② 낚시꾼들이 낚싯대를 정리하고 있다.
③ 이번 안건은 두리뭉실하게 넘어가지 말고 결론을 내리자.
④ 옆집 아저씨는 성미가 강퍅해서 다른 사람들과 자주 싸운다.

02

다음 글에 대한 설명으로 적절하지 않은 것은?

나는 그믐달을 몹시 사랑한다. 그믐달은 너무 요염하여 감히 손을 댈 수도 없고 말을 붙일 수도 없이 깜찍하게 어여쁜 계집 같은 달인 동시에 가슴이 저리고 쓰리도록 가련한 달이다. 서산 위에 잠깐 나타났다 숨어 버리는 초생달은 세상을 후려 삼키려는 독부(毒婦)가 아니면, 철모르는 처녀 같은 달이지마는, 그믐달은 세상의 갖은 풍상을 다 겪고, 나중에는 그 무슨 원한을 품고서 애처롭게 쓰러지는 원부(怨婦)와 같이 애절하고 애절한 맛이 있다.

보름에 둥근 달은 모든 영화와 끝없는 숭배를 받는 여왕과도 같은 달이지마는, 그믐달은 애인을 잃고 쫓겨남을 당한 공주와 같은 달이다.

초생달이나 보름달은 보는 이가 많지마는, 그믐달은 보는 이가 적어 그만큼 외로운 달이다. 객창한등(客窓寒燈)에 정든 임 그리워 잠 못 들어 하는 분이나, 못 견디게 쓰린 가슴을 움켜잡은 무슨 한(恨) 있는 사람이 아니면 그 달을 보아 주는 이가 별로 없을 것이다.

그는 고요한 꿈나라에서 평화롭게 잠든 세상을 저주하며, 홀로이 머리를 흩어 뜨리고 우는 청상(靑孀)과 같은 달이다. 내 눈에는 초생달 빛은 따뜻한 황금빛에 날카로운 쇳소리가 나는 듯하고 보름달을 치어다 보면 하얀 얼굴이 언제든지 웃는 듯하지마는, 그믐달은 공중에서 번듯하는 날카로운 비수와 같이 푸른 빛이 있어 보인다. 내가 한이 있는 사람이 되어서 그리한지는 모르지만, 내가 그 달을 많이 보고 또 보기를 원하지만, 그 달은 한(恨) 있는 사람만 보아 주는 것이 아니라, 늦게 돌아가는 술주정꾼과 노름하다 오줌 누러 나온 사람도 보고 어떤 때는 도둑놈도 보는 것이다.

〈중략〉

어떻든지, 그믐달은 가장 정 있는 사람이 보는 동시에, 또는 가장 한 있는 사람이 보아 주고, 또 가장 무정한 사람이 보는 동시에 가장 무서운 사람들이 많이 보아 준다.

내가 만일 여자로 태어날 수 있다 하면, 그믐달 같은 여자로 태어나고 싶다.

– 나도향, 「그믐달」

① 내용의 전개 과정이 시간의 흐름과 일치하고 있다.
② 의인화된 표현을 통해 대상을 감각적으로 표현하고 있다.
③ 비유와 대조를 통해 대상의 차이점을 효과적으로 부각시키고 있다.
④ 대상에 대한 객관적 묘사보다 주관적 인상의 표출에 주력하고 있다.

03

다음 중 바르지 않은 문장은?

① 할머니, 어머니가 왔어요.
② 대통령이 우리나라 국군 장병들의 노고를 위로했다.
③ 내일은 눈이 많이 내리는 강추위가 예상됩니다.
④ 리보솜과 리소좀은 서로 다른 거야.

04

다음 중 단어의 발음이 잘못된 것은?

① '머리말', '반대말'은 각각 [머리말], [반:대말]로 발음하고, '뱃멀미'는 [밴멀미]로 발음한다.
② '넙죽 받아먹다'에서 '넙죽'은 [넙쭉]으로 발음한다.
③ '지혜(智慧)'의 발음은 [지혜]와 [지혜]를 모두 허용한다.
④ '위'와 '잇몸'의 합성어인 '윗잇몸'은 [윈닌몸]으로 발음한다.

05

다음 중 발음이 옳게 연결된 것은?

① 땀받이[땀바지]　　② 유리잔[유리짠]
③ 송별연[송:별연]　　④ 상견례[상결녜]

06

다음 한자어의 뜻으로 옳지 않은 것은?

① 달초(撻楚) – 잘못을 징계하기 위하여 회초리로 때림.
② 고루(固陋) – 공정하지 못하고 한쪽으로 치우친 생각
③ 이행(履行) – 실제로 행함.
④ 회자(膾炙) – 칭찬을 받으며 사람들의 입에 자주 오르내림.

07

다음 중 훈민정음의 제자 원리에서 기본자와 가획자의 연결이 바르지 않은 것은?

① ㅅ – ㅿ　　② ㄱ – ㅋ
③ ㅁ – ㅍ　　④ ㅇ – ㅎ

08

다음 밑줄 친 부분의 띄어쓰기가 올바르게 적용된 것은?

① 겨울임에도 불구하고 이상하리 만큼 따뜻한 날씨였다.
② 치안이 좋은 나라 중에 한국만 한 나라도 없다.
③ 이번 공표된 법령은 제 9차 개정된 내용이다.
④ 올해 영업부에서는 주목할 만 한 성과를 내었다.

09

다음 글의 내용과 의미가 가장 먼 것은?

> 춘일(春日)이 지지(遲遲)ᄒᆞ야 포곡(布穀)이 비야거늘
> 동린(東隣)에 짜보 엇고 서사(西舍)에 호미 엇고
> 집 안희 드러가 ᄢᅵ갓슬 마련ᄒᆞ니
> 올벼ᄡᅵ 혼 말은 반(半)나마 쥐 먹엇고
> 기장피 조픗튼 서너 되 부터거늘
> 한아한 식구(食口) 일이ᄒᆞ야 어이 살리
> 이바 아희들아 아모려나 힘ᄡᅥ 쓰라
> 죽은 물 샹쳥 먹고 거니 건져 죵을 주니
> 눈 우희 바늘 졋고 코흐로 ᄑᆞ람 분다
> 올벼는 혼 볼 뜻고 조 ᄑᆞ튼 다 무기니
> 살히피 바랑이는 나기도 슬찬턴가
> 환자 장리는 무어스로 당만ᄒᆞ며
> 요역(徭役) 공부(貢賦)는 엇지ᄒᆞ야 출와 낼고
> 백이사지(百爾思之)라도 겨낄 셩이 전혜 업다
> 장초(萇楚)의 무지(無知)를 불어ᄒᆞ나 엇지ᄒᆞ리

① 휑한 빈 집에서 서 발 막대 거칠 것 없다
② 적수공권(赤手空拳)
③ 삼순구식(三旬九食)
④ 죽사발이 웃음이요 밥사발이 눈물이라

10

다음 중 두 단어의 연결 관계에서 성격이 다른 하나는?

① 허접쓰레기 – 허섭스레기
② 흙담 – 토담
③ 복숭아뼈 – 복사뼈
④ 냄새 – 내음

11

다음은 「용비어천가」 제2장의 일부이다. 밑줄 친 부분과 의미가 통하는 한자는?

> 불휘 기픈 남긴 브릭매 아니 ⓐ뮐씨, 곶 됴코 ⓑ여름 하닝니.

	ⓐ	ⓑ		ⓐ	ⓑ
①	勤	實	②	動	實
③	勤	夏	④	動	夏

12

다음 글의 주제를 나타내는 문장으로, ㉠에 들어갈 내용으로 가장 적절한 것은?

야생동물은 비만한 경우가 별로 없다. 인간은 각종 첨단 의학과 운동, 건강보조 식품 등에 아낌없이 투자하면서도 왜 점점 약해지고 대부분 질병에 시달리다 병원 침대에서 죽음을 맞이할까?

영국의 신디 엥겔은 "＿＿＿＿㉠＿＿＿＿"라고 하였다.

예를 들어 동물은 기운을 북돋기 위해 흥분제 성분이 들어있는 과일이나 환각 작용을 일으키는 버섯, 아편 성분이 들어있는 양귀비 등 향정신성 먹을거리를 즐겨 섭취한다. 교미할 때 생산능력을 높이기 위해 자연에 널리 있는 최음제를 먹는 경우도 있다.

침팬지는 털이 난 나뭇잎을 뭉쳐 먹는데 잎이 난 털이 식도로 넘어가며 식도 주위의 기생충들을 청소해준다. 개와 고양이가 가끔 풀을 먹는 것도 비슷한 이유다. 이 풀들은 기생충과 함께 소화되지 않고 바깥으로 배출된다.

새들은 특정한 향이 있는 허브 잎을 모아 둥지를 둘러싼다. 잎의 향 때문에 진드기와 벼룩이 둥지로 접근하지 못한다. 붉은 원숭이는 주식인 나뭇잎이 함유하고 있는 독성 성분을 없애기 위해 숯을 먹는다.

인도의 코끼리 사육사들은 코끼리가 병이 났을 때 코끼리를 산으로 데리고 가서 약초나 풀을 뜯어 먹도록 한다. 동물들은 자기에게 필요한 약초 처방을 알고 있다.

① 야생동물은 스스로 치료하는 방법을 본능적으로 안다.
② 야생동물은 주변 환경을 최대한 활용하여 먹이를 구한다.
③ 야생동물은 자연의 섭리를 지키기 때문에 비만하지 않다.
④ 야생동물은 다양한 먹을거리를 섭취하기 때문에 질병에 시달리지 않는다.

※ 다음 글을 읽고 물음에 답하시오. [13~14]

고갯길에 다다랐다. 이 고개는 해방 전전 해 성삼이가 삼팔 이남 천태 부근으로 이사 가기까지 덕재와 더불어 늘 꼴 베러 넘나들던 고개다. 성삼이는 와락 저도 모를 화가 치밀어 고함을 질렀다.

㉠"이 자식아, 그 동안 사람을 멫이나 죽였냐?"

그제야 덕재가 힐끗 이쪽을 바라다보더니 다시 고개를 거둔다.

"이 자식아, 사람 멫이나 죽였어?"

덕재가 다시 고개를 이리로 돌린다. 그러고는 성삼이를 쏘아본다. 그 눈이 점점 빛을 더해 가며 제법 수염발 잡힌 입 언저리가 실룩거리더니,

"그래 너는 사람을 그렇게 죽여 봤니?"

㉡이 자식이! 그러면서도 성삼이의 가슴 한복판이 환해짐을 느낀다. 막혔던 무엇이 풀려 내리는 것만 같은. 그러나,

"농민동맹 부위원장쯤 지낸 놈이 왜 피하지 않구 있었어? 필시 무슨 사명을 띠구 잠복해 있는 거지?"

덕재는 말이 없다.

"바른 대루 말해라. 무슨 사명을 띠구 숨어 있었냐?"

그냥 덕재는 잠잠히 걷기만 한다. 역시 이 자식 속이 꿀리는 모양이구나. 이런 때 한번 낯짝을 봤으면 좋겠는데 외면한 채 다시는 고개를 돌리지 않는다. 성삼이는 허리에 찬 권총을 잡으며,

"변명은 소용없다. 영락없이 넌 총살감이니까. 그저 여기서 바른 대루 말이나 해봐라."

덕재는 그냥 외면한 채,

"변명은 할려구두 않는다. 내가 제일 빈농의 자식인데다가 근농꾼이라구 해서 농민동맹 부위원장 됐든 게 죽을죄라면 하는 수 없는 거구, 나는 예나 이제나 땅 파먹는 재주밖에 없는 사람이다."

그리고 잠시 사이를 두어,

㉢"지금 집에 아버지가 앓아누웠다. 벌써 한 반년 된다."

덕재 아버지는 홀아비로 덕재 하나만 데리고 늙어 오는 빈농꾼이었다. 칠 년 전에 벌써 허리가 굽고 검버섯이 돋은 얼굴이었다.

〈중략〉

고개를 다 내려온 곳에서 성삼이는 주춤 발걸음을 멈추었다.

저쪽 벌 한가운데 흰 옷을 입은 사람들이 허리를 굽히고 섰는 것 같은 것은 틀림없는 학떼였다. 소위 삼팔선 완충 지대가 되었던 이곳. 사람이 살고 있지 않은 그동안에도 이들 학들만은 전대로 살고 있는 것이었다.

지난날 성삼이와 덕재가 아직 열두어 살쯤 났을 때 일이었다. 어른들 몰래 둘이서 올가미를 놓아 여기 학 한 마리를 잡은 일이 있었다. 단정학이었다. 새끼로 날개까지 얽어매 놓고는 매일같이 둘이서 나와 학의 목을 쓸어안는다, 등에 올라탄다, 야단을 했다. 그러한 어느 날이었다. 동네 어른들의 수군거리는 소리를 들었다. 서울서 누가 학을 쏘러 왔다는 것이다. 무슨 표본인가를 만들기 위해서 총독부의 허가까지 맡아 가지고 왔다는 것이다. 그 길로 둘이는 벌로 내달렸다. 이제는 어른들한테 들켜 꾸지람 듣는 것 같은 건 문제가 아니었다. 그저 자기네의 학이 죽어서는 안 된다는 생각뿐이었다. 숨 돌릴 겨를도 없이 잡풀 새를 기어 학 발목의 올가미를 풀고 날개의 새끼를 끌렀다. 그런데 학은 잘 걷지도 못하는 것이다. 그 동안 얽매여 시달린 탓이리라. 둘이서 학을 마주 안아 공중에 투쳤다. 별안간 총소리가 들렸다. 학이 두서너 번 날갯짓을 하다가 그대로 내려왔다. 맞았구나. 그러나 다음 순간, 바로 옆 풀숲에서 펄럭 단정학 한 마리가 날개를 펴자 땅에 내려앉던 자기네 학도 긴 목을 뽑아 한번 울음을 울더니 그대로 공중에 날아올라, 두 소년의 머리 위에 둥그러미를 그리며 저쪽 멀리로 날아가 버리는 것이었다. 두 소년은 언제까지나 자기네 학이 사라진 푸른 하늘에서 눈을 뗄 줄을 몰랐다.……

"얘, 우리 학 사냥이나 한번 하구 가자."

성삼이가 불쑥 이런 말을 했다.

덕재는 무슨 영문인지 몰라 어리둥절해 있는데,

"내 이걸루 올가밀 만들어 놀게 너 학을 몰아오너라."

포승줄을 풀어 쥐더니, 어느새 성삼이는 잡풀 새로 기는 걸음을 쳤다.

대번 덕재의 얼굴에서 핏기가 걷혔다. 좀 전에, 너는 총살감이라던 말이 퍼뜩 머리를 스치고 지나갔다. 이제 성삼이가 기어가는 쪽 어디서 총알이 날아오리라. 저만치서 성삼이가 홱 고개를 돌렸다.

㉣ "어이, 왜 멍추같이 게 섰는 게야? 어서 학이나 몰아오너라!"

그제서야 덕재도 무엇을 깨달은 듯 잡풀 새를 기기 시작했다.

때마침 단정학 두세 마리가 높푸른 가을 하늘에 큰 날개를 펴고 유유히 날고 있었다.

— 황순원, 「학」

13

윗글에 대한 설명으로 가장 적절한 것은?

① 서술자가 인물과 사건에 대해 직접적으로 개입하여 논평하고 있다.

② 인물의 행동과 대화에 의한 극적 제시 방법으로 사건 서술을 일관하고 있다.

③ 서술자가 주관을 배제하고 객관적인 태도로 외부적인 사실만을 묘사하고 있다.

④ 서술자가 각 인물의 심리 상태를 서술하되 주로 특정 인물의 심리에 초점을 두고 있다.

14

㉠~㉣에 대한 설명으로 적절하지 않은 것은?

① ㉠: 성삼은 친구였던 덕재가 지금은 적이 된 사실에 화를 내고 있다.

② ㉡: 성삼은 덕재가 사람을 죽이지 않았으리라는 생각에 안심하고 있다.

③ ㉢: 덕재는 아버지 때문에 고향을 떠나지 않았다고 밝히고 있다.

④ ㉣: 성삼은 어린 시절 놓쳤던 학을 다시 잡고 싶다는 생각을 하고 있다.

15

다음 중 로마자 표기가 옳지 <u>않은</u> 것은?

① 남원시: Namwon-si
② 압구정동: Apggujeong-dong
③ 의정부시: Uijeongbu-si
④ 명륜동: Myeongnyun-dong

16

〈보기〉의 밑줄 친 어휘의 뜻으로 적절한 것은?

┤ 보기 ├

　줄 끊긴 방패연은 바람에 날려 저 멀리 <u>감실감실</u> 사라져 갔다.

① 얇은 물체가 바람에 날리어 가볍게 자꾸 움직이는 모양
② 조금 힘없이 늘어져 가볍게 잇따라 흔들리는 모양
③ 물체가 물 위나 공중에 가볍게 떠서 움직이는 모양
④ 사람이나 물체, 빛 따위가 먼 곳에서 자꾸 아렴풋이 움직이는 모양

17

다음 밑줄 친 부분의 품사가 <u>다른</u> 하나는?

① 어려울 때는 먼 친척보다 이웃사촌이 <u>낫다</u>.
② 그 사람은 귀찮은 일에 나서기를 <u>서슴지</u> 않는다.
③ 철수는 전보다 키가 많이 <u>컸구나</u>!
④ 옷이 <u>낡아서</u> 더 이상 입을 수가 없다.

18

다음 시에 대한 설명으로 옳지 <u>않은</u> 것은?

> 그립다
> 말을 할까
> 하니 그리워
>
> 그냥 갈까
> 그래도
> 다시 더 한 번(番)······
>
> 저 산(山)에도 까마귀, 들에 까마귀,
> 서산(西山)에는 해 진다고
> 지저귑니다.
>
> 앞 강(江)물, 뒷 강(江)물,
> 흐르는 물은
> 어서 따라오라고 따라가자고
> 흘러도 연달아 흐릅디다려.

① 1·2연과 3·4연은 시적 화자의 정서와 외부적 상황을 대비해서 보여 주고 있다.
② '까마귀'와 '강물'은 시적 화자에게 이별을 재촉하는 존재이다.
③ '강물'은 거스를 수 없는 역사의 흐름에 대한 시적 화자의 긍정적 태도를 반영한다.
④ 4연에서는 울림소리를 반복하여 강물이 부드럽게 흘러가는 듯한 인상을 준다.

※ 다음 글을 읽고 물음에 답하시오. [19~20]

이튿날 여인이 이생과 함께 자기가 묻혀 있던 곳을 찾아갔는데, 과연 금과 은 몇 덩어리와 재물도 약간 있었다. 그들은 두 집 부모님의 해골을 거두고 금과 재물을 팔아 각각 오관산(五冠山) 기슭에 합장(合葬)하고는 나무를 세우고 제사를 드려 예절을 모두 다 마쳤다.

그 뒤에 이생도 또한 벼슬을 구하지 않고 최 랑과 함께 살게 되었다. 목숨을 구하려고 달아났던 종들도 또한 스스로 돌아왔다. 이생은 이때부터 인간 세상의 모든 일을 다 잊어버렸으며, 아무리 친척이나 손님들의 길흉사(吉凶事)가 있더라도 방문을 닫아걸고 나가지 않았다. 언제나 최 랑과 더불어 시를 지어 주고받으며 금실 좋게 지내었다.

어느덧 몇 해가 지난 어느 날 저녁에 여인이 이생에게 말하였다.

"세 번이나 가약을 맺었지만 세상일이 뜻대로 되지 않아, 즐거움이 다하기도 전에 슬프게 헤어져야만 하겠어요."

여인이 목메어 울자 이생이 놀라면서 물었다.

"어찌 이렇게 되었소?"

여인이 대답하였다.

"저승길은 피할 수가 없답니다. 하느님께서 저와 당신의 연분이 끊어지지 않았고 또 전생에 아무런 죄도 짓지 않았다면서, 이 몸을 환생시켜 당신과 잠시라도 시름을 풀게 해주었었지요. 그러나 제가 오랫동안 인간 세상에 머물면서 산 사람을 미혹시킬 수는 없답니다."

그리고는 몸종 향아를 시켜서 술을 올리게 하고는, 옥루춘곡(玉樓春曲)에 맞추어 노래 한 가락을 지어 부르며 이생에게 술을 권하였다.

도적떼 밀려와서 싸움이 가득한 판에
옥 부서지고 꽃 떨어지니 원앙도 짝을 잃었네
흩어진 해골을 그 누가 묻어 주랴
피에 젖어 떠도는 혼이 하소연할 곳도 없었네
무산의 선녀가 고당에 한번 내려온 뒤에
깨어진 거울이 거듭 갈라지니 마음만 쓰라리네
이제 한 번 작별하면 둘이 서로 아득해질 테니
하늘과 인간 사이에 소식마저 막히리라

노래를 한마디 부를 때마다 눈물이 자꾸 내려 거의 곡조를 이루지 못하였다. 이생도 또한 슬픔을 걷잡지 못하며 말하였다.

"내 차라리 당신과 함께 황천(荒天)으로 갈지언정 어찌 무료하게 홀로 여생을 보전하겠소? 지난번 난리를 겪고 난 뒤에 친척과 종들이 저마다 서로 흩어지고 돌아가신

부모님의 해골이 들판에 내버려져 있었는데, 당신이 아니었다면 그 누가 장사를 지내 드렸겠소? 옛 사람 말씀에, '어버이가 살아 계실 때에는 예로써 섬기고, 돌아가신 뒤에는 예로써 장사지내라' 하셨는데, 이런 일을 모두 당신이 감당해 주었소. 당신은 정말 천성이 효성스럽고 인정이 두터운 사람이오. 나는 당신에게 고맙기 그지없고, 부끄러움을 견디지 못하겠소. 당신도 인간 세상에 더 오래 머물다가 백년 뒤에 나와 함께 흙이 되었으면 좋겠구려."

여인이 말하였다.

"당신의 목숨은 아직 남아 있지만, 저는 이미 귀신의 명부(冥府)에 실려 있답니다. 그래서 더 오래 볼 수가 없지요. 제가 굳이 인간 세상을 그리워하며 미련을 가진다면 명부의 법도를 어기게 되니, 저에게만 죄가 미치는 게 아니라 당신에게도 또한 누가 미치게 된답니다. 저의 유골이 어느 곳에 흩어져 있으니, 만약 은혜를 베풀어주시려면 유골을 거두어 비바람을 맞지 않게 해 주십시오."

두 사람은 서로 바라보며 눈물만 줄줄 흘렸다. 잠시 후에 여인은 말했다.

"낭군님, 부디 안녕히 계십시오."

말이 끝나자 차츰 사라지더니 마침내 자취가 없어졌다.

이생은 최 랑의 말대로 유골을 거두어 부모님의 무덤 곁에다 장사를 지내 주었다.

그 후 이생도 또한 지난간 일들을 생각하다가 병을 얻어, 몇 달 만에 세상을 떠났다.

이 이야기를 들은 사람들마다 가슴 아파 탄식하며 그들의 아름다운 절개를 사모하지 않는 사람이 없었다.

19

윗글에 대한 설명으로 적절하지 <u>않은</u> 것은?

① 만남과 이별을 기본 서사 구조로 삼고 있다.
② 남녀 주인공의 애틋한 사랑을 주제로 하고 있다.
③ 서민 계층의 신분 상승 욕구를 형상화하고 있다.
④ 전란이 초래한 비극적 현실의 단면을 보여 주고 있다.

20

윗글의 작품과 출처가 <u>다른</u> 하나는?

① 「용궁부연록(龍宮赴宴錄)」
② 「남염부주지(南炎浮洲志)」
③ 「취유부벽정기(醉遊浮碧亭記)」
④ 「사씨남정기(謝氏南征記)」

21

청자에 대한 상대 높임법 중 비격식체에 해당하는 것은?

① 자네가 내일 우리집으로 오게.
② 그동안 맘고생 많이 하셨겠어요.
③ 할머니께서는 혼자서 우리 아버지를 키우셨다.
④ 어머니께서 진지를 잡수시고 계십니다.

※ 다음 글을 읽고 물음에 답하시오. [22~23]

> 바람도 없는 공중에 수직(垂直)의 파문을 내며 고요히 떨어지는 오동잎은 누구의 발자취입니까?
>
> 지리한 장마 끝에 서풍에 몰려가는 무서운 검은 구름의 터진 틈으로, 언뜻언뜻 보이는 푸른 하늘은 누구의 얼굴입니까?
>
> 꽃도 없는 깊은 나무에 푸른 이끼를 거쳐서, 옛 탑(搭) 위의 고요한 하늘을 스치는 알 수 없는 향기는 누구의 입김입니까?
>
> 근원은 알지도 못할 곳에서 나서, 돌부리를 울리고 가늘게 흐르는 작은 시내는 굽이굽이 누구의 노래입니까?
>
> 연꽃 같은 발꿈치로 가이 없는 바다를 밟고, 옥 같은 손으로 끝없는 하늘을 만지면서, 떨어지는 날을 곱게 단장하는 저녁놀은 누구의 시(詩)입니까?
>
> 타고 남은 재가 다시 기름이 됩니다. 그칠 줄을 모르고 타는 나의 가슴은 누구의 밤을 지키는 약한 등불입니까?

22

위 시에 대한 설명으로 바른 것은?

① 통사 구조의 반복을 통해 시상에 통일성을 부여하고 있다.
② 대화체를 통해 대상과의 단절감을 강조하고 있다.
③ 계절의 변화에 따라 시상이 순차적으로 전개되고 있다.
④ 의문형 진술을 통해 시적 화자의 회의감을 표현하고 있다.

23

위 시의 밑줄 친 시어 중 의미하는 대상이 다른 것은?

① 오동잎   ② 푸른 하늘
③ 저녁놀   ④ 약한 등불

24

다음 중 용언에 대한 설명으로 옳지 않은 것은?

① 서술어의 기능을 하는 말로 동사와 형용사가 있다.
② 동사는 주어의 동작이나 움직임을 나타내고, 형용사는 주어의 성질이나 상태를 나타낸다.
③ 명령형 어미 '-어라/-아라'나 청유형 어미 '-자'와 결합할 수 있으면 형용사이고, 결합할 수 없으면 동사이다.
④ 기본형에 현재 시제 선어말 어미 '-는-'이 결합할 수 있으면 동사이고, 결합할 수 없으면 형용사이다.

25

다음 대화 중, 공손성의 원리를 준수한 예로 적절한 것은?

① A: 죄송합니다. 실수가 있어 업무 일정이 늦춰졌습니다.
　 B: 일을 그렇게 대충 처리하면 어떻게 해요? 책임감 좀 갖고 일을 하세요.
② A: 영호야, 짐을 같이 들어 줄 수 있어?
　 B: 그렇게 부실해서야. 힘이 센 내가 기꺼이 도와줘야지.
③ A: 영화 한 편 보는 게 어때?
　 B: 영화? 싫어, 요즘 바빠서 영화 볼 시간도 없어.
④ A: 이번 시험도 망쳤어. 정말 속상해.
　 B: 꼴찌를 한 나도 있잖아. 넌 머리도 좋고 열심히 하니까 다음에는 잘할 거야.

※ 2015년도 기출복원문제는 시험 응시자들과 집필진의 기억을 토대로 재구성되었습니다. 실제 기출문제와는 다소 차이가 있을 수 있음을 알려드립니다.

빠른 정답표 ▶ 분석해설편 P.1
정답과 해설 ▶ 분석해설편 P.89

2014

2014.07.05. 국방부(육·해·공군) 시행

9급 군무원 국어

적정시간 25분

	월 일	월 일	월 일
시작	:	:	:
종료	:	:	:
점수			

1초 합격예측! 모바일 성적분석표

QR 코드로 접속하여 문제 풀이시간을 측정하고, 〈1초 합격예측 & 모바일 성적분석표〉 서비스를 통해 지금 바로! 실력을 점검해 보세요.
http://eduwill.kr/kt36

01

다음 문장의 밑줄 친 부분이 맞게 사용된 것은?

① 그는 피해자들에게 <u>사과하므로써</u> 책임을 면하려고 하였다.
② 불길이 <u>걷잡을</u> 수 없이 번져 나갔다.
③ 뛰어가는 아이에게 <u>부딪혀</u> 뒤로 넘어졌다.
④ 동생은 팔과 다리가 매우 <u>얇다</u>.

02

다음 밑줄 친 부분의 표준 발음으로 옳은 것은?

① 그는 드디어 조국 땅을 <u>밟게[발께]</u> 되었다.
② 김 부장은 너무 <u>외곬으로[외골쓰로]</u> 고지식하기만 하다.
③ 그 아이는 티 없이 <u>맑게[막께]</u> 자랐다.
④ 그는 엄마 잔소리를 귀가 <u>닳도록[달또록]</u> 들어 왔다.

03

다음 『훈민정음』 서문에서 지칭하는 28자에 해당하는 것은?

> 世·솅 宗종 御·엉 製·졍 訓·훈民민正·졍音흠
> 나·랏:말ᄊᆞ·미 中듕國·귁·에 달·아 / 文문字·ᄍᆞ·와
> ·로 서르 ᄉᆞᄆᆞᆺ·디 아·니ᄒᆞᆯ·ᄊᆡ / 이런 젼·ᄎᆞ·로 어·린
> 百·빅姓·셩·이 니르·고·져 ·홇 ·배이·셔·도 / ᄆᆞ
> ·ᄎᆞᆷ:내 제 ·ᄠᅳ·들 시·러 펴·디 :몯 홇 ·노·미 하·니·라
> ·내·이·ᄅᆞᆯ 爲·윙·ᄒᆞ·야 :어엿·비 너·겨 / ·새·로 ·스
> ·믈여·듧 字·ᄍᆞ·ᄅᆞᆯ 밍·ᄀᆞ노·니 / :사ᄅᆞᆷ:마·다 :ᄒᆡ·ᅇᅧ
> :수·비 니·겨 ·날·로 ·ᄡᅮ·메 便뼌安한·킈 ᄒᆞ·고·져
> 홇 ᄯᆞ·ᄅᆞ·미니·라

① ㅸ   ② ㅔ   ③ ㅑ   ④ ㅺ

04

다음 밑줄 친 부분의 표현이 바르게 쓰인 것은?

① 그는 설탕에 <u>절은</u> 과일을 예쁜 병에 옮겼다.
② 인절미의 고물로 쓸 것은 거칠게 갈지 말고 <u>잘갈아야</u> 한다.
③ 동생은 매우 놀랐는지 얼굴이 <u>하얘져서</u> 대답도 못했다.
④ 나는 여름이 되면 몸이 <u>붇는</u> 편이다.

05

다음 밑줄 친 단어들 중 문맥에 어울리지 <u>않는</u> 것은?

① 그는 사귐성이 좋아서 어떤 사람과도 <u>버슷하게</u> 지낸다.
② 그렇게 <u>소사스럽게</u> 말하니깐 사람들이 너를 싫어하지.
③ 그녀는 고개를 <u>기웃하게</u> 하고 아무 말 없이 앉아 있었다.
④ 그들은 먹는 게 늘 시원치 않아서 <u>마디게</u> 자라났다.

06

다음 (   ) 안에 들어갈 한자어를 순서대로 바르게 연결한 것은?

> • 식순에 따라 군악대의 음악에 맞춰 애국가 (   )이 있 겠습니다.
> • 정도전은 새로운 사상을 (   )하였다.

① 제창(齊唱) – 제창(提唱)
② 합창(合唱) – 제창(齊唱)
③ 봉창(奉唱) – 재창(再唱)
④ 제창(提唱) – 주창(主唱)

07

다음 밑줄 친 부분의 띄어쓰기가 잘못된 것은?

① 대형 할인점 때문에 동네 슈퍼마켓들은 장사가 <u>안 된다</u>.
② 남아 있는 빵은 내가 먹으면 <u>안 돼</u>?
③ 몸살을 앓더니 얼굴이 많이 <u>안됐구나</u>.
④ 너한테 이런 말을 하게 되어서 참 <u>안됐다</u>.

08

다음 외래어 표기 중 옳은 것끼리 짝지어진 것은?

(가) 러쉬아워(rush hour)
(나) 테이프(tape)
(다) 랑데뷰(rendez-vous)
(라) 보디랭귀지(body language)
(마) 컨셉(concept)
(바) 리모컨(remote control)
(사) 컨택트렌즈(contact lens)

① (가), (다), (사) 　② (나), (라), (바)
③ (가), (라), (바) 　④ (나), (다), (라)

09

다음 글을 통해 알 수 있는 내용으로 적절하지 않은 것은?

디지털 이미지는 화소(pixel)의 조합으로 이루어진 합성 이미지로, 기존의 회화나 아날로그 사진의 이미지와는 존재론적으로 다른 위상을 갖는다. 가령 아날로그 사진은 기계(사진기)를 통해 피사체를 촬영하여 만들어 내는 복제 이미지이다. 대상이 먼저 존재하고, 사진이 그것의 존재를 증명하는 셈이다. 그러나 컴퓨터를 통해 만들어진 디지털 이미지는 상상으로 빚어낸 허구의 대상을 마치 사진에 찍힌 것처럼 생생하게 구성해 낼 수 있다. 물론 디지털 이미지도 복제 기능을 갖고 있으나, 디지털 이미지의 고유성은 역시 합성 능력에서 찾아야 한다. 달리 말하면, 아날로그 사진이 '존재하는 것'의 인식에 적합하다면, 디지털 이미지는 '존재하지 않는 것'의 상상에 적합하다고 할 수 있다.

이러한 디지털 이미지의 출현은 새로운 예술 경향을 낳았다. 디지털 예술이 그것이다. 디지털 기술을 바탕으로 한 디지털 예술은 실제 현실을 보여 주는 것이 아니라 작가가 자신의 고유한 세계관과 미적 신념으로 창조해 낸 새로운 현실, 즉 가상현실을 구축한다. 이때 매체는 얼마든지 변환 가능하기 때문에 결과적으로 기존의 예술 장르 구분이 사라진다. 디지털 정보는 이미지, 소리, 움직임, 심지어 냄새와 촉각 등의 다양한 형태로 출력된다. 이 과정에서 감상자와의 상호 작용이 강조되면서 작가와 감상자가 함께 작품을 만들기도 한다. 감상자가 조이스틱이나 마우스, 터치스크린 등 다양한 입력 장치를 통해 일정한 작용을 가함으로써 작품이 시작되고, 감상자의 선택에 따라 작품이 다르게 전개되기도 한다. 이것은 예술의 성격에 영향을 미치며, 근본적으로 창작의 성격을 바꿔 놓는다. 과거의 창작이 물질성을 가진 '작품'을 제작하는 것이었다면, 디지털 예술에서 창작이란 대상과 감상자의 '관계'를 디자인하는 활동 자체이다.

① 디지털 예술에서 작가는 감상자를 의식하지 않는다.
② 디지털 예술은 디지털 기술을 표현 수단으로 이용한다.
③ 디지털 예술은 기존의 예술 장르 구분이 적용되기 어렵다.
④ 디지털 이미지는 현실에 존재하지 않는 대상을 만들어 낼 수 있다.

10

다음 단위의 표현 중 올바른 것으로만 짝 지어진 것은?

㉠ 오징어 한 축: 20마리
㉡ 오이 한 거리: 30개
㉢ 버선 한 죽: 10벌
㉣ 배추 한 접: 100개

① ㉠, ㉡ 　　　　②㉡, ㉢
③ ㉠, ㉢, ㉣ 　　④ ㉡, ㉢, ㉣

11

다음 중 ( ) 안에 들어갈 말로 가장 적절한 것은?

> 나는 그가 절대로 그럴 사람이 아니라고 믿기로 했다.
> 이렇게 ( ) 나니까 마음이 한결 가벼워졌다.

① 금을 맞추고
② 금을 보고
③ 금을 치고
④ 금이 닿고

12

불법 복제 예방 홍보물을 작성하려 한다. 〈보기〉의 조건을 모두 충족시킨 것은?

┤ 보기 ├

> ㉠ 저작권 보호의 수혜자가 곧 소비자 자신임을 강조한다.
> ㉡ 청유형의 표현을 사용한다.

① 문화를 가까이하세요.
   마음이 풍요로워집니다.
② 문화에 투자합시다.
   우리 모두에게 돌아옵니다.
③ 문화를 통해 받은 감동,
   남에게 줄 수 있습니다.
④ 문화 산업의 경쟁력을 살립시다.
   나눌수록 커집니다.

13

다음 ㉠에 들어갈 낱말과 ㉡에서 의미상 생략된 조사로 가장 적절한 것은?

> 남산 위에 저 소나무 철갑을 두른 듯
> (㉠) 불변함은 우리(㉡) 기상일세
> 무궁화 삼천리 화려 강산
> 대한 사람 대한으로 길이 보전하세

	㉠	㉡
①	바람서리	에
②	바람서리	의
③	바람소리	의
④	바람소리	에

14

다음에서 제시한 표준 발음법 규정을 옳게 설명한 것은?

> [제5항]
> 'ㅑ ㅒ ㅕ ㅖ ㅘ ㅙ ㅛ ㅝ ㅞ ㅠ ㅢ'는 이중모음으로 발음한다.
> 다만 1. 용언의 활용형에 나타나는 '져, 쪄, 쳐'는 [저, 쩌, 처]로 발음한다.
> 다만 2. '예, 례' 이외의 'ㅖ'는 [ㅔ]로도 발음한다.
> 다만 3. 자음을 첫소리로 가지고 있는 음절의 'ㅢ'는 [ㅣ]로 발음한다.
> 다만 4. 단어의 첫음절 이외의 '의'는 [ㅣ]로, 조사 '의'는 [ㅔ]로 발음함도 허용한다.

① '살쪄'는 [살쪄]와 [살쩌]의 발음이 모두 가능하다.
② '희망'은 [히망], '무늬'는 [무늬]로 발음한다.
③ '민주주의'는 [민주주이], '우리의'는 [우리에]로 발음할 수 있다.
④ '계시다'의 '계'는 [계시다]가 아닌 [게시다]로 발음해야 한다.

15

다음 밑줄 친 부분의 한자가 바르게 사용된 것은?

① 그는 적의 사주(使主)를 받아 내부의 기밀을 유출했다.
② 김 선생님이 속히 쾌유(快遊)하시기를 기원하겠습니다.
③ 그는 자신의 소신을 당당하게 피력(披力)했다.
④ 그는 결혼 생활이 파탄(破綻)에 이르렀다.

16

다음 〈보기〉의 밑줄 친 한자 성어와 의미가 가장 유사한 것은?

┤ 보기 ├

> 그와 나는 이심전심으로 의사가 잘 통한다.

① 망지소조(罔知所措)
② 염화미소(拈華微笑)
③ 초미지급(焦眉之急)
④ 간담상조(肝膽相照)

17

다음 중 (　) 안에 들어갈 단어로 가장 적절한 것은?

나는 김 씨 같은 (　　　　)은/는 처음 보네. 옆에서 부추기면 어느새 부추긴 대로 행동하고 있다네. 내 기억으로는 한 번도 어긋난 적이 없었네. 그러니 그를 너무 믿지는 말게.

① 책상물림 　　　　　② 옹춘마니
③ 망석중이 　　　　　④ 사시랑이

18

다음 글의 전개 순서로 가장 적절한 것은?

(가) 정부가 '저탄소 녹색성장'을 향후 60년의 새로운 국가 비전으로 제시한 것도 이런 세계적 트렌드의 변화에 대비한 선제적 포석인 셈이다. '저탄소·친환경'이라는 인식이 전 세계적으로 통용되는 상황에서 이미 단순 경제 성장 논리에 익숙한 우리에게는 더 이상 미룰 수 없는 과제적 성격을 가지는 것이기도 하다.

(나) 우리나라는 세계 10대 에너지 소비국이다. 그런데 이 에너지의 97퍼센트를 해외 수입에 의존하고 있다. 향후 온실가스 감축 의무가 부과될 경우, 우리나라 경제가 안게 될 부담은 상상 이상일 수 있다. 기후변화 문제가 심각해질수록 국제사회는 점차 강한 규제를 통해 각국의 탄소 배출을 강제할 것이다.

(다) 정부에서 내놓은 1차 국가 에너지 기본 계획에서 강조하고 있는 것은 크게 세 가지로 볼 수 있다. 첫째는 석유 의존도 축소, 둘째는 에너지 효율성 개선, 셋째는 그린 에너지 산업 성장동력화다. 사실 이 세 가지가 서로 다른 문제는 아니다.

(라) 그렇다면 신재생 에너지와 이 국가적 규모의 정책 기조와의 관계를 살펴보는 것은 매우 중요하다. 정부 스스로 60년 앞을 내다보는 계획을 제출했다고 천명했으므로, 신재생 에너지를 산업 분야로서 주목하지 않을 수 없는 것이다.

① (나) – (가) – (다) – (라)
② (다) – (나) – (가) – (라)
③ (다) – (가) – (라) – (나)
④ (나) – (가) – (라) – (다)

19

다음은 윤선도의 「어부사시사」이다. 계절의 순서를 바르게 나열한 것은?

(가) 어와 져므러 간다 연식(宴息)이 맏당토다
　　빅 븟텨라 빅 븟텨라
　ᄀᄂᄂ 눈 쁘린 길 블근 곳 훗더딘 듸 흥(興)치며 거러가셔
　　지국총(至匊悤) 지국총(至匊悤) 어ᄉ와(於思臥)
　　셜월(雪月)이 서봉(西峰)의 넘도록 숑창(松窓)을 비겨 잇쟈

(나) 마람 닙희 ᄇ람 나니 봉창(蓬窓)이 서늘코야
　　돋 ᄃ라라 돋 ᄃ라라
　녀름 ᄇ람 뎡홀소냐 가ᄂᄂᆫ 대로 빅 시겨라
　　지국총(至匊悤) 지국총(至匊悤) 어ᄉ와(於思臥)
　　아희야 북포남강(北浦南江)이 어듸 아니 됴흘러니

(다) 슈국(水國)의 ᄀ을히 드니 고기마다 슐져 읻다
　　닫 ᄃ러라 닫 ᄃ러라
　만경딩파(萬頃澄波)의 슬ᄏ지 용여(容與)ᄒ쟈
　　지국총(至匊悤) 지국총(至匊悤) 어ᄉ와(於思臥)
　　인간(人間)을 도라보니 머도록 더옥 됴타

(라) 우ᄂᄂᆫ 거시 벅구기가 프른 거시 버들숩가
　　이어라 이어라
　어촌(漁村) 두어 집이 닛 속의 나락들락
　　지국총(至匊悤) 지국총(至匊悤) 어ᄉ와(於思臥)
　　말가ᄒ 깁픈 소희 온간 고기 뛰노ᄂᄂ다

① (가) – (다) – (라) – (나)
② (나) – (라) – (가) – (다)
③ (나) – (가) – (다) – (라)
④ (라) – (나) – (다) – (가)

※ 다음 글을 읽고 물음에 답하시오. [20~21]

　　우리나라에도 몇몇 도입종들이 활개를 치고 있다. 예전엔 청개구리가 울던 연못에 요즘은 미국에서 건너온 황소개구리가 들어앉아 이것저것 닥치는 대로 삼키고 있다. 어찌나 먹성이 좋은지 심지어는 우리 토종 개구리들을 먹고 살던 뱀까지 잡아먹는다. 토종 물고기들 역시 미국에서 들여온 블루길에게 물길을 빼앗기고 있다. 이들이 어떻게 자기 나라보다 남의 나라에서 더 잘 살게 된 것일까?

　　도입종들이 모두 잘 적응하는 것은 결코 아니다. 사실, 절대 다수는 낯선 땅에 발도 제대로 붙여 보지 못하고 사라진다. 정말 아주 가끔 남의 땅에서 들풀에 붙은 불길처럼 무섭게 번져 나가는 것들이 있어 우리의 주목을 받을 뿐이다. 그렇게 남의 땅에서 의외의 성공을 거두는 종들은 대개 그 땅의 특정 서식지에 마땅히 버티고 있어야 할 종들이 쇠약해진 틈새를 비집고 들어온 것들이다. 토종이 제자리를 당당히 지키고 있는 곳에 쉽사리 뿌리내릴 수 있는 외래종은 거의 없다.

　　제 아무리 대원군이 살아 돌아온다 하더라도 더 이상 타 문명의 유입을 막을 길은 없다. 어떤 문명들은 서로 만났을 때 충돌을 면치 못할 것이고, 어떤 것들은 비교적 평화롭게 공존하게 될 것이다.

　　결코 일반화할 수 있는 문제는 아니겠지만 스스로 아끼지 못한 문명은 외래 문명에 텃밭을 빼앗기고 말 것이라는 예측을 해도 큰 무리는 없을 듯싶다. 내가 당당해야 남을 수용할 수 있다.

　　영어만 잘 하면 성공한다는 믿음에 온 나라가 야단법석이다. 배워서 나쁠 것 없고, 영어는 국제 경쟁력을 키우는 차원에서 반드시 배워야 한다. 그러나 ㉠ 우리말을 제대로 세우지 않고 영어를 들여오는 일은 우리 개구리들을 돌보지 않은 채 황소개구리를 들여온 우를 또다시 범하는 것이다.

20

윗글의 서술상의 특징을 바르게 파악한 것은?

① 적절한 예시로 주장의 설득력을 높이고 있다.
② 통념을 비판하여 사고의 전환을 유도하고 있다.
③ 권위자의 말을 인용하여 신뢰감을 제공하고 있다.
④ 제재의 점층적인 배열로 논지를 강화하고 있다.

21

윗글의 밑줄 친 ㉠과 내용의 전개 방식이 다른 것은?

① 경회루는 정면 7간, 측면 5간으로 35간이나 된다. 이층 누마루집인데, 아래층은 돌기둥을 세우고 위층은 나무로 지었다. 지붕은 앞뒷면이 높이 솟아오르고, 옆은 중간에 가서 붙고 그 윗부분은 삼각형의 단면이 생기는 팔작지붕 형식이다. 팔작지붕에서 앞뒤 지붕이 만나는 정상에 용마루를 쌓고, 그 양 끝은 새가 입을 벌리고 있는 모양이나 새의 꼬리 모양으로 흙을 구워 설치한다.

② 인생이라는 것은 장기를 두는 행위와 비슷하다. 이렇게 두면 저렇게 될 것이란 대강의 짐작이 있어야만 장기라는 유희가 성립한다. 그러나 꼭 짐작한 대로 되어서도 장기라는 유희는 성립할 수가 없다. 인생은 이처럼 지(知)와 무지(無知) 사이의 방황이다.

③ 자전거를 한번 배우고 나면 다음에 그것을 탈 때 다시 배우지 않아도 된다. 이처럼 언어도 한번 습득하면 다음에 그것을 사용할 때는 새로 배우지 않아도 된다.

④ 산을 오르는 데는 노정이 있고, 집을 짓는 데는 기공에서 준공까지의 과정이 있는 것과 같이, 글쓰기에도 일정한 절차가 있다. 글쓰기는 그 조직적, 계획적 특성 때문에 반드시 일정한 절차를 거쳐야 한다.

22

다음 〈보기〉의 계획에 가장 적절한 토의의 방식은?

┤ 보기 ├

1. 주제: 저출산, 대책은 무엇인가
2. 참가자: 사회자 1명, 전문가 3~6명, 청중 50명
3. 참가자의 역할
　1) 사회자: 사회자는 공평하게 진행하여 전문가를 고르게 발언시키고, 필요에 따라 발언 내용을 요약한다. 그 후 청중의 질문을 받는다.
　2) 전문가: 3~6명의 전문가가 일반 청중 앞에서 토의 문제에 대하여 서로 의견을 주고받는다. 청중에게서 질문이 있으면 답변한다.
　3) 청중: 질문 형식을 통해 토의에 참여하게 된다.

① 패널 토의　　　　　② 심포지엄
③ 포럼　　　　　　　④ 원탁 토의

23

다음 글의 논지 전개 방식으로 가장 적절한 것은?

> 일반적으로 가정에서 사용하는 공기청정기는 전기집진 방식을 채택하고 있다. 전기집진 방식은 기기 안으로 유입된 공기가 자유필터를 거친 다음, 방전을 통해 발생하는 양이온이나 음이온과 결합하여 전기를 띠게 되고, 이때 음이온을 띤 먼지 입자들이 양극의 집진판에 모이도록 하는 것이다. 이 공기청정기는 내부 청소만 주기적으로 잘 해 주면 반영구적으로 사용할 수 있지만 음이온이나 양이온을 만들어낼 때 오존이 동시에 배출되는 문제가 있다. 물론 오존은 강력한 산화력으로 박테리아나 바이러스를 죽이기도 하고 냄새 분자를 파괴하기도 하지만 그 양이 지나치면 건강에 해로울 수 있다. 전기집진 방식을 채택한 공기청정기의 사용 설명서에 '인체에서 50cm~100cm가량 떨어진 곳에서 사용하라'는 주의사항이 들어 있는 것도 오존의 인체 유해성 때문이다.

① 근거를 제시하며 원리 파악의 필요성을 제기하고 있다.
② 방식의 원리와 대상의 장단점을 제시하고 있다.
③ 대상의 성능을 설명하고, 그에 따른 문제점을 제기하고 있다.
④ 방식의 원리가 지닌 문제점의 해결 방안을 제시하고 있다.

24

다음 중 문장의 호응 관계가 가장 자연스러운 것끼리 짝 지어진 것은?

> (가) 선진국에서는 농어촌에 있는 학교의 학생이 줄어들면, 오히려 이를 계기로 작은 학교가 더욱 이상적인 교육 환경을 만들어 갈 수 있도록 지원해 주고 있다.
> (나) 한국 사람 모두가 쉽게 따라 부르는 '아리랑'은 각 지역의 특색에 맞게 다양성과 창의성을 보여 준다는 측면에서 높이 평가되었습니다.
> (다) 훼손된 언어 환경을 다시 깨끗하게 만들려면, 많은 비용과 노력, 그리고 긴 시간이 들 것이다.
> (라) 울진의 금강송 숲은 놀라운 곳이다. 무려 500년이 넘는 긴 시간이 지나도록 아무 말 없이 묵묵히 제자리를 지키고 있는 나무가 있다니 말이다.

① (가), (나)   ② (나), (다)
③ (다), (라)   ④ (가), (라)

25

다음 글을 수정하기 위한 방안으로 적절하지 않은 것은?

> ㉠ 운동은 크게 무산소성 운동과 유산소성 운동 그리고 근육이나 관절의 가동 범위를 늘여 주는 유연성 운동으로 나눌 수 있다. 일반인들은 유산소 운동을 숨을 많이 쉬면서 하는 운동, 무산소 운동은 숨을 쉬지 않고 참고 하는 운동으로 잘못 알고 있는 경우가 있다. 그러나 유산소 운동이란 말 그대로 산소를 사용하여 산화(酸化) 작용을 통해 에너지를 만들고, 만들어진 에너지를 근육에 공급해 주는 운동이다. 10분 이상 운동을 하게 되면 산소를 이용하는 근육 세포의 에너지 대사, 즉 유산소 대사가 활발히 일어나므로 유산소 운동이라고 한다. 유산소 운동을 꾸준히 하면 지방을 연소시켜 살이 빠지고, 심장, 폐, 혈관 등이 튼튼해진다. 조깅, 수영, 자전거 타기, 등산 등이 이에 해당한다.
>
> (㉡) 무산소 운동이라 함은 산화 작용과 관계없이 근육 세포질 내 글리코겐(당)의 반응에 의해서 에너지를 만들고 이를 근육에 공급하는 방식을 말한다. 자기 자신의 체중이나 덤벨, 바벨 등을 이용해 2분 이내의 짧은 시간 동안 강한 힘을 쓰는 웨이트 트레이닝이 대표적인 무산소 운동이다. 무산소 운동을 통해서는 근력과 근지구력, 파워, 순발력 등의 스포츠 능력을 발달시킬 수 있으며, 근육의 양을 ㉢ 늘려 주게 된다.
>
> 지금까지 유산소 운동과 무산소 운동의 특징을 알아보았다. 이들은 각기 다른 운동 효과를 나타내기 때문에 보다 건강한 삶을 위해서는 ㉣ 어느 한쪽으로 편향되기보다 이 두 가지 운동을 균형 있게 실시하는 것이 좋다.

① ㉠은 글 전체의 통일성을 고려하여 삭제한다.
② 문단 간의 연결 관계를 고려하여 ㉡에는 '반면'과 같은 접속어를 넣어 준다.
③ ㉢은 문장 성분 간의 호응 관계를 고려하여 '늘려 준다는 점이다.'와 같이 수정한다.
④ ㉣은 의미가 중복된 표현이므로 '어느 한쪽으로 치우치기보다'와 같이 수정한다.

※ 2014년도 기출복원문제는 시험 응시자들과 집필진의 기억을 토대로 재구성되었습니다. 실제 기출문제와는 다소 차이가 있을 수 있음을 알려드립니다.

빠른 정답표 ▶ 분석해설편 P.1
정답과 해설 ▶ 분석해설편 P.98

2013　2013.06.29. 국방부(육·해·공군) 시행

⏱ 적정시간 25분

월	일	월	일	월	일
시작 :		시작 :		시작 :	
종료 :		종료 :		종료 :	
점수		점수		점수	

9급 군무원 국어

01

다음 중 로마자 표기법에 따라 바르게 적은 것은?

① 같이[gachi]　　② 전주[jeonju]
③ 묵호[Muko]　　④ 하회탈[Hahethal]

02

다음 중 복수 표준어가 <u>아닌</u> 것은?

① 나부랭이 – 너부렁이　② 짓물다 – 짓무르다
③ 쪼이다 – 쬐다　　　　④ 네 – 예

03

다음 중 고유어 '새옹'의 뜻으로 옳은 것은?

① 간사한 사람
② 작고 오목한 샘
③ 놋쇠로 만든 작은 솥
④ 갑자기 많이 먹는 밥

04

다음 중 띄어쓰기가 바르게 된 문장은?

① 내가 고향을 떠나온지 벌써 10년이 지났다.
② 이런데 와서 난동을 부린다고 해결될 일이 아닙니다.
③ 김영희양에게 내 방에 들르라고 전해 주게.
④ 일이 바빠서 한 달에 한 번밖에 쉬지 못했다.

05

다음 중 밑줄 친 부분이 격 조사에 해당하는 것은?

① 너는 어쩌자고 혼자 시장에<u>를</u> 갔니?
② 철수는 시골<u>에서</u> 서울로 왔다.
③ 언니는 수박<u>과</u> 참외를 좋아한다.
④ 나는 김밥<u>이</u> 먹고 싶었다.

06

여자의 입장에서 오빠의 아내와 남동생의 아내에게 공통적으로 사용할 수 있는 명칭은?

① 아가씨　　② 올케
③ 계수　　　④ 동서

07

다음 문장에서 밑줄 친 한자 성어의 쓰임이 적절하지 <u>않은</u> 것은?

① 남의 말을 따라 쉽게 <u>부화뇌동(附和雷同)</u>하지 말아야 합니다.
② 저는 <u>견마지로(犬馬之勞)</u>의 자세로 군인의 임무를 성실히 수행하겠습니다.
③ 그동안 보살펴 주신 선생님의 은혜는 실로 <u>절치부심(切齒腐心)</u>입니다.
④ <u>분골쇄신(粉骨碎身)</u>이 되더라도 조국을 위해 목숨을 바치겠습니다.

08

다음 중 문장 부호를 바르게 설명한 것은?

① 붙임표(-): 두 개 이상의 어구가 밀접한 관련이 있음을 나타낼 때 쓴다.
② 쉼표(,): 대비되는 두 개 이상의 어구를 묶어 나타낼 때 그 사이에 쓴다.
③ 큰따옴표(" "): 문장 내용 중에서 중요한 부분을 특별히 드러내 보일 때 쓴다.
④ 대괄호([ ]): 괄호 안에 또 괄호를 쓸 필요가 있을 때 안쪽의 괄호를 이것으로 쓴다.

09

다음 중 한글 맞춤법이 바르지 <u>않은</u> 것은?

① 소줏잔　　　　② 통째로
③ 귀띔　　　　　④ 뱃멀미

※ 다음 글을 읽고 물음에 답하시오. [10~11]

　'삵'이라는 별명을 가지고 있는 '정익호'라는 인물을 본 것이 여기서이다. 익호라는 인물의 고향이 어디인지는 ××촌에서 아무도 몰랐다. 사투리로 보아서 경기 사투리인 듯하지만 빠른 말로 재재거리는 때에는 영남 사투리가 보일 때도 있고, 싸움이라도 할 때는 서북 사투리가 보일 때도 있었다. 그런지라 사투리로써 그의 고향을 짐작할 수가 없었다. 쉬운 일본말도 알고, 한문글자도 좀 알고, 중국말은 물론 꽤 하고, 쉬운 러시아말도 할 줄 아는 점 등등, 이곳저곳 숱하게 줏어먹은 것은 짐작이 가지만, 그의 경력을 <u>똑똑히</u> 아는 사람은 없었다.
　그는 여(余)가 ××촌에 가기 일 년 전쯤, 빈손으로 이웃이라도 오듯 <u>후닥닥</u> ××촌에 나타났다 한다. 생김생김으로 보아서 얼굴이 쥐와 같고 날카로운 이빨이 있으며, 눈에는 교활함과 독한 기운이 늘 나타나 있으며, 발룩한 코에는 코털이 밖으로까지 보이도록 길게 났고, 몸집은 작으나 민첩하게 되었고, 나이는 스물 다섯에서 사십까지 임의로 볼 수 있으며, 그 몸이나 얼굴 생김이 어디로 보든 남에게 미움을 사고 <u>근접치</u> 못할 놈이라는 느낌을 갖게 한다.

　그의 장기(長技)는 투전이 <u>일수</u>며, 싸움 잘하고, 트집 잘 잡고, 칼부림 잘하고 색시에게 덤벼들기 잘하는 것이라 한다. 생김생김이 벌써 남에게 미움을 사게 되었고, 거기다 하는 행동조차 <u>변변치</u> 못한 일만이라, ××촌에서도 아무도 그를 <u>대척하는</u> 사람이 없었다. 사람들은 모두 그를 피하였다. 집이 없는 그였으나 뉘 집에 잠이라도 자러 가면 그 집 주인은 <u>두말없이</u> 다른 방으로 피하고 이부자리를 준비하여 주고 하였다. 그러면 그는 이튿날 해가 낮이 되도록 실컷 잔 뒤에 마치 제집에서 일어나듯 <u>느직이</u> 일어나서 조반을 청하여 먹고는 한마디의 사례도 없이 나가 버린다. 그리고 만약 누구든 그의 이 청구에 응치 않으면 그는 그것을 트집으로 싸움을 시작하고, 싸움을 하면 반드시 칼부림을 하였다. 동네의 처녀들이며 젊은 여인들은 익호가 이 동네에 들어온 뒤부터는 마음 놓고 나다니지를 못하였다. 철없이 나갔다가 봉변을 당한 사람도 몇이 있었다.

10

윗글의 서술상의 특징으로 적절한 것은?

① 주인공인 서술자가 자신의 이야기를 서술하는 시점으로, 인물과 서술의 초점이 일치한다.
② 사건 밖의 서술자가 인물들의 심리 및 행동의 동기와 정서 등을 논평하기 때문에 독자의 상상력을 제한한다.
③ 작품 내부의 서술자는 관찰자일 뿐 주인공과는 별개의 인물이다.
④ 사건 밖의 서술자가 객관적인 태도로 사건을 서술하는 시점으로, 서술자의 태도는 제한적이다.

11

윗글에서 밑줄 친 어휘 중 표준어가 <u>아닌</u> 것은?

① 똑똑히, 느직이
② 일수, 근접치
③ 후닥닥, 변변치
④ 대척하는, 두말없이

12

다음 글의 논리적 전개 순서로 가장 적절한 것은?

(가) 이러한 스콧의 주장과는 달리 팝킨은 좀 더 철저한 역사적 접근법을 채택했다. 그는 세계 각지에서 발견되는 도덕적·집단적·협동적인 농민 공동체가 국가 개입을 정당화하는 봉건주의와 자본주의에 의해 창조된 것이라고 보았다. 즉 농민들에게 개인 재산 소유의 권리를 허용하지는 않으면서도 무거운 조세를 부과하는 정부에 합리적으로 대응하기 위해 농민 공동체가 생겨났다는 것이다. 국가 또한 행정의 대상, 조세 부과의 대상을 확보하기 위해 농민 촌락을 만들었다며, 이렇게 만들어진 농민 공동체 안에서는 다툼과 갈등이 빈번해지면서 심각한 경제적 불평등이 생겨나게 된다고 하였다. 또 국가가 부과한 각종 의무들은 농민 공동체 안에 형성된 특권을 해소하기는커녕 영속화하는 역할을 담당하게 된다는 것도 강조하였다. 이는 그가 농민층을 도덕적인 집단이 아니라 계급적 이해관계에 따라 움직이는 하나의 정치 집단으로 보았기 때문에 형성되는 인식이다.

(나) 20세기 초반의 러시아 경제학자 차야노프는 자급자족적 농민 가구에 대한 수학적 분석을 통해 농민의 경제생활 방식이 자본주의적 방식과는 근본적으로 다르다고 주장하였다. 그는 그런 차이점이 생겨나는 이유를 농민들이 식량 확보와 식구들의 안전 확보 외에 별다른 욕망을 가지지 않기 때문이라고 보았다. 그러나 이런 농민들의 태도가 왜 생겨나는지에 대한 근본적인 문제를 다루지는 않았다.

(다) 이 주제는 제임스 스콧과 이에 반박한 새뮤얼 팝킨 사이의 논쟁에서 잘 드러난다. 스콧은 20세기 동남아시아 농업에 대한 연구에서, 식민지가 되면서 뿌리를 내리기 시작한 자본주의 농업은 기존 촌락이 지닌 생계 전통에 대한 공격이었다고 주장했다. 쌀·고무와 같은 수출 상품과 토지·노동의 상품화에 기반한 자본주의 농업 체계는 전통적인 농민 경제에 위협을 가했다. 동남아시아의 전통적인 농민 경제는 촌락 내부의 호혜성, 중요 자원에 대한 공유와 공동 운영 및 협동 노동이라는 도덕적 규범에 의해 작동되고 있었다. 지주 및 봉건 귀족과 농민의 관계는 항상 도덕적인 상호 의무 체계를 형성해 왔고, 이 체계 안에서 유력자들은 충성을 받는 대가로 어려운 시기에 농민들에게 보호와 원조를 제공했다. 이러한 도덕 경제 아래에서 농민들은 통상 혁신과는 거리가 먼 존재였고 하나의 공동체로 살아남기 위해서 개인의 안녕을 마을의 더 큰 이익 속에 감추며 사는 존재였다.

(라) 스콧과 팝킨의 주장은 우리에게 매우 다른 메시지를 전달해 준다. 스콧의 농민이 시장이라는 '근대적' 세계에 진입하는 과정에서 자기 문화의 일부를 변화시키고 포기해야 했던 반면에, 팝킨의 농민은 행위와 사고에 있어서 이미 완전히 근대적인 존재였고 힘과 자원이라는 기회를 얻고자 하는 존재였다. 팝킨은 농민이 공정한 기회만 주어진다면 대단히 생산적이고 시장 지향적인 성향을 띨 가능성이 높은 존재들이지만 현실 세계에서 억압받고 있기 때문에 그렇게 할 수 없는 존재임을 주장하면서 농민 공동체가 식민 자본주의의 창조물임을 입증한 것이다.

① (가) – (라) – (나) – (다)
② (나) – (다) – (가) – (라)
③ (가) – (다) – (라) – (나)
④ (나) – (가) – (다) – (라)

13

다음 중 밑줄 친 문장 성분이 다른 것은?

① 아이 둘과 나, 이렇게 <u>셋이서</u> 길을 나섰다.
② 이번 계약은 <u>홍보부에서</u> 담당하기로 했다.
③ 나의 합격 소식에 <u>할머니께서</u> 기뻐하셨다.
④ 이 일을 <u>누구에게</u> 맡겨야 할지 모르겠다.

14

다음 중 밑줄 친 어휘가 표준어인 것은?

① 어머니는 시금칫국을 <u>듬뿍</u> 퍼 담아 주셨다.
② 밤새 작업하느라 얼굴이 <u>해쓱해졌다.</u>
③ 난로를 트니 <u>금세</u> 따뜻해졌다.
④ 추운 겨울에는 <u>쌉쌀한</u> 동치밋국이 별미다.

15

다음 중 언어 예절에 <u>어긋나는</u> 것은?

① 정년 퇴임을 앞둔 부장에게: "그동안 애 많이 쓰셨습니다."
② 잘못 걸린 전화를 받았을 때: "잘못 거셨습니다."
③ 경미한 사고를 당한 사람에게: "참 불행 중 다행입니다."
④ 장례식에서 조문객이 상주에게: "삼가 조의를 표합니다."

16

다음 중 〈보기〉의 밑줄 친 부분과 의미가 비슷하게 사용된 것은?

┤ 보기 ├

가을걷이에 <u>드는</u> 일손은 최소한 열 명이다.

① 집을 수리하는 데에 비용이 얼마 <u>들</u> 것 같니?
② 하반기 <u>들자</u> 경기가 서서히 회복되기 시작했다.
③ 노후 생활을 준비하기 위해 적금을 <u>들기로</u> 했다.
④ 하숙집에 <u>든</u> 지도 벌써 삼 년이 지났다.

17

다음 중 문장에 중의적 표현이 사용되지 <u>않은</u> 것은?

① 그는 모자를 쓰고 있다.
② 선생님은 이 세상에서 나만 좋아한다.
③ 나는 그 음식을 다 먹지 않았다.
④ 모든 학생들이 두 권씩의 책을 읽었다.

18

다음 중 모음의 영향으로 발음이 바뀐 것은?

① 밥물[밤물]　　　② 입히다[이피다]
③ 미닫이[미다지]　④ 칼날[칼랄]

19

다음 글의 ㉠~㉢에 들어갈 단어가 알맞게 연결된 것은?

(㉠)(이)라고 하는 근본 뜻은 아름다운 물건을 숭상하는 것을 가리키는 게 아니라, 아무런 지각도 없이 지나치게 쓰는 것과, 가난하면서도 겉모양을 많이 꾸미는 자의 행실을 비판하는 말이다. 물건이 조잡한 것은 처음부터 아무런 영향도 없는데, 만약 (㉡)의 본뜻을 이해하지 못하고 물건을 높여 쓰는 것만 미덕이라고 생각하여, 거칠고 잡스러운 솜씨를 높이고 정교한 기예를 내친다면 나라 안의 공업 기술을 금지하는 것과 같아서 깨끗하고 아름다운 물건들은 차츰 다 없어지게 될 것이다. 뛰어난 기술자가 드물어지면 국풍도 또한 야비하게 되는데, 이는 물이 낮은 곳으로 흘러내리는 현상과도 같다. 정직한 방법으로 행동거지를 조심하여 자기 (㉢)을/를 넘지 않을 때 자주적인 즐거움을 누릴 수 있는 것이다.

	㉠	㉡	㉢
①	낭비	사치	실익
②	사치	검소	분수
③	허세	소박	만족
④	화려함	견고함	실속

20

다음 중 국어사전에 등재되는 순서에 맞게 단어를 나열한 것은?

① 왕 – 왠지 – 외각 – 외곽 – 요가
② 왠지 – 외곽 – 외각 – 요가 – 왕
③ 요가 – 왕 – 외각 – 외곽 – 왠지
④ 외각 – 외곽 – 왠지 – 왕 – 요가

21

다음 중 밑줄 친 부분이 적절한 것은?

① 그는 부지런함으로 오늘도 일찍 올 것이다.
② 부장님은 인격이 높으시므로 모든 이에게 존경을 받는다.
③ 그는 열심히 일하므로 삶의 보람을 느낀다.
④ 인간은 사회적 동물임으로 사회를 떠나서는 살 수 없다.

22

다음 중 문장의 표현이 올바른 것은?

① 협상에서 실패한 원인은 우리가 상대방에 대해 너무 몰랐다.
② 교통사고로 남쪽 방면은 자동차가 막히고 있습니다.
③ 지금부터 교장 선생님의 축사가 계시겠습니다.
④ 사장님께서는 따님이 있으시다.

23

다음 글에서 궁극적으로 말하고자 하는 바로 적절한 것은?

굶어 죽을지언정 쇠고기 먹는 것을 거부하는 인도의 힌두교나 돼지고기를 싫어하는 유태인과 이슬람교도의 관습, 얼핏 보아 비합리적일 뿐만 아니라 설명이 불가능한 것처럼 보이는 이런 관습에 대해 인류학자 마빈 해리스는 퍽 흥미로운 해답을 제시해 주고 있다.

마빈 해리스는 인도의 암소 숭배 관습이 인도의 환경 및 소규모 농업 경제가 낳은 필연적인 결과라고 설명한다. 쉽게 표현하면 인도의 환경 및 소규모 농업 경제 조건에서는 소를 잡아 쇠고기로 먹어치우는 것보다 살려 두는 것이 더욱 경제적이라는 것이다.

인간이 직접 먹을 수 없는 볏짚, 겨, 풀, 쓰레기, 인분 등을 먹으며 놀랄 만큼 많은 양의 우유와 노동력, 엄청난 열에너지로 전환될 수 있는 분뇨를 제공하는 인도의 소들은 경제적으로 대단히 중요한 역할을 한다. 다시 말해, 소규모, 저에너지, 가축 노동력을 바탕으로 하는 농업 체계를 지닌 인도에서 소는 산업 사회에서의 트랙터와 비료, 연료 생산 공장보다 더 많은 역할을 하고 있는 것이다. 만일 인도의 농부가 주기적으로 찾아오는 가뭄과 기아를 겪는 동안 소를 잡아먹고 싶은 유혹에 굴복해 버린다면, 가뭄에서 살아남는다 하더라도 결국 자기 무덤을 스스로 파는 결과를 불러오게 될 것이다. 소를 잡아먹는다면 좋은 기후가 찾아와도 더 이상 토지를 경작할 수 없기 때문이다. 힌두교의 암소 숭배 교리는 인도 농부들이 눈앞의 이익에 현혹되지 않게 해 주는 기능을 하고 있음이 명백해진다.

'성서'와 '코란'이 유태인과 이슬람교도에게 돼지고기 먹는 것을 금기시하도록 가르치는 것에 대해서도 마빈 해리스는 흥미로운 설명을 하고 있다. 즉 돼지 사육이 중동 지방의 기본적인 문화와 생태계의 조화를 깨뜨리는 위협적인 요소로 작용했기 때문이라는 것이다.

유태인과 이슬람교도의 조상들은 메소포타미아의 강가 계곡과 이집트의 중간 지대에 살았다. 그런데 이 지역은 토지가 척박하고 사람이 살기 어려운 건조 지대였다. 그런데 돼지는 원래 숲 지대와 그늘진 강둑에서 사는 동물이기 때문에, 이 지역에서 돼지를 대량으로 사육한다는 것은 불가능한 일이었다. 더욱이 풀, 나뭇잎 등을 소화시킬 수 있는 소, 양, 염소 등과는 달리 돼지는 나무 열매, 과일, 식물 뿌리, 곡식 등을 주로 먹는다. 이는 식량을 놓고 인간과 직접 경쟁하는 경쟁자이기도 하다는 뜻이다. 돼지는 신체 구조적으로도 체온을 잘 조절하지 못해 덥고 건조한 기후에는 잘 견뎌내지 못한다. 바로 이러한 점들이 돼지고기에 대한 금기를 만들어 냈다고 마빈 해리스는 설명한다.

① 민족마다 다른 민족과 구별되는 독특한 관습이 있다.
② 미개한 민족일수록 종교나 미신에 대한 집착이 강하다.
③ 불합리한 것처럼 보이는 관습이나 문화에도 합당한 이유가 있다.
④ 특정 음식을 먹거나 먹지 않는 가장 큰 이유는 종교적 금기 때문이다.

24

다음 글의 전개 방식으로 알맞은 것은?

밝은 전등이 있는데도 우리는 가끔 촛불을 켜고 싶어진다. 방과 마루의 전등을 모두 끄고 식탁 위에, 혹은 책상머리에 촛불 한 자루를 켜 놓고 가족, 친구들과 마주 앉으면 무엇인가 예사롭지 않은 분위기가 이루어진다. 함께 앉은 사람들의 얼굴은 어둠을 배경으로 떠올라서 좀 더 다정하다. 촛불로부터 멀리 떨어진 사물들은 모두 어둠에 묻히고, 함께 있는 사람들의 시선은 촛불의 불꽃이 만들어 주는 동그란 빛의 공간으로 모여든다. 그 동그란 공간이 세계의 중심이고, 함께 앉은 사람들이 서로 더 정답게 느끼도록 하는 만남의 자리가 된다. 그래서 뜻밖의 정전이 있는 날이면 가족이나 친구가 더 가까워진다.

모닥불과 횃불은 더 큰 불꽃이다. 그런 만큼 그것들은 촛불과는 또 다른 분위기와 감정을 불러일으킨다. 어두운 마당이나 바닷가에서 모닥불을 둘러싸고 앉은 사람들은 밝은 조명 아래서보다 깊은 공동체적 연대 의식을 느낀다. 촛불이 우리의 마음을 고요하게 가라앉혀 주는 데 비해 횃불은 마음을 뒤흔들어서 정서적으로 우리를 들뜨게 만든다. 장작더미 위에서 일렁거리는 불꽃은 그 어떤 화려한 춤보다 아름답게 여겨지기도 한다.

그리고 또 하나, 밤 하늘에 화려하게 터지는 폭죽의 불꽃이 있다. 섬광의 꼬리를 끌며 솟구쳐 올라 갖가지 빛깔과 크기로 터지는 불꽃을 보며 사람들은 탄성을 지른다. 어떤 폭죽은 한 번 터져 나간 알맹이들이 다시 터져서 찬란한 불꽃의 동심원들을 허공에 겹쳐 놓는다. 그 휘황한 불빛들이 주는 실용적 소득은 없다. 그렇지만 사람들은 불꽃놀이 보기를 좋아한다. 아름답게 타오르고 터지는 불꽃들을 보노라면 마음이 후련해지기도 한다.

이 세 종류의 불꽃들이 제각기 다른 느낌을 주는 것처럼 예술도 분야와 종류 및 경향에 따라 저마다의 특징이 다르다. 하지만 그 여러 가지 예술이 공통적으로 지닌 속성이 있다. 그것을 실용적 가치를 넘어선 즐거움과 아름다움이라고 일단 요약할 수 있다. 이 점에서 촛불, 횃불과 폭죽의 불꽃은 예술과 비슷하다.

① 비교
② 대조
③ 유추
④ 분석

25

다음 중 한자의 표기가 옳은 것은?

① 고전(苦展)
② 반월(反月)
③ 곡선(曲善)
④ 아미(蛾眉)

※ 2013년도 기출복원문제는 시험 응시자들과 집필진의 기억을 토대로 재구성되었습니다. 실제 기출문제와는 다소 차이가 있을 수 있음을 알려드립니다.

빠른 정답표 ▶ 분석해설편 P.1
정답과 해설 ▶ 분석해설편 P.105

2012

2012.06.30. 국방부(육·해·공군) 시행

⏱ 적정시간 25분

월 일	월 일	월 일
시작 :	시작 :	시작 :
종료 :	종료 :	종료 :
점수	점수	점수

9급 군무원 국어

01

다음 중 본말과 준말의 연결이 바르지 <u>않은</u> 것은?

① 변변하지 않다 – 변변찮다
② 넉넉하지 않다 – 넉넉잖다
③ 만만하지 않다 – 만만찮다
④ 심심하지 않다 – 심심잖다

02

다음 중 밑줄 친 부분이 어법에 맞게 사용된 것은?

① 친구를 만나러 갈 생각에 벌써부터 마음이 <u>설레인다</u>.
② 그만한 일에 <u>삐치다니</u> 큰일을 못할 사람일세.
③ 단체 여행에서는 개인행동을 <u>삼가해야</u> 한다.
④ 날씨가 건조하여 얼굴이 <u>당겼다</u>.

03

다음 중 고유어의 의미가 바르지 <u>않은</u> 것은?

① 속손톱: 손톱의 뿌리 쪽에 있는 반달 모양의 하얀 부분
② 열없다: 좀 겸연쩍고 부끄럽다.
③ 낟가리: 낟알이 붙은 곡식을 그대로 쌓은 더미
④ 칠칠하다: 주접 들고 단정하지 못하다.

04

다음 글의 논지 전개 방식으로 가장 적절한 것은?

뮐러의 신화 연구는 후대에 거센 비판을 받게 된다. 뮐러의 가장 큰 문제점은 인도, 유럽어 사용권에서 알려진 모든 신화를 단순히 천체 현상에 대한 언급으로만, 더 좁게는 일출과 일몰에 대한 언급으로만 귀착시킬 수 있다고 주장한 것이었다. 예컨대 헤라클레스, 테세우스, 오디세우스 등이 모두 태양을 상징한다는 것이다. 뮐러가 이와 같이 모든 신화의 근원을 태양으로 환원시키고 싶어 했던 것은 유럽인들의 조상인 아리아인에게서 유일신 사상의 뿌리를 발견하고 싶었기 때문이었을 것이다. 그는 자신들의 고상한 조상이 다신교를 믿는 야만인들이었다고 믿고 싶지 않았던 것이다.

이와 같은 한계에도 불구하고 뮐러의 신화 연구는 시대적인 의의를 갖는다고 할 수 있을 것이다. 뮐러는 아리아 족의 이야기를 통해, 부르주아 지배 일변도로 가고 있던 당대의 물질주의에 대한 저항을 표현한 것이라고 평가할 수 있기 때문이다. 즉 뮐러는 어린아이처럼 낭만적인 꿈을 꾸는 아리아 족의 비실용성을 찬양함으로써, 경제적 효용성을 중시하던 당시의 풍토와 달리 시적 감수성이 풍부하고 정신적 고상함을 갖춘 귀족주의를 대안으로 제시했던 것이다.

① 뮐러의 신화 연구에 대한 다양한 견해들을 분석하고 있다.
② 뮐러의 신화 연구의 한계와 의의를 제시하고 있다.
③ 신화 연구의 장점과 단점을 비교하여 전망을 제시하고 있다.
④ 뮐러의 신화 연구의 한계성을 제시하고 새로운 이론을 논증하고 있다.

05

다음 중 '벗다'의 반의어로 알맞지 <u>않은</u> 것은?

① (짐을) 부리다
② (양말을) 신다
③ (안경을) 끼다
④ (책임을) 지다

06

다음 글의 중심 내용으로 가장 적절한 것은?

논리적 추론 과정 자체를 찾을 수 없거나 참된 신념이라 할지라도 거짓된 전제에서 추론된 것이라면 그것은 지식이라 말할 수 없다. 또한 다음 사례에서 보듯이 전제가 참일 때라도 잘못된 추리 과정에 의해 연역되었다면 그것 또한 지식이라고 말할 수 없다. 내가 모든 그리스인이 인간이고 소크라테스가 인간임을 알기 때문에 소크라테스가 그리스인이라고 추리한다면, 나는 소크라테스가 그리스인이라는 것을 안다고 말할 수는 없다. 왜냐하면 나의 전제와 나의 결론이 참이라 하더라도 그 결론이 전제로부터 나온 것은 아니기 때문이다.

그렇다면 우리는 참된 전제에서 타당하게 추리된 것 이외에는 어떤 것도 지식이 아니라고 정의해야 하는 것일까? 이런 정의는 지나치게 광범위하다. 전제가 참이라는 것만으로는 충분하지 않고, 인식된 것이어야 하기 때문이다. 여기서 인식이란 대상이나 사물을 분별해 판단하고 아는 일을 말한다. 즉 인간이 어떤 대상이나 사물의 본질을 객관적으로 파악해 자기 것으로 만드는 정신 작용을 의미한다고 할 수 있다. 전 수상이 밸푸어라고 믿는 사람은 전 수상의 성이 B로 시작된다는 참된 전제로부터 타당하게 연역할 수는 있지만, 이와 같은 연역에 의해 이르게 되는 결론을 알고 있다고는 말할 수 없다. 따라서 우리는 방금 우리가 규정한 정의를 새롭게 수정해야 할 필요를 느낀다.

① 지식은 참된 전제로부터 타당하게 추리된 것이라고 말해야 할 것이다.
② 지식은 참된 전제로부터 타당하게 연역된 것이라고 말해야 할 것이다.
③ 지식은 참된 전제로부터 인식된 결론에 도달한 것이라고 말해야 할 것이다.
④ 지식은 인식된 참된 전제로부터 타당하게 연역된 것이라고 말해야 할 것이다.

07

다음 중 밑줄 친 어휘의 쓰임이 바르지 않은 것은?

① 중요한 약속을 벌써 <u>잊었느냐</u>?
② 나뭇가지를 함부로 <u>꺾으면</u> 안 된다.
③ 한 사람씩 돌아가면서 시조를 <u>읊도록</u>.
④ 이번 달에 카드를 너무 <u>긁어서</u> 청구서 보기가 무섭다.

08

다음 중 띄어쓰기가 바르지 않은 것은?

① 수필이란 느낀대로 써 나가는 산문이다.
② 네가 한 짓을 바른대로 이야기해라.
③ 큰 것은 큰 것대로 따로 모아 두었다.
④ 집에 도착하는 대로 연락을 해라.

09

다음 중 쌍점(:)을 사용하는 경우가 아닌 것은?

① 표제 다음에 해당 항목을 들거나 설명을 붙일 때 쓴다.
② 희곡 등에서 대화 내용을 제시할 때 말하는 이와 말한 내용 사이에 쓴다.
③ 짝을 이루는 어구들 사이에 쓴다.
④ 의존 명사 '대'가 쓰일 자리에 쓴다.

10

다음 중 단어의 표기와 발음이 어문 규정상 맞지 않는 것은?

① 넓둥글다[넙뚱글다] ② 밟고[발:꼬]
③ 맑더라[막떠라]   ④ 짧게[짤께]

11

다음 중 로마자 표기법으로 옳은 것은?

① 압구정: Apkujeong
② 대관령: Daegwallyeong
③ 독립문: Dongnipmun
④ 샛별: saetbbeol

12

다음 밑줄 친 단어의 활용이 올바른 것은?

① 그의 갑작스러운 죽음에 우리들은 모두 <u>놀랐다</u>.
② 그녀는 입속으로 그 말을 몇 번이고 <u>되뇌였다</u>.
③ 허리가 많이 <u>굵어진</u> 걸 보니 그는 운동을 안 하는 사람인 듯하다.
④ 국방부에서 실시하는 국토 순례단에 나도 <u>끼어</u> 가기로 하였다.

13

다음 중 외래어 표기가 바르게 된 것으로 묶인 것은?

① 케잌(cake), 점퍼(jumper)
② 프로포즈(propose), 비즈니스(business)
③ 슈퍼마켓(supermarket), 주스(juice)
④ 맛사지(massage), 하모니카(harmonica)

14

다음 중 밑줄 친 부분의 심상이 '금빛 게으른 울음'과 <u>다른</u> 것은?

① 퇴색한 성교당(聖敎堂)의 지붕 위에선
 분수처럼 흩어지는 <u>푸른 종소리</u>.
② 어두운 방 안엔 <u>바알간 숯불</u>이 피고.
③ <u>꽃처럼 붉은 울음</u>을 밤새 울었다.
④ 나는 <u>향기로운 님의 말소리</u>에 귀먹고
 꽃다운 님의 얼굴에 눈멀었습니다.

15

다음 글의 밑줄 친 고유어의 의미로 맞는 것은?

> 그러나 한두어 <u>종지</u> 가량 고추장물을 먹이고 나서는 나는 고만 풀이 죽었다. 싱싱하던 닭이 왜 그런지 고개를 살며시 뒤틀고는 손아귀에서 뻐드러지는 것이 아닌가. 아버지가 볼까 봐서 얼른 <u>홰</u>에다 감추어 두었더니 오늘 아침에서야 겨우 정신이 든 모양 같다.
>
> 그랬던 걸 이렇게 오다 보니까 또 쌈을 붙여 놓으니 이 망한 계집애가 필연 우리 집에 아무도 없는 틈을 타서 제가 들어와 홰에서 꺼내 가지고 나간 것이 분명하다.
>
> 나는 다시 닭을 잡아다 가두고 염려는 스러우나 그렇다고 산으로 나무를 하러 가지 않을 수도 없는 형편이었다. 소나무 삭정이를 따며 가만히 생각해 보니 암만해도 고 년의 목쟁이를 돌려놓고 싶다. 이번에 내려가면 망할 년 등줄기를 한번 되게 후려치겠다 하고 <u>싱둥겅둥</u> 나무를 지고는 부리나케 내려왔다.
>
> 거지반 집에 다 내려와서 나는 <u>호드기</u> 소리를 듣고 발이 딱 멈추었다. 산기슭에 널려 있는 굵은 바위돌 틈에 노란 동백꽃이 소보록하니 깔리었다. 그 틈에 끼어 앉아서 점순이가 청승맞게시리 호드기를 불고 있는 것이다. 그보다도 더 놀란 것은 고 앞에서 또 푸드득, 푸드득, 하고 들리는 닭의 횃소리다.
>
> – 김유정, 「동백꽃」

① 종지: 놋쇠로 만든 밥그릇
② 홰: 새장이나 닭장 속에 새나 닭이 올라앉게 가로질러 놓은 나무 막대
③ 싱둥겅둥: 갈피를 잡지 못하고 이리저리 헤매는 모양
④ 호드기: 살구씨의 양쪽에 구멍을 뚫고 속을 파내어 만든 호각 모양의 부는 물건

16

다음 중 속담 '처삼촌 뫼에 벌초하듯'과 의미가 가장 유사한 한자 성어는?

① 走馬看山
② 山溜穿石
③ 東問西答
④ 他山之石

17

다음 행사 진행표를 보고 알 수 있는 토의 방식으로 알맞은 것은?

> - 장소: 대회의장
> - 식순
>   - 개회사: 회장
>   - 발표
>   - 질의응답
> - 주제: 노인 복지의 실천 과제
> - 발표자: 김○○ 박사, 박○○ 소장, 이○○ 기자,
>   한○○ 교수
> ※ 사회자의 진행에 따라 발표자는 준비해 온 내용을 발표한
> 후에 청중들의 질문에 답하는 질의응답 시간을 갖는다.

① 원탁 토의
② 심포지엄
③ 패널 토의
④ 포럼

18

다음 「춘향가」의 한 대목을 판소리로 구연할 때 가장 알맞은 장단은?

> 모든 수령 도망할 제 거동 보소. 인궤 잃고 과줄 들고
> 병부 잃고 송편 들고, 탕건 잃고 용수 쓰고, 갓 잃고 소반
> 쓰고 칼집 쥐고 오줌 누기. 부서지니 거문고요 깨지느니
> 북 장고라. 본관이 똥을 싸고 멍석 구멍 새앙쥐 눈 뜨듯 하
> 고 내아(內衙)로 들어가서
> "어 추워라. 문 들어온다 바람 닫아라. 물 마르다 목 들
> 여라."
> 관청색(官廳色)은 상을 잃고 문짝 이고 내달으니 서리
> 역졸 달려들어 후닥딱
> "애고, 나 죽네."

① 중모리
② 진양조
③ 엇모리
④ 자진모리

19

다음 〈보기〉의 조항을 바탕으로 한 설명 중 바르지 않은 것은?

┤ 보기 ├

제67조(근로 계약)
① 친권자나 후견인은 미성년자의 근로 계약을 대리할 수 없다.
② 친권자, 후견인 또는 고용노동부장관은 근로 계약이 미성년자에게 불리하다고 인정하는 경우에는 이를 해지할 수 있다.
③ 사용자는 18세 미만인 자와 근로 계약을 체결하는 경우에는 제17조에 따른 근로 조건을 서면으로 명시하여 교부하여야 한다.
제68조(임금의 청구) 미성년자는 독자적으로 임금을 청구할 수 있다.
제69조(근로 시간) 15세 이상 18세 미만인 자의 근로 시간은 1일에 7시간, 1주에 35시간을 초과하지 못한다. 다만, 당사자 사이의 합의에 따라 1일에 1시간, 1주에 5시간을 한도로 연장할 수 있다.

① 미성년자의 경우 부모가 대신 고용 계약을 체결할 수 있다.
② 미성년자는 자신이 일한 임금에 대해 법정 대리인의 동의 없이 직접 요청할 수 있다.
③ 고용노동부장관은 미성년자에게 불리한 근로 계약을 해지할 수 있다.
④ 미성년자가 1주일에 35시간을 일하기로 근로 계약을 체결하고, 1주일 40시간으로 연장할 수 있다.

20

다음 중 밑줄 친 한자어의 표기가 바르지 않은 것은?

① 최근(最根) 생활용품의 매출이 증가세를 보이고 있다.
② 박물관에는 유명 화가들의 자화상이 전시(展示)되었다.
③ 그는 본래(本來가 성품이 온순한 사람이었다.
④ 결혼 20주년 기념(記念)으로 해외여행을 떠났다.

21

다음 글의 글쓴이가 추구하는 삶의 태도와 <u>반대되는</u> 것은?

> 지조란 것은 순일한 정신을 지키기 위한 불타는 신념이요, 눈물겨운 정성이며, 냉철한 확집이요, 고귀한 투쟁이기까지 하다. 지조가 교양인의 위의를 위하여 얼마나 값지고, 그것이 국민의 교화에 미치는 힘이 얼마나 크며, 따라서 지조를 지키기 위한 괴로움이 얼마나 가혹한가를 헤아리는 사람들은 한 나라의 지도자를 평가하는 기준으로서 먼저 그 지조의 강도를 살피려 한다. 지조가 없는 지도자는 믿을 수가 없고, 믿을 수 없는 지도자는 따를 수가 없기 때문이다. 자기의 명리만을 위하여 그 동지와 지지자와 추종자를 일조에 함정에 빠뜨리고 달아나는 지조 없는 지도자의 무절제와 배신 앞에 우리는 얼마나 많이 실망하였는가. 지조를 지킨다는 것이 참으로 어려운 일임을 아는 까닭에 우리는 지조 있는 지도자를 존경하고, 그 곤고를 이해할 뿐 아니라 안심하고 그를 믿을 수도 있는 것이다. 이와 같이 생각하는 자이기 때문에 지조 없는 지도자, 배신하는 변절자들을 개탄하고 연민하며, 그와 같은 변절의 위기의 직전에 있는 인사들에게 경성이 있기를 바라는 마음이 간절하다.

① 금생여수(金生麗水) ㅣ라 흔들 물마다 금(金)이 나며
　옥출곤강(玉出崑崗)이라 흔들 뫼마다 옥(玉)이 날쏜야
　암으리 사랑(思郞)이 중(重)타 흔들 님님마다 좃츨야
② 이런들 엇더ᄒ며 져런들 엇더ᄒ료
　萬壽山(만수산) 드렁츩이 얼거진들 긔 엇더ᄒ리
　우리도 이ᄀᆞᆺ치 얼거져 백년(百年)신지 누리리라
③ 이 몸이 죽어가셔 무어시 될꼬ᄒ니
　봉래산(蓬萊山) 제일봉(第一峯)에 낙락장송(落落長松) 되야 이셔
　백설(白雪)이 만건곤(滿乾坤)ᄒᆞᆯ 제 독야청청(獨也靑靑)ᄒᆞ리라
④ 님을 미들 것가 못 미들슨 님이시라
　미더온 時節(시절)도 못 미들 줄 아라스라
　밋기야 어려와마ᄂᆞᆫ 아니 밋고 어이라

22

〈보기〉는 다음 시에 대한 해설이다. 빈칸에 들어갈 말이 바르게 연결된 것은?

> 모란이 피기까지는
> 나는 아직 나의 봄을 기다리고 있을 테요.
> 모란이 뚝뚝 떨어져 버린 날,
> 나는 비로소 봄을 여읜 설움에 잠길 테요.
> 오월 어느 날, 그 하루 무덥던 날,
> 떨어져 누운 꽃잎마저 시들어 버리고는
> 천지에 모란은 자취도 없어지고,
> 뻗쳐 오르던 내 보람 서운케 무너졌느니,
> 모란이 지고 말면 그뿐, 내 한 해는 다 가고 말아,
> 삼백 예순 날 하냥 섭섭해 우옵내다.
> 모란이 피기까지는
> 나는 아직 나의 봄을 기다리고 있을테요, 찬란한 슬픔의 봄을.
>
> － 김영랑, 「모란이 피기까지는」

─┤ 보기 ├─

> 영원한 하늘나라의 아름다움이 있다면 그것은 소멸하지도 죽지도 않을 것이다. 그러나 지상의 아름다움은 우리가 아끼고 보존하려고 해도 (㉠)할 수가 없다. 태어난 것은 죽어야 하며, (㉡)은 마침내 떨어져야 한다. (㉢)과 피어남이 기쁨이라면 죽음과 떨어짐은 (㉣)이다. 그러므로 산다는 것은 이러한 기쁨과 슬픔을 함께 맛보며 주어진 시간을 누리는 일이다.

	㉠	㉡	㉢	㉣
①	성장	찬란한 것	영원	슬픔
②	영원	피어난 것	태어남	슬픔
③	영원	피어난 것	찬란함	보람
④	성장	보람된 것	생성	소망

23

다음 중 밑줄 친 어휘의 쓰임이 올바른 것은?

① 그 아이는 <u>일찌기</u> 철이 들었다.
② 정말로 지금 꼭 해야만 한다는 <u>것이요?</u>
③ 그녀는 직장에서 돌아오면 <u>으레</u> 부모님을 먼저 찾아뵈었다.
④ 그는 <u>믿음으로서</u> 산 보람을 느꼈다.

24

다음 주어진 글을 통해 추론할 수 있는 것은?

> 미꾸라지를 한문으로 추(鰍)라 하는데, 이는 물고기를 의미하는 '어(魚)'와 미꾸라지가 우는 소리인 '추(秋)'를 서로 합성한 의성어이다. 한편 가을(秋)에 먹는 미꾸라지가 통통하고 맛이 좋기 때문에 붙여졌다는 주장도 있다. 그리고 미꾸라지를 니추(泥鰍)라고도 하는데 이는 진흙(泥)에 사는 미꾸라지(鰍)라는 의미로 만들어진 말이다.
>
> 농촌에서는 추분(秋分)이 지나고 찬바람이 돌기 시작하면 논에서 물을 빼주고 논 둘레에 도랑을 파는데 이를 '도구 친다'고 한다. 도구 치면 진흙 속에서 겨울잠을 자려고 논바닥으로 파고들어 간 살찐 미꾸라지를 잔뜩 잡을 수 있다. 이것으로 국을 끓여서 동네잔치를 여는데 이를 '갚음 턱' 또는 '상치(尙齒) 마당'이라고 한다. 마을 어른들께 감사의 표시로 미꾸라지국을 대접하는 것이다. '상치'는 노인을 숭상한다는 뜻이다. 어렵게 살다 보면 마을 어른들로부터 많은 덕을 보고 사는데, 그 덕에 보은하는 뜻에서 베푼 잔치이기에 '갚음 턱'이라고 하였을 것이다.
>
> 추어탕은 이렇게 서민적인 음식이었다. 조선 시대 기록에서 추어탕에 대한 언급을 찾을 수 없는 데 대해서는 '너무나 서민적인 음식이기에 기록에서 소외됐다'고 쓰고 있다. 특히 예전부터 여름철 더위와 일에 지친 농촌 사람들에게 요긴한 동물성 단백질 급원이었으며 무기질과 비타민도 풍부하다. / 추어탕은 지역에 따라서 끓이는 방법이 조금씩 다르다. 경상도식은 미꾸라지를 삶아 으깨어 데친 풋배추, 고사리, 토란대, 숙주나물, 파, 마늘을 넣고 끓이다가 나중에 홍고추, 풋고추를 넣어 끓인 다음 불을 끄고 방아잎을 넣고 먹을 때 초핏가루(산초)를 넣는다. 전라도식은 경상도처럼 미꾸라지는 삶아서 끓이지만 된장과 들깨즙을 넣어 걸쭉하게 끓이다가 초핏가루를 넣어 매운맛을 낸다. 서울에서는 곱창이나 사골을 삶아 낸 국물에 두부, 버섯, 호박, 파, 마늘 등을 넣어 끓이다가 고춧가루를 풀고 통째로 삶아 놓은 미꾸라지를 넣어 끓인다.

① 추어탕은 서민적인 음식으로서 조선 시대에도 다양한 요리법이 기록되어 있다.

② 농촌에서는 마을 어른들께 감사의 표시로 미꾸라지국을 대접하는 상치(尙齒) 마당이라는 동네잔치가 현대까지 계승되고 있다.

③ 가을의 미꾸라지는 추어(秋魚)라고 하고, 가을이 아닌 계절에는 니추(泥鰍)라고 불렸다.

④ 경상도식 추어탕과 서울식 추어탕의 가장 큰 차이는 재료를 삶아 으깨어 넣느냐, 통째로 삶아 놓은 재료를 넣어 끓이느냐이다.

25

다음 중 어법에 맞는 문장은?

① 고객께서는 물건을 구입하신 날짜로부터 14일 이내에 교환 및 환불을 요구하실 수 있습니다.

② 글씨와 그림을 그릴 때 쓰는 붓은 한자를 바탕으로 이루어진 동양의 문화와는 떼려야 뗄 수 없는 사이이다.

③ 방송의 사회적 책임은 그 크기를 가늠하기 힘들 정도로 크기 때문에 방송의 교육적 기능이 간과되어져서는 안 됩니다.

④ 우리는 가끔 가까운 친구를 실망시키기도 하고, 또 실망하기도 한다.

※ 2012년도 기출복원문제는 시험 응시자들과 집필진의 기억을 토대로 재구성되었습니다. 실제 기출문제와는 다소 차이가 있을 수 있음을 알려드립니다.

빠른 정답표 ▶ 분석해설편 P.2
정답과 해설 ▶ 분석해설편 P.112

2011

2011.06.25. 국방부(육·해·공군) 시행

⏱ 적정시간 25분

월 일	월 일	월 일
시작 :	시작 :	시작 :
종료 :	종료 :	종료 :
점수	점수	점수

9급 군무원 국어

01

다음 중 복수 표준어로 연결되지 않은 것은?

① 느리광이 – 느림보 – 늘보
② 깃저고리 – 배내옷 – 배냇저고리
③ 멀찌가니 – 멀찌감치 – 멀찍이
④ 보통내기 – 행군 – 행내기

02

다음 중 로마자 표기법에 어긋난 것은?

① 벚꽃: beotkkot
② 법학사: Beopaksa
③ 인왕리: Inwang-ri
④ 알약: allyak

03

다음 글의 빈칸에 들어갈 적절한 말은?

> 국기(國旗)는 매일 24시간 게양할 수 있다. 다만, 교육적 목적을 위해 국기게양식 및 국기강하식이 필요한 학교 및 군부대의 주된 국기게양대에는 매일 낮에만 게양하며, 심한 눈·비와 바람 등으로 국기의 (   ) 훼손이 우려되는 경우에는 게양하지 아니한다.

① 상징성   ② 존엄성
③ 형상성   ④ 독립성

04

다음 글에 대한 설명으로 적절하지 않은 것은?

> 둘하 노피곰 도두샤
> 어긔야 머리곰 비취오시라.
> 어긔야 어강됴리
> 아으 다롱디리
> 져재 녀러신고요
> 어긔야 즌 딕롤 드딕욜셰라.
> 어긔야 어강됴리
> 어느이다 노코시라.
> 어긔야 내 가논 딕 졈그롤셰라.
> 어긔야 어강됴리
> 아으 다롱디리

① 국문으로 기록되어 있는 유일한 백제 가요이다.
② 대립적 이미지를 이용하여 남편에 대한 아내의 질투심을 표현하였다.
③ 신라 시대 노래인 「치술령곡」과 '망부석 설화'와 관련이 있다.
④ 후렴구를 제외하면 시조의 형식과 유사하다.

05

다음 〈보기〉에 나타난 오류의 유형으로 알맞은 것은?

> ┤ 보기 ├
> 백지장도 맞들면 나은 법이고, 또한 서로 돕고 사는 것은 우리의 전통 미덕이다. 그러므로 시험에서도 서로 도와가면서 문제를 풀어야 한다.

① 우연의 오류
② 무지에 호소하는 오류
③ 합성의 오류
④ 논점 일탈의 오류

이것은 소리 없는 아우성
저 푸른 해원(海原)을 향하여 흔드는
영원한 노스탤지어의 ㉠손수건
㉡순정은 물결같이 바람에 나부끼고
오로지 맑고 곧은 ㉢이념의 푯대 끝에
㉣애수는 백로처럼 날개를 펴다
아아 누구인가
이렇게 슬프고도 애달픈 마음을
맨 처음 공중에 달 줄을 안 그는

– 유치환, 「깃발」

06

위 시의 밑줄 친 '소리 없는 아우성'과 유사한 표현 기법이 아닌 것은?

① 우리들의 사랑을 위하여서는
　이별이, 이별이 있어야 하네.

– 서정주, 「견우(牽牛)의 노래」

② 밤에 홀로 유리를 닦는 것은
　외로운 황홀한 심사이어니

– 정지용, 「유리창」

③ 나 보기가 역겨워
　가실 때에는
　죽어도 아니 눈물 흘리우리다

– 김소월, 「진달래꽃」

④ 나는 시인으로 그대의 애인이 되었노라.
　그대는 어디 있느뇨. 죽지 않은 그대가 이 세상에는 없고나

– 한용운, 「논개의 애인이 되어서 그의 묘(廟)에」

07

밑줄 친 ㉠~㉣ 중 의미하는 바가 다른 것은?

① ㉠　　　　　　　② ㉡
③ ㉢　　　　　　　④ ㉣

(가) 우는 것이 벅구기가 프른 거시 버들숩가
　　　이어라 이어라
　어촌(漁村) 두어 집이 닛 속의 나락들락
　　　지국총 지국총 어사와
　말가흔 기픈 소희 온갖 고기 뛰노ᄂᆞ다

(나) 년닙희 밥 싸 두고 반찬으란 쟝만 마라
　　　닫 드러라 닫 드러라
　청약립(靑蒻笠)은 써 잇노라 녹사의(綠蓑衣) 가져오냐
　　　지국총 지국총 어사와
　무심(無心)흔 백구(白鷗)는 내 좃ᄂᆞᆫ가 제 좃ᄂᆞᆫ가

08

위 시에 대한 설명으로 바르지 않은 것은?

① 고려의 「어부가(漁父歌)」를 계승한 것으로, 춘하추동 각 10수씩 총 40수로 된 연시조이다.
② (가)는 청각적 심상과 시각적 심상이 어우러져 평화로운 어촌 마을의 봄 경치가 잘 나타나 있다.
③ (가)의 '이어라, 이어라'는 아무 의미가 없는 여음(餘音)이다.
④ '지국총 지국총 어사와'는 배를 젓는 소리의 의성어로서, 한자의 음을 차용한 표현이다.

09

(나)의 계절적 배경으로 알맞은 것은?

① 봄　　　　　　　② 여름
③ 가을　　　　　　④ 겨울

10

다음 중 올바른 문장에 해당하는 것은?

① 그 마을의 남자들은 한 여성을 사랑한다.
② 솔직하고 성실한, 학생의 태도에 모두 감탄했다.
③ 동생이 책을 읽지 않았다.
④ 김 과장의 평가 점수가 가장 높다.

11

다음 글에 대한 설명으로 바르지 <u>않은</u> 것은?

> 담징은 비로소 붓을 놓고 이마에 흐르는 땀을 씻었다. 그리고는 한 걸음 물러서서 눈을 가늘게 뜨고 화면을 바라보았다. 온갖 정성을 다 기울였건만 어딘지 모르게 허전한 것 같았다. 그는 눈을 감았다. 조국 땅에 두고 온 여인의 모습이 떠올랐다. 담징은 다시 눈을 크게 뜨고 화면을 들여다보았다. 여인의 모습이 더욱 뚜렷해졌다. 담징은 몹시 괴로웠다. 그것은 열반의 세계를 구현한 것이 아니라, 사바를 모방한 것 같은 생각이 들었던 까닭이다.
>
> 다시 붓을 든 담징은 한 걸음 물러섰다가 앞으로 나갔다. 그대로 화면을 지워 버리고 싶은 충동이 일었던 것이다. 담징은 다시 주춤 서 버렸다. 초승달 같은 아미, 열반의 세계가 그 속에 있어야겠는데, 거친 속세의 모습만이 떠도는 것 같았다. 넓은 듯 좁은 듯한 그 미간에 떠오르는 여인의 모습, 담징은 속세에 대한 마지막 미련을 씻기라도 하듯, 온 정성을 다하여 그 미간에다 일점을 찍었다. 그건 다시는 그의 의식에서 그런 생각이 일어나지 않도록 하기 위한 필사의 노력이기도 했다. 그의 입가엔 비로소 미소가 떠올랐다.
>
> 범할 수 없는 관음상이여. 그리운 사람의 환상마저 잊으려는 담징의 각고의 노력으로 열반의 상징 보살이 이루어졌도다. 벽면엔 저녁놀이 물들기 시작했다. 담징의 등 뒤에 서 있던 주지가, 구현된 지상열반의 세계에 도취하여 그만 합장한 채 꿇어 엎드렸다. 담징을 비방하던 모든 왜승들도 모두 합장을 하고 주지의 옆과 뒤에 꿇어 엎드렸다.
>
> 조국의 승전의 쾌보를 받지 못했던들 금당 벽화는 한낱 승 담징의 관념의 표백에 그쳤을런지도 모른다. 윤이 흐르는 생기여! 그것은 조국에 대한 담징의 충성이었다. 화면을 바라보던 담징도 그냥 서 있을 수가 없었다. 붓 대신 염주를 든 그도 뭇 승들과 같이 합장하며 꿇어앉았다. 누가 피워 놓았는지 향이 피어 오르고 있었다. 오고가던 속세의 뜬마음도 향불 연기를 따라 사라졌다.
>
> – 정한숙, 「금당벽화(金堂壁畵)」

① 서술자가 작품 속에 개입하여 사건을 진행시키고 인물을 논평하고 있다.
② 작품 속의 '조국'은 '백제'를 뜻한다.
③ 실존했던 인물인 '담징'을 주인공으로 한 역사 소설이다.
④ 벽화를 그려야 하지만 그리지 못하는 고민과 조국을 걱정하는 조국애의 갈등이 드러나 있다.

12

다음 〈보기〉 속담의 밑줄 친 어휘의 관계와 유사한 것은?

| 보기 |
하룻<u>강아지</u> 범 무서운 줄 모른다

① <u>자라</u> 보고 놀란 <u>토끼 솥뚜껑</u> 보고 놀란다
② <u>낫</u> 놓고 <u>기역 자</u>도 모른다
③ <u>어물전</u> 망신은 <u>꼴뚜기</u>가 시킨다
④ <u>과부</u> 설움은 <u>홀아비</u>가 안다

13

다음 글에서 밑줄 친 '첫날'의 의미로 적절한 것은?

> 제19조(처리기간의 계산)
> ① 민원의 처리기간을 5일 이하로 정한 경우에는 민원의 접수시각부터 "시간" 단위로 계산하되, 공휴일과 토요일은 산입(算入)하지 아니한다. 이 경우 1일은 8시간의 근무시간을 기준으로 한다.
> ② 민원의 처리기간을 6일 이상으로 정한 경우에는 "일" 단위로 계산하고 <u>첫날</u>을 산입하되, 공휴일과 토요일은 산입하지 아니한다.
> ③ 민원의 처리기간을 주·월·연으로 정한 경우에는 <u>첫날</u>을 산입하되, 「민법」 제159조부터 제161조까지의 규정을 준용한다.

① 민원을 접수하기 하루 전
② 민원을 접수한 날
③ 민원을 접수한 다음 날
④ 민원을 처리하기 시작한 날

14

다음 중 밑줄 친 부분의 고쳐쓰기가 바르지 <u>않은</u> 것은?

① 이번 과업의 문제는 각자의 역할을 충실히 <u>수행하지 못했다.</u>
→ 이번 과업의 문제는 각자의 역할을 충실히 <u>수행하지 못했다는 점이다.</u>
② 다음은 고객님들이 자주 <u>문의하시는</u> 질문입니다.
→ 다음은 고객님들이 자주 <u>하시는</u> 질문입니다.
③ 업무 회의에 있어 진지하게 참여하는 것이 중요하다.
→ <u>업무 회의에</u> 진지하게 참여하는 것이 중요하다.
④ 나는 <u>학생들에게</u> 관심을 많이 두고 있다.
→ 나는 <u>학생들에 대하여</u> 관심을 많이 두고 있다.

15

다음 중 한자 성어의 의미 관계가 <u>다른</u> 것은?

① 矯枉過直 - 矯角殺牛
② 先公後私 - 憑公營私
③ 心心相印 - 不立文字
④ 伯仲之勢 - 難兄難弟

16

다음 중 문장의 맞춤법이 바르지 <u>않은</u> 것은?

① 쓰느라고 쓴 것이 이 모양이다.
② 휴일이 돼서인지 공원에 사람이 많다.
③ 하연이가 사과를 한 입 베 먹었다.
④ 서울에 도착하는 대로 다시 연락할게.

17

다음 글의 전개 방식으로 알맞은 것은?

> 우선 콩을 삶아 절구에 으깬 것을 둥글거나 네모나게 빚어 단단하게 만든다. 일반 농가에서는 메주를 더운 방에다 짚을 깔고 드문드문 놓아 볏짚과 공기로부터 미생물들이 메주에 들어가게 한다. 메주가 잘 뜨면 이것을 짚에 매달아 햇볕에 바짝 말린다. 이러한 과정을 거쳐 메주는 비로소 간장과 된장의 재료로 완성되는 것이다.

① 서사   ② 분석
③ 과정   ④ 인과

18

다음 중 국어의 특징으로 바르지 <u>않은</u> 것은?

① 농사 관련 어휘가 발달하였다.
② 접속사가 발달한 언어이다.
③ 첨가어적 성격을 가진 언어이다.
④ 문장의 요소를 생략할 수 있는 언어이다.

19

다음 중 표준 발음법에 따라 발음하지 <u>못한</u> 것은?

① 그는 계단을 천천히 <u>밟고</u> 내려갔다. - [발:꼬]
② 그는 이곳의 지리를 훤히 <u>뚫고</u> 있다. - [뚤코]
③ 세계 여러 나라를 돌면서 견문을 <u>넓혔다</u>. - [널편따]
④ 나는 아직도 하고 싶은 일이 <u>많소</u>. - [만:쏘]

20

다음 중 주제문의 요건에 어긋난 문장은?

① 현대의 핵가족 가정에 전통적 대가족 가정 속에 있던 사랑과 유대감을 결합하여 바람직한 가족 제도를 이뤄야 한다.
② 우리는 외래어 남용을 삼가고 우리말 가꾸기에 힘써야 한다.
③ 우리나라의 서울은 정말 흥미로운 도시다.
④ 비용 절감과 제품의 질적 경쟁력 향상으로 회사 이윤을 극대화해야 한다.

21

다음 〈보기〉의 문장에서 의존 형태소에 해당하는 것은?

| 보기 |
| 우리는 동해의 섬 독도를 지킬 의무가 있다. |

① 우리, 동해, 섬, 독도, 의무
② 는, 의, 를, 지키-, -ㄹ, 가, 있-, -다
③ 우리, 동해, 섬, 독도, 지키-, 의무, 있-
④ 는, 의, 를, -ㄹ, 가, -다

22

다음 중 순화어의 연결이 올바른 것은?

① 로드맵(road map): 지도
② 가검물(可檢物): 검사물
③ 매뉴얼(manual): 기본 순서
④ 관유물(官有物): 압류 물건

23

다음 중 한자 성어의 의미가 바르지 <u>않은</u> 것은?

① 九牛一毛: 많은 대상들 중에서 가장 큰 것
② 望洋之歎: 남의 원대함에 감탄하고, 나의 미흡함을 부끄러워함.
③ 兩寡分悲: 같은 처지에 있는 사람끼리 서로 동정함.
④ 賊反荷杖: 잘못한 사람이 도리어 잘한 사람을 나무람.

24

다음 중 띄어쓰기가 올바른 것은?

① 강아지가 집을 나간 지 사흘 만에 돌아왔다.
② 오늘은 비는 커녕 구름조차 끼지 않는다.
③ 김 대리는 결혼 10년차에 내 집을 장만했다.
④ 그는 내일중으로 출국할 예정입니다.

25

다음 글을 통해 알 수 있는 내용으로 적절하지 <u>않은</u> 것은?

사이드 미러는 자동차 문에 붙여서 뒤를 볼 수 있게 한 거울이다. 그런데 운전석에 앉았을 때 왼쪽 거울에 비치는 모습과 오른쪽 거울에 비치는 모습은 동일하지가 않다. 사이드 미러로 자기 얼굴을 비추어 보면 이를 확인할 수 있다. 왼쪽 거울에 비추어 보면 얼굴이 실제와 거의 같게 보이는데, 오른쪽 거울에 비추어 보면 얼굴이 실제보다 작게 보인다. 왜 그럴까? 이를 알아보기 위해서는 먼저 거울에 적용되는 반사의 법칙을 알아볼 필요가 있다.

반사의 법칙은 왜 사이드 미러의 좌우가 다르게 보이는지를 설명하는 기초가 된다. 반사면에서 수직을 이루는 가상의 선을 법선이라고 하는데, 입사광이 들어왔을 때 입사광의 진행 방향과 법선이 이루는 각을 입사각이라고 한다. 반사면에서 반사되는 반사광도 법선과 어떤 각을 이루며 반사되는데 그 각을 반사각이라 한다. 반사각이 입사각과 같다는 것이 바로 반사의 법칙이다.

문제는 운전석이 왼쪽에 있기 때문에 발생한다. 운전자가 고개를 살짝만 돌려도 옆과 뒤쪽을 보기가 쉬운 왼쪽과는 달리 오른쪽은 조수석이 있는 데다 동승자가 앉아 있으면 시야의 일부를 가리기 때문에 오른쪽 옆을 제대로 볼 수 없다. 또한 왼쪽에 비해 거울이 운전자와 멀리 떨어져 있기 때문에 왼쪽과 마찬가지로 평면거울을 설치할 경우 반사의 법칙에 따라 볼 수 있는 시야각 또한 작다. 이 경우 운전자는 오른쪽 뒤에서 오는 차량을 보지 못해 자칫 사고가 발생할 수 있다. 이러한 문제 때문에 오른쪽 사이드 미러는 시야각이 좀 더 큰 것으로 개선할 필요가 있다. 그래서 오른쪽 사이드 미러에는 볼록 거울을 사용한다. 볼록 거울은 시야각이 커서 넓은 범위를 보여 주기 때문이다. 여기에도 반사의 법칙이 적용된다. 반사의 법칙을 적용해서 생각해 보면 볼록 거울은 휘어진 면 때문에 빛이 굴절되는 정도가 커서 평면거울에서보다 넓은 범위의 빛을 볼 수 있다는 것을 알 수 있다.

대신 볼록 거울로 보면 물체가 작고 멀게 보인다. 물체의 멀고 가까움을 인식하는 것은 광각과 관련이 있다. 사람의 오른쪽 눈과 왼쪽 눈은 떨어져 있기 때문에 어떤 물체를 볼 때 물체로부터 두 눈으로 이어진 직선에 의해 각이 만들어진다. 이 각을 광각이라고 한다. 가까운 물체는 광각이 크고, 먼 물체는 광각이 작다. 사람은 눈알을 돌려 눈동자가 가운데 쪽으로 쏠리게 하여 광각을 맞춘다. 눈을 어느 정도 가운데로 쏠리게 하는가도 뇌가 명령을 내리기 때문에 뇌가 물체와의 거리를 계산할 수 있는 것이다.

① 동일한 거울이라 할지라도 보는 사람의 위치와 거리에 따라 시야각이 달라질 수 있다.
② 사람이 가까운 물체를 보려면 먼 물체를 볼 때보다 눈동자를 가운데 쪽으로 더 쏠리게 해야 한다.
③ 평면거울과 달리 볼록 거울의 경우 상황에 따라 반사각이 입사각과 달라지기도 한다.
④ 사람이 물체와의 거리를 인식할 수 있는 것은 두 눈 사이가 떨어져 있는 것과 관련이 있다.

※ 2011년도 기출복원문제는 시험 응시자들과 집필진의 기억을 토대로 재구성되었습니다. 실제 기출문제와는 다소 차이가 있을 수 있음을 알려드립니다.

빠른 정답표 ▶ 분석해설편 P.2
정답과 해설 ▶ 분석해설편 P.119

2010

2010.06.26. 국방부(육·해·공군) 시행

⏱ 적정시간 25분

월	일	월	일	월	일
시작 :		시작 :		시작 :	
종료 :		종료 :		종료 :	
점수		점수		점수	

9급 군무원 국어

01

다음 밑줄 친 ㉠의 경우에 해당하지 않는 것은?

> 어근의 앞이나 뒤에 파생 접사가 붙어서 만들어진 단어를 파생어(派生語)라고 한다. 어근의 앞에 붙는 파생 접사가 접두사, 뒤에 붙는 것이 접미사이다. 접미사는 접두사보다 종류가 훨씬 더 많다. 접두사는 어근의 품사를 바꿀 수 없지만, ㉠접미사는 때로 어근의 품사를 바꾸기도 한다.

① 일꾼　　　　　② 놀이
③ 달리기　　　　④ 지우개

02

다음 글의 전개 방식으로 알맞은 것은?

> 대기 오염이 점점 심각해지고 있다. 서울의 일부 지역에서는 아황산가스의 오염도가 거의 이틀에 한 번꼴로 환경 기준치를 넘어가고 있다고 한다. 어떤 날엔 인체에 치명적인 수준까지 올라가는 경우도 지적된 바 있다. 중국 상해의 대기 오염 정도가 심각한 수준이어서, 그냥 호흡하는 것만으로도 하루에 담배를 두 갑 피우는 것과 마찬가지라고 했지만 이것이 남의 나라 일만이 아님을 알아야 한다.

① 유추　　　　　② 예시
③ 분석　　　　　④ 분류

03

다음 중 어법이 올바른 문장은?

① 정부는 학계에 자문을 구하여 환경 보호 구역을 정하였다.
② 저희 나라에는 문화 유적이 많습니다.
③ 용감한, 그의 아버지는 적군을 향해 돌진했다.
④ 어머니는 사과와 귤 두 개를 주셨다.

04

다음 중 로마자 표기가 옳지 않은 것은?

① 함평군: Hampyeong-gun
② 옥천: Okcheon
③ 음성: Eumseong
④ 경복궁: Gyeongbok-gung

05

다음 중 반의 관계에 대한 설명으로 적절하지 않은 것은?

① '덥다'를 부정한 '덥지 않다'는 '덥다'의 반의어인 '춥다'와 동일한 의미이다.
② '옥니'과 '벋니'는 방향상 대립을 이루므로 반의어라고 할 수 있다.
③ 세대를 기준으로 하면 '할아버지'의 반의어는 '손자'가 된다.
④ '남자'와 '여자'가 반의 관계가 성립하는 것은 '성별'이라는 의미 요소만 다르기 때문이다.

06

다음 중 밑줄 친 어휘의 발음이 옳은 것은?

① 넷에 넷을 더하면 여덟이다. - [여덜비다]
② 그는 자기 고장의 지리에 밝다. - [발따]
③ 그는 무릎이 다 까졌다. - [무르비]
④ 바다가 넓게 펼쳐졌다. - [넙께]

※ 다음 글을 읽고 물음에 답하시오. [07~09]

(가) 公無渡河(공무도하)　　임이여, 물을 건너지 마오.
　　　公竟渡河(공경도하)　　임은 그예 물을 건너시네.
　　　墮河而死(타하이사)　　물에 휩쓸려 돌아가시니
　　　當奈公何(당내공하)　　가신 임을 어이할꼬.

(나) 生死路는
　　　예 이샤매 저히고
　　　나는 가ᄂ다 말ㅅ도
　　　몯 다 닏고 가ᄂ닛고
　　　어느 ᄀ술 이른 ᄇᄅ매
　　　이에 저에 ᄠ딜 닙다이
　　　㉠ᄒ든 가재 나고
　　　가논 곧 모ᄃ온뎌
　　　아으 彌陀刹애 맛보올 내
　　　道 닷가 기드리고다

(다) 가시리 가시리잇고 나는
　　　ᄇ리고 가시리잇고 나는
　　　　　위 증즐가 大平盛代(대평셩디)

　　　날러는 엇디 살라 ᄒ고
　　　ᄇ리고 가시리잇고 나는
　　　　　위 증즐가 大平盛代(대평셩디)

　　　잡ᄉ와 두어리마ᄂᄂ
　　　선ᄒ면 아니 올셰라
　　　　　위 증즐가 大平盛代(대평셩디)

　　　셜온 님 보내ᅌᆸ노니 나는
　　　가시ᄂ 듯 도셔 오쇼셔 나는
　　　　　위 증즐가 大平盛代(대평셩디)

(라) 어져 내 일이야 그릴 줄을 모로ᄃ냐.
　　　이시라 ᄒ더면 가랴마ᄂ 제 구ᄐ여,
　　　보ᄂ고 그리ᄂ 情(정)은 나도 몰라 ᄒ노라.

07

위 작품의 창작 시대순으로 바르게 연결한 것은?

① (가) − (나) − (다) − (라)
② (나) − (가) − (라) − (다)
③ (가) − (다) − (나) − (라)
④ (나) − (라) − (다) − (가)

08

작품 중에서 주제가 다른 것은?

① (가)　　　　　　② (나)
③ (다)　　　　　　④ (라)

09

밑줄 친 ㉠의 의미로 적절한 것은?

① 한 민족　　　　② 같은 고향
③ 한 부모　　　　④ 형제 · 자매

10

다음 중 한자어의 표기가 바르지 않은 것은?

① 단계(段階)　　　② 겸손(謙遜)
③ 개념(概念)　　　④ 담보(膽保)

11

다음 중 한자 성어와 속담을 잘못 연결한 것은?

① 교각살우(矯角殺牛) − 빈대 잡으려고 초가삼간 태운다
② 순망치한(脣亡齒寒) − 이 없으면 잇몸으로 산다
③ 도견상부(道見桑婦) − 산돼지를 잡으려다가 집돼지까지 잃는다
④ 일거양득(一擧兩得) − 배 먹고 배 속으로 이를 닦는다

12

다음 중 한자 성어의 뜻이 바르지 <u>않은</u> 것은?

① 고식지계(姑息之計): 일시적이며 임시변통의 계책
② 궁서설묘(窮鼠齧猫): 궁지에 몰리면 약자라도 강자에게 반항함.
③ 자강불식(自强不息): 자기의 언행으로 인하여 자신이 꼼짝 못하게 됨.
④ 침소봉대(針小棒大): 작은 일을 크게 과장하여 말함.

13

다음 시에 대한 설명으로 바르지 <u>않은</u> 것은?

> 죽는 날까지 하늘을 우러러
> 한점 부끄럼이 없기를
> 잎새에 이는 바람에도
> 나는 괴로워했다
> 별을 노래하는 마음으로
> 모든 죽어가는 것들을 사랑해야지
> 그리고 나한테 주어진 길을
> 걸어가야겠다.
>
> 오늘 밤에도 별이 바람에 스치운다.
>
> ― 윤동주, 「서시」

① '별'과 '밤'은 대조적인 이미지를 지닌 시어이다.
② '과거 → 현재 → 미래'라는 시간적 흐름에 따라 시상을 전개하고 있다.
③ '잎새에 이는 바람'은 화자의 내면적 갈등을 드러낸다.
④ 고백적이고 의지적인 어조의 작품이다.

14

어법에 맞게 고친 문장 중 적절하지 <u>않은</u> 것은?

① 아버지께서는 가정을 위하여 직장에서 열심히 일한다.
　→ 아버지께서는 가정을 위하여 직장에서 열심히 일하신다.
② 선생님은 두 살 된 따님이 있으시다.
　→ 선생님은 두 살 된 따님이 계시다.
③ 내일은 비가 오는 것으로 예상됩니다.
　→ 내일은 비가 올 것으로 예상됩니다.
④ 현재의 복지 정책은 앞으로 손질이 불가피할 전망입니다.
　→ 현재의 복지 정책은 앞으로 손질이 불가피할 것으로 전망됩니다.

15

다음 〈보기〉의 밑줄 친 어휘와 유사한 의미로 쓰인 것은?

보기
한 비평가가 내 글에 대하여 좋게 <u>말하였다</u>고 한다.

① 수입으로만 <u>말하면</u> 아내가 나보다 훨씬 많다.
② 아이가 오면 문을 열어 달라고 <u>말해</u> 두었다.
③ 네가 잘했다고 <u>말하는</u> 사람은 아무도 없다.
④ 동생에게 하지 말라고 아무리 <u>말해도</u> 듣지를 않는다.

16

다음 중 밑줄 친 어휘의 사용이 바르지 <u>않은</u> 것은?

① 어머니는 김칫국에 무를 <u>빼져</u> 넣으셨다.
② 주인 없는 방에 혼자 있기가 <u>맛적어</u> 이내 일어났다.
③ 병든 몸이 돈조차 떨어져서 그야말로 <u>절대절명</u>의 위기를 맞고 있다.
④ 우리 집 담벼락에는 <u>괴발개발</u> 아무렇게나 낙서가 되어 있었다.

17

다음 글에 대한 이해로 적절하지 않은 것은?

광고 매체는 광고주가 소비자들에게 광고 메시지를 전달할 목적으로 활용하는 대중 매체를 말한다. 그리고 광고 메시지를 어떤 매체를 통해 어떻게 전달할 것인지 전략을 수립하는 과정을 매체 기획이라고 한다. 매체 기획에서는 소비자들에게 광고를 효과적으로 전달하기 위해 광고 매체의 클래스와 비이클을 선정하는 일이 중심이 된다. 매체 선정 과정에서 가장 먼저 결정해야 할 대상은 매체 클래스이다. 매체 기획자는 TV, 신문 등 어느 곳에 광고를 내보낼 것인지를 결정해야 하는데, 이때 TV, 신문 등과 같은 개별 매체가 바로 매체 클래스이다. 매체 클래스 선택의 가장 기본적인 기준은 매체의 장단점이다. 예를 들어 TV는 높은 도달률을 가지고 있다는 것이 장점이고 신문은 신뢰성이, 잡지는 반복해서 읽는 것과 돌려 보면서 읽는 것을 통해 효과가 발생할 수 있다는 것이 장점이다. 그리고 라디오는 높은 빈도를 확보할 수 있다는 것이 장점이다. 반면에 TV는 광고 비용이 비싸다는 것과 짧은 메시지를 사용해야 한다는 것이 단점이고 신문은 일간지라는 점에서의 낮은 광고 수명이, 잡지는 동일한 품목의 타사 광고 등으로 인한 높은 광고 혼잡도가 단점이다. 라디오는 메시지의 전달 시간이 짧다는 것이 단점이다.

한편 매체 클래스를 선정하기 위한 매체 클래스 간 비교는 성격이 다른 매체들끼리의 비교이기 때문에 매체의 도달률 등과 같은 양적 기준만으로 각기 성격이 다른 매체를 객관적으로 비교하기 어렵다. 따라서 매체 클래스의 선정에서는 제품의 특성, 광고 목표 등과 같은 질적 요인들도 고려되어야 한다. 예를 들어 신제품의 경우에는 높은 인지도를 창출하기 위해 도달률이 높은 TV나 신문을 통해 광고하는 것이 좋은 반면에 제품이 쇠퇴기에 접어들었다면 제품을 자주 회상시킬 수 있는 라디오와 같은 매체가 필요하다. 그리고 광고의 목표가 인지도를 제고하는 것이라면 도달률이 높고 시청층이 넓은 TV가 적합하고 호감도와 같은 태도적 목표를 증가시키는 것이라면 무료 샘플 등을 제공할 수 있는 잡지가 효과적이다. 이밖에 상품의 장점을 알리고 사용 방법을 시연하여 주문하도록 하는 등 소비자의 직접적인 반응을 촉구하는 경우는 60초 이상 광고를 할 수 있는 케이블 TV가 효과적이다.

매체 클래스가 결정된 다음에는 광고를 매체 클래스의 어떤 부분에 배치할 것인가를 고려해야 하는데, 이것이 매체 비이클 선정 작업이다. 예를 들어 텔레비전의 경우는 어떤 프로그램 전후에 광고를 실을 것인지, 신문의 경우는 어느 신문사의 어떤 광고 지면을 구입할 것인지를 결정해야 한다. 이와 같이 각 매체 클래스의 구체적인 내용이 매체 비이클이 된다. 광고 매체 기획에서는 대부분 예산이 한정적이기 때문에 매체 비이클 선정의 원칙은 최소의 비용으로 최대한 많은 수의 구매자들에게 도달할 수 있는 매체 비이클을 선택하는 것이다. 즉, 비용 효율성이 중요한데 이를 측정하기 위해 TV의 경우에는 목표 수용자 1,000명에게 광고를 전달하기 위한 광고비와 시청률 1%당 광고 비용을 활용한다. 그리고 다른 매체들의 경우에도 이와 비슷한 방식으로 구독자 수와 청취자 수, 구독률과 청취율 등을 고려하여 광고 비용을 산출할 수 있다.

① 매체 기획은 일련의 단계를 거치는 의사 결정 과정이다.
② 매체 비이클을 선택할 때에는 경제성의 원칙이 적용된다.
③ 매체 클래스 선정 시에는 각 매체 클래스 간의 양적인 비교가 가장 중요하다.
④ 광고주들은 소비자들에게 광고 메시지를 전달할 목적으로 대중 매체를 활용한다.

18

설명의 방법과 그 예가 적절히 연결된 것은?

① 정의: 영어를 자유롭게 구사하는 일은 새 시대를 살아가는 필수 조건이다. 하지만 한글을 바로 세우는 일에도 절대 소홀해서는 안 된다. 황소개구리의 황소울음 같은 소리에 익숙해져 청개구리의 소리를 잊어서는 안 되는 것처럼.
② 분석: 반론권이란 언론의 보도로 피해를 입었다고 주장하는 당사자가 문제가 된 언론 보도 내용 중 순수한 의견이 아닌 사실적 주장에 대해 해당 언론사를 상대로 지면이나 방송으로 반박할 수 있는 권리이다.
③ 비교: 발생의 측면을 본다면 연극은 종교 의식의 소산이며 영화는 과학의 소산이다. 연극이 고대 종교 행사의 연희에서 출발했다면 영화는 새로운 사진 기술의 발달과 함께 시작된 것이다.
④ 예시: 현대 산업 사회에서 도량형의 통일이 없었다면 큰 혼란을 초래할 수 있었다. 건전지 전압이 제조 회사마다 달라서 전자 제품이 고장 난다든지 은행마다 시계의 시각이 달라서 사업자 간에 손해 배상 소송이 제기되기도 했을 것이다.

19

〈보기〉에서 설명한 객체 높임법을 확인할 수 있는 문장은?

┤ 보기 ├

　　객체 높임법은 목적어나 부사어가 지시하는 대상, 즉 서술의 객체를 높이는 방법이다. 객체 높임법에는 주로 특수 어휘, 그중에서도 특수한 동사를 사용한다. 국어에서 객체 높임법에 사용되는 동사로는 '모시다, 드리다'가 있다. 그리고 객체 높임법에는 조사 '에게' 대신 '께'를 사용하기도 한다.

① 이어서 주례 선생님의 말씀이 있으시겠습니다.
② 할머니를 뵙고 필요한 게 있으신지 여쭈어보아라.
③ 할아버지, 아버지는 오전에 부산으로 출발했습니다.
④ 별이네 할아버지께서는 잠귀가 매우 밝으신 편이야.

20

다음 중 우리말 단위어의 풀이가 맞지 <u>않는</u> 것은?

① 한 손: 붓 10자루
② 한 쌈: 바늘 24개
③ 한 축: 오징어 20마리
④ 한 쾌: 북어 20마리

21

〈보기〉의 자료를 종합하여 이끌어 낼 수 있는 내용으로 가장 적절한 것은?

┤ 보기 ├

(가) '○○ 풍물 축제'의 성공을 위해 지방자치단체와 지역 주민들이 적극적으로 홍보를 하고 있지만 다른 지역에도 이와 유사한 내용의 축제가 열리고 있어 해마다 관광객의 수가 현저하게 줄어들고 있는 실정이다.
(나) '○○ 나비 축제'는 농촌 지역의 특성을 살린 환경 친화적인 축제라는 점에서 국내 최고의 축제로 각광받고 있다. 이 축제를 통해 지역 발전은 물론 환경·곤충 산업의 새로운 비전을 제시하고 있다는 평가를 받고 있다.
(다) 현행 지역 축제의 문제점에 대한 설문 조사 결과
　• 특색이 없는 유사한 축제의 범람: 37%
　• 관광객을 위한 편의 시설의 부족: 23%
　• 행사 전문 인력의 부족: 16.6%
　• 시기의 집중: 13.4%
　• 기타: 10%

① 지역 축제에 대한 관심이 증가하면서 관광객의 불만도 급증하고 있다.
② 지역 축제를 활성화하기 위해서는 지역적 특색을 보여 줄 수 있는 프로그램을 개발해야 한다.
③ 지역 축제의 문제점을 개선하기 위해서는 인적, 물적 차원의 대책 수립이 시급하다.
④ 지역 축제를 성공적으로 이끌기 위해서는 친환경적인 요소를 적극적으로 반영해야 한다.

22

다음 중 밑줄 친 어휘의 맞춤법이 바르지 <u>않은</u> 것은?

① 어제 산 옷들은 모두 <u>얼만데</u>?
② 해외에 나가 보니 집 생각이 말도 못하게 <u>나데요</u>.
③ 요즘 취직하기가 힘들<u>대요</u>.
④ 알고 보니 그 사람, 같은 고향 <u>사람이대요</u>.

23

다음 글에 이어질 내용을 〈보기〉의 조건에 맞추어 쓴다고 할 때, 가장 적절한 것은?

인터넷 없는 세상을 상상할 수 있는가? 인터넷이 대중화된 지 불과 20년 만에 그것은 우리 생활에서 빼놓을 수 없는 삶의 일부가 되었고, 사회에 미치는 영향력 또한 실로 막강하다. 이에 따라 국가에 의한 인터넷 통제의 필요성이 대두되고 있다. 그러나 국가의 통제는 인터넷에 막대한 영향을 미칠 수 있으므로 쉽게 접근할 사안이 아니다.

국가가 개입하여 인터넷을 통제하게 되면 인터넷 세계에서 횡행하는 많은 문제점들을 해결할 수 있을 것이다. 사회에서 필요로 하는 건전한 정보의 유통을 유도할 수 있을 것이고, 반사회적인 정보나 기술의 확산을 억제할 수 있으며, 명예 훼손이나 저작권 침해 같은 불법 행위를 제어할 수 있을 것이다.

그러나 국가에 의한 통제는 표현의 자유를 제한하거나 정보의 흐름을 자유롭지 못하게 할 가능성이 있어 문제이다. 또한, 권력에 의해 인터넷 여론이 주도되고 관리됨으로써 독재나 독선으로 흐를 수 있어 열린 세계를 추구하는 정보화 사회에 역행한다는 점도 문제이다.

┤ 보기 ├

㉠ 문제 해결의 방향을 제시할 것
㉡ 글쓴이의 주장이 분명하게 드러나게 할 것
㉢ 결론으로서 논지의 흐름이 자연스럽게 마무리되게 할 것

① 인터넷에서 이루어지는 불법 행위 중에서 저작권 침해는 가장 심각한 문제이다. 이 문제를 해결하려면 국가가 적극적으로 개입하여 강제력을 행사해야 한다. 그렇지 않으면 인터넷의 관행상 문제 해결은 요원하다.

② 인터넷에서 발생하는 문제들은 실상 따지고 보면 문제로 삼을 대상도 아니다. 그보다는 국가가 나서서 인터넷을 통제할 때 표현의 자유와 같은 순기능들이 사라진다는 점을 염려하는 것이 올바른 태도일 것이다.

③ 일부 시민단체에서는 인터넷에 대한 통제를 기도하는 일 자체가 불순한 의도에서 비롯된 것으로 보고 크게 반발하고 있다. 그들은 소수의 불법 행위를 근거로 다수의 자유를 통제하려는 것은 정당하지 않다고 보는 것이다.

④ 인터넷 세계도 사회적 행위가 이루어지는 공간이므로 법과 질서가 지켜지지 않을 때는 통제되어야 마땅하다. 그러나 국가가 과도하게 통제하면 인터넷의 순기능이 사라질 수 있으므로, 통제하더라도 자유는 최대로 보장하고 통제는 최소화하도록 제도적 장치를 마련해야 한다.

24

다음 밑줄 친 조사의 쓰임이 다른 것은?

① 당국에서 강력한 부동산 투기 억제책을 폈다.
② 서울에서 몇 시에 출발할 예정이냐?
③ 이 물건은 시장에서 사 왔다.
④ 고마운 마음에서 드리는 말씀입니다.

25

다음 〈보기〉의 밑줄 친 '눌변'의 뜻에 가장 가까운 것은?

┤ 보기 ├

김 교수는 뛰어난 학자이나 눌변(訥辯)을 가졌다.

① 더듬거리는 서툰 말솜씨
② 어떠한 일을 이루어 온 과정
③ 주의나 사상을 앞장서서 주장함.
④ 이치에 닿지 않은 말로 그럴듯하게 꾸민 말

빠른 정답표 ▶ 분석해설편 P.2
정답과 해설 ▶ 분석해설편 P.127

2009

2009.06.27. 국방부(육·해·공군) 시행   ⏱ 적정시간 25분

월	일	월	일	월	일
시작	:	시작	:	시작	:
종료	:	종료	:	종료	:
점수		점수		점수	

9급 군무원 국어

1초 합격예측! 모바일 성적분석표

QR 코드로 접속하여 문제 풀이시간을 측정하고, 〈1초 합격예측 & 모바일 성적분석표〉 서비스를 통해 지금 바로! 실력을 점검해 보세요.
http://eduwill.kr/8R36

01

다음 중 맞춤법이 올바른 문장은?

① 오늘따라 웬지 거리가 더 쓸쓸해 보인다.
② 솥에 쌀을 안치러 부엌으로 갔다.
③ 정부는 북한과 핵 사찰에 대한 협상을 벌렸다.
④ 그는 화가 나서 문을 탁 닫히고 나갔다.

02

다음 중 두 어휘의 관계가 나머지와 <u>다른</u> 것은?

① 허두(虛頭) – 모두(冒頭)   ② 간선(幹線) – 지선(支線)
③ 피력(披瀝) – 고백(告白)   ④ 소요(逍遙) – 산책(散策)

03

다음 문장에서 실질 형태소이면서 의존 형태소인 것의 개수는?

> 병이 마개로 막혀 있었지만 들고 다니다가 술을 조금 흘리고 말았다.

① 5개   ② 6개   ③ 7개   ④ 8개

04

다음 중 우리말 어휘의 뜻이 바르게 연결된 것은?

① 마파람 – 남풍
② 가시버시 – 식물의 뿌리
③ 핫아비 – 아내를 잃은 사내
④ 나비잠 – 자꾸 놀라 깨는 잠

05

다음 글의 주제로 적절한 것은?

　　요즘 자녀들이 부모와 서슴지 않고 반말로 대화하는 상황을 볼 때가 있다. 부모와 자식의 관계가 워낙 가까운 사이라서 반말을 사용하는 것이 친밀감을 나타내는 것이라고 할 수도 있겠지만, 반말은 원래 아랫사람을 낮추어 대하거나, 상대방을 깔보는 의도를 포함하고 있기 때문에 부모와 자식 간에 사용하는 것은 문제가 있다.
　　이 문제를 해결하기 위해 아이들의 존댓말 교육을 통한 언어 예절을 강조하고 싶다. 어릴 때부터 존댓말을 쓰는 습관을 길러 주면 높임말의 쓰임과 말에 담긴 공경의 의미를 되새기게 되어 어른에 대한 존경심을 길러 주는 데 중요한 역할을 할 수 있다. 아이들이 올바른 언어 예절을 갖추도록 하는 가장 효과적인 방법은 부모가 먼저 모범을 보여 주는 것이다. 즉, 부모가 서로 존대하는 환경을 만들면 모방 심리가 강한 아이들은 자연스럽게 존댓말을 학습할 수 있다.
　　아이들의 바른 언어 사용에 대해서도 유심히 살펴보아야 한다. 우리는 종종 아이들이 일부 어른들이 사용하는 거친 표현을 그대로 따라 하는 것을 볼 때가 있다. 그러나 부모가 이를 재미있다고 방치하면 아이들의 언어 습관이 고쳐지기보다는 점점 잘못된 언어 습관에 익숙해지는 결과를 가져올 수 있기 때문에, 부모는 아이들이 거친 표현을 사용할 때마다 단호하게 잘못을 지적해 주는 것이 중요하다.

① 아이의 빠른 언어 습득을 위해 부모가 갖추어야 할 태도
② 아이의 올바른 언어 예절과 언어 사용을 위한 교육의 필요성
③ 아이의 정서 발달과 언어 예절의 중요성
④ 부모와 아이 간의 원만한 대화를 이끌어 내는 법

06

다음 중 로마자 표기가 바르지 <u>않은</u> 것은?

① 해운대: Hae-undae
② 의정부시: Uijeongbu-si
③ 삼죽면: Samjung-myeon
④ 학여울: Hangnyeoul

※ 다음 글을 읽고 물음에 답하시오. [07~08]

일청 전징(日淸戰爭)의 총쇼리는 평양 일경(平壤一境)이 써늬가는 듯하더니, 그 총쇼리가 긋치민 사룸의 주취는 씨너지고 산과 들에 비린 씌쓸뿐이라.

평양성 외(外) 모란봉에 써러지는 저녁 볏은 누엿누엿 너머가는듸, 져 히쎗을 붓드러 미고 시푼 마음에 붓드러 미지는 못하고, 숨이 턱에 단 드시 갈팡질팡하는 한 부인(婦人)이 나이 삼십이 될락말락하고, 얼골은 분(粉)을 싸고 넌드시 한 얼골이느 인졍(人情) 업시 쓰겁게 누리 쪼히는 가을 볏에 얼골이 익어셔 션 잉두빗이 되고, 거름거리는 허동지동하는듸 옷은 흘러 누려서 젓가슴이 다 드러느고, 치마쓰락은 싸헤 질질 썰려셔 거름을 건는 듸로 치마가 발피니, 그 부인은 아무리 급한 거름거리를 하더리도 멀리 가지도 못하고 허동거리기만 한다.

남이 그 모양을 볼 지경이면 저럿케 어엿쑨 졀문 녀편네가 슐 먹고 힝길에 느와서 쥬졍한다 홀 터이나, 그 부인은 슐 먹엇다 하는 말은 고사하고 ㉠밋쳣다 지랄한다 하더릿도 그 싸위 소릭는 귀에 들니지 아니할 만하더라.

07

윗글의 문학사적 평가로 옳지 <u>않은</u> 것은?

① 신소설의 모형이 된 작품이다.
② 청일 전쟁을 배경으로 하고 있으며, 문어체의 서술이 드러나 있다.
③ 고전 소설과 현대 소설의 다리 역할을 한 작품이다.
④ 부국강병으로 자주 독립 국가를 지향하는 의식을 드러내었다.

08

밑줄 친 ㉠에 나타난 인물의 심리적 상황을 나타내는 속담으로 적절한 것은?

① 다 퍼먹은 김칫독에 빠진다
② 가는 방망이 오는 홍두깨
③ 내 코가 석 자
④ 봄 꿩이 제 울음에 죽는다

09

다음 〈보기〉에 제시된 단어의 발음이 모두 올바르게 나열된 것은?

┤ 보기 ├
흙이, 흙을, 넓다, 넓고, 해님

① [흘기], [흘글], [넙다], [넙고], [핸님]
② [흐기], [흐클], [널따], [널꼬], [해님]
③ [흘기], [흘글], [널따], [널꼬], [해님]
④ [흐기], [흘글], [널따], [널꼬], [핸님]

10

밑줄 친 부사어와 서술어의 호응이 가장 자연스러운 것은?

① 김 과장은 요즘 업무 평가 때문에 <u>여간</u> 힘들어 한다.
② 면접 장소에는 <u>절대로</u> 시간 내에 도착해야 합니다.
③ 학생은 <u>모름지기</u> 열심히 공부해야 한다.
④ <u>설령</u> 이번 일은 실패했지만 실망은 하지 마라.

11

다음 중 한자 성어의 뜻풀이가 바르지 <u>않은</u> 것은?

① 유방백세(流芳百世): 시기가 늦어 기회를 놓친 것이 원통해서 탄식함.
② 팽두이숙(烹頭耳熟): 한 가지 일이 잘되면 다른 일도 저절로 이루어짐.
③ 호의미결(狐疑未決): 어떤 일에 대하여 의심이 많아 결행하지 못함.
④ 누란지세(累卵之勢): 몹시 위태로운 형세를 비유적으로 이르는 말

12

다음 중 외래어 번역 투의 표현이 쓰이지 <u>않은</u> 것은?

① 오늘도 좋은 시간 보내시길 바랍니다.
② 이번 사고는 관리자의 부주의로 인하여 발생하였습니다.
③ 나는 현재 한글 맞춤법을 연구하고 있는 중이다.
④ 우리 모두를 위한 길에 대하여 이야기해 봅시다.

13

다음 밑줄 친 한자어가 문맥에 맞지 않는 것은?

① 잘못해 놓고 발뺌하는 솜씨를 보니 보통 후안(厚顔)이 아니다.
② 김 선생님의 아들은 폭넓은 교양을 갖춘 재원(才媛)이다.
③ 그 노래는 오늘날까지 많은 사람 사이에 널리 회자(膾炙)되고 있다.
④ 사실이 와전(訛傳)이 되어서 엉뚱한 사람이 피해를 입었군.

14

다음 중 문장 부호의 사용이 바르지 않은 것은?

① 나는, 솔직히 말하면, 그 말이 별로 탐탁지 않아.
② 우리 집 강아지가 가출(!)을 했어요.
③ 너는 여기에 언제 왔니? 어디서 왔니? 무엇 하러 왔니?
④ 아이들이 모두 학교{에, 로, 까지} 갔어요.

15

다음 중 언어 예절에 맞는 인사 표현을 모두 고른 것은?

㉠ 문상을 가서 상주에게: 뭐라 드릴 말씀이 없습니다.
㉡ 정년퇴직하는 상사에게: 벌써 정년이시라니 아쉽습니다.
㉢ 웃어른께 아침 인사를 할 때: 좋은 아침입니다.
㉣ 면접을 마친 후 면접관에게: 면접관님, 수고하십시오.
㉤ 전화를 끊을 때 웃어른께: 그럼 들어가세요.

① ㉠, ㉡
② ㉡, ㉣
③ ㉡, ㉢, ㉣, ㉤
④ ㉠, ㉢, ㉤

※ 다음 글을 읽고 물음에 답하시오. [16~17]

므쇠로 텰릭을 ᄆᆞᆯ아 나ᄂᆞᆫ
므쇠로 텰릭을 ᄆᆞᆯ아 나ᄂᆞᆫ
텰ᄉᆞ(鐵絲)로 주롬 바고이다.
그 오시 다 헐어시아
그 오시 다 헐어시아
유덕(有德)ᄒᆞ신 님 여ᄒᆡᄋᆞ와지이다.

므쇠로 한쇼를 디여다가
므쇠로 한쇼를 디여다가
텰슈산(鐵樹山)애 노호이다.
그 쇠 텰초(鐵草)를 머거아
그 쇠 텰초(鐵草)를 머거아
유덕(有德)ᄒᆞ신 님 여ᄒᆡᄋᆞ와지이다.

16

위 작품에 대한 설명으로 바르지 않은 것은?

① 역설과 반어를 사용하여 완곡한 어법으로 주제를 강조하고 있다.
② 감정 이입을 통하여 삶의 비극성을 형상화하고 있다.
③ 전 6연의 분절체로 된 작품으로, 각 절마다 후렴구를 지니고 있다.
④ 불가능한 상황을 전제로 이별을 가정하고 있다.

17

위 작품과 발상 및 표현이 유사한 것은?

① 三冬(삼동)에 뵈옷닙고 巖穴(암혈)에 눈비 마자
구름 낀 볏뉘도 쬔 적이 업건마ᄂᆞᆫ
西山(서산)에 ᄒᆡ지다 ᄒᆞ니 눈물겨워 ᄒᆞ노라
② 철령 노픈 봉에 쉬여 넘는 져 구름아
고신(孤臣)의 寃淚(원루)를 비사마 ᄯᅴ여다가
님 계신 구중 심처에 ᄲᅮ려 본들 엇ᄃᆞ리
③ 나무토막으로 조그마한 당닭을 새겨
젓가락으로 집어다가 벽에 앉히고
이 닭이 꼬끼오 하고 때를 알리면
그제사 어머님 얼굴 늙으시옵소서.
④ 초암이 적료ᄒᆞᆫᄃᆡ 벗 업시 ᄒᆞ자 안ᄌᆞ
평조 한닙의 백운이 절로 존다
언의 뉘 이 죠흔 뜻을 알 리 잇다 ᄒᆞ리오

18

다음 중 밑줄 친 관용적 표현이 적절하지 <u>않은</u> 것은?

① 박 사장은 한번 일을 시작하면 <u>바닥을 본다</u>.
② 김 선생은 <u>아귀가 물러서</u> 좀처럼 의견을 들으려 하지 않는다.
③ 그는 말 한마디를 하더라도 늘 <u>사개가 맞았다</u>.
④ 보험을 들어 달라는 친구의 간절한 부탁에 <u>자빡을 쳤다</u>.

19

다음 〈보기〉의 ㉠, ㉡에 해당하는 예를 적절하게 나열한 것은?

┌─────────── 보기 ───────────┐
　　국어에서 동사나 형용사에 붙어 새로운 단어를 형성하는 접미사는 다양한 문법적 특징을 지니고 있다. ㉠접미사는 동사나 형용사에 붙어 사동의 의미를 더하기도 하고, ㉡타동사에 붙어 피동의 의미를 더하기도 한다.
└──────────────────────────┘

① ㉠: 보람이가 합격했다고 부모님께 <u>알렸다</u>.
　㉡: 세탁기를 늦은 시간에 <u>돌렸다</u>.
② ㉠: 여기 <u>놓였던</u> 책이 어디 갔지?
　㉡: 멀리서 들을 수 있을 정도로 소리를 <u>높였다</u>.
③ ㉠: 그는 눌려 있던 분노를 참지 못했다.
　㉡: 물건이 잘 <u>팔리지</u> 않아서 걱정이다.
④ ㉠: 효진이가 익살을 부려 사람들을 <u>웃겼다</u>.
　㉡: 그는 경찰에게 <u>쫓기는</u> 신세가 되었다.

20

다음 지역별 탈춤의 연결이 바르지 <u>않은</u> 것은?

① 경기도 – 산대놀이
② 강원도 – 꼭두각시놀음
③ 황해도 – 봉산탈춤
④ 경상도 – 오광대놀이

21

다음 밑줄 친 어휘의 품사가 <u>이질적인</u> 것은?

① 그는 이유도 묻지 <u>않고</u> 돈을 빌려 주었다.
② 행사에 참석하지 <u>않을</u> 사람은 미리 알려 주시기 바랍니다.
③ 선생님의 은혜를 잊지 <u>않겠습니다</u>.
④ 건강이 좋지 <u>않아서</u> 여행 가는 것을 포기했다.

※ 다음 글을 읽고 물음에 답하시오. [22~23]

┌──────────────────────────┐
　나·랏:말ᄊᆞ·미 中듕國·귁·에 달·아 文문字·ᄍᆞ·와·로 서르 ㉠ᄉᆞᄆᆞᆺ·디 아·니ᄒᆞᆯ·ᄊᆡ ·이런 ㉡젼·ᄎᆞ·로 ㉢어·린 百·ᄇᆡᆨ姓·셩·이 니르·고·져 ·홇 ·배이·셔·도 ᄆᆞ·ᄎᆞᆷ:내 제 ·ᄠᅳ·들 시·러 펴·디 :몯홇 ㉣·노·미 하·니·라 ·내 ·이·ᄅᆞᆯ 爲·윙·ᄒᆞ·야 :어엿·비 너·겨 ·새·로 ·스·믈여·듧 字·ᄍᆞ·ᄅᆞᆯ 밍·ᄀᆞ노·니 :사ᄅᆞᆷ:마·다 :ᄒᆡ·ᅇᅧ :수·비 니·겨 ·날·로 ·ᄡᅮ·메 便뼌安ᅙᅡᆫ·킈 ᄒᆞ·고·져 홇ᄯᆞᄅᆞ·미니·라
└──────────────────────────┘

22

윗글을 통해 짐작할 수 있는 내용으로 옳지 <u>않은</u> 것은?

① 세종은 훈민정음이 배우기는 어려우나 일단 배우고 나면 사용함에 있어 매우 편할 것이라고 생각했다.
② 의사 표현을 못하는 일반 백성들의 현실을 고려하여 훈민정음을 창제한 것이다.
③ 자주정신과 애민 정신, 실용 정신이 드러나 있다.
④ 우리말과 중국의 한자는 표기 체계가 같지 않다.

23

윗글에 쓰인 단어 중, 후대에 의미의 변화를 보이는 것들로 바르게 묶인 것은?

① ㉠, ㉢, ㉤　　　　② ㉡, ㉢, ㉤
③ ㉢, ㉣, ㉤　　　　④ ㉠, ㉡, ㉢, ㉣

유럽에서 고대의 몰락 이후 고대의 정신을 보존하고 이를 계승하기 위한 노력을 기울인 중심은 수도원이었다. 수도원에는 도서관뿐만 아니라 책을 만들기 위해 손으로 직접 글이나 글씨를 쓰던 작업실인 필경실이 건립되었다. 서적을 여러 권으로 필사하고 수도사들은 책을 만드는 수공 작업을 주도하였다. 필사가 외에 책에 그림을 그려 넣는 세밀화가, 양피지 제작자, 제본업자, 염료 제작자 등이 서적 제작에 참여하였다. 사람들은 찬미가집, 교독문, 복음서 등 미사에 사용되는 저작물을 만들었다. 서적에 삽화가 점점 더 풍성하게 실리면서 뛰어난 서적 삽화 예술이 탄생하였다.

기원후 100년경 중국에서 발명된 종이는 아랍인의 손을 거쳐 유럽에 전파되었다. 종이는 중세 후기에 이르러 양피지를 몰아내기 시작하였다. 짐승 가죽을 원료로 하는 양피지로는 증가하는 기록 매체에 대한 수요를 더는 감당할 수 없었기 때문이다. 대학이 건립되고 학문이 비약적으로 발전하기는 하였지만, 중세가 끝날 때까지 대부분의 사람들은 여전히 글을 읽을 줄도, 쓸 줄도 몰랐다. 책은 까다로운 제작 여건 때문에 예나 다름없이 희귀하고 값어치가 높은 물건이었다.

구텐베르크가 서적 인쇄술을 발명하기 이전까지는 글자를 한 자씩 필사해 책을 만들었다. 구텐베르크는 손수 납으로 활자를 주조하였고 균일한 인쇄 상태를 만들어 주는 인쇄기를 고안하였다. 그 후 유럽 전역에 인쇄소가 생겼고 서적상과 출판업자를 비롯한 출판 시장이 서서히 발전하였다. 새로운 인쇄술을 바탕으로 서적과 논문이 대량으로 인쇄되었으며, 이렇게 생산된 서적과 논문을 매개로 엘리트 계층은 이전보다 활발히 의사소통을 하며 여론을 만들어 내었다. 한편 책보다 속도가 좀 더 빠른 대안으로 팸플릿이 등장하였다.

르네상스 시대의 정신적인 운동으로 출현한 인문주의와 종교 개혁의 진행에는 서적 인쇄술의 영향이 매우 컸다. 구텐베르크의 발명품인 인쇄술은 종교 개혁과 인문주의의 흐름을 통해 세상을 바꾸어 놓았다. 계몽주의 시대에는 서적과 관련된 모든 영역이 전문화되었으며 서적상과 출판업자, 그리고 작가가 도서 시장에서 큰 영향력을 행사하였다. 18세기에는 근대 지성이 산출한 책들을 통해 이성, 학문, 개인, 시민, 인권 등의 가치가 생겨났다.

19세기에 이루어진 기술과 자연 과학의 비약적인 발전은 다양한 학문적 결과물에 대한 관심을 유발하였고, 그 결과 전문 서적 출판사가 생겨났다. 그리하여 대중 문학 시장 외에도 거대한 전문 서적 시장과 실용 서적 시장이 생성되었다. 독자들의 다양한 욕구와 취향, 경제 사정에 부합하는 출판물이 나왔고, 사람들은 돈을 주고 책을 구입하거나 도서관에서 빌려 보았다. 책이 세상을 지배하였다. 기술의 발전이 새로운 인쇄술을 탄생시킨 결과, 대량 출판과 컬러 인쇄, 그리고 서적 애호가를 위한 고급 판본 제작이 가능해졌고, 복사를 위한 특수한 기술이 개발되었다.

24

윗글에 대한 설명으로 가장 적절한 것은?

① 인쇄술이 우리 사회에 미친 영향을 다양한 관점으로 분석하고 있다.
② 여러 관점에서 책의 가치를 분석한 후, 체계적으로 내용을 정리하였다.
③ 여러 가지 사례를 제시하여 책에 대한 인식이 변모하게 된 이유를 밝히고 있다.
④ 통시적 관점에서 책의 제작, 보급과 관련 있는 변화 양상을 설명하고 있다.

25

윗글을 읽고 알게 된 내용으로 적절하지 않은 것은?

① 수도원에서는 필경실을 건립하여 책을 발간하는 데에 주도적인 역할을 했다.
② 수도원에서 발간된 서적에 삽화가 실리면서 뛰어난 서적 삽화 예술이 탄생하였다.
③ 종이로의 기록 매체 변화는 중세에 일반 대중에게 책이 널리 보급되는 계기가 되었다.
④ 계몽주의 시대에는 서적과 관련된 모든 영역이 전문화되었으며 작가가 도서 시장에서 큰 영향력을 행사하였다.

※ 2009년도 기출복원문제는 시험 응시자들과 집필진의 기억을 토대로 재구성되었습니다. 실제 기출문제와는 다소 차이가 있을 수 있음을 알려드립니다.

빠른 정답표 ▶ 분석해설편 P.2
정답과 해설 ▶ 분석해설편 P.134

2008.06.14. 국방부(육·해·공군) 시행

9급 군무원 국어

	월	일		월	일		월	일
시작	:		시작	:		시작	:	
종료	:		종료	:		종료	:	
점수			점수			점수		

01

다음 밑줄 친 부분의 띄어쓰기가 올바른 것은?

① 나는 음치라서 노래를 <u>못한다</u>.
② 피아노 실력이 예전보다 <u>못 하다</u>.
③ 어제는 아파서 일을 <u>못했다</u>.
④ 빨갛다 <u>못 해서</u> 검다.

02

'얕은 내도 깊게 건너라'라는 속담과 유사한 것은?

① 부뚜막의 소금도 집어넣어야 짜다
② 돌다리도 두들겨 보고 건너라
③ 팥이 풀어져도 솥 안에 있다
④ 거미도 줄을 쳐야 벌레를 잡는다

03

다음 글에서 어머니를 나타내는 시어끼리 묶인 것은?

> 목련이 피는 날 어머니는 눈과 귀를 닫으셨다.
>
> 닫힌 눈과 귀를 내면의 먼 소실점에 향하고 누워 있는 어머니에게서 문득 누에 냄새가 난다. 어머니는 전력을 다해 자신의 한 생애를 뽑아내고 있는 중이다. 집을 짓는 누에처럼 웅크리며 자꾸만 작아진다. 한 치의 구멍도 없이 누에의 집이 완성되는 날, 어머니는 마침내 다른 한세상을 향해 개화할 것이다.
>
> 나뭇잎 하나 없는 가지에, 먼 세상으로부터 이켠으로 지금 막 목련이 피고 있다.
>
> – 김진경, 「개화」

① 소실점, 구멍
② 목련, 누에
③ 목련, 구멍
④ 누에, 가지

04

다음 중 말[言]에 대한 한자어가 <u>아닌</u> 것은?

① 訣別
② 妄發
③ 橫說竪說
④ 長廣舌

05

다음 단어 중 표준어가 <u>아닌</u> 것은?

① 점쟁이   ② 미장이
③ 겁쟁이   ④ 환장이

06

다음 중 올바른 문장은?

① 아이에게 우산을 씌었다.
② 밤을 새우지 말란 말이야.
③ 우리는 김치를 담가서 먹는다.
④ 오늘은 날씨가 활짝 개였다.

07

다음 중 밑줄 친 어휘가 어법에 맞는 것은?

① 어젯밤에 잠을 <u>설쳤더니</u> 졸립다.
② 나에게는 <u>사랑스런</u> 아내와 아이가 있다.
③ <u>시끄러!</u> 조용히 해!
④ 짐이 <u>무거운</u> 것은 아니다.

08

다음 중 '樂'의 독음이 틀린 것은?

① 知足常樂 – 지족상락
② 聲樂 – 성악
③ 和樂 – 화악
④ 樂山樂水 – 요산요수

09

다음 〈보기〉의 내용과 관련 있는 한자 성어는?

┤ 보기 ├

　하찮은 재주를 가진 사람도 때로는 요긴하게 쓸모가 있다.

① 낭중지추(囊中之錐)
② 망양보뢰(亡羊補牢)
③ 계명구도(鷄鳴狗盜)
④ 포호빙하(暴虎馮河)

10

다음 중 올바른 문장은?

① 그는 열심히 공부하므로 시험에 합격할 것이다.
② 올해는 눈 피해가 적을 것으로 보여진다.
③ 서점에 들러서 책을 한 권 샀다.
④ 집에 갈꺼니?

11

다음 중 외래어 표기가 올바른 것은?

① 플래쉬(flash)   ② 아메리카(America)
③ 카톨릭(Catholic)   ④ 앨토(alto)

12

다음 중 발음이 적절하지 <u>않은</u> 것은?

① 6·25[유기오]   ② 3·1절[사밀쩔]
③ 늑막염[능망념]   ④ 탈영[탈령]

13

다음 중 후각적 이미지가 포함된 문장은?

① 꽃처럼 붉은 울음을 밤새 울었다.
② 불현듯 아버지의 서느런 옷자락을 느끼는 것은
③ 분수처럼 흩어지는 푸른 종소리
④ 온 집안에서 나는 퀴퀴한 곰팡내

14

다음 중 중간에서 다른 사람을 소개할 때의 순서가 적절하지 않은 것은?

① 어머니와 어머니보다 젊은 선생님이 있을 때는 선생님을 먼저 소개한다.
② 부하 직원을 상사에게 먼저 소개한다.
③ 친구를 할머니에게 먼저 소개한다.
④ 남성을 여성에게 먼저 소개한다.

15

다음 글에서 드러나는 시적 화자의 입장은?

> 동풍(同風)이 건듯 불어 적설(積雪)을 다 녹이니
> 사면(四面) 청산(靑山)이 예 얼굴 나노매라
> 귀 밑에 해묵은 서리는 녹을 줄을 모른다.
> – 김광욱, 「율리유곡(栗里遺曲)」

① 다시 젊어질 수 없음을 탄식하고 있다.
② 자연 속에서 즐기는 한가로운 정서를 표현하고 있다.
③ 임에 대한 그리움과 정한(情恨)을 드러내고 있다.
④ 임금에 대한 변함없는 연군지정(戀君之情)을 표현하고 있다.

16

다음 중 직장에서 상대방을 호칭하는 방법이 아닌 것은?

① 직함이 없는 동료를 부를 때는 남녀 상관없이 '○○○ 씨'라고 부른다.
② 친한 사이라면 직장에서도 '○○야'처럼 이름을 부를 수 있다.
③ '미스 ○', '미스터 ○'라고 부르지 않도록 한다.
④ 직함이 없는 선배, 또는 직급이 같지만 나이가 많은 동료 직원은 '○○○ 선생님'이라고 부를 수 있다.

17

다음 〈보기〉의 문장에서 단어는 몇 개인가?

> ── 보기 ──
> 내가 좋아하는 달콤한 사과와 귤

① 6개　　② 7개
③ 8개　　④ 9개

18

다음 시에서 작가가 가장 좋아하는 것은 무엇인가?

> 산슈간 바회 아래 뛰집을 짓노라 ᄒ니
> 그 몰론 ᄂᆞᆷ들은 웃는다 ᄒᆞ다마ᄂᆞᆫ
> 어리고 햐암의 뜻듸ᄂᆞᆫ 내 분인가 ᄒᆞ노라
>
> 보리밥 픗ᄂᆞ믈을 알마초 머근後에
> 바횟긋 믉ᄀᆞ에 슬ᄏᆞ지 노니노라
> 그나믄 녀 나믄일이야 부를줄이 이시랴
>
> 잔들고 혼자안자 먼뫼흘 ᄇᆞ라보니
> 그리던 님이오다 반가옴이 이리ᄒᆞ랴
> 말ᄉᆞᆷ도 우움도 아녀도 몯내 됴하ᄒᆞ노라
>
> 누고셔 三公(삼공)도곤 낫다ᄒᆞ더니 萬乘(만승)이 이만ᄒᆞ랴
> 이제로 헤어든 巢父許由(소부허유)ㅣ 냑돗더라
> 아마도 林泉閑興(임천한흥)을 비길곳이 업세라
>
> – 윤선도, 「만흥(漫興)」

① 술잔　　　　　② 자연
③ 님　　　　　　④ 높은 벼슬(삼공)

19

다음 작품의 계절은 언제인가?

> 간밤의 눈갠 후(後)에 경물(物景)이 달란고야
> 　이어라 이어라
> 압희ᄂᆞᆫ 만경유리(萬頃琉璃) 뒤희ᄂᆞᆫ 천텹옥산(千疊玉山)
> 　지국총 지국총 어사와
> 선계(仙界)ㄴ가 불계(佛界)ㄴ가 인간(人間)이 아니로다
>
> 그믈 낙시 니저 두고 빗젼을 두드린다
> 　이어라 이어라
> 압개를 건너고쟈 몃 번이나 혜여본고
> 　지국총 지국총 어사와
> 무단(無端)ᄒᆞᆫ 된ᄇᆞ람이 횡혀 아니 부러올까

① 봄　　　　　　② 여름
③ 가을　　　　　④ 겨울

20

다음 시조에서 예찬하는 대상으로 적절한 것은?

> ᄂᆞᆷ을오 삼긴 듕의 벗ᄀᆞ티 유신ᄒᆞ랴
> 내의 원일을 다 닐오려 ᄒᆞ노매라
> 이몸이 벗님곳 아니면 사름 되미 쉬울가

① 친구　　　　　② 자식
③ 임금　　　　　④ 부모

21

다음 중 판소리 12마당에 속하지 않는 것은?

① 「적벽가」　　　② 「흥보가」
③ 「구지가」　　　④ 「수궁가」

22

다음 문장 중 맞춤법이 올바른 것은?

① 바람에 문이 저절로 닫쳤다.
② 흥정을 부치는 것을 보니 보통내기가 아니다.
③ 정신없이 공부하노라고 밤을 새웠다.
④ 요즘 세상에는 앎이 힘이다.

23

다음 시가 나타내는 제재로 알맞은 것은?

> 빗방울하고 어울리고 싶어요
> 깨금발로 깨금발로 놀고 싶어요
> 세상의 어깨도 통통 두드려 주고 싶어요

① 비　　　　　　② 우산
③ 낙숫물　　　　④ 구름

24

다음 글에서 '노인'이 의미하는 대상은?

바로 그 옷궤 이야기였다. 17, 8년 전, 고등학교 일 학년 때였다. 술버릇이 점점 사나와져 가던 형이 전답을 팔고 선산을 팔고, 마침내는 그 아버지 때부터 살아 온 집까지 마지막으로 팔아 넘겼다는 소식이 들려왔다. K시에서 겨울 방학을 보내고 있던 나는 도대체 일이 어떻게 되어 가는지 알아 보고 싶어 옛 살던 마을을 찾아가 보았다. 집을 팔아 버렸으니 식구들을 만나게 될 기대는 없었지만, 그래도 달리 소식을 알아 볼 곳이 없었기 때문이었다. 어스름을 기다려 살던 집 골목을 들어서니 사정은 역시 K시에서 듣고 온 대로였다. 집은 텅텅 비어진 채였고 식구들은 어디론지 간 곳이 없었다. 나는 다시 골목 앞에 살고 있던 먼 친척 간 누님을 찾아갔다. 그런데 그 누님의 말을 들으니, 노인이 뜻밖에 아직 나를 기다리고 있다는 것이었다.

"여기가 어디냐. 네가 누군디 내 집 앞 골목을 이렇게 서성대고 있어야 하더란 말이냐."

한참 뒤에 어디선가 누님의 소식을 듣고 달려온 노인이 문간 앞에서 어정어정 망설이고 있는 나를 보고 다짜고짜 나무랐다. 행여나 싶은 마음으로 노인을 따라 문간을 들어섰으나 집이 팔린 것은 분명해 보였다.

그날 밤 노인은 옛날과 똑같이 저녁을 지어 내왔고, 거기서 하룻밤을 함께 지냈다. 그리고 이튿날 새벽 일찍 K시로 나를 다시 되돌려 보냈다. 나중에야 안 일이지만 노인은 거기서 마지막으로 내게 저녁밥 한 끼를 지어 먹이고 당신과 하룻밤을 재워 보내고 싶어, 새 주인의 양해를 얻어 그렇게 혼자서 나를 기다리고 있었다는 것이었다. 언젠가 내가 다녀갈 때까지는 내게 하룻밤만이라도 옛집의 모습과 옛날의 분위기 속에 자고 가게 해 주고 싶어서였는지 모른다. 하지만 문간을 들어설 때부터 집안 분위기는 이사를 나간 빈집이 분명했다.

한데도 노인은 그때까지 매일같이 그 빈집을 드나들며 먼지를 털고 걸레질을 해 온 것이었다. 그리고 그때 노인은 아직 집을 지켜 온 흔적으로 안방 한쪽에다 이불 한 채와 옷궤 하나를 예대로 그냥 남겨 두고 있었다.

① 할머니   ② 할아버지
③ 어머니   ④ 아버지

25

다음 시에서 작가와 누이의 관계를 나타내는 시어는?

生死路ᄂᆞᆫ
예 이샤매 저히고
나ᄂᆞᆫ 가ᄂᆞ다 말ㅅ도
몯 다 닏고 가ᄂᆞ닛고
어느 ᄀᆞᄉᆞᆯ 이른 ᄇᆞᄅᆞ매
이에 저에 ᄠᅥ딜 닙다이
ᄒᆞᄃᆞᆫ 가재 나고
가논 곧 모ᄃᆞ온뎌
아ᅌᅥ 彌陀刹애 맛보올 내
道 닷가 기드리고다

① 이른 ᄇᆞᄅᆞ매   ② ᄠᅥ딜 닙다이
③ ᄒᆞᄃᆞᆫ 가재   ④ 彌陀刹

※ 2008년도 기출복원문제는 시험 응시자들과 집필진의 기억을 토대로 재구성되었습니다. 실제 기출문제와는 다소 차이가 있을 수 있음을 알려드립니다.

빠른 정답표 ▶ 분석해설편 P.2
정답과 해설 ▶ 분석해설편 P.141

2007

2007.05.12. 국방부(육·해·공군) 시행

⏱ 적정시간 25분

월	일	월	일	월	일
시작	:	시작	:	시작	:
종료	:	종료	:	종료	:
점수		점수		점수	

9급 군무원 국어

01

다음 중 맞춤법이 바르지 않은 것은?

① 아래마을   ② 선짓국
③ 전세방   ④ 등굣길

02

우리나라의 시(詩) 유파의 발생 순서가 바르게 연결된 것은?

① 생명파 – 주지시파 – 낭만파 – 순수시파
② 낭만파 – 예맹파 – 순수시파 – 청록파
③ 주지시파 – 낭만파 – 청록파 – 예맹파
④ 순수시파 – 청록파 – 낭만파 – 생명파

03

다음 시에 나타난 주된 심상은?

> 어두운 방 안엔
> 바알간 숯불이 피고,
>
> 외로이 늙으신 할머니가
> 애처로이 잦아드는 어린 목숨을 지키고 계시었다.
>
> 이윽고 눈 속을
> 아버지가 약을 가지고 돌아오시었다.
>
> 아 아버지가 눈을 헤치고 따 오신
> 그 붉은 산수유 열매 ─.
>
> – 김종길, 「성탄제」

① 비유적 심상   ② 상징적 심상
③ 묘사적 심상   ④ 역동적 심상

04

판소리에서 '창'이 아닌 회화체(會話體)로 그림과 같이 묘사하는 부분은?

① 발림   ② 아니리
③ 사체   ④ 추임새

05

다음 〈보기〉의 내용과 관련 있는 것은?

┌─────────── 보기 ├─────────────┐
│ • 퉁구스어군   │
│ • 몽골어군   │
│ • 투르크어군   │
└──────────────────────────────────┘

① 인도·게르만 어족   ② 햄·셈 어족
③ 알타이 어족   ④ 우랄 어족

06

다음 글에 대한 설명으로 바르지 않은 것은?

┌──────────────────────────────────┐
│ 슈박겆치 두렷한 님아 차뮈겄튼 단 말슴 마소.   │
│ 가지가지 하시는 말이 말마다 윈말이로다.   │
│ 구시월(九十月) 씨동아겄치 속 성귄 말 마르시소. │
│   – 작자 미상   │
└──────────────────────────────────┘

① 임은 구체적 형상을 통해 말솜씨가 뛰어남을 뽐내고 있다.
② 임은 나의 호감을 얻고자 한다.
③ 화자는 임의 형상을 식물에 빗대어 설명하고 있다.
④ 약속을 지키지 않는 임에 대한 원망이 드러나 있다.

07

다음 (   )에 들어갈 한자를 알맞게 연결한 것은?

┌──────────────────────────────────┐
│ 曾子曰 吾 日三省吾身하나니   │
│ 爲人謀而不( )乎아,   │
│ 與朋友交而不( )乎아.   │
│ 傳不( )乎아니라.   │
└──────────────────────────────────┘

① 義 – 仁 – 智   ② 學 – 義 – 忠
③ 忠 – 信 – 習   ④ 性 – 學 – 信

08

다음 글에서 '독립'을 간절히 원하는 필자의 의지를 강조하기 위해 사용한 표현 기법은?

┌──────────────────────────────────┐
│ 네 소원(所願)이 무엇이냐 하고 하느님이 내게 물으시 │
│ 면, 나는 서슴지 않고,   │
│ "내 소원은 대한 독립(大韓獨立)이오." 하고 대답할 것 │
│ 이다. 그 다음 소원은 무엇이냐 하면, 나는 또 "우리나라 │
│ 의 독립이오." 할 것이요, 또 그 다음 소원이 무엇이냐 하 │
│ 는 세 번째 물음에도, 나는 더욱 소리를 높여서,   │
│ "나의 소원은 우리나라 대한의 완전한 자주 독립(自主獨 │
│ 立)이오." 하고 대답할 것이다.   │
│ 동포(同胞) 여러분! 나 김구의 소원은 이것 하나밖에는 │
│ 없다. 내 과거의 칠십 평생을 이 소원을 위하여 살아왔고, │
│ 현재에도 이 소원 때문에 살고 있고, 미래에도 나는 이 소 │
│ 원을 달(達)하려고 살 것이다.   │
└──────────────────────────────────┘

① 반복법   ② 비유법
③ 문답법   ④ 점층법

09

다음 중 남녀상열지사(男女相悅之詞)에 해당하지 않는 작품은?

① 「이상곡(履霜曲)」
② 「유구곡(維鳩曲)」
③ 「만전춘(滿殿春)」
④ 「쌍화점(雙花店)」

10

다음 ( )에 들어갈 적절한 말은?

> 김명정: 사둔님, 혼인의 의식이란 자고로 엄숙한 것이며 인륜의 대사입니다. 혹시 신랑이 불만이시다면 모든 것을 없던 것으로 하고 물러가겠습니다.
>
> 맹진사: 아이구, 아니올시다. 그런 거 아니에요.(이때 실심해 돌아오는 참봉을 쫓아간다) 참봉!
>
> 참　봉: ……
>
> 맹진사: 참봉!
>
> 참　봉: 네—.
>
> 맹노인: 신부 데려 내오게. 내 마지막 경사인 이 초례랑 내 손으로 올려야겠다. 오냐, 너희들도 그걸 바랬든 모양이지. 에이 그렇다구 진작 말을 해야잖느냐. 자, 참봉.
>
> 참　봉: ( ) 어유 진사님.
>
> — 오영진, 「맹진사댁 경사」

① 소리를 지르며
② 억울한 목소리로
③ 한심하다는 듯이
④ 혼자말로 중얼거리며

11

다음 중 현대 시조의 특징으로 알맞지 <u>않은</u> 것은?

① 시행의 배열이 규칙적이다.
② 음악성보다 회화성이 두드러진다.
③ 음절 수의 대담한 파격을 보인다.
④ 다양한 정서와 가치관을 다룬다.

12

다음 시에 나타난 수사법이 바르게 묶인 것은?

> 구름 빛도 가라앉고 섬들도 그림진다.
> 끓던 물도 검푸르게 잔잔히 숨더니만
> 어디서 살진 반달이 함(艦)을 따라 웃는고.

① 은유법, 의인법
② 영탄법, 의인법
③ 직유법, 도치법
④ 대유법, 영탄법

13

다음 글의 전개 방식으로 알맞은 것은?

> 유교 이념을 근간으로 하는 조선에서 책은 백성을 교화시킬 수 있는 좋은 방법 중의 하나라고 생각하여 정부는 대부분의 출판을 관에서 주도하였다. 이처럼 관의 주도로 출판된 서적을 '관판본'이라고 한다. 이렇게 간행된 책은 국가 이념을 전파하는 매체로서의 성격이 강하여 사고인 태백산이나 오대산 등과 관청, 고위 관리 또는 양반들에게 왕이 하사하는 방식으로 배포되었는데, 이를 '반사' 또는 '내사'라고 한다. 반사를 할 때에는 표지 안쪽에 '반사기' 또는 '내사기'를 기록하였다. 이 내사기에는 하사한 연월일, 받을 사람의 직함이나 성명 또는 사고나 기관명, 책명, 책의 부수, 반사 업무를 맡은 관리의 성과 그 아래로 수결을 표시하나 때로 이 순서나 내용이 약간 달라지기도 하며, 기록 후에 '내사'·'선사지기' 등을 날인한다.

① 정의　　　　　　　② 분석
③ 분류　　　　　　　④ 유추

14

다음 설명에 해당하는 작품은?

> 우연히 빠뜨린 도끼를 건져 준 산신령에게 정직하게 대한 나무꾼은 금·은도끼를 받지만 욕심 때문에 거짓말을 한 나무꾼은 자신의 도끼마저 잃게 된다는 「금도끼 은도끼」 이야기처럼 주인공의 행동을 따라하다가 그 결과가 정반대로 나와 웃음과 교훈을 주는 이야기.

① 「심청전」   ② 「토끼전」
③ 「장끼전」   ④ 「흥부전」

15

작품 속 인물의 대화나 행동 등으로 인물의 성격을 나타내는 방법은?

① 극적 제시 방법
② 분석적 제시 방법
③ 평면적 제시 방법
④ 희화적 제시 방법

16

다음 단어 중 고유어인 것은?

① 수라상   ② 소문
③ 장마   ④ 모자

17

다음 중 한자어의 표기가 바른 것은?

① 家庭欄: 가정난   ② 年間: 년간
③ 出産率: 출산률   ④ 烈烈: 열렬

18

다음 중 계급주의 문학의 작가를 알맞게 나열한 것은?

① 조지훈, 박목월   ② 서정주, 유치환
③ 김영랑, 박용철   ④ 임화, 심훈

19

다음 중 고소설을 신소설화한 작품으로 옳은 것은?

① 「자유종(自由鐘)」   ② 「추월색(秋月色)」
③ 「옥중화(獄中花)」   ④ 「재봉춘(再逢春)」

20

다음 중 희곡의 특징이 아닌 것은?

① 모든 사건이 인물의 행동을 통해 현재형으로 표현된다.
② 무대 상연을 목적으로 꾸며 낸 이야기이다.
③ 등장인물의 대사와 행동을 통해 사건이 전개된다.
④ 서술자에 의해 사건이 서술된다.

21

다음 중 신파극에 대한 설명으로 옳지 <u>않은</u> 것은?

① 1910~1930년에 대중적으로 확산되었다.
② 일본에서 사용하던 용어를 그대로 사용하였다.
③ 신파극은 임성구의 혁신단으로부터 본격적으로 시작되었다.
④ 토월회, 극예술연구회는 신파극에 주력하였다.

22

다음 중 패관 문학으로 알맞은 것은?

① 「정시자전」, 「국순전」, 「공방전」
② 「흥부전」, 「춘향전」, 「심청전」
③ 「파한집」, 「보한집」, 「역옹패설」
④ 「열하일기」, 「조침문」, 「동명일기」

23

다음 중 외래어 표기가 올바른 것은?

① 로보트(robot)   ② 메세지(message)
③ 레져(leisure)   ④ 리더십(leadership)

24

한 단어 내에서 인접한 두 개의 음운이나 음절의 순서가 바뀌는 현상으로 알맞은 것은?

① 모음 조화   ② 음운 동화
③ 모음 동화   ④ 음운 전위

25

다음 시를 쓴 작가는?

> 자주 꽃 핀 건 자주 감자
> 파 보나 마나 자주 감자
> 하얀 꽃 핀 건 하얀 감자
> 파 보나 마나 하얀 감자

① 권태응   ② 김춘수
③ 권정생   ④ 유진오

빠른 정답표 ▶ 분석해설편 P.2
정답과 해설 ▶ 분석해설편 P.149

9급 군무원 국어

월 일	월 일	월 일
시작 :	시작 :	시작 :
종료 :	종료 :	종료 :
점수	점수	점수

01

다음 중 희곡의 특징이 **아닌** 것은?

① 배우는 자신의 행동으로 사건을 직접 전달한다.
② 시간과 공간, 등장인물의 수에 제약이 있다.
③ 반드시 복선이 깔려 있어야 한다.
④ 대사를 통해 인물의 내적 심리를 표현하기도 한다.

02

다음 문장에 쓰인 형태소의 개수로 알맞은 것은?

> 나는 푸른 나무를 무척 아낀다.

① 6개   ② 7개   ③ 8개   ④ 9개

03

소설에서 인물의 성격을 제시하는 방법 중 극적 제시 방법의 요소로 알맞은 것은?

① 서사, 묘사   ② 분석, 행동
③ 행동, 대화   ④ 대화, 서사

04

다음 중 독서와 관련 있는 한자 성어가 **아닌** 것은?

① 한우충동(汗牛充棟)   ② 위편삼절(韋編三絕)
③ 수불석권(手不釋卷)   ④ 사단취장(捨短取長)

05

다음 글의 문장 갈래로 알맞은 것은?

> 마음을 잃어 가고 있으므로 관계도 잃어 간다.

① 안은 문장
② 홑문장
③ 대등적으로 이어진 문장
④ 종속적으로 이어진 문장

06

다음 중 어법에 맞는 문장은?

① 내가 바라는 것은 모두에게 하루 빨리 평화가 왔으면 한다.
② 어머니께서는 하루 종일 무엇인가에 열중해 계셨다.
③ 학교에서는 정서의 함양과 사회적 덕목을 계발해야 한다.
④ 그가 떠났다는 사실이 아직도 믿겨지지 않습니다.

07

다음의 주제문을 뒷받침하는 문장으로 알맞은 것은?

> 인간은 일상생활에서 다양한 역할을 수행한다.

① 인간은 다양한 사고를 가진 존재이므로 수많은 갈등 속에서 지내야 한다.
② 일상생활에서 다양한 인간관계를 형성하고 왕래가 많아질수록 결속력이 강해진다.
③ 누구나 가정에서는 가족의 일원, 학교에서는 학생의 일원, 그리고 지역 사회에서는 그 사회의 일원으로 생활하게 되어 있다.
④ 인간은 일상생활 속에서 웃으며 상대를 이해하기도 하고, 때로는 화를 내며 상대를 미워하기도 한다.

08

다음 글에서 대상을 대하는 시적 화자의 태도와 유사한 작품은?

> 海東(해동) 六龍(육룡)이 ᄂᆞᄅᆞ샤 일마다 天福(천복)이시니
> 古聖(고성)이 同符(동부)ᄒᆞ시니
>
> 불휘 기픈 남ᄀᆞᆫ ᄇᆞᄅᆞ매 아니 뮐씨 곳 됴코 여름 하ᄂᆞ니
> 시미 기픈 므른 ᄀᆞᄆᆞ래 아니 그츨씨 내히 이러 바ᄅᆞ래 가ᄂᆞ니
>
> — 「용비어천가(龍飛御天歌)」

① 二月(이월)ㅅ 보로매, 아으 노피 현 燈(등)ㅅ블 다호라.
　萬人(만인) 비취실 즈시샷다.
　아으 動動다리.

② 펄펄 나는 저 꾀꼬리는
　암수 다정히 노니는데,
　외로워라, 이 내 몸은
　뉘와 함께 돌아가리

③ 들하 노피곰 도ᄃᆞ샤
　어긔야 머리곰 비취오시라.
　어긔야 어강됴리
　아으 다롱디리

④ 내 님믈 그리ᅀᆞ와 우니다니
　山졉동새 난 이슷ᄒᆞ요이다.
　아니시며 거츠르신 ᄃᆞᆯ 아으
　殘月曉星이 아ᄅᆞ시리이다.

09

다음 중 심상의 종류가 나머지와 다른 것은?

① 향료(香料)를 뿌린 듯 곱다란 노을 위에
② 파아란 바람이 불고 가을이 있고
③ 금빛 게으른 울음을 우는 곳
④ 물새알은 간간하고 짭조름한 미역 냄새

※ 다음 글을 읽고 물음에 답하시오. [10∼13]

말뚝이: (벙거지를 쓰고 채찍을 들었다. 굿거리 장단에 맞추어 양반 3형제를 인도하여 등장)

양반 3형제:
[가]
[말뚝이 뒤를 따라 굿거리 장단에 맞추어 점잔을 피우나, 어색하게 춤을 추며 등장. 양반 3형제 중에서 맏이는 샌님[生員], 둘째는 서방님[書房], 끝은 도련님[道令]이다. 샌님과 서방님은 흰 창옷에 관을 썼다. 도련님은 남색 쾌자에 복건(幅巾)을 썼다. 샌님과 서방님은 언청이며(샌님은 언청이 두 줄, 서방님은 한 줄이다.) 부채와 장죽(長竹)을 가지고 있고, 도련님은 입이 삐뚤어졌고, 부채만 가졌다. 도련님은 일절 대사는 없으며, 형들과 동작을 같이하면서 형들의 면상을 부채로 때리며 방정맞게 군다.]

말뚝이: (가운데쯤에 나와서) 쉬이. (음악과 춤 멈춘다.) 양반 나오신다아! 양반이라고 하니까 노론(老論), 소론(少論), 호조(戶曹), 병조(兵曹), 옥당(玉堂)을 다 지내고 삼정승(三政丞), 육판서(六判書)를 다 지낸 퇴로 재상(退老宰相)으로 계신 양반인 줄 알지 마시오. 개잘량이라는 '양' 자에 개다리 소반이라는 '반' 자 쓰는 양반이 나오신단 말이오.

양반들: 야아, 이놈 뭐야아!

말뚝이: 아, 이 양반들, 어찌 듣는지 모르갔소. 노론, 소론, 호조, 병조, 옥당을 다 지내고 삼정승, 육판서 다 지내고 퇴로 재상으로 계신 이 생원네 3형제분이 나오신다고 그리하였소.

양반들: (합창) 이 생원이라네. (굿거리 장단으로 모두 춤을 춘다. 도령은 때때로 형들의 면상을 치며 논다. 끝까지 그런 행동을 한다.)

말뚝이: 쉬이. (반주 그친다.) 여보, 구경하시는 양반들, 말씀 좀 들어 보시오. 짤다란 곰방대로 잡숫지 말고 저 연죽전(煙竹廛)으로 가서 돈이 없으면 내게 기별이래도 해서 양칠간죽(洋漆竿竹), 자문죽(紫紋竹)을 한 발 가옷씩 되는 것을 사다가 육무깍지 희자죽(喜子竹), 오동 수복(梧桐壽福) 연변죽을 사다가 이리저리 맞추어 가지고 저 재령(載寧) 나무리 거이 낚시 걸 듯 죽 걸어 놓고 잡수시오.

양반들: 머야아!

말뚝이: 아, 이 양반들, 어찌 듣소. 양반 나오시는데 담배와 훤화(喧譁)를 금하라고 그리 하였소.

양반들: (합창) 훤화를 금하였다네. (굿거리 장단으로 모두 춤을 춘다.)

10

윗글에 대한 설명으로 바르지 <u>않은</u> 것은?

① 산대도감 계통에 속하는 가면극 중의 하나이다.
② 전체가 7개의 과장으로 이루어졌으며, 각 과장은 유기적
으로 연결되어 있다.
③ '양반춤 과장'은 양반을 모시고 다니는 말뚝이가 양반을
신랄하게 풍자한다.
④ 황해도 봉산 지방에서 전승되던 가면극이다.

11

윗글에 나타난 말뚝이의 태도로 가장 적절한 것은?

① 양반들을 조롱하고 비판한다.
② 양반들의 무능함을 무시하고 반항한다.
③ 우스꽝스러운 언행을 통하여 어리석음을 스스로 폭로
한다.
④ 양반들에게 반항하는 척하지만 결국 굴복한다.

12

[가]에 나타난 양반 3형제의 모습이 의도하는 효과로 알맞은 것
은?

① 양반들의 풍류 의식을 드러낸다.
② 양반들을 희화화하여 풍자한다.
③ 양반의 횡포를 비판한다.
④ 양반 계층의 문화를 보여 준다.

13

윗글의 내용과 주제 의식이 가장 유사한 작품은?

① 「저생전」
② 「찬기파랑가」
③ 「호질」
④ 「운영전」

14

다음 중 판소리계 소설에 해당하는 작품이 <u>아닌</u> 것은?

① 「배비장전」
② 「장끼전」
③ 「숙영낭자전」
④ 「광문자전」

15

다음 글의 빈칸에 들어갈 시어로 적절한 것은?

> 더러는
> 옥토에 떨어지는 작은 생명이고저…….
>
> 흠도 티도,
> 금 가지 않은
> 나의 전체(全體)는 오직 이뿐!
> 더욱 값진 것으로
> 드리라 하올 제,
>
> 나의 가장 나중 지니인 것도 오직 이뿐!
> 아름다운 나무의 꽃이 시듦을 보시고
> 열매를 맺게 하신 당신은,
>
> 나의 (   )을 만드신 후에
> 새로이 나의 눈물을 지어 주시다.
>
> – 김현승, 「눈물」

① 웃음   ② 슬픔
③ 행복   ④ 생명

16

다음 문장이 의미하는 것은?

> 국어를 떠난 문학은 있을 수 없고 국어 또한 문학으로 하여 세련되고 발달되는 것이다.

① 문학과 국어의 양면성
② 문학에 대한 국어의 의존성
③ 국어와 문학의 불가분리성
④ 문학의 국어에 대한 현학성

※ 다음 글을 읽고 물음에 답하시오. [17~19]

> ㉠ 수필(隨筆)은 청자연적(靑瓷硯滴)이다. 수필은 난(蘭)이요, 학(鶴)이요, 청초(淸楚)하고 몸맵시 날렵한 여인(女人)이다. 수필은 그 여인이 걸어가는, 숲 속으로 난 평탄(平坦)하고 고요한 길이다. 수필은 가로수 늘어진 포도(鋪道)가 될 수도 있다. ㉡그러나 그 길은 깨끗하고 사람이 적게 다니는 주택가(住宅街)에 있다.
> 수필은 청춘(靑春)의 글은 아니요, 서른여섯 살 중년(中年) 고개를 넘어선 사람의 글이며, 정열(情熱)이나 심오한 지성(知性)을 내포한 문학이 아니요, 그저 수필가(隨筆家)가 쓴 단순한 글이다.
> 수필은 흥미를 주지마는, 읽는 사람을 흥분시키지 아니한다. 수필은 마음의 산책(散策)이다. 그 속에는 인생의 향기와 여운(餘韻)이 숨어 있다.
>
> – 피천득, 「수필」

17

윗글의 밑줄 친 ㉠과 표현 기법이 같은 것은?

① 빈 수레가 요란하다
② 인간은 빵만으로 살 수 없다
③ 꼬리를 감추며 멀어져 가는 기차
④ 오월은 계절의 여왕이다

18

윗글의 밑줄 친 ㉡에서 전체 문장의 주어로 알맞은 것은?

① 그러나
② 그 길은
③ 사람이
④ 주택가에

19

윗글과 같은 장르의 특징이 아닌 것은?

① 글쓴이의 개성이 직접적으로 드러나는 개성적인 글이다.
② 특별히 정해진 형식 없이 자유롭게 쓰는 글이다.
③ 객관적인 자료를 제시하여 독자를 설득하는 글이다.
④ 생활 속에서 일어나는 여러 가지 일들을 소재로 한다.

20

다음 중 토론의 주제로 삼기에 가장 적절한 것은?

① 도서관 운영의 문제점과 해결 방안
② 교실 안 CCTV 설치
③ 대학 입시 제도의 개선 방안
④ 한류 문화의 바람직한 방향

21

다음 중 우리나라 시가의 발생 순서로 옳은 것은?

① 속요 → 시조 → 향가 → 가사
② 시조 → 향가 → 가사 → 속요
③ 향가 → 속요 → 시조 → 가사
④ 가사 → 향가 → 시조 → 속요

※ 다음 글을 읽고 물음에 답하시오. [22~24]

하여간 김첨지는 방문을 왈칵 열었다. 구역을 나게 하는 추기 — 떨어진 삿자리 밑에서 나온 먼지내, 빨지 않은 기저귀에서 나는 똥내와 오줌내, 가지각색 때가 켜켜이 앉은 옷내, 병인의 땀 섞은 내가 섞인 추기가 무딘 김첨지의 코를 찔렀다.

방안에 들어서며 설렁탕을 한구석에 놓을 사이도 없이 주정꾼은 목청을 있는 대로 다 내어 호통을 쳤다.

"이 오라질 년, 주야장천 누워만 있으면 제일이야. 남편이 와도 일어나지를 못해."

라는 소리와 함께 발길로 누운 이의 다리를 몹시 찼다. 그러나 발길에 채이는 건 사람의 살이 아니고 나무등걸과 같은 느낌이 있었다. 이때에 빽빽 소리가 응아 소리로 변하였다. 개똥이가 물었던 젖을 빼어 놓고 운다. 운대도 온 얼굴을 찡그려 붙여서 운다는 표정을 할 뿐이다. 응아 소리도 입에서 나는 게 아니고, 마치 뱃속에서 나는 듯하였다. 울다가 울다가 목도 잠겼고 또 울 기운조차 시진한 것 같다.

발로 차도 그 보람이 없는 걸 보자 남편은 아내의 머리맡으로 달려들어 그야말로 까치집 같은 환자의 머리를 껴들어 흔들며,

"이년아, 말을 해, 말을! 입이 붙었어, 이 오라질 년!"

"……"

"으응, 이것 봐, 아무 말이 없네."

"……"

"이년아, 죽었단 말이냐, 왜 말이 없어?"

"……"

"으응, 또 대답이 없네, 정말 죽었나버이."

이러다가 누운 이의 흰 창을 덮은, 위로 치뜬 눈을 알아보자마자,

"이 눈깔! 이 눈깔! 왜 나를 바루 보지 못하고 천장만 바라보느냐, 응."

하는 말 끝엔 목이 메였다. 그러자 산 사람의 눈에서 떨어진 닭의 똥 같은 눈물이 죽은 이의 뻣뻣한 얼굴을 어룽어룽 적시었다. 문득 김첨지는 미친 듯이 제 얼굴을 죽은 이의 얼굴에 한데 비벼대며 중얼거렸다.

"설렁탕을 사다 놓았는데 왜 먹지를 못하니, 왜 먹지를 못하니…… 괴상하게도 오늘은! 운수가, 좋더니만……"

22

윗글의 서술상 특징으로 옳은 것은?

① 작품 밖의 서술자가 객관적인 태도로 외부적 사실만을 관찰하고 있다.
② 부수적 인물인 '나'가 주인공의 행동을 관찰하여 서술하고 있다.
③ 작품 밖의 서술자가 인물의 내면 심리를 직접적으로 서술하고, 사건을 분석하고 있다.
④ 작품 속 인물인 '나'가 자신의 내면을 직접적으로 서술하고 있다.

23

윗글에 나타난 시대적 배경과 배경이 다른 작품은?

① 「태평천하」
② 「무진기행」
③ 「치숙」
④ 「삼대」

24

윗글에 대한 설명으로 옳지 않은 것은?

① 돈을 많이 벌게 된 어느 운수 좋은 날을 소재로 했다.
② 1920년대 하층 노동자의 삶을 보여 주는 사실주의 단편 소설이다.
③ '설렁탕'은 비극적 상황을 심화시키는 매개체라고 할 수 있다.
④ 주인공은 거친 말이나 행동과 달리 병든 아내를 염려하고 있는 인물이다.

25

다음 중 한자 성어와 속담의 연결이 바르지 않은 것은?

① 하석상대(下石上臺) – 계란에도 뼈가 있다
② 고식지계(姑息之計) – 언 발에 오줌 누기
③ 권불십년(權不十年) – 달도 차면 기운다
④ 구밀복검(口蜜腹劍) – 웃음 속에 칼이 있다

※ 2006년도 기출복원문제는 시험 응시자들과 집필진의 기억을 토대로 재구성되었습니다. 실제 기출문제와는 다소 차이가 있을 수 있음을 알려드립니다.

빠른 정답표 ▶ 분석해설편 P.2
정답과 해설 ▶ 분석해설편 P.156

PART

02

7급 군무원 국어

7급 군무원 국어

01

다음 중 표준어끼리 짝지어진 것이 <u>아닌</u> 것은?

① 만날 – 맨날
② 가엾다 – 가엽다
③ 멀찌감치 – 멀찌가니
④ 구레나룻 – 구렛나루

02

㉠～㉢에 들어갈 단어를 순서대로 나열한 것은?

- 회사 측은 주민 대표에게 언론에 보도된 내용이 사실과 다르다고 (㉠)하였다.
- 그는 국회에서 국민의 기본권에 대하여 (㉡)할 기회를 얻었다.
- 피의자는 뇌물을 받은 적이 없다고 검사에게 (㉢) 했다.

① 解明 – 發言 – 陳述
② 陳述 – 發言 – 解明
③ 發言 – 陳述 – 解明
④ 發言 – 解明 – 陳述

03

다음 기사의 주장을 가장 잘 표현한 것은?

> 은폐가 쉬운 가정 내 아동학대에 대응하기 위해 만들어진 아동학대처벌법이 학교에도 일괄 적용되면서 교사가 학생의 문제행동을 지적하거나 제지하는 일까지 아동학대로 신고하는 일이 잦아졌다는 것이다. 아동학대 신고만으로도 학교장 판단에 따라 직위해제나 담임 교체 조치를 당하거나 경찰 조사를 받아야 하고, 이는 교사들의 사기 저하와 생활지도 포기로 이어진다.

① 교사들의 강압적 태도가 야기한 문제점
② 교사들의 교직 만족도 하락의 원인
③ 교사들의 직권남용과 교직 태만의 원인
④ 교사들의 아동학대에 대한 실태

04

'의'의 표준 발음에 대한 설명 중 맞지 <u>않는</u> 것은?

① '회의, 민주주의'와 같이 단어의 2음절 이하에 사용된 '의'는 [ㅢ]로 발음하는 것이 원칙이고, [ㅣ]로 발음하는 것도 허용된다.
② '우리의 마음, 반의 반'과 같이 조사로 사용된 '의'는 [ㅢ]로 발음하는 것이 원칙이고, [ㅔ]로 발음하는 것도 허용된다.
③ '희망, 무늬'와 같이 자음을 첫소리로 가지고 있는 음절의 'ㅢ'는 [ㅢ]로 발음하는 것이 원칙이고, [ㅣ]로 발음하는 것도 허용된다.
④ '의사, 의자'와 같이 단어의 첫음절에 사용된 '의'는 [ㅢ]로 발음한다.

05

다음 글의 괄호 안에 들어갈 말로 가장 적절한 것은?

> 위층의 소리는 멈추지 않았다. 드르륵거리는 소리에 머리카락 올이 진저리를 치며 곤두서는 것 같았다. … 위층으로 올라가 벨을 눌렀다.
>
> 안쪽에서 "누구세요?" 묻는 소리가 들리고도 십분 가까이 지나 문이 열렸다. '이웃사촌이라는데 아직 인사도 없이……' 등등 준비했던 인사말과 함께 포장한 슬리퍼를 내밀려던 나는 첫마디를 뗄 겨를도 없이 ( ) 했다. 좁은 현관을 꽉 채우며 휠체어에 앉은 젊은 여자가 달갑잖은 표정으로 나를 올려다보았다. "안 그래도 바퀴를 갈아 볼 작정이었어요. 소리가 좀 덜 나는 것으로요. 어쨌든 죄송해요. 도와주는 아줌마가 지금 안 계셔서 차 대접할 형편도 안 되네요."
>
> 여자의 텅 빈, 허전한 하반신을 덮은 화사한 빛깔의 담요와 휠체어에서 황급히 시선을 떼며 나는 할 말을 잃은 채 부끄러움으로 얼굴만 붉히며 슬리퍼 든 손을 뒤로 감추었다.
>
> – 오정희, 「소음공해」

① 역지사지
② 황당무계
③ 자승자박
④ 우두망찰

06

다음 기사의 (㉠) 안에 들어갈 말로 가장 적절한 것은?

> 탄소중립을 실천하기 위해 우리가 할 수 있는 일은 무엇일까? 에너지 절약부터 친환경 제품 사용, 이면지 사용, 일회용품 사용하지 않기 등 다양한 방법들이 있다. 하지만 또 다른 방법이 있다고 산림청은 전한다. 먼저 우리 주변 나무를 잘 사용하는 것이다. 나무를 목재로 사용하면 된다. 목재 가공은 철강 생산보다 에너지를 85배 절감할 수 있다고 한다. …
>
> 그렇다고 나무를 다 베어서는 안 된다는 우려도 존재한다. 하지만 걱정할 필요가 없다고 산림청은 말한다. (㉠) 특히 우리나라는 OECD 국가 중 산림비율이 4위일 정도로 풍성한 숲을 보유하고 있다. 이를 잘 활용해서 환경 보호에 적극적으로 사용해야 하는 것이다.

① 목재를 보전하는 숲과 수확하는 숲을 따로 관리한다는 것이다.
② 나무가 잘 자라는 열대지역에서 목재를 수입한다는 것이다.
③ 버려지는 폐목재를 가공하여 재사용한다는 것이다.
④ 나무를 베지 않고 숲의 공간을 활용하여 주택을 짓는다는 것이다.

07

다음은 현대 한국어의 발음 특성을 설명한 것이다. 맞지 않는 것은?

① '알'의 'ㅇ'과 '강'의 'ㅇ'은 음운론적으로 동일한 가치를 갖는다.
② 초성에서 발음되는 모든 자음이 종성에서 발음되는 것은 아니다.
③ 종성에서 발음되는 모든 자음이 초성에서 발음되는 것은 아니다.
④ 모음과 모음 사이에 자음은 최대 2개까지 발음된다.

08

다음 중 밑줄 친 부분이 '띄어쓰기' 규정에 따른 것은? ('∨'는 '띄어 쓴다'는 표시임)

① 그는 재산이 많을∨뿐더러 재능도 엄청 많다.
② 선물을 주기는∨커녕 쳐다보지도 않더라.
③ 원서를 넣는∨족족 합격을 하네.
④ 기분이 좋아 보이는구먼∨그래.

09

다음은 〈보기〉에 제시된 글의 핵심 내용을 정리한 것이다. 가장 잘 이해한 것은?

─── 보기 ───

'무엇인가', '어떠한 것인가'라는 물음에 대응하는 내용이 '질'이고 '어느 정도'라는 물음에 대응하는 내용이 '양'이다. '책상이란 무엇인가' 또는 '책상이 어떠한 것인가'를 알기 위해 사전에서 '책상'을 찾으면, "책을 읽거나 글을 쓰는 상"으로 나와 있다. 이것이 책상을 의자와 찬장 및 그 밖의 유사한 사물들과 구분해 주는 책상의 '질'이다. 예를 들어 "이 책상의 높이는 어느 정도인가?"라고 물으면 "70cm이다"라고 답한다. 이때 말한 '70cm'가 바로 '양'이다. 그런데 책상의 높이는 70cm가 60cm로 되거나 40cm로 된다고 하더라도 그것이 책상임에는 변함이 없다. 성인용 책상에서 아동용 책상으로, 의자 달린 책상에서 앉은뱅이책상으로 바뀐다고 하더라도 그것이 '책을 읽거나 글을 쓰는 상'으로서의 기능은 수행할 수 있기 때문이다. 그러나 책상의 높이를 일정한 한도가 넘는 수준, 예컨대 70cm를 1cm로 낮추어 버리면 그 책상은 나무판에 가까운 것으로 변하여 책상의 기능을 수행할 수 없게 되어 더 이상 책상이라 할 수 없게 될 것이다.

① 양의 변화는 질의 변화를 초래하고 질의 변화는 양의 변화를 이끈다.
② 양의 변화가 누적되면 질의 변화가 일어나므로 양의 변화는 변화된 양만큼 질의 변화를 이끈다.
③ 양의 변화는 일정한 한도 내에서 질의 변화를 이끌지 못하지만 어느 한도를 넘으면 질의 변화를 초래한다.
④ 양의 변화든 질의 변화든 변화는 모두 본래의 상태로 환원되는 과정이기 때문에 두 변화는 본질적으로 동일하다.

10

〈보기〉는 우리말 높임법에 관한 설명이다. ( ) 안에 들어갈 용례로 맞지 않는 것은?

─── 보기 ───

• 상대 높임법: 말하는 이가 상대, 곧 듣는 이(청자)를 높이는 높임법. 일정한 종결 어미의 사용에 의해서 실현됨.
  (1) 격식체: 공식적이고 의례적인 표현으로, 심리적 거리감을 나타냄.
    ① 해라체: 아주 낮춤
    ② 하게체: 예사 낮춤 ·········(㉠)
    ③ 하오체: 예사 높임 ·········(㉡)
    ④ 합쇼체: 아주 높임
  (2) 비격식체: 비공식적이며, 부드럽고 친근감을 나타냄.
    ① 해체: 두루 낮춤 ·········(㉢)
    ② 해요체: 두루 높임 ·········(㉣)

① ㉠: 내가 말을 함부로 했던 것 같네.
② ㉡: 이게 꿈인지 생신지 모르겠구려.
③ ㉢: 계획대로 밀고 나가.
④ ㉣: 선생님 안녕히 계십시오.

11

다음 밑줄 친 단어 중 〈외래어 표기법〉에 맞는 것은?

① 화재의 위험을 방지하기 위하여 휴즈를 부착하였습니다.
② 커텐에 감겨 넘어질 수 있으니 유의하시기 바랍니다.
③ 기둥을 조립할 때 헹거가 넘어질 수 있습니다.
④ 스위치의 뒤쪽을 누르면 윈도가 열립니다.

12

다음 중 밑줄 친 단어의 표기가 어법에 맞지 않는 것은?

① 무를 싹둑 잘라 버렸네.
② 남북 교류의 물고를 텄어.
③ 벌써 깍두기가 다 익었어.
④ 물이 따듯해서 목욕하기에 좋아.

13

〈보기〉는 단어에 결합되어 사용된 '대'의 특성을 설명한 것이다. 맞지 <u>않는</u> 것은?

┤ 보기 ├

大, 「명사」 (수를 나타내는 말 뒤에 쓰여) 규모나 가치 면에서 그 수 안에 꼽힘을 이르는 말

對, 「의존 명사」 사물과 사물의 대비나 대립을 나타내는 말

代, 「접사」 (물건을 나타내는 일부 명사 뒤에 붙어) '물건값으로 치르는 돈'의 뜻을 더하는 접미사

臺, 「접사」 (값이나 수를 나타내는 대다수 명사 또는 명사구 뒤에 붙어) '그 값 또는 수를 넘어선 대강의 범위'의 뜻을 더하는 접미사

帶, 「접사」 (일부 명사 뒤에 붙어) '띠 모양의 공간' 또는 '일정한 범위의 부분'의 뜻을 더하는 접미사

① '기후대, 무풍대'에 사용된 '대'는 접사 '帶'이다.
② '도서대, 신문대'에 사용된 '대'는 접사 '代'이다.
③ '만 원대, 백삼십만 원대'에 사용된 '대'는 접사 '臺'이다.
④ '세계 7대 불가사의, 한국 30대 기업'에 사용된 '대'는 의존 명사 '對'이다.

14

다음 시조 중 주된 정조(情調)가 가장 <u>다른</u> 것은?

(가) 이화에 월백하고 은한(銀漢)이 삼경인제
    일지춘심(一枝春心)을 자규야 아랴마는
    다정도 병인양 하여 잠 못 들어 하노라

(나) 흥망이 유수하니 만월대도 추초(秋草)로다
    오백 년 왕업이 목적(牧笛)에 부쳤으니
    석양에 지나는 객이 눈물계워 하노라

(다) 오백 년 도읍지를 필마로 돌아드니
    산천은 의구하되 인걸은 간 데 없다
    어즈버 태평연월이 꿈이런가 하노라

(라) 이 몸이 죽고 죽어 일백 번 고쳐 죽어
    백골이 진토되어 넋이라도 있든 없든
    임 향한 일편단심이야 가실 줄 있으랴

① (가)　　② (나)　　③ (다)　　④ (라)

15

바느질과 관련한 사물을 의인화한 다음 소설에서 괄호 안에 들어갈 사물을 순서대로 바르게 나열한 것은?

(　　) 양각(兩脚)을 빨리 놀려 내다라 이르되,
"(　　)아/야, 그대 아모리 마련을 잘 한들 버혀 내지 아니하면 모양 제되 되겠느냐. 내 공과 내 덕이니 네 공만 자랑마라." …
(　　) 웃고 이르되,
"고어에 운(云), 닭의 입이 될지언정 소 뒤는 되지 말라 하였으니, (　　)은/는 세요의 뒤를 따라 다니며 무삼 말 하시나뇨. 실로 얼골이 아까왜라. 나는 매양 세요의 귀에 질리었으되 낯가족이 두꺼워 견딜 만하고 아모 말도 아니하노라."

① 청홍 각시 – 척 부인 – 감토 할미 – 교두 각시
② 척 부인 – 감토 할미 – 교두 각시 – 청홍 각시
③ 교두 각시 – 척 부인 – 감토 할미 – 청홍 각시
④ 청홍 각시 – 감토 할미 – 교두 각시 – 척 부인

16

다음 한시의 시적 자아의 심정으로 가장 적절한 것은?

木頭雕作小唐雞	나무토막으로 조그만 당닭을 깎아 만들어
筋子拈來壁上棲	젓가락으로 집어다가 담벼락에 올려 놓고
此鳥膠膠報時節	이 닭이 '꼬끼오' 하고 때를 알리면
慈顔始似日平西	어머님 얼굴이 비로소 늙으시옵소서

– 이제현, 「오관산(五冠山)」

① 몽환적(夢幻的)
② 이상적(理想的)
③ 허망(虛妄)함
④ 간절(懇切)함

17

다음 시구 중 함축하고 있는 의미가 가장 다른 것은?

(가) 매운 계절의 챗죽*에 갈겨
마츰내 北方으로 휩쓸려오다

하늘도 그만 (나) 지쳐 끝난 고원(高原)
(다) 서리빨 칼날진 그우에 서다

어데다 무릎을 꾸러야 하나
(라) 한 발 재겨* 디딜 곳조차 없다

이러매 눈깜아 생각해볼밖에
겨울은 강철로 된 무지갠가 보다.

－ 이육사, 「절정(絕頂)」

* 챗죽: 채찍
* 재겨: 비집고 들어

① (가)　　　② (나)　　　③ (다)　　　④ (라)

18

다음 글의 괄호 안에 공통으로 들어갈 말로 가장 적절한 것은?

그것이 헛된 일임을 안다. 그러나 동경과 기대 없이 살 수 있는 사람이 있을까? 무너져 버린 뒤에도 그리움은 슬픈 아름다움을 지니고 있다. … 먼 곳에의 그리움! 모르는 얼굴과 마음과 언어 사이에서 혼자이고 싶은 마음! … 포장마차를 타고 일생을 전전하고 사는 (　　)의 생활이 나에게는 가끔 이상적인 것으로 생각된다. 노래와 모닥불가의 춤과 사랑과 점치는 일로 보내는 짧은 생활, 짧은 생, 내 혈관 속에서 어쩌면 (　　)의 피가 한 방울 섞여 있을지도 모른다고 혼자 공상해 보고 웃기도 한다.

－ 전혜린, 「먼 곳에의 그리움」

① 카우보이　　　　② 집시
③ 가수　　　　　　④ 무용수

※ 다음 글을 읽고 물음에 답하시오. [19~20]

주자학이란 무엇일까? 주자학은 한마디로 주자(朱子, 1130~1200)가 새롭게 해석한 유학이라 할 수 있다. 공자와 맹자의 말씀은 "자신을 누르고 예의에 맞게 행동하라[극기복례(克己復禮)].", "사람들에게 진심으로 대하고 늘 배려하라[충서(忠恕)]."처럼, 도덕 교과서에나 나올 법한 소박한 가르침에 지나지 않았다. 주자는 이를 철학적으로 훨씬 더 세련되게 다듬었다. 주자학에는 태극 이론, 음양(陰陽), 이기(理氣), 심성론(心性論) 등 어려운 용어가 많이 나온다. 이를 여기서 조목조목 풀어 설명할 필요는 없을 듯하다. 단지 주자가 이런 이론들을 만든 이유는 "자연과학과 심리학의 도움으로 도덕 이론을 더 정확하게 설명하기 위해서"였다는 정도만 이해하면 될 것이다.

주자의 가르침 가운데 신진 사대부들의 마음을 사로잡았던 구절은 크게 두 가지다. 첫째는 위기지학(爲己之學)의 이념이다. 공부의 목적은 성인(聖人)이 되는 데 있지, 출세하여 부귀영화를 누리기 위함이 아니라는 뜻이다. 이러한 위기지학 정신은 신진 사대부들에게 큰 힘을 주었다. 음서(蔭敍)로 권력을 얻던 귀족 자제들과 달리, 그들은 피나는 '공부'를 거쳐 관직에 들어선 자들이다. 위기지학의 이념에 따르면, 이들이야말로 자신의 인품을 갈고닦은 사람들이 아닌가!

둘째는 주자가 강조한 격물치지(格物致知) 정신이다. 인격 수양을 위해서는 먼저 사물을 연구하고[격물(格物)] 세상 만물의 이치를 깨달아[치지(致知)] 무엇이 진정 옳고 그른지 명확히 알아야 한다. 이때 사물을 연구한다는 것은 사실을 잘 관찰하고 분석한다는 의미가 아니다. 이미 공자와 맹자 같은 옛 성현들이 이런 작업을 완벽하게 해 놓았으므로, 후대 사람들은 이들이 남긴 글을 깊이 되새기기만 하면 된다.

그렇다면 공자의 말씀을 가장 깊고 넓게 알고 있었던 사람들은 누구일까? 다름 아닌 신진 사대부로, 이들은 과거를 보기 위해 공자의 말씀을 새기고 또 새겼다. 결국 격물치지란 바로 신진 사대부들이 우월한 자들임을 보여 주는 핵심 이론이 되는 셈이다. 주자의 가르침은 이처럼 유학 사상으로 무장한 신진 사대부들이 사회 지도층이 되어야 함을 입증하는 강력한 근거가 되었다.

19

위 글로부터 알 수 있는 사실이 <u>아닌</u> 것은?

① 주자학은 위기지학과 격물치지의 학문이다.
② 주자학은 자연과학과 심리학의 영향을 받았다.
③ 신진 사대부는 관직에 진출하기 위해 주자학을 공부했다.
④ 주자학은 공자와 맹자의 말씀을 철학적으로 세련되게 다듬은 것이다.

20

위 글의 설명 방식에 해당하는 것을 〈보기〉에서 골라 가장 바르게 묶은 것은?

─────── 보기 ───────

ㄱ. 유추의 방법으로 대상의 특징을 밝히고 있다.
ㄴ. 묻고 답하는 방식을 통해 논의를 전개하고 있다.
ㄷ. 어려운 용어를 풀어 써서 독자의 이해를 돕고 있다.
ㄹ. 은유와 상징을 통해 자신의 생각을 드러내고 있다.

① ㄱ, ㄷ　　　　　② ㄱ, ㄹ
③ ㄴ, ㄷ　　　　　④ ㄴ, ㄹ

21

아래의 글을 읽고 '한국 정원의 특징'을 표현한 것으로 가장 적절한 말은?

중국의 4대 정원을 보면, 이화원과 피서산장은 정원이 아니라 거대한 공원이라는 표현이 더 맞다. 졸정원과 유원은 사가(私家)의 정원으로서 평평한 대지에 담을 치고 그 안에 자연을 인공적으로 재현한 것으로 특유의 웅장함과 기이함이 있다. 그러나 창덕궁 후원과 같은 그윽한 맛은 찾아볼 수 없다.

일본에서는 교토의 천황가에서 지은 가쓰라 이궁(桂離宮, 가쓰라리큐)과 지천회유식 정원인 천룡사(天龍寺, 덴류지), 석정(石庭)으로 유명한 용안사(龍安寺, 료안지) 같은 사찰 정원이 명원으로 꼽힌다. 이곳들은 인공의 정교로움과 아기자기한 디테일을 자랑하고, 거기에다 무사도(武士道), 다도(茶道), 선(禪)의 이미지를 구현한 독특한 미학이 있다. 그러나 일본의 정원은 자연을 다듬어서 꾸민 조원(造園)으로 정원의 콘셉트 자체가 다르고 우리 같은 자연적인 맛이 없다.

중국과 일본의 정원도 자연과의 어우러짐을 중시했다. 그런 정원을 원림(園林)이라고 부른다. 원림을 경영하는 데에는 울타리 바깥의 자연 경관을 정원으로 끌어들이는 차경(借景)이 중요한 요소로 작용한다. 그러나 우리 원림에서는 자연 경관을 빌려오는 차경 정도가 아니라 자연 경관 자체가 정원의 뼈대를 이룬다. 인공적인 조원이 아니라 자연 경관을 경영하는 것이다. 산자락과 계곡이 즐비한 자연 지형에서 나온 우리만의 독특한 정원 형식이다.

한국의 이러한 전통 정원을 두고 우리나라의 한 건축학자는 "자연을 해석하고 적극적인 경관으로 건축화한 것"이라고 설명하였으며, 우리나라를 방문한 프랑스 건축가 협회 회장 로랑 살로몽은 "한국의 전통 건축물은 단순한 건축물이 아니라 자연이고 풍경이다. 인위적으로 세운 것이 아니라 자연 위에 그냥 얹혀 있는 느낌이다. 그런 점에서 한국의 전통 건축은 미학적 완성도가 아주 높다고 생각한다."라고 우리나라 전통 정원의 특징을 설명하였다.

① 자연과 인공의 조화(調和)
② 자연 경관의 경영(經營)
③ 자연의 차경(借景)
④ 자연의 재현(再現)

22

(가)~(라)에서 가장 먼저 지어진 작품(㉠)과 '훈민정음'으로 가장 먼저 표기된 작품(㉡)은?

(가) 불휘 기픈 남ᄀᆞᆫ ᄇᆞᄅᆞ매 아니 뮐ᄊᆡ
　　곶 됴코 여름 하ᄂᆞ니
　　시미 기픈 므른 ᄀᆞ므래 아니 그츨ᄊᆡ
　　내히 이러 바ᄅᆞ래 가ᄂᆞ니

(나) 梨花에 月白ᄒᆞ고 銀寒이 三更인 제
　　一枝春心을 子規야 알랴마는
　　多情도 病인 樣ᄒᆞ여 ᄌᆞᆷ 못 들어 ᄒᆞ노라

(다) 어와 내 병이야 이 님의 타시로다
　　ᄎᆞᆯ하리 싀여디여 범나븨 되오리라
　　곳나모 가지마다 간 ᄃᆡ 죡죡 안니다가
　　향 무틴 ᄂᆞᆯ애로 님의 옷시 올므리라
　　님이야 날인 줄 모로셔도 내 님 조ᄎᆞ려 ᄒᆞ노라

(라) 元淳文 仁老詩 公老四六
　　李正言 陳翰林 雙韻走筆
　　沖基對策 光鈞経義 良經詩賦
　　위 試場ㅅ景 긔 엇더ᄒᆞ니잇고
　　(葉) 琴學士의 玉笋文生 琴學士의 玉笋文生
　　위 날 조차 몃 부니잇고

	㉠	㉡
①	(가)	(라)
②	(나)	(다)
③	(다)	(나)
④	(라)	(가)

23

다음 글의 (가)에 들어갈 단어는?

한자는 늘 그 많은 글자의 수 때문에 나쁜 평가를 받아 왔다. 한글 전용론자들은 그걸 배우느라 아까운 청춘을 다 버려야 하겠느냐고도 한다. 그러나 헨드슨 교수는 이 점에 대해서도 명쾌하게 설명한다. 5만 자니 6만 자니 하며 그 글자 수의 많음을 부각시키는 것은 사람들을 오도한다는 것이다. 중국에서조차 1,000자가 현대 중국어 문헌의 90%를 담당하고, 거기다가 그 글자들이 뿔뿔이 따로 만들어진 것이 아니고 대부분 (가)와/과 같은 방식으로 만들어져 그렇게 대단한 부담이 아니라는 것이다.

① 상형(象形)
② 형성(形聲)
③ 회의(會意)
④ 가차(假借)

※ 다음 글을 읽고 물음에 답하시오. [24~25]

> 이런 일을 생각하면 한생원도 ㉠미상불 다행스럽지 아니한 것은 아니었다. 그러나 오직 그뿐이었다. 독립? 신통할 것이 없었다.
>
> 독립이 되기로서니, 가난뱅이 농투성이가 별안간 나으리 주사 될 리 만무하였다. 가난뱅이 농투성이가 남의 세토 얻어 비지땀 흘려 가면서 일 년 농사 지어 절반도 넘는 ㉡도지 물고, 나머지로 굶으며 먹으며 연명이나 하여 가기는 독립이 되거나 말거나 매양 일반일 터이었다.
>
> 공출이야 징용이야 하여서 살기가 더럭 어려워지기는, 전쟁이 나면서부터였었다. 전쟁이 나기 전에는 일 년 농사 지어 작정한 도지, 실수 않고 물면 ㉢모자라나따나 아무 시비와 성가심 없이 내 것 삼아 놓고 먹을 수가 있었다.
>
> 징용도 전쟁이 나기 전에는 없던 풍도였다. 마음 놓고 일을 하였고, 그것으로써 그만이었지, 달리는 근심 걱정될 것이 없었다.
>
> 전쟁 사품에 생겨난 공출이니 징용이니 하는 것이 전쟁이 끝이 남으로써 없어진 다음에야 독립이 되기 전 일본 정치 밑에서도 남의 세토 얻어 도지 물고 나머지나 천신하는 가난뱅이 농투성이에서 벗어날 것이 없을진대, 한갓 전쟁이 끝이 나서 공출과 징용이 없어진 것이 다행일 따름이지, 독립이 되었다고 만세를 부르며 날뛰고 할 흥이 한생원으로는 나는 것이 없었다.
>
> 일인에게 빼앗겼던 나라를 도로 찾고, 그래서 우리도 다시 나라가 있게 되었다는 이 잔주도, 역시 한생원에게는 ㉣시쁘듬한 것이었다. 한생원은 나라를 도로 찾는다는 것은 구한국 시절로 다시 돌아가는 것으로밖에는 달리 생각할 수가 없었다.
>
> 한생원네는 한생원의 아버지의 부지런으로 장만한, 열서 마지기와 일곱 마지기의 두 자리 논이 있었다. 선대의 유업도 아니요, 공문서 땅을 거저 주운 것도 아니요, 버젓이 값을 내고 산 것이었다. 하되 그 돈은 체계나 돈놀이로 모은 돈이 아니요, 품삯 받아 푼푼이 모으고 악의악식하면서 모은 돈이었다. 피와 땀이 어린 땅이었다.
>
> 그 피땀 어린 논 두 자리에서, 열서 마지기를 한생원네는 산 지 겨우 오 년 만에 고을 원에게 빼앗겨 버렸다.
>
> – 채만식, 「논 이야기」

24

밑줄 친 단어 중 문맥상 의미가 맞지 <u>않는</u> 것은?

① ㉠: 아닌 게 아니라 과연
② ㉡: 일정한 대가를 주고 빌려 쓰는 논밭이나 집터
③ ㉢: 다소 모자라기는 하더라도
④ ㉣: 달갑지 아니하거나 못마땅하여 시큰둥한

25

다음 중 한생원의 생각과 가장 거리가 <u>먼</u> 것은?

① 독립이라는 것이 소작농의 삶에 아무런 영향을 끼치지 않는다.
② 해방이 되어도 나라가 사회 모순을 해결하지 못할 것이다.
③ 독립은 구한국 시절로 돌아가는 것과 다를 바 없다.
④ 소작농의 궁핍한 삶에는 국가의 책임도 적지 않다.

빠른 정답표 ▶ 분석해설편 P.2
정답과 해설 ▶ 분석해설편 P.164

2022

2022.07.16. 국방부(육·해·공군) 시행

적정시간 25분

월 일	월 일	월 일
시작 :	시작 :	시작 :
종료 :	종료 :	종료 :
점수	점수	점수

7급 군무원 국어

01

다음 중 아래의 특징을 모두 만족하는 단어가 <u>아닌</u> 것은?

- 어떤 경우에도 조사와 결합하지 않는다.
- 독립된 품사로 단어와 띄어 쓴다.
- 주로 체언을 꾸며 준다.

① 달리   ② 서너
③ 어떤   ④ 갖은

02

다음 중 아래 글의 내용에 대한 설명으로 가장 적절한 것은?

인제 모든 것은 끝나는 것이다. 얼음장처럼 밑이 차다. 아무 생각도 없다. 전신의 근육이 감각을 잃은 채 이따금 경련을 일으킨다. 발자국 소리가 난다. 말소리도, 시간이 되었나 보다. 문이 삐그더거리며 열리고, 급기야 어둠을 헤치고 흘러 들어오는 광선을 타고 사닥다리가 내려올 것이다. 숨죽인 채 기다린다. 일순간이 지났다. 조용하다. 아무런 동정도 없다. 어쩐 일일까?

---몽롱한 의식의 착오 탓인가. 확실히 구둣발 소리다. 점점 가까워 오는---정확한---

그는 몸을 일으키려 애썼다. 고개를 들었다. 맑은 광선이 눈부시게 흘러 들어온다. 사닥다리다.

"뭐 하고 있어! 빨리 나와!"

착각이 아니었다.

그들은 벌써부터 빨리 나오라고 고함을 지르며 독촉하고 있었다. 한 단 한 단 정신을 가다듬고, 감각을 잃은 무릎을 힘껏 괴어 짚으며 기어올랐다. 입구에 다다르자 억센 손아귀가 뒷덜미를 움켜쥐고 끌어당겼다. 몸이 밖으로 나가는 순간, 눈 속에서 그대로 머리를 박고 쓰러졌다. 찬 눈이 얼굴 위에 스치자 정신이 돌아왔다. 일어서야만 한다. 그리고 정확히 걸음을 옮겨야 한다. 모든 것은 인제 끝나는 것이다. 끝나는 그 순간까지 정확히 나를 끝맺어야 한다.

– 오상원, 「유예」

① 대화로 인물의 성격을 그리고 있다.
② 주인공의 행동을 통해 주제가 드러나고 있다.
③ 인물들 사이의 갈등이 고조되고 있다.
④ 주인공이 갖는 감정의 흐름에 기대어 서술하고 있다.

03

다음 중 ㉠과 ㉡에 들어갈 사자성어로 가장 적절한 것은?

경제학에서 '원칙'이라고 부르는 것들도 알고 보면 '상식'이다. 예컨대 필요한 재화를 효율성 원칙에 따라 생산하자면 되도록이면 비용을 줄이는 대신 편익은 커야 하는데, 이거야말로 모두가 아는 상식이다. 따라서 경제학적인 관점에서 보면 그냥 상식에 따라 살기만 해도 올바르게 산다고 봐야 한다.

자기 혼자 편히 살자고 이웃에 비용을 부담시키거나 위험한 일들을 떠맡긴다면 그것은 상식에 어긋난다. 주류경제학은 이런 이기주의와 개인주의를 높이 찬양하고 있지만 입장을 바꿔 생각해 보면 이게 얼마나 몰상식적인 처사인지가 금방 드러난다. 더 나아가 그것은 몰염치하기조차 하다. 따라서 효율성 원칙은 타인을 배려하는 공생의 원칙에 의해 통제돼야 한다. 경제학은 이를 '사회적 효율성'이라고 부른다. 일상생활 규범으로 암송되고 있는 (㉠)라는 사자성어도 알고 보면 이러한 경제 원칙의 문학적 표현이다.

이처럼 경제 원칙이라고 불리지만 정작 상식에 불과한 것에는 '수익자 부담의 원칙'도 있다. 여러 사람들이 함께 노력한 결과 이익이 생기면, 그 이익을 즐긴 사람이 비용을 부담해야 한다는 원칙이다. 부지 조성으로 이익을 얻은 개발업자가 개발부담금을 납부하거나 도로가 건설될 때 이익을 보는 도로사용자가 휘발유 사용량에 비례하여 도로유지비용을 부담하는 것과 같다. 이런 상식을 따르지 않으면 (㉡)한 자로 여겨질 것이다. (㉠), (㉡)! 이렇게 보니 경제학 원칙은 상식이며, 도덕적 규범이 반영된 것이다. 인간이라면 이런 상식과 도덕을 따라야 할 것이다.

	㉠	㉡
①	易地思之	背恩忘德
②	十匙一飯	棟梁之材
③	人之常情	俯首聽令
④	吳越同舟	守株待兔

04

다음 중 아래 시에 대한 설명으로 가장 거리가 먼 것은?

…… 활자(活字)는 반짝거리면서 하늘 아래에서
간간이
자유를 말하는데
나의 영(靈)은 죽어 있는 것이 아니냐

벗이여
그대의 말을 고개 숙이고 듣는 것이
그대는 마음에 들지 않겠지
마음에 들지 않어라

모두 다 마음에 들지 않어라
이 황혼도 저 돌벽 아래 잡초도
담장이 푸른 페인트 빛도
저 고요함도 이 고요함도

그대의 정의(正義)도 우리들의 섬세도
행동이 죽음에서 나오는
이 욕된 교외에서는
어제도 오늘도 내일도 마음에 들지 않어라

그대는 반짝거리면서 하늘 아래에서
간간이
자유를 말하는데
우스워라 나의 영은 죽어 있는 것이 아니냐

– 김수영, 「사령(死靈)」

① 자조적인 시어를 통하여 자신의 삶을 성찰하고 있다.
② 자성적인 어조를 통하여 자유와 정의가 소멸된 현실을 직시하고 있다.
③ 반복과 변주를 통한 수미상관식 구성을 통하여 의미 강조 기법을 사용하고 있다.
④ 불의에 항거하지 못하고, 염세적 태도와 소극적 입장을 취한 자신을 질책하고 있다.

05

'장미'를 소개하는 글을 쓰고자 한다. 아래의 ㉠~㉣에 들어갈 글로 가장 적절하지 **않은** 것은?

• 묘사: 손잡이가 두 개 달려 있는 짙은 청록색의 투명한 화병에 빨간 장미 일곱 송이가 꽂혀 있다.
• 비교와 대조: _____㉠_____
• 유추: _____㉡_____
• 예시: _____㉢_____
• 분류: _____㉣_____
• 서사: 많은 생명체가 그러하듯이 장미 역시 오랜 인고의 시간 끝에 빨간 봉오리를 맺게 된다. 그리고 자신의 아름다움을 지키기 위해 줄기에 가시를 품고 있다.

① ㉠: 국화에 비하여 장미는 꽃잎의 크기가 크다. 그러나 꽃잎의 수는 국화의 그것보다 적다.

② ㉡: 장미는 어여쁜 색시의 은장도와 같다. 장미의 꽃잎은 어여쁘지만 그것을 보호하기 위한 가시가 줄기에 있다.

③ ㉢: 장미는 일상생활은 물론 문학 작품 속에서도 흔히 볼 수 있다. '어린왕자'의 경우에는 유리병 속의 장미가 나온다.

④ ㉣: 장미는 잎, 줄기, 뿌리로 구성되어 있다. 8개의 꽃잎과 가시가 달려 있는 줄기, 뿌리로 구성되어 있다.

06

다음 중 밑줄 친 낱말의 뜻을 적은 것으로 가장 옳은 것은?

① 그는 업무처리가 <u>머줍기</u>로 소문이 나 있다.
　　→ 정확하기로

② 우리 일에는 김 과장처럼 <u>늡늡한</u> 사람이 적격이다.
　　→ 활달한

③ 할머니는 따뜻한 죽을 <u>골막하게</u> 담아 주셨다.
　　→ 가득

④ 그녀는 우리 동기 가운데서 가장 <u>동뜬</u> 학생이었다.
　　→ 뒤떨어진

07

다음은 실의에 빠진 친구를 위로하려고 쓴 쪽지 글이다. 아래의 조건이 가장 잘 반영된 것은?

• 희망적인 내용을 담을 것
• 적절한 속담이나 격언을 인용할 것
• 직유나 은유의 표현을 사용할 것

① 많이 아프지?
　몇 주 동안 혼자 있으려니 얼마나 지루하고 답답하겠니?
　문득 '하면 된다'는 말이 떠오른다.
　반 친구들도 네 안부를 물었다.

② 친구가 떠나서 무척이나 섭섭하겠구나.
　축 처져 있는 모습, 너답지 않아.
　'친구 따라 강남 간다'는 말이 있잖아?
　너무 아파하지 말고 툭툭 털고 일어나렴.
　봄의 새싹같이.

③ 선생님께 혼나서 많이 속상하지?
　너를 사랑하시기 때문일 거야.
　'선생님의 그림자는 밟지도 않는다'는 말도 있잖아?
　괜찮지? 수업 끝나고 만나서 이야기하자.

④ 동생이 아픈데 집안 사정도 어려워졌다며?
　공부하기도 힘들 텐데 '엎친 데 덮친 격'이 되었구나.
　힘내! 우리는 젊잖아?
　햇빛처럼 환한 너의 웃음을 다시 보고 싶다. 친구야.

08

다음 밑줄 친 한자의 쓰임이 가장 적절한 것은?

① 우리 연구팀은 신제품 <u>啓發</u>에 착수하였다.

② 영화를 보는 동안 나는 무엇이 현실이고 무엇이 가상인지 <u>混沌</u>이 되었다.

③ 교통 신호 <u>體制</u>만 바꾸어도 사고를 줄일 수 있다.

④ 은메달 스트레스는 메달 지상주의를 부추기는 올림픽의 현실을 <u>傍證</u>하는 예다.

09

다음 글을 통해 주장할 수 있는 언어 순화의 방향으로 가장 적절한 것은?

일반 소비자들은 '다방'보다는 '커피숍'에 갈 때에, '커피숍'보다는 '카페'에 갈 때에 더 많은 금전 지출을 각오한다. 목장에서 소의 '젖'을 짜서 공장에 보내면 용기에 담아 넣고 '우유'라는 이름으로 시장에 내놓는다. 그리고 이것을 서비스 업소에서 고객에게 '밀크'로 제공하면서 계속 부가 가치가 높아져 간다. 가난한 사람은 '단간방'에 세 들고 부자는 '원룸'에서 사는 것을 언어를 통하여 내면화하고 있는 것이 현실이다. 곧 토착어에서 한자어로, 또 서구 외래어로 변신할 때마다 당당히 이윤을 더 비싸게 붙일 수 있는 위력이 생긴다는 것이다. 이 사례는 외래어가 상품의 사용 가치보다는 교환 가치를 높이는 데에 이용된다는 것을 보여 준다.

① 경제적 가치를 반영하는 방향
② 소비자의 이익을 위하는 방향
③ 토착어의 순수성을 지키는 방향
④ 의사소통의 공통성을 강화하는 방향

10

다음 글의 제목으로 가장 적절한 것은?

경제 주체들은 시장을 통해 필요한 재화를 얻거나 제공하며, 재화가 자신들에게 유리하게 배분되도록 노력한다. 그러나 시장을 통한 재화의 배분이 어렵거나 시장 자체가 존재하지 않는 경우도 있다. 이때, 시장 제도를 적절히 설계하면 경제 주체들의 이익을 최대한 충족시키면서 재화를 효율적으로 배분할 수 있는데, 이를 '시장 설계'라고 한다. 시장 설계의 방법은 양방향 매칭과 단방향 매칭이 있다. 양방향 매칭은 두 집합의 경제 주체들을 서로에 대해 갖고 있는 선호도를 최대한 배려하여 쌍으로 맺어주는 것이다. 그리고 단방향 매칭은 경제 주체들이 지니고 있는 재화를 재분배하여 더 선호하는 재화를 선택할 수 있는 방법을 찾는 것이다. 결국 양방향 매칭은 경제 주체들 간의 매칭을, 단방향 매칭은 경제 주체에게 재화를 배분하는 매칭을 찾는 것이라고 할 수 있다.

① 시장 설계와 방법   ② 재화 배분과 방법
③ 매칭의 선택과 방법   ④ 경제 주체와 매칭

11

다음 중 아래 작품에 대한 설명으로 가장 옳지 않은 것은?

모란이 피기까지는,
나는 아직 나의 봄을 기다리고 있을 테요.
모란이 뚝뚝 떨어져 버린 날,
나는 비로소 나의 봄을 여읜 설움에 잠길 테요.
오월 어느 날, 그 하루 무덥던 날,
떨어져 누운 꽃잎마저 시들어 버리고는
천지에 모란은 자취도 없어지고,
뻗쳐 오르던 내 보람 서운케 무너졌느니,
모란이 지고 말면 그뿐, 내 한 해는 다 가고 말아,
삼백 예순 날 하냥 섭섭해 우옵내다.
모란이 피기까지는,
나는 아직 기다리고 있을 테요, 찬란한 슬픔의 봄을.

– 김영랑, 「모란이 피기까지는」

① 이 시는 '기다림과 상실의 미학'을 노래한 작품이다.
② 이 시의 화자는 모란의 '영원한 아름다움'을 찬양하고 있다.
③ 화자는 모란이 지고 난 뒤의 봄날의 상실감으로 인해 설움에 잠기지만, 그 슬픔과 상실이 주는 역설적인 기다림의 아름다움을 노래하고 있다.
④ 이 시에서 화자는 '모란'의 아름다움이 '한 철'만 볼 수 있는 것이기에 '찬란한 슬픔'이라고 표현하고 있다.

12

다음 글을 이용하여 국어 문장 구조에 관한 수업을 진행하였다. 발표 내용으로 가장 적절하지 않은 것은?

㉠ 담징은 이마에 흐르는 땀을 씻었다.
㉡ 그가 착한 사람임을 모르는 사람은 거의 없다.
㉢ 그 사람은 아는 것도 없이 잘난 척을 해.

① 위 문장의 밑줄 친 부분은 모두 다른 문장 속에 안긴문장입니다.
② 그런데 ㉠, ㉡, ㉢에서 밑줄 친 부분은 각각 관형어, 목적어, 부사어의 구실을 하고 있습니다.
③ ㉠의 밑줄 친 부분에서 주어가 나타나 있지 않은데, 생략된 주어는 '담징'입니다.
④ ㉡에서는 밑줄 친 부분뿐 아니라 '그가 착한'과 '그가 착한 사람임을 모르는'도 안긴문장입니다.

13

다음 글의 전개 순서로 가장 적절한 것은?

(가) 성선설은 '인간의 선하다'는 이론이다. 따라서 성선설을 주장하는 이들은 집안이든 나라든 모든 사회는 '인간'이 이끌어나가야 한다고 본다. 이들은 인간 안에서 '선한 요소'를 찾는데, 이들이 찾는 선한 요소란 곧 도덕 이성이라고 할 수 있다.

(나) 인간을 규정하는 관점은 여러 가지가 있어 왔다. 죄나 업을 가진 존재라는 종교적 이해 방식도 있었고, 억압된 존재라는 심리적 이해 방식도 있었다. 하지만 이보다 훨씬 이전부터 인간을 애초부터 긍정적 혹은 부정적인 방식으로 규정해오기도 했다. 다시 말해 인간은 선하다는 것과 악하다는 관점이 그러하다.

(다) 반면, 성악설은 '인간이 악하다'고 보기 때문에 사회나 국가를 인간이 이끌어서는 안 된다고 보고, 인간의 바깥에서 국가 사회를 이끌 수 있는 원동력을 찾는다. 그것을 한비자는 법과 권력, 묵자는 하느님이라고 했다.

(라) 이렇게 볼 때, 인간을 보는 관점은 인간이란 어떠하다는 인간론을 넘어서서, 누가 권력을 잡아야 하는가에 대한 논의로 연결된다. 그것이 사회 정치 이론의 받침돌이다.

① (라) – (가) – (나) – (다)
② (나) – (가) – (다) – (라)
③ (가) – (다) – (나) – (라)
④ (가) – (나) – (라) – (다)

14

다음 중 밑줄 친 한자의 독음이 가장 옳지 않은 것은?

① 상사의 詰責이 두려워 언제까지 진실을 숨기고 있을 수는 없다. – 질책
② 기자들은 김 의원 발언의 요점 捕捉을 위해 애를 썼다. – 포착
③ 대사는 신원을 알 수 없는 암살단에 의해 대사관에서 被襲을 받았다. – 피습
④ 한 유통업체가 특정 브랜드 상품 판매 斡旋에 앞장서 빈축을 사고 있다. – 알선

15

다음 중 아래 글에서 글쓴이가 말하는 '분수'에 대한 표현이나 의미로 적절하지 않은 것은?

서구의 도시에서 볼 수 있는 분수는 대개가 다 하늘을 향해 솟구치는 분수들이다. 화산이 불을 뿜듯이, 혹은 로켓이 치솟아 오르듯이, 땅에서 하늘로 뻗쳐 올라가는 힘이다. 분수는 대지의 중력을 거슬러 역류하는 물이다. 자연의 질서를 거역하고 부정하며 제 스스로의 힘으로 중력과 투쟁하는 운동이다. 물의 본성에 도전하는 물줄기이다. 높은 데서 낮은 데로 흐르는 천연의 성질, 그 물의 운명에 거역하여 그것은 하늘을 향해서 주먹질을 하듯이 솟구친다. 가장 물답지 않은 물, 가장 부자연스러운 물의 운동이다. 그들은 왜 분수를 좋아했는가? 어째서 비처럼 낙하하고 강물처럼 흘러내리는 그물의 표정과 정반대의 분출하는 그 물줄기를 생각해 냈는가? 같은 힘이라도 폭포가 자연 그대로의 힘이라면 분수는 거역하는 힘, 인위적인 힘의 산물이다. 여기에 바로 운명에 대한, 인간에 대한, 자연에 대한 동양인과 서양인의 두 가지 다른 태도가 생겨난다.

그들이 말하는 창조의 힘이란 것도, 문명의 질서란 것도, 그리고 사회의 움직임이란 것도 실은 저 광장에서 내뿜고 있는 분수의 운동과도 같은 것이다. 중력을 거부하는 힘의 동력, 인위적인 그 동력이 끊어지면 분수의 운동은 곧 멈추고 만다. 끝없이 인위적인 힘, 모터와 같은 그 힘을 주었을 때만이 분수는 하늘을 향해 용솟음칠 수 있다. 이 긴장, 이 지속, 이것이 서양의 역사와 그 인간 생활을 지배해 온 힘이다.

– 이어령, 「폭포와 분수」

① 분수는 물의 본성에 도전하는 물줄기이다.
② 가장 물답지 않은 물, 가장 부자연스러운 물의 운동이다.
③ 서양인의 역사와 인간생활을 지배해 온 힘은 '분수'와 같은 거역하는 힘이다.
④ 분수와 같은 운명에 대한 지속적인 긴장은 그 힘의 한계에 부딪쳐 곧 멈추고 말 것이다.

16

다음 글의 제목으로 가장 적절한 것은?

당시 영국의 곡물법은 식량 가격의 인상을 유발하지 않으면서도 자국의 농업 생산을 장려하고자 하는 목적에서 제정된 것으로, 이 법에 따라 영국 정부는 수입 곡물에 대해 탄력적인 관세율을 적용하여 곡가(穀價)를 적정하게 유지하고자 하였다. 그런데 나폴레옹 전쟁 이후 전시 수요는 크게 둔화된 반면, 대륙 봉쇄가 풀리면서 곡물 수입이 활발해짐에 따라 식량 가격은 하락하기 시작했다. 이에 농부들은 수입 곡물에 대해 관세를 더욱 높일 것을 요구하였다. 아울러 이러한 요구는 국력의 유지와 국방의 측면을 위해서도 국내 농업 생산 보호가 필요하다는 지주들의 주장에 의해 뒷받침되었다. 이와는 달리, 공장주들은 수입 곡물에 대한 관세 인상을 반대하였다. 관세가 인상되면 곡가가 오르고 임금도 오르게 되며, 그렇게 되면 이윤이 감소하고 제조품의 수출도 감소하여 마침내 제조업의 파멸을 초래하게 된다는 것이었다. 이에 공장주들은 영국의 미래는 농업이 아니라 공업의 확장에 달려 있다고 주장하면서 곡물법의 즉각적인 철폐를 요구하기에 이르렀다.

① 영국 곡물법의 개념
② 영국 곡물법의 철폐
③ 영국 곡물법에 대한 의견
④ 영국 곡물법의 제정과 변화

17

다음 중 수사(數詞)가 쓰이지 <u>않은</u> 것은?

① 사과 하나를 집었다.
② 열의 세 곱은 서른이다.
③ 한 사람도 오지 않았다.
④ 영희가 첫째로 도착하였다.

18

다음 글의 내용을 이해한 것으로 가장 적절한 것은?

1905년 아인슈타인의 특수 상대성 이론이 발표되기 전까지 물리학자들은 시간과 공간을 별개의 독립적인 물리량으로 보았다. 공간은 상대적인 물리량인 데 비해, 시간은 절대적인 물리량으로서 공간이나 다른 어떤 것의 변화에 의해 변하지 않는다는 것이다. 하지만 아인슈타인은 시간도 상대적인 물리량으로 보고, 시간과 공간을 합쳐서 4차원 공간, 즉 시공간(spacetime)이라고 하였다. 이 시공간은 시간과 공간으로 서로 구별되지 않는다. 다만 이 시공간은 시간에 해당하는 차원이 한 방향으로만 진행한다는 한계가 있기 때문에 제한적인 4차원 공간이라는 특징이 있다.

① 아인슈타인의 시공간은 시간과 공간으로 구별되어 존재했다.
② 아인슈타인 등장 전까지 시간과 공간은 독립적인 물리량이 아니었다.
③ 아인슈타인 등장 전까지 시간은 상대적인 물리량으로 변화 가능한 것이었다.
④ 아인슈타인의 시공간은 시간에 해당하는 차원이 한 방향으로만 진행되었다.

19

다음 밑줄 친 단어 중에서 품사가 <u>다른</u> 것은?

① <u>그</u> 사람 이름은 잊었지만
② <u>천</u> 년의 바람이 흐른다.
③ <u>여기</u> 그 사람의 뼈를 묻고
④ <u>이</u> 물건 말고 다른 것 주세요.

20

다음 중 아래 글의 내용에 대한 설명으로 가장 옳지 않은 것은?

신문학이란 말이 어느 때 누구의 창안으로 쓰이기 시작했는지는 알 수 없다.

그러나 현재 우리가 쓰는 의미의 개념으로 쓰이기는 육당(六堂), 춘원(春園) 이후에 비롯하지 않은가 한다.

그 전에는 비록 신문학이란 문자를 왕왕 대할 수 있다 하더라도 그것은 지금 우리가 사용하는 의미보다는 훨씬 광의로 사용되었다.

광무(光武)* 3년 10월 모(某)일 분의 『황성신문(皇城新聞)』* 논설에 성(盛)히 문학이라는 말을 썼는데 그것은 현재 우리가 사용하는 의미의 문학은 아니었다. 즉 학문 일반의 의미로 문학이란 말이 사용되었다. 그러므로 신문학이란 말은 곧 신학문의 별칭이라 할 수 있었다. 이것은 지금 우리로서 보면 실로 가소로운 혼동이다. 그러나 문학이란 말을 literature의 역어(譯語)*로 생각지 않고 자의(字義)대로 해석하여 사용한 당시에 있어 이 현상은 극히 자연스러운 일이라 아니할 수 없다. 이 '문학'('literature'의 역어) 가운덴, 시, 소설, 희곡, 비평을 의미하는 문학, 즉 예술문학까지가 포함되어 있는 것은 물론이다.

『황성신문』 신문논설을 보면 오히려 학문이란 말을 문학이란 문자로 표현하는 데 문장상의 참신미를 구한 흔적조차 발견할 수 있다.

거기에선 문학이란 말이 분명히 그대로 신학문이란 의미로 사용되고 있다.

이것은 문학이란 말에 대한 자의대로의 해석일뿐더러 문학에 대한 동양적 해석, 전통적 이해의 일 연장(延長)이라는 데도 의미가 있다.

— 임화, 「개설신문학사」

* 광무 3년: 대한제국의 연호. 1899년
* 『황성신문』: 1898년 창간한 일간신문
* 역어(譯語): 번역어. 외국어를 번역한 말

① '신문학'이라는 말의 유래와 현재적 개념을 서술하고 있다.
② 현재 '신문학'이라는 말은 '신학문'이라는 말과 같은 의미로 사용된다.
③ '문학'은 육당, 춘원 이전의 과거에는 '학문 일반'의 의미였기 때문에 『황성신문』에서 나타나는 '신문학'이라는 말은 곧, '신학문'의 별칭이다.
④ 현재 사용하는 '문학'이라는 말은 'literature'의 역어(譯語)다.

21

다음 중 버크의 견해로 가장 적절한 것은?

18세기 영국의 사상가 버크는 프랑스 혁명의 과정을 지켜보면서, 국민 대중에 대하여 회의를 갖게 되었다. 일반 국민이란 무지하고 교육을 받지 못한 다수를 의미하기 때문에 그다지 신뢰할 만하지 않다는 이유에서이다. 그래서 그는 계약에 의해 선출된 능력 있는 대표자가 국민을 대신하여 지도자로서 국가를 운영케 하는 방식의 대의제를 생각해 냈다. 재산이 풍족하여 교육을 충분히 받아 사리에 밝은 사람들이 그렇지 못한 다수 사람들의 이익을 위해 행동하는 편이 훨씬 효율적이라고 생각한 것이다. 그가 말하는 대의제란 지도자가 성숙한 판단과 계몽된 의식을 가지고 국민을 대신하여 일하는 것을 요체로 한다. 여기서 대의제의 본질은 국민을 대표하기보다 국민을 대신한다는 의미에 가깝다. 즉 버크는 대중이 그들 자신을 위한 유·불리의 이해관계를 알지 못한다는 가정을 전제로, 분별력 있는 지도자가 독립적 판단을 통해 국가를 이끌어가야 한다고 했던 것이다. 버크에 따르면 국민은 지도자와 상호 '신의 계약'을 체결했다기보다는 '신탁 계약'을 했다는 것이다. 그러므로 지도자에게는 개별 국민들의 요구와 입장을 성실하게 경청해야 할 의무 대신에, 국민 전체의 이익이 무엇인가를 스스로 판단해서 대신할 의무가 있다. 그는 만약 지도자가 국민의 의견을 좇아 자신의 판단을 단념한다면 그것은 국민에게 봉사하는 것이 아니라 국민을 배신하는 것이라고 했다.

① 지도자는 국민 다수의 의견을 따라야 한다.
② 국민은 지도자에게 자신의 모든 권리를 위임한다.
③ 성공적인 대의제를 위해서는 탁월한 지도자를 선택하는 국민의 자질이 중요하다.
④ 국민은 지도자를 선택한 이후에도 다수결을 통해 지도자의 결정에 대한 수용과 비판의 지속적인 태도를 보여 주어야 한다.

22

다음 중 함축적 의미가 <u>다른</u> 하나는?

> 세상의 열매들은 왜 모두
> 둥글어야 하는가
> 가시나무도 향기로운 그의 <u>탱자</u>만은 둥글다
>
> 땅으로 땅으로 파고드는 뿌리는
> 날카롭지만,
> 하늘로 하늘로 뻗어가는 <u>가지</u>는
> 뾰족하지만
> 스스로 익어 떨어질 줄 아는 열매는
> <u>모</u>가 나지 않는다
>
> 덥석
> 한입에 물어 깨무는
> 탐스런 한 알의 능금
> 먹는 자의 <u>이빨</u>은 예리하지만
> 먹히는 능금은 부드럽다
>
> 그대는 아는가,
> 모든 생성하는 존재는 둥글다는 것을
> 스스로 먹힐 줄 아는 열매는
> 모가 나지 않는다는 것을
>
> — 오세영, 「열매」

① 탱자
② 가지
③ 모
④ 이빨

23

다음 밑줄 친 낱말 중 띄어쓰기가 옳은 것은?

① <u>세달이</u> 지나도록
② 수업이 <u>끝난 지도</u>
③ 집에 갈 <u>생각 뿐이었다.</u>
④ <u>노력한만큼</u> 이루어진다.

24

다음 중 '피동 표현'에서 '능동 표현'으로 바꿀 수 없는 것은?

① 그 문제가 어떤 수학자에 의해 풀렸다.
② 그 책은 많은 사람들에게 읽혔다.
③ 철수가 감기에 걸렸다.
④ 아이가 어머니에게 안겼다.

25

다음 중 밑줄 친 ㉠~㉣에 대한 설명으로 가장 적절하지 <u>않은</u> 것은?

"㉠지식인일수록 불만이 많은 법입니다. 그러나, 그렇다고 제 몸을 없애 버리겠습니까? 종기가 났다고 말이지요. 당신 한 사람을 잃는 건, 무식한 사람 열을 잃는 것보다 더 큰 민족의 손실입니다. 당신은 아직 젊습니다. 우리 사회에는 할 일이 태산 같습니다. 나는 당신보다 나이를 약간 더 먹었다는 의미에서, 친구로서 충고하고 싶습니다. 조국의 품으로 돌아와서, 조국을 재건하는 일꾼이 돼 주십시오. 낯선 땅에 가서 고생하느니, 그쪽이 당신 개인으로서도 행복이라는 걸 믿어 의심치 않습니다. 나는 당신을 처음 보았을 때, 대단히 인상이 마음에 들었습니다. 뭐 어떻게 생각지 마십시오. 나는 동생처럼 여겨졌다는 말입니다. 만일 남한에 오는 경우에, 개인적인 조력을 제공할 용의가 있습니다. 어떻습니까?"

명준은 고개를 쳐들고, 반듯하게 된 천막 천장을 올려다본다. 한층 가락을 낮춘 목소리로 혼잣말 외듯 나직이 말할 것이다.

"중립국."

설득자는, 손에 들었던 연필 꼭지로, 테이블을 툭 치면서, 곁에 앉은 미군을 돌아볼 것이다. 미군은, 어깨를 추스르며, 눈을 찡긋하고 웃겠지.

㉡나오는 문 앞에서, 서기의 책상 위에 놓인 명부에 이름을 적고 천막을 나서자, 그는 마치 재채기를 참았던 사람처럼 몸을 벌떡 뒤로 젖히면서, 마음껏 웃음을 터뜨렸다. 눈물이 찔끔찔끔 번지고, 침이 걸려서 캑캑거리면서도 그의 웃음은 멎지 않았다.

준다고 바다를 마실 수는 없는 일. 사람이 마시기는 한 사발의 물. 준다는 것도 허황하고 가지거니 함도 철없는 일. 바다와 한 잔의 물. 그 사이에 놓인 골짜기와 눈물과 땀과 피. 그것을 셈할 줄 모르는 데 잘못이 있었다. ㉢세상에서 뒤진 가난한 땅에 자란 지식 노동자의 슬픈 환상. 과학을 믿은 게 아니라 마술을 믿었던 게지. 바다를 한 잔의 영생수로 바꿔 준다는 마술사의 말을. 그들은 뻔히 알면서 권력이라는 약을 팔려고 말로 속인 꾀임을. 어리석게 신비한 술잔을 찾아 나섰다가, 낌새를 차리고 항구를 돌아보자, 그들은 항구를 차지하고 움직이지 않고 있었다. 참을 알고 돌아온 바다의 난파자들을 그들은 감옥에 가둘 것이다.

못된 균을 옮기지 않기 위해서. 역사는 소걸음으로 움직인다. 사람의 커다란 모순과 업(業)에 비기면, 아무 자국도 못 낸 것이나 마찬가지다. 당대까지 사람이 만들어 낸 물질 생산의 수확을 고르게 나누는 것만이 모든 시대에 두루 맞는 가능한 일이다. 마찬가지 아닌가. 벌써 아득한 옛날부터 사람 동네가 알아낸 슬기. 사람이라는 조건에서 비롯하는 슬픔과 기쁨을 고루 나누는 것. 그래 봐야, 사람의 조건이 아직도 풀어 나가야 할 어려움의 크기에 대면, 아무것도 아니다. 사람이 이루어 놓은 것에 눈을 돌리지 않고, 이루어야 할 것에만 눈을 돌리면, 그 자리에서 그는 삶의 힘을 잃는다. 사람이 풀어야 할 일을 한눈에 보여 주는 것 — 그것이 '죽음'이다. 은혜의 죽음을 당했을 때, 이명준 배에서는 마지막 돛대가 부러진 셈이다. 이제 이루어 놓은 것에 눈을 돌리면서 살 수 있는 힘이 남아 있지 않다. 팔자 소관으로 빨리 늙는 사람도 있는 법이었다. 사람마다 다르게 마련된 몸의 길, 마음의 길, 무리의 길. ㉣대일 언덕 없는 난파꾼은 항구를 잊어버리기로 하고 물결 따라 나선다. 환상의 술에 취해 보지 못한 섬에 닿기를 바라며. 그리고 그 섬에서 환상 없는 삶을 살기 위해서. 무서운 것을 너무 빨리 본 탓으로 지쳐 빠진 몸이, 자연의 수명을 다하기를 기다리면서 쉬기 위해서. 그렇게 해서 결정한, 중립국행이었다.

— 최인훈, 「광장」

① ㉠은 지식인인 주인공을 남한 사회에 남게 하려고 설득하는 내용이다.
② 주인공이 ㉡과 같은 행동을 보인 이유는 ㉢을 통해 드러나고 있다.
③ ㉢은 지식인들이 '권력'이라는 약에 취해서 전쟁을 일으킨 결과 결국 모두 감옥에 갇히게 될 것이라고 말하는 구절이다.
④ 주인공이 중립국을 선택한 이유는 ㉣에서 난파꾼에 비유된 지식인의 허무감과 ㉢에서 언급했던 '환상'에 대한 회의감 때문으로 나타난다.

빠른 정답표 ▶ 분석해설편 P.2
정답과 해설 ▶ 분석해설편 P.174

내가 꿈을 이루면
나는 누군가의 꿈이 된다.

– 이도준

여러분의 작은 소리
에듀윌은 크게 듣겠습니다.

본 교재에 대한 여러분의 목소리를 들려주세요.
공부하시면서 어려웠던 점, 궁금한 점,
칭찬하고 싶은 점, 개선할 점, 어떤 것이라도 좋습니다.

에듀윌은 여러분께서 나누어 주신 의견을
통해 끊임없이 발전하고 있습니다.

에듀윌 도서몰 book.eduwill.net
• 부가학습자료 및 정오표: 에듀윌 도서몰 → 도서자료실
• 교재 문의: 에듀윌 도서몰 → 문의하기 → 교재(내용,출간) / 주문 및 배송

2024 에듀윌 군무원 18개년 기출문제집 국어

발 행 일	2023년 11월 23일 초판
편 저 자	송운학
펴 낸 이	양형남
펴 낸 곳	(주)에듀윌
등록번호	제25100-2002-000052호
주　　소	08378 서울특별시 구로구 디지털로34길 55
	코오롱싸이언스밸리 2차 3층

* 이 책의 무단 인용 · 전재 · 복제를 금합니다.

www.eduwill.net
대표전화 1600-6700

군무원 공개경쟁채용 필기시험 답안지

컴퓨터용 흑색사인펜만 사용

성 명	
자필 성명	본인 성명 기재
응시 직렬	

응 시 번 호							
	⓪	⓪	⓪	⓪	⓪	⓪	⓪
	①	①	①	①	①	①	①
	②	②	②	②	②	②	②
	③	③	③	③	③	③	③
	④	④	④	④	④	④	④
	⑤	⑤	⑤	⑤	⑤	⑤	⑤
⑥	⑥	⑥	⑥	⑥	⑥	⑥	⑥
⑦	⑦	⑦	⑦	⑦	⑦	⑦	⑦
	⑧	⑧	⑧	⑧	⑧	⑧	⑧
	⑨	⑨	⑨	⑨	⑨	⑨	⑨

※시험감독관 서명 (성명을 정자로 기재할 것)
적색 볼펜만 사용

문번	연습용	문번	연습용	문번	연습용	문번	연습용	문번	연습용	문번	연습용
1	① ② ③ ④	1	① ② ③ ④	1	① ② ③ ④	1	① ② ③ ④	1	① ② ③ ④	1	① ② ③ ④
2	① ② ③ ④	2	① ② ③ ④	2	① ② ③ ④	2	① ② ③ ④	2	① ② ③ ④	2	① ② ③ ④
3	① ② ③ ④	3	① ② ③ ④	3	① ② ③ ④	3	① ② ③ ④	3	① ② ③ ④	3	① ② ③ ④
4	① ② ③ ④	4	① ② ③ ④	4	① ② ③ ④	4	① ② ③ ④	4	① ② ③ ④	4	① ② ③ ④
5	① ② ③ ④	5	① ② ③ ④	5	① ② ③ ④	5	① ② ③ ④	5	① ② ③ ④	5	① ② ③ ④
6	① ② ③ ④	6	① ② ③ ④	6	① ② ③ ④	6	① ② ③ ④	6	① ② ③ ④	6	① ② ③ ④
7	① ② ③ ④	7	① ② ③ ④	7	① ② ③ ④	7	① ② ③ ④	7	① ② ③ ④	7	① ② ③ ④
8	① ② ③ ④	8	① ② ③ ④	8	① ② ③ ④	8	① ② ③ ④	8	① ② ③ ④	8	① ② ③ ④
9	① ② ③ ④	9	① ② ③ ④	9	① ② ③ ④	9	① ② ③ ④	9	① ② ③ ④	9	① ② ③ ④
10	① ② ③ ④	10	① ② ③ ④	10	① ② ③ ④	10	① ② ③ ④	10	① ② ③ ④	10	① ② ③ ④
11	① ② ③ ④	11	① ② ③ ④	11	① ② ③ ④	11	① ② ③ ④	11	① ② ③ ④	11	① ② ③ ④
12	① ② ③ ④	12	① ② ③ ④	12	① ② ③ ④	12	① ② ③ ④	12	① ② ③ ④	12	① ② ③ ④
13	① ② ③ ④	13	① ② ③ ④	13	① ② ③ ④	13	① ② ③ ④	13	① ② ③ ④	13	① ② ③ ④
14	① ② ③ ④	14	① ② ③ ④	14	① ② ③ ④	14	① ② ③ ④	14	① ② ③ ④	14	① ② ③ ④
15	① ② ③ ④	15	① ② ③ ④	15	① ② ③ ④	15	① ② ③ ④	15	① ② ③ ④	15	① ② ③ ④
16	① ② ③ ④	16	① ② ③ ④	16	① ② ③ ④	16	① ② ③ ④	16	① ② ③ ④	16	① ② ③ ④
17	① ② ③ ④	17	① ② ③ ④	17	① ② ③ ④	17	① ② ③ ④	17	① ② ③ ④	17	① ② ③ ④
18	① ② ③ ④	18	① ② ③ ④	18	① ② ③ ④	18	① ② ③ ④	18	① ② ③ ④	18	① ② ③ ④
19	① ② ③ ④	19	① ② ③ ④	19	① ② ③ ④	19	① ② ③ ④	19	① ② ③ ④	19	① ② ③ ④
20	① ② ③ ④	20	① ② ③ ④	20	① ② ③ ④	20	① ② ③ ④	20	① ② ③ ④	20	① ② ③ ④
21	① ② ③ ④	21	① ② ③ ④	21	① ② ③ ④	21	① ② ③ ④	21	① ② ③ ④	21	① ② ③ ④
22	① ② ③ ④	22	① ② ③ ④	22	① ② ③ ④	22	① ② ③ ④	22	① ② ③ ④	22	① ② ③ ④
23	① ② ③ ④	23	① ② ③ ④	23	① ② ③ ④	23	① ② ③ ④	23	① ② ③ ④	23	① ② ③ ④
24	① ② ③ ④	24	① ② ③ ④	24	① ② ③ ④	24	① ② ③ ④	24	① ② ③ ④	24	① ② ③ ④
25	① ② ③ ④	25	① ② ③ ④	25	① ② ③ ④	25	① ② ③ ④	25	① ② ③ ④	25	① ② ③ ④

응시자 준수사항

□ 답안지 작성요령

※다음 사항을 준수하지 않을 경우에 발생하는 불이익은 응시자의 귀책사유가 되므로 기재된 내용대로 이행하여 주시기 바랍니다.

1. 답안은 OCR 스캐너 판독결과에 따라 산출합니다. 모든 기재 및 표기사항은 "컴퓨터용 흑색 사인 펜"을 사용하여 반드시 〈보기〉의 올바른 표기 방식으로 답안을 작성해야 합니다.

   이를 준수하지 않아 발생하는 불이익(특히 컴퓨터용 흑색 사인펜 등)은 응시자 본인 책임이 대로 이행하여 주시기 바랍니다.

   특히, 답안을 전부 채우지 않고 점만 찍어 표기한 경우, 번짐 등으로 두 개 이상의 답안이 표기인 인정 등이 될 수 없으니 유의하시기 바랍니다.

   나. 농도가 옅은 컴퓨터용 사인펜을 사용하여 답안을 흐리게 표기한 경우 등에는 불이익(득점 불 인정 등)을 받을 수 있으니 유의하시기 바랍니다.

   〈보기〉 올바른 표기: ●   잘못된 표기: ⊗ ⊗ ● ⊕ ◐ ◑ ◎ ③

2. 직성불께, 연필, 사프펜 등 펜의 종류의 상관없이 예비표기를 하여 중복 답안으로 판독된 경우에는 불이익을 받을 수 있으므로 각별히 주의하시기 바랍니다.

3. 답안지를 받으면 상단에 인쇄된 성명, 응시직렬, 응시지역, 시험장소, 응시번호, 생년월일이 응시 자 본인 정보와 일치하는지 확인하시기 바랍니다.

   가. (책 형) 응시자는 시험 시작 전 감독관 지시에 따라 문제책 앞면에 인쇄된 책형을 확인한 후, 답안지 책형란에 해당 책형(1개)을 "●"로 표기하여야 합니다.
   ※ 책형 및 인적사항을 기재하지 않을 경우 불이익(답안지 무효 처리 등)을 받을 수 있습니다.

   나. (필적감정용 기재) 예시문과 동일한 내용을 본인의 필적으로 직접 작성해야 합니다.

   다. (자필성명) 본인의 한글성명을 정자로 직접 기재하여야 합니다.

   다. (교체답안지 작성) 답안지 상단 책형란에 해당 책형(1개)을 "●" 로 표기하여야 하며, 성명, 응시직렬, 응시지역, 시험장소, 응시 번호, 생년월일을 빠짐없이 직접 기재(표기)해야 하며, 작성한 답안지는 1인 1매만 유효합니다.

4. 시험이 시작되면 문제책 편철과 표지의 과목순서의 일치 여부, 문제 누락 · 파손 등 문제책 인쇄상 태를 반드시 확인하여야 합니다.

5. 답안은 매 문항마다 반드시 하나의 답만을 골라 그 숫자에 "●"로 표기해야 하며, 답안을 잘못 표기하였을 경우에는 답안지를 교체하거나 수정테이프를 사용하여 수정할 수 있습니다.
   - 표기한 답안을 수정하는 경우에는 응시자 본인이 가져온 수정테이프만 사용 가능하 며, 수정스티커 등은 사용 불가.

6. 답안을 수정테이프로 수정할 경우 수정테이프가 떨어지지 않도록 눌러 주어야 합니다. 수정 마 크 수정테이프 등을 사용하여 답안을 작성할 수 있는

7. 답안지는 훼손 · 오염되거나 구겨지지 않도록 주의해야 하며, 특히 답안지 상단의 타이밍 마크 (████)를 절대 훼손해서는 안 됩니다.

□ 부정행위 등 금지

※다음 사항을 위반한 경우에는 공무원임용시험령 등에 따라 부정행위자 등의 조치에 따라 그 시험 의 정지, 무효, 합격취소, 5년간 공무원임용시험 응시자격정지 등의 불이익 처분을 받게 됩니다.

1. 시험시작 전까지 문제내용을 보아서는 안 됩니다.

2. 시험시간 중 일체의 문제내용를 보거나(종이류, 테블릿PC, 스마트워치, 이어폰, 등) 및 전자기기(전자 계산기, 전자사전 등)를 소지할 수 없습니다.

3. 응시표의 출력사항 외의 시험과 관련된 내용이 인쇄 또는 메모된 응시표를 시험시간 중 소지하 고 있는 경우 답안지 무효 처리를 받을 수 있으며, 특히 부정한 자료로 판단되는 경우에는 5년간 공무원 임용시험 정지 처분을 받을 수 있습니다.

4. 시험종료 후에도 계속하여 답안을 작성하거나, 시험감독관의 답안지 제출 지시에 불응할 경우에 는 무효처리를 받게 됩니다.
   - 답안, 채형 및 인적사항 등 모든 기재(표기) 사항 작성은 시험종료 전까지 해당 시험실 안에서 완료하여야 하며, 특히 답안지 교체 작성 시 누락되는 항목이 없도록 유의하시기 바랍니다.

5. 답안 기재가 끝났더라도 시험종료 후 시험감독관의 지시가 있을 때까지 제출할 수 없으며, 사용 한 모든 답안지는 반드시 제출해야 합니다.

6. 그 밖에 공고문의 응시자 준수사항이나 시험감독관의 정당한 지시 등을 반드시 따르지 않을 경우 부정 행위자로 간주될 수 있습니다.

에듀윌에서 꿈을 이룬
합격생들의 진짜 합격스토리

에듀윌 강의·교재·학습시스템의 우수성을
합격으로 입증하였습니다!

에듀윌만의 탄탄한 커리큘럼 덕분에 공시 3관왕 달성

김○은 국가직 9급 일반행정직 최종 합격

혼자서 공부하다 보면 지금쯤 뭘 해야 하는지, 내가 잘하고 있는지 걱정이 될 때가 있는데 에듀윌 커리큘럼은 정말 잘 짜여 있어 고민할 필요 없이 그대로 따라가면 되는 시스템이었습니다. 커리큘럼이 기본이론-심화이론-단원별 문제풀이-기출 문제풀이-파이널로 풍부하게 구성되어 인강만으로도 국가직, 지방직, 군무원 3개 직렬에 충분히 합격할 수 있었습니다. 혼자 공부하다 보면 내 위치를 스스로 가늠하기 어려운데, 매달 제공되는 에듀윌 모의고사를 통해서 제 수준이 어느 정도인지 파악할 수 있어서 좋았습니다.

아케르 시스템으로 생활 패턴까지 관리해 주는 에듀윌

황○규 국가직 9급 세무직 최종 합격

공무원 시험을 준비하려고 마음먹었을 때 에듀윌이 가장 먼저 떠올랐습니다. 특히 에듀윌 학원은 교수님 선택 폭도 넓고 세무직은 현강에서 스터디까지 해 주기 때문에 선택했습니다. 학원에서는 옆에 앉은 학생들의 공부하는 모습을 보면서 자극을 받고 집중해서 공부할 수 있었습니다. 무엇보다 잘 짜인 에듀윌 학원 커리큘럼과 매니저님들의 스케줄 관리, 아케르 출석 체크를 활용한 규칙적인 생활 패턴 덕분에 합격할 수 있었다고 생각합니다.

에듀윌의 강의 + 교재 + 집중 관리로 경찰 공무원 합격

편○혁 일반 순경 최종 합격

에듀윌 학원의 매니저님과 파트장님이 일대일로 밀착 관리해 주시고 게을러지지 않게끔 도움을 많이 주셨습니다. 그리고 교수님들이 수업 시간에 친절하고 자세하게 설명해 주셔서 초반에 어려움 없이 학업을 이어갈 수 있었습니다. 또한, 에듀윌 경찰 교재의 내용이 좋아서 다른 교재를 학습하지 않고도 합격할 수 있었습니다. 열심히 하다 보면 붙는다는 말이 처음에는 미덥지 않았지만, 열심히 하다 보니까 합격까지 오게 되었습니다. 여러분들도 에듀윌을 믿고 따라가다 보면 분명히 합격할 수 있을 것입니다.

다음 합격의 주인공은 당신입니다!

더 많은
합격스토리

합격자 수 2,100% 수직 상승!
매년 놀라운 성장

에듀윌 공무원은 '합격자 수'라는 확실한 결과로 증명하며
지금도 기록을 만들어 가고 있습니다.

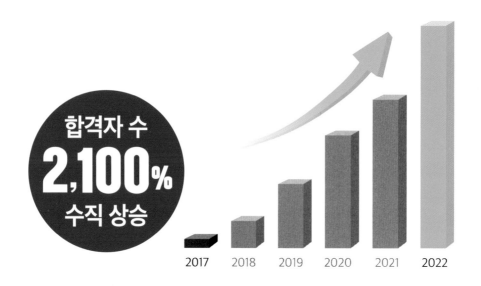

합격자 수
2,100%
수직 상승

2017 2018 2019 2020 2021 2022

합격자 수를 폭발적으로 증가시킨 군무원 0원 평생패스

| 합격 시 0원
100% 환급 | + | 합격할 때까지
전 강좌 무제한 수강 | + | 7·9급군무원
전 직렬 완벽 대비! |

※ 환급내용은 상품페이지 참고, 상품은 변경될 수 있음.

상품
페이지

* 2017/2022 에듀윌 공무원 과정 최종 환급자 수 기준

2024

에듀윌 군무원

18개년 기출문제집

국어 분석해설편

송운학 편저 / 배영표 감수

eduwill

군무원 국어 베스트셀러 1위! 산출근거 후면표기

부가학습자료
무료제공

7급 2개년 기출 추가 제공! 2021~2020 7급 PDF

최신 기출 완벽 분석! 최신 3개년 기출 해설강의

중요 내용을 언제든지 학습 가능! 암기 워크북 PDF

PART 01 | 9급 군무원 국어

2023

01	④	02	③	03	②	04	②	05	④
06	③	07	②	08	③	09	④	10	①
11	④	12	②	13	④	14	③	15	④
16	①	17	③	18	①	19	④	20	①
21	①	22	③	23	④	24	②	25	②

2022

01	③	02	②	03	④	04	④	05	①
06	②	07	③	08	②	09	③	10	①
11	①	12	④	13	③	14	③	15	②
16	④	17	②	18	①	19	④	20	①
21	②	22	②	23	④	24	①	25	④

2021

01	②	02	④	03	②	04	④	05	③
06	①	07	④	08	③	09	②	10	②
11	②	12	①	13	④	14	②	15	④
16	①	17	③	18	①	19	④	20	③
21	③	22	①	23	①	24	①	25	②

2020

01	④	02	③	03	②	04	①	05	②
06	④	07	③	08	①	09	④	10	③
11	③	12	②	13	①	14	③	15	②
16	①	17	④	18	④	19	③	20	④
21	①	22	②	23	①	24	②	25	④

2019(추가채용)

01	②	02	④	03	②	04	②	05	③
06	④	07	③	08	③	09	①	10	④
11	②	12	③	13	③	14	①	15	①
16	②	17	①	18	②	19	③	20	③
21	④	22	④	23	③	24	④	25	④

2019

01	③	02	②	03	②	04	③	05	④
06	①	07	②	08	①	09	①	10	④
11	③	12	④	13	④	14	①	15	①
16	②	17	①	18	④	19	②	20	④
21	③	22	②	23	②	24	③	25	③

2018

01	①	02	③	03	④	04	③	05	③
06	①	07	②	08	②	09	④	10	②
11	①	12	②	13	①	14	②	15	①
16	④	17	④	18	③	19	①	20	③
21	④	22	②	23	③	24	④	25	②

2017

01	④	02	①	03	③	04	④	05	④
06	①	07	③	08	③	09	②	10	④
11	②	12	④	13	①	14	③	15	③
16	①	17	①	18	②	19	②	20	③
21	①	22	③	23	④	24	④	25	③

2016

01	①	02	④	03	②	04	④	05	②
06	④	07	③	08	②	09	④	10	①
11	④	12	②	13	③	14	③	15	④
16	③	17	①	18	①	19	③	20	없음
21	③	22	②	23	②	24	③	25	④

2015

01	②	02	①	03	③	04	②	05	①
06	②	07	①	08	②	09	④	10	④
11	②	12	①	13	④	14	④	15	②
16	④	17	①	18	③	19	③	20	④
21	②	22	①	23	④	24	③	25	④

2014

01	③	02	②	03	③	04	④	05	①
06	①	07	①	08	②	09	①	10	③
11	①	12	②	13	②	14	③	15	④
16	②	17	③	18	④	19	④	20	①
21	①	22	①	23	②	24	①	25	③

2013

01	①	02	②	03	③	04	④	05	②
06	②	07	③	08	①	09	①	10	③
11	②	12	①	13	④	14	③	15	④
16	①	17	④	18	③	19	②	20	①
21	②	22	④	23	③	24	③	25	④

2012

01	④	02	②	03	④	04	②	05	①
06	④	07	②	08	①	09	③	10	②
11	②	12	④	13	③	14	②	15	②
16	①	17	②	18	④	19	①	20	①
21	②	22	②	23	②, ③	24	④	25	①

2011

01	④	02	②	03	②	04	②	05	①
06	③	07	③	08	③	09	②	10	②
11	②	12	①	13	②	14	④	15	②
16	①	17	③	18	②	19	①	20	③
21	②	22	②	23	①	24	①	25	③

2010

01	①	02	②	03	③	04	④	05	①
06	①	07	①	08	②	09	③	10	④
11	②	12	③	13	①	14	②	15	③
16	③	17	③	18	④	19	②	20	①
21	②	22	④	23	④	24	①	25	①

2009

01	②	02	②	03	②	04	①	05	②
06	③	07	④	08	③	09	③	10	③
11	①	12	①	13	②	14	②	15	①
16	②	17	③	18	③	19	④	20	②
21	④	22	①	23	③	24	④	25	③

2008

01	①	02	②	03	②	04	①	05	④
06	②, ③	07	④	08	②	09	③	10	①
11	②	12	④	13	④	14	①	15	①
16	②	17	②	18	②	19	④	20	①
21	③	22	④	23	④	24	③	25	③

2007

01	①	02	②	03	③	04	②	05	③
06	①	07	③	08	④	09	②	10	①
11	①	12	②	13	①	14	④	15	①
16	③	17	④	18	④	19	③	20	④
21	④	22	③	23	④	24	④	25	①

2006

01	③	02	④	03	③	04	④	05	④
06	②	07	③	08	①	09	④	10	②
11	①	12	②	13	③	14	④	15	①
16	③	17	④	18	②	19	③	20	②
21	③	22	③	23	②	24	①	25	①

PART 02 | 7급 군무원 국어

2023

01	④	02	①	03	②	04	③	05	④
06	①	07	①	08	③	09	③	10	②
11	④	12	②	13	④	14	①	15	②
16	④	17	②	18	②	19	③	20	③
21	②	22	④	23	②	24		25	①

2022

01	①	02	④	03	①	04	④	05	④
06	②	07	④	08	④	09	②	10	①
11	②	12	①	13	②	14	①	15	④
16	③	17	③	18	④	19	③	20	②
21	②	22	①	23	②	24	③	25	③

2024
에듀윌 군무원
18개년 기출문제집

국어 | 분석해설편

분석해설편 200% 활용법

**1 철저한 기출분석으로
출제경향 파악 먼저!**

전체 난이도 및 합격선, 기출총평, 영역별 출제비중을 확인하여 해당 기출의 전체적인 윤곽을 잡으세요!

**2 문항별로 면밀한
분석은 필수!**

문항 분석을 통해 문항별 난이도와 출제 빈도수를 확인하고, 고난도 문항과 지엽적 문항은 더 꼼꼼히 해설을 확인하세요!

**3 개념 카테고리로
개념 연계학습 가능!**

헷갈리거나 모르는 이론은 개념 카테고리를 통해 연계학습을 해보세요!

❓ 공무원 시험 병행 준비 수험생이라면?

공무원 시험, 타 직렬 시험과 같이 준비하는 수험생을 위해 교수님께서 직접 비교분석하였습니다.
공무원 시험에 비해 어떤 유형이 다르게 출제되는지 확인하세요!

PART 01

9급 군무원 국어

9급 군무원 국어

Ⅰ 전체 난이도 및 합격선

전체 난이도	합격선
上	76점

Ⅰ 기출총평

일반 공무원 시험은 문법과 어문 규정의 출제비중이 낮고, 비문학 영역의 출제비중이 높았다. 그러나 군무원 시험은 여전히 문법과 어문 규정의 출제비중이 높았다. 전년도와 마찬가지로 한글 맞춤법, 띄어쓰기, 로마자 표기법 등에서 꾸준히 출제되었으며, 이번 시험에서는 출제 빈도가 낮은 편인 문장 부호 규정에서도 1문항이 출제되었다.

비문학 영역에서는 7문항이 출제되었는데, 고난도 문항은 없었기 때문에 전체적으로 쉬운 편이었다.

문학은 낯선 작품이 아닌 기존에 출제되었던 작품이 다시 출제되어 작품을 이해하기가 어렵지는 않았다. 그러나 작품의 배경 지식을 묻는 지식형이 출제되었고, 시조를 제시하고 고전 문법의 지식을 묻는 유형이 상당히 난도 높게 출제되었다.

전체적으로 몇몇 문항을 제외하고는 어렵지 않았지만, 분석형보다는 암기 유형의 지식형 문제가 합격의 당락을 결정하는 변수가 되었을 것이다. 앞으로는 어문 규정 암기와 비문학 독해 훈련뿐 아니라 문학에서 지식형 유형을 대비하는 학습도 해야 할 것이다.

Ⅰ 영역별 출제비중

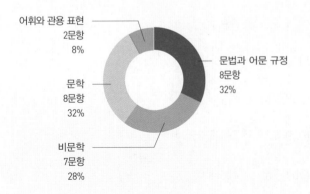

어휘와 관용 표현
2문항
8%

문학
8문항
32%

비문학
7문항
28%

문법과 어문 규정
8문항
32%

Ⅰ 문항 분석

		카테고리	출제수	정답률
고난도 TOP1	1	문법과 어문 규정 > 어문 규정 > 맞춤법	47회	18%
	2	문법과 어문 규정 > 현대 문법 > 품사	13회	80%
	3	어휘와 관용 표현 > 한자와 한자어 > 한자 성어	21회	45%
	4	문법과 어문 규정 > 어문 규정 > 로마자 표기법	16회	74%
	5	문법과 어문 규정 > 어문 규정 > 맞춤법과 표준어 규정	64회	50%
	6	문법과 어문 규정 > 어문 규정 > 맞춤법	47회	85%
	7	문법과 어문 규정 > 어문 규정 > 띄어쓰기	24회	71%
고난도 TOP2	8	어휘와 관용 표현 > 한자와 한자어 > 한자어	27회	22%
	9	문법과 어문 규정 > 현대 문법 > 형태소	4회	60%
	10	비문학 > 독해 비문학 > 글쓴이의 의도 파악	1회	91%
	11	문학 > 고전 문학 > 고전 산문 – 판소리(속담)	6회	81%
고난도 TOP3	12	문학 > 고전 문학 > 고전 시가 – 시조(고전 문법)	12회	24%
	13	비문학 > 독해 비문학 > 문장 넣기	2회	64%
	14	문학 > 고전 문학 > 고전 시가 – 고려 속요	5회	60%
	15	문학 > 고전 문학 > 고전 시가 – 고려 속요	5회	61%
	16	문법과 어문 규정 > 어문 규정 > 문장 부호	6회	84%
	17	문학 > 현대 문학 > 현대 시 – 구절의 함축적 의미	37회	75%
	18	문학 > 현대 문학 > 현대 시 – 시어의 함축적 의미	37회	77%
	19	문학 > 현대 문학 > 현대 시 – 제목의 이해	37회	79%
	20	비문학 > 독해 비문학 > 빈칸 내용 추론	6회	81%
	21	비문학 > 독해 비문학 > 글의 제목	4회	60%
	22	비문학 > 독해 비문학 > 내용 확인하기	22회	85%
	23	문학 > 현대 문학 > 현대 소설	26회	84%
	24	비문학 > 독해 비문학 > 서술 태도	1회	63%
	25	비문학 > 독해 비문학 > 접속어	4회	80%

※ 고난도 TOP1 는 해당 회차에서 정답률이 가장 낮은 문항입니다.

01	④	02	③	03	②	04	②	05	④
06	③	07	②	08	③	09	④	10	①
11	④	12	②	13	④	14	③	15	④
16	①	17	③	18	①	19	④	20	①
21	①	22	③	23	④	24	②	25	②

기출문제편 ▶ P.18

01 고난도 TOP1   정답 ④

문법과 어문 규정 > 어문 규정 > 맞춤법   정답률 18%

| 정답해설 |

④ 선택률 18% '아무튼지'는 '아무러하든지'가 줄어든 말로, '의견이나 일의 성질, 형편, 상태 따위가 어떻게 되어 있는지'를 뜻하는 부사이다. '아뭏든지'로 쓰지 않도록 주의해야 한다.

  유 여하튼지, 하여튼지

| 오답해설 |

① 선택률 43% 붓기(×) → 부기(○)

문맥상 출산으로 인하여 몸이 붓는 증상을 의미하므로 '부기(浮氣)'로 표기해야 한다.

　• 부기(浮氣): 부종(浮腫)으로 인하여 부은 상태

② 선택률 22% 유명세를 타기(×) → 유명세를 치르기(○)

'유명세(有名稅)'는 세상에 이름이 널리 알려져 있는 탓으로 당하는 불편이나 곤욕을 세금에 빗대어 속되게 이르는 말이다. 유명세의 '세(稅)'가 '세금'을 뜻하기 때문에 '타다', '떨치다' 같은 동사와 어울려 쓰는 것은 적절하지 않다. 따라서 '유명세를 치르다', '유명세가 따르다' 등과 같이 표기해야 한다.

③ 선택률 17% 어리버리해(×) → 어리바리해(○)

'정신이 또렷하지 못하거나 기운이 없어 몸을 제대로 놀리지 못하고 있는 상태.'를 뜻하는 말은 '어리바리하다'이다. '어리버리하다'는 비표준어이다.

더 알아보기 ▶ '붓다', '붇다', '부기(浮氣)'

- 붓다: 살가죽이나 어떤 기관이 부풀어 오르다.
  예 얼굴이 붓다. / 병으로 간이 붓다.
  　　울어서 눈이 붓다. / 다리가 퉁퉁 붓다.
  　　벌에 쏘인 자리가 붓다. / 편도선이 부어서 말하기 어렵다.
- 붇다: 분량이나 수효가 많아지다.
  예 개울물이 붇다. / 체중이 붇다. / 젖이 불어 오르다.
  　　식욕이 왕성하여 몸이 많이 불었다.
  　　재산이 붇는 재미에 힘든 줄 모른다.
- 부기(浮氣): 부종(浮腫)으로 인하여 부은 상태
  예 얼굴에 부기가 있다.
  　　산후 조리가 변변찮아 아직 부기가 빠지지 않았다.
  참 부종(浮腫): 몸이 붓는 증상. 심장병이나 콩팥병 또는 몸의 어느 한 부분의 혈액 순환 장애로 생긴다.

군무원 VS 공무원 비교분석

일반 공무원 시험은 어문 규정의 출제비중이 낮은 데 반해, 군무원 시험은 어문 규정의 출제비중이 높다. 따라서 군무원 시험을 준비하는 수험생들은 한글 맞춤법, 띄어쓰기, 로마자 표기법 등을 꼼꼼히 학습해야 한다.

02   정답 ③

문법과 어문 규정 > 현대 문법 > 품사   정답률 80%

| 정답해설 |

③ 선택률 80% 해당 문장에서 '쓰다'의 품사는 형용사이다. 이 '쓰다'의 중심 의미는 '혀로 느끼는 맛이 한약이나 소태, 씀바귀의 맛과 같다.'이고, 해당 문장에서는 '달갑지 않고 싫거나 괴롭다.'라는 뜻으로 쓰였다. 참고로, ①~④의 '쓰다'는 모두 동음이의어의 관계이다.

| 오답해설 |

①②④의 '쓰다'는 모두 동사이다.

① 선택률 11% 쓰다: 시체를 묻고 무덤을 만들다.

② 선택률 6% 쓰다: 흔히 '한턱', '턱' 따위와 함께 쓰여, 다른 사람에게 베풀거나 내다.

④ 선택률 3% 쓰다: 사람이 죄나 누명 따위를 가지거나 입게 되다.

더 알아보기 ▶ 동사와 형용사의 구분

일반적으로 기본형에 현재 시제 선어말 어미 '-는-/-ㄴ-'이 결합할 수 있으면 동사이고, 결합할 수 없으면 형용사이다. (형용사는 기본형이 현재형으로 쓰임)

- 그는 자리에서 일어난다.(○) → 동사
- 꽃이 매우 아름답는다.(×) → 형용사

03   정답 ②

어휘와 관용 표현 > 한자와 한자어 > 한자 성어   정답률 45%

| 정답해설 |

② 선택률 45% ㉠이 포함된 문장의 앞부분에서는 휴대용 암 진단기의 원리를 설명하고, 뒷부분에서는 휴대용 암 진단기의 한계를 언급하고 있다. 또한 이 진단기가 ㉠의 능력을 가진 것은 아니라고 하였으므로 ㉠에 들어갈 한자 성어로는 '하지 못하는 일이 없음'을 의미하는 '無所不爲(무소불위)'가 적절하다.

| 오답해설 |

① 선택률 12% 變化無雙(변화무쌍: 變 변할 변 / 化 될 화 / 無 없을 무 / 雙 두 쌍): 변하는 정도가 비할 데 없이 심함.

③ 선택률 36% 先見之明[선견지명: 先 먼저(앞) 선 / 見 볼 견 / 之 갈 지 / 明 밝을(똑똑하다) 명]: 어떤 일이 일어나기 전에 미리 앞을 내다보고 아는 지혜

④ 선택률 7% 刮目相對[괄목상대: 刮 긁을(눈을 비비다) 괄/目 눈 목/相 서로 상/對 대할 대]: 눈을 비비고 상대편을 본다는 뜻으로 남의 학식이나 재주가 놀랄 만큼 부쩍 늚을 이르는 말

군무원 VS 공무원 비교분석

한자 성어는 일반 공무원 시험뿐만 아니라 군무원 시험에서도 1~2문항씩 꾸준히 출제된다. 평상시 한자 성어의 독음과 의미를 반복해서 학습해 두는 것이 좋다.

04
정답 ②

| 문법과 어문 규정 > 어문 규정 > 로마자 표기법 | 정답률 74% |

| 정답해설 |

② 선택률 74% 홍빛나[홍빈나]: Hong Binna(×)
→ ┌ Hong Bitna(○) – 원칙
  └ Hong Bit-na(○) – 허용
- 인명은 성과 이름의 순서로 띄어 쓴다. 이름은 붙여 쓰는 것을 원칙으로 하되 음절 사이에 붙임표(-)를 쓰는 것을 허용한다.
- 이름에서 일어나는 음운 변화는 표기에 반영하지 않는다.

| 오답해설 |

① 선택률 12% 의정부시: Uijeongbu-si(○)
- 고유 명사는 첫 글자를 대문자로 적는다.
- 'ㅢ'는 'ui'로만 적는다.
- 행정 구역 단위인 '시'는 'si'로 적고, 그 앞에는 붙임표(-)를 넣는다.

③ 선택률 8% 종로 2가: Jongno 2(i)-ga(○)
- '종로[종노]'가 지명인 경우에는 'Jongno', 도로명인 경우에는 'Jong-ro'로 표기한다. 다만, 뒤에 '-가'가 붙는 지번 주소인 경우 '종로'는 지명이므로 'Jongno 2(i)-ga'와 같이 표기한다.
- 행정 구역 단위인 '가'는 'ga'로 적고, 그 앞에는 붙임표(-)를 넣는다.

④ 선택률 6% 무량수전: Muryangsujeon(○)
문화재명, 인공 축조물명은 붙임표(-) 없이 한 단어로 붙여 쓴다.

군무원 VS 공무원 비교분석

일반 공무원 시험과 달리 군무원 시험에서 로마자 표기법은 2017년부터 2023년에 이르기까지 매년 1문항씩 출제되고 있다. 로마자 표기법은 기본 원리를 이해하면 크게 어려운 영역이 아니다. 기본 원리를 먼저 이해하고 예외나 특별한 규정을 덧붙여 학습해야 한다. 그리고 기출문제를 풀이하며 주요 단어의 로마자 표기법을 연습하는 것이 좋다.

05
정답 ④

| 문법과 어문 규정 > 어문 규정 > 맞춤법과 표준어 규정 | 정답률 50% |

| 정답해설 |

④ 선택률 50% 칠칠맞다고(×)
→ ┌ 칠칠맞지 못하다고(○)
  ├ 칠칠맞지 않다고(○)
  ├ 칠칠하지 못하다고(칠칠치 못하다고)(○)
  └ 칠칠하지 않다고(칠칠치 않다고)(○)
'칠칠맞다'는 '칠칠하다'를 속되게 이르는 말로, '주접이 들지 아니하고 깨끗하고 단정하다.', '성질이나 일 처리가 반듯하고 야무지다.'라는 뜻의 형용사이다. 따라서 이를 부정할 때는 '못하다', '않다'를 써서 '칠칠맞지 못하다', '칠칠맞지 않다', '칠칠하지 못하다(준말: 칠칠치 못하다), 칠칠하지 않다(준말: 칠칠치 않다)'라고 해야 한다.

| 오답해설 |

① 선택률 27% 쇠다: 명절, 생일, 기념일 같은 날을 맞이하여 지내다. 참 쇄다(×)

② 선택률 18% 심심하다(甚深--): 마음의 표현 정도가 매우 깊고 간절하다.

③ 선택률 5% 게걸스럽다: 몹시 먹고 싶거나 하고 싶은 욕심에 사로잡힌 듯하다. 유 걸신스럽다

더 알아보기 ▶ '심심(甚深)하다', '심심하다', '심심찮다'

'심심하다'는 '하는 일이 없어 지루하고 재미가 없다.'라는 뜻으로, '심심(甚深)하다'와 소리만 같을 뿐 의미가 다른 동음이의어이다. '심심(甚深)하다'는 '심할 심(甚)' 자와 '깊을 심(深)' 자가 사용되어 마음의 표현 정도가 매우 깊고 간절하다는 의미를 나타낸다. 따라서 '심심한 사과'는 깊고 간절한 사과를 뜻하는 표현이다.
한편, '심심찮다'는 '심심하지 않다'가 줄어든 말로, 드물지 않고 꽤 잦다는 의미를 지니고 있다. 따라서 '심심찮은 사과'라고 하면 드물지 않고 잦은 사과라는 뜻이 되어 버린다. '깊은 사과의 말씀을 드린다'라는 의미를 표현하고자 한다면 "심심한 사과를 올린다."와 같이 표현해야 옳다.

06
정답 ③

| 문법과 어문 규정 > 어문 규정 > 맞춤법 | 정답률 85% |

| 정답해설 |

③ 선택률 85% 만만하지 않다 – 만만잖다(×) → 만만찮다(○)
한글 맞춤법 제39항에 따르면 '-하지' 뒤에 '않-'이 어울려 '-찮-'이 될 적에는 준 대로 적어야 한다. 따라서 '만만하지 않다'의 준말은 '만만찮다'이다.

| 오답해설 |

① 선택률 8% 어제그저께 – 엊그저께(○)
한글 맞춤법 제32항에 따라 '어제그저께'에서 '어제'의 'ㅔ'가 줄어지고 남은 'ㅈ'을 그 앞의 음절에 받침으로 적어 '엊그저께'로 줄여 쓴다.

② **선택률 5%** 그렇지 않은 – 그렇잖은(○)

한글 맞춤법 제39항에 따라 어미 '-지' 뒤에 '않-'이 어울려 '-잖-'이 될 적에는 준 대로 적는다.

④ **선택률 2%** 연구하도록 – 연구토록(○)

한글 맞춤법 제40항에 따라 '연구하도록 → 연구ㅎ도록 → 연구토록'으로 줄여 쓴다.

더 알아보기 ▶ 어간의 끝음절 '하'의 준말

	어간의 끝음절 '하'가 줄어드는 형태의 기준은 '하' 앞에 오는 받침의 소리이다. '하' 앞에 오는 받침의 소리가 [ㄱ, ㅂ, ㄷ(ㅅ)]이면 '하'가 통째로 줄고 그 외의 경우에는 'ㅎ'이 남는다.
[ㄱ]	• 넉넉하지 않다 → 넉넉지 않다 → 넉넉잖다 • 생각하다 못해 → 생각다 못해 • 생각하건대 → 생각건대 • 익숙하지 못하다 → 익숙지 못하다
[ㅂ]	• 답답하지 않다 → 답답지 않다 → 답답잖다 • 갑갑하지 않다 → 갑갑지 않다 → 갑갑잖다 • 섭섭하지 않다 → 섭섭지 않다
[ㄷ]	• 깨끗하지 않다 → 깨끗지 않다 → 깨끗잖다 • 못하지 않다 → 못지않다
[ㄴ]	• 결근하고자 → 결근코자 • 실천하도록 → 실천토록 • 추진하도록 → 추진토록 • 부지런하다 → 부지런타 • 흔하다 → 흔타
[ㄹ]	분발하도록 → 분발토록
[ㅁ]	무심하지 → 무심치
[ㅇ]	• 회상하건대 → 회상컨대 • 허송하지 → 허송치 • 무능하다 → 무능타 • 청하건대 → 청컨대 • 회상하건대 → 회상컨대
모음	• 개의하지 → 개의치 • 아니하다 → 아니타 • 연구하도록 → 연구토록 • 가하다 → 가타

07 정답 ②

문법과 어문 규정 > 어문 규정 > 띄어쓰기 　정답률 71%

| 정답해설 |

② **선택률 71%** 읽는데(×) → 읽는∨데(○)

'데'가 '곳'이나 '장소', '일'이나 '것', '경우'의 뜻을 나타내는 경우에는 의존 명사이므로 앞말과 띄어 써야 한다. 해당 문장에서 '데'는 '일'이나 '것'의 뜻을 나타내고, 뒤에 부사격 조사 '에'가 결합하여 '읽는 데(에)'로 쓸 수 있으므로 의존 명사이다.

| 오답해설 |

① **선택률 9%** 몸이나마(○)

'이나마'는 어떤 상황이 이루어지거나 어떻다고 말해지기에는 부족한 조건이지만 아쉬운 대로 인정됨을 나타내는 보조사이므로 앞말에 붙여 쓴다.

③ **선택률 11%** 살∨만한(○)

관형사형 어미 뒤에 오는 '만하다'는 앞말이 뜻하는 행동을 하는 것이 가능함을 나타내는 보조 형용사이므로 앞말과 띄어 쓴다(원칙). 다만, 본용언과 붙여 쓰는 것이 허용되는 보조 용언이므로 '살만한(허용)'으로 쓸 수도 있다.

④ **선택률 9%** 괴로움∨따위는(○)

'따위'는 앞에 나온 대상을 낮잡거나 부정적으로 이르는 의존 명사이므로 앞말과 띄어 쓴다.

군무원 vs 공무원 비교분석

띄어쓰기 유형이 일반 공무원 시험에서는 1문항 출제되는 경향과 달리 군무원 시험에서는 2017년, 2018년, 2019년과 2022년에 2문항씩 출제되었다. 즉, 1문항 내지 2문항은 반드시 출제되는 것이다. 따라서 의존 명사, 어미, 접사, 조사 등을 구별하여 띄어쓰기 원리를 학습해야 한다.

08 고난도 TOP2 정답 ③

어휘와 관용 표현 > 한자와 한자어 > 한자어 　정답률 22%

| 정답해설 |

③ **선택률 22%** ⓒ 경청(敬聽)(×) → 경청(傾聽)(○)

• 경청(敬聽: 敬 공경 경/聽 들을 청): 공경하는 마음으로 들음.
• 경청(傾聽: 傾 기울(귀를 기울이다, 마음을 기울이다) 경/聽 들을 청): 귀를 기울여 들음.

| 오답해설 |

① **선택률 11%** ㉠ 체감(體感: 體 몸 체/感 느낄 감): 몸으로 어떤 감각을 느낌.

② **선택률 54%** ㉡ 혁파(革罷: 革 가죽 혁/罷 마칠 파): 묵은 기구, 제도, 법령 따위를 없앰.

④ **선택률 13%** ㉣ 일몰(日沒: 日 날 일/沒 빠질 몰): 해가 짐.

군무원 vs 공무원 비교분석

한자어는 모든 수험생들이 어려워하는 영역이다. 특히 군무원 시험에서는 일반 공무원 시험에서 출제되는 한자어보다 더 전문적인 어휘가 출제되기도 하기 때문에 난도가 높다. 당락을 결정하는 중요 변수가 될 수 있으므로 매일 꾸준히 학습하여 다양한 어휘를 익혀야 한다.

09 정답 ④

문법과 어문 규정 > 현대 문법 > 형태소 　정답률 60%

| 정답해설 |

④ **선택률 60%** '갈텐데'는 '갈∨텐데'로 띄어 써야 한다. '갈∨텐데'의 형태소를 분석하면 '가-(동사의 어간)+-ㄹ(관형사형 어미)∨터(의존 명사)+이-(서술격 조사의 어간)+-ㄴ데(연결 어미)'이다. 따라서 '-ㄹ텐데'가 아니라 의존 명사 '터'를 사전에서 찾아야 한다.

① 선택률 8% 표준어와 방언의 차이 때문이 아니라 표제어는 활용형이 아닌 기본형으로 등재되기 때문에 사전에서 '–ㄹ텐데'를 확인할 수 없는 것이다.

② 선택률 12% '–ㄹ테'와 '–ㄴ데'라는 표제어는 없다.

③ 선택률 20% 기본형은 '–ㄹ테다'가 아니다. '–ㄹ(관형사형 어미)', '터(의존 명사)', '이다(서술격 조사)', '–ㄴ데(연결 어미)'는 각각 사전에 등재되어 있다.

10 정답 ①

| 비문학 > 독해 비문학 > 글쓴이의 의도 파악 | 정답률 91% |

| 정답해설 |

① 선택률 91% 첫 번째 문장에서 '인공지능'의 개념을 설명하며 중심 화제를 제시하고, 마지막 문장에서 이러한 인공지능의 발전을 '반길 일인가' 아니면 '재앙이라고 경계해야 할 일인가?'라고 하면서 논의할 쟁점을 제기하고 있다.

| 오답해설 |

② 선택률 4% 제시된 글에서 독자의 정서적 공감을 유도하는 부분은 찾아볼 수 없다.

③ 선택률 3% 제시된 글에서 독자를 논리적으로 설득하고자 하는 의도는 드러나지 않는다.

④ 선택률 2% 제시된 글에서 인공지능의 정의와 특징에 대해 서술하고 있으므로 이를 배경 설명으로 파악할 수 있으나, 이는 저자의 주된 의도가 아니다.

11 정답 ④

| 문학 > 고전 문학 > 고전 산문 – 판소리(속담) | 정답률 81% |

| 정답해설 |

④ 선택률 81% ㉠의 앞에서 어사또는 춘향을 위로하면서 '내일 날이 밝거드면 상여를 탈지, 가마를 탈지 그 속이야 누가 알랴마는, 천붕우출이라'라고 말하였다. '천붕우출(天崩牛出: 天 하늘 천/崩 무너질 붕/牛 소 우/出 날 출)'은 '천붕우출유혈(天崩牛出有穴)'에서 나온 말로, '하늘이 무너져도 솟아날 구멍이 있다'는 속담을 한문으로 표현한 것이다. 따라서 '아무리 어려운 경우에 처하더라도 살아 나갈 방도가 생긴다'는 ④의 속담이 적절하다.

| 오답해설 |

① 선택률 9% 도둑이 제 발 저리다: 지은 죄가 있으면 자연히 마음이 조마조마하여짐을 비유적으로 이르는 말

② 선택률 4% 웃는 낯에 침 못 뱉는다: 웃는 낯으로 대하는 사람에게 침을 뱉을 수 없다는 뜻으로, 좋게 대하는 사람에게 나쁘게 대할 수 없다는 말

③ 선택률 6% 모로 가도 서울만 가면 된다: 무슨 수단이나 방법으로라도 목적만 이루면 된다는 말

유 모로 가나 기어가나 서울 남대문만 가면 그만이다.

12 고난도 TOP3 정답 ②

| 문학 > 고전 문학 > 고전 시가 – 시조(고전 문법) | 정답률 24% |

| 정답해설 |

② 선택률 24% '잇노라'는 '잇–(어간)+–ᄂᆞ–(현재 시제 선어말 어미)+–오–(1인칭 주어 화자 표시 선어말 어미)+–라(평서형 종결 어미)'의 구성이다. '써 잇노라'는 문맥상 시제는 현재이고 동작상은 완료상이므로, 현대어로 해석하면 '쓰고 있다'가 된다.

| 오답해설 |

① 선택률 40% 현대어 '잎'의 옛말은 '닢'이다. 원래 '닢'으로 표기하던 것이므로 'ㄴ 첨가' 현상이 반영된 것이 아니다. 즉, '닢 → 닙 → 잎'의 과정을 거쳐 '닢'이 현대어 '잎'으로 표기가 바뀐 것은 두음법칙에 따라 'ㄴ 탈락' 현상이 나타난 것이다.

③ 선택률 24% '닫'은 당시의 실제 발음대로 표기한 것이지만, '좃는가'의 받침은 당시의 실제 발음이 아니라 7종성 받침 표기에 따라 적은 것이다.

· '닫'은 '닻'의 옛말로, '닫 → 닷 → 닻'으로 표기가 변화했다. '닫'은 실제 발음에 따라 그대로 표기한 것이며, 16세기 후반에는 7종성 받침 표기에 따라 '닷'으로 표기하였다.

· '좃는'다'는 '좇다'의 옛말로, 근대 국어 시기에는 받침이 'ㅅ'(좃다)으로 표기되었으나 현대 국어에서는 '좇–'으로 표기된다.

④ 선택률 12% '으란'은 어떤 대상을 특별히 정하여 가리킴의 뜻을 나타내는 보조사로, 현대 국어의 보조사 '은/는' 또는 '일랑'에 해당한다. 한편, 현대 국어의 '이랑'은 '와/과'와 동일한 의미로, 부사격 조사와 접속 조사로 쓰인다.

더 알아보기 ▶ 8종성 규정과 7종성 규정

> 15세기에는 'ㄱ, ㄴ, ㄷ, ㄹ, ㅂ, ㅁ, ㅅ, ㅇ'의 8개 자음으로 받침을 표기하였다(8종성 규정). 즉 'ㄷ'과 'ㅅ'의 발음을 구별하였다. 그러나 16세기 후반에 이르러 'ㄷ'과 'ㅅ'의 종성 표기가 혼란스러워져 종성의 /ㄷ/을 'ㅅ'으로 표기하게 되었다. 예를 들어, 제시된 작품에서 '좃는가'는 '좇다'를 근대 국어 시기의 받침 표기에 따라 '좃다'로 쓴 것이다. 그러나 이는 표기상 7종성법의 원리일 뿐 당시의 실제 발음대로 적은 것은 아니다.

13 정답 ④

| 비문학 > 독해 비문학 > 문장 넣기 | 정답률 64% |

| 정답해설 |

④ 선택률 64% 제시된 문단(공감의 출발은 ~ 중요하다.)은 '공감'의 방법에 대해 설명하면서 언어적, 비언어적 표현의 중요성을 말하고 있다. (라)의 앞부분에서는 다른 사람의 생각과 느낌을 공감하고 이해하기는 어렵다고 하였고, (라)의 뒷부분에서는 상대방의 비언어(말투, 표정, 자세)를 관찰하면서 그와 같은 태도로 맞추는 것이 공감에 도움이 된다고 하였으므로, 제시된 문단은 (라)에 넣는 것이 가장 적절하다.

14

정답 ③

| 정답해설 |

③ 선택률 60% 제시된 작품은 고려 속요이다. 고려 속요는 고려 시대에 창작된 시가로, 민중 사이에서 민요처럼 '구전(口傳)'되어 오다가 조선 초에 이르러 한글이 창제된 뒤 한글로 기록되었다. 따라서 고려 시대에 기록해 놓았다는 설명은 적절하지 않다.

| 오답해설 |

① 선택률 13% 고려 시대에 창작된 시가로, 주로 민중 사이에서 널리 전해진 속요(俗謠)이다. 이를 '고려 속요', '고려 가요'라고 한다.

② 선택률 9% 제시된 작품의 제목은 「가시리」로, 임과 이별하는 여인의 애절한 심정을 담고 있다.

④ 선택률 18% 후렴구인 '위 증즐가 大平盛代'는 사랑하는 사람과의 이별을 안타까워하는 화자의 정서와 일치하지 않는다. 따라서 민간에서 불리던 노래가 궁중음악으로 전승되면서 덧붙여진 것으로 추정한다. 즉, 비극적 분위기와는 관계없이 태평성대(大平盛代)를 기원하는 후렴구를 덧붙여 궁중음악으로 향유한 것이다.

군무원 vs 공무원 비교분석

해당 문제는 작품에 대한 분석이 아니라 장르적 특징을 묻는 유형이다. 군무원 시험은 일반 공무원 시험과 달리 단순 암기를 요하는 지식형 문제로 장르의 특징을 묻는 유형도 출제된다. 따라서 향가, 고려 속요, 경기체가, 가사 등의 장르적 특징을 학습해 두는 것이 좋다.

15

정답 ④

| 정답해설 |

④ 선택률 61% '셜온'의 뜻은 '서러운'이며, '셜온 님 보내ᄋ노니'는 '서러운 님을 보내드린다.'로 풀이할 수 있다.

참고로, 「가시리」에서 '셜온 님'은 '셜온'의 주체를 누구로 보느냐에 따라 '(화자와의 이별을) 서러워하는 임' 또는 '(화자를) 섧게 하는 임'의 두 가지 의미로 해석할 수 있다. 전자로 해석하는 경우 '(화자와의 이별을) 서러워하는 임을 보내드린다.'의 의미가 되고, 후자로 해석하는 경우 '(화자를) 섧게 하는 임을 보내드린다.'가 된다.

| 오답해설 |

① 선택률 27% ㉠ '나ᄂ'은 노랫가락의 운율을 맞추기 위한 여음구로, 특별한 의미가 없다.

② 선택률 5% ㉡ '잡ᄉ아 두어리마ᄂᄂ'의 뜻은 '(임을) 붙잡아 두고 싶지만'으로, 떠나는 임을 붙잡고 싶은 화자의 마음을 표현한 것이다.

③ 선택률 7% '-ㄹ셰라'는 '-ㄹ세라'의 옛말로, 뒤 절 일의 이유나 근거로 혹시 그러할까 염려하는 뜻을 나타내는 연결 어미이다. 따라서 ㉢ '선ᄒ면 아니 올셰라'는 '(임이) 서운하면 돌아오지 않을

까 두렵다.'라는 뜻이다. 임을 떠나보낼 수밖에 없는 이유를 드러낸 표현이라 할 수 있다.

더 알아보기 ▶ 작자 미상, 「가시리」

- 갈래: 고려 속요
- 형식: 전 4연. 각 2구의 분연체(分聯體)
- 율격: 대체로 3·3·2조의 3음보
- 특징
  ㉠ 반복법을 사용하여 이별의 정한을 강조함.
  ㉡ 임이 자신에게 돌아와 주기를 소망함.
  ㉢ 말을 건네는 방식으로 시상을 전개함.
- 주제: 이별의 정한과 재회에 대한 소망

16

정답 ①

| 정답해설 |

① 선택률 84% [붙임 1]에 따르면 한 문장 안에 몇 개의 선택적인 물음이 이어질 때는 앞에 오는 물음의 끝에는 쉼표를 쓰고, 물음표는 맨 끝의 물음, 즉 문장의 끝에 한 번만 쓴다. 따라서 '너는 중학생이냐, 고등학생이냐?'로 표기해야 한다. 참고로, 각 물음이 독립적일 경우 각 물음의 끝마다 물음표를 쓰기로 한 것은 그 물음들이 별개의 의문문이기 때문이다.

예 너는 여기에 언제 왔니? 어디서 왔니? 무엇하러 왔니?

| 오답해설 |

② 선택률 4% (1)에 해당하는 예로 적절하다.

③ 선택률 4% (2)에 해당하는 예로 적절하다.

④ 선택률 8% (3)에 해당하는 예로 적절하다.

군무원 vs 공무원 비교분석

군무원 시험에서 문장 부호 규정은 출제비중이 높지 않다. 기본적인 문장 부호의 사용법 정도만 학습해도 된다.

17

정답 ③

| 정답해설 |

③ 선택률 75% ㉢은 시를 쓰는 행위에 대한 시적 화자의 성찰로, '시가 이렇게 쉽게 씌어지는 것'을 부끄러워하는 것이다. 따라서 '친일파 지식인에 대한 비판 정신'과는 관련이 없다.

| 오답해설 |

① 선택률 11% '육첩방(六疊房)'은 일본식 다다미방을 뜻한다. 따라서 화자가 일본 유학 중임을 알 수 있다. 이 '육첩방'이 '남의 나라'라는 것은 조선인인 화자가 처한 현실의 구속과 부자연스러운 삶의 공간을 표현한 것이다.

② **선택률 6%** 시가 암담한 현실에 직접 대응하지 못하는 것을 알면서도 시를 쓰는 것은 식민지 지식인으로서의 소명(召命) 의식을 드러낸 것이다.

  • 소명 의식(召命意識): 부여된 어떤 명령을 꼭 수행해야 한다는, 책임 있는 의식

④ **선택률 8%** 두 사람의 '나'는 현실 속에서 우울한 삶을 살아가는 자아(현실적 자아)와 그것을 반성적으로 바라보는 또 하나의 자아(역사적 자아)를 가리킨다. 따라서 두 자아가 잡는 '최초의 악수'는 분열된 두 자아의 화해를 뜻하며, 어려운 현실을 극복하려는 시적 화자의 의지를 표현한 것이다.

더 알아보기 ▶ 윤동주, 「쉽게 씌어진 시」

> • 성격: 회고적, 의지적, 독백적
> • 주제: 일제 강점기 지식인의 고뇌와 자기 성찰
> • 해제: 일제 강점기의 암울한 시대 현실 속에서 부끄럽지 않은 삶을 살아가고자 하는 지식인의 고뇌와 자기 성찰이 드러난 작품이다. '부끄러움'을 통하여 '시대처럼 올 아침'을 생각하고 지금의 '어둠'을 조금이라도 몰아낼 '등불'을 밝히고자 하는 의지와 미래에 대한 희망을 보여 준다. 이 시의 작가인 윤동주는 일제의 핍박을 받고 있는 암울한 식민지 현실을 비판적으로 인식하고 있으면서도 그에 적극적으로 대응하지 못하는 자신의 삶을 부끄러워했다. 이러한 그의 부끄러움은 식민지 지식인의 양심을 지키려고 애쓰는 '내면적 자아'와 무기력하게 현재의 삶에 안주하는 '현실적 자아' 사이의 갈등에서 비롯된 것이라고 할 수 있다. 이 작품에는 이 두 자아가 갈등에서 벗어나 화해에 도달하는 자기 성찰의 과정이 담겨 있다.

18
정답 ①

| 문학 > 현대 문학 > 현대 시 – 시어의 함축적 의미 | 정답률 77% |

| 정답해설 |

① **선택률 77%** ⓐ와 ⓑ의 '나'는 '홀로 침전하는' 현실적 자아이다. ⓒ의 '최후의 나'는 굳은 의지를 지닌 역사적 자아이며, 반성을 통해 성숙해진 성찰적(내면적) 자아이다. 그리고 ⓓ는 ⓒ와 동일한 자아이다. ⓔ의 '나'는 ⓓ와는 다른 자아이므로 무기력한 현실적 자아에 해당한다. 따라서 ⓐ, ⓑ, ⓔ는 현실적(부정적, 무기력한) 자아이고, ⓒ, ⓓ는 성찰적(긍정적, 내면적, 역사적, 이상적) 자아로 구분할 수 있다. 시인은 두 자아가 마주잡는 '최초의 악수'를 통하여 두 자아의 화해와 현실 극복의 의지를 보여 주고 있다.

19
정답 ④

| 문학 > 현대 문학 > 현대 시 – 제목의 이해 | 정답률 79% |

| 정답해설 |

④ **선택률 79%** 시적 화자는 '쉽게 씌어지는 시'에 대해 부끄러워하고 있다. 이러한 부끄러움은 시를 쓰는 행위에 대한 반성적·역사적 성찰을 통해 이루어진다. 따라서 제시된 시는 시인이 현실적 갈등과 성찰을 통해 어렵게 쓴 작품이며, 제목인 '쉽게 씌어진 시'

는 이를 반어적으로 표현한 것이다.

| 오답해설 |

① **선택률 11%** 특별한 표현 기법 없이 소박하게 나타낸 작품이기에 쉽게 쓰인 시라고 했다는 설명은 적절하지 않다.

② **선택률 6%** 제시된 시는 시인이 일본에서 유학 중이던 1942년에 창작한 작품으로, 쉽게 시나 쓰는 무기력한 자신 스스로를 부끄러워하고 성찰하고 있다. 따라서 제목이 독립지사로서의 저항 정신을 표현한 것은 아니다.

③ **선택률 4%** 제시된 시는 '조선의 독립이 갑자기 쉽게 이루어질 것'이라는 신념을 표현하고 있지 않다.

20
정답 ①

| 비문학 > 독해 비문학 > 빈칸 내용 추론 | 정답률 81% |

| 정답해설 |

① **선택률 81%** 빈칸의 앞부분은 '행루오리(幸漏誤罹)'의 두 가지 경우를 설명하고 있다. 빈칸의 뒷부분에서는 '걸려든 사람만' 억울하고, '아무 잘못 없이 집행자의 착오나 악의로 법망에 걸려들어도 마찬가지'라고 하였으므로 빈칸에는 '운 좋게 누락된 경우', 즉 '잘못이 있는데도 법망을 빠져나가는 사람'과 관련된 내용이 들어가야 한다.

더 알아보기 ▶ 행루오리(幸漏誤罹)

> '요행으로 누락되거나 잘못 걸려들게 한다.'라는 뜻으로, 죄를 지었는데도 담당자의 실수 등으로 빠져나가거나, 죄가 없는데도 착오로 잡아들이는 일을 이르는 말이다. 🔒 오리행환(誤罹倖逭)

21
정답 ①

| 비문학 > 독해 비문학 > 글의 제목 | 정답률 60% |

| 정답해설 |

① **선택률 60%** 2문단에서는 '챗지피티'의 등장, 3~4문단에서는 '챗지피티'의 특징을 설명하고 있다. 그리고 5문단에서는 '챗지피티와 같은 대형 언어 모델 기반의 에이아이 산업 생태계'를 설명하면서, 현재는 대형 언어 모델을 만드는 빅테크 기업들이 주목받고 있지만 실리콘밸리에서는 서비스 기업들이 부상 중이며, 우리나라에서도 많은 서비스 기업이 나와서 국가 경쟁력을 높여 나가기를 기대하고 있다고 하였다. 따라서 제시된 글의 핵심어는 '챗지피티'이고, 앞으로의 전망은 '서비스'이다. 그러므로 글의 제목으로 가장 적절한 것은 ①이다.

| 오답해설 |

② **선택률 8%** 1문단에서 '알파고 모멘텀' 이후 에이아이(AI) 산업은 발전했지만 기대만큼 성장했다고 보긴 어렵다고 설명하였다. 따라서 글의 제목으로 적절하지 않다.

③ **선택률 16%** 3문단에 '챗지피티는 그 자체로 킬러 애플리케이션'이라는 언급이 있기는 하지만 제시된 글은 킬러 애플리케이션으로

서의 챗지피티를 설명하고 있는 것이 아니므로 글의 제목으로 적절하지 않다.

④ 선택률 16% 5문단에서 현재는 대형 언어 모델을 만드는 빅테크 기업들이 주목받고 있지만 서비스 기업들이 부상 중이라고 하였다. 따라서 '빅테크 기업에 주목하라'는 것은 글의 제목으로 적절하지 않다.

22 정답 ③

| 비문학 > 독해 비문학 > 내용 확인하기 | 정답률 85% |

| 정답해설 |

③ 선택률 85% 4문단에서 챗지피티는 '언어 모델'이며 '지식 모델'은 아니라고 하였다. 또한 챗지피티는 정보를 종합하고 추론하는 능력은 매우 우수하지만, 최신 지식이 부족하다고 했으므로 챗지피티가 '최신 정보를 축적하는 지식 모델'이라는 설명은 적절하지 않다.

| 오답해설 |

① 선택률 7% 2문단에서 챗지피티를 1억 명 이상이 사용하고 있고, 알파고와 달리 대중성이 있다고 하였다. 따라서 챗지피티가 알파고보다 훨씬 더 대중적인 놀라움을 준다는 내용은 적절하다.

② 선택률 5% 3문단에서 '많은 사람이 챗지피티는 모든 산업에 지각변동을 불러일으킬 것으로 기대한다.'라고 하였다.

④ 선택률 3% 5문단에서 현재 대형 언어 모델을 만드는 빅테크 기업들이 주목받고 있지만, 대형 언어 모델이 고객 요청에 맞게 작동하도록 개선하는 서비스 기업들이 부상 중이라고 하였다.

23 정답 ④

| 문학 > 현대 문학 > 현대 소설 | 정답률 84% |

| 정답해설 |

④ 선택률 84% 제시된 작품은 주로 의식의 흐름을 바탕으로 한 주인공의 내적 독백으로 이루어진 이상의 「날개」이다. 일반적으로 문학 작품에서 「날개」는 자유와 이상을 의미한다. 이 소설에서도 마지막 부분에서 '나'가 날개가 다시 돋기를 바라는 것은 본래의 자아를 회복하려는 의지를 소망하는 것으로 볼 수 있다. 즉, 자아상실의 무기력한 삶에서 벗어나 진정한 내면적 자아의 회복과 이상 추구, 자유에 대한 열망을 표현한 것이다.

| 오답해설 |

① 선택률 8% '나'의 직업이나 생활고에 대한 내용은 찾을 수 없다. 또한 '우리 부부는 숙명적으로 발이 맞지 않는 절름발이'라고 하였으므로 부부애를 다루고 있는 작품도 아니다. 참고로, 가난한 무명작가 부부의 생활고와 부부애를 다루는 작품은 현진건의 「빈처」이다.

② 선택률 4% 농촌 계몽에 관한 내용은 찾을 수 없다. 농촌 계몽을 위한 두 남녀의 헌신적 노력과 사랑을 보여 준 작품은 심훈의 「상록수」이다.

③ 선택률 4% 식민지 농촌 사회에서 농민들이 겪는 가혹한 현실을 보여 준 작품은 김유정의 「만무방」이다.

더 알아보기 ▶ 이상, 「날개」

- 주제: 무력한 삶과 자아 분열 속에서 벗어나 본래의 자아를 지향하는 인간의 의지
- 해제: 이 작품은 '나'라는 비일상적 인물의 생활을 통해 삶의 무의미성을 보여 주고, 아울러 그 무의미성에서 벗어나려고 하는 작자의 힘든 시도를 그려 내고 있다. 내용의 난해함과 형식의 파격성으로 1930년대 모더니즘 소설의 대표작으로 꼽힌다. '나'가 점차 어두운 '나'의 방을 벗어나 집 밖으로 나가고, 결국 미쓰꼬시 옥상에서 '날개야 다시 돋아라.'를 외치는 모습은 무기력한 삶에서 벗어나 상실된 자아를 회복하려는 의지를 드러낸 것으로 볼 수 있다.

군무원 VS 공무원 비교분석

해당 문제는 제시된 지문에 대한 분석이 아니라 작품의 배경 지식을 묻는 지식형 유형이다. 군무원 시험은 일반 공무원 시험과 달리 이와 같은 지식형 유형이 출제되므로 자주 출제되는 작품들의 문학사적 의미와 주제 등을 학습해 두는 것이 좋다.

24 정답 ②

| 비문학 > 독해 비문학 > 서술 태도 | 정답률 63% |

| 정답해설 |

② 선택률 63% '회고적'은 지나간 일을 돌이켜 생각하는 것을 뜻한다. 제시된 글에서 지나간 일에 대한 회고는 드러나지 않는다.

| 오답해설 |

① 선택률 9% 노인들은 근육 감소로 인한 순발력 저하로 방어기제가 제대로 작동하지 않아 낙상 사고가 잦아지는 것이며, 낙상 사고를 당하면 운동이 부족해져 근육이 퇴화하고 노화가 빨라진다는 것을 논리적으로 설명하고 있다.

③ 선택률 15% 노인들에게 근육이 퇴화하지 않도록 적극적으로 근력운동을 처방해야 하나, 우리 사회는 근력운동을 장려하기보다는 노인들을 요양병원으로만 보내려 한다는 점에서 비판적인 태도를 보이고 있다.

④ 선택률 13% '안타까운 일이다.' 등의 표현을 사용하여 노인들에게 근력운동을 처방하지 않고, 요양병원이 상당히 늘어나는 실태에 대해 동정적인 태도를 보이고 있다.

| 정답해설 |

② 선택률 80% • (가)의 앞부분은 상사에게 보고할 때 결론부터 말하라는 비즈니스 화법에 대해 설명하고 있다. 그리고 (가)의 뒷부분에서는 일부러 결론을 뒤로 미뤄 상대의 관심을 끌게 만들어야 할 때도 있다고 하였다. 따라서 (가)의 앞뒤 내용이 서로 상반되므로 (가)에는 '하지만', '그러나', '그렇지만' 등의 접속어가 들어가는 것이 적절하다.

• (나)의 앞부분은 상하관계가 분명한 경우의 대응에 대해 말하고 있고, (나)의 뒷부분은 권력관계에서의 차이가 없는 미묘한 상대와의 대화에서 효과를 발휘하는 것이 '클라이맥스 법'이라고 하였다. 따라서 (나)의 앞뒤 내용이 서로 상반되므로 (나)에는 '하지만', '그러나', '그렇지만' 등의 접속어가 들어가는 것이 적절하다.

더 알아보기 ▶ 접속어 넣기 유형

> 접속어 넣기 유형은 빈칸의 앞 문장과 뒤 문장 간의 내용 흐름으로 파악할 수 있다. 일반적으로 앞의 내용과 뒤의 내용이 상반될 때 쓰는 역접 관계 접속 부사인 '그러나, 하지만, 그렇지만' 등과 앞의 내용이 뒤의 내용의 이유나 원인, 근거가 될 때 쓰는 인과 관계 접속 부사인 '그러므로, 따라서' 등이 출제된다. 이러한 접속어를 중점적으로 학습하는 것이 좋다.

9급 군무원 국어

전체 난이도 및 합격선

전체 난이도	합격선
上	72점

기출총평

전년도 시험과 마찬가지로 문법과 어문 규정, 비문학의 출제비중이 높았다. 문법과 어문 규정에서는 파생어, 높임법, 띄어쓰기, 다의어의 문맥적 의미, 한글 맞춤법, 로마자 표기법 등 기존의 출제 유형으로 출제되었다. 특히 띄어쓰기는 일반적으로 1문항이 출제되는 일반 공무원 시험과 달리 2문항이 출제되어 기존의 문항 수를 그대로 유지하였으며 난도는 높지 않았다. 또한 높임법의 경우, 이번 시험에서는 주체 경어법을 세분화하여 묻는 유형으로 출제되었다. 비문학의 경우 전년도에는 6문항이 출제되었는데 2022년 시험에서는 글쓴이의 성격 파악, 글의 전개 방식, 글의 구성 방식, 화법(공손성의 원리), 내용 파악, 글의 제목, 빈칸 어휘 추론, 글의 연결 순서 등 8문항으로 문항 수가 늘었으며, 다양한 유형으로 출제되었다. 특히 철학자(라캉)의 생각을 추론하는 유형과 수학 용어의 활용에 대한 지문은 어렵게 느껴졌을 것이다. 문학은 4문항이 출제되었는데, 고전 가사 「사미인곡」은 기존 출제 작품으로서 난도가 높지 않았으나 현대시로 제시된 김광섭의 「해바라기」, 윤동주의 「슬픈 족속」은 새로운 작품이다. 특히 윤동주의 「슬픈 족속」이 지문으로 제시된 문항은 2020년 군무원 9급 시험과 같이 환유법을 묻는 유형이었다. 어휘에서 한자 성어는 어렵지 않았으나, 한자어의 표기, 한자어와 고유어가 결합한 단어, 고유어와 한자어를 구별하는 문항은 난도가 높은 유형이라 할 수 있다.
앞으로는 다양한 갈래의 비문학 독해 연습과 어문 규정, 어휘에 대한 학습을 중점적으로 해야 할 것이다.

영역별 출제비중

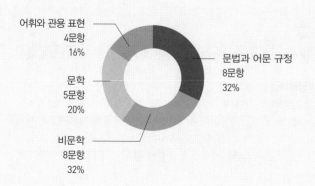

어휘와 관용 표현
4문항
16%

문학
5문항
20%

비문학
8문항
32%

문법과 어문 규정
8문항
32%

문항 분석

	카테고리	출제수	정답률
1	문법과 어문 규정 > 어문 규정 > 띄어쓰기	24회	61%
2	문법과 어문 규정 > 현대 문법 > 단어의 형성 – 파생어	3회	68%
3	어휘와 관용 표현 > 한자와 한자어 > 한자 성어	21회	52%
4	어휘와 관용 표현 > 한자와 한자어 > 한자어	27회	66%
5	문법과 어문 규정 > 어문 규정 > 띄어쓰기	24회	70%
6	비문학 > 독해 비문학 > 글쓴이의 성격 파악	1회	81%
7	비문학 > 독해 비문학 > 글의 구성 방식	1회	58%
8	비문학 > 독해 비문학 > 내용 확인하기	22회	69%
고난도 TOP 3 9	문학 > 현대 문학 > 현대 시 – 주제	37회	41%
10	비문학 > 독해 비문학 > 글의 제목	4회	61%
11	비문학 > 독해 비문학 > 빈칸 어휘 추론	6회	58%
12	문학 > 현대 문학 > 현대 소설 – 한자 성어	26회	54%
고난도 TOP 2 13	어휘와 관용 표현 > 한자와 한자어 > 한자어와 고유어	2회	40%
14	문학 > 고전 문학 > 고전 시가 – 가사(주제)	10회	73%
15	문법과 어문 규정 > 어문 규정 > 표준어 규정	17회	63%
16	문법과 어문 규정 > 현대 문법 > 주체 높임법	1회	63%
17	비문학 > 독해 비문학 > 글의 전개 방식	16회	50%
18	비문학 > 독해 비문학 > 글의 순서	13회	81%
고난도 TOP 1 19	문학 > 현대 문학 > 현대 시 – 표현 기법	37회	35%
20	문법과 어문 규정 > 어문 규정 > 맞춤법	47회	69%
21	문학 > 고전 문학 > 고전 산문 – 수필	3회	57%
22	문법과 어문 규정 > 현대 문법 > 의미론 – 어휘의 문맥적 의미	11회	70%
23	비문학 > 이론 비문학 > 화법 – 공손성의 원리	2회	74%
24	어휘와 관용 표현 > 순우리말 > 한자어와 고유어	2회	56%
25	문법과 어문 규정 > 어문 규정 > 로마자 표기법	16회	69%

※ **고난도 TOP 1** 는 해당 회차에서 정답률이 가장 낮은 문항입니다.

기출문제편 ▶ P.26

01	③	02	②	03	④	04	④	05	①
06	②	07	③	08	②	09	③	10	①
11	①	12	④	13	③	14	③	15	②
16	④	17	②	18	①	19	④	20	①
21	②	22	②	23	④	24	①	25	④

01

정답 ③

| 문법과 어문 규정 > 어문 규정 > 띄어쓰기 | 정답률 61% |

| 정답해설 |

③ 선택률 61% 한글 맞춤법 제46항은 '단음절로 된 단어가 연이어 나타날 적에는 붙여 쓸 수 있다.'라고 규정한다. 그러므로 '좀∨더∨큰∨것'으로 띄어 쓰는 것이 원칙이고, '좀더∨큰것'처럼 붙여 쓰는 것도 허용한다.

| 오답해설 |

① 선택률 17% 지난∨달(×) → 지난달(○), 만날겸(×) → 만날∨겸(○), 할겸(×) → 할∨겸(○)

- 지난∨달(×) → 지난달(○)
  - ┌ 지난주, 지난달, 지난해 → 합성어(○)
  - ├ 이번 주, 이번 달, 이번 해 → 합성어(×)
  - └ 다음 주, 다음 달, 다음 해 → 합성어(×)
- 만날겸, 할겸(×) → 만날∨겸, 할∨겸(○)
  겸(兼): 관형사형 어미 '-ㄹ/을' 뒤에 쓰여, 두 가지 이상의 동작이나 행위를 아울러 함을 나타내는 의존 명사이므로 띄어 쓴다.

② 선택률 14% 물∨샐∨틈없이(×) → 물샐틈없이(○)
물샐틈없이: (비유적으로) 조금도 빈틈이 없이. 물을 부어도 샐 틈이 없다는 뜻에서 나온 파생어(물샐틈없+이) 부사로서, 한 단어로 붙여 쓴다. 또한 형용사 '물샐틈없다'도 합성어이므로 한 단어로 붙여 쓴다.

④ 선택률 8% 감사하기는∨커녕(×) → 감사하기는커녕(○)
조사는 앞말에 붙여 쓴다. 보조사 '는'에 보조사 '커녕'이 결합한 표현이므로 '는커녕'으로 붙여 쓴다.

더 알아보기 ▶ 띄어쓰기의 원칙과 허용

한 음절로 된 단어가 연이어 나타날 경우에는 붙여 쓸 수 있다.	
원칙	허용
한 잔 술	한잔 술
물 한 병	물 한병
그 옛 차	그 옛차
새 집 두 채	새집 두채
이 말 저 말	이말 저말
한 잎 두 잎	한잎 두잎
이 집 저 집	이집 저집
네 것 내 것	네것 내것
좀 더 큰 이 새 집	좀더 큰 이 새집
좀 더 큰 이 새 차	좀더 큰 이 새차

군무원 vs 공무원 비교분석

본 시험의 5번 문항도 띄어쓰기 유형이다. 일반 공무원 시험에서는 띄어쓰기가 1문항이 출제되나, 군무원 시험에서는 2문항 정도 꾸준히 출제되고 있다. 주요 띄어쓰기 규정은 반드시 학습해야 한다.

02

정답 ②

| 문법과 어문 규정 > 현대 문법 > 단어의 형성 – 파생어 | 정답률 68% |

| 정답해설 |

② 선택률 68% 실질 형태소(어근)에 접사가 붙어 하나의 단어가 된 말은 파생어이고, 실질 형태소(어근)끼리 결합하여 하나의 단어가 된 말은 합성어이다. '살펴보다'는 '살피-(동사의 어간)+-어-(연결 어미)+보다(동사)'의 구성으로 된 통사적 합성어이다. 통사적 합성어는 어근과 어근이 결합하여 합성어를 이루는 결합 방식이 국어의 정상적인 단어 배열법에 일치하는 합성어이다.

| 오답해설 |

① 선택률 11% 교육자답다: 교육자(명사)+-답다(접미사) → 파생어
'-답다'는 (일부 명사나 대명사 또는 명사구 뒤에 붙어) '특성이나 자격이 있음'의 뜻을 더하는 접미사이다.
예 어른답다. 학생답다. 선생님답다. 경찰답다. 나답다.

③ 선택률 7% 탐스럽다: 탐(명사)+-스럽다(접미사) → 파생어
'-스럽다'는 '그러한 성질이 있음'의 뜻을 더하고 형용사를 만드는 접미사이다.
예 복스럽다. 걱정스럽다. 자랑스럽다. 거북스럽다. 조잡스럽다.

④ 선택률 14% 순수하다: 순수(명사)+하다(접미사) → 파생어
'-하다'는 (일부 명사 뒤에 붙어) 형용사를 만드는 접미사이다.
예 건강하다. 순수하다. 정직하다. 진실하다. 행복하다.

더 알아보기 ▶ '용언의 어간+연결 어미+보다'의 통사적 합성어

거들떠보다	건너다보다	굽어보다	내다보다	내려다보다
넘겨보다	넘겨다보다	넘어다보다	노려보다	눈여겨보다
돌아보다	돌아다보다	돌이켜보다	둘러보다	뒤돌아보다
떠보다	뜯어보다	몰라보다	바라보다	바라다보다
살펴보다	쏘아보다	알아보다	올려다보다	우러러보다
지나쳐보다	찾아보다	쳐다보다	칩떠보다	훑어보다
흘려보다				

03

정답 ④

| 어휘와 관용 표현 > 한자와 한자어 > 한자 성어 | 정답률 52% |

| 정답해설 |

④ 선택률 52% '전화위복(轉禍爲福: 轉 구를 전/禍 재앙 화/爲 할 위/福 복 복)'은 '재앙과 근심, 걱정이 바뀌어 오히려 복이 됨.'이라는 뜻으로, 어떤 불행한 일이라도 끊임없는 노력과 강인한 의지로 힘쓰면 불행을 행복으로 바꾸어 놓을 수 있다는 뜻이다. 문맥

상 '팀이 크게 이긴 것'은 재앙과 근심, 걱정으로 볼 수 없으므로 전화위복(轉禍爲福)은 적절하지 않다.

| 오답해설 |

① 선택률 10% 견강부회(牽强附會: 牽 이끌 견/强 강할 강/附 붙을 부/會 모일 회): 이치에 맞지 않는 말을 억지로 끌어 붙여 자기 주장의 조건에 맞도록 함. ♻ 아전인수(我田引水)

② 선택률 25% 호시우보(虎視牛步: 虎 범 호/視 볼 시/牛 소 우/步 걸음 보): 호랑이같이 예리하고 무섭게 사물을 보고 소같이 신중하게 행동한다는 뜻으로, 모든 일에 신중을 기함을 뜻함.

③ 선택률 13% 도청도설(道聽塗說: 道 길 도/聽 들을 청/塗 진흙 도/說 말씀 설): 길거리에서 들은 이야기를 곧 그 길에서 다른 사람에게 말한다는 뜻으로, ㉠ 거리에서 들은 것을 남에게 아는 체하며 말함. ㉡ 깊이 생각 않고 예사로 듣고 말함. ㉢ 길거리에 떠돌아다니는 뜬소문 ♻ 가담항설(街談巷說), 유언비어(流言蜚語)

더 알아보기 ▶ 전화위복(轉禍爲福)

'전화위복(轉禍爲福)'에 쓰인 '전(轉)'은 '회전하다, 바꾸다'라는 의미로 사용되고, '화(禍)'는 '재앙, 재화'의 의미로 사용된다. 이에 화(禍)는 복(福)으로, 복(福)은 화(禍)로 바뀐다고 풀이한다. 또는 불행한 일은 행복한 일로, 행복한 일은 불행한 일로 순환한다는 이치를 나타낸다. 때문에 어떤 불행이라도 극복하려는 노력과 의지를 통해 행복으로 바꿀 수 있다는 위로의 말로 쓰기도 하고, 반대로 복이 넘칠 때 자만을 경계하기 위해 경고하는 말로 쓰이기도 한다.

예 • 현재의 어려움을 전화위복(轉禍爲福)의 계기로 삼아야 한다.
　• 검은 소가 흰 송아지를 낳았다는 뜻의 '흑우생백독(黑牛生白犢)'도 '새옹지마(塞翁之馬)'나 '전화위복(轉禍爲福)'과 같은 뜻으로 재앙이 복이 되고 복이 재앙이 된다는 것이다.

04　　　　정답 ④

| 어휘와 관용 표현 > 한자와 한자어 > 한자어 | 정답률 66% |

| 정답해설 |

④ 선택률 66% '신경이나 근육이 형태의 변화 없이 기능을 잃어버리는 일'을 의미하는 '마비'는 '마비(麻痺: 麻 저릴 마/痺 저릴 비)', 또는 '마비(麻痹: 麻 삼 마/痹 저릴 비)'로 쓴다.

| 오답해설 |

①②③의 '마'는 모두 '磨(갈 마)'를 쓴다.

① 선택률 11% 마모(磨耗: 磨 갈 마/耗 소모할 모): 마찰 부분이 닳아서 없어짐. ♻ 마모(摩耗: 摩 문지를 마/耗 소모할 모)

② 선택률 14% 절차탁마(切磋琢磨: 切 끊을 절/磋 갈 차/琢 다듬을 탁/磨 갈 마) '옥돌을 자르고 줄로 쓸고 끌로 쪼고 갈아 빛을 내다.'라는 뜻으로, 학문이나 인격을 갈고 닦음.

③ 선택률 9% 연마(研磨: 硏 갈 연/磨 갈 마): ㉠ 주로 돌이나 쇠붙이, 보석, 유리 따위의 고체를 갈고 닦아서 표면을 반질반질하게 함. ㉡ 학문이나 기술 따위를 힘써 배우고 닦음.
　♻ 연마(練磨: 練 익힐 련/磨 갈 마), 연마(鍊磨: 鍊 불릴 련/磨 갈 마)

더 알아보기 ▶ '마(痲)'의 쓰임

• 마비(痲痺: 痲 저릴 마/痺 저릴 비): ㉠ 신경이나 근육이 형태의 변화 없이 기능을 잃어버리는 일 ㉡ 본래의 기능이 둔하여지거나 정지되는 일을 비유적으로 이르는 말
　참 심장마비(心臟痲痺: 心 마음 심/臟 오장 장/痲 저릴 마/痺 저릴 비)

• 마취(痲醉: 痲 저릴 마/醉 취할 취): 약물 따위를 이용하여 얼마 동안 의식이나 감각을 잃게 함.
　참 전신마취(全身痲醉: 全 온전할 전/身 몸 신/痲 저릴 마/醉 취할 취)

• 마약(痲藥: 痲 저릴 마/藥 약 약): 마취 작용을 하며, 습관성이 있어 장복하면 중독 증상을 나타내는 물질을 통틀어 이르는 말

05　　　　정답 ①

| 문법과 어문 규정 > 어문 규정 > 띄어쓰기 | 정답률 70% |

| 정답해설 |

① 선택률 70% 한번(×) → 한∨번(○)
'번'은 차례나 일의 횟수를 나타내는 경우에는 의존 명사이므로 '한 번', '두 번', '세 번'과 같이 앞의 말과 띄어 쓴다.

| 오답해설 |

② 선택률 17% 한번: (주로 '한번은' 꼴로 쓰여) 지난 어느 때나 기회를 뜻하는 명사

③ 선택률 7% 한번: (명사 바로 뒤에 쓰여) 어떤 행동이나 상태를 강조하는 뜻을 나타내는 부사

④ 선택률 6% 한번: (주로 '−어 보다' 구성과 함께 쓰여) 어떤 일을 시험 삼아 시도함을 나타내는 부사

더 알아보기 ▶ '한 번'과 '한번'

'번'이 차례나 일의 횟수를 나타내는 경우에는 의존 명사이므로 '한 번', '두 번', '세 번'과 같이 앞말과 띄어 쓴다. '한번'을 '두 번', '세 번'으로 바꾸어 뜻이 통하면 '한 번'으로 띄어 쓰고, 그렇지 않으면 '한번'으로 붙여 쓴다.

예 '한번 엎지른 물은 다시 주워 담지 못한다.'라는 문장에서 '한번'을 '두 번'으로 바꾸면 말이 통하지 않으므로 '한번'을 붙여 쓰지만, '한 번 실패하더라도 두 번, 세 번 다시 도전하자.'라는 문장에서 '한 번'은 '두 번'으로 바꾸어도 뜻이 통하므로 '한 번'으로 띄어 쓴다.

06　　　　정답 ②

| 비문학 > 독해 비문학 > 글쓴이의 성격 파악 | 정답률 81% |

| 정답해설 |

② 선택률 81% 글쓴이는 자연이 모든 생성의 원천이자 젖줄이며, 모든 것들의 모체이자 그것들 자체이고, 모든 존재의 터전인 동시에 그 원리이며, 생명 그 자체의 활기, 존재 자체의 아름다움의 표상이라 본다. 또한 자연은 인간이 배워야 할 진리이며 모든 행동의 도덕적 및 실용적 규범이며 지침이며 길이라 하면서 자연의 가치와 존엄성을 말하고 있다. 그리고 제시된 글의 마지막 문장

에서 자연은 정복과 활용이 아닌 감사와 보존의 대상이라고 주장하고 있으므로 글쓴이는 자연을 믿고 따르는 자연주의자(自然主義者)임을 알 수 있다.

| 오답해설 |
① 선택률 11% 낭만주의자(浪漫主義者): 자유로운 공상의 세계를 동경하며 정서, 감정, 개성 등을 중요시하는 예술 사조를 따르는 사람
③ 선택률 5% 신비주의자(神秘主義者): 절대자나 신 등의 초월적 존재를 내적인 직관이나 영적인 체험에 의해 직접적으로 체험하려고 하는 신비주의를 믿거나 주장하는 사람
④ 선택률 3% 실용주의자(實用主義者): 실생활에 효과가 있는 지식을 진리라고 보고 그에 따른 행동과 결과를 중시하는 실용주의를 믿고 따르는 사람

07 정답 ③

비문학 > 독해 비문학 > 글의 구성 방식　　　　정답률 58%

| 정답해설 |
③ 선택률 58% 글쓴이는 제시된 글의 앞부분에서 먼저 자연의 가치와 존엄성을 말하고, 마지막 문장에서 자연은 정복과 활용이 아닌 감사와 보존의 대상이라고 주장하고 있다. 따라서 제시된 글의 끝부분에 글쓴이의 주장이나 중심 내용이 나오는 '미괄식(尾括式)' 구성이다.

| 오답해설 |
① 선택률 25% 두괄식(頭括式): 글의 첫머리에 중심 내용이 오는 구성 방식
② 선택률 12% 양괄식(兩括式): 글의 중심 내용이 앞부분과 끝부분에 반복하여 나타나는 구성 방식
④ 선택률 5% 중괄식(中括式): 글의 중간 부분에 중심 내용이 오는 구성 방식

더 알아보기 ▶ 문단 구성 방식의 특징

- 두괄식(頭括式) 구성: 말하고자 하는 핵심 내용을 첫 문장으로 쓰는 방법이다. 읽는 이 입장에서 보면 글의 중심 생각이나 핵심 내용을 쉽게 찾을 수 있다는 장점이 있다. 결론부터 쓰면 전하고자 하는 핵심 내용이 금방 드러나기에 읽는 이를 설득하기가 쉽기 때문에 논설문이나 설명문에서 많이 쓰인다.
- 중괄식(中括式) 구성: 첫 한두 문장 정도 도입 부분에 보통 자신의 생각이 아닌 일반적인 생각을 제시하고 그 일반적인 생각을 비판하는 자신의 주장이 나온다.
- 미괄식(尾括式) 구성: 중심 문장이 해당 문단의 끝에 오는 구성 방식으로서, 귀납적 구성과 마찬가지로 문단의 앞부분에 예시, 논증, 설명, 분류, 비교, 대조 등의 방법으로 뒷받침 문장을 쓰고 이어서 이를 종합하거나 정리할 수 있는 중심 문장을 쓴다. 이는 점층적 방법의 하나로 논설문, 설명문, 문예문 등에 고루 쓰인다.
- 양괄식 구성: 두괄식 구성에서처럼 문단의 앞부분에 소주제문을 제시하고 이어서 여러 문장들을 전개시켜 나간 후 마지막 부분에 소주제문을 다시 한번 제시하는 방식이다. 주제를 분명히 밝히고 강조할 때 많이 쓰인다.

08 정답 ②

비문학 > 독해 비문학 > 내용 확인하기　　　　정답률 69%

| 정답해설 |
② 선택률 69% 1문단에서 라캉은 인간이 후천적·인위적으로 그 구조를 만들었다고 생각하는 것은 잘못이며, 인간은 단지 구조되어 있는 상징적 질서에 참여할 뿐이라고 하였다. 따라서 주체의 의식적 사유와 행위에 의해 새로운 문화 질서가 창조된다는 설명은 적절하지 않다.

| 오답해설 |
① 선택률 11% 1문단에서 인간은 구조되어 있는 상징적 질서에 참여할 뿐이라고 하였다. 그리고 2문단에서 구조란 의식되지 않는 가운데 인간 문화의 기저에서 인간의 행위를 규정함을 뜻하는 것이고, 주체 자체가 무의식적인 것으로서 형성된다고 하였다. 따라서 주체의 무의식은 구조화된 상징적 질서에 의해 형성된다고 볼 수 있다.
③ 선택률 12% 4문단에서 '나의 진술은 타자의 진술에 의해서 구성'되고 '나의 욕망도 타자의 욕망에 의해서 구성'된다고 하였다. 따라서 대중매체의 광고(타자의 진술, 타자의 욕망)는 주체의 욕망(나의 진술, 나의 욕망)이 형성되는 데 큰 영향을 미친다고 볼 수 있다.
④ 선택률 8% 3문단에서 라캉은 '나의 사유와 나의 존재는 사실상 분리'되어 있고, '나의 사유가 나의 존재를 확인시켜 주지 못한다'고 주장한다. 라캉의 경우, '나는 생각한다'라는 의식이 없는 곳에서 '나는 존재'하고, 또 '내가 존재하는 곳'에서 '나는 생각하지 않는다'고 말한다. 따라서 라캉의 주장에 따르면 데카르트의 명제는 옳지 않다고 볼 수 있다.

군무원 VS 공무원 비교분석

군무원 시험에 출제되는 비문학은 지문을 이해하지 못하면 문제를 풀 수 없다. 따라서 눈으로만 지문을 읽기보다는 핵심어, 중요 접속어, 중심 문장 등에 밑줄을 그어가며 읽어야 한다. 모든 지문에서 가장 중점적으로 두고 봐야 하는 것은 문장과 문장의 관계를 파악하는 것이다. 이 문제처럼 어떤 학자의 이론이 제시된 경우에는 학자의 주장에 집중하고 그 주장에 대한 이유, 근거, 논증에 대한 증거를 확인하며 읽어야 한다. 그리고 지문 이해를 중심으로 문제를 풀었다면 답을 맞춰보고 틀린 이유를 분석해야 한다.

09 고난도 TOP3 정답 ③

문학 > 현대 문학 > 현대 시 - 주제　　　　정답률 41%

| 정답해설 |
③ 선택률 41% 1연에서 해바라기 꽃이 피어 있는 가을날의 배경을 노래하고, 2연에서는 찬란히 피어난 해바라기를 '백일(白日)의 환상'을 좇아 줄달음치는 분방한 정열에 몸을 바친 모습으로 표현하며 강렬하고 열정적인 모습으로 나타내고 있다. 그리고 3연에서는 해바라기 씨를 '생의 근원을 향한 아폴로의 호탕한 눈동자'

같이 단장한 '의욕의 씨'로 비유하여 생명의 의욕을 드러내고 있다. 4연에서는 해바라기가 '태양의 축복을 받는 자'이며, 그 주위의 잎사귀들이 경이를 담아 들고 찬양하는 것 같다고 말한다. 따라서 제시된 작품은 해바라기가 피어나는 자연의 배경 속에서 자연의 아름다운 현상과 함께 해바라기를 통해 생명에 대한 강렬한 의욕을 느끼게 한다.

| 오답해설 |

① 선택률 10% '교감(交感)'이란 서로 사상이나 감정 따위를 함께 나누어 가지는 것이다. 화자는 해바라기를 감상하며 예찬하고 있으나 서로 교감을 하고 있는 것은 아니다.

② 선택률 32% 1연에서 해바라기 꽃이 피어 있는 가을날의 배경이 드러나지만, 가을의 정경과 정취가 이 작품의 주제는 아니다.

④ 선택률 17% 해바라기를 통해서 생명에 대한 의욕을 느낄 수 있으나, '환희(歡喜: 기쁨)'가 넘치는 삶은 드러나지 않는다.

| 더 알아보기 ▶ 김광섭, 「해바라기」 |

• 주제: 해바라기를 통해 보는 생명에 대한 강한 의욕
• 해제: 해바라기가 피어나는 자연의 배경 속에서 자연의 아름다운 현상이 함께 어우러져 생명에 대한 강한 의욕을 느끼게 한다. 순수 자연의 감각을 시각적 이미지로 효과적으로 표현하고 있다.

10
정답 ①

비문학 > 독해 비문학 > 글의 제목 　　　 정답률 61%

| 정답해설 |

① 선택률 61% 1문단에서는 방정식이라는 단어가 다양한 분야에서 애용되는 사례를 들고 있고, 2문단에서는 상황에 영향을 미치는 변수의 개수, 상황의 복잡도, 해를 구할 수 없을 정도의 난맥상에 따라 m원 방정식, n차 방정식, 근의 공식, 5차 방정식 이상이라는 표현을 쓰는 것이 안전하다고 설명하고 있다. 따라서 제시된 글은 수학 용어인 '방정식'이라는 단어의 올바른 활용에 대해 설명하고 있으므로 글의 제목으로는 ①이 적절하다.

| 오답해설 |

② 선택률 11% 1문단에서 방정식이라는 단어가 다양한 분야에서 애용되는 사례가 제시되어 있으나, 실생활에서 방정식이나 수학 공식이 적용되는 사례는 제시되어 있지 않다.

③ 선택률 16% 1문단에서 '수학의 방정식은 문자를 포함하는 등식에서 문자의 값에 따라 등식이 참이 되기도 하고 거짓이 되기도 하는 경우'라고 정의하고 있다. 그러나 방정식의 구성 요소는 제시되어 있지 않다.

④ 선택률 12% 추상성(抽象性)이란 실제로나 구체적으로 경험할 수 없는 성질을 뜻하고, 엄밀성(嚴密性)이란 조그만 빈틈이나 잘못이라도 용납하지 아니할 만큼 엄격하고 세밀한 성질을 뜻한다. 2문단의 내용을 엄밀하게 따지면 변수의 개수와 방정식의 차수는 무관하다는 내용은 방정식의 엄밀성(嚴密性)이라 볼 수 있으나, 추상성은 제시되지 않았다.

| 더 알아보기 ▶ 글의 제목 |

설명문이나 논설문의 제목은 곧 글의 중심 내용을 압축한 것이다. 따라서 각 문단의 첫 문장과 마지막 문장을 중심으로 중심 화제를 먼저 찾아야 한다. 그리고 글의 중심 내용은 마지막 문단에서 강조된다는 것을 명심해야 한다.

11
정답 ①

비문학 > 독해 비문학 > 빈칸 어휘 추론 　　　 정답률 58%

| 정답해설 |

① 선택률 58% 1문단에서 '망막의 앞쪽에 초점을 맺게 되면 ~ 먼 곳의 물체가 흐리게' 보이는 것을 근시라고 하였다. 따라서 근시인 눈에서는 망막의 앞쪽에 초점이 맺히는 것이므로 ㉠에는 '앞쪽'이 들어가야 한다. 그리고 앞쪽에 맺혔던 초점이 뒤쪽으로 이동해야 '먼 곳'의 흐리게 보이던 물체가 선명하게 보이므로 ㉡에는 '뒤쪽'이 들어가야 한다. 근시는 근시의 정도가 심할수록 눈 속에 맺히는 초점이 망막으로부터 앞쪽으로 더 멀어져 가까운 곳의 잘 보이는 거리가 짧아지게 된다. 그러므로 ㉢에는 '앞쪽'이 들어가는 것이 적절하다.

12
정답 ④

문학 > 현대 문학 > 현대 소설 – 한자 성어 　　　 정답률 54%

| 정답해설 |

④ 선택률 54% 제시된 작품에서 ㉠은 불행한 일이 잇따라 일어난 상황을 나타낸다. '고장난명(孤掌難鳴)'은 '외손뼉만으로는 소리가 울리지 않는다.'라는 뜻으로, 상대 없이 싸울 수 없거나 혼자서는 일을 이룰 수 없음을 의미하므로 ㉠의 상황에 적절하지 않다.

| 오답해설 |

① 선택률 15% 설상가상(雪上加霜: 雪 눈 설/上 윗 상/加 더할 가/霜 서리 상): '눈 위에 또 서리가 내린다.'는 뜻으로, 어려운 일이 겹침을 이름 또는 '환난이 거듭됨'을 비유함.

② 선택률 14% 전호후랑(前虎後狼: 前 앞 전/虎 범 호/後 뒤 후/狼 이리 랑): '앞문에서 호랑이를 막고 있으려니까 뒷문으로 이리가 들어온다.'는 뜻으로, 재앙(災殃)이 끊임없이 닥침을 비유함.

③ 선택률 17% 화불단행(禍不單行: 禍 재앙 화/不 아닐 불/單 홑 단/行 다닐 행): '불행은 홀로 오지 않는다.'는 뜻으로, 재앙이란 늘 겹쳐 옴을 이르는 말

| 더 알아보기 ▶ 설상가상(雪上加霜) |

'설상가상(雪上加霜)'의 한자를 그대로 풀어 보면 눈 위에 서리가 내린다는 것으로, 계속해서 나쁜 일이 일어난다는 뜻이다. 흔히 '엎친 데 덮친 격', '눈 위에 서리 친다' 등과 뜻이 같다. 속담으로는 '재수 없는 놈은 뒤로 자빠져도 코가 깨진다'와 뜻이 같다. 원뜻은 '쓸데없는 참견(參見)'인데, 눈 내린 곳에 서리가 더 내려봤자 별 차이가 없다는 것이다.
　의미가 정반대인 한자 성어로는 좋은 것에 더 좋은 것을 더한다는 의미의 '금상첨화(錦上添花)'가 있다.

13 고난도 TOP2

| 어휘와 관용 표현 > 한자와 한자어 > 한자어와 고유어 | 정답률 40% |

| 정답해설 |

③ 선택률 40% '아수라장(阿修羅場: 阿 언덕 아/修 닦을 수/羅 벌일 라/場 마당 장)'은 싸움이나 그 밖의 다른 일로 큰 혼란에 빠진 곳, 또는 그런 상태를 뜻하는 한자어이다.

| 오답해설 |

①②④ 한자어와 고유어가 결합된 어휘이다.

① 선택률 13% 가욋돈(加外—): 정해진 기준이나 정도를 넘어서는 돈
  • 가외(加外)+돈(고유어)

② 선택률 29% 고자질(告者—): 남의 잘못이나 비밀을 일러바치는 짓
  • 고자(告者)+질(고유어)

④ 선택률 18% 관자놀이(貫子——): 귀와 눈 사이의 맥박이 뛰는 곳. 그곳에서 맥박이 뛸 때 관자가 움직인다는 데서 나온 말이다.
  • 관자(貫子)+놀이(고유어)

더 알아보기 ▶ 고유어와 한자어가 결합된 혼종어

가겟방(—房)	가루약(—藥)	가욋돈(加外—)
가위표(—標)	가정집(家庭—)	가짓수(—數)
가짜(假—)	갈비탕(—湯)	갑옷(甲—)
개다리소반(——小盤)	개망신(—亡身)	개수작(—酬酌)
겨울방학(—放學)	고깃간(—間)	공깃밥(空器—)
고자질(告者—)	공붓벌레(工夫——)	공짜(空—)
관자놀이(貫子——)	구들장(—張)	군식구(—食口)
그림책(—册)	꼭짓점(—點)	꽃병(—瓶)
난장판(亂場—)	느낌표(—標)	단벌(單—)
단팥죽(—粥)	닭장(—欌)	대물림(代——)
독버섯(毒—)	두붓국(豆腐—)	맥줏집(麥酒—)
문밖(門—)	물음표(—標)	반달(半—)
밥상(—床)	방고래(房—)	본받다(本——)
부항단지(附缸—)	북엇국(北魚—)	사글셋방(——貰房)
세뱃돈(歲拜—)	세숫대야(洗手——)	소줏집(燒酒—)
쌍둥이(雙——)	아래층(—層)	양파(洋—)
연못(蓮—)	왕때(王—)	원뿔(圓—)
윤달(閏—)	장밋빛(薔薇—)	전셋집(傳貰—)
정답다(情——)	청개구리(靑——)	총각무(總角—)
칫솔(齒—)	표준말(標準—)	호박죽(—粥)
화나다(火——)	흉하다(凶——)	흰죽(—粥)

14

정답 ③

| 문학 > 고전 문학 > 고전 시가 – 가사(주제) | 정답률 73% |

| 정답해설 |

③ 선택률 73% 정철의 「사미인곡」은 임금과 신하의 관계를 직접적으로 표출하지 않고, 임금을 임으로, 작가 자신을 임의 사랑을 받지 못하는 여인으로 설정하여 이별한 임을 그리워하는 여인의 마음을 표현한 가사이다. ③은 홍랑의 작품으로, 임과 이별한 화자가 자연물을 통해 임에 대한 그리움과 임이 자신을 잊지 않기를 바라는 마음을 표현하고 있다. '묏버들'은 화자의 분신으로, 임의 곁에 머물기를 바라는 화자의 마음을 드러내고 있다.

| 오답해설 |

① 선택률 10% 이황의 「도산십이곡(陶山十二曲)」 중 제9수로, 옛 성현의 삶을 따라 학문 수양을 하겠다는 의지를 표현하고 있다.

② 선택률 11% 조식의 작품으로, 벼슬을 하지 않고 산중에서 은거하는 몸이라 국록을 먹거나 군은(君恩)을 입은 바 없지마는 임금이 승하했다는 소식을 듣고 애도하는 마음을 적은 시조이다.

④ 선택률 6% 박인로의 「조홍시가(早紅柿歌)」로, 작가가 선조 34년 9월에 한음(漢陰) 이덕형(李德馨)을 찾아가 조홍시의 대접을 받았을 매, 회귤(懷橘) 고사(故事)를 생각하고 돌아가신 어버이를 슬퍼하여 지은 효도의 노래이다.

더 알아보기 ▶ 정철, 「사미인곡(思美人曲)」

> • 주제: 임금을 향한 일편단심, 연군지정(戀君之情)
> • 해제: 작가가 50세 되던 해에 조정에서 물러나 전남 창평에 은거(隱居)하며 불우한 생활을 하고 있을 때 지은 작품으로, 뛰어난 우리말 구사와 세련된 표현으로 속편인 '속미인곡'과 함께 가사 문학의 최고 걸작으로 꼽히고 있다. 임금과 신하의 관계를 직접적으로 표출하지 않고, 작가 자신을 임의 사랑을 받지 못하는 여인으로, 임금을 임으로 설정하여 외로운 신하의 처지와 임금을 향한 변함없는 충정을 애절하게 드러내고 있다.

15

정답 ②

| 문법과 어문 규정 > 어문 규정 > 표준어 규정 | 정답률 63% |

| 정답해설 |

② 선택률 63% 깡총깡총(×) → 깡충깡충(○)
'깡충깡충'은 짧은 다리를 모으고 자꾸 힘 있게 솟구쳐 뛰는 모양을 뜻하는 음성 상징어로, '강중강중'보다 세고 거센 느낌을 준다. 예전에는 '깡총깡총'으로 쓰기도 했지만, 양성 모음이 음성 모음으로 바뀌어 굳어진 단어는 음성 모음 형태를 표준어로 삼는 원칙에 따라 모음조화가 파괴된 '깡충깡충'을 표준어로 삼는다.

| 오답해설 |

① 선택률 22% 발가숭이: 표준어 규정 제2절 제8항에서는 "양성 모음이 음성 모음으로 바뀌어 굳어진 단어는 음성 모음 형태를 표준어로 삼는다."라고 규정하고 있다. 이에 따라 '발가송이'는 비표준어로 규정하고 '발가숭이'를 표준어로 인정하였다.

⊙ 옷을 모두 벗은 알몸뚱이. ⊙ 흙이 드러나 보일 정도로 나무나 풀이 거의 없는 산을 비유적으로 이르는 말. ⊙ 잎이 다 떨어져 가지가 드러나 보이는 나무를 비유적으로 이르는 말

③ **선택률 10%** 뻗정다리: '벋정다리'의 센말로서, '뻗정다리'와 '벋정다리'는 모두 표준어이다.

⊙ 구부렸다 폈다 하지 못하고 늘 벋어 있는 다리. 또는 그런 다리를 가진 사람. ⊙ 뻣뻣해져서 자유롭게 굽힐 수가 없게 된 물건

④ **선택률 5%** 오뚝이: '하다', '거리다'가 붙는 어근에 '이'가 붙어서 된 말은 그 원형을 밝히어 적는 원칙에 따라 '오뚝이'로 적는다. 양성 모음이 음성 모음으로 바뀌어 굳어진 단어는 음성 모음 형태를 표준어로 삼는 원칙에 따라 '오뚝이'를 표준어로 삼는다. '오뚜기'는 비표준어이다.

더 알아보기 ▶ 표준어 규정 제8항

양성 모음이 음성 모음으로 바뀌어 굳어진 다음 단어는 음성 모음 형태를 표준어로 삼는다.		
표준어	비표준어	비고
깡충–깡충	깡총–깡총	큰말은 '껑충껑충'임.
–둥이	–동이	귀–, 막–, 선–, 쌍–, 검–, 바람–, 흰–.
발가숭이	발가송이	센말은 '빨가숭이', 큰말은 '벌거숭이, 뻘거숭이'임.
보퉁이	보통이	
봉죽	봉족	~꾼, ~들다.
뻗정–다리	뻗장–다리	
아서, 아서라	앗아, 앗아라	하지 말라고 금지하는 말
오뚝–이	오똑–이	부사도 '오뚝이'임.
주추	주초	주춧–돌

16 정답 ④

문법과 어문 규정 > 현대 문법 > 주체 높임법   정답률 63%

| 정답해설 |

제시된 글은 주체 경어법에 대하여 설명하고 있다. 주체를 높이기 위해서는 첫째, 용언에 선어말 어미 '–시–'를 넣음으로써, 둘째, 여러 개의 용언이 함께 나타나는 경우에는 문장의 마지막 용언에 선어말 어미 '–시–'를 쓰고, 셋째, 여러 개의 용언 가운데 어휘적으로 높임의 용언이 따로 있는 경우에는 반드시 그 용언을 사용해야 한다는 것이다. 이 조건을 모두 포괄하고 있는 것은 ④이다.

④ **선택률 63%** '자다'의 높임말인 '주무시다'에 어휘적으로 높임의 용언이 사용되었고, '주무시고 가셨다'에서 여러 개의 용언이 함께 나타나는 경우로서 문장의 마지막 용언인 '가셨다'에 선어말 어미 '–시–'를 사용하고 있다. 따라서 제시된 글에서 설명하는 주체 경어법을 모두 포괄하는 예문이다.

| 오답해설 |

① **선택률 21%** '아프다' 대신 높임 어휘인 '편찮다'라는 용언에 주체 높임 선어말 어미 '–시–'를 사용하여 주체인 '할머니'를 높이고

있다. 그러나 여러 개의 용언이 함께 나타나는 경우에는 해당하지 않는다. 참고로, '–어요'는 어미 '–어'와 보조사 '요'가 결합한 종결 어미로서, 상대 높임법의 해요체(두루 높임)에 해당한다.

② **선택률 7%** '돌아보시고'와 '부탁하셨다'에 주체 높임 선어말 어미 '–시–'를 사용하여 주체인 '어머님'을 높이고 있다. 그러나 어휘적으로 높임의 용언은 사용되지 않았다. 참고로, '–께서'는 그 대상을 높임과 동시에 그 대상이 문장의 주어임을 나타내는 주격 조사이다.

③ **선택률 9%** '펴며 웃으셨다'에서 문장의 마지막 용언 '웃다'에 선어말 어미 '–시–'를 사용하여 주체인 '선생님'을 높이고 있다. 그러나 어휘적으로 높임은 용언은 사용되지 않았다.

군무원 VS 공무원 비교분석

일반 공무원 시험에서 경어법(敬語法)을 묻는 문제는 단순히 주체 높임, 객체 높임, 상대 높임 등을 구별하는 유형으로 출제된다. 그러나 이 문제는 주체 경어법의 세부 유형을 〈보기〉로 제시하고 〈보기〉에 나온 내용을 적용하는 유형으로 좀 더 세분화한 유형이라 할 수 있다.

17 정답 ②

비문학 > 독해 비문학 > 글의 전개 방식   정답률 50%

| 정답해설 |

② **선택률 50%** '유추'란 생소한 개념이나 매우 어렵고 복잡한 주제를 설명하고자 하는 경우 그 개념이나 주제를 보다 친숙하고 단순한 어떤 개념이나 주제와 하나씩 비교해 나가는 방식이다. 제시된 글에서는 유추의 방식은 나타나지 않는다.

| 오답해설 |

① **선택률 35%** 정의는 어떤 사물이나 개념의 내용이나 성격 등을 명확하게 규정하여 밝히는 진술 방법이다. 2문단에서 자막을 '관객이나 시청자가 읽을 수 있도록 화면에 보여 주는 글자'라고 정의하며 설명하고 있다.

③ **선택률 7%** 예시는 구체적인 예를 들어 설명하는 진술 방법이다. 1문단에서는 텔레비전에서 쓰이는 자막 중 뉴스의 경우를, 2문단에서 영화에서 쓰이는 자막의 경우를 예를 들어 설명하고 있다.

④ **선택률 8%** 대조는 서로 다른 대상의 차이점을 중심으로 설명하는 방법이다. 2문단에서 영화에서 쓰이는 자막과 텔레비전에서 쓰이는 자막의 용도상 차이점을 들어 설명하고 있다.

군무원 VS 공무원 비교분석

글의 전개 방식을 묻는 유형은 일반 공무원 시험이나 군무원 시험에서 모두 출제되는 유형으로, 일반적으로 문제의 난도가 높지 않다. 유추, 정의, 비교, 대조, 분류, 분석, 묘사, 서사, 인과 등의 전개 방식의 개념을 이해하면 된다.

18

정답 ①

| 비문학 > 독해 비문학 > 글의 순서 | 정답률 81% |

| 정답해설 |

① 선택률81% (가)의 앞부분에 제시된 문단에서는 최근 세계 각국의 정부들이 공격적인 환경보호 조치들을 취해왔음을 설명하고 있다. 이 내용의 다음에는 이러한 환경보호 조치들의 성과를 제시한 (나)가 이어지는 것이 자연스럽다. 그리고 (가)의 역접 '그러나'로 '이러한 규제 노력'이 '문제를 오히려 악화시키기도 했다.'로 연결되므로 (나)에서 언급한 세계 각국의 환경보호 조치가 부작용도 있음을 설명한 (가)가 나와야 한다. 그리고 (다)에서는 (가)에서 제시한 공격적인 환경보호 조치의 악화 사례를 예를 들어 설명하고 있으므로 (다)가 나오는 것이 자연스럽다.

더 알아보기 ▶ 글의 순서 유형

> 해당 문제의 난도는 높지 않으나, 장문으로 제시하여 글의 연결 순서를 묻는 문제는 수험생들이 어려워하는 유형이다. 문장과 문장, 문단과 문단의 연결은 곧 앞, 뒤 문장의 연결이다. 각 문장이나 문단의 처음에 제시된 접속어와 지시어 등을 보면서 내용상 논리적 흐름을 파악해야 한다. 또한 글의 앞부분에는 중심 화제나 일반적인 내용이 오고, 글의 마지막 부분에 주제, 주장, 강조, 당부의 말 등이 제시되므로 이에 따라 순서를 연결하는 것이 문제를 해결하는 방법이다.

19 고난도 TOP1

정답 ④

| 문학 > 현대 문학 > 현대 시 – 표현 기법 | 정답률 35% |

| 정답해설 |

④ 선택률35% 제시된 작품에서 밑줄 친 '흰 수건, 흰 고무신, 흰 저고리 치마, 흰 띠'는 흰색을 동질성으로 하여 우리 민족이 가장 즐겨 입던 옷 빛깔로, '백의민족(白衣民族)'으로 불리던 우리 민족을 상징한다. 이처럼 대상이나 사물의 명칭을 직접 쓰지 않고 사물의 일부분이나 특징으로 전체를 나타내는 방법을 일컬어 대유법(제유법, 환유법)이라 한다. 특히 어떤 사물 또는 사실을 표현하는 데에 그것과 관계 깊은 다른 사물을 이용하는 비유하는 방식은 환유법이다. ④는 한용운의 시 「나의 길」에 나오는 구절로, '칼날'은 '자기희생', '고통'과 같은 관념을 대치한 말이다. 이처럼 ④에는 하나의 관념이 그것과 연결되는 다른 관념을 대치하여 표현한 환유법이 쓰였다.

| 오답해설 |

① 선택률12% 서정주, 「국화 옆에서」의 한 구절로, '~같이, ~처럼, ~듯이, ~인 양, ~마냥' 등을 써서 원관념과 보조 관념을 직접 연결하는 것은 직유법이다.

② 선택률19% 김광섭, 「마음」의 한 구절로, 원관념과 보조 관념을 동일시하여 'A는 B이다'의 구성으로 표현한 은유법에 해당한다.

③ 선택률34% 나희덕, 「땅끝」의 한 구절로, 무생물인 '파도'에 생물적 특성을 부여하여 살아 있는 생물처럼 나타내는 활유법에 해당한다.

더 알아보기 ▶ 윤동주, 「슬픈 족속(族屬)」

> • 주제: 부정적 현실의 극복 의지
> • 해제: 일제 치하라는 시대적 어둠에 의연하게 삶을 살다간 윤동주 시인의 짧은 시이다. 일체의 감정이 배제된 2연 4행의 지극히 간결한 시로, 이러한 간결함 속에 의연한 자세가 묻어난다. 흰색은 '백의민족(白衣民族)'으로 불리던 우리 민족이 가장 즐겨 입던 옷 빛깔로 우리 민족을 상징한다. '흰'이란 말을 네 번이나 열거함으로써 일제 치하를 극복하고자 하는 백의민족의 의연한 삶의 자세가 잘 드러나고 있다. 또 '수건, 고무신, 저고리, 치마, 띠'를 걸친 여성은 슬픈 동족 전체를 대변한다. 이 여인네의 '검은 머리, 거친 발, 슬픈 몸집, 가는 허리'는 일제 치하의 민족의 고달픈 현실을 상징하는 시어로 볼 수도 있다.

군무원 vs 공무원 비교분석

> 대유법은 환유법과 제유법으로 구분할 수 있다. 일반 공무원 시험에서는 대체로 구분 없이 대유법을 묻는 유형으로 출제되는데, 군무원 시험에서는 세부적인 표현법까지 묻고 있다. 이미 2020년 군무원 9급에서는 환유법을 묻는 문항이 출제되었다. 따라서 환유법과 제유법을 명확히 구별해서 학습해야 한다.

20

정답 ①

| 문법과 어문 규정 > 어문 규정 > 맞춤법 | 정답률 69% |

| 정답해설 |

① 선택률69% 공기밥(×) → 공깃밥(○)
'공기에 담은 밥'을 뜻하는 '공깃밥(空器–)'은 한자어 공기(空器)와 고유어 '밥'의 합성어로 앞말이 모음으로 끝나고 뒷말의 첫소리가 [공기빱/공긷빱]처럼 된소리로 나는 경우이므로 사이시옷을 받치어 '공깃밥'으로 적는다.

| 오답해설 |

② 선택률8% '인사말(人事–)'은 [인산말]로 발음되지 않고 [인사말]로 발음된다. 따라서 사이시옷이 들어가야 할 조건이 아니므로 '인사말'이 올바른 표현이다.

③ 선택률17% '일이 벌어진 뒤나 끝난 뒤끝을 처리하는 일'을 뜻하는 '뒤처리(–處理)'는 [뒤:처리]로 발음한다. 뒷말의 첫소리가 'ㅊ'과 같은 거센소리인 경우에는 사이시옷을 받쳐 적지 않는다. 따라서 '뒤처리'로 적는다.

④ 선택률6% '편지글'은 [편지끌]과 같이 된소리로 발음하지 않고 [편:지글]로 발음하므로 사이시옷을 받쳐 적지 않는다. 따라서 '편지글'로 적는다.

군무원 vs 공무원 비교분석

> 사이시옷 표기와 관련된 문제는 꾸준히 출제되므로 사이시옷 표기 규정을 명확하게 이해해야 한다. 또한 한글 맞춤법과 표준어 규정은 일반적으로 함께 출제되는데, 일반 공무원 시험에서는 1문항 출제되는 데 비해 군무원 시험에서는 2문항이 출제되기도 한다. 따라서 한글 맞춤법, 표준어 규정은 반드시 학습해야 한다.

21 정답 ②

문학 > 고전 문학 > 고전 산문 – 수필   정답률 57%

| 정답해설 |

② 선택률 57% '나'는 냇물 소리를 구별해서, '마음속에 품은 뜻이 귀로 소리를 받아들여 만들어 낸 것일 따름'이라고 주장하고 있다. 즉 귀에 들려오는 냇물 소리가 감각 기관과 마음의 상황 변화에 따라 다르다는 사실을 경험적으로 인식하고 있다. 따라서 세심한 관찰을 통해 사물의 본질을 이해하는 것이 아니라 사물을 정확하게 인식하기 위해서는 눈과 귀와 같은 감각 기관에 의지하여 세상을 바라보지 않고 마음을 다스리며 사물을 이성적으로 바라보아야 한다는 점을 강조한 것이다.

| 오답해설 |

① 선택률 16% 2문단에서 냇물 소리를 '수레와 말, 대포와 북의 소리'로 비유하는 은유법이 쓰였다. 또한 3문단에서 냇물의 소리를 '~같은, ~듯한, ~것처럼' 등의 직유법을 통해 묘사하고 있다.

③ 선택률 7% 3문단에서 '나는 문을 닫고 드러누워 그 냇물 소리를 구별해서 들어 본 적이 있었다.'로 시작하여 일상에서의 경험을 자기 생각의 근거로 제시하고 있다.

④ 선택률 20% 1문단에서 '어떤 사람은 이곳이 옛 전쟁터였기 때문에 물소리가 그렇다고 말하나 그래서가 아니라 물소리는 듣기 여하에 달린 것이다.'라고 말하고 있다. 따라서 제시된 글은 '이곳이 옛 전쟁터였기 때문에 물소리가 그렇다고 말하'는 다른 이의 생각을 반박하기 위하여 서술하였음을 알 수 있다.

더 알아보기 ▶ 박지원, 「일야구도하기(一夜九渡河記)」

- 주제: 외물(外物: 바깥 세계의 사물)에 현혹되지 않는 삶의 자세
- 해제: 이 작품은 연암 박지원이 청나라에 다녀온 경험을 쓴 「열하일기(熱河日記)」 중 「산장잡기(山莊雜記)」에 실려 있는 글로, 강물과 관련된 경험을 통해 외부의 사물에 대한 감각 기관과 마음의 상관관계를 설명하고 있다. 제목인 「일야구도하기(一夜九渡河記)」는 '하룻밤에 아홉 번 강을 건넌 기록'이라는 뜻으로, 글쓴이는 강을 건너는 것에 대해 느끼는 두려움은 감각과 외물에 현혹되었기 때문이라고 말하며 사물을 정확하게 인식하기 위해서는 눈과 귀와 같은 감각 기관에 의지하여 세상을 바라보지 않고 마음을 다스리며 사물을 이성적으로 바라보아야 한다는 점을 강조하고 있다.

22 정답 ②

문법과 어문 규정 > 현대 문법 > 의미론 – 어휘의 문맥적 의미   정답률 70%

| 정답해설 |

② 선택률 70% '보다'는 '어떤 일을 당하거나 겪거나 얻어 가지다.'라는 의미로 쓰였다.

| 오답해설 |

①③④ 선택률 10% 선택률 8% 선택률 12% '보다'는 '대상을 평가하다'라는 의미로 쓰였다.

더 알아보기 ▶ 다의어 '보다'의 의미

- 어떤 일을 당하거나 겪거나 얻어 가지다.
  예 손해를 보면서 물건을 팔 사람은 없다.
- 대상을 평가하다.
  예 도대체 사람을 뭐로 보고 그런 말씀을 하십니까?
  날씨가 좋을 것으로 보고 우산을 놓고 나왔다.
- 신문, 잡지 따위를 구독하다.
  예 보던 신문을 끊고 다른 신문으로 바꾸다.
- 음식 맛이나 간을 알기 위하여 시험 삼아 조금 먹다.
  예 장맛을 보면 그 집의 음식 솜씨를 알 수 있다.
- 남의 결점 따위를 들추어 말하다.
  예 다른 사람의 흉을 본다.
- 남의 결점이나 약점 따위를 발견하다.
  예 남의 단점을 보기는 쉬우나 자기의 단점을 보기는 어렵다.
- 기회, 때, 시기 따위를 살피다.
  예 기회를 봐서 부모님께 말씀드리는 게 좋겠다.
- 물건을 팔거나 사다.
  예 아이들과 함께 시장을 보고 왔다.
- 고려의 대상이나 판단의 기초로 삼다.
  예 너를 보고 하는 말이 아니야.
- 무엇을 바라거나 의지하다.
  예 사람을 보고 결혼해야지 재산을 보고 결혼해서야 되겠니?

23 정답 ④

비문학 > 이론 비문학 > 화법 – 공손성의 원리   정답률 74%

| 정답해설 |

공손성의 원리 중 동의의 격률이란 자신의 의견과 다른 사람의 의견 사이의 다른 점을 최소화하고 자신의 의견과 다른 사람의 의견 사이의 일치점을 극대화하라는 것이다.

④ 선택률 74% '을'은 '갑'의 의견에 대해 먼저 그 침대가 크고 우아해서 좋다고 동의하며 의견의 일치를 보인 후, '좀 커서 우리 방에 들어가지 않을 것'이라며 의견 차이를 최소화하고 있다.

| 오답해설 |

① 선택률 7% '갑'은 '을'에게 요청 사항을 의문문으로 표현하여 상대방에게 부담이 되는 표현은 최소화하고 상대방의 이익을 극대화시키는 요령의 격률을 지키고 있다. 요령의 격률은 상대방이 듣기 싫어하는 말을 하는 것보다는 상대방이 듣기 좋은 말을 하는 것이 예의를 갖춘 것이라는 생각을 바탕으로 한 격률이다. 이에 반해 '을'은 '갑'의 요청을 거절하고 있으므로 동의의 격률을 지키고 있지 않다.

② 선택률 6% '을'은 '갑'의 말을 듣지 못한 책임을 자신의 부주의 탓으로 돌려서 자신의 부담을 최대화하는 대신 상대방의 부담을 최소화하여 관용의 격률을 지키고 있다.

③ 선택률 13% '갑'과 '을' 모두 자신이 부족한 사람이라고 말하며 자신에 대한 칭찬은 최소화하고 비방을 극대화하는 겸양의 격률을 지키고 있다.

상대에게 공손하지 않은 표현은 최소화하고 공손한 표현은 최대화하는 원리를 말한다.
- 요령의 격률: 상대방에게 부담이 되는 표현은 최소화하고, 상대방의 이익을 극대화하는 표현을 최대화하는 것
- 관용의 격률: 화자 자신에게 혜택을 주는 표현은 최소화하고, 부담을 주는 표현을 최대화하는 것
- 찬동의 격률: 다른 사람에 대한 비방은 최소화하고, 칭찬을 극대화하는 것
- 겸양의 격률: 자신에 대한 칭찬은 최소화하고, 비방을 극대화하는 것
- 동의의 격률: 다른 사람과의 의견 차이를 최소화하고, 일치점을 극대화하는 것

24
정답 ①

| 어휘와 관용 표현 > 순우리말 > 한자어와 고유어 | 정답률 56% |

| 정답해설 |

① 선택률 56% '동냥'은 거지나 동냥아치가 돌아다니며 돈이나 물건 따위를 거저 달라고 비는 일. 또는 그렇게 얻은 돈이나 물건을 의미하며 불교에서 승려가 시주(施主)를 얻으려고 돌아다니는 일을 뜻하는 고유어이다.

| 오답해설 |

② 선택률 24% 구걸(求乞: 求 구할 구/乞 빌 걸): 돈이나 곡식, 물건 따위를 거저 달라고 빎.

③ 선택률 12% 중생(衆生: 衆 무리 중/生 날 생): ㉠ 많은 사람. ㉡ [불교] 모든 살아 있는 무리

④ 선택률 8% 자비(慈悲: 慈 사랑할 자/悲 슬플 비): ㉠ 남을 깊이 사랑하고 가엾게 여김. 또는 그렇게 여겨서 베푸는 혜택. ㉡ [불교] 중생에게 즐거움을 주고 괴로움을 없게 함.

군무원 VS 공무원 비교분석

혼종어를 묻는 13번 문항과 유사한 문항 유형이라 할 수 있다. 일반적으로 우리말 어휘는 고유어의 뜻풀이나 문맥적 쓰임을 묻는 유형으로 출제되는데, 군무원 시험에서는 한자어와 고유어를 구별하는 유형으로 출제되기도 한다. 평상시 국어사전을 활용하여 어휘 학습을 꾸준히 해야 한다.

25
정답 ④

| 문법과 어문 규정 > 어문 규정 > 로마자 표기법 | 정답률 69% |

| 정답해설 |

④ 선택률 69% 국어의 로마자 표기는 국어의 표준 발음법에 따라 적는 것을 원칙으로 한다. '북한산'은 [부칸산]으로 발음한다. 하지만 체언에서 'ㄱ, ㄷ, ㅂ' 뒤에 'ㅎ'이 따를 때에는 'ㅎ'을 밝혀 적는다. 따라서 '북한산'은 표기대로 'Bukhansan'으로 표기한다.

| 오답해설 |

① 선택률 9% 복연필 Bok Nyeonphil(×) → Bok Yeonpil(Bok Yeon-pil)(○)
인명은 성과 이름의 순서로 띄어 쓰고, 이름은 붙여 쓰는 것을 원칙으로 하되 음절 사이에 붙임표(-)를 쓰는 것을 허용한다. 또한 이름에서 일어나는 음운 변화는 표기에 반영하지 않는다. 따라서 '복연필'은 'Bok Yeonpil'이 원칙, 'Bok Yeon-pil'의 표기를 허용한다.

② 선택률 14% 청와대 Chungwadae(×) → Cheongwadae(○)
'청와대'는 [청와대]로 발음하고, 모음 'ㅓ'는 'eo'로 표기한다. 따라서 '청와대'는 'Cheongwadae'로 표기한다.

③ 선택률 8% 한라산 Hanrasan(×) → Hallasan(○)
'한라산'은 유음화 현상에 따라 [할:라산]으로 발음한다. 장모음의 표기는 하지 않고, 음운 변화가 일어날 때에는 변화의 결과에 따라 표기하므로 '한라산'은 'Hallasan'으로 표기한다.

군무원 VS 공무원 비교분석

로마자 표기법을 묻는 문항은 기본적인 표기 원리를 이해하면 쉽게 풀 수 있을 있을 정도로 난도가 높지 않다. 다만, 군무원 시험에서는 꾸준히 출제되는 영역이므로 표기상 원리와 자주 출제되는 어휘들을 중심으로 학습하면 된다.

2021.07.24. 국방부(육·해·공군) 시행

9급 군무원 국어

| 전체 난이도 및 합격선

전체 난이도	합격선
中	84점

| 기출총평

2021년 9급 군무원 시험은 영역별로 고르게 출제되었으나, 군무원 시험만의 특징을 보이는 문법과 어문 규정의 출제비중은 여전히 높았다. 또한 전년도에 비하여 전체적으로는 쉬운 편이었으나 몇몇 고난도의 문제가 수험생들에게 어려움을 주었을 것이다.

한글 맞춤법, 표준 발음법, 외래어 표기법, 로마자 표기법, 띄어쓰기 등의 어문 규정은 군무원 시험에서 매년 꾸준히 출제되는데, 이번 시험에서도 7문항이 출제되었다. 문학은 2020년에 현대 문학에서 1문항이 출제된 것에 비해 6문항으로 출제문항 수가 증가하였다. 현대 시 조지훈의 「완화삼」과 현대 소설 황석영의 「삼포 가는 길」, 고전 가사 정극인의 「상춘곡」 등은 어렵지 않게 출제되었으나, 한자 성어를 묻는 유형으로 출제된 을지문덕의 「여수장우중문시(與隋將于仲文詩)」는 한시 원문으로 출제되어 체감 난도를 높였다. 비문학은 글의 순서 연결, 접속어, 내용 파악(일치/불일치 유형), 중심 내용 파악, 빈칸에 적절한 어휘 넣기 등이 평이한 수준으로 출제되었다. 그러나 현대 문법에서 합성어의 구성 성분을 묻는 문제와 한자 어휘 문제는 쉽지 않은 유형이었다고 할 수 있다. 특히 한자 어휘는 일상적으로 사용하는 생활 한자어가 아닌 전문 용어가 출제되어 난도를 높였다.

| 영역별 출제비중

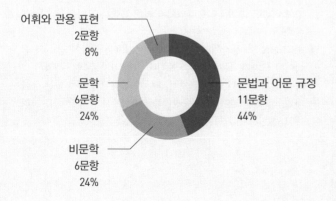

어휘와 관용 표현
2문항
8%

문학
6문항
24%

비문학
6문항
24%

문법과 어문 규정
11문항
44%

| 문항 분석

		카테고리	출제수	정답률
	1	문법과 어문 규정 > 어문 규정 > 맞춤법	47회	70%
	2	문법과 어문 규정 > 어문 규정 > 띄어쓰기	24회	76%
고난도 TOP2	3	어휘와 관용 표현 > 한자와 한자어 > 한자어	27회	44%
	4	문법과 어문 규정 > 현대 문법 > 의미론 – 어휘의 사전적 의미	11회	79%
	5	문법과 어문 규정 > 현대 문법 > 의미론 – 어휘의 사전적 의미	11회	68%
고난도 TOP1	6	비문학 > 독해 비문학 > 글의 순서	13회	43%
	7	문법과 어문 규정 > 어문 규정 > 맞춤법	47회	71%
	8	비문학 > 독해 비문학 > 접속어	4회	86%
	9	문법과 어문 규정 > 어문 규정 > 외래어 표기법	12회	86%
	10	문학 > 고전 문학 > 고전 시가 – 가사	10회	57%
	11	문학 > 고전 문학 > 고전 시가 – 가사	10회	67%
	12	문법과 어문 규정 > 현대 문법 > 맞춤법	47회	63%
	13	문법과 어문 규정 > 어문 규정 > 로마자 표기법	16회	81%
고난도 TOP3	14	문법과 어문 규정 > 어문 규정 > 문장 부호	6회	53%
	15	비문학 > 독해 비문학 > 빈칸 어휘 추론	6회	97%
	16	비문학 > 독해 비문학 > 글의 순서	13회	61%
	17	비문학 > 독해 비문학 > 내용 확인하기	22회	93%
	18	문법과 어문 규정 > 현대 문법 > 단어	5회	65%
	19	문학 > 현대 문학 > 현대 소설	26회	94%
	20	문학 > 현대 문학 > 현대 소설	26회	82%
	21	문학 > 고전 문학 > 고전 시가 – 시조(한자 성어)	12회	54%
	22	어휘와 관용 표현 > 관용 표현 > 속담	9회	81%
	23	문학 > 현대 문학 > 현대 시	37회	62%
	24	문법과 어문 규정 > 어문 규정 > 표준 발음법	18회	79%
	25	비문학 > 독해 비문학 > 주제	17회	95%

※ 고난도 TOP1 는 해당 회차에서 정답률이 가장 낮은 문항입니다.

01	②	02	④	03	②	04	④	05	③
06	①	07	④	08	③	09	②	10	②
11	②	12	①	13	④	14	②	15	④
16	③	17	②	18	①	19	④	20	③
21	③	22	①	23	①	24	①	25	②

01
정답 ②

| 문법과 어문 규정 > 어문 규정 > 맞춤법 | 정답률 70% |

| 정답해설 |

② 선택률 70% 내노라하는(×) → 내로라하는(○)

'어떤 분야를 대표할 만하다.'를 뜻하는 표준어는 '내로라하다'이다. 어원적으로 '나[我]+-이-+-오-+-다'에서 온 것인데, 중세 국어에서는 '-오-'가 서술격 조사 '이다'의 어간 '이-' 뒤에서 '-로-'로 바뀌고, 평서형 종결 어미 '-다'가 선어말 어미 '-오-' 뒤에서 '-라'로 바뀌는 현상에 의해 '내로라'가 된 것이다. 따라서 '내노라'로 쓰는 것은 옳지 않다.

| 오답해설 |

① 선택률 3% • 갈음하다: 다른 것으로 바꾸어 대신하다.
• 가름하다: ㉠ 쪼개거나 나누어 따로따로 되게 하다. ㉡ 승부나 등수 따위를 정하다.

③ 선택률 8% • 겉잡다: 겉으로 보고 대강 짐작하여 헤아리다.
• 걷잡다: ㉠ 한 방향으로 치우쳐 흘러가는 형세 따위를 붙들어 잡다. ㉡ 마음을 진정하거나 억제하다.

④ 선택률 19% • 부딪치다: '부딪다'를 강조하여 이르는 능동사이다. 이에 따라 '부딪치다'가 쓰이는 문맥에서는 '그'의 행위를 '능동, 의도적(= 그렇게 하다), 주체 스스로(다른 힘에 의한 것이 아닌) 움직이거나 작용한 현상 그대로' 등으로 해석할 수 있는 뜻이 내포되어 있다.
• 부딪히다: '부딪다'의 피동사이다. 따라서 '부딪히다'가 쓰이는 문맥에서는 주체의 행위가 '피동, 비의도적(= 당하다/결과적으로 그렇게 되다), 다른 힘에 의해, 다른 힘에 의하여 움직이게 된 현상' 등으로 해석할 수 있는 뜻이 내포되어 있다.

02
정답 ④

| 문법과 어문 규정 > 어문 규정 > 띄어쓰기 | 정답률 76% |

| 정답해설 |

④ 선택률 76% 돕기는∨커녕(×) → 돕기는커녕(○)

• '는커녕'은 앞말을 지정하여 어떤 사실을 부정하는 뜻을 강조하는 보조사로서, 보조사 '는'에 보조사 '커녕'이 결합한 말이다. 따라서 앞말에 붙여 써야 한다.
• '생각만'의 '만'은 보조사이므로 뒤에 동사 '하다'는 띄어 써야 한다.

| 오답해설 |

① 선택률 4% • 모르는∨척하고(원칙) / 모르는척하고(허용)
관형사형 어미 뒤에 '척하다'는 보조 동사이므로 띄어 쓴다. 다만, 본용언 '모르는'과 붙여 쓰는 것을 허용한다.
• '넘어가다'는 '넘-(동사의 어간) + -어(연결 어미) + 가다'의 구성으로 된 통사적 합성어이다.
• 관형사형 어미 뒤에 '만'은 의존 명사이며, 조사가 결합한 경우 뒤에 '하다'는 띄어 쓴다.

② 선택률 7% • 몇: 관형사로 뒤에 나오는 명사와 띄어 쓴다.
• 등(等): 등급이나 석차를 나타내는 단위를 의미하는 의존 명사이므로 앞말과 띄어 쓴다.
• 일지: '이-(서술격 조사의 어간)+-ㄹ지(연결 어미)'의 구성이다.

③ 선택률 13% • 데: '일'이나 '것', '곳, 장소, 경우'의 뜻을 나타내는 경우 의존 명사이므로 띄어 쓴다.
• 삼∨일(원칙) / 삼일(허용)
한글 맞춤법 제43항에 따라 단위를 나타내는 명사는 앞말과 띄어 쓰는 것이 원칙이지만, 연월일은 붙여 적는 것이 허용된다. 날을 세는 단위인 '일'의 경우에도 '삼 일'(원칙), '삼일'(허용)처럼 적을 수 있다.

03 고난도 TOP2
정답 ②

| 어휘와 관용 표현 > 한자와 한자어 > 한자어 | 정답률 44% |

| 정답해설 |

② 선택률 44% ㉡ 보판(保版)(×) → 보판(補版)(○)

• 보판(保版: 保 지킬 보 / 版 판목 판): 인쇄판을 해체하지 아니하고 보관하여 둠
• 보판(補版: 補 기울 보 / 版 판목 판): 목판이 오래되어 문자에 마멸이 심하게 생겨 판독할 수 없거나 분실된 판목이 생겨 뒤에 다시 보충한 것

| 오답해설 |

① 선택률 19% ㉠ 훼손(毀損: 毀 헐 훼 / 損 덜 손): ㉠ 체면이나 명예를 손상함. ㉡ 헐거나 깨뜨려 못 쓰게 만듦.

③ 선택률 21% ㉢ 매목(埋木: 埋 묻을 매 / 木 나무 목): ㉠ 오랫동안 흙이나 물속에 파묻혀서 화석(化石)과 같이 된 나무. ㉡ 나무를 깎아서 만든 쐐기. 재목 따위의 갈라진 틈이나 구멍을 메우는 데 쓴다.

④ 선택률 16% ㉣ 상감(象嵌: 象 코끼리 상 / 嵌 산골짜기 감): ㉠ 금속이나 도자기, 목재 따위의 표면에 여러 가지 무늬를 새겨서 그 속에 같은 모양의 금, 은, 보석, 뼈, 자개 따위를 박아 넣는 공예 기법. ㉡ 연판(鉛版)이나 동판(銅版) 따위에서 수정할 곳을 도려내고 옳은 활자를 끼워 판을 고치는 일

04

정답 ④

| 문법과 어문 규정 > 현대 문법 > 의미론 – 어휘의 사전적 의미 | 정답률 79% |

| 정답해설 |

④ 선택률 79% 동사인 '고르다 1'과 '고르다 2'는 현재 진행형인 '~고 있다' 등과 결합하여 사용할 수 있지만, 형용사인 '고르다 3'은 '~고 있다'와의 결합이 불가능하다.

| 오답해설 |

① 선택률 6% 동음이의어(同音異義語)란 소리는 같고 뜻이 다른 단어이다. 제시된 '고르다'는 서로 의미의 연관성이 없으며, 국어사전에 각각의 표제어로 등재된다. 따라서 각각의 표제어로 구분된 '고르다 1', '고르다 2', '고르다 3'은 서로 동음이의어이다.

② 선택률 11% '고르다 1', '고르다 2', '고르다 3'은 모두 '고르-+-아 = 골라'처럼 어간의 끝음 '으'가 탈락하고, 'ㄹ'이 덧생겨 'ㄹㄹ' 형태가 되는 '르' 불규칙 활용을 한다.

③ 선택률 4% 다의어란 하나의 단어가 문맥에 따라 다양한 의미로 확장되어 쓰이며, 하나의 표제어 안에 번호로 구분된다. '고르다 2'와 '고르다 3'은 표제어 안에 「1」과 「2」의 의미로 구분되어 쓰이므로 다의어이다. 그러나 '고르다 1'은 표제어 안에 의미에 따른 구분이 없으므로 다의어가 아니다.

더 알아보기 ▶ 다의어와 동음이의어의 구분

사전에서 다의어는 하나의 표제어로, 동음이의어는 다른 표제어로 삼는다. 그러나 다의어와 동음이의어를 구분하는 것은 쉽지 않다. 다의어와 동음이의어의 의미상의 한계가 분명하지 않은 경우가 많기 때문이다. 원칙적으로 다의어는 어원이 동일하고, 공시적으로 의미들이 서로 관련이 있다. 그리고 동음이의어는 어원이 다르고, 공시적으로 의미들이 관련이 없다. 이러한 점을 유의하여 의미를 구별하는 연습을 해야 한다.

05

정답 ③

| 문법과 어문 규정 > 현대 문법 > 의미론 – 어휘의 사전적 의미 | 정답률 68% |

| 정답해설 |

③ 선택률 68% '고르다 2'의 「2」는 '붓이나 악기의 줄 따위가 제 기능을 발휘하도록 다듬거나 손질하다.'라는 뜻이다. 이와 같이 '제 기능을 하도록 다듬다.'의 의미로 쓰인 것은 ③의 '고르다'이다.

| 오답해설 |

① 선택률 29% '고르다 2'의 「1」의 의미이다.

② 선택률 2% '고르다 3'의 「2」의 의미이다.

④ 선택률 1% '고르다 1'의 의미이다.

더 알아보기 ▶ 동사 '고르다'와 형용사 '고르다'

- 고르다: [동사] 여럿 중에서 가려내거나 뽑다.
  예 하연이는 마음에 드는 물건을 골랐다.
- 고르다: [동사]
  ㉠ 울퉁불퉁한 것을 평평하게 하거나 들쭉날쭉한 것을 가지런하게 하다.
  예 울퉁불퉁한 곳을 흙으로 메워 판판하게 골라 놓았다.
  ㉡ 붓이나 악기의 줄 따위가 제 기능을 발휘하도록 다듬거나 손질하다.
  예 그는 가쁘게 몰아쉬던 숨을 고르고 있다.
- 고르다: [형용사]
  ㉠ 여럿이 다 높낮이, 크기, 양 따위의 차이가 없이 한결같다.
  예 이익을 고르게 분배하다.
  ㉡ 상태가 정상적으로 순조롭다.
  예 고르지 못한 날씨에 건강은 어떠하신지요?

06 고난도 TOP1

정답 ①

| 비문학 > 독해 비문학 > 글의 순서 | 정답률 43% |

| 정답해설 |

① 선택률 43% 제시된 문장은 '문학의 범위를 좁게 잡는 것'을 화제로 제시하고 있다. (가)는 '문학의 범위'에 대해 일반론을 제시하고 있고, (나)~(라)는 모두 '문학의 범위를 좁게 잡은 것'에 대해 부연 설명하고 있다. 따라서 (가) 뒤에 제시된 문장이 위치하고 나머지 내용이 이어지는 것이 가장 자연스럽다.

군무원 vs 공무원 비교분석

글의 순서를 연결하는 문제는 군무원 시험뿐만 아니라 여러 공무원 시험에서도 꾸준히 출제되고 있으므로 기출문제와 유제문제를 풀면서 연습을 해야 한다. 글의 순서를 배열할 때는 먼저 각 문장이나 문단의 가장 앞에 제시되는 접속어나 지시어를 찾는다. 그리고 문장과 문장의 연결 관계를 파악해야 한다. 또한 여러 문장 중에서 일반적 진술과 구체적 진술을 파악해서 일반적 진술을 앞으로 배치한다.

07

정답 ④

| 문법과 어문 규정 > 어문 규정 > 맞춤법 | 정답률 71% |

| 정답해설 |

④ 선택률 71% '비율'을 뜻하는 한자 접미사 '-率'은 모음이나 'ㄴ' 받침 뒤에서는 '-율', 'ㄴ'을 제외한 자음 받침 뒤에서는 '-률'로 표기한다.

┌ -율: 감소율, 소화율, 할인율, 백분율, 출산율
└ -률: 경쟁률, 사망률, 입학률, 출생률, 취업률

| 오답해설 |

① 선택률 6% 뺐겼나(×) → 뺏겼나(○)
동사 '빼앗기다'의 준말은 '뺏기다'이다. 따라서 '뺏기-+-었나 → 뺏겼나'가 된다.

② **선택률 12%** 하룻동안(×) → 하루 동안(○)

'동안'은 어느 한때에서 다른 한때까지 시간의 길이를 뜻하는 명사로, '하루'와 '동안'은 각각의 단어이다. 그러므로 '하루 동안'과 같이 띄어 쓴다.

참고로, 한글 맞춤법의 사이시옷 규정에 따라 사이시옷을 받치어 '하룻-'과 같은 형태로 적는 합성어에는 '초하룻날, 하룻길, 하룻날, 하룻밤, 하룻볕' 등이 있다.

③ **선택률 11%** 번번히(×) → 번번이(○)

이 문장의 경우 '매 때마다'를 뜻하는 부사 '번번이'가 사용되어야 한다. '번(番)'은 일의 횟수를 세는 단위성 의존 명사로 명사 첩어 뒤에서는 부사화 접사 '-이'를 붙여 부사를 만든다. 또한 끝소리가 분명히 '-이'로 나는 경우이므로 '번번히'로 적지 않고 '번번이'로 적는다(한글 맞춤법 제51항). '번번이'는 '구김살이나 울퉁불퉁한 데가 없이 편편하게 번듯하게'를 뜻하는 부사이다.

더 알아보기 ▶ 부사화 접사 '-이'(한글 맞춤법 제51항)

> 부사의 끝음절이 분명히 '이'로만 나므로 '-이'로 적는 단어는 다음과 같다.
> - 가붓이, 깨끗이, 나붓이, 느긋이, 둥긋이, 따뜻이, 반듯이, 버젓이, 산뜻이, 의젓이
> - 가까이, 고이, 날카로이, 대수로이, 번거로이
> - 많이, 적이, 헛되이
> - 겹겹이, 번번이, 일일이, 집집이, 틈틈이

08
정답 ③

| 비문학 > 독해 비문학 > 접속어 | 정답률 86% |

| 정답해설 |

③ **선택률 86%** ㉠의 앞에서는 골턴의 주장을 제시하고, 뒤에서는 그의 주장은 편견을 가지고 있었고 설득력이 떨어진다고 비판하고 있다. 따라서 ㉠에는 앞 문장과 뒤의 문장이 반대되는 관계를 나타내는 역접 접속어 '그러나', '그렇지만', '하지만' 등이 들어가는 것이 적절하다. ㉡의 앞에서는 골턴의 주장이 시대적 편견을 가지고 있었다는 이유를 제시하고 뒤에서는 그 결과로 오늘날에는 설득력이 떨어진다고 설명하고 있다. 따라서 ㉡에는 인과 관계를 나타내는 접속어인 '따라서', '그래서', '그러므로' 등이 들어가는 것이 적절하다.

| 오답해설 |

① **선택률 8%** 그리하여: 앞의 내용이 뒤의 내용의 원인이거나 앞의 내용이 발전하여 뒤의 내용이 전개될 때 쓰는 접속 부사
② **선택률 4%** 그리고: 단어, 구, 절, 문장 따위를 병렬적으로 연결할 때 쓰는 접속 부사
④ **선택률 2%** 그런데: 화제를 앞의 내용과 관련시키면서 다른 방향으로 이끌어 나갈 때 쓰는 접속 부사

09
정답 ②

| 문법과 어문 규정 > 어문 규정 > 외래어 표기법 | 정답률 86% |

| 정답해설 |

② **선택률 86%** • 벤젠(benzene): 탄화수소의 기본이 되는 화합물 벤즈엔(×), 벤제네(×)
• 시너(thinner): 페인트를 칠할 때 도료의 점성도를 낮추기 위하여 사용하는 혼합 용제로, 이 단어는 발음이 [θínə:]이다. 이에 따라 표기하면, '신나'가 아니라 '시너'가 옳다.
• 알코올(alcohol): 이 단어의 발음은 [ǽlkəhɔl]이다. 이에 따르면, '앨커홀'이 옳은 표기이나, 그동안 써 온 관례를 존중하여 '알코올'을 올바른 표기로 정하였다. 특히 세 음절로 표기한 것은 원말의 음절 수를 고려했기 때문이다. 알콜(×)

| 오답해설 |

① **선택률 1%** • 리모콘(×) → 리모컨(remote control)(○): 'remote control'을 원어민 발음을 토대로 표기하면 '리모트 컨트롤'이기 때문에 이에 맞춰 '리모컨'으로 표기한다.
• 버턴(×) → 버튼(button)(○): 전기 장치에 전류를 끊거나 이어 주거나 하며 기기를 조작하는 장치. 버톤(×)
③ **선택률 4%** • 코드(cord): 가느다란 여러 개의 구리줄을 절연 재료로 싼 전깃줄
• 컨센트(×) → 콘센트(concentric plug)(○): 전기 배선과 코드의 접속에 쓰는 기구
④ **선택률 9%** • 썬루프(×) → 선루프(sunroof)(○): 바깥의 빛이나 공기가 차안으로 들어오도록 조절할 수 있는 승용차의 지붕
• 스폰지(×) → 스펀지(sponge)(○): 생고무나 합성수지로 해면(海綿)처럼 만든 물건으로, 이 단어의 발음은 [spʌndʒ]이다. 이에 따라 '스펀지'로 표기한다.

군무원 ⓥⓢ 공무원 비교분석

> 외래어 표기법은 군무원 시험에서는 매년 출제되는 단골 문제 유형이다. 기본 원칙이 아닌 관용적으로 표기하는 단어들도 많기 때문에 표기상의 기본 원칙만으로 해결이 곤란한 문항들이 있다. 따라서 중요 어휘들의 올바른 표기를 따로 정리하여 학습해야 한다.

10
정답 ②

| 문학 > 고전 문학 > 고전 시가 – 가사 | 정답률 57% |

| 정답해설 |

② **선택률 57%** 화자는 '수간모옥(數間茅屋) → 시비(柴扉) → 정자(亭子)' 등 이곳저곳 장소를 이동하면서 시상을 전개하고 있다. 맑은 시냇물 앞의 수간모옥(數間茅屋: 몇 안 되는 작은 초가)은 화자가 봄을 완상하기 위해 출발하는 장소로 볼 수 있다. 화자는 시비(柴扉: 사립문)를 나와 걸어도 보고, 정자(亭子)에 앉아 보기도 하며 정서를 표현하고 있다.

| 오답해설 |

① 선택률 5% 화자는 '홍진에 뭇친 분네', '이바 니웃드라'와 같은 대화체의 어조를 통해 속세를 벗어나 자연에 묻혀 사는 은일지사의 삶에 대한 자부심을 표현한 것일 뿐 실제 대화를 나누는 것은 아니다. '홍진'은 속세를 비유적으로 이르는 말로, 번잡한 정계의 생활에 대한 화자의 부정적 판단을 드러낸 표현으로 볼 수 있다. 따라서 화자는 '홍진에 묻힌 분'과 비교하며 자신의 자연 친화적 생활에 대한 만족감을 드러내는 것이지, 묻고 대답하는 형식은 아니다.

③ 선택률 25% '객관화(客觀化)'란 자기에게 직접 관련되는 사항을 제삼자의 입장에서 보거나 생각하는 것이다. 화자는 이웃들에게 산수 구경을 권하는 어조로 자신이 주관적으로 느끼는 봄 경치의 아름다움을 표현하고 있다.

④ 선택률 13% 이 작품은 전체적으로 '서사-본사-결사'의 3단 구성으로 이루어져 있으며, 제시된 부분은 서사와 본사의 앞부분에 해당한다. 그러나 여음(餘音: 시가 양식이나 노래에서 일정한 간격을 두고 반복되어 나타나는 말이나 소리)은 드러나지 않는다.

더 알아보기 ▶ 정극인,「상춘곡(賞春曲)」

> • 주제: 봄 경치를 즐기는 흥취와 안빈낙도
>
> • 해제: '봄의 경치를 즐기는 노래'라는 뜻의 이 작품은 작가가 관직에서 물러나 고향인 전북 태인의 자연 속에 묻혀 살아가는 즐거움을 노래한 풍류 가사(歌辭)이다. 봄의 경치를 묘사하면서 그 속에서 느끼는 흥취를 드러내고 있다. 이 작품에서는 속세를 떠나 자연과 동화된 삶을 누리는 것을 자랑스럽게 여기며 안분지족하는 여유 있는 정신 세계가 나타난다.
>
> • 현대어 풀이
> 속세에 묻혀 사는 사람들아, 이 나의 생활하는 모습이 어떠한가?
> 옛 사람의 운치 있는 생활을 내가 따를까, 못 따를까?
> 천지간 남자로 태어난 몸으로서 나와 같은 사람이 많건마는,
> (그들은) 산림에 묻혀 사는 자연의 지극한 즐거움을 모른단 말인가?
> 초가삼간을 맑은 시냇가 앞에 지어 놓고,
> 송죽이 울창한 속에 풍월주인이 되어 있도다.
> 엊그제 겨울 지나 새 봄이 돌아오니,
> 복사꽃 살구꽃이 석양 속에 피어 있고,
> 푸른 버들 꽃다운 풀은 가랑비 속에 푸르도다.
> 조물주가 칼로 재단해 내었는가? 붓으로 그려 내었는가?
> 조물주의 신기한 재주가 사물마다 야단스럽다.
> 숲 속에 우는 새는 봄 기운을 끝내 이기지 못하여 소리마다 아양을 떠는 모습이로다.
> 물아일체어니, 흥이야 다르겠는가?
> 사립문 주변을 걸어 보기도 하고, 정자에도 앉아 보며,
> 이리저리 거닐며 나직이 시를 읊조려, 산 속의 하루가 적적한데,
> 한가로움 속의 참다운 즐거움을 아는 이 없이 나 혼자로구나.
> 여보게 이웃 사람들아, 산수 구경 가자꾸나.

11

정답 ②

문학 > 고전 문학 > 고전 시가 – 가사　　　　정답률 67%

| 정답해설 |

② 선택률 67% 화자는 (가)에서 '수풀에 우는 새'가 봄의 기운을 견디지 못해 소리마다 교태롭다고 하면서 '물아일체(物我一體)'여서 흥이 같다고 말하고 있다. 이는 자신이 봄의 기운에서 느끼는 흥이 새와 같다는 뜻이다. 즉 화자가 봄에 느끼는 흥취를 봄기운을 이기지 못해 우는 새에 자신의 흥겨운 감정을 이입하여 표현한 것이다.

더 알아보기 ▶ 시적 정서(情緒)

> 시적 정서(情緒)란 시에 나타난 시적 화자의 심리 상태를 말한다. 이러한 시적 정서는 시어를 매개체로 하여 이미지, 어조, 화자의 태도 등의 방법을 통해 표현되므로, 작품의 전체적인 흐름, 표현상 특징 등을 파악해야 한다.

12

정답 ①

문법과 어문 규정 > 현대 문법 > 맞춤법　　　　정답률 63%

| 정답해설 |

① 선택률 63% ㉠의 '기울였다'의 기본형은 '기울이다'이며, '기울다'의 사동사이다. 일반적으로 피동사는 목적어를 취하지 않으나 사동사는 목적어를 필요로 한다. 해당 문장에서는 목적어 '귀를'을 취하고 있으므로 ㉠은 사동사라는 것을 알 수 있다.

| 오답해설 |

② 선택률 17% ㉡: 문맥상 '망치를 어깨 위로 올리다.'라는 뜻이다. 따라서 '어깨에 걸치거나 올려놓다.'라는 뜻의 동사 '메다'가 적절하다. '매다'는 '끈이나 줄 따위로 꿰매거나 동이거나 하여 무엇을 만들다.'라는 뜻이다.

③ 선택률 6% ㉢: '종루지기'는 종루를 지키는 사람이다. 이때 '-지기'는 몇몇 명사 뒤에 붙어 '그것을 지키는 사람'의 뜻을 더하는 접미사이다.
　예 문지기, 산지기, 청지기

④ 선택률 14% ㉣: '엄지손가락'은 다섯 손가락 가운데 첫째 손가락으로서 가장 짧고 굵다. '엄지손'이라고도 하며, '무지(拇指), 대무지(大拇指), 대지(大指), 벽지(擘指)'라고도 한다.

13

정답 ④

문법과 어문 규정 > 어문 규정 > 로마자 표기법　　　　정답률 81%

| 정답해설 |

④ 선택률 81% 로마자 표기는 국어의 표준 발음법에 따라 적는다. '정릉'은 [정:능]으로 발음하므로 'Jeongneung'으로 표기한다.

| 오답해설 |

① 선택률 4% 순대: sundai(×) → sundae(○)
'순대'는 [순대]로 발음하고, 모음 'ㅐ'는 'ae'로 표기한다. 또한 음식 명은 일반 명사이므로 첫 글자는 소문자로 표기한다.

② 선택률 9% 광희문: Gwanghimun(×) → Gwanghuimun(○)
'광희문'은 [광히문]으로 발음한다. 다만, 'ㅢ'는 'ㅣ'로 소리가 나더라도 'ui'로 적는다.

③ 선택률 6% 왕십리: Wangsibni(×) → Wangsimni(○)
'왕십리'는 [왕:심니]로 발음한다. 이때의 '리(里)'는 행정 구역이 아니라 지명이기 때문에 붙임표 없이 발음에 따라 'Wangsimni'로 표기한다.

군무원 vs 공무원 비교분석

일반 공무원 시험과 달리 군무원 시험에서는 로마자 표기법과 외래어 표기법 등은 반드시 출제되는 경향이 있다. 로마자 표기법의 경우 기본 세칙만 학습해도 문제를 쉽게 풀 수 있으므로 자주 출제되는 어휘들을 중심으로 학습하는 것이 좋다.

14 고난도 TOP 3   정답 ②

문법과 어문 규정 > 어문 규정 > 문장 부호   정답률 53%

| 정답해설 |

② 선택률 53% 건물[에, 로, 까지](×) → 건물{에, 로, 까지}(○)
열거된 항목 중 어느 하나가 자유롭게 선택될 수 있음을 보일 때는 중괄호({ })를 쓴다.

| 오답해설 |

① 선택률 7% 말소리[音聲]: 고유어에 대응하는 한자어임을 나타낼 때는 대괄호를 쓴다.

③ 선택률 5% [이상 전집3(1958), 235쪽 참조]: 주석이나 보충적인 내용을 덧붙일 때에는 보통 소괄호를 쓰는데, 괄호 안에 다시 괄호를 써야 하는 경우가 있다. 이런 경우에는 바깥쪽의 괄호를 대괄호로 쓴다.

④ 선택률 35% 그 이야기[합격 소식]: 원문에 대한 이해를 돕기 위해 설명이나 논평 등을 덧붙일 때는 대괄호를 쓴다.

더 알아보기 ▶ 대괄호([ ])의 용법

• 괄호 안에 또 괄호를 쓸 필요가 있을 때 바깥쪽의 괄호로 쓴다.
  예 이번 회의에는 두 명[이혜정(실장), 박철용(과장)]만 빼고 모두 참석했습니다.
• 고유어에 대응하는 한자어를 함께 보일 때 쓴다.
  예 나이[年歲], 낱말[單語], 손발[手足]
• 고유어나 한자어에 대응하는 외래어나 외국어 표기임을 나타낼 때 쓴다.
  예 자유 무역 협정[FTA], 국제 연합[United Nations]
• 원문에 대한 이해를 돕기 위해 설명이나 논평 등을 덧붙일 때 쓴다.
  예 그것[한글]은 이처럼 정보화 시대에 알맞은 과학적인 문자이다.

15   정답 ④

비문학 > 독해 비문학 > 빈칸 어휘 추론   정답률 97%

| 정답해설 |

④ 선택률 97% (다) 문단의 내용을 보면, 전파만큼이나 속도가 빠르고, 뉴욕이나 할리우드의 '파자마'라는 '침의패션'이 일본을 거쳐 한국으로 전달되었다는 설명에서, 특정한 행동 양식이 일시적으로 많은 사람의 추종을 받아서 널리 퍼지는 현상인 '유행(流行)'이 ㉠에 들어갈 단어로 가장 적절하다는 것을 알 수 있다.

| 오답해설 |

① 선택률 1% 성행(盛行): 매우 성하게 유행함.

② 선택률 1% 편승(便乘): ㉠ 남이 타고 가는 차편을 얻어 탐. ㉡ 세태나 남의 세력을 이용하여 자신의 이익을 거둠을 비유적으로 이르는 말

③ 선택률 1% 기승(氣勝): ㉠ 성미가 억척스럽고 굳세어 좀처럼 굽히지 않음. ㉡ 기운이나 힘 따위가 성해서 좀처럼 누그러들지 않음.

더 알아보기 ▶ 빈칸 어휘 추론 해결방법

빈칸 어휘 추론은 앞뒤 이어지는 문장이 곧 힌트이다. 문맥의 흐름을 먼저 파악하여 적절한 어휘를 찾기도 하지만, 거꾸로 선지의 어휘들을 빈칸에 삽입하여 가장 자연스러운 것을 찾는 방법도 문제풀이의 요령이 될 수 있다.

16   정답 ③

비문학 > 독해 비문학 > 글의 순서   정답률 61%

| 정답해설 |

일반적으로 글의 첫 문단에서는 글의 화제를 제시하고, 마지막 문단에 글쓴이의 주장, 결론이 제시되므로 이를 먼저 찾아야 한다. 또한 각 문단의 첫 문장과 마지막 문장이 가장 큰 힌트이다. 한 문단의 마지막 문장과 이어지는 다음 문단의 첫 문장은 지문 속에 있는 접속어와 지시어가 의미하는 바를 고려하여 순서를 잡아야 한다.

③ 선택률 61% (가) 문단에서 '유행의 확산'이라는 화제를 먼저 제시하고, (다)의 여러 나라에 전파되는 '유행의 속도'로 연결되는 것이 자연스럽다. 이어서 (나)의 역접 접속어 '하지만'으로 연결하여 여러 나라의 유행이 동일하지 않았고, 근대의 패션과 전근대의 풍경이 공존했다는 일반론을 제시하고, (마)에서 구체적으로 '조선'의 근대로 이행은 미디어 덕분이라고 설명한다. 그리고 (라)에서 미디어가 조선의 규방 여성의 근대화에 영향을 주었다는 내용으로 연결하는 것이 자연스럽다.

17

정답 ③

| 비문학 > 독해 비문학 > 내용 확인하기 | 정답률 93% |

| 정답해설 |

③ 선택률 93% (다)에서 "뉴욕이나 할리우드에서 유행하던 파자마라는 '침의패션'은 일본을 거쳐 한국으로 전달"되었다고 하였다. 따라서 파자마 '침의패션'은 일본이 아닌 뉴욕과 할리우드에서 먼저 시작된 것임을 알 수 있다.

| 오답해설 |

① 선택률 5% (나)에서, 뉴욕걸이나 할리우드 배우들이나 경성의 모던걸이 입은 패션은 동일하다고 하였다.

② 선택률 1% (마)에서, 미디어는 조선 사람들을 속성 세계인으로 변모시키는 역할을 했다라고 설명하였다.

④ 선택률 1% (라)에서, 미디어가 식민지 조선 여성에게 자본주의적 근대의 환상과 그 이면의 불안을 동시에 던져 주었다고 설명하였다.

군무원 ⓥ 공무원 비교분석

내용 일치/불일치 유형은 군무원 시험뿐만 아니라 일반 공무원 시험에서 빠지지 않고 출제되는 유형이다. '문제 → 선지 → 지문 확인'의 순서로 읽을 때 문제가 쉽게 해결되는 경향이 있다. 독해력이 약한 수험생들은 해당 유형을 매일 3~4문제라도 꾸준히 읽고 푸는 연습을 해야 한다.

18

정답 ①

| 문법과 어문 규정 > 현대 문법 > 단어 | 정답률 65% |

| 정답해설 |

수험생들에게 낯선 유형의 문제일 것이다. 일반적으로 파생어, 합성어 등 단어의 갈래를 묻는 유형으로 출제되는데, 이 문제는 고유어끼리의 합성어와 한자어와 고유어 간 합성어를 구별하는 유형으로 출제되었다. 따라서 어휘의 유형과, 구성 성분 및 의미를 함께 학습해야 한다.

① 선택률 65% '비지땀'은 고유어 '비지+땀'의 합성어로서, 몹시 힘든 일을 할때 쏟아져 내리는 땀을 의미한다. 두부를 만들 때 부산물인 비지를 만들기 위하여 콩을 갈면 그 콩이 갈리면서 흐르는 물처럼 땀이 흐르는 모양을 빗대어 하는 말이다.

| 오답해설 |

② 선택률 7% 사랑채 = 사랑(舍廊)+채: 사랑으로 쓰는 집채
 • 사랑(舍廊): 집의 안채와 따로 떨어져 있는, 바깥주인이 거처하며 손님을 접대하는 곳

③ 선택률 17% 쌍동밤 = 쌍동(雙童)+밤: 한 껍데기 속에 두 쪽이 들어 있는 밤
 • 쌍동(雙童): 쌍둥이, 한 어머니에게서 한꺼번에 태어난 두 아이

④ 선택률 11% 장작불 = 장작(長斫)+불: 장작으로 피운 불
 • 장작(長斫): 통나무를 길쭉하게 잘라서 쪼갠 땔나무

19

정답 ④

| 문학 > 현대 문학 > 현대 소설 | 정답률 94% |

| 정답해설 |

④ 선택률 94% ② '신작로'는 '삼포'의 산업화를 상징하는 소재이다.

| 오답해설 |

㉠ '고기잡이', ㉡ '감자', ㉢ '나룻배'는 산업화 이전의 고향의 모습을 상징하는 소재이다.

더 알아보기 ▶ 황석영, 「삼포 가는 길」

 • 주제: 산업화 과정에서 소외된 하층민들의 애환과 연대 의식
 • 해제: 이 작품은 1970년대 이후 본격적으로 전개된 산업화와 근대화의 과정 속에서 소외된 떠돌이 노동자와 술집 작부를 등장시켜 하층민의 애환과 인간적 유대감을 그린 단편 소설이다. '삼포'는 가공의 지명으로 소외된 사람들에게 고된 삶을 벗어나 안식을 얻을 수 있는 이상적 공간을 의미한다. 그러나 삼포도 이미 급속한 산업화의 과정 속에서 본연의 모습을 잃었음을 통해 원초적 고향 상실의 아픔을 그리고 있다.
 • 전체 줄거리: 떠돌이 노동자인 영달은 공사판이 중단되자 밥값을 내지 않고 도망쳐 나온다. 영달은 길에서 고향인 삼포를 찾아가는 정 씨를 만나 동행하기로 하는데, 정 씨는 전과가 있는 노동자이다. 이후 그들은 술집에서 도망쳐 나온 스물두 살의 작부 백화를 만난다. 세 사람은 산골길을 걸어서 감천 읍내에 도착하고 백화는 영달에게 자기의 고향으로 가자고 제의한다. 영달은 이에 응하지 않고, 두 남자는 백화를 보낸다. 영달과 정 씨는 삼포로 가는 기차를 기다리던 중에 삼포에도 공사판이 벌어졌다는 사실을 알게 된다. 영달은 일자리가 생겨 반가웠지만 정 씨는 마음의 정처를 잃었다는 안타까움으로 발걸음이 내키지 않는다.

20

정답 ③

| 문학 > 현대 문학 > 현대 소설 | 정답률 82% |

| 정답해설 |

③ 선택률 82% 「삼포 가는 길」은 1970년대 이후 급속하게 진행되었던 농촌의 해체와 고향 상실, 근대화 과정에서 고향을 잃고 떠도는 사람들의 삶의 모습을 그리고 있다. 따라서 이 작품의 주제를 표현한 시구는 '사랑했던 자리가 폐허'가 되었다는 ③이 가장 적절하다.

| 오답해설 |

① 선택률 7% 이상화, 「빼앗긴 들에도 봄은 오는가」: 일제 치하, 나라를 빼앗긴 민족의 현실을 노래한 작품이다.

② 선택률 1% 김소월, 「진달래꽃」: 이별의 정한(情恨)을 노래한 작품이다.

④ 선택률 10% 한용운, 「님의 침묵」: 임(절대자, 조국, 사랑하는 사람 등)에 대한 영원한 사랑을 노래한 작품이다.

황석영의 「삼포 가는 길」은 여러 공무원 시험에서도 자주 출제되는 작품이다. 자주 출제되는 작품은 주제, 특징, 정서, 문학사적 의의 등을 숙지하고 있어야 한다.

21
정답 ③

문학 > 고전 문학 > 고전 시가 - 시조(한자 성어)　　정답률 54%

| 정답해설 |

③ 선택률 54% 이 작품은 살수 대첩 때 을지문덕이 수나라 장수 우중문에게 보낸 한시 「여수장우중문시(與隋將于仲文詩)」이다. 겉으로는 패배를 인정하고 적장의 지혜와 계책을 칭찬하고 있지만, 그 이면에는 상대방을 조롱하는 내용이 담겨 있다. 따라서 '일이 뜻대로 이루어져 기쁜 표정이 얼굴에 가득함'을 뜻하는 '득의만면(得意滿面)'이 가장 적절하다.

| 오답해설 |

① 선택률 10% 유유자적(悠悠自適: 悠 멀 유/悠 멀 유/自 스스로 자/適 갈 적): '여유가 있어 한가롭고 걱정이 없는 모양'이라는 뜻으로, 속세에 속박됨이 없이 자기가 하고 싶은 대로 마음 편히 지냄을 이르는 말

② 선택률 24% 연연불망(戀戀不忘: 戀 사모할 연/戀 사모할 연/不 아닐 불/忘 잊을 망): 그리워서 잊지 못함.

④ 선택률 12% 산자수명(山紫水明: 山 뫼 산/紫 자주 빛 자/水 물 수/明 밝을 명): 산은 자줏빛이고 물은 맑다는 뜻으로, 산수가 아름다움을 이르는 말

더 알아보기 ▶ 을지문덕, 「여수장우중문시(與隋將于仲文詩)」

- 주제: 적장 우중문에 대한 조롱과 야유
- 해제: 이 작품은 살수 대첩 때 을지문덕이 수나라 장수 우중문에게 보낸 한시로, 겉으로는 패배를 인정하고 적장의 지혜와 계책을 칭찬하고 있지만, 그 이면에는 상대방을 조롱하는 내용이 담겨 있다.
- 작품 해석
  신책구천문(神策究天文) 그대의 신기한 책략은 하늘의 이치를 다했고,
  묘산궁지리(妙算窮地理) 오묘한 계획은 땅의 이치를 다했노라.
  전승공기고(戰勝功旣高) 전쟁에 이겨서 그 공 이미 높으니,
  지족원운지(知足願云止) 만족함을 알고 그만두기를 바라노라.

22
정답 ①

어휘와 관용 표현 > 관용 표현 > 속담　　정답률 81%

| 정답해설 |

① 선택률 81% 문맥을 보면, 부잣집과 사돈을 맺는 데 따른 부담감을 벗겨주었다는 것이므로, ㉠에는 차마 먼저 상대에게 말하지 못하지만 바라는 것을 의미하는 표현이 제시되어야 한다. '불감청(不敢請) 이언정 고소원(固所願)'은 『맹자(孟子)』의 「공손추편」에 나오는 표현인데, '감히 청하지 못할지언정 그것을 마음속으로 바란

다.'라는 뜻으로, 먼저 나서서 행동에 옮길 수는 없지만 자신이 원하던 일을 상대가 먼저 해 주기를 바랄 때 쓰는 표현이다.

| 오답해설 |

② 선택률 16% 배보다 배꼽이 더 크다: 배보다 거기에 붙은 배꼽이 더 크다는 뜻으로, 기본이 되는 것보다 덧붙이는 것이 더 많거나 큰 경우를 비유적으로 이르는 속담이다.

③ 선택률 2% 미운 자식 떡 하나 더 준다: 아이들 버릇을 잘 가르치기 위해서는 아이에게 당장 좋게만 해 주는 것이 오히려 해로움을 비유적으로 이르는 속담으로, 귀한 자식일수록 버릇을 잘 가르쳐야 하고 미운 자식일수록 더 정답게 대해야 미워하는 마음이 가신다는 말이다.

④ 선택률 1% 똥 묻은 개가 겨 묻은 개를 나무란다: 자기는 더 큰 흉이 있으면서 도리어 남의 작은 흉을 본다는 속담이다.

23
정답 ①

문학 > 현대 문학 > 현대 시　　정답률 62%

| 정답해설 |

① 선택률 62% '칠백 리'는 나그네가 정처 없이 가야 하는 길이다. 따라서 '구름, 물길'은 시적 화자가 끝없이 방랑해야 하는 고달픈 현실을 암시하는 것이다.

| 오답해설 |

② 선택률 7% 이 시에서 '강마을'은 유랑하는 나그네가 지나가는 공간이다. 어느 강마을에 이르렀을 때, 마침 술 익는 냄새와 함께 서산에선 붉은 노을이 물들고 있다. '이 밤 자면' 나그네는 다시 유랑의 길을 떠나므로 '강마을'은 서정적 자아가 정착하고자 하는 공간이 아니다.

③ 선택률 8% '나그네'는 정처 없이 유랑을 하는데, 이는 일제 치하 고향을 떠나 떠돌던 우리 민족의 슬픔을 떠올리게 한다. 따라서 '나그네'가 '현실의 질곡을 벗어나려는 의지를 상징'하는 것은 아니다.

④ 선택률 23% 마지막 연의 '다정하고 한 많음도 병'이라는 표현은 이조년의 시조인 「다정가(多情歌)」를 인용한 표현이다. 전통 시조의 표현을 인용한 후, 달빛에 젖어 밤길을 떠나는 나그네의 모습을 제시하여 애상적인 분위기를 자아내고 있다. 따라서 민중의 한(恨)을 의미하는 것이 아니다.

더 알아보기 ▶ 조지훈, 「완화삼(玩花衫)」

- 주제: 나그네의 풍류와 정한
- 해제: 이 시는 구름과 달빛의 흐름 그리고 물길의 이미지를 결합하여 정처 없이 유랑하는 나그네의 모습을 형상화하고 있다. 전통적인 선비의 풍류를 완화삼이라는 긴 적삼에서 풍기는 넉넉함과 여유로움의 이미지로 드러내고 있으며, 이를 '술 익는 강 마을의 저녁노을'과 떨어지는 '꽃잎'의 소멸 이미지와 연결시키고 있다. 이어서 마지막 연은 '다정하고 한 많음도 병'이라는 전통 시조의 표현을 인용한 후, 달빛에 젖어 밤길을 떠나는 나그네의 모습을 제시하여 애상적인 분위기를 자아내고 있다.

24
정답 ①

| 문법과 어문 규정 > 어문 규정 > 표준 발음법 | 정답률 79% |

| 정답해설 |

① 선택률 79% 마천루: [마천누](×) → [마철루(유음화)](○)
'ㄴ'은 'ㄹ'의 앞이나 뒤에서 [ㄹ]로 발음한다.

| 오답해설 |

② 선택률 10% 공권력[공꿘녁], ③ 선택률 7% 생산력[생산녁], ④ 선택률 4% 결단력[결딴녁] 등은 'ㄴ' 뒤에 있는 'ㄹ'이 'ㄴ'으로 바뀌는 비음화 현상이 나타난다.

더 알아보기 ▶ 비음화 현상이 나타나는 어휘

의견란[의ː견난]	임진란[임ː진난]	생산량[생산냥]
결단력[결딴녁]	공권력[공꿘녁]	동원령[동ː원녕]
상견례[상견네]	횡단로[횡단노/휑단노]	이원론[이ː원논]
입원료[이붠뇨]	구근류[구근뉴]	등산로[등산노]

25
정답 ②

| 비문학 > 독해 비문학 > 주제 | 정답률 95% |

| 정답해설 |

② 선택률 95% 1문단에서 '우리는 세계의 변방'이 아니므로 '우리만의 새로운 전략이 필요한 시기'라고 화제를 먼저 제시하였다. 그리고 2문단에서는 '한국인의 끼는 각별'하며, 문화 예술의 시대를 맞은 오늘날, 우리 앞에 그런 전환점이 놓여 있다고 부연 설명하고 있다. 따라서 두 문단을 종합하면, ②의 '다가오는 미래에 대한 희망찬 포부'가 제시된 글의 중심 내용으로 적절하다.

| 오답해설 |

① 선택률 3% '안주(安住)'란 한곳에 자리를 잡고 현재의 상황이나 처지에 만족하며 사는 삶을 뜻한다. 따라서 '새로운 전략', '전환점'이라는 내용을 제시하는 이 글의 내용에 적합하지 않다.

③ 선택률 1% '각박(刻薄)한 삶'은 인정이 없고 삭막한 삶이다. 제시된 글은 '냉엄한 국제질서'나 그에 따른 각박한 삶을 설명하고 있지 않다.

④ 선택률 1% '미풍양속(美風良俗)'은 아름답고 좋은 풍속이나 기풍을 뜻한다. 제시된 글에는 '사라져 가는 미풍양속'에 대한 아쉬움은 드러나지 않는다.

2020.07.18. 국방부(육·해·공군) 시행

9급 군무원 국어

I 전체 난이도 및 합격선

전체 난이도	합격선
上	76점

I 기출총평

2020년부터 군무원 시험의 일부 직렬의 시험 문제가 공개되었다. 따라서 2020년 기출문제는 앞으로 군무원 시험을 준비하는 데 있어서 출제경향의 기준이 될 것이다.

현대 문법과 한문의 경우 그동안 군무원 시험에서 출제비중이 낮았으나 이번 시험에서는 현대 문법이 9문항으로 다수 출제되었고, 한문도 한자어 2문항, 한자 성어 1문항으로 다른 일반 공무원 시험과 유사한 비중으로 출제되었다. 한글 맞춤법, 로마자 표기법, 표준 발음법 등의 어문 규정은 원래 꾸준히 출제되었던 영역으로, 현대 문법의 비중이 높아지면서 문항 수가 줄어 5문항이 출제되었다. 비문학은 7문항으로, 이전과 유사한 비중으로 출제되었다. 다만, 비형식 오류의 경우 일반적으로 다루는 유형의 오류가 아니었기 때문에 답을 찾기 어려웠던 문항이다.

군무원 시험은 이전까지는 지식형의 지엽적 유형의 문제로 다수 출제되어 수험생들이 학습하기 어려웠다. 그러나 2020년 문제를 공개하면서 난도가 이전보다 낮아졌다고 볼 수 있다. 지엽적 유형의 문항을 벗어나 국가직 시험이나 지방직 공무원 시험과 유사한 경향을 보이고 있으므로, 앞으로 수험생들도 이에 대비하여 학습해야 할 것이다.

I 영역별 출제비중

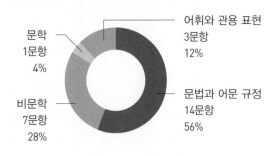

문학
1문항
4%

비문학
7문항
28%

어휘와 관용 표현
3문항
12%

문법과 어문 규정
14문항
56%

I 문항 분석

	카테고리	출제수	정답률
1	문법과 어문 규정 > 현대 문법 > 문장의 갈래	3회	70%
2	문법과 어문 규정 > 현대 문법 > 비문의 유형	13회	60%
3	문법과 어문 규정 > 현대 문법 > 순화어	2회	71%
4	비문학 > 이론 비문학 > 작문 – 표현 기법	2회	52%
5	비문학 > 독해 비문학 > 주제	17회	72%
6	문법과 어문 규정 > 어문 규정 > 로마자 표기법	16회	75%
고난도 TOP3 7	문법과 어문 규정 > 현대 문법 > 사동 표현과 피동 표현	3회	44%
8	문학 > 현대 문학 > 현대 소설 – 인물의 상황과 관련된 속담	26회	80%
9	문법과 어문 규정 > 현대 문법 > 품사	13회	89%
10	어휘와 관용 표현 > 한자와 한자어 > 한자어	27회	50%
11	문법과 어문 규정 > 어문 규정 > 띄어쓰기	24회	51%
12	문법과 어문 규정 > 어문 규정 > 언어 예절	7회	60%
13	비문학 > 독해 비문학 > 문장 넣기	2회	85%
14	비문학 > 독해 비문학 > 접속어	4회	89%
15	문법과 어문 규정 > 현대 문법 > 비문의 유형	13회	85%
16	문법과 어문 규정 > 현대 문법 > 어휘의 의미 관계	1회	85%
17	문법과 어문 규정 > 어문 규정 > 맞춤법	47회	75%
고난도 TOP2 18	어휘와 관용 표현 > 한자와 한자어 > 한자 성어	21회	41%
고난도 TOP1 19	문법과 어문 규정 > 현대 문법 > 관형격 조사의 쓰임	1회	29%
20	어휘와 관용 표현 > 한자와 한자어 > 한자어	27회	98%
21	비문학 > 독해 비문학 > 내용 확인하기	22회	84%
22	문법과 어문 규정 > 어문 규정 > 표준 발음법	18회	87%
23	문법과 어문 규정 > 현대 문법 > 단어의 갈래	1회	76%
24	비문학 > 독해 비문학 > 내용 확인하기	22회	91%
25	비문학 > 이론 비문학 > 논리의 오류	1회	66%

※ 고난도 TOP1 는 해당 회차에서 정답률이 가장 낮은 문항입니다.

01	④	02	③	03	②	04	①	05	②
06	④	07	③	08	①	09	④	10	③
11	③	12	②	13	①	14	③	15	②
16	③	17	④	18	④	19	③	20	④
21	①	22	②	23	①	24	②	25	④

기출문제편 ▶ P.39

01 정답 ④

문법과 어문 규정 > 현대 문법 > 문장의 갈래　　정답률 70%

| 정답해설 |
홑문장과 겹문장은 서술어 기능을 하는 품사의 개수로 구별할 수 있다.
④ 선택률 70%　주어(장미꽃이)와 서술어(피었다)가 각각 한 개뿐인 홑문장이다.

| 오답해설 |
① 선택률 23%　'빨간[빨갛- + -ㄴ(관형사형 어미)]'의 구성으로 된 관형절을 안은 문장이다.
② 선택률 3%　연결 어미 '-니-'를 사용하여 종속적으로 이어진 문장이다.
③ 선택률 4%　'남긴[남기- + -ㄴ(관형사형 어미)]', '버린[버리- + -ㄴ(관형사형 어미)]'의 구성으로 된 관형절을 안은 두 개의 문장이 다시 대등적 연결 어미 '-고-'를 사용하여 대등적으로 이어진 문장이다.

더 알아보기 ▶ 문장의 갈래

- 홑문장: '주어 + 서술어'의 결합 관계가 한 번뿐인 문장
- 겹문장: '주어 + 서술어'의 결합 관계가 두 번 이상인 문장
  - 안은 문장: 하나의 홑문장이 다른 문장 속의 한 성분이 된 겹문장

명사절을 안은 문장	• 어간 + 명사형 어미 '-(으)ㅁ/-기' • 어간 + '-느냐, -는가, -는지' 등의 종결 어미
관형절을 안은 문장	어간 + 관형사형 어미 '-ㄹ, -ㄴ, -은/는, -을, -던'
부사절을 안은 문장	• 어간 + 부사형 어미 '-듯이, -게, -도록' • 접미사 '-이'와 결합: 같이, 달리, 없이 등
서술절을 안은 문장	문장 속에서 서술어의 역할
인용절을 안은 문장	홑문장이 그대로 전체 문장 속에 안기면서 인용격 조사 '-고'와 '-라고'를 결합

  - 이어진 문장: 둘 이상의 홑문장이 연결 어미에 의해 이어져서 이루어진 겹문장

대등하게 이어진 문장	홑문장들의 의미 관계가 대등한 경우(나열, 대조, 선택 등)
종속적으로 이어진 문장	홑문장들의 의미가 독립적이지 못하고 종속적인 관계인 경우(이유, 조건, 의도, 결과 등)

02 정답 ③

문법과 어문 규정 > 현대 문법 > 비문의 유형　　정답률 60%

| 정답해설 |
③ 선택률 60%　인명 사고나 차량 파손을(○)
'나'는 둘 이상의 사물을 같은 자격으로 이어 주는 접속 조사이다. 따라서 '인명 사고나 차량 파손을 일으킬 수 있다'는 '인명 사고를 일으킬 수 있다 + 차량 파손을 일으킬 수 있다'의 구조로, 대등적으로 이어진 문장이다.

| 오답해설 |
① 선택률 11%　도움을 받기도(×) → 남에게 도움을 받기도(○)
'받다'는 부사어를 반드시 필요로 하는 세 자리 서술어이다. 따라서 부사어 '남에게'를 넣어서 '남에게 도움을 받기도 한다'로 고쳐야 한다.
② 선택률 20%　환담을 나눈 후(×) → 인사를 나눈 후(○)
'환담(歡談)'은 정답고 즐겁게 서로 이야기한다는 뜻으로, 상주가 조문객들과 환담을 한다는 것은 문맥상 바르지 않은 표현이다. '대화를 나눈 후' 또는 '인사를 나눈 후' 정도로 표현하는 것이 적절하다.
④ 선택률 9%　여간한 우대였다(×) → 여간한 우대가 아니었다(○)
형용사 '여간하다'는 '아니다', '않다' 등의 부정어 앞에 쓰인다. 따라서 '여간한 우대가 아니었다'로 쓰는 것이 올바른 표현이다.

03 정답 ②

문법과 어문 규정 > 현대 문법 > 순화어　　정답률 71%

| 정답해설 |
② 선택률 71%　'스크린 도어(screen door)'는 '안전문'으로 순화할 것을 권장하고 있다.

| 오답해설 |
① 선택률 24%　'핸드레일(handrail)'은 '안전손잡이'로 순화하였다.
③ 선택률 1%　'프로필(profile)'은 '약력', '인물 소개', '인물평'으로 순화하였다.
④ 선택률 4%　'팝업창(pop-up 窓)'은 '알림창'으로 순화하였다.

더 알아보기 ▶ 순화어

대상 용어	순화어	대상 용어	순화어
가내시	임시 통보	복명서	결과 보고서
가드레일	보호 난간	부식토	거름흙
가매장	임시 매장	소정 기일 내	정한 날짜 안에
간석지	개펄	소정의	정해진
검체	검사 대상물	시건장치	잠금장치
견출지	찾기 딱지, 분류 딱지	시말서	경위서
계출서	신고서	시방서	설명서
공란	빈칸	안검	눈꺼풀

공사다망중	바쁘신 가운데	안면부	얼굴 부위
공상	공무 중 부상	엑스포	박람회
과년도	지난해	예하 기관	소속 기관
급부금	지급금, 내준 돈	오피니언 리더층	여론 주도층
끽연	흡연	의료 수가	진료비, 치료비
노후	낡은	인치하다	끌어오다
리플	댓글	일조 점호	아침 점호
메커니즘	구조, 적용 원리	장치 물품	보관 물품
메타포	은유	적치하다	쌓아 놓다, 쌓아 두다
명도하다	내주다, 넘겨주다	준용 하천	지방 관리 하천
몽리	수혜, 이익 얻음	촉수 엄금	손(을) 대지 마십시오
방카쉬랑스	은행 연계 보험	핸드레일	안전손잡이

군무원 VS 공무원 비교분석

군무원 시험과 일반 공무원 시험에서 순화어는 출제비중이 높지 않으므로 집중적으로 학습할 영역은 아니다. 그러나 시험에 출제된 대표적인 순화어 정도는 학습해 두는 것이 좋다.

04
정답 ①

비문학 > 이론 비문학 > 작문 – 표현 기법	정답률 52%

| 정답해설 |

① 선택률 52% '블루칼라(blue collar)'는 생산직에 종사하는 육체 노동자들이 주로 푸른색 작업복을 입은 데서 생긴 말로, 과거에는 '화이트칼라'와 대응되는 말로 쓰였다. 즉, '육체 노동자'를 표현하기 위해 밀접하게 관계된 다른 특징으로 표현하는 대유법 중 환유법에 해당한다.

| 오답해설 |

②③④는 모두 은유법이 쓰였다.

② 선택률 30% '마음은 산산조각이 났다'는 좌절의 심리를 유리나 그릇이 조각 나는 다른 비슷한 현상으로 비유한 것이므로 은유법이다.

③ 선택률 8% '유리 천장'은 충분한 능력을 갖춘 여성이 직장 내 성차별이나 인종 차별 등의 이유로 고위직을 맡지 못하는 상황을 은유적으로 이르는 용어이다.

④ 선택률 10% '밑바닥'은 아무것도 없는 상태나 최하층을 은유적으로 이르는 말이다.

더 알아보기 ▶ 대유법

- 사물의 명칭을 직접 쓰지 않고, 사물의 일부나 특징을 들어서 전체를 나타내는 비유법으로, 환유법과 제유법으로 나뉨.
- 환유법: 관련되는 밀접한 속성을 통해 대상 자체를 나타내는 표현법
- 제유법: 사물의 일부로 전체를 드러내는 표현법

05
정답 ②

비문학 > 독해 비문학 > 주제	정답률 72%

| 정답해설 |

② 선택률 72% 제시된 글은 두 개의 문단으로 구별할 수 있다. '요즘 들어 ~ 부담이 지나치지 않게 해야 한다.'까지가 첫째 문단으로서 운동의 강도를 결정할 때는 '무리하지 않도록 자신의 신체 조건을 우선적으로 고려'해야 함을 이야기하고 있다. 둘째 문단은 '운동의 시간과 빈도는 ~ 정착시키는 것이다.'까지로, '매일 일정량의 운동을 실천하여 운동을 하나의 생활 습관으로 정착'시켜야 한다고 말하고 있다. 따라서 문단의 요지를 정리하면 '무리하지 않도록 자신의 신체 조건을 우선적으로 고려하여 매일 일정량의 운동을 실천하여 운동을 하나의 생활 습관으로 정착시켜야 한다.'이다. 따라서 ②가 가장 적절하다.

| 오답해설 |

① 선택률 2% '운동 시간이 짧더라도 빈도를 높여서 규칙적으로 움직이는 것'이 좋다고 하였으므로, '운동의 효과는 운동의 빈도를 높일수록 좋다.'는 설명은 바르지 않다.

③ 선택률 23% '자신의 신체 조건을 우선적으로 고려하여 운동의 강도를 결정'해야 한다는 설명은 본문의 내용이지만, '운동의 시간과 빈도'에 대한 설명이 요약되지 않았다.

④ 선택률 3% '매일 일정량의 운동을 통해 운동을 생활 습관으로 정착'시켜야 한다는 설명은 바르지만, '운동의 긍정적인 측면과 부정적인 측면'에 대한 것은 제시된 글에 언급되지 않았다.

06
정답 ④

문법과 어문 규정 > 어문 규정 > 로마자 표기법	정답률 75%

| 정답해설 |

④ 선택률 75% Keumgang(×) → Geumgang(○)
'ㄱ'은 모음 앞에서 'g'로 표기한다. 또한 자연 지물명은 고유 명사이므로 첫 글자를 대문자로 표기한다.

| 오답해설 |

① 선택률 13% 로마자 표기법은 표준 발음에 따르는 것이 원칙이다. '종로'는 [종노]로 발음되므로 'Jongno'로 적는다. '가'는 'ga'로 적고, 그 앞에는 붙임표(-)를 넣는다. 따라서 '종로 2가'는 'Jongno 2(i)-ga'로 적는다.

② 선택률 2% '신라'는 [실라]로 발음하고, 발음에 따라 'ㄹㄹ'은 'll'로 적는다.

③ 선택률 10% '속리산'은 [송니산]으로 발음하고, 자연 지물명은 붙임표(-) 없이 붙여 쓴다.

더 알아보기 ▶ 로마자 표기법

- 국어의 로마자 표기는 국어의 표준 발음법에 따라 적는 것을 원칙으로 한다.
- 고유 명사는 첫 글자를 대문자로 적는다.
- 'ㄱ, ㄷ, ㅂ'은 모음 앞에서는 'g, d, b'로, 자음 앞이나 어말에서는 'k, t, p'로 적는다.

구미	Gumi	영동	Yeongdong	백암	Baegam
옥천	Okcheon	합덕	Hapdeok	호법	Hobeop
월곳[월곧]	Wolgot	벚꽃[벋꼳]	beotkkot	한밭[한받]	Hanbat

- 'ㄹ'은 모음 앞에서는 'r'로, 자음 앞이나 어말에서는 'l'로 적는다. 단, 'ㄹㄹ'은 'll'로 적는다.

구리	Guri	설악	Seorak	칠곡	Chilgok
임실	Imsil	울릉	Ulleung	대관령[대괄령]	Daegwallyeong

- '도, 시, 군, 구, 읍, 면, 리, 동'의 행정 구역 단위와 '가'는 각각 'do, si, gun, gu, eup, myeon, ri, dong, ga'로 적고, 그 앞에는 붙임표(-)를 넣는다. 붙임표(-) 앞뒤에서 일어나는 음운 변화는 표기에 반영하지 않는다.

도봉구	Dobong-gu	신창읍	Sinchang-eup
삼죽면[삼중면]	Samjuk-myeon	인왕리[이방니]	Inwang-ri
당산동	Dangsan-dong	봉천 1동	Bongcheon 1(il)-dong
종로 2가	Jongno 2(i)-ga	퇴계로 3가	Toegyero 3(sam)-ga

더 알아보기 ▶ 사동사와 피동사

- 사동 표현을 만드는 접미사와 사동사

-이-	죽이다. 속이다. 녹이다. 먹이다. 보이다
-히-	익히다. 앉히다. 잡히다. 입히다. 읽히다
-리-	날리다. 울리다. 살리다. 물리다. (물건을) 들리다
-기-	웃기다. 숨기다. 안기다. 벗기다. (머리를) 감기다
-우-	깨우다. 비우다. (짐을) 지우다
-구-	솟구다
-추-	낮추다. 늦추다

- 피동 표현을 만드는 접미사와 피동사

-이-	보이다. 쓰이다. 파이다. 놓이다. 섞이다
-히-	잡히다. 박히다. 밟히다. 묻히다. 얹히다
-리-	물리다. 풀리다. 들리다. 눌리다
-기-	안기다. 끊기다. 감기다. 찢기다

- 피동사와 사동사의 형태가 서로 같은 것: '보이다. 잡히다. 안기다. 업히다. 날리다. 읽히다. 뜯기다' 등은 피동사이면서 동시에 사동사이기도 하다. 따라서 문장에서 목적어의 유무로 구분을 해야 한다.

  예 업히다 ┌ 사동사: 할머니에게 아이를 업혀 보냈다.
  　　　　└ 피동사: 아이가 엄마 등에 업혀 잠이 들었다.

  　　날리다 ┌ 사동사: 모형 비행기를 공중에 날렸다.
  　　　　└ 피동사: 먼지가 바람에 날렸다.

  　　읽히다 ┌ 사동사: 선생님께서 아이들에게 책을 읽히셨다.
  　　　　└ 피동사: 수많은 사람에게 읽혀 온 명작이다.

---

07 고난도 TOP 3　　　　　　　　　　**정답 ③**

문법과 어문 규정 > 현대 문법 > 사동 표현과 피동 표현	정답률 44%

| 정답해설 |

사동사와 피동사의 형태가 서로 같을 때에는 목적어의 유무로 판별할 수 있다. 따라서 각각 사동 접사와 피동 접사를 결합하여 예문을 직접 작성해 보는 것이 좋다.

③ 선택률 44% '밀다'의 '밀리다'는 피동사로만 쓰이고, 사동 표현은 '-게 하다'의 통사적 사동(장형 사동)형만 가능하다.

　예 철수가 사람들에게 밀려 넘어졌다. (피동)
　　철수가 아이들에게 수레를 밀게 하였다. (사동)

| 오답해설 |

① 선택률 23% 보다 ┌ 사동사 '보이다': 예 친구에게 영화를 보였다.
　　　　　　└ 피동사 '보이다': 예 건물 사이로 하늘이 보인다.

② 선택률 7% 잡다 ┌ 사동사 '잡히다': 예 은행에 토지를 담보로 잡혔다.
　　　　　　└ 피동사 '잡히다': 예 경찰에게 도둑이 잡혔다.

④ 선택률 26% 안다 ┌ 사동사 '안기다': 예 친구에게 꽃다발을 안겼다.
　　　　　　└ 피동사 '안기다': 예 어머니에게 아기가 안겼다.

08　　　　　　　　　　　　　　　　**정답 ①**

문학 > 현대 문학 > 현대 소설 – 인물의 상황과 관련된 속담	정답률 80%

| 정답해설 |

① 선택률 80% ㉠의 '나그네'는 주인의 물음에 남편 없고 몸 붙일 곳 없어 이리저리 얻어먹고 다닌다고 말한다. 따라서 '아주 가난하여 떠돌아다니며 얻어먹을 정도'임을 비유하는 '패랭이에 숟가락 꽂고 산다'가 적절하다.

| 오답해설 |

② 선택률 2% 태산 명동에 서일필이라: 태산이 쩡쩡 울리도록 야단법석을 떨었는데 결과는 생쥐 한 마리가 튀어나왔을 뿐이라는 뜻으로, 아주 야단스러운 소문에 비하여 결과는 별것 아닌 것을 비유하는 말

③ 선택률 13% 터진 방앗공이에 보리알 끼듯 하였다: ㉠ 버리자니 아깝고 파내자니 품이 들어 할 수 없이 내버려 둘 수밖에 없음을 비유적으로 이르는 말. ㉡ 성가신 어떤 방해물이 끼어든 경우를 비유적으로 이르는 말

④ 선택률 5% 보리누름까지 세배한다: 보리가 누렇게 익을 무렵인 사오월까지도 세배를 한다는 뜻으로, 형식적인 인사 치레가 너무 과함을 이르는 말

더 알아보기 ▶ 김유정, 「산골 나그네」

- 성격: 토속적, 해학적
- 시점: 3인칭 전지적 작가 시점
- 주제: 가난한 삶의 애환과 애정
- 해제: 이 작품은 희극적인 분위기 속에서 비극을 이끌어 낸다. 김유정의 다른 작품들처럼 토속적이고 서민적인 어휘의 사용, 아이러니와 유머의 기법을 보이면서 인간주의에 바탕을 두고 불행한 시대의 서민들의 삶을 표현하고 있다.
- 줄거리: 덕돌이가 홀어머니와 함께 살고 있는 산골의 주막에 어느 날 밤 젊은 여인이 길손이 되어 들게 된다. 주인(덕돌 에미)은 남편 없고 몸 붙일 곳 없다는 여인을 며칠 더 머무르도록 하는데, 소문을 듣고 주막을 찾는 술꾼들 때문에 주막은 흥청거리고 덕돌 에미는 모처럼 돈푼이나 만질 수 있게 된다. 덕돌 에미(주인)는 그녀가 큰 수입을 올려주자 집요하게 며느리가 되어 주기를 권유하여 마침내 덕돌이와 성례까지 치르게 된다. 그러나 이러한 모든 일들이 그녀의 의사와는 관계없이 오직 수동적으로 끌려가는 입장에서 이루어지며, 그녀 자신은 통 말이 없다. 어머니와 아들은 행복하지만 무언으로 일관하는 여인의 속은 알 수가 없다. 어느 날 밤 아내는 간 데가 없고 혼인 때 장만해서 모셔 놓고 아끼는 인조견 새옷도 간 곳이 없다. 모자는 황황히 그녀를 찾아 나선다. 한편, 그녀에게는 병든 남편이 있었는데 그는 근처의 폐가에 몸져누워 있었다. 이러한 사정을 모르는 덕돌이는 여인을 찾아 나서고, 여인은 훔쳐온 옷을 남편에게 입힌 뒤 밤길을 재촉하여 산길을 달아난다.

09
정답 ④

문법과 어문 규정 > 현대 문법 > 품사 정답률 **89%**

| **정답해설** |
밑줄 친 단어들 모두 격 조사가 결합할 수 없고 활용하지 않으므로 수식언(부사, 관형사)이다.
④ 선택률 **89%** '둘째'는 뒤에 오는 명사 '며느리'를 수식하므로 관형사이다.

| **오답해설** |
① 선택률 **3%** '혼자'는 용언 '먹고 있었다'를 수식하므로 부사이다.
② 선택률 **4%** '정녕'은 용언 '가시겠다면'을 수식하므로 부사이다.
③ 선택률 **4%** '제일'은 용언 '좋아한다'를 수식하므로 부사이다.

10
정답 ③

어휘와 관용 표현 > 한자와 한자어 > 한자어 정답률 **50%**

| **정답해설** |
③ 선택률 **50%** 방역(紡疫)(×) → 방역(防疫)(○)
'방역(紡疫: 紡 길쌈 방/疫 전염병 역)'이란 한자어는 없다. 문맥상 '감염병이 발생하거나 유행하는 것을 미리 막는 일'을 뜻하는 '방역(防疫: 防 막을 방/疫 전염병 역)'으로 써야 한다.

| **오답해설** |
① 선택률 **7%** 침체(沈滯: 沈 잠길 침/滯 막힐 체): 어떤 현상이나 사물이 진전하지 못하고 제자리에 머무름.
② 선택률 **19%** 위축(萎縮: 萎 시들 위/縮 줄일 축): ⊙ 마르거나 시들어서 우그러지고 쭈그러듦. ⓛ 어떤 힘에 눌려 졸아들고 기를 펴지 못함.
④ 선택률 **24%** 차치(且置: 且 또 차/置 둘 치): 내버려 두고 문제 삼지 아니함.

군무원 VS 공무원 비교분석

군무원 시험에서 2019년 이전까지는 한자어 문제가 거의 출제되지 않았다. 그러나 문제를 공개하기 시작한 2020년 시험의 출제경향을 보면 앞으로 한자어 문제가 꾸준히 1문항 정도씩 출제될 것으로 보인다. 한자어는 짧은 시간에 학습할 수 없는 영역이므로 조금씩이라도 매일 꾸준히 학습해야 한다.

11
정답 ③

문법과 어문 규정 > 어문 규정 > 띄어쓰기 정답률 **51%**

| **정답해설** |
③ 선택률 **51%** 세 번만에(×) → 세 번 만에(○)
'만'이 '앞말이 가리키는 횟수를 끝으로'의 뜻을 나타내는 경우에는 의존 명사이므로 앞말과 띄어 쓴다. '세'는 관형사, '번(番)'은 일의 차례를 나타내는 의존 명사이므로 각각 띄어 쓴다.

| **오답해설** |
① 선택률 **20%** 사업차(○)
'-차(次)'는 '목적'의 뜻을 더하는 접미사이므로 앞말에 붙여 쓴다.
예 연구차, 인사차, 사업차
　　스승의 날에 인사차 선생님을 찾아갔다.
② 선택률 **11%** 있을 만큼만(○)
'만큼'이 용언의 관형사형 뒤에 쓰이는 경우 의존 명사이므로 띄어 쓴다. 다만, 체언 뒤에서 앞말과 비슷한 정도나 한도임을 나타내는 경우에는 부사격 조사이므로 앞말에 붙여 쓴다.
④ 선택률 **18%** 쌀, 보리, 콩, 조, 기장 들(○)
'들'이 두 개 이상의 사물을 나열할 때, 그 열거한 사물 모두를 가리키거나, 그 밖에 같은 종류의 사물이 더 있음을 나타내는 경우에는 의존 명사이므로 띄어 쓴다. 다만, '들'이 그 문장의 주어가 복수임을 나타내는 경우에는 보조사이므로 앞말에 붙여 쓴다.
예 보조사로 쓰인 경우: 다들 떠나갔구나.

더 알아보기 ▶ 의존 명사 '차(次)'

- '번', '차례'의 뜻을 나타내는 경우
  예 제36 차 정기총회 / 제일 차 세계 대전
  　　그들은 선생님 댁을 수십 차 방문했다.
- '-던 차에', '-던 차이다' 구성으로 쓰여 어떠한 일을 하던 기회나 순간을 의미하는 경우
  예 잠이 막 들려던 차에 전화가 왔다.

12

| 문법과 어문 규정 > 어문 규정 > 언어 예절 | 정답률 60% |

| 정답해설 |

② 선택률 60% 집에서 손님을 보낼 때 하는 인사말은 "안녕히 가십시오."이다. 친한 사이인 경우 "안녕히 가세요."라고 인사할 수도 있다. 손아래 사람에게는 "잘 가", "잘 가라.", "잘 가거라." 를, 특별한 경우 손위 사람에게는 "살펴 가십시오."도 가능하다. 간혹 "안녕히 돌아가십시오."라고 쓰는 경우가 있는데 '돌아가다'라는 말이 '죽는다'라는 의미나 '빙 돌아서 간다'라는 뜻을 나타내는 경우가 있어 듣는 사람이 불쾌하게 느낄 수도 있으므로 되도록 쓰지 않는 것이 좋다.

| 오답해설 |

① 선택률 5% 좋은 아침!(×) → 안녕하십니까?/안녕하세요?(○)
'좋은 아침'은 외국어 'Good morning'을 직역한 표현이므로 적절하지 않다. "안녕하십니까?"나 "안녕하세요?"를 쓰는 것이 적절하다.

③ 선택률 5% 건강하십시오(×) → 건강하시기 바랍니다/더욱 강녕하시기 바랍니다(○)
'건강하다'는 형용사로, 형용사는 명령문을 만들 수 없으며 어른에게 명령형 문장으로 인사하는 것은 적절하지 않다. 따라서 "건강하십시오."보다는 "건강하시기 바랍니다."나 "더욱 강녕하시기 바랍니다."로 쓰는 것이 적절하다. 참고로, "오래 사십시오."나 "만수무강하십시오." 등과 같은 인사말도 쓰지 않는다.

④ 선택률 30% 무엇을 도와드릴까요?(×) → 어서 오십시오. 무엇을 도와드릴까요?(○)
관공서, 회사, 백화점, 시장, 음식점 등에서도 손님이 들어오면 먼저 "어서 오십시오."라고 인사하는 것이 표준이다. 이어서 상황에 따라 "어떻게 오셨습니까?" 또는 "무엇을 도와드릴까요?"나 "무엇을 찾으십니까?" 등을 덧붙여 말할 수 있다. 인사 없이 "무엇을 도와드릴까요?"만 말할 경우 목적을 바로 물음으로써 사무적인 느낌을 강하게 전하게 된다.

더 알아보기 ▶ 손님이 들어올 때의 인사

- "어서 오십시오."를 빼고 "어떻게 오셨습니까?"라고만 하면 불친절하고 사무적인 느낌이 들 수 있다.
- "실례지만, 어떻게 오셨습니까?"라고 말하는 경우도 있는데, "실례지만"은 불필요한 말이다.
- 백화점, 시장, 음식점 등에서는 "어서 오십시오. 무엇을 찾으십니까?"라고 인사할 수도 있는데, 마찬가지로 "어서 오십시오."를 빼고 "무엇을 찾으십니까?"라고만 하면 손님이 부담스러워 할 수 있다.
- 혼례, 회갑연 등과 같이 잔치를 치를 때는 반가움과 고마움의 뜻을 함께 담아 인사하는 것이 좋다. "어서 오십시오." 뒤에 "고맙습니다.", "와 주셔서 고맙습니다.", "먼 걸음 하셨습니다." 등을 붙여 인사할 수 있다.

13

| 비문학 > 독해 비문학 > 문장 넣기 | 정답률 85% |

| 정답해설 |

① 선택률 85% (가)는 훈민정음 음운의 제자 원리를 대한 설명이다. 제시된 글 ①의 앞부분에서 훈민정음 창제를 말하고, 뒤에 이어지는 내용은 천지인의 원리를 설명하고 있으므로 ①의 위치가 가장 적절하다.

군무원 vs 공무원 비교분석

최근 문장 삽입 및 문장이나 문단의 순서 배열 유형이 군무원 시험에서 꾸준히 출제되고 있다. 이러한 유형의 문제를 풀 때에는 가장 먼저 삽입할 문장에서 처음에 나오는 단어, 접속어, 지시어 등으로 연결 고리를 찾아 앞 문장에 제시되었을 내용을 유추한다. 그리고 삽입할 문장의 논지를 파악하여 해당 논지를 중심으로 뒤에 이어질 내용을 유추한다.

14

| 비문학 > 독해 비문학 > 접속어 | 정답률 89% |

| 정답해설 |

③ 선택률 89% ㉠의 앞부분에서는 훈민정음의 제자 원리를 설명하면서 28자로써 모든 음에 정통하다고 하였다. 그러므로 슬기로운 사람은 하루아침을 마치기도 전에 깨우치고, 어리석은 이라도 열흘이면 배울 수 있는 것이다. 따라서 ㉠에는 인과관계를 나타내는 접속어가 들어가는 것이 가장 적절하다.

| 오답해설 |

① 선택률 9% 그리고: 병렬적으로 연결할 때 쓰는 접속 부사이다.

② 선택률 1% 그런데: 화제를 다른 방향으로 이끌어 나갈 때 쓰는 접속 부사이다.

④ 선택률 1% 왜냐하면: 뒤의 내용이 앞의 내용의 이유나 원인, 근거가 될 때 쓰는 접속 부사이다.

더 알아보기 ▶ 접속 부사의 종류

- 순접: 앞의 내용을 이어받아 연결시킴.
  예 그리고, 그리하여, 이리하여 등
- 역접: 앞의 내용과 상반되는 내용을 이어 줌.
  예 그러나, 그렇지만, 하지만, 그래도 등
- 인과: 앞뒤의 문장을 원인과 결과, 또는 결과와 원인으로 연결시킴.
  예 그래서, 따라서, 그러므로, 왜냐하면 등
- 대등, 병렬: 앞뒤의 내용을 같은 자격으로 나열하면서 연결시킴.
  예 그리고, 또는, 혹은, 이와 함께 등
- 첨가, 보충: 앞 내용에 새로운 내용을 덧붙이거나 보충함.
  예 그리고, 더구나, 게다가, 뿐 아니라, 아울러 등
- 환언, 요약: 앞 내용을 바꾸어 말하거나 간추려 요약함.
  예 요컨대, 즉, 바꾸어 말하면 등

- 전환: 뒤의 내용이 앞의 내용과 다른, 새로운 생각이나 사실을 서술하여 화제를 바꾸며 이어 줌.
  - 예 그런데, 그러면, 한편, 다음으로 등
- 예시: 앞 내용에 대해 구체적인 예를 들어 설명함.
  - 예 예컨대, 예를 들면, 이를테면 등

15
정답 ②

| 문법과 어문 규정 > 현대 문법 > 비문의 유형 | 정답률 85% |

| 정답해설 |

② 선택률 85% 주어(저녁노을이) + 서술어(지는), 주어(농부 내외가) + 서술어(기도하는), 주어(모습이) + 서술어(보였다)로서, 문장 성분의 호응이 자연스러운 문장이다.

| 오답해설 |

① 선택률 2% 서술어 '시작한다'의 주어가 없다. 따라서 '하루 일과를'을 주어로 바꾸거나, '그의'를 '그는'으로 바꾸어 주어로 만들고 '하루 일과를'을 서술어 '시작한다' 바로 앞으로 이동하는 것이 자연스럽다.
  - 그의 하루 일과를 ~ → 그의 하루 일과는 ~ 시작한다.
  - 그의 하루 일과를 ~ → 그는 일어나자마자 ~ 하루 일과를 시작한다.

③ 선택률 7% '하물며'는 '더군다나'의 뜻을 가진 접속 부사로, 앞의 사실과 비교하여 뒤의 사실에 더 강한 긍정을 나타내는 문맥에서 쓰인다. 주로 '-랴, -다니, -느냐?, -는가?' 등과 같은 표현과 호응을 이룬다. 따라서 '하물며 ~ 덤비다니/덤비느냐?/덤비는가?' 등으로 표현하는 것이 자연스럽다.

④ 선택률 6% 주어 '것은'과 서술어 '바랍니다'가 호응이 되지 않아 어색하다. 주어와 서술어가 호응할 수 있게 '~탓하지 마시라는 것입니다'로 표현하는 것이 자연스럽다.

16
정답 ③

| 문법과 어문 규정 > 현대 문법 > 어휘의 의미 관계 | 정답률 85% |

| 정답해설 |

'성기다'는 '물건의 사이가 뜨다.'라는 뜻이다. 따라서 '성김'과 '빽빽함'의 의미 관계는 반의 관계이다.

③ 선택률 85% '넉넉하다'와 '푼푼하다'는 유의 관계이다. '푼푼하다'는 '모자람이 없이 넉넉하다.'라는 뜻이다.

| 오답해설 |

①②④ 선택률 3% 선택률 9% 선택률 3% 모두 반의 관계로 연결되었다.

더 알아보기 ▶ 어휘의 의미 관계

- 유의 관계: 두 단어의 의미가 서로 비슷한 관계
  - 예 방지 – 예방, 발달 – 진보, 방해 – 훼방, 상의 – 윗옷
- 상하 관계: 한쪽이 다른 쪽을 포함하는 관계
  - 예 꽃 – 장미, 백합, 무궁화

- 반의 관계: 두 단어의 의미가 서로 반대되는 관계
  - 상보(모순) 반의 관계: 두 단어를 동시에 부정하면 모순이 일어나는 관계
    - 예 남자 – 여자, 참 – 거짓, 삶 – 죽음, 살다 – 죽다
  - 정도(등급) 반의 관계: 두 단어를 동시에 부정해도 모순이 일어나지 않는 관계
    - 예 길다 – 짧다, 크다 – 작다, 높다 – 낮다, 좋다 – 나쁘다, 쉽다 – 어렵다, 덥다 – 춥다
  - 방향 반의 관계: 맞선 방향으로의 이동을 나타내는 의미 관계
    - 예 동 – 서, 남 – 북, 꼭대기 – 밑바닥, 출발점 – 결승점, 가다 – 오다, 오르다 – 내리다, 외향적 – 내성적

17
정답 ④

| 문법과 어문 규정 > 어문 규정 > 맞춤법 | 정답률 75% |

| 정답해설 |

④ 선택률 75% 맞춤법이 옳은 것은 ⓒ, ⓓ, ⓗ이다.
  - ⓒ 안치다: 밥, 떡, 찌개 따위를 만들기 위하여 그 재료를 솥이나 냄비 따위에 넣고 불 위에 올리다.
  - ⓓ 붙이다: 불을 일으켜 타게 하다. '붙다'의 사동사
  - ⓗ 부치다: 번철이나 프라이팬 따위에 기름을 바르고 빈대떡, 저냐, 전병(煎餅) 따위의 음식을 익혀서 만들다.

| 오답해설 |

ⓐ 담궈(×) → 담가(○)
  - 담그다: ⓐ 액체 속에 넣다. ⓑ 김치·술·장·젓갈 따위를 만드는 재료를 버무리거나 물을 부어서, 익거나 삭도록 그릇에 넣어 두다.

ⓔ 졸였다(×) → 조렸다(○)
  - 조리다: 양념을 한 고기나 생선, 채소 따위를 국물에 넣고 바짝 끓여서 양념이 배어들게 하다.
  - 졸이다: ⓐ 찌개, 국, 한약 따위의 물을 증발시켜 분량을 적어지게 하다('졸다'의 사동사). ⓑ 속을 태우다시피 초조해하다.

ⓕ 하느라고(×) → 하노라고(○)
'하노라고'는 동사 '하다'의 어간 '하-'와 어미 '-노라고'가 결합한 형태로서, '자기 나름대로 꽤 노력했음'을 표현한다. 이와 달리 '하느라고'는 '하다'의 어간 '하-'에 어미 '-느라고'가 결합한 형태로서 앞말이 뒷말의 목적이나 원인이 됨을 나타낸다.
  - -노라고: 자기 나름대로 꽤 노력했음을 나타내는 연결 어미
  - -느라고: 앞 절의 사태가 뒤 절의 사태에 목적이나 원인이 됨을 나타내는 연결 어미

더 알아보기 ▶ '붙이다'와 '부치다'

'붙이다'와 '부치다'는 의미에 따라 구별해야 한다. '붙이다'는 '붙다'에 사동의 의미를 더하는 파생 접사 '-이-'가 결합하여 '붙게 하다'라는 뜻을 가진다. '부치다' 역시 역사적으로는 '붙이다'와 어원이 같지만 '붙이다'는 '붙다'의 의미가 살아 있고 '부치다'는 그렇지 않다는 차이가 있다.

18 고난도 TOP2

정답 ④

어휘와 관용 표현 > 한자와 한자어 > 한자 성어   정답률 41%

| 정답해설 |

④ 선택률 41% '梁上君子(양상군자)'는 대들보 위에 있는 군자라는 뜻으로, 도둑을 미화하여 점잖게 부르는 말이다. 행실이 어질며 덕과 학식이 높은 사람인 군자(君子)를 지칭하는 표현이 아니다.

| 오답해설 |

① 선택률 18% '선비는 개인의 이익보다 사회 정의를 생각하며 행동하고 살아간다.'는 것은 '見利思義(견리사의)'에 해당한다.

② 선택률 19% '자신을 낮추는 자세'가 곧 '勞謙君子(노겸군자)'이다.

③ 선택률 22% '선비는 개인의 이익보다 사회 정의를 생각하며 행동하고 살아간다. 자신의 인격을 완성하고 그것을 통해 모든 사람에게 평안한 삶을 살게 하는 것'은 '修己安人(수기안인)'에 해당한다.

더 알아보기 ▶ 한자 성어 뜻풀이

- 見利思義(견리사의: 見 볼 견/利 이로울 리/思 생각 사/義 옳을 의): 눈앞에 이익을 보거든 먼저 그것을 취함이 의리에 합당한지를 생각하라는 말이다.
- 勞謙君子(노겸군자: 勞 일할 노/謙 겸손할 겸/君 임금 군/子 아들 자): 공로(수고로움)가 있으면서도 겸손한 군자. 노겸(勞謙)의 '노(勞)'는 '수고롭다', '힘쓰다'라는 뜻이 있으니 '노겸(勞謙)'은 '수고로워도 자랑하거나 원망하지 않고 겸손하다.'로 풀이한다.
- 修己安人(수기안인: 修 닦을 수/己 몸 기/安 편안 안/人 사람 인): (군자는) 자신의 몸을 닦아서 사람을 편안하게 하는 것이다.
- 梁上君子(양상군자: 梁 대들보 양/上 윗 상/君 임금 군/子 아들 자): 대들보 위에 있는 군자라는 뜻으로, 도둑을 미화하여 점잖게 부르는 말이다.

19 고난도 TOP1

정답 ③

문법과 어문 규정 > 현대 문법 > 관형격 조사의 쓰임   정답률 29%

| 정답해설 |

'기쁨의 열매'에서 '의'는 앞의 체언이 뒤의 체언에 대하여 비유의 대상임을 나타내는 관형격 조사이다. 즉, 'A(원관념)의 B(보조 관념)' 형태인 은유법으로 'A(기쁨) = B(열매)'를 의미한다.

③ 선택률 29% '인도(人道)'는 사람으로서 마땅히 지켜야 할 도리, '간과(干戈)' 방패와 창이라는 뜻으로, 전쟁에 쓰는 무기를 통틀어 이르는 말이다. 따라서 '인도의 간과'는 '인간의 도리라는 무기'의 의미이므로 앞의 체언이 뒤의 체언에 대하여 비유의 대상임을 나타낸다.

| 오답해설 |

① 선택률 18% '조선이 독립국임'의 의미로, 주격의 기능을 한다.

② 선택률 29% 앞의 체언 '천(天)'이 뒤의 체언 '명명(明命)'이 나타내는 행동이나 작용의 주체임을 나타내는 관형격 조사이다.

④ 선택률 24% '대의(大義)'는 사람으로서 마땅히 지키고 행하여야 할 큰 도리, '극명(克明)'은 매우 분명하게 밝힘을 뜻한다. 따라서 '대의(大義)의 극명(克明)'은 '큰 도의를 분명히 함'을 뜻하므로 이때의 '의'는 앞의 체언이 뒤의 체언이 나타내는 행동의 대상, 즉 목적어로서의 기능을 한다.

더 알아보기 ▶ 관형격 조사 '의'의 용법

- 의미상 주어 표시: 주어와 서술어 관계
  예 철수의 어리석음(→ 철수가 어리석다.)
     조선의 독립국임(→ 조선이 독립국이다.)
     조선인의 자주민임(→ 조선인이 자주민이다.)
- 의미상 목적어 표시: 목적어와 서술어 관계
  예 평화의 파괴(→ 평화를 파괴하다.)
     대의(大義)의 극명(→ 대의를 극명하다.)
     질서의 확립(→ 질서를 확립하다.)
- 은유(= 동격), 직유를 포함
  예 낙엽의 산더미(→ 낙엽이 산더미다. 낙엽이 산더미 같다.)
     인도(人道)의 간과(→ 인도(주의)는 간과(무기)이다. 인도(주의)는 무기와 같다)
     조국 통일의 위업(→ 조국 통일은 위업이다.)
- 전체와 부분의 관계
  예 아내의 손
     국민의 대다수
- 소유자와 대상의 관계
  예 삼촌의 집
     나의 옷

20

정답 ④

어휘와 관용 표현 > 한자와 한자어 > 한자어   정답률 98%

| 정답해설 |

④ 선택률 98% ㉠을 포함한 문장의 의미는 체크무늬가 각 씨족을 대표하는 의상으로 받아들여졌다는 것이다. 그러므로 ㉠과 바꿔 쓰기에 알맞은 것은 '새로운 문화 현상, 학설 따위가 당연한 것으로 사회에 받아들여짐'을 뜻하는 '정착(定着)되었다'이다.

- 정착(定着: 定 정할 정/着 붙을 착): ㉠ 일정한 곳에 자리를 잡아 붙박이로 있거나 머물러 삶. ㉡ 새로운 문화 현상, 학설 따위가 당연한 것으로 사회에 받아들여짐.

| 오답해설 |

① 선택률 0% 정돈(整頓: 整 가지런할 정/頓 조아릴 돈): 어지럽게 흩어진 것을 규모 있게 고쳐 놓거나 가지런히 바로잡아 정리함.

② 선택률 1% 정제(精製: 精 찧을 정/製 지을 제): ㉠ 정성을 들여 정밀하게 잘 만듦. ㉡ 물질에 섞인 불순물을 없애 그 물질을 더 순수하게 함.

③ 선택률 1% 정리(整理: 整 가지런할 정/理 다스릴 리): ㉠ 흐트러지거나 혼란스러운 상태에 있는 것을 한데 모으거나 치워서 질서 있는 상태가 되게 함. ㉡ 체계적으로 분류하고 종합함.

문맥에 적절한 어휘로 바꿔 표현할 수 있는지를 평가하는 유형으로, 한 자어의 의미도 명확하게 알아야 한다. 이 문제는 수능 시험에 출제되던 문제가 그대로 출제된 것이다. 이로 보아 군무원 시험이 단순 암기·지식형에서 벗어나 사고·추론형 경향을 보인다는 것을 알 수 있다.

21

정답 ①

비문학 > 독해 비문학 > 내용 확인하기 　　　정답률 84%

| 정답해설 |

① 선택률 84% '페르소나란 한 개인이 사회에서 요구하는 역할에 적응하면서 얻어진' 것이라 했으므로 현실적인 속성을 지닌다. 그리고 '그림자는 인간의 원시적인 본능 성향'을 의미하므로 근원적인 속성이라고 할 수 있다.

| 오답해설 |

② 선택률 5% 페르소나만 추구하려 한다면 그림자가 위축되어 무기력하게 된다.

③ 선택률 5% 그림자는 부도덕하다고 생각하는 충동적인 면과 자발성, 창의성 등의 긍정적인 면을 함께 지니고 있다.

④ 선택률 6% 그림자는 충동적인 면과 긍정적인 면을 함께 지니고 있으므로 지나치게 억압해서는 안 된다고 하였다. 즉, '그림자를 억압하게 되면 페르소나를 더욱 추구하게 된다.'라는 내용은 제시되지 않았다.

22

정답 ②

문법과 어문 규정 > 어문 규정 > 표준 발음법 　　　정답률 87%

| 정답해설 |

② 선택률 87% [끈기다](×) → [끈키다](○)
'끊기다'는 겹받침 'ㄶ'의 'ㅎ'이 'ㄱ'과 만나 'ㅋ'이 되므로(ㅎ + ㄱ = ㅋ), [끈키다]로 발음한다.

| 오답해설 |

① 선택률 5% 맑고[말꼬](○)
겹받침 'ㄺ'은 자음 앞에서 [ㄱ]으로 발음한다. 다만, 용언의 어간 말음 'ㄺ'은 'ㄱ' 앞에서 [ㄹ]로 발음한다.
예 맑게[말께], 묽고[물꼬], 얽거나[얼꺼나]

③ 선택률 2% 맏형[마텽](○)
받침 'ㄷ'이 뒤 음절 첫소리 'ㅎ'과 결합하는 경우에는 두 음을 합쳐서 [ㅌ]으로 발음한다.

④ 선택률 6% 밟고[밥:꼬](○)
'ㄼ'은 자음 앞에서 [ㄹ]로 발음한다. 다만, '밟-'은 자음 앞에서 [밥]으로 발음한다.
예 밟다[밥:따], 밟소[밥:쏘], 밟지[밥:찌], 밟는[밥:는 → 밤:는], 밟게[밥:께], 밟고[밥:꼬]

23

정답 ①

문법과 어문 규정 > 현대 문법 > 단어의 갈래 　　　정답률 76%

| 정답해설 |

① 선택률 76% '도시락'은 하나의 실질 형태소로 이루어진 단일어이다.

| 오답해설 |

②③④ 모두 복합어(파생어, 합성어)이다.

② 선택률 5% 선생님: 선생(명사) + -님(접미사) → 파생어

③ 선택률 3% 날고기: 날-(접두사) + 고기(명사) → 파생어

④ 선택률 16% 밤나무: 밤(명사) + 나무(명사) → 합성어

더 알아보기 ▶ 합성어와 파생어

• 합성어: 둘 이상의 어근(실질 형태소)이 결합하여 만들어진 단어	
통사적 합성어	우리말의 일반적인 단어 형성 방법과 일치하는 합성어 예 밤낮(명사 + 명사) 큰집(용언의 어간 + 관형사형 어미 + 명사) 부슬부슬(부사 + 부사) 그만두다(부사 + 용언)
비통사적 합성어	우리말의 일반적인 단어 형성 방법에서 벗어난 합성어 예 덮밥: '덮-'이 어미와의 결합 없이 명사인 '밥'과 결합 검붉다: 용언의 어간 + 용언의 어간 척척박사: 부사 + 명사
• 파생어: 어근과 접사가 결합하여 형성된 단어	
접두 파생어	어근의 앞에 붙어 뜻을 더하거나 의미를 강조하는 역할을 하는 접두사가 어근과 결합하여 만들어진 단어 예 홀어미(홀- + 어미) 군소리(군- + 소리) 헛걸음(헛- + 걸음) 새까맣다(새- + 까맣다)
접미 파생어	어근의 뒤에서 특정한 뜻을 더하거나 어근의 품사를 바꾸기도 하는 접미사가 어근과 결합하여 만들어진 단어 예 개구쟁이(개구 + -쟁이) 꿈틀거리다(꿈틀 + -거리다) 평화롭다(평화 + -롭다)

24

정답 ②

비문학 > 독해 비문학 > 내용 확인하기 　　　정답률 91%

| 정답해설 |

② 선택률 91% '내성(耐性)'이란 약물의 반복 복용에 의해 약효가 저하되는 현상을 뜻한다. 제시된 글에는 이러한 '항생제의 내성 정도'에 대한 설명이 없다.

| 오답해설 |

① 선택률 2% '항생제는 세균에 대한 항균 효과가 있는 물질을 말한다.'는 항생제의 정의에 해당한다.

③ 선택률 3% '기제(機制)'는 '작용 원리', '메커니즘'의 의미로, 2문단에서 항균 효과가 나타나는 원리가 제시되어 있다.

④ 선택률 4% 1문단에서 항생제를 자연 요법제와 화학 요법제로 분류하였다.

더 알아보기 ▶ 글의 내용 파악하기

글의 내용을 파악하기 위해서는 우선 그 글을 구성하는 단어의 뜻을 이해해야 한다. 그 다음으로는 그 단어들로 구성된 문장의 뜻을 파악해야 한다. 이 경우 모르는 단어가 있으면 사전을 찾기도 해야 하고, 비유적인 표현이 쓰인 경우 비유가 나타내는 본래의 뜻을 파악하기도 해야 한다.

군무원 vs 공무원 비교분석

이 문제는 2010년 지방직 7급 시험에서 출제되었던 문제가 그대로 다시 출제된 경우이다. 군무원 시험의 문제 유형이 이전까지는 지식형·지엽적인 유형이었으나 점차 지방직 시험과 유사한 유형으로 출제되고 있음을 알 수 있다.

25   정답 ④

비문학 > 이론 비문학 > 논리적 오류   정답률 66%

| 정답해설 |

④ 선택률 66% 식이요법이 알코올 중독에 이르게 한다는 결론을 내리고 있다. '식이요법'과 '알코올 중독'은 전혀 연관성이 없으므로, 이는 잘못된 인과 관계의 오류, 또는 무관한 결론의 오류로 볼 수 있다.

| 오답해설 |

①②③ 선택률 5% 선택률 5% 선택률 24% '미끄러운 경사길의 오류' 혹은 '미끄러운 경사길의 논증'에 해당한다. A를 허용함으로써 미래의 방향이 B → C → D로 연쇄적으로 나타날 가능성이 있기 때문에 A를 금지해야 한다는 주장이다. 어떤 주장이 연쇄 반응을 가져온다는 것에 논증의 결론이 의존하나, 사실은 그 연쇄 반응이 실제로 발생하리라고 생각할 만한 충분한 이유가 없을 때 생기는 오류이다.

더 알아보기 ▶ 비형식적 오류의 유형

무지로부터의 논증	참이라고 밝혀진 것이 없기 때문에 거짓이라고 주장하거나, 거짓이라고 밝혀진 것이 없다는 이유로 참이라고 주장하는 오류
거짓 딜레마	논의되는 대상이 단 둘밖에 없다고 판단하고, 문제 상황을 양극단으로만 구분하는 과정에서 발생하는 오류
거짓 원인의 오류	주어진 결과의 원인이 아닌 것을 원인으로 간주하거나, 어떤 사건이 다른 사건보다 앞서 발생했다는 것을 근거로 그것이 다른 사건의 원인이라고 추론하는 오류
성급한 일반화의 오류	대표할 수 있는 사례들을 들어 전체가 그 사례의 특성을 갖고 있다고 추론하는 오류
결합의 오류	어떤 집합의 부분 또는 개별적인 원소들이 어떤 성질을 가지고 있다는 사실로부터 전체 또는 그 원소들의 집합도 그러한 성질을 가지고 있다고 추론하는 오류
분할의 오류	전체 또는 어떤 원소들의 집합이 어떤 성질을 가지고 있다는 사실로부터 그 집합의 부분이나 개별적인 원소들도 그 성질을 가지고 있다고 추론하는 오류
위력에 호소하는 논증	상대방에게 유형, 무형의 강압적인 수단을 동원하여 자신의 주장을 받아들이게 하는 오류
권위에 호소하는 논증	유명한 사람에 대해서 가지고 있는 존경심에 호소함으로써 자기의 결론을 받아들이도록 하려는 오류
군중에 호소하는 논증	어떤 주장에 대한 타당한 근거를 제시하지 않고, 대중의 감정, 군중 심리, 열광 등에 호소하거나 여러 사람이 동의한다는 점을 내세워 자신의 주장에 대해 동의를 얻어내고자 하는 오류
선결문제 요구의 오류	결론에서 주장하고자 하는 바를 전제로 제시하는 오류
애매어의 오류	두 가지 이상의 의미로 사용될 수 있는 단어의 의미를 명백히 분리하여 파악하지 않고 혼동함으로써 생기는 오류
애매구(문장)의 오류	구나 문장의 구조가 애매하기 때문에 범하게 되는 오류
사람에의 논증	논지와는 상관없이 상대방의 약점이나 잘못, 처해 있는 상황 등을 끌어들여 상대방의 주장이 거짓이라고 말하거나 자신의 잘못을 합리화하려는 오류
허수아비의 오류	상대방의 주장을 공격하기 쉬운 주장, 즉 허수아비처럼 쉽게 무너지는 주장으로 제멋대로 바꾸어 놓고 상대방을 공격하는 오류
무관한 결론의 오류	주어진 논점과는 다른 방향으로 주장하는 오류

9급 군무원 국어(추가채용)

I 전체 난이도 및 합격선

전체 난이도	합격선
中	84점

I 기출총평

2019년 추가채용 시험은 상반기(6월) 시험에 비하여 지식형 문항이 더 늘고 지문형 분석 문항은 대체로 줄었다. 또한 전년도 시험 및 상반기 시험과 마찬가지로 문법과 어문 규정에서 13문항으로 다수의 문제가 출제되었다. 어문 규정에서 띄어쓰기는 여전히 2문항이 출제되었고, 로마자 표기법과 한글 맞춤법, 표준어 규정, 표준 발음법 등이 다수 출제되었다. 난도는 높지 않았으나 본말의 준말을 묻는 문항과 우리말 어휘는 다소 어려운 유형이라 할 만하다. 현대 문법은 지문형으로 제시된 언어의 본질은 쉬운 편이었으나, 공시태와 통시태의 사례를 구별하는 문항은 생소한 유형이었다. 또한 사동 표현이나 단어의 형성법을 묻는 문항은 자주 출제되는 단어들이라 쉽게 풀이가 가능했다. 문학에서는 정철의 「사미인곡」을 제시하여 구절의 현대어 해석 및 화자의 정서를 물었는데, 이 또한 자주 출제되는 유형이었다. 시조의 형식 및 특징을 묻는 문항도 어려운 유형은 아니었다. 지식형 유형으로 판소리의 용어를 찾는 문항은 쉬운 편이었으나, 박지원 소설의 출전이나 남사당패 놀이의 용어를 묻는 문항은 수험생들을 당황스럽게 한 문항이라 할 수 있다. 비문학은 2문항으로 출제비중이 높지 않았다. 문단의 배열 순서와 제시된 문장이 들어갈 문단을 묻는 유형이 출제되었는데 일반적으로 수험생들이 어려워하는 유형이지만 쉽게 풀 수 있는 수준이었다. 수험생들이 어려워하는 한자어는 출제되지 않았으나, 한자 성어의 한자 표기를 묻는 유형은 한자에 익숙하지 않은 수험생들에게 어려운 유형이라 할 수 있다.

I 영역별 출제비중

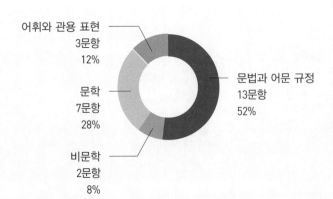

어휘와 관용 표현
3문항
12%

문학
7문항
28%

비문학
2문항
8%

문법과 어문 규정
13문항
52%

I 문항 분석

	카테고리	출제수	정답률
고난도 TOP 1 1	문법과 어문 규정 > 어문 규정 > 맞춤법	47회	34%
2	문학 > 고전 문학 > 고전 산문 – 고전 소설(출전)	5회	45%
3	문법과 어문 규정 > 어문 규정 > 띄어쓰기	24회	69%
4	문법과 어문 규정 > 현대 문법 > 사동 표현	2회	89%
5	어휘와 관용 표현 > 한자와 한자어 > 한자 성어	21회	43%
6	문학 > 고전 문학 > 고전 산문 – 판소리(용어)	6회	56%
7	문학 > 고전 문학 > 고전 산문 – 판소리(용어)	6회	64%
8	비문학 > 독해 비문학 > 글의 순서	11회	96%
9	문법과 어문 규정 > 현대 문법 > 단어	5회	80%
10	어휘와 관용 표현 > 순우리말 > 우리말 어휘	16회	55%
11	문법과 어문 규정 > 어문 규정 > 로마자 표기법	16회	84%
12	문학 > 고전 문학 > 고전 시가 – 시조(고시조의 특징)	12회	81%
13	어휘와 관용 표현 > 순우리말 > 우리말 어휘	16회	49%
14	문법과 어문 규정 > 어문 규정 > 표준어 규정	17회	84%
15	문법과 어문 규정 > 어문 규정 > 표준어 규정	17회	54%
16	문법과 어문 규정 > 어문 규정 > 표준 발음법	18회	84%
17	비문학 > 독해 비문학 > 글의 순서	13회	47%
18	문법과 어문 규정 > 현대 문법 > 언어의 본질	1회	83%
19	문법과 어문 규정 > 현대 문법 > 언어의 본질	1회	65%
20	문법과 어문 규정 > 어문 규정 > 띄어쓰기	24회	80%
고난도 TOP 3 21	문학 > 고전 문학 > 고전 시가 – 가사(현대어 해석)	10회	37%
22	문학 > 고전 문학 > 고전 시가 – 가사(화자의 정서)	10회	90%
23	문법과 어문 규정 > 어문 규정 > 맞춤법	47회	90%
24	문법과 어문 규정 > 어문 규정 > 맞춤법	47회	68%
고난도 TOP 2 25	문학 > 고전 문학 > 고전 산문 – 민속극(남사당패 놀이)	6회	36%

※ 고난도 TOP 1 는 해당 회차에서 정답률이 가장 낮은 문항입니다.

01	②	02	④	03	②	04	②	05	③
06	④	07	③	08	②	09	①	10	④
11	②	12	③	13	③	14	①	15	①
16	②	17	①	18	②	19	③	20	③
21	④	22	④	23	③	24	④	25	④

기출문제편 ▶ P.44

01 고난도 TOP 1   정답 ②

문법과 어문 규정 > 어문 규정 > 맞춤법   정답률 34%

| 정답해설 |

② 선택률 34% '국말이'는 '국에 만 밥이나 국수'를 뜻한다. '말(어근) + -이(접미사)'로 파생 된 후 다시 '국(명사 어근) + 말이(명사)'의 구성으로 이루어진 합성어이다.

| 오답해설 |

① 선택률 6% 기러기 + 야(호격 조사) → 기럭- + 아(호격 조사) = 기럭아
'기럭아'는 본말 '기러기야'에서 '기러기'의 끝 모음 'ㅣ'가 줄어지고 자음 'ㄱ'을 그 앞의 음절에 받침으로 표기한 것이다.

참 ┌ 앞말 받침(○) + 아(호격 조사)
   └ 앞말 받침(×) + 야(호격 조사)

③ 선택률 27% 애꾸눈이 + 야(호격 조사) → 애꾸눈 + 아(호격 조사) = 애꾸눈아
'애꾸눈아'는 본말 '애꾸눈이야'의 준말이다. '애꾸눈이'는 한쪽 눈이 먼 사람을 낮잡아 이르는 말이다. '애꾸눈이 + 야(호격 조사)'의 구성에서, '애꾸눈이'의 끝음절 '이'가 줄고 뒤에 호격 조사 '아'가 결합한 것이다.

④ 선택률 33% '어린 무' 또는 '여린 무'의 준말이 '열무'이다.

더 알아보기 ▶ 합성어를 이룰 때, 한 형태소가 간단하게 준말

- 어제 + 그저께 → 엊그저께 → 엊그제
- 지팡이 + 막대기 → 지팡막대
- 쓰레기 + 받기 → 쓰레받기

02   정답 ④

문학 > 고전 문학 > 고전 산문 – 고전 소설(출전)   정답률 45%

| 정답해설 |

④ 선택률 45% 『방경각외전(放璚閣外傳)』은 박지원이 쓴 아홉 편의 전(傳)이 실려 있는 한문 단편 소설집이다. 떠돌이 거지, 몰락한 무반, 농부 따위의 이름 없는 하층민을 주요 대상으로 삼았다. 아홉 편 가운데 「봉산학자전」과 「역학대도전」 두 편은 박지원 스스로 없애 버려 「양반전」, 「광문자전」, 「예덕선생전」, 「김신선전」, 「마장전」, 「민옹전」, 「우상전」의 일곱 편만 남아 전하는데, 이 중 「우상전」은 앞의 두 편을 없애는 과정에서 함께 소실되어 미완의 상태로 남았다.

| 오답해설 |

① 선택률 28% 『연암집(燕巖集)』: 연암 박지원의 산문을 엮은 문집이다. 1900년과 1901년 사이에 김택영(金澤榮)의 초간본(원집 6권 2책, 속집 3권 1책)이 나왔고, 1914년에 다시 초간본 원집과 속집을 합하고 산삭(刪削)한 7권의 중편본(重編本)이 간행되었으며, 1932년 박영철(朴榮喆)에 의해 신활자본으로 편집, 간행되었다.

② 선택률 8% 『과정록(過庭錄)』: 조선 후기에 박종채(朴宗采)가 지은 잡록이다. 박지원(朴趾源)의 둘째 아들인 저자가 아버지의 신상·생활상·교우·업적·저술 등을 기록해 놓은 것이다. 1974년 『문학사상』에 해제와 함께 번역·소개되었는데, 이는 정약용(丁若鏞)의 맏아들 학연(學淵)의 『유산총서(酉山叢書)』 중의 한 권으로 되어 있는 것을 대본으로 한 것이다.

③ 선택률 19% 『열하일기(熱河日記)』: 박지원이 청나라 '열하(熱河)'를 다녀온 경험을 쓴 기행문이다. '열하'는 중국 '청더(承德)'라는 곳이다.

더 알아보기 ▶ 연암 박지원의 한문 소설

출전	작품명	중심 내용
열하일기 (熱河日記)	호질(虎叱)	도학자 북곽 선생과 수절 과부 동리자의 거짓됨과 간악함을 풍자
	허생전	양반의 무능력 비판, 자아 각성 고취
방경각외전 (放璚閣外傳)	우상전	나라의 인재 등용이 잘못됨을 비판
	민옹전	무위도식하는 양반 지배층에 대한 비판
	광문자전	거지 광문을 통해 가장 미천한 자의 의로운 삶을 칭송
	마장전	미천한 자들의 교제를 통해 충의에 대한 재래적 견해 비판, 양반 사회 풍자
	예덕선생전	천한 신분인 엄행수의 성실함과 대비되는 양반의 무위도식을 풍자
	양반전	양반의 가식과 타락, 무위도식을 풍자
	김신선전	신선 사상의 허무맹랑함을 풍자
연상각선본 (煙湘閣選本)	열녀 함양 박씨전	봉건 사회의 재가금지제도 및 지나친 수절에 반대한다는 내용

군무원 vs 공무원 비교분석

일반 공무원 시험에 비하여 군무원 시험은 지식형 문항의 출제비중이 높다. 주요 작가의 작품명, 주제, 문학사적 의의 등을 중점적으로 학습해 두어야 한다.

03   정답 ②

문법과 어문 규정 > 어문 규정 > 띄어쓰기   정답률 69%

| 정답해설 |

② 선택률 69% 성명 또는 성(姓)이나 이름 뒤에 붙는 호칭어나 관직명 등은 고유 명사와 별개의 단위이므로 띄어 쓴다. 호나 자 등이 성명 앞에 놓이는 경우도 띄어 쓴다. 따라서 성(姓)이나 성명 뒤에 '씨'와 '선생'은 띄어 쓴다.

참고로, 성(姓) 뒤에 호칭어 '씨(氏)'는 의존 명사이므로 띄어 쓰지만, '그 성씨 자체', '그 성씨의 가문이나 문중'의 뜻을 더하는 '-씨(氏)'는 접미사이므로 붙여 써야 한다.

| 오답해설 |

① 선택률 8% 성과 이름, 성과 호 등은 붙여 쓴다. 따라서 '홍길동', '최남선'으로 써야 한다.

③ 선택률 9% 성명 이외의 고유 명사는 단어별로 띄어 씀을 원칙으로 하되, 단위별로 띄어 쓸 수 있다. 따라서 '한국 대학교 사범 대학(원칙)', '한국대학교 사범대학(허용)'이다.

④ 선택률 14% 전문 용어는 단어별로 띄어 씀을 원칙으로 하되, 붙여 쓸 수 있다. 따라서 '만성 골수성 백혈병(원칙)', '만성골수성 백혈병(허용)'이다.

군무원 vs 공무원 비교분석

띄어쓰기는 일반 공무원 시험에서 1문항 정도 출제되는 것에 비하여, 군무원 시험에서는 매년 2문항 정도 출제된다. 띄어쓰기의 기본 원칙을 이해하고, 그에 대한 예시를 학습해야 한다. 또한 붙여 써야 하는 어미, 조사, 합성어와 띄어 써야 하는 의존 명사를 구별할 수 있어야 한다.

04
정답 ②

문법과 어문 규정 > 현대 문법 > 사동 표현   정답률 89%

| 정답해설 |

사동법은 주어가 다른 사람이나 동물 또는 사물에게 어떤 동작을 하게 하거나 어떤 상태에 이르게 하는 것이다. 즉, 스스로 행위를 하는 것이나 스스로 그 상태에 이르는 것(주동)의 반대 개념이다.

② 선택률 89% '당하다'는 어휘 자체가 피동의 의미를 띠고 있는 어휘적 피동에 해당한다. 피동이란 주어가 다른 사람이 행하는 행위나 동작에 의해 영향을 입는 것을 말한다. 이는 주어가 자신의 힘으로 행동하는 것(능동)의 반대 개념이다.

| 오답해설 |

① 선택률 2% 보조 용언 '(-게) 하다'의 형식으로 된 통사적 사동문이다.

③ 선택률 7% 사동적 의미를 가진 어휘 '보내다'를 사용한 어휘적 사동 표현이다.

④ 선택률 2% 명사에 사동의 뜻을 더하는 접미사 '-시키다'가 결합된 파생적 사동 표현이다.

더 알아보기 ▶ 사동법의 종류

- 어휘적 사동법: '시키다', '보내다', '살해하다' 등과 같이 사동적 의미를 가진 어휘로 사동을 표현하는 방법이다.
- 파생적 사동법: 어간에 사동 접미사 '-이-', '-히-', '-리-', '-기-', '-우-', '-구-', '-추-' 등을 결합하거나 명사에 접미사 '-시키다'를 결합하는 방법이다. 통사적 사동에 비해 짧기 때문에 '단형 사동'이라고도 한다.
- 통사적 사동법: 보조 용언 '-게 하다'를 이용하여 만든 문장을 '통사적 사동문'이라 한다. 파생적 사동에 비해 길기 때문에 '장형 사동'이라고도 한다. 통사적 사동문은 주로 간접 행동의 의미를 가진다.

05
정답 ③

어휘와 관용 표현 > 한자와 한자어 > 한자 성어   정답률 43%

| 정답해설 |

③ 선택률 43% 사필귀정(事必歸定)(×) → 사필귀정(事必歸正)(○) '사필귀정(事必歸正: 事 일 사/必 반드시 필/歸 돌아올 귀/正 바를 정)'은 모든 일은 반드시 바른길로 돌아감을 뜻하는 말이다. '정(定: 정하다, 바로잡다, 평안하다)'이 아니라 '정(正: 바르다, 정당하다, 바람직하다)'을 쓴다.

| 오답해설 |

① 선택률 8% 이심전심(以心傳心: 以 써 이/心 마음 심/傳 전할 전/心 마음 심): 마음과 마음으로 서로 뜻이 통한다.

② 선택률 20% 전전반측(輾轉反側: 輾 돌아누울 전/轉 구를 전/反 돌이킬 반/側 곁 측): 이리 뒤척 저리 뒤척 한다는 뜻이다. ㉠ 걱정거리로 마음이 괴로워 잠을 이루지 못함을 이르는 말이다. ㉡ 원래는 미인을 사모하여 잠을 이루지 못함을 이르는 표현이다.

유 전전불매(輾轉不寐)

④ 선택률 29% 인과응보(因果應報: 因 인할 인/果 실과 과/應 응할 응/報 갚을 보): 원인과 결과는 서로 물고 물린다는 뜻이다. ㉠ 과거 또는 전생의 선악의 인연에 따라서 뒷날 길흉화복의 갚음을 받게 됨을 이르는 말이다. ㉡ 좋은 일에는 좋은 결과가, 나쁜 일에는 나쁜 결과가 따른다는 뜻이다.

06
정답 ④

문학 > 고전 문학 > 고전 산문 - 판소리(용어)   정답률 56%

| 정답해설 |

④ 선택률 56% '더늠'이 어느 특정 대목을 이르는 것에 비하여 명창이 한 마당 전부를 다듬어 놓은 소리인 '바디'는 판소리 한 마당 전체의 짜임새를 뜻한다. 판소리의 전체적인 판이 잘 짜여져 긴밀한 구성을 가지고 있을 때, '바디'가 좋다고 한다.

| 오답해설 |

①② 선택률 10% 선택률 7% 판소리 한 마당의 특정 대목이 어떤 명창의 장기(長技)로 인정되고 널리 불리게 되면 '더늠'에는 판소리 명창 개인의 이름이 붙게 되고, 시대와 유파를 넘어서 전승된다.

③ 선택률 27% 어떤 판소리 창자가 부른 특정한 대목이 더늠이 되기 위해서는 독창적이면서 예술적으로 뛰어나야 하는데, 이 독창성과 예술성은 주로 음악적인 측면에서 구현된다.

더 알아보기 ▶ 더늠

'더늠'은 '더 넣다'에서 온 말로, 판소리 전승상에 여태까지 없던 것을 더 넣어 판소리의 유파에 따라 계승되어 오는 특징적인 대목이나 음악적 스타일을 일컫는다. 판소리 광대들은 명창이 되면 각자의 개성에 따라 소리를 바꾸어 부르거나, 새로 소리를 짜서 기존의 판소리에 추가함으로써 그 대목을 장기로 삼는다. 이렇게 이루어진 소리가 널리 불리게 되는데 이것을 '더늠'이라고 한다.

군무원 vs 공무원 비교분석

일반 공무원 시험에서 판소리 용어의 개념을 묻는 유형은 출제 빈도가 낮은 편이다. 그러나 군무원 시험에서는 판소리 관련 용어의 개념뿐만 아니라 판소리의 특징, 12마당, 판소리계 소설 등이 지식형 유형으로 자주 출제되었으므로 반드시 학습해야 한다.

07
정답 ③

| 문학 > 고전 문학 > 고전 산문 – 판소리(용어) | 정답률 64% |

| 정답해설 |

③ 선택률 64% 판소리에서 공연자가 창을 하는 중간에 장단이 없이 대화체로 이야기하는 사설을 '아니리'라고 한다.

| 오답해설 |

① 선택률 14% 발림: 판소리에서 소리의 극적인 전개를 돕기 위하여 몸짓이나 손짓으로 하는 동작이다.

② 선택률 18% 추임새: 판소리에서 장단을 짚는 고수(鼓手)가 창의 사이사이에 흥을 돋우기 위하여 삽입하는 '좋지, 얼씨구' 등의 소리이다.

④ 선택률 4% 눈대목: 판소리에서 가장 두드러지거나 흥미 있는 장면으로, 음악적 짜임새가 뛰어나서 대중적으로 널리 알려져 명창들에 의해 자주 불리는 대목을 말한다. 요즘은 판소리의 가장 감동적인 대목을 '눈대목'이라고도 한다.

더 알아보기 ▶ 눈대목

판소리에서 '눈'이란 말은 본래 '눈을 내준다', '눈을 찾는다'와 같이 소리꾼이 고수에게 지어 주는 장단의 매듭과 같은 뜻이다. 여기에서 나아가 판소리의 '눈'은 음악적 짜임새가 뛰어난 대목을 가리킨다. 판소리에서 '눈'이라는 말은 '장단의 눈', '길의 눈'이라고 해서 중요한 의미로 자주 쓰인다. 소리꾼은 이야기를 전개하면서 전체적으로 긴장과 이완, 즉 '조였다 풀었다'를 반복하는데, 판소리의 '눈'은 이러한 과정에서 가장 조여지는 부분이라고도 할 수 있다.

판소리 다섯 마당에는 각각 눈대목이 있는데, 「춘향가」에는 '이별가 대목', 「심청가」에는 '시비 따라 장승상댁 가는 대목', '범피중류', '심청 인당수에 빠지는 대목', 「흥보가」에는 '중 내려오는 대목', '제비노정기', 「수궁가」에는 '토끼가 자라에게 욕하는 대목', 「적벽가」에는 '적벽대전 대목' 등이 눈대목에 해당한다.

08
정답 ③

| 비문학 > 독해 비문학 > 글의 순서 | 정답률 96% |

| 정답해설 |

③ 선택률 96% 각 문단의 첫 문장과 마지막 문장으로 자연스럽게 연결하면 다음과 같다.

(다) 인공지능(AI) 로봇에 대해 경고한 미래학자인 제임스 러브록을 소개하며, 마지막 문장에서 러브록은 그들을 쉽게 사이보그라고 부른다는 내용 → (가) "여기서 그가 말하는 사이보그는 우리가 아는 것과 조금 다르다." → (나) "또 그는 사이보그를 생물의 또 다른 계(kingdom)라고 생각한다." → (라) "만일 지구가 멸망 위기에 직면하면 사이보그는 대규모 지구공학을 이용해 지구를 인간보다 자신들 환경에 맞게 바꿔놓으려 할 수도 있을 것이라고 그는 설명했다."

더 알아보기 ▶ 글의 순서

글의 순서를 묻는 유형의 문제에서는 각 문단의 첫 지시어나 접속어 등에 유의해야 한다. 그리고 각 문단의 첫 문장과 마지막 문장의 내용을 고려하여 연결한다.

군무원 vs 공무원 비교분석

군무원 시험에서 글의 논리적 순서를 묻는 유형의 문항은 일반 공무원 시험에 비하여 출제 빈도가 높아, 한 시험에서 두 문항이 출제되기도 한다. 접속어나 지시어, 문장의 핵심 어휘를 찾고, 문맥의 흐름이 자연스럽게 연결되도록 순서를 연결해야 한다.

09
정답 ①

| 문법과 어문 규정 > 현대 문법 > 단어 | 정답률 80% |

| 정답해설 |

① 선택률 80% '높푸르다'는 '높–(형용사의 어간) + 푸르다'의 구성으로 합성된 비통사적 합성어이다.

| 오답해설 |

②③④는 모두 어근에 접두사가 결합한 파생어이다.

② 선택률 8% 풋–(접두사) + 고추

③ 선택률 9% 시–(접두사) + 뻘겋다

④ 선택률 3% 덧–(접두사) + 붙이다

10
정답 ④

| 어휘와 관용 표현 > 순우리말 > 우리말 어휘 | 정답률 55% |

| 정답해설 |

④ 선택률 55% '핫옷'은 안에 솜을 두어 만든 '솜옷'을 뜻한다. 따라서 '모시로 만든 핫옷'은 말의 앞뒤가 맞지 않는 표현이다. 모시로 만든 옷은 '모시옷'이라고 한다.

| 오답해설 |

① 선택률 10% 보늬: 밤이나 도토리 따위의 속껍질

② 선택률 14% 닝큼닝큼: 머뭇거리지 않고 잇따라 빨리

③ 선택률 21% 엇셈: ㉠ 서로 주고받을 것을 비겨 없애는 셈. ㉡ 제삼자에게 셈을 넘겨 당사자끼리 서로 비겨 없애는 셈. 여기에서는 ㉠의 뜻으로 쓰였다.

11

| 문법과 어문 규정 > 어문 규정 > 로마자 표기법 | 정답률 84% |

| 정답해설 |

국어의 로마자 표기는 국어의 표준 발음법에 따라 적는 것을 원칙으로 한다. 또한 고유 명사는 첫 글자를 대문자로 적는다.

② 선택률 84% 로마자 표기가 모두 올바른 것은 ㉡, ㉢, ㉤이다.

㉡ 학여울[항녀울]: Hangnyeoul

'ㄴ'이 덧나는 경우 표준 발음법에 따라 적는다.

㉢ 합덕[합떡]: Hapdeok

된소리되기는 표기에 반영하지 않는다.

㉤ 구리[구리]: Guri

'ㄱ'은 초성에서는 'g'로, 자음 앞이나 어말에서는 'k'로 적는다.

| 오답해설 |

㉠ 구미[구미]: Gumi

'ㄱ'은 초성에서는 'g'로, 자음 앞이나 어말에서는 'k'로 적는다.

㉣ 울릉[울릉]: Ulleung

'ㄹㄹ'은 'll'로 적는다.

㉥ 왕십리[왕심니]: Wangsimni

'왕십리'는 [왕심니]로 소리 나므로 'Wangsimni'로 적는다.

더 알아보기 ▶ 로마자 표기법 – 인왕리와 왕십리, 답십리, 청량리

> 제시 단어들에서, '리(里)'는 한글도 같고, 한자도 같지만, 뜻이 다르다. '인왕리'에서 '리(里)'는 우리나라의 행정구역의 명칭이다. 따라서 표준 발음이 [이뱡니]이지만, 행정구역 앞에는 붙임표(–)를 넣고 붙임표(–) 앞뒤에서 일어나는 음운 변화는 표기에 반영하지 않으므로 'inwang–ri'로 적는다. 그러나 '왕십리'와 '답십리', '청량리'에서 '리(里)'는 행정구역명이 아니라 지명의 일부이므로 표준 발음인 [왕심니], [답씸니], [청냥니]에 따라 'Wangsimni', 'Dapsimni', 'Cheongnyangni'로 적는다.

12

| 문학 > 고전 문학 > 고전 시가 – 시조(고시조의 특징) | 정답률 81% |

| 정답해설 |

③ 선택률 81% 시조의 종장 첫 구는 4음절이 아니라 3음절이 되어야 한다.

| 오답해설 |

①④ 선택률 5% 선택률 10% 시조는 고려 중기에 발생하였고, 고려 말에 그 형식이 확립되어 조선 시대에 가장 활발하게 창작·향유되어 온 우리 민족 고유의 정형시이다.

더 알아보기 ▶ 고시조의 특징

> • 내용적 특징
> ㉠ 유교적 이념에 의한 관념적인 주제
> ㉡ 일반적·상투적인 내용(충의, 회고, 절의 등)
> ㉢ 자연과 인생에 대한 풍류 또는 달관을 노래함.
> ㉣ 나라의 정치에 대한 내용이 많음.

> • 형식적 특징
> ㉠ 음악으로 부를 때 가곡창과 시조창으로 나뉨.
> ㉡ 대부분이 단시조이면서 장별 배행 시조임.
> ㉢ 한자어, 관념어의 사용
> ㉣ 종장 첫 구에 상투적인 감탄사가 많음.
> ㉤ 대개 제목이 없음.

13

| 어휘와 관용 표현 > 순우리말 > 우리말 어휘 | 정답률 49% |

| 정답해설 |

③ 선택률 49% '세셋덩이'는 김맬 때에, 떠서 앞으로 엎는 흙덩어리를 뜻한다. '개피떡 세 개를 붙여 만든 떡'은 '셋붙이'라고 한다.

14

| 문법과 어문 규정 > 어문 규정 > 표준어 규정 | 정답률 84% |

| 정답해설 |

표준어 사정 원칙 제12항에서는 위-아래의 대립이 있을 때는 '윗–'으로 통일하고 위-아래의 대립이 없을 때는 '웃–'으로 적도록 규정하고 있다. 그리고 된소리나 거센소리 앞에서는 사이시옷을 쓰지 않기로 한 한글 맞춤법의 규정에 따라 된소리나 거센소리 앞에서는 '위–'로 적는다.

① 선택률 84% 어휘의 표기가 옳은 것은 ㉠, ㉡, ㉣이다.

㉠ '웃옷'은 '맨 겉에 입는 옷'을 뜻하고, '윗옷'은 '위에 입는 옷'이라는 뜻으로 '아래옷'과 반대되는 말이다. 따라서 둘 다 쓸 수 있다.

㉡ '윗몸'은 위-아래의 대립이 있고, [윈몸]으로 소리 나므로 사이시옷을 받치어 '윗몸'으로 적는다.

㉣ '윗입술'은 위-아래의 대립이 있고, [윈닙쑬]로 소리 나므로 사이시옷을 받치어 '윗입술'로 적는다.

| 오답해설 |

㉢ 윗쪽(×) → 위쪽(○)

된소리나 거센소리 앞에서는 사이시옷을 쓰지 않는 한글 맞춤법의 규정에 따라 '위쪽'으로 표기한다.

㉤ 웃도리(×) → 윗도리(○)

'아랫도리'와 대립이 되므로 '윗도리'로 적는다.

㉥ 윗돈(×) → 웃돈(○)

위-아래의 대립이 없을 때는 '웃–'으로 적는다.

15 정답 ①

문법과 어문 규정 > 어문 규정 > 표준어 규정　　정답률 54%

| 정답해설 |

① 선택률 54% 샛별(○) – 새벽별(×)

'샛별'은 '금성(金星)'을 일상적으로 이르는 말로, '계명(啓明), 신성(晨星), 효성(曉星)'이라고도 한다. 또 장래에 큰 발전을 이룩할 만한 사람을 비유적으로 이를 때 쓰기도 한다. 이 단어의 '새'는 '동쪽' 또는 '흰[白]'을 뜻하는 것이지, '새벽'에 뜨는 별이라는 뜻에서 유래한 것이 아니다. 따라서 '새벽별'은 잘못된 표현이다.

| 오답해설 |

② 선택률 24% '제가끔'과 '제각기'가 모두 많이 쓰이므로 둘 다 표준어로 인정한다. 그러나 '제가끔'의 의미로 '저저금, 저저끔, 제제금'은 바르지 않은 표기이다.

③ 선택률 16% 한 가지 의미를 나타내는 형태 몇 가지가 널리 쓰이며 표준어 규정에 맞으면, 그 모두를 표준어로 삼는다는 규정에 따라 '멀찌감치', '멀찌가니, 멀찍이' 모두 표준어로 인정한다.

④ 선택률 6% '욕심꾸러기'와 '욕심쟁이, 욕심보'가 모두 널리 쓰이므로 모두 표준어로 삼는다.

16 정답 ②

문법과 어문 규정 > 어문 규정 > 표준 발음법　　정답률 84%

| 정답해설 |

② 선택률 84% 야금야금[야금냐금], 낯선[낟썬], 쌓인[싸인], 상견례[상견녜]가 표준 발음이다.

- 야금야금[야금냐금/야그먀금]
'야금야금'은 'ㄴ'을 첨가하여 [야금냐금]으로 발음하기도 하지만, 'ㄴ' 첨가 없이 표기대로 [야그먀금]으로 발음하기도 한다.
- 낯선[낟썬]
'낯선'은 [낟선(음절의 끝소리 규칙: 교체) → 낟썬(된소리되기: 교체)]의 변동이 나타나 [낟썬]으로 발음한다.
- 쌓인[싸인]
'ㅎ' 뒤에 모음으로 시작된 어미나 접미사가 결합되는 경우에는 'ㅎ'을 발음하지 않는 규정에 따라 [싸인]으로 발음한다.
- 상견례[상견녜]
'상견례'의 표준 발음은 [상견녜]이다. 표준 발음법 제20항에 'ㄴ'은 'ㄹ'의 앞이나 뒤에서 [ㄹ]로 발음한다고 규정되어 있지만 '상견례'는 'ㄹ'을 [ㄴ]으로 발음하는 예외적인 단어이다.

더 알아보기 ▶ 유음화의 예외 – 비음으로 발음하는 단어

[표준 발음법 제20항] 'ㄴ'은 'ㄹ'의 앞이나 뒤에서 [ㄹ]로 발음한다. 다만, 다음과 같은 단어들은 'ㄹ'을 [ㄴ]으로 발음한다.

예 의견란[의ː견난]　임진란[임ː진난]　생산량[생산냥]
결단력[결딴녁]　공권력[공꿘녁]　동원령[동ː원녕]
상견례[상견녜]　횡단로[횡단노]　이원론[이ː원논]
입원료[이붠뇨]　구근류[구근뉴]

17 정답 ①

비문학 > 독해 비문학 > 글의 순서　　정답률 47%

| 정답해설 |

① 선택률 47% 〈보기〉의 글이 '이러한 언어의 변화는 ~'으로 시작하였으므로 언어의 변화를 설명한 (가)의 뒤에 연결되어야 한다. 그리고 〈보기〉의 내용에서 나온 공시태의 개념이 (나)에 이어지고 있으므로 〈보기〉는 (가)와 (나) 사이에 들어가는 것이 적절하다.

18 정답 ②

문법과 어문 규정 > 현대 문법 > 언어의 본질　　정답률 83%

| 정답해설 |

② 선택률 83% 언어는 고정 불변한 것이 아니라 시간의 흐름에 따라 끊임없이 변한다. 새로운 말이 생겨나기도 하고(생성), 소리가 달라지거나 의미가 바뀌기도 하며(성장), 이제까지 쓰이던 말이 없어지기도 한다(소멸). 이와 같은 언어의 속성을 '역사성' 또는 '가변성'이라 한다.

| 오답해설 |

① 선택률 5% 언어의 자의성: 언어 형식인 음성과 내용인 의미는 어떤 필연적 관계로 결합되는 것이 아니고, 그 말을 쓰는 사회 구성원들끼리 임의적으로 정해 놓은 것이다. 따라서 같은 의미를 나타내는 말도 개별적 언어에 따라 다르다.

③ 선택률 8% 언어의 사회성: 언어는 사회 구성원 사이의 계약이기에 어떤 개인이 마음대로 바꾸거나 없앨 수 없다.

④ 선택률 4% 언어의 창조성: 인간은 배웠거나 들어 본 적이 있는 문장을 기억해서 그대로 사용하는 것이 아니라, 상황에 따라 무한히 많은 문장을 만들어 낼 수 있다.

19 정답 ③

문법과 어문 규정 > 현대 문법 > 언어의 본질　　정답률 65%

| 정답해설 |

밑줄 친 ⓛ의 '통시태'는 같은 언어의 다른 변화 시기에 속하는 다른 언어 상태를 말한다. 따라서 시간의 흐름에 따라 변화한 것이다.

③ 선택률 65% 신조어가 등장한 것은 시간의 흐름에 따른 통시태의 사례가 될 수 있으나, 방언은 한 언어에서 사용 지역 또는 사회적 요인에 따라 분화된 말의 체계이다. 한 언어 속의 방언들은 표준어와는 그 쓰임이나 용도가 다른 언어라 할 수 있다. 따라서 통시태가 아니라 특정한 어느 한 시기의 언어 상태이므로 공시태의 사례가 될 수 있다.

| 오답해설 |

① 선택률 14% 중세 국어의 음운상 특징은 모음 조화 현상이 잘 지켜졌다는 것이다. 그러나 'ㆍ(아래아)'가 소실되면서 현대 국어에서는 모음조화가 문란해졌다.

② **선택률 9%** 중세 국어의 경우, 상대 높임법은 듣는 이를 대우하는 등급에 따라 'ᄒᆞ쇼셔체, ᄒᆞ야쎠체, ᄒᆞ라체'의 세 등급이 있었다. 그러나 현대 국어에서는 '하십시오체, 하오체, 하게체, 해라체'의 네 등급으로 구별된다. 비격식체의 '해요체'와 '해체'를 고려하면 현대 국어의 상대 높임 등급은 모두 여섯이다. 표현 방식에 있어서도 중세 국어의 경우에는 상대 높임 선어말 어미 '-이-, -잇-' 등을 통해 실현되었지만, 현대 국어에서는 상대 높임 선어말 어미는 소실되었고, 종결 어미로 실현된다.

④ **선택률 12%** 중세 국어에는 '아래아(ㆍ), 순경음 비읍(ㅸ), 반치음(ㅿ)' 등의 모음과 자음이 존재하였다. 그러나 이들이 소실되면서 현대 국어에서는 쓰이지 않는다. 중세 국어에서 순경음 비읍, 반치음을 끝음으로 가진 어간들이 현대 국어의 'ㅂ' 불규칙 용언, 'ㅅ' 불규칙 용언이 되었다.

20 정답 ③

문법과 어문 규정 > 어문 규정 > 띄어쓰기　정답률 80%

| 정답해설 |
③ **선택률 80%** '여기(대명사) + 서(부사격 조사) + 부터(보조사) + 가(주격 조사) / 서울(명사) + 입니다(서술격 조사)'의 구성이다. 조사는 앞말에 붙여 써야 한다.

| 오답해설 |
① **선택률 4%** 열내지 스물(×) → 열∨내지 스물(○)
'내지(乃至)'는 '얼마에서 얼마까지'의 뜻을 나타내는 부사이므로 띄어 써야 한다.

② **선택률 9%** 먹을만큼만 먹어라.(×) → 먹을∨만큼만 먹어라.(○)
관형사형 어미 뒤에 쓰인 '만큼'은 의존 명사이므로 띄어 써야 한다. 또한 여기서 '만큼' 뒤에 쓰인 '만'은 제한하여 어느 것을 한정함을 나타내는 보조사이므로 앞말에 붙여 쓴다. 참고로, '만큼'이 체언의 뒤에 붙어 비교의 대상과 거의 비슷한 정도임을 나타내는 경우에는 보조사이므로 앞말에 붙여 쓴다.

④ **선택률 7%** 십이억 삼천사백 오십육만 칠천팔백구십팔(×) → 십이억∨삼천사백오십육만∨칠천팔백구십팔(○)
수를 적을 때에는 '만(萬)' 단위로 띄어 쓴다. 따라서 '십이억 삼천사백오십육만 칠천팔백구십팔' 또는 '12억 3456만 7898'로 쓴다.

더 알아보기 ▶ 조사

> 조사는 단어나 자립성이 없어 다른 말에 의존해서만 나타나기 때문에 앞말에 붙여 쓴다. 조사를 그 앞말에 붙여 쓴다는 것은 조사가 자립성이 있는 말 뒤에 붙을 때뿐만 아니라 조사가 둘 이상 연속되거나 어미 뒤에 붙을 때에도 그 앞말에 붙여 씀을 뜻한다.
>
> • 조사의 연속
>
> 예 학교에서처럼　　나에게만이라도　　여기서부터입니다
>
> 　　아이까지도　　　꽃에서부터
>
> • 어미 뒤 조사
>
> 예 말하면서까지도　　사과하기는커녕　　먹을게요
>
> 　　놀라기보다는　　　맑군그래　　　오는군요

21 고난도 TOP3 정답 ④

문학 > 고전 문학 > 고전 시가 – 가사(현대어 해석)　정답률 37%

| 정답해설 |
④ **선택률 37%** ㉣의 '디ᄂᆞ니'는 '디-(어간) + -ᄂᆞ-(현재 시제 어미) + -니(연결 어미)'의 구성으로 기본형이 '디다'이며, '디다'는 '떨어지다'의 옛말이다. 따라서 '짓ᄂᆞ니 한숨이오 디ᄂᆞ니 눈믈이라'의 현대어 해석은 '짓느니 한숨이오 떨어지니 눈물이라'가 적절하다.

22 정답 ④

문학 > 고전 문학 > 고전 시가 – 가사(화자의 정서)　정답률 90%

| 정답해설 |
④ **선택률 90%** [가]는 임(임금)이 자신을 불러 주지 않는데 세월만 덧없이 흘러가는 것에 대한 안타까움을 표현하고 있다.

| 오답해설 |
① **선택률 5%** 임에 대한 원망은 드러나지 않는다.
② **선택률 2%** 계절의 변화, 즉 세월이 흘러가는 것을 안타까워하는 것이지, 사랑의 변화를 고백하고 있지는 않다.
③ **선택률 3%** 자신이 한 일에 대한 회한(후회)의 정서는 드러나지 않는다.

더 알아보기 ▶ 정철, 「사미인곡(思美人曲)」

> • 갈래: 유배 가사
> • 율격: 3(4).4조의 4음보
> • 주제: 임금을 향한 일편단심. 연군지정(戀君之情)
> • 의의: 「속미인곡」과 더불어 가사 문학의 극치를 이룬 작품. 고려 속요 「정과정」의 맥을 잇는 연군지사
> • 해제: 이 작품은 작가가 50세 되던 해에 조정에서 물러나 전남 창평에서 은거하며 지은 가사로, 임금에 대한 그리움과 충정을 노래한 충신연주지사이다. 왕에 대한 자신의 충정을 하소연할 목적으로 지은 노래이지만, 왕과 자신의 관계를 직접적으로 드러내지 않고 자신을 임의 사랑을 받지 못하는 여자로, 임금을 임으로 설정한 후, 사계절의 풍경과 함께 이별한 임을 그리워하는 형식으로 표현하고 있다. 여성적 어조로 임에 대한 절실한 마음을 애절하게 드러내고 있으며, 다양한 표현 방법과 우리말의 아름다움을 잘 살린 절묘한 언어 구사로 국문학사상 가사 문학의 대표 작품으로 평가받고 있다.
> • 현대어 풀이
> (서사 – 임과의 인연과 이별 후의 그리움)
> 이 몸이 태어날 때에 임을 따라 태어나니.
> 한평생 함께 살아갈 인연이며 이 또한 하늘이 어찌 모를 일이던가?
> 나는 오직 젊어 있고, 임은 오직 나를 사랑하시니.
> 이 마음과 이 사랑을 비교할 곳이 다시 없다.　　　　　(임과의 인연)
>
> 평생에 원하되 임과 함께 살아가려 하였더니.
> 늙어서야 무슨 일로 외로이 두고 그리워하는고?
> 엊그제에는 임을 모시고 광한전에 올라 있었더니.
> 그동안에 어찌하여 속세에 내려 왔느냐?

내려올 때에 빗은 머리가 헝클어진 지 3년일세.

연지와 분이 있네마는 누구를 위하여 곱게 단장할꼬?

마음에 맺힌 근심이 겹겹으로 쌓여 있어서

짓는 것이 한숨이요, 흐르는 것이 눈물이라.

인생은 한정이 있는데 근심은 한이 없다.

(이별 후의 그리움)

무심한 세월은 물 흐르듯 하는구나.

더웠다 서늘해졌다 하는 계절의 바뀜이 때를 알아 지나갔다가는 이내 다시 돌아오니.

듣거니 보거니 하는 가운데 느낄 일이 많기도 하구나.

(세월의 무상함)

군무원 🆚 공무원 비교분석

일반 공무원 시험은 주로 현대 문학 영역의 출제 빈도가 높다. 그러나 군무원 시험에서는 현대 문학뿐만 아니라 고전 문학의 출제비중도 높은 편이다. 특히 고시조와 가사 문학은 꾸준히 출제되고 있으므로 작품의 주제와 표현상 특징, 현대어 해석, 시적 화자의 정서, 인물의 성격과 태도, 구절의 의미, 문학사적 의의 등을 중심으로 학습하는 것이 좋다.

23 | 정답 ③

| 문법과 어문 규정 > 어문 규정 > 맞춤법 | 정답률 90% |

| 정답해설 |

'(으)로서'는 주로 직위를 나타내는 명사 다음에 붙어 그 사람의 자격이나 지위를 나타내고, '(으)로써'는 명사 뒤에 붙어 수단이나 재료임을 나타내거나 셈에 넣는 기준을 나타낸다.

③ 선택률 90% '학생'이라는 신분을 나타내므로 '(으)로서'가 적절하게 쓰였다.

| 오답해설 |

①②④는 모두 수단을 의미하므로 '(으)로써'를 써야 한다.

① 선택률 2% 보전함으로서(×) → 보전함으로써(○)

② 선택률 4% 높임으로서(×) → 높임으로써(○)

④ 선택률 4% 던짐으로서(×) → 던짐으로써(○)

24 | 정답 ④

| 문법과 어문 규정 > 어문 규정 > 맞춤법 | 정답률 68% |

| 정답해설 |

④ 선택률 68% 꼼꼼이(×) → 꼼꼼히(○)

'꼼꼼히'는 발음이 [꼼꼼히]로만 발음되고, '-하다'가 붙는 어근 뒤이므로 '꼼꼼히'로 표기한다.

| 오답해설 |

① 선택률 3% '-하다'가 붙는 어근 뒤이므로 '조용히'로 적는다.

②③ 선택률 5% 선택률 24% 'ㅅ' 받침 뒤 부사화 접사는 '이'로 적는다. 따라서 '번듯이', '따뜻이'는 올바른 표기이다.

더 알아보기 ▶ 부사화 접미사 '-이'와 '-히'의 표기

다음과 같은 문법적인 기준에 의해 일차적으로 구분한다.

• '-이'로 적는 경우

- 첩어 명사 뒤: 간간이, 겹겹이, 나날이, 짬짬이

- 'ㅅ' 받침 뒤: 남짓이, 버젓이, 번듯이, 지긋이

- 'ㅂ' 불규칙 용언의 어간 뒤: 가벼이, 괴로이, 쉬이, 외로이

- '-하다'가 붙지 않는 용언의 어근 뒤: 같이, 굳이, 많이, 실없이

- 부사 뒤: 곰곰이, 더욱이, 오뚝이, 일찍이

- 'ㄱ' 받침 뒤: 깊숙이, 고즈넉이, 끔찍이, 가뜩이, 길쭉이, 멀찍이, 나직이, 납작이, 삐죽이, 수북이, 축축이, 촉촉이, 큼직이

• '-히'로 적는 경우

- '-하다'가 붙는 어근 뒤: 급히, 속히, 엄격히, 꼼꼼히, 답답히, 열심히

＊ 다만, 위의 기준도 일차적인 기준일 뿐, 이러한 기준이 모든 경우에 반드시 적용된다고 단정할 수 없다.

25 [고난도 TOP 2] | 정답 ④

| 문학 > 고전 문학 > 고전 산문 – 민속극(남사당패 놀이) | 정답률 36% |

| 정답해설 |

④ 선택률 36% 남사당패 놀이는 남자들로 구성된 유랑 광대들이 벌이는 여섯 마당의 전통놀이다. '살판'은 '살판뜀'이라고도 하는데, 몸을 날려 넘는 땅재주를 말한다.

더 알아보기 ▶ 남사당패 놀이

'남사당'은 '무리를 지어 이곳저곳 돌아다니면서 소리나 춤을 팔던 남자'를 이르는 말이다. '남사당놀이'는 길놀이를 하며 놀이판에 도착해 풍물, 버나(접시 돌리기), 살판(땅재주), 어름(줄타기), 덧뵈기(탈놀음), 덜미(꼭두각시놀음) 순서로 진행되는 남사당패의 놀이를 뜻한다. 유네스코 세계무형유산으로 지정되었으며, 중요무형문화재 제3호이기도 하다.

남사당놀이에서 순서대로 진행되는 여섯 가지 놀이들이 있다. 첫 번째 '풍물'은 꽹과리, 태평소, 북, 장구, 징 따위로 흥을 돋우는 것이다. 다소 거칠고 힘찬 윗다리 가락을 바탕으로 한다. 두 번째 '버나'는 사발이나 대접을 두어 뼘 되는 막대기나 담뱃대 같은 것으로 돌리는 묘기이다. 세 번째 '살판'은 '살판뜀'이라고도 하는데, 몸을 날려 넘는 땅재주를 말한다. 네 번째 '어름'은 줄타기 재주이며, 다섯 번째 '덧뵈기(덧보기)'는 탈놀음으로, 춤보다는 재담과 몸놀림이 우세한 풍자극이다. 여섯 번째 '덜미'는 꼭두각시놀음을 말하는데, 인형의 목덜미를 잡고 논다는 데서 나온 말이다.

9급 군무원 국어

I 전체 난이도 및 합격선

전체 난이도	합격선
中	84점

I 기출총평

전체적으로 예전에 비하여 지엽적인 유형은 줄고, 지방직 공무원 시험의 문제와 유사한 유형으로 출제되었다. 또한 띄어쓰기 2문항, 한글 맞춤법 6문항 등 전년도에 비하여 문법과 어문 규정의 비중이 커졌다. 사전에 등재된 표제어를 찾는 문제는 생소하지만 어렵지 않은 내용이었다. 고전 문법에서 종성 받침 표기법을 찾는 유형도 어렵지는 않았다. 한국어를 기술하기 위해 만든 책이 아닌 것을 찾는 지식형 문제는 유형이 생소하기 때문에 쉽지 않은 유형이라 할 만하다. 외래어 표기법은 기본 원칙을 묻는 유형으로서, 로마자 표기법과 함께 각 1문항씩 출제되었다. 문학에서 현대 수필 김소운의 「특급품」과 현대 시 기형도의 「엄마 걱정」 등은 낯선 작품이 아니었으므로 쉽게 풀이가 가능했을 것이다. 비문학은 4문항이 출제되어 그 비중이 높지 않았고, 그중 한 문제는 한글 맞춤법 관련 문항으로 어렵지 않았다. 다만, 화법 유형으로 회의의 진행 과정을 묻는 유형은 지식형 문제이므로 수험생의 일반적인 사고를 필요로 하는 유형이라 할 수 있다. 한자 성어가 1문항 출제되었으며, 한자 어휘는 출제되지 않아 여전히 군무원 시험에서는 한자 어휘 비중이 높지 않다는 것을 알 수 있었다.

I 영역별 출제비중

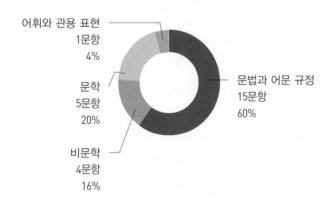

어휘와 관용 표현
1문항
4%

문학
5문항
20%

비문학
4문항
16%

문법과 어문 규정
15문항
60%

I 문항 분석

	카테고리	출제수	정답률
1	문법과 어문 규정 > 어문 규정 > 맞춤법	47회	53%
2	문법과 어문 규정 > 고전 문법 > 고전문 – 종성 받침 표기법	7회	72%
3	문법과 어문 규정 > 어문 규정 > 맞춤법	47회	78%
4	문법과 어문 규정 > 어문 규정 > 로마자 표기법	16회	79%
고난도 TOP3 5	어휘와 관용 표현 > 한자와 한자어 > 한자 성어	21회	42%
6	문법과 어문 규정 > 고전 문법 > 국어사 – 문헌	1회	52%
7	문학 > 현대 문학 > 현대 수필 – 논리적 순서	4회	56%
8	문학 > 현대 문학 > 현대 수필 – 작품의 주제	4회	68%
9	문법과 어문 규정 > 어문 규정 > 띄어쓰기	24회	78%
10	문법과 어문 규정 > 어문 규정 > 맞춤법	47회	78%
11	비문학 > 이론 비문학 > 맞춤법	47회	83%
12	비문학 > 독해 비문학 > 내용 확인하기	22회	87%
13	비문학 > 이론 비문학 > 글의 전개 방식	16회	63%
고난도 TOP1 14	문학 > 고전 문학 > 고전 시가 – 가사(현대어 해석)	10회	30%
고난도 TOP2 15	비문학 > 이론 비문학 > 화법 – 회의의 과정	2회	31%
16	문법과 어문 규정 > 어문 규정 > 맞춤법	47회	47%
17	문법과 어문 규정 > 어문 규정 > 띄어쓰기	24회	74%
18	문법과 어문 규정 > 어문 규정 > 맞춤법	47회	43%
19	문법과 어문 규정 > 현대 문법 > 높임법	2회	47%
20	문법과 어문 규정 > 현대 문법 > 맞춤법 – 사전 찾기	47회	76%
21	문학 > 현대 문학 > 현대 시 – 시어의 함축적 의미	37회	91%
22	문학 > 현대 문학 > 현대 시 – 표현 기법	37회	80%
23	문법과 어문 규정 > 어문 규정 > 표준어 규정	17회	64%
24	문법과 어문 규정 > 어문 규정 > 문장 부호	6회	72%
25	문법과 어문 규정 > 어문 규정 > 외래어 표기법	12회	78%

※ **고난도 TOP1** 는 해당 회차에서 정답률이 가장 낮은 문항입니다.

기출문제편 ▶ P.49

01	③	02	②	03	②	04	③	05	④
06	①	07	②	08	①	09	①	10	④
11	③	12	④	13	④	14	①	15	①
16	②	17	①	18	④	19	②	20	④
21	③	22	②	23	②	24	③	25	③

01
정답 ③

문법과 어문 규정 > 어문 규정 > 맞춤법　　정답률 53%

| 정답해설 |

③ 선택률 53% 용언의 어간 뒤에 자음으로 시작된 접미사가 붙어서 된 것은 어간의 원형을 밝히어 적는다. 따라서 ⓒ '넓[넙-] + 죽하게 = 넓죽하게', ⓪ '굵[국-] + 다란 = 굵다란'으로 표기한다. 다만, 용언의 어간 뒤에 자음으로 시작된 접미사가 붙어서 된 것에서 겹받침의 끝소리가 드러나지 아니하는 것은 어간의 형태를 밝히지 않고 소리 나는 대로 적는다. 따라서 ⊙ '넓[널-] + 다랗다 = 널따랗다'이므로 '널따란'으로 표기한다.

| 오답해설 |

ⓒ 실증(×) → 싫증(○)

'싫은 생각이나 느낌. 또는 그런 반응'을 뜻하는 말은 '싫증'이다. 참고로, '싫증'과 '나다', '내다'는 각각의 단어이므로, '싫증(을) 내다', '싫증(이) 나다'와 같이 적는다.

ⓔ 얇다란(×) → 얄따란(○)

용언의 어간 뒤에 자음으로 시작된 접미사가 붙어서 된 것에서 겹받침의 끝소리가 드러나지 아니하는 것은 어근의 형태를 밝히지 않고 소리 나는 대로 적는다. 따라서 '얇[얄-] + 다랗다 = 얄따랗다'이므로 '얄따란'으로 표기한다.

더 알아보기 ▶ 용언의 어간 + 자음으로 시작된 접미사

- 용언의 어간 뒤에 자음으로 시작된 접미사가 붙어서 된 것은 어간의 원형을 밝히어 적는다.

  예 높다랗다, 깊숙하다, 굵다랗다.

  굵직하다, 갉작거리다, 늙수그레하다.

  넓적하다, 뜯적거리다, 뜯적뜯적하다

- 다만, 용언의 어간 뒤에 자음으로 시작된 접미사가 붙어서 된 것에서 겹받침의 끝소리가 드러나지 아니하는 것은 어간의 형태를 밝히지 않고 소리 나는 대로 적는다.

  예 널따랗다, 널찍하다, 얄따랗다, 얄팍하다.

  짤따랗다, 짤막하다, 할짝거리다, 말끔하다.

  말쑥하다, 말짱하다, 실쭉하다, 실큼하다

02
정답 ②

문법과 어문 규정 > 고전 문법 > 고전문 – 종성 받침 표기법　　정답률 72%

| 정답해설 |

② 선택률 72% 〈보기〉의 밑줄 친 어휘에 모두 적용할 수 있는 것은 '종성부용초성(終聲復用初聲)'이다. '종성부용초성'은 훈민정음의 제자 원리에서 종성 글자는 따로 만들지 않고 초성 글자를 그대로 사용한다는 규정이다.

| 오답해설 |

① 선택률 15% 초성종성통용팔자(初聲終聲通用八字): 최세진의 『훈몽자회』 범례에 나오는 규정으로, 'ㄱ, ㄴ, ㄷ, ㄹ, ㅁ, ㅂ, ㅅ, ㆁ'의 8자는 초성과 종성에 공통으로 쓴다고 규정한 것이다.

③ 선택률 6% 초성독용팔자(初聲獨用八字): 최세진의 『훈몽자회』 범례에 나오는 규정으로, 'ㅋ, ㅌ, ㅍ, ㅈ, ㅊ, ㅿ, ㅇ, ㅎ'의 8자는 초성에만 쓰고 종성에는 사용하지 않는다고 규정하여 '초성독용팔자'라 하였다. 이 규정으로 8종성법이 굳어졌다. 참고로, '훈민정음 해례본'의 종성해에서는 '팔자가족용야(八字可足用也)'라고 하여 8종성법에 따라 표기하였다.

더 알아보기 ▶ 『훈몽자회』의 범례

- 초성종성통용팔자

글자	ㄱ	ㄴ	ㄷ	ㄹ	ㅁ	ㅂ	ㅅ	ㆁ
읽기	其役 기역	尼隱 니은	池 (末) 디귿	梨乙 리을	眉音 미음	非邑 비읍	時 (衣) 시옷	異凝 이응

☞ (末), (衣)는 한자음이 아닌 우리말로 읽는다는 뜻으로 ( )표를 함. 한자음에는 'ㄷ, ㅅ'의 종성이 없기 때문임

- 초성독용팔자

글자	ㅋ	ㅌ	ㅍ	ㅈ	ㅊ	ㅿ	ㅇ	ㅎ
읽기	(箕) 키	治 티	皮 피	之 지	齒 치	而 ᅀᅵ	伊 이	屎 히

☞ (箕)도 마찬가지로 우리말로 읽는다는 뜻

- 중성독용십일자

글자	ㅏ	ㅑ	ㅓ	ㅕ	ㅗ	ㅛ	ㅜ	ㅠ	ㅡ	ㅣ	·
읽기	阿 아	也 야	於 어	余 여	吾 오	要 요	牛 우	由 유	應 不 用 終 聲 으	伊 只 用 中 聲 이	思 不 用 初 聲 ᄋ

군무원 VS 공무원 비교분석

일반 공무원 시험에 비하여 군무원 시험에서는 고전 문법이나 고전문의 출제비중이 높지 않다. 그러나 종성 받침 표기법의 개념, 훈민정음의 제자원리, 글자 운용법 등은 지식형 유형으로 출제되고, 「훈민정음 어제」, 「용비어천가」 등은 분석형 유형으로 출제되기도 하므로 학습을 해 두어야 한다.

03 정답 ②

| 문법과 어문 규정 > 어문 규정 > 맞춤법 | 정답률 78% |

| 정답해설 |

② 선택률 78% 모음 'ㅗ, ㅜ'로 끝난 어간에 '-아/-어, -았-/-었-'이 어울려 'ㅘ/ㅝ, ㅘㅆ/ㅝㅆ'으로 될 적에는 준 대로 적는다. 따라서 '다투었군요'는 '다퉜군요'로 줄여서 쓸 수 있다.

| 오답해설 |

① 선택률 9% '바뀌었습니다'는 '바뀌- + -었- + -습니다'의 구성이며, 준말 형태는 따로 없다. 참고로, '바뀌다'와 '바꾸다'는 다른 단어이다. '바뀌다'는 자동사이므로 목적어가 없고, '바꾸다'는 타동사이므로 목적어가 있어야 한다. '바꾸다'의 경우 '바꾸- + -어 = 바꾸어'가 되며, 다시 준말 '바꿔'로 쓸 수 있다.

③ 선택률 4% '뉘다'는 '눕다'의 사동인 '누이다'의 준말이므로, '뉘었습니다'를 더 이상 줄여서 쓸 수는 없다.

④ 선택률 9% '품종이어요'는 '품종(명사) + 이-(서술격 조사의 어간) + -어요(어미)'의 구성이다. '-이어요'와 '-이에요'는 복수 표준어이다. 아울러 앞말에 받침이 없는 경우 준말의 형태로 쓰일 수 있으나 앞말에 받침이 있는 경우 준말이 쓰이지 않는다.

예 지우개이어요 → 준말: 지우개여요
　지우개이에요 → 준말: 지우개예요

예 품종이어요 / 품종이에요

04 정답 ③

| 문법과 어문 규정 > 어문 규정 > 로마자 표기법 | 정답률 79% |

| 정답해설 |

③ 선택률 79% 로마자 표기는 국어의 표준 발음법(전음법)에 따르는 것을 원칙으로 한다. 또한 고유 명사는 첫 글자를 대문자로 적고, 음식 이름, 꽃 이름, 민속놀이, 명절 등은 고유 명사가 아니라 각 나라마다 자의적으로 붙인 이름이므로 소문자로 적는다. 〈보기〉에서 로마자 표기가 바른 것은 '김치(kimchi), 설날(seollal), 왕십리(Wangsimni), 벚꽃(beotkkot), 속리산(Songnisan)'이다. 여기서 '김치'는 로마자 표기법에 따라 'gimchi'로 쓰는 것을 원칙으로 하되 상표, 제품명으로 이미 쓰이고 있거나 기타 국제 관계상 필요한 경우 'kimchi'로 표기하는 것을 허용한다.

| 오답해설 |

• 불국사[불국싸]: Bulkuksa(×) → Bulguksa(○)
예사소리가 된소리로 발음되는 경우에는 표기에 반영하지 않는다. 또한 'ㄱ'은 초성 자리에서는 'g'로, 종성 자리에서는 'k'로 적는다.

• 대관령[대:괄령]: daegwalryeong(×) → Daegwallyeong(○)
'ㄹ'은 모음 앞에서는 'r'로, 자음 앞이나 어말에서는 'l'로 적는다. 단, 'ㄹㄹ'은 'll'로 적는다. 그리고 '대관령'은 고유 명사이므로 첫 글자를 대문자로 적는다.

05 고난도 TOP3 정답 ④

| 어휘와 관용 표현 > 한자와 한자어 > 한자 성어 | 정답률 42% |

| 정답해설 |

④ 선택률 42% 제시된 글의 내용을 살펴보면, '나'는 먹지도 않고 그 곁에서 보고 있고, '노파'는 먹음직하거든 사달라는 얼굴이다. 따라서 빈칸에는 '침을 만 길이나 흘린다'라는 뜻으로, 제 소유로 만들고 싶어서 몹시 탐냄을 뜻하는 '垂涎萬丈(수연만장)'이 적절하다.

| 오답해설 |

① 선택률 7% 小貪大失(소탐대실: 小 작을 소/貪 탐할 탐/大 큰 대/失 잃을 실): 작은 것을 탐하다가 큰 것을 잃음.

② 선택률 36% 寤寐不忘(오매불망: 寤 깰 오/寐 잠잘 매/不 아닐 불/忘 잊을 망): 자나 깨나 잊지 못함.

③ 선택률 15% 十匙一飯(십시일반: 十 열 십/匙 숟가락 시/一 한 일/飯 밥 반): 열 사람이 한 숟가락씩 밥을 보태면 한 사람이 먹을 만한 양식이 된다는 뜻으로, 여럿이 힘을 합하면 한 사람을 도와주기 쉽다는 것을 비유적으로 이르는 말

🈁 동심협력(同心協力)

더 알아보기 ▶ 이상, 「모색(暮色)」

- 제시된 작품은 이상의 수필인 「모색(暮色)」이다. 시골 장터에서 어린아이와 그 어린아이를 안고 있는 젊은 여인, 그리고 그들 곁에서 머루와 다래, 복숭아 등을 팔고 있는 노파의 모습을 도시인의 시선으로 그린 작품이다.
- 작품의 제목인 '모색(暮色)'은 '날이 저물어 가는 어스레한 빛', '해 질 무렵의 경치'를 뜻한다.

군무원 🆚 공무원 비교분석

일반 공무원 시험에서는 한자어와 한자 성어가 출제된다. 그러나 군무원 시험에서는 한자어가 거의 출제되지 않으며 한자 성어는 1문항 정도 출제된다. 출제비중은 낮지만 중요 한자 성어는 의미를 정확히 파악할 수 있도록 학습해야 한다.

06 정답 ①

| 문법과 어문 규정 > 고전 문법 > 국어사 – 문헌 | 정답률 52% |

| 정답해설 |

① 선택률 52% 『훈몽자회(訓蒙字會)』는 최세진이 1527년에 쓴 한자 학습서이다. 한자 3,360자에 훈민정음으로 뜻과 음을 달았다. 『훈몽자회』의 범례에는 한글을 모르는 사람을 위한 한글 자모의 발음과 용법이 간략하게 실려 있는데, 이 중 한글 자모의 발음을 설명한 부분이 바로 한글 자모 명칭의 기원이다.

| 오답해설 |

② 선택률 42% 『한불자전(韓佛字典)』: 1880년 파리외방선교회 한국 선교단에서 한국어를 불어로 풀이하여 편찬했다. 프랑스인들이 한국어 공부를 하기 위해 만들어진 사전이다.

③ 선택률 3% 『말모이사전』: 우리나라 최초의 국어사전이다. 조선 광문회에서 주시경 등이 1910년 무렵에 편찬했지만 다 끝내지 못하였다.

④ 선택률 3% 『큰사전』: 한글 학회가 편찬한 우리말 사전이다. 모두 16만 4,125개의 어휘를 수록한 것으로, 1929년에 작업을 시작하여 1957년에 완간하였다.

더 알아보기 ▶ 『훈몽자회(訓蒙字會)』

> 『훈몽자회(訓蒙字會)』는 최세진이 1527년에 쓴 한자 학습서이다. 한자 3,360자에 훈민정음으로 뜻과 음을 달았다. 한자는 뜻과 관계없이 소리만 빌려서 해당 자모의 첫소리와 끝소리를 나타내도록 하였고, 알맞은 한자음이 없는 경우에는 새김[녹훈(訓)]으로 읽도록 하였다. 예를 들어, '시옷'에 해당하는 한자 衣는 원본에서 동그라미를 쳐서 뜻인 '옷'으로 읽게 하였고, 末도 '귿[끝]'으로 읽게 하였다. 다만, 현대에 이르러서는 한자 학습서로서의 연구보다 중세 한국어 연구의 자료로서의 가치가 더욱 높이 평가받는다. 훈민정음으로 써진 『훈몽자회』 덕분에 중세 한국어 어휘 다수를 파악할 수 있게 되었으며, 한국어 연구의 이정표가 되었기 때문이다.

07

정답 ②

| 문학 > 현대 문학 > 현대 수필 – 논리적 순서 | 정답률 56% |

| 정답해설 |

② 선택률 56% 제시된 작품은 김소운의 「특급품」이라는 현대 수필이다. (라)에서 중심 소재인 '특급품'을 소개하고, (나)에서 비자반에 나타난 '불측의 사고'에 대해 이야기한다. (다)에서는 불측의 사고인 '상처를 고친 비자반'을 언급한 후 (가)에서 (나)와 (다)를 거쳐 '유연성을 가진 특급품'을 언급하는 순서로 연결하는 것이 자연스럽다.

08

정답 ①

| 문학 > 현대 문학 > 현대 수필 – 작품의 주제 | 정답률 68% |

| 정답해설 |

① 선택률 68% 글쓴이는 인생을 비자반에 빗대어 삶의 의미를 전달하고 있다. 비자반은 인생을 의미하며, 비자반에 생긴 균열은 인생에서 발생할 수 있는 과실을 의미한다. 글쓴이는 인간이 과실을 범할 수 있는 가능성을 갖고 있다고 보고, 과실을 딛고 일어서야만 성숙한 삶을 살 수 있다고 말하고 있다.

더 알아보기 ▶ 김소운, 「특급품」

- 성격: 교훈적, 유추적
- 주제
  ㉠ 삶의 과실을 극복할 줄 아는 유연한 태도의 중요성
  ㉡ 유연성 있는 삶. 또는 시련을 극복해 낸 인생의 가치

- 해제: 이 작품은 우리 주변에서 흔히 볼 수 있는 바둑판을 소재로 하여, 흠이 있으면 가치가 떨어진다는 일반적인 통념과 달리 흉터가 있는 비자반이 오히려 특급품으로 인정받는 모습을 보여 주고 있다. 인생을 살다 범하게 되는 과실에 낙담하지 않고 비자반처럼 유연하게 이겨낼 때, 이전보다 더 성숙한 삶을 살아갈 수 있다는 교훈을 주는 수필이다.

09

정답 ①

| 문법과 어문 규정 > 어문 규정 > 띄어쓰기 | 정답률 78% |

| 정답해설 |

① 선택률 78% 부자∨간(×) → 부자간(○)

'간(間)'은 한 대상에서 다른 대상까지의 사이 또는 관계의 뜻을 나타내는 의존 명사이므로 띄어 써야 한다. 그러나 '부부간, 동기간, 형제간, 자매간, 모녀간, 모자간, 부녀간, 부자간' 등은 합성어이므로 한 단어로 붙여 써야 한다.

| 오답해설 |

② 선택률 8% 재학∨중(○)

'중(中)'은 '어떤 상태에 있는 동안' 또는 '무엇을 하는 동안'을 의미하는 의존 명사이므로 띄어 쓴다.

예 재학 중, 임신 중, 근무 중, 수업 중, 회의 중, 식사 중, 운전 중

다만, '무의식중(無意識中), 한밤중, 두밤중('한밤중'을 속되게 이르는 말), 밤중, 깜깜밤중, 그중, 부재중(不在中), 은연중(隱然中), 부지중(不知中)'과 같이 하나의 단어로 굳어져 쓰임에 따라 합성어로 인정된 단어들은 모든 음절을 붙여 적는다.

③ 선택률 7% 만난∨지(○)

'지'는 '어떤 일이 있었던 때로부터 지금까지의 동안'을 나타내는 의존 명사이므로 띄어 쓴다.

④ 선택률 7% 보는∨데(○)

'데'는 '일'이나 '것'의 뜻을 나타내는 의존 명사이므로 띄어 쓴다.

10

정답 ④

| 문법과 어문 규정 > 어문 규정 > 맞춤법 | 정답률 78% |

| 정답해설 |

④ 선택률 78% 〈보기〉의 한글 맞춤법 제39항 규정에 따라 '–지 않다'의 구성이면 '–잖다'가 되고, '–하지 않다'의 구성이면 '–찮다'가 된다. ④의 밑줄 친 부분은 본말이 '올곧지 않다'이므로 '–지 않다'의 구성이다. 따라서 '올곧찮다'가 아니라 '올곧잖다'이다.

| 오답해설 |

① 선택률 15% 당하지 않다 → 당찮다

② 선택률 5% 그렇지 않다 → 그렇잖다

③ 선택률 2% 달갑지 않다 → 달갑잖다

11

비문학 〉 이론 비문학 〉 맞춤법   정답률 83%

| 정답해설 |

㉠의 '근삿값'은 한자어 '근사(近似)'와 우리말 '값'이 결합한 합성어로서, 앞말이 모음으로 끝나고 뒷말의 첫소리를 된소리로 발음하여 [근:산깝/근:사깝]으로 소리 난다. 따라서 사이시옷을 받치어 '근삿값'으로 표기한다.

③ **선택률 83%** 전세(傳貰: 한자어) + 집(고유어) = 전셋집[전세찝/전센찝]

한자어와 순우리말로 된 합성어로서, 앞말이 모음으로 끝나고 뒷말의 첫소리를 된소리로 발음하여 [전세찝/전센찝]으로 소리 나므로 사이시옷을 받치어 '전셋집'으로 표기한 것이다.

| 오답해설 |

① **선택률 2%** 시내(고유어) + 물(고유어) = 시냇물[시:낸물]

순우리말로 된 합성어로서, 앞말이 모음으로 끝나고 뒷말의 첫소리 'ㅁ' 앞에서 'ㄴ' 소리가 덧나 [시:낸물]로 발음하므로 사이시옷을 받치어 '시냇물'로 표기한 것이다.

② **선택률 12%** 조개(고유어) + 살(고유어) = 조갯살[조개쌀/조갣쌀]

순우리말로 된 합성어로서, 앞말이 모음으로 끝나고 뒷말의 첫소리를 된소리로 발음하여 [조개쌀/조갣쌀]이 되므로 사이시옷을 받치어 '조갯살'로 표기한 것이다.

④ **선택률 3%** 두레(고유어) + 일(고유어) = 두렛일[두렌닐]

순우리말로 된 합성어로서, 앞말이 모음으로 끝나고 뒷말의 첫소리 모음 앞에서 'ㄴㄴ' 소리가 덧나 [두렌닐]로 발음하므로 사이시옷을 받치어 '두렛일'로 표기한 것이다.

더 알아보기 ▶ 사이시옷을 받치어 적는 경우

- 순우리말로 된 합성어로서 앞말이 모음으로 끝난 경우
  - 뒷말의 첫소리가 된소리로 나는 것
    - **예** 나룻배, 나뭇가지, 냇가, 맷돌, 바닷가, 뱃길, 부싯돌, 선짓국, 쇳조각, 아랫집, 잿더미, 조갯살, 찻집, 쳇바퀴, 핏대, 햇볕, 혓바늘
  - 뒷말의 첫소리 'ㄴ, ㅁ' 앞에서 'ㄴ' 소리가 덧나는 것
    - **예** 아랫니, 뒷머리, 잇몸, 냇물, 빗물
  - 뒷말의 첫소리 모음 앞에서 'ㄴㄴ' 소리가 덧나는 것
    - **예** 뒷일, 베갯잇, 깻잎, 나뭇잎
- 순우리말과 한자어로 된 합성어로서 앞말이 모음으로 끝난 경우
  - 뒷말의 첫소리가 된소리로 나는 것
    - **예** 귓병, 뱃병, 봇둑, 샛강, 아랫방, 전셋집, 찻잔, 찻종, 촛국, 콧병, 탯줄, 텃세, 핏기, 햇수, 횟가루, 횟배
  - 뒷말의 첫소리 'ㄴ, ㅁ' 앞에서 'ㄴ' 소리가 덧나는 것
    - **예** 곗날, 제삿날, 훗날, 툇마루, 양칫물
  - 뒷말의 첫소리 모음 앞에서 'ㄴㄴ' 소리가 덧나는 것
    - **예** 가욋일, 사삿일, 예삿일, 훗일
- 두 음절로 된 다음 한자어
  - **예** 곳간(庫間), 셋방(貰房), 숫자(數字), 찻간(車間), 툇간(退間), 횟수(回數)

12

비문학 〉 독해 비문학 〉 내용 확인하기   정답률 87%

| 정답해설 |

④ **선택률 87%** (나) 문단에서는 '양자화(quantize)'라고 불리는 디지털화 과정의 오류를 설명하고 있다. 양자화는 디지털화의 기본 처리 과정에서 소수점을 정확하게 읽지 못하고, 음악 정보가 원본과 다른 근삿값으로 바뀌어 기록되기 때문에 매우 미세한 차이를 차원이 다른 결과로 바꿔 버리는 문제를 안고 있다. 따라서 'CD는 양자화 과정에서 소수점 한 자리까지 처리할 수 있다.'라는 설명은 바르지 않다.

| 오답해설 |

① **선택률 9%** (가) 문단에 '고음역이 깨끗하게 들리는 CD'라고 나와 있다.

② **선택률 1%** (다) 문단의 첫 번째 문장에서 확인할 수 있다.

③ **선택률 3%** (라) 문단의 마지막 문장에서 확인할 수 있다.

13

비문학 〉 이론 비문학 〉 글의 전개 방식   정답률 63%

| 정답해설 |

④ **선택률 63%** (가)의 'CD는 ~ 반쪽짜리 그릇', (다)의 '작은 그릇인 CD'에서 은유법이 쓰였다. 또한 (다)의 '해상도 낮은 사진에서 ~ '깍두기 현상'이 나타나듯', (라)의 '마치 모래 위에 지어진 집처럼'에서 직유법이 사용되었다.

| 오답해설 |

① **선택률 24%** (나)의 '디지털화의 기본 처리 과정에서 ~ 음악 정보가 원본과 다른 근삿값으로 바뀌어 기록되기 때문이다'는 원인에 해당하고, (나)에서 설명하는 오류로 인해 'CD는 저음역의 음악 정보를 제대로 담지 못하는' 결과에 대해 설명하는 내용이 (가)이다. 따라서 (가)와 (나)는 결과와 원인의 순서대로 나열된 것이다.

② **선택률 11%** (나)는 소수점 한 자리까지 처리할 수 있는 성적 시스템을 예로 들어 설명하였고, (다)는 CD를 작은 그릇으로 비유하여 설명하고 있다.

③ **선택률 2%** (다)와 (라)는 CD의 장점이 아니라 CD가 안고 있는 치명적인 단점에 대해 서술하고 있다.

14   고난도 TOP1

문학 〉 고전 문학 〉 고전 시가 – 가사(현대어 해석)   정답률 30%

| 정답해설 |

① **선택률 30%** 제시된 작품은 정철이 지은 「관동별곡」의 일부이다. ㉠은 '비로봉 정상에 올라가 본 사람이 누구인가?'로 풀이된다.

더 알아보기 ▶ 정철, 「관동별곡(關東別曲)」

- 주제: 관동 지방의 절경에 대한 찬탄 및 유교적 충의 사상 표출
- 해제: 작가가 강원도 관찰사로 금강산과 관동 팔경을 유람한 후 지은 작품이다. 이 작품에는 금강산의 아름다움에 대한 찬탄뿐만 아니라 임금에 대한 충성과 목민관으로서의 책무를 다하겠다는 다짐이 함께 드러나 있다.
- 현대어 풀이

  비로봉 정상에 올라가 본 사람이 누구인가? (저렇게 아득하니 아마도 없으리라.)

  (공자는 동산에 올라 노나라가 작음을 알고, 태산에 올라가 천하가 작다고 했으니.) 동산과 태산 중 어느 것이 높던가?

  노나라 좁은 줄도 우리는 모르거든

  (공자는) 넓거나 넓은 천하를 어찌해서 작다고 했는가?

  아, 공자의 저 높은 정신적 경지를 어이하면 알 것인가? (도저히 그 높은 공자의 호연지기를 따를 수가 없네.)

  오르지 못하거나 내려감이 무엇이 이상하겠는가?

15 고난도 TOP 2   정답 ①

| 비문학 > 이론 비문학 > 화법 – 회의의 과정 | 정답률 31% |

| 정답해설 |

① 선택률 31% 일반적으로 회의는 '개회 → 정족수 확인 → 의안 제출 → 의안 상정(上程: 토의할 안건을 회의에 내어놓음) → 제안 설명 → 질의 → 토론 → 표결 → 폐회'의 순서로 진행한다.

더 알아보기 ▶ 토론을 합리적으로 진행하기 위한 규칙

- 의제 이외의 발언은 할 수 없다. 의제 외의 발언은 의장이 중지시킬 수 있고, 의원은 '의사 진행에 관한 이의 동의'를 제출하여 가결되면 발언이 중지된다.
- 찬반 측에 교대로 발언권을 주는 것을 원칙으로 한다. 한 번도 발언하지 않은 의원이 발언권을 요구하면 우선 발언권을 주어야 한다.
- 발언 시간은 토론 제한·연장의 동의를 사용하여 조절할 수 있고 찬반 양측에 적절히 배분되도록 해야 한다.
- 발언자 수를 사전에 제한하는 것이 바람직하다. 몇백 명이 참여하는 큰 회의에서 발언자의 수를 제한하지 않으면 엄청난 시간이 낭비가 될 염려가 있기 때문이다.
- 토론 종결 동의를 사용하거나 의장이 토론의 종결을 선포할 수 있다. 단, 의원의 의사를 반드시 확인해야 한다.

16   정답 ②

| 문법과 어문 규정 > 어문 규정 > 맞춤법 | 정답률 47% |

| 정답해설 |

② 선택률 47% 같은 '年度'라 하더라도 '신년도, 구년도'는 '신년(新年) + 도(度), 구년(舊年) + 도(度)'와 같이 분석되는 합성어이므로 [붙임 2]의 규정에 해당하지 않는다.

| 오답해설 |

① 선택률 10% '공(空) + 념불(念佛)'의 구성으로, [붙임 2]의 규정에 따라 '공염불'로 표기한다.
③ 선택률 19% '강수(降水) + 량(量)'의 구성은 맞지만, 〈보기〉의 규정과는 관련이 없다.
④ 선택률 24% '비구(比丘) + 니(尼)'의 구성으로, [붙임 1]의 규정에 따라 '비구니'로 표기한다.

17   정답 ①

| 문법과 어문 규정 > 어문 규정 > 띄어쓰기 | 정답률 74% |

| 정답해설 |

① 선택률 74% 갔던데요(×) → 갔던 데요(○)

'데'가 '장소'나 '곳', '일'이나 '것', '경우'의 뜻을 나타내는 경우에는 의존 명사이므로 띄어 쓴다. 제시된 문장에서는 앞 문장에서 제시한 '그쪽'이라는 '장소'를 의미하므로 의존 명사이다.

'이쪽, 저쪽, 오른쪽, 왼쪽' 등은 '관형사 + 의존 명사'의 구조로 이루어진 합성어로서 한 단어이므로 붙여 쓴다.

| 오답해설 |

② 선택률 12% '모르겠던데요', ③ 선택률 5% '왔던데요', ④ 선택률 9% '아프던데요'에서 '-던데요'는 과거 어느 때에 직접 경험하여 알게 된 사실을 현재의 말하는 장면에 그대로 옮겨 와서 말함을 나타내는 경우로, 종결 어미에 해당한다. 따라서 붙여 써야 한다.

② • '오랜만'은 '어떤 일이 있은 때로부터 긴 시간이 지난 뒤'라는 뜻의 '오래간만'의 준말로서, 합성어이므로 한 단어이다.
  • '내려오다'는 '내리-(어간) + -어(연결 어미) + 오다'의 구성으로 된 통사적 합성어이므로 한 단어이다.

18   정답 ④

| 문법과 어문 규정 > 어문 규정 > 맞춤법 | 정답률 43% |

| 정답해설 |

④ 선택률 43% 〈보기〉의 용례에서 공통적인 단어는 '새다'와 '밤새다', 그리고 '새우다'와 '밤새우다'이다. 따라서 이 단어들의 쓰임을 파악해야 한다. '새다'는 자동사이므로 '밤이 새다'의 구성으로 쓰이며 '새우다'는 타동사이므로 '밤을 새우다'의 구성으로 쓰인다. 참고로, '밤새다'는 '밤이 새다', '밤새우다'는 '밤을 새우다'의 구성으로 된 합성어이다. 따라서 ④의 '밤을 ~ 새웠다'는 올바른 표현이다.

| 오답해설 |

① 선택률 14% 밤을 새서라도(×) → 밤을 새워서라도(○)
② 선택률 32% 밤새우는 줄도(×) → 밤새는(밤이 새는) 줄도(○)
③ 선택률 11% 밤샌 보람(×) → 밤새운(밤을 새운) 보람(○)

19

정답 ②

| 문법과 어문 규정 > 현대 문법 > 높임법 | 정답률 47% |

| 정답해설 |

〈보기〉의 문장에서는 '아버지께서, 쓰시던'에 주체 높임법, '그분께, 드리-'에 객체 높임법, 종결 어미 '-습니다'에 상대 높임법이 쓰였다.

② 선택률47% '계시-'에 주체 높임법, '여쭈었던'에 객체 높임법, 종결 어미 '-습니다'에 상대 높임법이 쓰였다.

| 오답해설 |

① 선택률10% 주체 높임법이 없다. '모시고'에 객체 높임법, 종결 어미 '-습니다'에 상대 높임법이 쓰였다.

③ 선택률18% 객체 높임법이 없다. '아버지께서, 주시-'에 주체 높임법, 종결 어미 '-습니다'에 상대 높임법이 쓰였다.

④ 선택률25% 객체 높임법이 없다. '어머니께서, 주무시고, 계시-'에 주체 높임법, 종결 어미 '-ㅂ니다'에 상대 높임법이 쓰였다.

20

정답 ④

| 문법과 어문 규정 > 현대 문법 > 맞춤법 – 사전 찾기 | 정답률 76% |

| 정답해설 |

④ 선택률76% '신신당부했건만'의 기본형은 '신신당부하다'이다. 사전에는 기본형이 등재되어 있으므로 기본형으로 찾으면 된다.

| 오답해설 |

① 선택률5% '생각대로'는 명사 '생각'에 보조사 '대로'가 붙은 것이므로 한 단어가 아니다.

② 선택률5% '그릇째'는 명사 '그릇' 뒤에 '그대로' 또는 '전부'의 뜻을 더하는 접미사 '-째'를 붙인 것이다. '-째'는 접미사로서 사전에 따로 등재된다.

③ 선택률14% '들려주곤'의 기본형은 '들려주다'로서 합성어이다. 합성어는 하나의 단어이므로, 사전에는 기본형 '들려주다'가 등재되어 있다.

군무원 vs 공무원 비교분석

일반 공무원 시험에 비하여 군무원 시험에서는 띄어쓰기뿐만 아니라 한글 맞춤법, 표준어 규정, 로마자 표기법 등의 출제비중이 상당히 높다. 특히, 한글 맞춤법과 표준어 규정 등은 다수의 문항이 출제되므로 반드시 꼼꼼히 학습해 두어야 한다.

21

정답 ③

| 문학 > 현대 문학 > 현대 시 – 시어의 함축적 의미 | 정답률 91% |

| 정답해설 |

③ 선택률91% 아직은 어머니의 보살핌과 사랑 속에 있어야 할 어린 화자는 가난한 삶으로 어쩔 수 없이 하루 종일 빈방에서 혼자 지낼 수밖에 없었고, 이러한 자신의 불쌍한 처지를 ⓒ에서 '찬밥'에 비유하였다.

| 오답해설 |

① 선택률1% ㉠에서 '열무 삼십 단'은 생계 수단이라 볼 수 있다. 즉, 가정의 경제적인 궁핍함, 어머니의 고단한 삶을 의미하는 시어라 할 수 있다.

② 선택률4% ㉡에서는 해가 저물어 어둑해진 시간적 배경으로 어둡고 무거운 분위기를 나타내고 있다. '해는 시든 지 오래'는 엄마가 이고 간 열무와 연관지어 파악할 수 있는데, 이는 해가 졌다는 사실과 더불어 실제로 엄마가 이고 간 열무가 시들 정도로 시간이 흘렀고 엄마도 이제 지쳤을 것이라는 의미를 내포하고 있다.

④ 선택률4% ⓔ에서는 삶에 지치고 고단한 어머니의 모습을 시든 '배춧잎 같은 발소리'에 비유하여 표현하였다.

군무원 vs 공무원 비교분석

군무원 시험에서 지식형 유형으로 출제되었던 문학 문제가 최근 일반 공무원 시험과 유사한 분석형 유형으로 출제되고 있다. 따라서 제시된 작품의 표현상 특징, 표현 기법, 주제, 시적 화자의 정서 등을 파악할 수 있어야 한다.

22

정답 ②

| 문학 > 현대 문학 > 현대 시 – 표현 기법 | 정답률 80% |

| 정답해설 |

'배춧잎 같은 발소리'에는 비슷한 성질이나 모양을 가진 두 사물을 '같은', '같이', '처럼', '듯이' 등의 연결어로 결합하여 비유하는 직유법이 쓰였다.

② 선택률80% '찬밥처럼'은 '처럼'을 사용하여 어린 시절 시적 화자의 서글픈 모습을 비유한 직유법이 쓰였다.

| 오답해설 |

① 선택률9% 활유법이 쓰인 표현이다.

③ 선택률9% 청각적 심상이 드러나 있다.

④ 선택률2% 가난하고 외로웠던 어린 시절을 비유한 은유법이 쓰였다.

더 알아보기 ▶ 기형도, 「엄마 걱정」

- 제재: 어린 시절의 추억
- 주제: 시장에 간 엄마를 걱정하고 기다리는 애틋한 마음. 외롭고 두려웠던 유년에 대한 회상
- 해제: 이 시는 어린 시절의 어머니에 대한 회상을 바탕으로 쓴 작품이다. 가난한 어린 시절에 시장에 나간 어머니를 기다리며 찬밥처럼 방에 담겨 혼자 엎드려 훌쩍거리는 화자의 모습을 떠올려 보면, 화자의 막막한 심정을 이해할 수 있다. 캄캄해지도록 돌아오지 않는 어머니를 기다리는 화자의 마음은 무섭고 슬펐을 것이다. '안 오시네, 엄마 안 오시네, 안 들리네'로 바뀌어 가는 화자의 말에는 어머니가 없다는 두려움뿐 아니라 어머니에 대한 걱정도 심화되고 있다. 그리고 2연에는 어느새 자라서 성인이 된 지금, 그때를 생각하는 화자의 모습이 드러난다. 그때의 두려움은 그리움으로 변하여, 화자의 눈시울을 뜨겁게 한다. 어린 시절의 그 기억이 화자에게 가슴 깊이 새겨져 있기 때문일 것이다.

23

정답 ②

| 문법과 어문 규정 > 어문 규정 > 표준어 규정 | 정답률 64% |

| 정답해설 |

② 선택률 64% 개다리소반(○) - 개다리밥상(×)

'상다리 모양이 개의 다리처럼 휜 막치 소반'을 일컬어 '개다리소반'이라 한다. 그러나 '소반' 대신 '밥상'으로 쓰거나 '상판'으로 쓰는 것은 허용되지 않는다. '소반(小盤)'은 그 자체가 '자그마한 밥상'임을 나타낸다. 표준어 규정 제22항에 따라 고유어 계열의 단어가 생명력을 잃고 그에 대응되는 한자어 계열의 단어가 널리 쓰이면, 한자어 계열의 단어를 표준어로 삼는다. 이에 따라 '개다리소반'이 옳은 표현이다.

| 오답해설 |

① 선택률 13% 총각무(○) - 알타리무(×)

표준어 규정 제22항에 따라 '총각무'가 옳은 표현이다. 총각무는 '무청째로 김치를 담그는, 뿌리가 잔 무'를 일컫는다.

③ 선택률 13% 방고래(○) - 구들고래(×)

'구들장 밑으로 나 있는, 불길과 연기가 통하여 나가는 길'을 '방고래'라 한다. '구들고래'로 쓰는 것은 잘못이며, 이는 방언에서 나타난 단어이다.

④ 선택률 10% 산누에(○) - 멧누에(×)

고유어 계열 단어보다 한자어 계열 단어가 더 널리 쓰이면 한자어를 표준어로 삼기로 했으므로 '산누에'만 표준어로 삼는다. '멧누에, 들누에'는 모두 비표준어이다.

24

정답 ③

| 문법과 어문 규정 > 어문 규정 > 문장 부호 | 정답률 72% |

| 정답해설 |

③ 선택률 72% 기준 단위당 수량을 표시할 때 해당 수량과 기준 단위 사이에는 빗금(/)을 쓴다.

예 1,000원(수량)/개(기준 단위)

'1,000원/개'는 '한 개에 1,000원'이라는 뜻이다.

참고로, 가운뎃점은 열거할 어구들을 일정한 기준으로 묶어서 나타낼 때 쓴다.

예 민수·영희, 선미·준호가 서로 짝이 되었다.

| 오답해설 |

① 선택률 2% 서술, 명령, 청유 등을 나타내는 문장의 끝에는 마침표(.)를 쓴다. 다만, 글의 제목이나 작품명, 표어(각종 구호)에는 마침표(.)를 쓰지 않음을 원칙으로 한다.

예 꺼진 불도 다시 보자

② 선택률 15% 말줄임표(……)는 할 말을 줄였을 때 쓴다. 이때는 줄임표로써 문장이 끝나는 것이므로 줄임표 앞이 아니라 뒤에 마침표나 물음표 또는 느낌표를 쓰는 것이 원칙이다.

예 그는 최선을 다했다. 그러나 성공할지는…….

④ 선택률 11% 문장 안에서 책의 제목이나 신문의 이름 등을 나타낼 때는 그 앞뒤에 겹낫표나 겹화살괄호를 쓰는 것이 원칙이고 큰따옴표를 쓰는 것도 허용된다.

예 박경리의 『토지』는 전 5부 16권에 이르는 대하소설이다.
박경리의 《토지》는 전 5부 16권에 이르는 대하소설이다.
박경리의 "토지"는 전 5부 16권에 이르는 대하소설이다.

25

정답 ③

| 문법과 어문 규정 > 어문 규정 > 외래어 표기법 | 정답률 78% |

| 정답해설 |

③ 선택률 78% 외래어 표기법의 기본 원칙 제3항에 의해 받침에는 'ㄱ, ㄴ, ㄹ, ㅁ, ㅂ, ㅅ, ㅇ'만을 쓴다.

더 알아보기 ▶ 외래어 표기법 – 표기의 기본 원칙

[제1항] 외래어는 국어의 현용 24자모만으로 적는다.
[제2항] 외래어의 1음운은 원칙적으로 1기호로 적는다.
[제3항] 받침에는 'ㄱ, ㄴ, ㄹ, ㅁ, ㅂ, ㅅ, ㅇ'만을 쓴다.
[제4항] 파열음 표기에는 된소리를 쓰지 않는 것을 원칙으로 한다.
[제5항] 이미 굳어진 외래어는 관용을 존중하되, 그 범위와 용례는 따로 정한다.

에듀윌이
너를
지지할게
ENERGY

나는 천천히 가는 사람입니다.
그러나 뒤로 가진 않습니다.

9급 군무원 국어

Ⅰ 전체 난이도 및 합격선

전체 난이도	합격선
上	72점

Ⅰ 기출총평

문법과 어문 규정에서 띄어쓰기, 비문의 유형, 표준 발음법, 로마자 표기법과 외래어 표기법 등이 고르게 출제되었다. 다만, 일반 공무원 시험에서 띄어쓰기가 1문항 출제되는 것과 달리 이번 군무원 시험에서는 띄어쓰기가 2문항이 출제되었다. 또한 로마자 표기법의 경우에도 일반적으로 출제되는 유형인 단어의 표기를 묻는 문제가 아니라 문장을 제시하고 문장 전체의 로마자 표기를 묻는 새로운 유형의 문제가 출제되었다. 현대 문학은 평이한 수준으로 출제되었으나 고전 문학에서 지엽적 내용을 묻는 지식형 문항이 출제되어 체감 난도가 높았을 것으로 보인다. 고전 문법 또한 수험생들이 어려움을 느꼈을 것이다. 「용비어천가」를 제시하고 조사를 찾는 문항, 최세진의 『훈몽자회』에 대한 설명을 묻는 문항 등은 세부적으로 학습하지 않으면 풀기가 어려운 유형이었다. 비문학은 글의 주제 찾기, 지문의 내용 확인하기, 글의 전개 방식 등 기존의 출제 유형에서 크게 벗어나지 않았다.

Ⅰ 영역별 출제비중

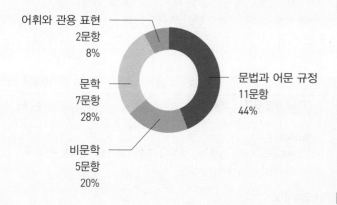

어휘와 관용 표현
2문항
8%

문학
7문항
28%

비문학
5문항
20%

문법과 어문 규정
11문항
44%

Ⅰ 문항 분석

	카테고리	출제수	정답률
1	문법과 어문 규정 > 어문 규정 > 띄어쓰기	24회	72%
2	문법과 어문 규정 > 현대 문법 > 품사	13회	60%
3	문법과 어문 규정 > 현대 문법 > 비문의 유형	13회	62%
4	문학 > 고전 문학 > 고전 시가 – 가사	10회	53%
5	문법과 어문 규정 > 고전 문법 > 고전문	7회	73%
6	어휘와 관용 표현 > 한자와 한자어 > 한자 성어와 속담	30회	71%
7	문법과 어문 규정 > 현대 문법 > 조건에 맞는 표현	2회	50%
8	문법과 어문 규정 > 어문 규정 > 띄어쓰기	24회	53%
9	비문학 > 독해 비문학 > 주제	17회	62%
10	비문학 > 독해 비문학 > 주제	17회	49%
고난도 TOP2 11	어휘와 관용 표현 > 순우리말 > 우리말 어휘	16회	37%
12	비문학 > 독해 비문학 > 글의 순서	13회	59%
13	문법과 어문 규정 > 어문 규정 > 로마자 표기법	16회	63%
14	문법과 어문 규정 > 현대 문법 > 상대 높임법	3회	62%
15	문법과 어문 규정 > 어문 규정 > 표준 발음법	18회	92%
16	문법과 어문 규정 > 어문 규정 > 외래어 표기법	12회	53%
17	문학 > 현대 문학 > 현대 시 – 표현상의 특징	37회	81%
18	문학 > 현대 문학 > 현대 시 – 시적 대상	37회	96%
19	문학 > 현대 문학 > 현대 시 – 주제	37회	89%
20	비문학 > 독해 비문학 > 주제	17회	91%
21	비문학 > 독해 비문학 > 글의 전개 방식	16회	91%
22	문학 > 고전 문학 > 고전 산문 – 설화	2회	57%
고난도 TOP3 23	문법과 어문 규정 > 고전 문법 > 고전문	7회	45%
24	문학 > 현대 문학 > 현대 소설	26회	94%
고난도 TOP1 25	문학 > 현대 문학 > 현대 소설 – 한자어	26회	34%

※ 고난도 TOP1 는 해당 회차에서 정답률이 가장 낮은 문항입니다.

01	①	02	③	03	④	04	③	05	③
06	①	07	②	08	②	09	④	10	②
11	①	12	②	13	①	14	②	15	①
16	④	17	④	18	③	19	①	20	③
21	④	22	②	23	③	24	④	25	②

01　　　　　　　　　　　　　　　　정답 ①

문법과 어문 규정 > 어문 규정 > 띄어쓰기　　　　　정답률 72%

| 정답해설 |

① 선택률 72% '-ㄹ뿐더러'는 어떤 일이 그것만으로 그치지 않고 나아가 다른 일이 더 있음을 나타내는 연결 어미이므로 어간에 붙여 써야 한다.

| 오답해설 |

② 선택률 9% 보잘것 없는(×) → 보잘것없는(○)

'보잘것없다'는 한 단어이므로 붙여 쓴다. 다만, 복합어를 이루고 있는 요소 사이에 조사가 끼어 쓰이는 경우도 있는데, 이때는 띄어 쓰는 것을 원칙으로 한다. 만약, '보잘것'과 '없다' 사이에 보조사 '도'가 낀다면 '보잘 것도 없다'와 같이 쓸 수 있다.

③ 선택률 6% 하잘것 없는(×) → 하잘것없는(○)

'하잘것없다'는 '시시하여 해 볼 만한 것이 없다.' 또는 '대수롭지 아니하다.'는 의미의 형용사로서, 하나의 단어이므로 붙여 써야 한다.

④ 선택률 13% 물샐틈 없는(×) → 물샐틈없는(○)

'물샐틈없다'는 조금도 빈틈이 없음을 비유적으로 이르는 형용사로서, 하나의 단어이므로 붙여 써야 한다.

더 알아보기 ▶ '없다'가 붙은 형용사

> • ㄱ: 간데없다 / 간데온데없다 / 갈데없다 / 관계없다 / 끔짝없다
> • ㄴ: 난데없다 / 너나없다 / 느닷없다
> • ㄷ: 다름없다 / 다시없다 / 다함없다 / 대중없다 / 두말없다
> • ㅁ: 막힘없다 / 맛없다 / 물샐틈없다
> • ㅂ: 밥맛없다 / 보잘것없다 / 본데없다 / 볼썽없다 / 볼품없다
> • ㅅ: 세상없다 / 세월없다 / 속절없다 / 숨김없다 / 스스럼없다 / 쓸데없다 / 쓸모없다
> • ㅇ: 아랑곳없다 / 어처구니없다 / 온데간데없다 / 올데갈데없다 / 인정사정없다
> • ㅈ: 재미없다
> • ㅊ: 주책없다 / 채신없다
> • ㅌ: 터무니없다
> • ㅎ: 하릴없다 / 하잘것없다 / 허물없다 / 형편없다

02　　　　　　　　　　　　　　　　정답 ③

문법과 어문 규정 > 현대 문법 > 품사　　　　　정답률 60%

| 정답해설 |

감탄사란 문장 안의 다른 단어와 어떤 관계도 맺지 않고 독립적으로 쓰이는 단어로, 말하는 사람의 놀람이나 느낌 등을 나타내는 품사이다.

③ 선택률 60% '청춘'의 품사는 명사이다. 다만, 문장 성분은 독립어이다.

| 오답해설 |

① 선택률 1% '어'는 놀라거나, 당황하거나, 초조하거나, 다급할 때 나오는 감탄사이다.

② 선택률 0% '어머나'는 '어머'를 강조하여 내는 감탄사로, 주로 여자들이 예상하지 못한 일로 깜짝 놀라거나 끔찍한 느낌이 들었을 때 내는 소리이다.

④ 선택률 39% '얘'는 어른이 아이를 부르거나 같은 또래끼리 서로 부르는 소리로서, '야'와 같은 의미의 감탄사이다.

더 알아보기 ▶ 감탄사

> 감탄사는 말하는 이의 본능적인 놀람이나 느낌, 부름, 응답 따위를 나타내는 단어이다. 위치는 문장 첫머리에 놓이는 경우가 가장 많지만 문장 속에도 놓이는 등 위치가 비교적 자유롭다. 문장 속의 다른 성분에 얽매이지 않고 독립성이 있으므로 독립언이라고 한다.
> • 느낌을 나타내는 다양한 감탄사
> － 기쁨: 허허, 옳다
> － 슬픔: 저런, 아이고
> － 놀라움: 앗, 어머나
> － 성냄: 에끼, 흥
> － 한숨: 아뿔싸, 후유
> － 뉘우침: 아
> • 부름: 야, 여보, 여보게, 여보시오, 여봐라, 얘
> • 대답: 그래, 그럼, 글쎄, 글쎄올시다, 네, 예, 아니요, 오냐
> 참 인명(人名)은 감탄사가 아닌 명사이다.

03　　　　　　　　　　　　　　　　정답 ④

문법과 어문 규정 > 현대 문법 > 비문의 유형　　　　　정답률 62%

| 정답해설 |

④ 선택률 62% 부사 '절대'는 '어떠한 경우에도 반드시'라는 뜻으로, 부사 '절대로'와 동의어이다.

| 오답해설 |

① 선택률 9% 데로(×) → 대로(○)

관형사형 어미 뒤에서 '어떤 모양이나 상태와 같이'의 뜻을 가진 의존 명사는 '대로'이다.

② 선택률 12% 인정하므로써(×) → 인정함으로써(○)

'-(으)므로'는 원인, 까닭을 나타내는 어미이고, '-(으)ㅁ으로(써)'는 앞말의 명사형에 수단이나 방법을 나타내는 조사 '으로

'써)'가 붙은 형태이다. 그러므로 '으로(써)'가 결합된 형태인 '인정함으로써'로 써야 한다.

③ **선택률 17%** 일체(×) → 일절(○)

'일절'은 (부인하거나 금지하는 말과 어울려) '아주, 도무지, 전혀, 절대로'의 뜻이고, '일체'는 '모든 것, 모든 것을 다'의 뜻이다. 문맥상 '전혀'의 뜻을 가진 '일절'을 써야 한다.

군무원 VS 공무원 비교분석

군무원 시험에서는 문장의 호응. 어법 문제는 꾸준히 1~2문항 정도 출제되고 있다. 일반 공무원 시험에서 출제되는 유형과 유사하거나 난도가 높지 않게 출제된다.

04 정답 ③

| 문학 > 고전 문학 > 고전 시가 - 가사 | 정답률 53% |

| **정답해설** |

③ **선택률 53%** • 허위허위: 손발 따위를 이리저리 내두르는 모양이나 힘에 겨워 힘들어하는 모양

• 설피설피: 기운이 없이 걷는 모양

| **오답해설** |

① **선택률 9%** • 얼렁얼렁: 남의 비위를 맞추거나 환심을 사려고 더럽게 자꾸 아첨을 떠는 모양을 의미하는 부사

• 허방지방: 정신을 차릴 수 없을 만큼 갈팡질팡하며 다급하게 서두르는 모양을 의미하는 부사. '허둥지둥'과 같은 의미이다.

② **선택률 17%** • 곰븨님븨: 물건이 거듭 쌓이거나 일이 계속 일어남을 나타내는 부사로, '곰비임비'의 옛말

• 감숭감숭: 잔털 따위가 드물게 나서 가무스름한 모양을 뜻하는 부사

④ **선택률 21%** • 허둥허둥: 어찌할 줄을 몰라 갈팡질팡하며 자꾸 다급하게 서두르는 모양을 뜻하는 부사

• 타박타박: 조금 느릿느릿 힘없는 걸음으로 걸어가는 모양을 뜻하는 부사

더 알아보기 ▶ 박인로, 「누항사(陋巷詞)」

• 갈래: 가사
• 운율: 3(4)·4조, 4음보의 연속체
• 특징
  ㉠ 임진왜란 이후에 당면한 작가의 현실이 잘 나타나 있음.
  ㉡ 사대부와 농민, 양쪽에서 소외된 괴로움을 절실하게 그림.
• 주제
  ㉠ 자연을 벗삼아 빈이무원(貧而無怨)하는 선비들의 고절한 삶과 현실의 부조화
  ㉡ 누항에 묻혀 안빈낙도하며 충효, 우애, 신의를 나누는 삶의 추구
• 해설: 이 작품은 이덕형이 박인로의 근황을 묻자 그에 대한 답으로 지은 가사로, 임진왜란 이후의 곤궁한 삶을 사실적으로 그리고 있다. 서사는 안빈일념의 이상과 시적 화자가 처한 궁핍한 생활상과의 괴리감을, 본사는 임진왜란 시 참전했던 일에 대한 회상과 전란 후에 돌아와 몸소 농사를 지으려고 이웃집에 소를 빌리러 갔다가 실패하고 농사 짓기를 포기한 심회를 노래하였다. 결사에서는 먹고사는 생활의 문제 때문에 잠시 잊고 지낸 자연 친화의 삶을 다짐하며, 안빈낙도와 유교적인 덕목을 실행하며 사는 삶을 추구하고자 하는 의지를 드러내고 있다. 임진왜란 후의 궁핍한 현실과 사대부로서 지녀야 하는 이상적인 삶의 추구 사이에서 갈등하는 시적 화자의 모습을 통해 전란 후의 변화된 양반의 위상과 매정해진 세태를 보여 주고 있다.

• 현대어 풀이

가뭄이 몹시 심하여 농사철이 다 늦은 때에
서쪽 두둑 높은 논에 잠깐 갠 지나가는 비에
길 위에 흐르는 물을 반쯤 대어 놓고는
소 한 번 빌려 주마 하고 엉성하게 하는 말을 듣고
친절하다고 여긴 집에
달이 없는 저녁에 허우적허우적 달려가서
굳게 닫은 문 밖에 우두커니 혼자 서서
"에헴." 하는 인기척을 꽤 오래도록 한 후에
"어, 거기 누구신가?" 묻기에 "염치 없는 저올시다."

(농사 위해 농우를 빌리러 감)

"초경도 거의 지났는데 무슨 일로 와 계신가?"
"해마다 이러기가 구차한 줄 알지마는
소 없는 가난한 집에서 걱정이 많아 왔소이다."
"공것이거나 값을 치거나 간에 주었으면 좋겠지만
다만 어젯밤에 건넛집 사는 사람이
목이 붉은 수꿩을 구슬 같은 기름에 구워 내고
갓 익은 좋은 술을 취하도록 권하였는데
이러한 은혜를 어떻게 갚지 않겠는가?
내일 소를 빌려 주마 하고 굳게 약속을 하였기에
약속을 어기기가 편하지 못하니 말씀하기가 어렵구료."
정말로 그렇다면 설마 어찌하겠는가.
헌 모자를 숙여 쓰고 축 없는 짚신을 신고 맥없이 물러나오니
풍채 적은 내 모습에 개가 짖을 뿐이로구나.

(농우를 빌리러 갔다가 수모만 당함)

05 정답 ③

| 문법과 어문 규정 > 고전 문법 > 고전문 | 정답률 73% |

| **정답해설** |

③ **선택률 73%** 『훈몽자회(訓蒙字會)』에서 제시한 '초성독용팔자(初聲獨用八字)'는 초성으로만 쓰이는, 즉 받침으로는 쓸 수 없는 8자를 제시한 것이다. 초성에만 쓰이는 8자는 'ㅋ, ㅌ, ㅍ, ㅈ, ㅊ, ㅿ, ㅇ, ㅎ'이다.

| **오답해설** |

① **선택률 7%** 『훈몽자회(訓蒙字會)』는 1527년(중종 22)에 역관 최세진이 어린이들의 한자 학습을 위하여 편찬한 책으로, 이 책 범례에 '언문자모(諺文字母)'를 실어 그 당시 한글 체계와 용법에 대해 간단히 설명했다. '언문자모'에서는 한글 자모의 순서를 정리하였으며 자모의 명칭을 정하였다.

② 선택률 7% '중성독용십일자(中聲獨用十一字)'는 중성의 음가를 보여 주고 있는데, 음가를 나타내는 '아(阿), 야(也), 어(於), 여(余)' 따위가 이후 해당 중성의 이름으로 불리게 되었다.

④ 선택률 13% '언문자모(諺文字母)'에서는 훈민정음의 자모 중 'ㆆ'을 제외한 27자를 쓴다.

06 정답 ①

어휘와 관용 표현 > 한자와 한자어 > 한자 성어와 속담 정답률 71%

| 정답해설 |

① 선택률 71% • 동병상련(同病相憐: 同 한 가지 동/病 병 병/相 서로 상/憐 불쌍히 여길 련): 같은 병을 앓는 사람끼리 서로 가엾게 여긴다는 뜻으로, 어려운 처지에 있는 사람끼리 서로 가엾게 여김을 이르는 말

• 비렁뱅이가 하늘을 불쌍히 여긴다: 빌어먹는 형편에 하늘을 보고 처지가 가련하다고 한다는 뜻으로, 주제넘게 동정을 하거나 엉뚱한 일을 걱정하는 경우를 비유적으로 이르는 속담

| 오답해설 |

② 선택률 10% • 마호체승(馬好替乘: 馬 말 마/好 좋을 호/替 바꿀 체/乘 탈 승): 말도 갈아타는 것이 좋다는 뜻으로, 예전 것도 좋지만 새로운 것으로 바꾸어 보는 것도 즐겁다는 말

• 역말도 갈아타면 낫다: 한 가지 일만 계속해서 하지 않고 가끔 가다가 다른 일도 하면 싫증이 없어진다는 말

③ 선택률 11% • 작학관보(雀學鸛步: 雀 참새 작/學 배울 학/鸛 황새 관/步 걸음 보): 참새가 황새의 걸음을 배운다는 뜻으로, 자기의 역량은 생각하지 않고 억지로 남을 모방함을 비유적으로 이르는 말

🈁 촉새가 황새를 따라가다 가랑이 찢어진다.

• 뱁새가 황새를 따라가면 다리가 찢어진다: 힘에 겨운 일을 억지로 하면 도리어 해만 입는다는 뜻

④ 선택률 8% • 외부내빈(外富內貧: 外 바깥 외/富 부유할 부/內 안 내/貧 가난할 빈): 겉으로는 부유하여 보이나 실상은 구차하고 가난함.

🈁 외빈내부(外貧內富)

• 난부자든거지: 겉보기에는 돈 있는 부자처럼 보이나 실제로는 집안 살림이 거지와 다름없이 가난한 사람. 또는 그런 형편

07 정답 ②

문법과 어문 규정 > 현대 문법 > 조건에 맞는 표현 정답률 50%

| 정답해설 |

② 선택률 50% 주어는 '한글이'와 '사실은'이므로 무생물 주어이며, '알려지다'는 '알다'에 사동 접사 '-리-'가 결합하여 만들어진 사동사 '알리다'에 '-어지다'가 붙어 피동사가 된 것으로, 이중 피동 표현이 아니다. 또한 지나친 명사화 구성도 쓰이지 않았으므로 〈보기〉의 조건에 모두 맞는 표현이다.

| 오답해설 |

① 선택률 5% '잊혀지지'는 '잊다'에 피동 접사 '-히-'가 결합한 피동사 '잊히다'에 '-어지다'가 결합한 이중 피동 표현이다. 따라서 '잊히지 않는다'로 표현하는 것이 적절하다.

③ 선택률 4% 주어가 '과학자들이'이므로 생물이고, 지나친 명사화 구성의 문장이다.

④ 선택률 41% '대학축제는'과 '학생들이'가 주어이다. '학생들이'라는 생물 주어가 있으므로 조건에 맞지 않다.

더 알아보기 ▶ 과도한 피동 표현(이중 피동)

• '-되어지다', '-지게 하다' 같은 이중 피동을 사용하는 경우
  - 이것은 꽃이라고 생각되어진다. → 생각된다.
  - 그녀는 더욱 아름다워지게 되었다. → 아름다워졌다.
• 피동사에 '-어지다'가 결합되는 경우
  - 이런 곳에서 내가 생활한다는 것이 믿겨지지 않았다.
    → 믿어지지, 믿기지
  - 손에 들려져 있어야 할 물건이 보이지 않았다. → 들려
  - 그 문제는 난해해서 잘 풀려지지 않는다. → 풀리지
  - 김 선생님은 천재라고 불리어지고 있었습니다. → 불리고
  - 이것은 환경의 변화라고 보여진다. → 보인다.

08 정답 ②

문법과 어문 규정 > 어문 규정 > 띄어쓰기 정답률 53%

| 정답해설 |

② 선택률 53% '만'은 앞말이 나타내는 대상이나 내용 정도에 달함을 나타내는 보조사이므로 붙여 쓰고, '하다'는 동사이므로 띄어 쓴다.

| 오답해설 |

① 선택률 15% 그∨만한(×) → 그만한(○)
'그만하다'는 '상태, 모양, 성질 따위의 정도가 그러하다.'라는 의미의 형용사로서 하나의 단어이다.

③ 선택률 22% 망하든말든(×) → 망하든∨말든(○)
'-든'은 연결 어미 '-든지'의 준말이다. '망하든'과 '말든'은 각각의 단어이므로 띄어 써야 한다.

④ 선택률 10% 제이익만(×) → 제∨이익만(○)
'제'는 '저'에 관형격 조사 '의'가 결합하여 줄어든 형태로서 하나의 단어이므로 뒷말과 띄어 써야 한다. 그리고 '만'은 다른 것으로부터 제한하여 어느 것을 한정함을 나타내는 보조사이므로 앞말에 붙여 쓴다.

군무원 VS 공무원 비교분석

군무원 시험에서는 띄어쓰기 문항이 2문항 정도 꾸준히 출제되고 있다. 띄어쓰기와 관련한 문법적 이론과 자주 출제되는 어휘들은 반드시 학습해야 한다.

09
정답 ④

| 비문학 > 독해 비문학 > 주제 | 정답률 62% |

| 정답해설 |

④ **선택률 62%** 1문단에서는 관계 내에 갈등이 발생할 때 성급한 판단을 피하고 되도록 문제를 객관적인 방향으로 표현하여야 한다고 제시하고, 2문단에서는 갈등을 해결하기 위한 대응 전략에 대해 서술하고 있다. 이 두 문단의 내용을 종합해 보면 글의 제목으로 적절한 것은 '갈등을 해소하기 위한 대응 전략'이다.

더 알아보기 ▶ 글의 구조

> 문장과 문장이 모여 문단이 되고, 문단들이 모여 한 편의 글이 된다. 또 각각의 문장이 문단 내에서 일정한 역할을 하듯이 문단도 글 안에서 일정한 역할을 한다. 이것을 문단의 기능이라고 하는데, 각 문단의 기능을 유기적 관계로 파악한 것이 글의 구조이다. 글의 구조를 파악하기 위해서는 각 문단의 주제를 먼저 파악해야 한다. 글의 구조를 파악하고 나면 주제 문단이 눈에 들어오고 주제 문단에서 글 전체의 주제를 찾아볼 수 있다. 문단의 요지를 찾도록 반복해서 연습해야 한다.

10
정답 ②

| 비문학 > 독해 비문학 > 주제 | 정답률 49% |

| 정답해설 |

② **선택률 49%** 1문단의 마지막 문장에서, 갈등 관계에서 '성급한 판단을 피하고 문제를 되도록 객관적인 방향으로 표현하여야 한다'라고 제시하고, 2문단에서 구체적인 해결 방안으로 '문제를 객관적으로 표현하기 위해서는 묘사적인 언어를 사용해야 한다'라고 제시하였다. 따라서 두 문단을 종합하면 글의 주제는 ②이다.

더 알아보기 ▶ 중심 화제 파악 방법

> 글을 읽으면서 각 문단의 중심 내용이 무엇인지 찾아본다. 각 문단의 중심 내용을 바탕으로 글 전체 주제와 글쓴이의 의도를 파악하는 것이 순서이다.

11 고난도 TOP 2
정답 ①

| 어휘와 관용 표현 > 순우리말 > 우리말 어휘 | 정답률 37% |

| 정답해설 |

① **선택률 37%** '질정(質定) 없다'는 '갈피를 잡아 뚜렷이 결정한 것이 없다.'라는 뜻이다. '일 처리를 잘하여 뒤끝이 깨끗하다.'는 '간정(乾淨)하다'이다.

더 알아보기 ▶ 헷갈리는 한자어

> ┌ 질정(叱正): 꾸짖어 바로잡음.
> ├ 질정(質正): 묻거나 따져서 바로잡음.
> └ 질정(質定): 갈피를 잡아서 분명하게 정함.

┌ 간정(乾淨)하다: ㉠ 매우 깨끗하고 순수하다. ㉡ 일 처리를 잘하여 뒤끝이 깨끗하다.
├ 간정(艱貞)하다: 어려움을 견디고 정절을 지키다.
├ 간정(簡淨)하다: 간결하고 깨끗하다.
└ 간정(諫正)하다: 잘못을 간하여 바로잡다.

12
정답 ②

| 비문학 > 독해 비문학 > 글의 순서 | 정답률 59% |

| 정답해설 |

〈보기〉의 첫 문장이 '이 말을 다시 하자면'으로 시작되고, 이어지는 문장에서 '실패하고 좌절하는 연습'이라 하였으므로 〈보기〉의 글은 이와 관련된 내용의 뒤에 이어져야 한다.

② **선택률 59%** (나)에서 '인생이 뜻대로 풀리지 않을 때', '인생이 위급 상황인 양'은 '좌절'의 상황을 가리키며, '이러한 습관의 반영물'은 곧 '좌절하는 연습'을 의미한다. 따라서 〈보기〉의 글은 (나) 뒤에 이어지는 것이 자연스럽다.

더 알아보기 ▶ 글의 순서

> 글의 순서를 묻는 문제는 주제문을 먼저 찾고, 주제문과의 관련성에 주목한다. 그리고 지시어나 접속어에 유의하여 다른 문단과의 관계를 고려한다.

13
정답 ①

| 문법과 어문 규정 > 어문 규정 > 로마자 표기법 | 정답률 63% |

| 정답해설 |

① **선택률 63%** 로마자는 표준 발음법에 따라 표기한다. 제시된 문장의 발음은 [운는 순간 어새카미 사라진다]이다. 이에 따라 바르게 표기하면 'unneun sungan eosaekami sarajinda.'가 된다.

더 알아보기 ▶ 로마자 표기법의 중요 원칙

> • 국어의 로마자 표기는 국어의 표준 발음법에 따라 적는 것을 원칙으로 한다.
> • 음운 변화가 일어날 때에는 변화의 결과에 따라 표기한다.
> • 고유 명사의 첫 글자는 대문자로 적는다.
> • 'ㅢ'는 'ㅣ'로 소리 나더라도 'ui'로 적는다.
> • 된소리되기는 표기에 반영하지 않는다.
> • 인명은 성과 이름의 순서로 띄어 쓴다. 이름은 붙여 쓰는 것을 원칙으로 하되 음절 사이에 붙임표(-)를 쓰는 것을 허용한다.
> • '도, 시, 군, 구, 읍, 면, 리, 동'의 행정구역 단위와 '가'는 각각 'do, si, gun, gu, eup, myeon, ri, dong, ga'로 적고, 그 앞에는 붙임표(-)를 넣는다. 붙임표(-) 앞뒤에서 일어나는 음운 변화는 표기에 반영하지 않는다.
> • 자연 지물명, 문화재명, 인공 축조물명은 붙임표(-) 없이 붙여 쓴다.

14

| 문법과 어문 규정 > 현대 문법 > 상대 높임법 | 정답률 62% |

| 정답해설 |

상대 높임법은 격식체와 비격식체로 구분되는데, 이는 종결 어미로 판별할 수 있다.

② **선택률 62%** 종결 어미 '−어'와 보조사 '요'가 결합한 '−어요'는 상대 높임법의 비격식체인 해요체에 쓰여, 설명·의문·명령·청유의 뜻을 나타낸다.

| 오답해설 |

① **선택률 1%** 종결 어미 '−ㅂ니다'는 격식체인 하십시오체에 쓰여, 현재 계속되는 동작이나 상태를 그대로 나타낸다.

③ **선택률 9%** 종결 어미 '−오'는 격식체인 하오체에 쓰여, 설명·의문·명령의 뜻을 나타낸다.

④ **선택률 28%** 종결 어미 '−게'는 격식체인 하게체에 쓰여, 손아래나 허물없는 사이의 사람에게 무엇을 시키는 뜻을 나타낸다.

더 알아보기 ▶ 상대 높임법의 구분

- 격식체: 공식적이고 직접적이며, 딱딱하고 단정적인 느낌을 준다.
  - 하십시오체(아주 높임): '−습니다, −ㅂ니다, −습니까, −ㅂ니까, −(으)십시오'
    예 여러분도 책을 읽으십시오.
  - 하오체(예사 높임): '−오, −(으)시오, −ㅂ시다, −구려'
    예 여러분도 책을 읽으시오.
  - 하게체(예사 낮춤): '−게, −세, −나'
    예 자네도 책을 읽게.
  - 해라체(아주 낮춤): '−다, −냐, −자, −아/어라, −거라, −라'
    예 하연아, 책을 읽어라.
- 비격식체: 말하는 이와 듣는 이가 가까울 때 쓸 수 있으며, 비공식적이고 비단정적이다.
  - 해요체(두루 높임): '−아/어요, −지요, −을까요' 등
    예 여러분, 책을 읽어요.
  - 해체(두루 낮춤): '−아/−어, −지, −을까' 등
    예 수정아, 책을 읽어.

15

| 문법과 어문 규정 > 어문 규정 > 표준 발음법 | 정답률 92% |

| 정답해설 |

① **선택률 92%** • 절약[저략]: [ㄴ] 소리의 첨가 없이 받침을 연음하여 발음한다.
- 몰상식한[몰쌍식한(된소리되기) → 몰쌍시칸(거센소리로 축약)]: 한자어에서 'ㄹ' 받침 뒤에 연결되는 'ㄷ, ㅅ, ㅈ'은 된소리로 발음하고, 받침 'ㄱ'이 뒤 음절 첫소리 'ㅎ'과 결합되는 경우에 두 음을 축약하여 [ㅋ]으로 발음한다.
- 낯설다[낟설다(음절의 끝소리 규칙) → 낟썰다(된소리되기)]: 받침 'ㅊ'은 대표음 [ㄷ]으로 발음하고, 받침 'ㄷ(ㅅ, ㅆ, ㅈ, ㅊ, ㅌ)' 뒤에 연결되는 'ㅅ'은 된소리로 발음한다.

- 읊조리다[읍조리다(자음군 단순화) → 읍쪼리다(된소리되기)]: 겹받침 'ㄿ'은 어말에서 [ㅂ]으로 발음하고, 받침 'ㅂ(ㅍ, ㄻ, ㄿ, ㅄ)' 뒤에 연결되는 'ㅈ'은 된소리로 발음한다.

16

| 문법과 어문 규정 > 어문 규정 > 외래어 표기법 | 정답률 53% |

| 정답해설 |

④ **선택률 53%** '히말라야산맥(Himalaya山脈), 몽블랑산(Mont Blanc山)'은 ㉣의 표기법에 따라 바르게 표기된 예시이다.
예 리오그란데강(Rio Grande江)
몬테로사산(Monte Rosa山)
시에라마드레산맥(Sierra Madre山脈)

| 오답해설 |

① **선택률 26%** '앙카라(Ankara), 간디(Gandhi)'는 원지음(현지의 발음)에 따라 표기한 것이다. ㉠의 예로는 '헤이그(Hague), 시저(Caesar)' 등이 있다.

② **선택률 8%** '이등박문(伊藤博文)'은 '이토 히로부미'로, '풍신수길(豊臣秀吉)'은 '도요토미 히데요시'로 써야 한다.

③ **선택률 13%** 과거인과 현대인을 나누는 기준은 '신해혁명'이다. 따라서 '공자(孔子)'는 신해혁명 이전 사람이므로 '공쯔'가 아닌 '공자'로 표기한다. '덩샤오핑[鄧小平]'의 경우에는 주 활동 시기가 신해혁명 이후이므로 원칙적으로 '덩샤오핑'으로만 적어야 하나, 관행적으로 '등소평'으로도 많이 쓰이고 있었으므로 이를 인정하여 '덩샤오핑'과 '등소평' 모두 쓸 수 있도록 하였다. 같은 예로 '장제스, 마오쩌둥, 베이징'도 '장개석(蔣介石), 모택동(毛澤東), 북경(北京)'으로 쓸 수 있다.

더 알아보기 ▶ '섬, 강, 산, 산맥'의 외래어 표기

이전에는 '섬, 강, 산, 산맥' 등이 외래어 뒤에 붙을 때에는 띄어 쓰고, 우리말 뒤에 붙을 때에는 붙여서 표기했다. 그러나 2017년 띄어쓰기의 변경에 따라 '섬, 강, 산, 산맥' 등이 어떤 말 뒤에 오든 앞말에 붙여 적는다.

17

| 문학 > 현대 문학 > 현대 시 − 표현상의 특징 | 정답률 81% |

| 정답해설 |

④ **선택률 81%** 제시된 작품은 단정적이고 직설적인 어조로 화자의 생각을 전하고 있을 뿐, 청유형의 표현은 나타나지 않는다. 또한 풍유법(원관념 없이 보조 관념만 내세워서 읽는 이가 그 숨은 뜻을 알아내도록 하는 방법)도 쓰이지 않았다.

| 오답해설 |

① **선택률 9%** 이 작품에서는 의인법, 대구법 등을 통해 '외로움'이라는 정서를 표현하고 있다.

② **선택률 3%** '울지 마라', '기다리지 마라' 등은 직설적이고 단정적이며, 명령형을 구사한 표현이다.

③ 선택률 7% 화자 자신인 동시에 외로움을 느끼는 모든 인간을 상 징하는 '수선화'를 청자로 설정하여 화자가 말을 건네는 방식을 취하고 있다.

더 알아보기 ▶ 정호승, 「수선화에게」

- 갈래: 자유시, 서정시
- 성격: 위로하며 달래는 어조
- 수선화의 의미: 화자가 말을 건네는 청자이자, 외로움을 느끼며 가슴 아파하는 모든 사람들
- 구성
  ㉠ 1~6행: 당당하게 운명으로 받아들여야 할 외로움
  ㉡ 7~12행: 모든 존재의 삶의 본질인 외로움
- 특징
  ㉠ 직설적, 단정적인 표현을 통해 주제 의식을 드러냄.
  ㉡ 감정 이입의 수법을 통해 화자의 정서를 표현함.
  ㉢ 인간의 외로움을 인간 존재의 근원적 숙명으로 확대시키고 있으며, 수선화에 얽힌 그리스 신화에서 시적 모티프를 얻고 있음.
- 제재: 수선화, 고독한 삶
- 주제
  ㉠ 사랑의 외로움과 쓸쓸함
  ㉡ 삶의 본질인 외로움
- 해제: 「수선화에게」는 '수선화'라는 대상에게 이야기하는 형식으로, 인간의 근원적인 외로움을 담담한 어조로 노래한 시이다. '울지 마라 / 외로우니까 사람이다'로 시작하는 이 시는 사람이라면 누구나 외로운 존재이니 울지 말라고 타이르듯 이야기하고 있다. 그리고 눈이 오면 눈길을 걸어가고 비가 오면 빗길을 걸어가듯이, 외로움이라는 자연스러운 현상에 순응하라고 말한다. 이 외로움은 사람으로부터 시작하여 가슴검은도요새, 하느님, 새들, 산그림자, 종소리로 무한히 확장된다. 결국, 이 시는 '너'만 외로운 것이 아니라 인간과 자연 모두 근원적으로 외로운 존재이니, 울지 말고 외로움을 견디라고 위로해 주고 있는 것이다.

---

18 정답 ③

| 문학 > 현대 문학 > 현대 시 – 시적 대상 | 정답률 96% |

| 정답해설 |

③ 선택률 96% 제시된 작품은 화자가 자신인 동시에 외로움을 느끼는 모든 인간을 상징하는 '너(수선화)'에게 말을 건네는 방식을 취하고 있다.

| 오답해설 |

①② 선택률 0% 선택률 2% '눈'과 '비'는 삶의 시련이자 외로움을 의미한다. 따라서 '눈이 오면 눈길을 걸어가고 / 비가 오면 빗길을 걸어가라'라는 구절은 삶의 시련과 외로움을 견디며 담담히 살아가라는 의미가 된다.

④ 선택률 2% '새들, 하느님, 산그림자, 종소리' 등 모든 존재들에게도 외로움은 있다고 하였으므로, 이들은 모두 시적 화자의 감정 이입 대상으로 볼 수 있다.

---

19 정답 ①

| 문학 > 현대 문학 > 현대 시 – 주제 | 정답률 89% |

| 정답해설 |

① 선택률 89% 제시된 작품은 인간과 자연 모두 근원적으로 외로운 존재이니 외로움을 견디라고 위로해 주고 있다. 결국, 외로움은 인간 모두가 안고 살아가는 피할 수 없는 본질적인 조건이 된다. 따라서 작품의 주제는 '삶의 근원적인 본질은 외로움이다.'가 된다.

| 오답해설 |

② 선택률 2% '인간 소외', ③ 선택률 4% '자유로운 존재', ④ 선택률 5% '자연의 섭리' 등은 작품의 내용과 관련이 없다.

더 알아보기 ▶ 시의 주제

시의 주제를 파악하기 위해서는 우선 시인이 제재를 어떤 생각(어떤 정서적 상태)으로 그려 내고 있는지를 생각해야 하고, 언어의 지시적 의미만이 아니라 암시적(함축적) 의미를 함께 고려해야 하며, 작품의 독특한 어조에도 관심을 가져야 한다.

---

20 정답 ③

| 비문학 > 독해 비문학 > 주제 | 정답률 91% |

| 정답해설 |

③ 선택률 91% 제시된 글의 중심 내용은 (라)의 첫 문장에 요약되어 있다. 글쓴이는 도입부인 (가)에서 객관적인 역사 인식에 대한 과제를 제시하고, (나)와 (다)에서 이를 자세히 서술하고 있다. 그 내용이 (라)의 첫 문장에 요약되어 있으므로 제시된 글의 주제를 파악하기는 어렵지 않다.

더 알아보기 ▶ 이기백, 「역사를 내다 보는 눈」

(가) '전제 + 과제 제시'의 구조로 이루어진 도입 문단
(나) 앞에서 제시한 과제를 해결하기 위한 방안 제시
(다) 과제 해결을 위한 또 하나의 방안 제시
(라) 본문에서 다룬 내용을 요약하고 새로운 과제를 언급하며 마무리
→ 도입부에서 역사 인식에 대한 과제를 제시한 다음, 그 방안을 선입견 배제와 논리적 사고에 충실하는 일 두 가지로 제시하고, 요약과 새 과제 제시로 마무리한 글이다.

---

21 정답 ④

| 비문학 > 독해 비문학 > 글의 전개 방식 | 정답률 91% |

| 정답해설 |

④ 선택률 91% 주장의 근거는 2, 3문단에서 제시되고 있는데, 구체적인 통계치는 제시되지 않았다.

| 오답해설 |

① 선택률 1% 첫째 문장에서 '청소년 아르바이트'를 정의하고 있다.

② **선택률 6%** 1문단에서 청소년 아르바이트의 부작용을 해소하고 바람직한 근로 환경을 마련하기 위해서는 이에 대한 규제가 필요하다는 주장을 먼저 밝히고, 이어서 두 가지 근거를 제시하고 있다.

③ **선택률 2%** 2문단에서 현재 청소년 근로 환경에서 청소년의 노동 인권이 심각하게 침해받고 있는 현상을 열거하여 실태의 심각성을 강조하고 있다.

22
정답 ②

문학 > 고전 문학 > 고전 산문 – 설화 　　　정답률 57%

| 정답해설 |

② **선택률 57%** 「온달설화」는 김부식이 지은 『삼국사기(三國史記)』에 실린 이야기이다. 『삼국사기』는 고려 인종의 명을 받아 김부식이 1145년(인종 23)에 완성한 삼국시대 정사로서, 우리나라에 현존하는 가장 오래된 역사서이다.

참고로, 『삼국유사(三國遺事)』는 고려의 승려인 일연이 고려 충렬왕 7년(1281년)에 편찬한 삼국 시대의 역사서이다.

| 오답해설 |

① **선택률 19%** 남자 주인공은 미천한 신분인 데 반해 여자 주인공은 공주라는 점, 공주가 궁궐을 나와 남자 주인공을 만나게 된다는 점, 여자 주인공의 내조로 남자 주인공이 능력을 발휘하고 신분 상승을 이룬다는 점에서 「무왕설화」와 유사하다. 두 작품을 동일 유형으로 간주하기도 한다.

③ **선택률 19%** 전(傳)은 한문 문체의 하나로, 원래 문자 그대로 사람의 평생 사적을 기록하여 후세에 전하는 것이다.

④ **선택률 5%** '온달'이라는 역사적 인물과 민간에서 전래되던 유사 설화가 결합하여 형성된 이른바 역사 설화라고 할 수 있다.

더 알아보기 ▶ 『삼국사기』 권45 열전 「온달 설화」

- 갈래: 설화(서사), 전(傳) 형식의 설화
- 성격: 역사적, 영웅적
- 구성
  ㉠ 기: 바보 온달 소개와 평강 공주의 혼인 결심
  ㉡ 승: 온달과 평강 공주의 혼인
  ㉢ 전: 온달의 입신출세
  ㉣ 결: 온달의 전사와 후일담
- 특징
  ㉠ 설화를 인물 중심의 전기 형식으로 그려 냄.
  ㉡ 여성 주체 의식과 신분 상승 욕구라는 민중 의식이 두드러지게 나타나 있음.

23 고난도 TOP3
정답 ③

문법과 어문 규정 > 고전 문법 > 고전문 　　　정답률 45%

| 정답해설 |

③ **선택률 45%** 15세기에 주격 조사와 서술격 조사 '이다'는 자음으로 끝난 체언 뒤에서는 '이'로 표기하고, 'ㅣ' 외의 모음으로 끝난 체언 뒤에서는 'ㅣ'로 표기하였으며, 'ㅣ' 모음으로 끝난 체언 뒤에서는 'ø[zero]'로 표기했다. 따라서 제시된 문장은 '奉天討罪(봉천토죄)+ø(서술격 조사 생략)', '사방제후(四方諸侯)+ㅣ(주격 조사)'의 구성으로 분석할 수 있다.

더 알아보기 1 ▶ 「용비어천가(龍飛御天歌)」 9장

- 현대어 풀이
  (주나라 무왕이) 하늘의 명을 받들고 상나라 주(紂)의 죄를 치시므로 사방의 제후들이 모이더니, 주나라의 성스런 교화가 오라시어 서이까지도 또 모이니.
- 어휘 풀이
  – 봉천토죄(奉天討罪): 하늘을 섬기고 죄를 벌함.
  – 몯더니: 모이더니
  – 오라샤: 오래되시어
- 형태소 분석
  ㉠ 봉천토죄(奉天討罪) + ø(서술격 조사) + 시(주체 높임 선어말 어미) + ㄹ씨(종속적 연결 어미)
  ㉡ 사방제후(四方諸侯) + ㅣ(주격 조사) + 몯(어간) + 더(과거 시제 선어말 어미) + 니(연결 어미)
  ㉢ 성화(聖化) + ㅣ(주격 조사) + 오라(어간) + 샤(주체 높임 선어말 어미) + 아(종속적 연결 어미)
  ㉣ 서이(西夷) + ø(주격 조사) + 쏘(부사) + 몯(어간) + 으니(평서형 종결 어미)

더 알아보기 2 ▶ 15세기 주격 조사

종류	쓰인 조건	보기
이	받침으로 끝난 체언 밑	말씀 + 이 → 말쓰미(말이)
ㅣ	'ㅣ' 외의 모음으로 끝난 체언 밑	부텨 + ㅣ → 부톄(부처가)
ø[zero]	'ㅣ'모음으로 끝난 체언 밑	불휘 + ø → 불휘(뿌리가)
애(에)이셔, 애(에)셔	단체 주격 조사로 쓰임.	나라해이셔(나라에서), 쏘 허공애셔(또 허공에서)
ㅣ라셔	'누[誰]'에만 쓰임(의문 주격)	누 + ㅣ라셔 → 뉘라셔(누가)
씌셔, 겨오셔	높임 주격 조사로 쓰임.	和平翁主씌 셔(화평옹주께서), 先人겨오셔(선인께서)
셔	높임 주격 조사로 쓰임.	使君과 叔氏셔(사군과 숙씨께서)

24
정답 ④

| 문학 > 현대 문학 > 현대 소설 | 정답률 94% |

| 정답해설 |

④ 선택률 94% '전설(傳說)'이란 구체적인 시간과 장소가 제시되고 특정의 개별적 증거물을 갖는 이야기이다. 제시된 글은 장자 첨지네 고래잔등 같은 기와집이 하룻밤 새에 큰 못이 되었고, 그것이 현재의 '원소'라는 점에서 제시된 이야기가 증거물이 있는 전설임을 알 수 있다.

더 알아보기 ▶ 강경애, 「인간문제」

> 소설은 원소 전설로 시작된다. 가난한 사람들이 흉폭한 마을의 부자, '장자'의 횡포를 이기지 못하고 비참한 삶을 살아가는 내용으로, 서민들의 눈물이 넘쳐 장자의 집터가 커다란 연못이 되었다는 이야기이다. 수백 년이 흐른 후인 1930년의 이 마을에도 비슷한 일이 벌어지고 있다. 이러한 치욕스러운 인간의 굴레는 첫째와 선비를 포함한 많은 가난한 사람들에게도 대물림되고 있는데, '장자'와 똑같은, 마을의 지주이자 면장인 '정덕호'의 손아귀에서 비참한 삶을 영위하고 있는 것이다.
>
> '인간문제'는 이렇듯 시간을 뛰어넘는다. 하지만 공간도 뛰어넘는다. 소설 전반부의 내용이 원소 전설을 품고 있는 황해도 용연 마을 소작농들과 하인들의 이야기라면, 후반부는 첫째와 선비가 도시로 도망쳐 나왔으나 용연 마을에서와 별반 다를 것 없는 삶을 살아가는 모습을 그린다.

25 고난도 TOP 1
정답 ②

| 문학 > 현대 문학 > 현대 소설 – 한자어 | 정답률 34% |

| 정답해설 |

② 선택률 34% '원소'에 얽힌 전설의 내용을 고려하여 '원소(怨沼: 怨 원망할 원/沼 못 소)'로 써야 한다.

| 오답해설 |

① 선택률 12% 苑沼: 苑 나라 동산 원/沼 못 소(동산과 연못)

③ 선택률 39% 原沼: 原 언덕 원/沼 못 소

④ 선택률 15% 元沼: 元 으뜸 원/沼 못 소

9급 군무원 국어

ㅣ 전체 난이도 및 합격선

전체 난이도	합격선
上	76점

ㅣ 기출총평

고전 문법은 전년도와 마찬가지로 출제되지 않았다. 현대 문법은 문장 성분과 품사를 묻는 유형이 출제되었는데, 출제 문항 수도 많지 않았고 문제 수준도 어렵지 않았다. 수험생들이 가장 어려워하는 한자는 어휘 1문항, 한자 성어 1문항으로 예년과 비슷한 비중으로 출제되었다. 현대 시에서 백석의 네 작품을 제시하고 시어의 의미를 묻는 유형은 자주 출제되었던 작품이 아니었으므로 작품 분석이 어려웠을 것이다. 문법과 어문 규정은 여전히 다수의 문항이 출제되었다. 한글 맞춤법, 띄어쓰기, 외래어 표기법, 표준어, 속담, 언어 예절, 비문의 유형 등이 고르게 출제되었다.

ㅣ 영역별 출제비중

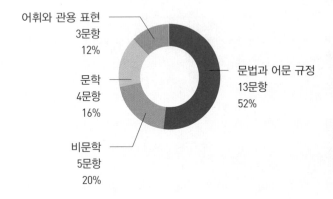

어휘와 관용 표현
3문항
12%

문학
4문항
16%

비문학
5문항
20%

문법과 어문 규정
13문항
52%

ㅣ 문항 분석

	카테고리	출제수	정답률
1	문법과 어문 규정 > 어문 규정 > 맞춤법	47회	68%
2	문학 > 고전 문학 > 고전 시가 – 악장	27회	67%
고난도 TOP1 > 3	문법과 어문 규정 > 어문 규정 > 띄어쓰기	24회	31%
4	문학 > 현대 문학 > 현대 소설	26회	94%
5	문법과 어문 규정 > 어문 규정 > 표준어 규정	17회	59%
6	어휘와 관용 표현 > 관용 표현 > 속담	9회	64%
7	비문학 > 독해 비문학 > 문단의 통일성	1회	69%
8	어휘와 관용 표현 > 한자와 한자어 > 한자 성어	21회	61%
9	비문학 > 독해 비문학 > 글의 순서	13회	84%
10	문법과 어문 규정 > 어문 규정 > 로마자 표기법	16회	76%
11	문법과 어문 규정 > 현대 문법 > 의미론 – 어휘의 문맥적 의미	11회	86%
12	비문학 > 독해 비문학 > 주제	17회	96%
13	문법과 어문 규정 > 어문 규정 > 맞춤법 – 사이시옷	47회	73%
14	문법과 어문 규정 > 어문 규정 > 띄어쓰기	24회	52%
15	문학 > 현대 문학 > 현대 소설	26회	61%
16	어휘와 관용 표현 > 한자와 한자어 > 한자어	27회	43%
17	문법과 어문 규정 > 현대 문법 > 품사와 문장 성분	15회	83%
고난도 TOP3 > 18	문법과 어문 규정 > 현대 문법 > 비문의 유형	13회	35%
19	문법과 어문 규정 > 어문 규정 > 맞춤법	47회	66%
20	비문학 > 독해 비문학 > 내용 확인하기	22회	84%
21	문법과 어문 규정 > 어문 규정 > 외래어 표기법	12회	61%
22	비문학 > 독해 비문학 > 내용 확인하기	22회	87%
23	문학 > 현대 문학 > 현대 시 – 시어의 의미	37회	52%
24	문법과 어문 규정 > 현대 문법 > 품사	13회	43%
고난도 TOP2 > 25	문법과 어문 규정 > 언어 예절과 바른 표현 > 언어 예절	7회	33%

※ 고난도 TOP1 는 해당 회차에서 정답률이 가장 낮은 문항입니다.

기출문제편 ▶ P.62

01	④	02	①	03	③	04	④	05	④
06	①	07	③	08	③	09	②	10	④
11	②	12	④	13	②	14	③	15	③
16	①	17	①	18	②	19	②	20	③
21	①	22	③	23	④	24	④	25	③

01

정답 ④

문법과 어문 규정 > 어문 규정 > 맞춤법 　　　　　정답률 68%

| 정답해설 |

④ 선택률 68% 맞춤법이 옳은 것은 ㉠, ㉣이다.

㉠ '녁'과 '녘' 중에서 거센소리를 가진 '녘'만 표준어로 삼는다. 또한 '어떤 때의 무렵'을 의미하는 '녘'은 의존 명사이므로 '아침 녘, 황혼 녘'처럼 앞말과 띄어 쓴다. 다만, '날이 샐 무렵'을 뜻하는 '새벽녘'은 합성어로 붙여 쓴다. '부터'는 보조사이므로 앞말에 붙여 쓴다.

㉣ 'ㄱ'과 같은 안울림소리 받침 뒤에서 어간의 끝음절 '하'가 아주 줄 적에는 준 대로 적는다. 따라서 '넉넉하지'의 준말은 '넉넉지'이다.

| 오답해설 |

㉡ 짐작컨대(×) → 짐작건대(○)

'ㄱ'과 같은 안울림소리 받침 뒤에서 어간의 끝음절 '하'가 아주 줄 적에는 준 대로 적는다. 따라서 '짐작하건대'의 준말은 '짐작건대'이다.

㉢ 부치고(×) → 붙이고(○)

'눈을 붙이다'는 관용구로서 '붙-'의 뜻이 내포되어 있으므로, '붙이다'를 쓴다. '부치다'와 '붙이다'는 의미에 따라 구별해야 한다.

• 포스터를 벽에 • 장작에 불을 • 새로운 이름을 • 잠시 눈을	붙이다
• 편지를 • 학비를 • 안건을 회의에 • 비밀에	부치다

더 알아보기 ▶ 어간의 끝음절 '하'의 준말

• 어간의 끝음절 '하'가 울림소리 뒤에 올 경우 끝음절 '하'의 'ㅏ'가 줄고 'ㅎ'이 다음 음절의 첫소리와 어울려 거센소리로 준다.

본말	준말	본말	준말
간편하게	간편케	다정하다	다정타
연구하도록	연구토록	정결하다	정결타
가하다	가타	흔하다	흔타

• 어간의 끝음절 '하'가 받침 'ㄱ, ㅂ, ㅅ' 뒤에 올 경우 끝음절 '하'가 아주 줄어든다.

본말	준말	본말	준말
거북하지	거북지	넉넉하지 않다	넉넉지 않다
생각하건대	생각건대	못하지 않다	못지않다
생각하다 못해	생각다 못해	섭섭하지 않다	섭섭지 않다
깨끗하지 않다	깨끗지 않다	익숙하지 않다	익숙지 않다

군무원 vs 공무원 비교분석

한글 맞춤법을 묻는 문항은 군무원 시험뿐만 아니라 타 직렬의 공무원 시험에서도 반드시 출제되는 유형이다. 그중에서도 본말의 준말 표기는 자주 출제되므로 올바른 맞춤법을 학습해 두어야 한다.

02

정답 ①

문학 > 고전 문학 > 고전 시가 – 악장 　　　　　정답률 67%

| 정답해설 |

① 선택률 67% 「용비어천가」는 악장에 속한다. 경기체가는 고려 중엽부터 조선 초기까지 귀족 문인층 사이에서 유행하던 정형 시가로, '경 긔 엇더하니잇고'의 후렴구가 있다.

| 오답해설 |

② 선택률 13% '나무'와 '샘'은 '나라', 곧 '조선'을 의미하고, '바람'과 '가뭄'은 나라 안팎의 여러 가지 어려운 사태를 의미한다.

③ 선택률 12% 15세기에 '여름'은 '열매', '하다'는 '많다'의 뜻이었다. 참고로, 오늘날의 '여름'은 당시에 '녀름', '하다'는 'ㅎ다'로 표기하였다.

④ 선택률 8% '내히'는 '냏(ㅎ곡용어)+이(주격 조사)'의 구성으로, '냏'은 '냇물'의 옛말이다. 참고로 '가ᄂ니'는 '간다'의 뜻이다.

더 알아보기 ▶ 「용비어천가(龍飛御天歌)」 2장

• 갈래: 악장, 서사시
• 주제: 조선 왕조의 무궁한 발전 염원
• 해제: 제2장은 제1장과 더불어 「용비어천가」 전체의 서사에 해당한다. '뿌리가 깊은 나무'나, '샘이 깊은 물'은 오랜 세월에 걸쳐서 비로소 이루어지는 것이다. 이처럼 조선 왕조의 건국 역시 여러 조상들이 각고의 노력으로 쌓은 터전 위에서 건설되었다는 의미이다. 따라서 어떠한 어려움이 닥치더라도 능히 이를 극복하여 무궁한 발전과 문화의 번성을 이룰 것이라는 국가와 왕조에 대한 송축의 의미가 담겨 있다.
• 현대어 풀이
뿌리가 깊은 나무는 바람에 움직이지 아니하므로, 꽃이 좋고 열매가 많으니.
샘이 깊은 물은 가뭄에 그치지 아니하므로, 내[川]가 이루어져 바다에 가느니.

문법과 어문 규정 > 어문 규정 > 띄어쓰기　　　　　정답률 31%

| 정답해설 |

③ **선택률 31%** '-(으)ㄴ데/-는데'는 뒤 절에서 어떤 일을 설명하거나 묻거나 시키거나 제안하기 위하여 그 대상과 상관되는 상황을 미리 말할 때에 쓰는 연결 어미이므로 어간에 붙여 써야 한다.

참고로, '일이나 것'의 뜻을 가지는 의존 명사 '데'는 띄어 써야 한다. '데'가 연결 어미인지 의존 명사인지 구분하는 방법은 '데' 뒤에 격 조사를 붙여 보는 것이다. 연결 어미인 경우 격 조사가 결합할 수 없지만 '데'가 의존 명사로 쓰였을 경우에는 뒤에 격 조사가 결합할 수 있기 때문이다.

예 그는 키는 큰데 체구가 작다. → 연결 어미
　　이 일을 하는 데(에) 며칠이 걸렸다. → 의존 명사

| 오답해설 |

① **선택률 8%** 그것 밖에(×) → 그것밖에(○)

'밖에'는 주로 체언이나 명사형 어미 뒤에 붙어 '그것 말고는', '그것 이외에는', '기꺼이 받아들이는', '피할 수 없는'의 뜻으로 쓰이며, 뒤에 부정을 나타내는 말이 따른다. 이때 '밖에'는 보조사이므로 앞말에 붙여 써야 한다. 참고로, 명사 '밖[外]'에 조사 '에'가 결합한 '밖에'도 있다. 조사 '밖에'와 명사 '밖에'를 구별하기 위해서는 조사 '밖에'일 경우, 서술어로 부정을 나타내는 말들이 온다는 사실을 기억한다.

② **선택률 38%** 예쁜데다가(×) → 예쁜 데다가(○)

'예쁘+ㄴ' 뒤에 의존 명사 '데'가 오고 그 뒤에 앞말에 무엇이 더 하여지는 뜻의 부사어임을 나타내는 격 조사 '에'와 강조의 '다가'가 결합하여 축약된 말이다. 참고로, 연결 어미 '-(으)ㄴ/는데'는 앞말과 다른 방향이거나 상반된 내용임을 나타내는 경우에 쓴다.

④ **선택률 23%** 좋을텐데(×) → 좋을 텐데(○)

'텐데'는 '터인데'의 준말로서, '터(의존 명사)+이-(서술격 조사의 어간)+-ㄴ데(종결 어미)'의 구성이다. 관형사형 어미 '-을' 뒤에 오는 의존 명사는 띄어 쓴다.

군무원 vs 공무원 비교분석

군무원 시험에서 띄어쓰기 문항은 매년 꾸준히 출제되고 있다. 따라서 붙여 써야 하는 어미, 띄어 써야 하는 의존 명사 등은 반드시 학습해야 한다. 특히 '대로, 뿐, 만'은 체언 뒤에 오는 보조사일 경우 붙여 써야 하고, 관형사형 어미 뒤에 오는 의존 명사일 경우에는 띄어 써야 함을 기억해 두자.

문학 > 현대 문학 > 현대 소설　　　　　　　정답률 94%

| 정답해설 |

④ **선택률 94%** ㉣ 앞의 '딸을 품에 안으니'로 보아, ㉣의 '눈물'은 자신의 우발적 살인에 대한 자책의 눈물이 아니라 딸을 찾은 기쁨의 눈물이다.

아내의 죽음으로 충격을 받고 지주 인가를 살해할 계획을 세운 문 서방은 인가의 집에 침입하여 방화를 하고 인가를 살해한다. 그리고 딸을 찾은 기쁨으로 카타르시스를 느낀다.

더 알아보기 ▶ 최서해, 「홍염(紅焰)」

- 갈래: 단편 소설
- 배경
  ㉠ 시간: 1920년대
  ㉡ 공간: 서간도 바이허[白河]의 조선인 이주민 마을
- 성격: 신경향파 문학, 현실 고발적, 사실적
- 인물
  ㉠ 문 서방: 간도로 이주하여 중국인의 땅을 경작하는 소작인
  ㉡ 문 서방의 처: 딸을 빼앗긴 후 화증(火症)으로 병들어 죽음.
  ㉢ 용례: 문 서방의 외동딸로 빚값으로 중국인 인가에게 잡혀감.
  ㉣ 인가: 중국인 지주(地主). 탐욕스럽고 악독함.
- 주제
  ㉠ 서간도 조선 이주민의 비참한 생활과 악독한 지주에 대한 소작인의 울분과 저항
  ㉡ 일제 강점기 유랑 농민의 비극적 삶과 극단적 저항
- '홍염(紅焰)'의 상징성: '홍염(紅焰)'은 '붉은 불꽃'이라는 뜻이다. 기존의 질서에 대한 전면적 부정과 항거의 정신이 방화와 살인이라는 극단적 행동으로 표출되고 있으며 파괴적 이미지로 그려지고 있다. 그것은 사회적 자아의 발견과 적극적 항거의 태도이다. 끓어오르는 분노와 누적된 울분이 폭발하여 '불꽃(홍염)'으로 상징화되었다.
- 줄거리: 백두산 서북편 서간도 귀퉁이의 가난한 촌락 바이허[白河]에서 눈발 날리는 1920년경의 겨울, 주인공 문 서방은 경기도에서 소작인으로 살다가 간도로 유랑해 들어와 중국인 지주 인가의 소작인이 된다. 한국에서 이민 간 농부들이 사는 이 마을에서 인가는 소작인 문 서방의 딸 용례를 빚(흉년이어서 소작료를 체납하게 되자 빚이 됨) 대신 강제로 데려간다. 딸을 빼앗긴 문 서방은 중국 '되놈들'에게는 '조선 거지', 조선인들에게는 '딸 팔아먹은 놈'으로 손가락질 당하고, 외동딸을 지주에게 빼앗긴 아내는 일 년 후에 죽고 만다. 아내가 죽은 다음 날 밤, 문 서방은 지주 인가의 집으로 달려가 불을 지르고, 도끼로 인가를 해쳐 죽인 뒤 딸을 부여안는다.
- 해제: 1927년 《조선문단》에 발표된 이 작품은 일제의 가혹한 착취에 몰려 간도 지역으로 이주한 유랑 농민의 비극적 삶과, 여기에서 비롯된 저항 의식을 형상화한 작품이다. 궁핍을 소재로 했다는 점, 지주와 소작인의 계급적 갈등을 드러냈다는 점, 결말이 살인과 방화로 끝난다는 점에서 신경향파 문학의 대표적 작품이라 할 수 있다.

연방	연신
횡허케	횡하니
거치적거리다	걸리적거리다
끼적거리다	끄적거리다
두루뭉술하다	두리뭉실하다
맨송맨송	맨송맨송/맹숭맹숭
바동바동	바동바동
새치름하다	새초롬하다
아옹다옹	아웅다웅
야멸치다	야멸차다
오순도순	오손도손
찌뿌듯하다	찌뿌둥하다
치근거리다	추근거리다

군무원 VS 공무원 비교분석

공무원 시험에서 표준어 문제는 일반적으로 표준어와 비표준어의 관계를 묻는다. 그러나 5번 문제는 타 직렬의 공무원 시험과는 다른 유형이다. 단순히 복수 표준어를 묻는 것이 아니므로 깊이 있게 학습하여 표준어로 인정한 이유에 따라 어휘를 구별해야 한다.

06
정답 ①

비문학과 관용 표현 > 관용 표현 > 속담 정답률 64%

| 정답해설 |
① 선택률 64% 논 팔아 굿하니 맏며느리 춤추더라: 없는 형편에 빚까지 내서 굿을 하니 맏며느리가 분수없이 굿판에 뛰어들어 춤을 춘다는 뜻으로, 어렵게 된 일을 걱정해야 할 사람이 도리어 엉뚱한 행동을 한다는 말

| 오답해설 |
② 선택률 4% 눈 어둡다 하더니 다홍고추만 잘 딴다: 눈이 어두워 잘 못 본다고 하면서도 붉게 잘 익은 고추만 골라 가며 잘도 딴다는 뜻으로, ㉠ 마음이 음흉하고 잇속에 밝은 사람을 비유하는 말. ㉡ 제 일만 알고 남의 일은 핑계만 대고 도와주지 않는 사람을 비유적으로 이르는 말
③ 선택률 5% 동방삭이는 백지장도 높다고 하였단다: 동방삭이 불로장생한 것은 백지장도 높다고 했을 만큼 조심스러웠기 때문이라는 뜻으로, 모든 일에 조심하여 실수가 없도록 해야 한다는 말
④ 선택률 27% 봄에 깐 병아리 가을에 와서 세어 본다: 봄에 나온 병아리를 중병아리가 되는 가을에 가서야 그 수를 세어 본다는 뜻으로, 이해타산이 어수룩함을 비유적으로 말

07
정답 ③

비문학 > 독해 비문학 > 문단의 통일성 정답률 69%

| 정답해설 |
제시된 글은 신입들에게 술을 많이 먹이는 우리나라의 술 문화와 문제점을 언급하고 지금은 종전과 다른 문화가 형성되고 있다는 것을 말하고 있다.

③ 선택률 69% 잘못된 술 문화가 긍정적으로 변화한다는 내용과 어울리지 않는 내용이므로 글의 통일성을 고려하여 삭제하는 것이 적절하다.

더 알아보기 ▶ 문단의 요건

> 문단이란 하나의 중심 생각을 표현하기 위해 여러 문장들을 모아 놓은 단위이다. 따라서 문단은 그 자체로 하나의 완결된 의미를 나타낸다. 각각의 문장들이 논리적인 연속성을 가지면서 단일한 주제에 의해 통일되어 있어야 하고, 내용 역시 일관성을 지니고 있어야 한다. 그뿐만 아니라 하나의 문단은 다른 문단과 유기적으로 연결되어야 한다.

08
정답 ③

어휘와 관용 표현 > 한자와 한자어 > 한자 성어   정답률 61%

| 정답해설 |

③ 선택률 61% ・肝膽相照(간담상조)는 간과 쓸개를 내놓고 서로에게 내보인다는 뜻으로, 서로 마음을 터놓고 친밀히 사귐을 이르는 말이다. ③에는 문맥상 실패한 일을 다시 이루고자 굳은 결심을 하고 어려움을 참고 견딤을 뜻하는 말인 '臥薪嘗膽(와신상담)'이 적절하다.

・臥薪嘗膽(와신상담: 臥 누울 와/薪 섶 신/嘗 맛볼 상/膽 쓸개 담): 섶에 누워 쓸개를 씹는다는 뜻으로, 원수를 갚으려고 온갖 괴로움을 참고 견딤을 이르는 말

| 오답해설 |

① 선택률 17% 孤掌難鳴(고장난명: 孤 외로울 고/掌 손바닥 장/難 어려울 난/鳴 울 명): 외손뼉은 울릴 수 없다는 뜻으로, ㉠ 상대 없이 싸울 수 없고, 혼자서는 일을 이룰 수 없다는 말. ㉡ 맞서는 사람이 없으면 싸움이 일어나지 아니함을 이르는 말

② 선택률 17% 男負女戴(남부여대: 男 사내 남/負 질 부/女 계집 여/戴 일 대): 남자는 등에 짐을 지고, 여자는 머리에 짐을 인다는 뜻으로, 가난한 사람이나 재난을 당한 사람들이 살 곳을 찾아 이리저리 떠돌아다니는 것을 이르는 말

④ 선택률 5% 口蜜腹劍(구밀복검: 口 입 구/蜜 꿀 밀/腹 배 복/劍 칼 검): 입으로는 달콤함을 말하나 배 속에는 칼을 감추고 있다는 뜻으로, 겉으로는 친절하나 마음속은 음흉한 것을 이르는 말

09
정답 ②

비문학 > 독해 비문학 > 글의 순서   정답률 84%

| 정답해설 |

② 선택률 84% (가)~(바)의 순서를 정리하면 다음과 같다.

・(라): 첨단 과학과 기술의 발달로 다양한 문화적 혜택을 만끽하고 있음.

・(나): (그러나) 문화와 문명의 발달로 인한 역기능에 대한 문제 제기

・(마): (나)에 대한 부연 설명

・(가): 문화와 문명의 발달로 인한 역기능(부작용)에 대해 언급함.

・(바): '인간은 본래의 창조 목적과 가치를 상실', '상품의 수요자와 공급자라는 시장 경제의 도구로 전락' 등으로 자세히 설명함.

・(다): 호르크하이머(Max Horkheimer)는 이러한 현대 산업사회의 문제점을 오래전부터 예견한 바 있다는 것으로 끝맺음.

군무원 vs 공무원 비교분석

> 글의 순서를 논리적으로 연결하는 문제는 군무원 시험에서 꾸준히 출제되는 유형이다. 먼저 접속어나 지시어를 찾고, 각 문단의 요지를 정리한 다음, 이어지는 문단에서 반복되는 어휘를 찾아본다.

10
정답 ④

문법과 어문 규정 > 어문 규정 > 로마자 표기법   정답률 76%

| 정답해설 |

④ 선택률 76% 로마자 표기법 제2장 제1항 [붙임 2]에 장모음의 표기는 따로 하지 않는다는 규정이 있으나, 〈보기〉에 제시된 단어로는 그 규정을 확인할 수 없다.

| 오답해설 |

① 선택률 2% 지역명이나 문화재명, 자연지물명, 인명 등 고유 명사의 첫 글자는 대문자로 표기한다.

② 선택률 10% 국어의 로마자 표기는 국어의 표준 발음법에 따라 적는 것을 원칙으로 한다. 그러나 된소리 표기는 반영하지 않는다. 따라서 '압구정'은 [압꾸정]으로 발음하지만 국어의 표기대로 표기한다.

③ 선택률 12% 'ㄱ, ㄷ, ㅂ, ㅈ'이 'ㅎ'과 결합하여 거센소리로 소리 나는 경우 발음대로 표기한다. 그러나 체언에서 'ㄱ, ㄷ, ㅂ' 뒤에 'ㅎ'이 따를 때에는 'ㅎ'을 밝혀 적는다. '묵호[무코], 오죽헌[오주컨], 집현전[지편전]'은 거센소리로 발음하지만 국어의 표기대로 'ㅎ'을 밝혀 로마자를 표기한다.

11
정답 ②

문법과 어문 규정 > 현대 문법 > 의미론 – 어휘의 문맥적 의미   정답률 86%

| 정답해설 |

동사 '훔치다'는 '㉠ 물기나 때 따위가 묻은 것을 닦아 말끔하게 하다. ㉡ 보이지 아니하는 곳에 있는 것을 찾으려고 손으로 더듬어 만지다. ㉢ 논이나 밭을 맨 뒤 얼마 있다가 손으로 잡풀을 뜯어내다.'의 뜻이다.

② 선택률 86% 여기서 '훔치다'는 '논이나 밭을 맨 뒤 얼마 있다가 손으로 잡풀을 뜯어내다.'의 뜻이다.

| 오답해설 |

①③④ 선택률 1% 선택률 2% 선택률 11% '물기나 때 따위가 묻은 것을 닦아 말끔하게 하다.'의 뜻이다.

군무원 vs 공무원 비교분석

다의어의 문맥적 의미를 파악하는 유형은 군무원 시험뿐만 아니라 타 직렬의 공무원 시험에서도 고르게 출제된다. 글을 읽을 때 문맥 속에서 낱말의 의미를 바르게 파악하도록 해야 한다.

12
정답 ④

| 비문학 > 독해 비문학 > 주제 | 정답률 96% |

| **정답해설** |

④ **선택률 96%** 제시된 글에서는 노인 빈곤층 문제를 다루고 있으며 이를 해결하기 위해 소득 보장, 정년 연장, 사회적 복지 지원 체계의 강화 등을 제시하고 있다.

| **오답해설** |

① **선택률 1%** 우리나라의 노인 빈곤 문제를 다루고 있다.

② **선택률 1%** 다가올 고령화 시대에 대비한 사회적 복지 지원 체계에 대한 내용이 제시되어 있으므로 젊었을 때 더 많은 투자를 하자는 의견은 중심 내용과 관련이 없다.

③ **선택률 2%** 정년 연장을 통한 노후 준비 기간 확보, 공공 노인 요양 시설 확대 등을 대안으로 제시하고 있으며, 대안 가운데 하나에 해당하는 내용을 이 글의 중심 내용이라고 할 수 없다.

13
정답 ②

| 문법과 어문 규정 > 어문 규정 > 맞춤법 – 사이시옷 | 정답률 73% |

| **정답해설** |

② **선택률 73%** '가욋일'은 [가왼닐/가웬닐]로 발음한다. 한자어 '가외(加外)'와 순우리말 '일'의 합성어로서, 뒷말의 첫소리 모음 앞에서 'ㄴㄴ' 소리가 덧나는 유형이다.

| **오답해설** |

① **선택률 15%** '베갯잇[베갠닏]', ③ **선택률 8%** '깻잎[깬닙]', ④ **선택률 4%** '나뭇잎[나문닙]'은 순우리말로 된 합성어로서, 뒷말의 첫소리 모음 앞에서 'ㄴㄴ' 소리가 덧나는 유형이다.

더 알아보기 ▶ 사이시옷을 받치어 적는 경우

- 순우리말로 된 합성어로서 앞말이 모음으로 끝난 경우
  - 뒷말의 첫소리가 된소리로 나는 것
    예 나룻배, 나뭇가지, 냇가, 맷돌, 바닷가, 뱃길, 부싯돌, 선짓국, 쇳조각, 아랫집, 잿더미, 조갯살, 찻집, 쳇바퀴, 핏대, 햇볕, 혓바늘
  - 뒷말의 첫소리 'ㄴ, ㅁ' 앞에서 'ㄴ' 소리가 덧나는 것
    예 아랫니, 뒷머리, 잇몸, 냇물, 빗물
  - 뒷말의 첫소리 모음 앞에서 'ㄴㄴ' 소리가 덧나는 것
    예 뒷일, 베갯잇, 깻잎, 나뭇잎
- 순우리말과 한자어로 된 합성어로서 앞말이 모음으로 끝난 경우
  - 뒷말의 첫소리가 된소리로 나는 것
    예 귓병, 뱃병, 봇둑, 샛강, 아랫방, 전셋집, 찻잔, 찻종, 촛국, 콧병, 탯줄, 텃세, 핏기, 햇수, 횟가루, 횟배

- 뒷말의 첫소리 'ㄴ, ㅁ' 앞에서 'ㄴ' 소리가 덧나는 것
  예 곗날, 제삿날, 훗날, 툇마루, 양칫물
- 뒷말의 첫소리 모음 앞에서 'ㄴㄴ' 소리가 덧나는 것
  예 가욋일, 사삿일, 예삿일, 훗일
- 두 음절로 된 다음 한자어
  예 곳간(庫間), 셋방(貰房), 숫자(數字), 찻간(車間), 툇간(退間), 횟수(回數)

군무원 vs 공무원 비교분석

사이시옷과 관련된 문제는 한글 맞춤법 및 표준 발음법으로도 출제된다. 각 유형을 확실하게 구별할 수 있어야 한다.

14
정답 ③

| 문법과 어문 규정 > 어문 규정 > 띄어쓰기 | 정답률 52% |

| **정답해설** |

③ **선택률 52%** 최 씨 문중(×) → 최씨 문중(○)
'씨(氏)'가 '그 성씨 자체', '그 성씨의 가문이나 문중'의 뜻을 더하는 경우 접미사이므로 앞말과 붙여 쓴다. 다만, '씨(氏)'가 성 뒤에 오는 호칭어로 쓰인 경우에는 의존 명사이므로 앞말과 띄어 써야 한다.

| **오답해설** |

① **선택률 21%** 어릴 적(○)
'적'은 관형사형 어미 뒤에 쓰여 그 동작이 진행되거나 그 상태가 나타나 있는 때, 또는 지나간 어떤 때를 의미하는 의존 명사이므로 앞말과 띄어 쓴다.

② **선택률 23%** 숙질간(○)
'간(間)'은 대상과 대상의 관계를 나타내는 의존 명사이므로 '친구 간, 사제 간, 지역 간'과 같이 앞말과 띄어 쓴다. 다만, '숙질간, 부부간, 동기간, 형제간, 자매간'은 합성어로 인정되었기 때문에 붙여 적을 수 있다.

④ **선택률 4%** 백범 김구 선생(○)
성과 이름, 성과 호(號) 등은 붙여 쓰지만, 호(號)가 성명 앞에 놓이는 경우에는 띄어 쓴다. 그리고 이름 뒤에 덧붙는 호칭어, 관직명 등도 띄어 쓴다. 따라서 '김구'는 붙여 쓰고, '백범'과 '선생'은 각각 띄어 쓴다.

군무원 vs 공무원 비교분석

띄어쓰기 유형은 공무원 시험 모든 직렬에서 고르게 출제된다. 다만, 타 직렬에서는 한 문항 정도 출제된다면 군무원 시험에서는 두 문항 정도가 출제되는 등 상대적으로 출제비중이 높다. 따라서 붙여 써야 하는 보조사, 띄어 써야 하는 의존 명사 등은 반드시 학습해 둔다.

15
정답 ③

| 문학 > 현대 문학 > 현대 소설 | 정답률 61% |

| 정답해설 |

③ 선택률 61% 제시된 작품에서 며느리는 시어머니의 이야기를 통해 시어머니와 남편 사이의 갈등을 해결하고자 계속 시어머니가 말을 이어 가도록 이야기를 유도하고 있다.

| 오답해설 |

① 선택률 16% 아내는 어머니의 행동을 격려하고 있지 않다.

② 선택률 14% 아내는 '나'를 미워하거나 원망하고 있지 않다.

④ 선택률 9% 아내는 어머니를 신문하고 있지 않다.

더 알아보기 ▶ 이청준, 「눈길」

- 갈래: 단편 소설, 귀향 소설
- 배경
  - ㉠ 시간: 1970년대 어느 해 겨울
  - ㉡ 공간: 시골
- 성격: 회고적, 상징적, 서정적
- 주제: 어머니의 무한한 사랑에 대한 깨달음과 인간적 화해
- 아내의 성격과 역할: 아내는 남편과 시어머니의 정서적 거리 가운데에 놓여 있으면서, 둘 사이의 거리감을 눈치채고 그 거리를 좁히기 위해 배려하는 인물이다. 그러나 아내가 사건의 주요 인물로 등장하지는 않는다. 다만, 시어머니의 깊은 한을 들추어내는 역할만을 맡고 있을 뿐이다.
- 해제: 이 작품은 어머니에 대한 책임을 회피하려는 아들과 아들에게 물질적 도움을 주지 못한 것에 대해 미안함을 느끼는 어머니 사이의 갈등과 화해의 과정을 그리고 있다.

16
정답 ①

| 어휘와 관용 표현 > 한자와 한자어 > 한자어 | 정답률 43% |

| 정답해설 |

① 선택률 43% 염증(炎症)(×) → 염증(厭症)(○)

염증(炎症: 炎 불꽃 염/症 증세 증)은 열이 오르고 아프며, 몸의 어느 부위가 빨갛게 붓는 증상을 말한다. ①에서는 '싫증'을 의미하는 '염증(厭症: 厭 싫어할 염/症 증세 증)'을 써야 한다.

| 오답해설 |

② 선택률 20% 희석(稀釋: 稀 드물 희/釋 풀 석)(○)

용액에 물이나 다른 용매를 더하여 농도를 묽게 함.

③ 선택률 12% 덕택(德澤: 德 덕 덕/澤 못 택)(○)

베풀어 준 은혜나 도움. **유** 덕분(德分)

④ 선택률 25% 회자(膾炙: 膾 회 회/炙 구울 자)(○)

회와 구운 고기라는 뜻으로, 칭찬을 받으며 사람의 입에 자주 오르내림을 이르는 말

17
정답 ①

| 문법과 어문 규정 > 현대 문법 > 품사와 문장 성분 | 정답률 83% |

| 정답해설 |

① 선택률 83% '틀리게'의 기본형은 '틀리다'이며, 품사는 동사이다. 또한 부사형 어미 '−게'와 결합하여 뒤에 오는 용언인 '쓰면'을 수식하고 있으므로 문장 성분은 부사어이다.

군무원 vs 공무원 비교분석

품사를 구별하는 유형 중 동사와 형용사를 구별하는 문제가 자주 출제된다. 절대적인 판별 기준은 아니지만 동사와 형용사의 일반적인 판별 기준에 따르면 현재형 어미 '−ㄴ다/−는다', 명령형 어미 '−어라', 청유형 어미 '−자'가 붙을 수 있으면 동사이고 붙을 수 없으면 형용사이다.

18 고난도 TOP3
정답 ②

| 문법과 어문 규정 > 현대 문법 > 비문의 유형 | 정답률 35% |

| 정답해설 |

② 선택률 35% 대등적 연결 어미 '−고'를 사용하여 '축복하고 격려해'로 올바르게 표현한 문장이다.

| 오답해설 |

① 선택률 8% '반드시'는 부정적인 의미를 표현하는 문장에서는 쓰이지 않는 것이 일반적이다. 따라서 부정 표현과 어울리는 '절대로'를 쓰는 것이 적절하다.

③ 선택률 11% 대등 접속 조사 '과'로 이어진 목적어 '시공'과 서술어 '단축하여'가 서로 호응이 되지 않는다. 목적어에 호응하는 서술어를 넣어주어 '정성을 다하여 시공을 하고 최대한 공사 기간을 단축하여'로 고쳐 써야 올바른 표현이다.

④ 선택률 46% '∼과 함께'는 영어 'with'의 직역 표현으로 번역 투 문장이다. 따라서 다음과 같이 표현하는 것이 적절하다.

- 춘향호의 선장과 선원들은 배의 침몰로 말미암아 사망했습니다.
- 춘향호가 침몰하자 그 배의 선장과 선원들은 사망했습니다.
- 춘향호의 선장과 선원들은 배가 침몰하면서 사망했습니다.
- 배가 침몰하면서 춘향호의 선장과 선원들은 모두 사망했습니다.

19
정답 ②

| 문법과 어문 규정 > 어문 규정 > 맞춤법 | 정답률 66% |

| 정답해설 |

② 선택률 66% '마음이 초조하고 불안하여 어찌할 바를 모르다.'라는 의미의 동사는 '안절부절못하다'이므로 올바른 표현이다. 이를 '안절부절하다'로 쓰는 것은 바르지 않다.

| 오답해설 |

① 선택률 2% 쉬었다(×) → 쉬웠다(○)

- 쉬다(쉬었다): 피로를 풀려고 몸을 편안히 두다.
- 쉽다(쉬웠다): 하기가 까다롭거나 힘들지 않다.

'쉽다'는 어간의 끝음 'ㅂ'이 'ㅜ'로 변하는 'ㅂ' 불규칙 활용 용언이므로 '쉬웠다, 쉬우니, 쉬워' 등으로 표기한다.

③ 선택률 23% 바쁘신 와중에도(×) → 바쁘신 중에도(○)

• 와중(渦中): 일이나 사건이 시끄럽고 복잡하게 벌어지는 가운데 일상생활에서의 바쁜 상황을 나타낼 때 '바쁘신 와중에도'와 같이 표현하는 것은 바르지 않다. '바쁘신 중에도', '바쁘신 가운데도', '바쁘신데도 불구하고' 등으로 표현하는 것이 적절하다.

④ 선택률 9% 비율(×) → 비중(○)

• 비율(比率): 다른 수나 양에 대한 어떤 수나 양의 비

• 비중(比重): 다른 것과 비교할 때 차지하는 중요도

따라서 '영화가 차지하는 비중은 아주 크다.'로 표현하는 것이 적절하다.

20 정답 ③

| 비문학 > 독해 비문학 > 내용 확인하기 | 정답률 84% |

| 정답해설 |

③ 선택률 84% 글쓴이는 공통 문화를 만들려는 노력보다는 오히려 각자의 문화를 만들고 서로의 문화를 존중하며 이해하는 태도가 필요하다고 하였다. 글쓴이는 4문단에서 우리 사회의 병리 현상인 세대 갈등은 공통 문화가 없기 때문이 아니라, 그 세대만의 고유한 문화가 없기 때문이라고 강조하였다.

| 오답해설 |

① 선택률 5% 2문단에서 확인할 수 있다.

② 선택률 2% 1문단과 5문단에서 확인할 수 있다.

④ 선택률 9% 5문단에서 확인할 수 있다.

더 알아보기 ▶ 정윤수, 「신인류, 신세대」

• 구성
  ㉠ 1문단: 세대 갈등의 보편적인 결론 방식
  ㉡ 2문단: 현대 산업 사회의 세대 간 갈등
  ㉢ 3문단: 젊은 세대의 성장 과정
  ㉣ 4문단: 세대 간의 문화적 갈등을 해결하기 위한 방법
  ㉤ 5문단: 문화적 차이의 존중을 통한 발전 모색
• 주제: 세대 갈등에 대한 바람직한 이해
• 해제: 이 글은 젊은 세대와 기성 세대의 세대 갈등을 화제로 삼고 있다. 글쓴이는 세대 갈등은 피할 수 없는 것이며 해결이 쉽지 않기 때문에 서로의 문화에 대한 존중과 이해가 필요하다고 하였다. 그리고 세대 갈등은 역사와 문화의 발전에 긍정적인 역할을 할 수 있다고 보면서 이를 긍정적으로 받아들이고 있다. 이러한 주장을 비교, 대조와 예시를 통해 서술하고 있다.

21 정답 ①

| 문법과 어문 규정 > 어문 규정 > 외래어 표기법 | 정답률 61% |

| 정답해설 |

① 선택률 61% 섀도우복싱(×) → 섀도복싱(○)

외래어 표기법에서 [ou]는 '오우'가 아니라 '오'로 표기하므로 '섀도우'가 아니라 '섀도'로 표기해야 한다.

참 섀도우복싱(×), 쉐도우복싱(×)

| 오답해설 |

② 선택률 16% 프랑스어 'enquête'를 외래어 표기법에 따라 표기하면 '앙케트'이다.

참 앙케에트(×), 앙케이트(×)

③ 선택률 11% '바리케이드(barricade)'는 임시로 쌓은 방어 시설을 의미한다.

참 배리캐이드(×), 바리카드(×), 바리케이트(×)

④ 선택률 12% 'carpet'의 발음을 외래어 표기법에 따라 표기하면 '카핏'이다. 그러나 이미 굳어진 외래어는 관용을 존중하여 '카펫'으로 적는다.

군무원 VS 공무원 비교분석

외래어 표기법은 군무원 시험에서 꾸준히 출제되는 영역이다. 자주 출제되는 어휘나 혼동되는 어휘들은 따로 정리하여 암기하도록 한다.

22 정답 ③

| 비문학 > 독해 비문학 > 내용 확인하기 | 정답률 87% |

| 정답해설 |

③ 선택률 87% 동양 의학에서는 병증의 신속한 제거를 목표로 하는 서양 의학과 달리 정기의 손상 여부를 가장 먼저 염두에 두며, 함부로 질병을 치료하려고 하지 않았다. 따라서 동양 의학의 최우선 순위가 병증의 제거라는 설명은 바르지 않다.

| 오답해설 |

① 선택률 1% 2문단: 적당량의 노폐물쯤은 인체 스스로 배출할 수 있으므로 문제가 되지 않는다는 설명에서 확인할 수 있다.

② 선택률 9% 4문단: 한의학의 입장에서 질병은 건강을 회복시키는 가장 훌륭한 수단의 하나라고 할 수 있다.

④ 선택률 3% 6문단: 한의학에서는 서양 의학에서처럼 질병을 무조건 쫓아내는 데에 목적을 두지 않고, 질병의 진행 과정을 보면서 그 과정에 꼭 필요한 조치를 간단히 취할 뿐이다.

더 알아보기 ▶ 박찬국, 「한의학의 질병관」

• 주제: 한의학과 서양 의학의 질병관의 차이
• 단락별 정리
  ㉠ 1문단: 질병에 대해 동양 의학에서는 서양 의학과 다른 관점을 가지고 있다.
  ㉡ 2문단: 질병의 발생은 많은 양의 노폐물로 인해 영양분 공급이 제대로 되지 않기 때문이다.

© 3문단: 질병이 발생하면 먹는 것이 줄어들거나 잠을 자려 하거나 활동을 하지 못하게 되는 것들도 치료를 하기 위한 수단이다.

② 4문단: 질병은 건강을 회복시키는 훌륭한 수단이다.

③ 5문단: 병이 걸렸을 때에는 병을 거부하지 말고 순순히 받아들여야 건강해질 수 있다.

⑤ 6문단: 한의학에서는 서양 의학과 달리 정기가 손상되지 않는 방향에서 치료하는 것을 우선시한다.

• 글의 전개 방식

㉠ 동·서양의 질병에 대한 관점이 서로 다르다는 점을 예를 들어 설명하고 있다.

㉡ 질병이 발생하는 이유를 유추의 방법을 이용하여 설명하고 있다.

㉢ 질병이 발생하였을 때 자정 능력으로 인해 치료를 위한 다양한 증상이 나타난다는 사실을 제시하고 있다.

㉣ 질병이 건강을 회복시키는 가장 훌륭한 수단임을 역설적으로 제시하여 강조하고 있다.

㉤ 병을 인위적으로 치유할 것이 아니라 자연스럽게 받아들임으로써 더 건강한 몸으로 회복될 수 있음을 강조하고 있다.

㉥ 질병이 발생하였을 때 서양 의학에서는 질병 치료를 우선적으로 생각하지만, 한의학에서는 정기의 손상 여부를 우선적으로 판단한다는 것을 대조하여 서술하고 있다.

23
정답 ④

| 문학 > 현대 문학 > 현대 시 – 시어의 의미 | 정답률 52% |

| 정답해설 |

(다)는 눈 오는 겨울에 국수를 만들어 먹는 고향 마을의 들뜬 분위기를 소박하고 정겹게 드러내고 있다.

④ 선택률 52% '가난한 엄매'는 가난의 기본적 의미를 포함하고 있으나 생활의 빈곤을 강조하고 있지는 않다.

| 오답해설 |

① 선택률 20% (가)~(라) 모두 기본적으로 물질적 가난의 의미를 포함한다.

② 선택률 6% 화자는 가난하고 쓸쓸한 사람이다. 내리는 '눈'은 암울하고 가혹한 현실이며, 그리움을 더하게 하는 매개체이다. 그러므로 화자는 '나타샤'를 사랑하지만, 그 사랑을 이루기는 어렵다.

③ 선택률 22% (나)의 '어머니'와 (라)의 '동무'는 시적 화자와 친근한 대상이다.

더 알아보기 ▶ 작품 분석

> (가) 백석, 「나와 나타샤와 흰 당나귀」
> • 성격: 이국적, 환상적
> • 주제: 현실과 타협하지 않으려는 의지와 현실을 초월한 사랑에 대한 환상, 사랑에의 환상적인 꿈, 현실을 초월한 이상과 사랑에 대한 소망
> • 해제: 가혹한 현실 속에 놓인 화자가 현실을 벗어나 사랑을 이루려는 의지를 이국적인 이미지로 표현하고, 인간 마음속에 근원적으로 내재해 있는 사랑에 대한 환상적인 꿈을 그려 내고 있다.

> (나) 백석, 「흰 바람벽이 있어」
> • 성격: 애상적, 회상적, 의지적
> • 주제: 바람벽에 오고가는 외로운 생각들과 시적 화자의 체념 및 자기 위안, 슬픔과 외로움을 딛고 시인으로서의 소명을 이루려는 의지
> • 해제: '흰 바람벽'은 자기 내면의 스크린이라고 볼 수 있다. 시적 화자는 늙은 어머니와 사랑하는 여인을 흰 바람벽에 떠오른 상상 속에 대비시키면서 자신의 운명에 체념하고 자기를 위로한다.

> (다) 백석, 「국수」
> • 성격: 토속적, 감각적, 회고적
> • 주제: 고향의 정겨움에 대한 추억과 회상
> • 해제: 이 시는 국수를 만들어 먹는 고향의 풍경을 노래하고 있는데, 고유어와 방언을 사용하여 향토적인 정감을 불러일으키고 있다. 또한, 시어를 반복하여 사용함으로써 국수를 만들어 먹는 마을의 들뜬 분위기를 한층 고조시키고 있다.

> (라) 백석, 「내가 이렇게 외면하고」
> • 주제: 일상의 소박한 행복
> • 해제: 시적 화자인 '나'는 세상에서 말하는 행복의 조건들을 외면한 채 자신의 소박한 일상 속에서 행복을 찾는다. 행복은 어떤 객관적인 조건으로부터 오는 것이 아니라 자기 마음에 달려 있다는 관점을 보여 준다. '외면하고'는 세속적인 욕망들을 외면하는 마음의 표현이다.

24
정답 ④

| 문법과 어문 규정 > 현대 문법 > 품사 | 정답률 43% |

| 정답해설 |

④ 선택률 43% '바른'은 오른쪽을 이를 때 쓰는 '오른'과 복수 표준어로서, 관형사이다.

| 오답해설 |

①②③ 선택률 13% 선택률 34% 선택률 10% '곧은(곧다), 다른(다르다), 가벼운(가볍다)' 모두 기본형이 있고, 어간과 어미로 활용을 하며, 현재 진행형 어미가 결합할 수 없으므로 형용사이다.

더 알아보기 ▶ '다른'의 품사

> • 형용사 '다른(다르다)': 비교가 되는 두 대상이 서로 같지 아니하다.
>   예 기후에 따라 다른 풍토를 보였다.
>   이 물건은 지난번 것과는 다른 것입니다.
> • 관형사 '다른': 당장 문제되거나 해당되는 것 이외의. '딴'과 동의어
>   예 다른 사람이 그 물건을 가져와 보시오.
>   너는 다른 생각은 하지 말고 공부나 해라.

군무원 vs 공무원 비교분석

> 어휘의 품사를 구별하는 유형은 모든 공무원 시험에서 고르게 출제된다. 따라서 어휘의 품사 구별 방법을 명확히 학습해야 한다.

25 고난도 TOP2 정답 ③

| 문법과 어문 규정 > 언어 예절과 바른 표현 > 언어 예절 | 정답률 33% |

| 정답해설 |

③ 선택률 33% '사돈어른'은 항렬이 같은 남자 사돈을 부르는 말이다. 누나 쪽에서 볼 때, 남동생의 장인은 한 항렬이 높다. 나보다 항렬이 높은 사돈을 부르는 말은 상대방의 성별에 관계없이 '사장어른'이다. 그러므로 남동생의 장인에 대한 호칭어는 '사장어른'이다.

| 오답해설 |

① 선택률 24% 타인의 어머니를 지칭할 경우 '자당(慈堂)', 자기의 어머니를 지칭할 경우 '모친(母親)'이라고 한다.

② 선택률 32% '서방님'은 보통 손아랫사람(결혼한 시동생, 남편 여동생의 남편)을 부르는 말이므로, 남편 누나의 남편 호칭으로는 적절하지 않다. 남편 누나의 남편에 대한 전통적인 호칭은 '아주버님'이다. 그리고 가족 간에 친밀하게 지낸다거나 나보다 나이가 어릴 때는 '아주버니'로 부르는 것도 가능하다. 또한 남편과 나(아내)를 동등한 입장으로 보고 남편의 호칭어인 '매형', '매부'와 처부모가 사위를 부르는 호칭인 'O[성씨] 서방' 등에 상대방에 대한 존중을 표시하여 '-님'을 붙여 '매형님', '매부님', 'O[성씨] 서방님' 등도 호칭과 지칭으로 사용할 수 있다.

④ 선택률 11% '근조(謹弔)'는 삼가 조의를 표한다는 뜻이므로 일반적으로 상을 당한 사람이 상중에 있을 때 사용한다. 또한, 상가(喪家)에 부조로 보내는 돈이나 물품, 또는 그런 일을 '부의(賻儀)'라 한다. 조의금 봉투에는 초상의 경우 '부의'가 가장 일반적이며 '근조'라고 쓰기도 한다.

더 알아보기 ▶ '사돈'과 '사장'

전통적으로 '사돈'은 같은 항렬 이하를, '사장'은 위 항렬을 가리키는 말이라서 '사장어른'을 표준 언어 예절로 삼는다. 전체를 총괄하는 말로 상대방이 항렬이 낮더라도 '사돈'으로 예우하는 것이 전통이다.

9급 군무원 국어

▌전체 난이도 및 합격선

전체 난이도	합격선
中	84점

▌기출총평

군무원 시험에서 한글 맞춤법, 띄어쓰기는 항상 출제된다. 2016년 시험에서도 한글 맞춤법, 띄어쓰기, 표준어, 외래어 표기법, 로마자 표기법, 우리말 속담 등 문법과 어문 규정에서 다수의 문항이 출제되었다. 현대 문학에서는 '신소설'을 지문으로 제시하고 작품 분석형이 아니라 작품과 관련된 배경지식을 묻는 문항이 출제되었다. 김춘수 시인의 시적 경향, 작품의 창작 순서를 묻는 문항은 어렵게 느껴졌을 것이다. 고전 문학도 작품 분석형보다는 작품과 관련된 배경지식을 묻는 지식형 유형이 출제되었다.

▌영역별 출제비중

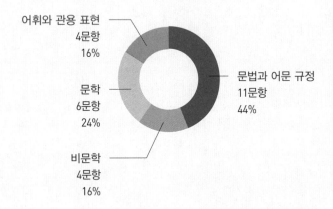

어휘와 관용 표현
4문항
16%

문학
6문항
24%

비문학
4문항
16%

문법과 어문 규정
11문항
44%

▌문항 분석

	카테고리	출제수	정답률
1	문법과 어문 규정 > 어문 규정 > 표준어 규정	17회	87%
2	문법과 어문 규정 > 어문 규정 > 외래어 표기법	12회	79%
3	문학 > 현대 문학 > 신소설	4회	71%
4	어휘와 관용 표현 > 관용 표현 > 속담	7회	81%
5	문법과 어문 규정 > 어문 규정 > 맞춤법	47회	57%
고난도 TOP1 6	문법과 어문 규정 > 어문 규정 > 표준어 규정	17회	39%
7	문법과 어문 규정 > 어문 규정 > 로마자 표기법	16회	77%
고난도 TOP2 8	문법과 어문 규정 > 현대 문법 > 의미론 – 어휘의 문맥적 의미	11회	42%
9	문학 > 고전 문학 > 고전 산문 – 고전 소설(속담)	5회	81%
10	어휘와 관용 표현 > 한자와 한자어 > 한자 성어	21회	82%
11	문법과 어문 규정 > 어문 규정 > 띄어쓰기	24회	68%
12	문법과 어문 규정 > 어문 규정 > 맞춤법	47회	91%
고난도 TOP3 13	문학 > 고전 문학 > 고전 시가 – 시조	12회	45%
14	비문학 > 독해 비문학 > 접속어	4회	94%
15	어휘와 관용 표현 > 순우리말 > 우리말 어휘	16회	54%
16	문학 > 현대 문학 > 문학사	6회	62%
17	문학 > 현대 문학 > 문학사	6회	46%
18	비문학 > 이론 비문학 > 글의 전개 방식	16회	69%
19	문법과 어문 규정 > 어문 규정 > 맞춤법	47회	79%
20	문법과 어문 규정 > 어문 규정 > 표준어 규정	17회	100%
21	비문학 > 독해 비문학 > 글의 순서	13회	84%
22	문법과 어문 규정 > 어문 규정 > 맞춤법	47회	54%
23	어휘와 관용 표현 > 한자와 한자어 > 한자어	27회	53%
24	문학 > 고전 문학 > 고전 산문 – 수필	3회	46%
25	비문학 > 독해 비문학 > 글의 순서	11회	78%

※ **고난도 TOP1** 는 해당 회차에서 정답률이 가장 낮은 문항입니다.

기출문제편 ▶ P.69

01	①	02	④	03	②	04	④	05	②
06	④	07	③	08	②	09	④	10	①
11	④	12	②	13	③	14	③	15	④
16	③	17	①	18	②	19	③	20	없음
21	③	22	②	23	②	24	③	25	④

01

정답 ①

문법과 어문 규정 > 어문 규정 > 표준어 규정　　정답률 87%

| 정답해설 |

① 선택률87% 무우(×) → 무(○)

준말이 널리 쓰이고 본말이 잘 쓰이지 않는 경우에는 준말만을
표준어로 삼는다. 이에 따라 '무'가 올바른 표기이다.

첨 1988년 이전에는 '무우'가 옳은 표기였으나, 개정 이후 표준
어가 바뀐 경우이다.

| 오답해설 |

② 선택률5% '개발새발'은 본래 '괴발개발'의 비표준어였으나 2011
년 별도 표준어로 인정하였다.

③ 선택률2% '남사스럽다'는 본래 '남우세스럽다'의 비표준어였으나
'남우세스럽다'와 동일한 뜻으로 널리 쓰이는 것으로 판단하여
2011년 복수 표준어로 인정하였다.

④ 선택률6% '이쁘다'는 본래 '예쁘다'의 비표준어였으나 2015년 복
수 표준어로 인정하였다.

더 알아보기 ▶ 본말이 잘 쓰이지 않아 준말만을 표준어로 삼는 표준어

준말(○)	본말(×)	준말(○)	본말(×)
귀찮다	귀치 않다	빔	비음
김	기음	샘	새암
또리	또아리	생쥐	새앙쥐
무	무우	솔개	소리개
미다	무이다	온갖	온가지
뱀	배암	장사치	장사아치
뱀장어	배암장어		

02

정답 ④

문법과 어문 규정 > 어문 규정 > 외래어 표기법　　정답률 79%

| 정답해설 |

④ 선택률79% 앙케이트(×) → 앙케트(○), 초콜렛(×) → 초콜릿(○)

- 앙케트(enquête): 프랑스어 'enquête'를 외래어 표기법에 따
라 적으면 '앙케트'가 된다.

- 초콜릿(chocolate): 'chocolate'은 발음에 따라 '초컬릿'으로 표
기하는 것이 옳다. 그러나 둘째 음절을 'ㅗ'로 발음하는 경향을
존중하여 '초콜릿'으로 적는다. **첨** 쵸코렛(×), 초콜렛(×)

| 오답해설 |

① 선택률13% 랍스터(lobster): 원래 '로브스터'로만 표기했으나 '랍
스터' 표기도 인정하여 둘 다 올바른 표기이다.
첨 랍스타(×), 롭스터(×)

② 선택률4% • 비스킷(biscuit): 밀가루에 설탕, 버터, 우유 따위를
섞어서 구운 과자를 가리키는 말인 'biscuit'은 발음이 [bískit]이
므로 '비스킷'으로 적는다. **첨** 비스켓(×)

- 내비게이션(navigation): 'navigation'은 발음이 [nævigéiʃn]이
다. 외래어 표기 원칙에 따르면 'i'는 'ㅣ'로 적으므로, '내비게
이션'으로 적는다.

③ 선택률4% 'ㅈ, ㅉ, ㅊ'은 뒤에 'ㅏ, ㅓ, ㅗ, ㅜ'가 올 때와 'ㅑ, ㅕ,
ㅛ, ㅠ'가 올 때의 발음이 같다. 이 때문에 외래어를 표기할 때는
'ㅈ, ㅊ' 다음에 이중 모음 'ㅑ, ㅕ, ㅛ, ㅠ'를 쓰지 않는다. 따라서
'juice'는 '주스', 'chart'는 '차트', 'leisure'는 '레저'라고 적는다.
이의 치석을 제거하는 일은 '스케일링(scaling)'이 바른 표기이다.
첨 스켈링(×)

03

정답 ②

문학 > 현대 문학 > 신소설　　정답률 71%

| 정답해설 |

② 선택률71% 내용상으로는 개화 사상을 소재로 하고 있으나, 이
작품에 드러난 개화 의식은 외세에 대한 경각심이 없는 무분별한
수용이라는 문제를 안고 있다. 또한 일본을 미화하는 내용이나
청국을 비난하는 내용은 작가의 친일 의식이 그대로 드러난 부분
이다. 따라서 '부국강병으로 자주 독립 국가를 지향'한다는 설명
은 바르지 않다. 아울러「혈의 누」는 정치 소설도 아니다.

| 오답해설 |

① 선택률5% 청일 전쟁을 배경으로 한「혈의 누」는 1906년 7월부터
10월까지 〈만세보〉에 연재된 우리 문학사상 최초의 신소설이다.

③ 선택률6% 변화하는 시대에 필요한 문명 개화와 신교육, 자유 결
혼이라는 근대적 계몽 이념을 담고 있으며, 고전 소설과 현대 소
설의 다리 역할을 한 작품으로 평가받고 있다.

④ 선택률18% '남이 그 모양을 볼 지경이면 ~ 옥년(玉蓮)을 부르
면서 도라닷니더라.'에서 옥련 어머니에 대한 서술자의 평가가
드러나 있다.

더 알아보기 ▶ 이인직,「혈의 누」

- 갈래: 신소설, 계몽 소설
- 배경
  - ㉠ 시간: 청일 전쟁(1894) ~ 광무 6년(1902)
  - ㉡ 공간: 평양, 일본(오사카), 미국(워싱턴)
- 성격: 계몽적, 교훈적
- 시점: 전지적 작가 시점
- 주제: 신교육 사상과 개화 의식의 고취
- 의의
  - ㉠ 문명 개화와 신교육, 자유 결혼이라는 근대적 계몽 이념을 담고 있다.
  - ㉡ 고전 소설과 현대 소설의 다리 역할을 한 작품으로 평가받고 있다.

04 정답 ④

어휘와 관용 표현 > 관용 표현 > 속담	정답률 81%

| 정답해설 |

④ 선택률81% '벼린 도끼가 이 빠진다'는 애써서 벼린 도끼의 날이 그만 이가 빠져서 꼴사납게 되었다는 뜻으로, 공을 들여 잘 장만한 것이 오히려 빨리 못쓰게 되는 경우를 비유적으로 이르는 속담이다.

| 오답해설 |

① 선택률2% 가을에는 부지깽이도 덤벙인다: 가을걷이 때에는 일이 많아서 누구나 바빠 나서서 거들게 됨을 비유적으로 이르는 속담이다.
　여기저기 분주히 돌아다님을 비유적으로 이르는 속담은 '가을 중 싸대듯[쏘대듯/싸다니듯]'이다.

② 선택률10% 남의 술에 삼십 리 간다: 자기는 하고 싶지 아니한 일을 남의 권유에 따라 하게 됨을 비유적으로 이르는 속담이다.
　남의 일에 공연히 간섭하고 나섬을 비유적으로 이르는 속담은 '남의 잔치[장/제사]에 감 놓아라 배 놓아라 한다'이다.

③ 선택률7% 파총 벼슬에 감투 걱정한다: 하찮은 파총 주제에 감투 걱정을 한다는 뜻으로, 별로 대단치 아니한 일을 맡고도 시끄럽게 자랑하고 다니며 하지 않아도 될 걱정을 하는 경우를 비유적으로 이르는 속담이다.
　어떤 일이 경우에 몹시 어긋남을 이르는 속담은 '마루 아래 강아지가 웃을 노릇'이다.

군무원 vs 공무원 비교분석

> 군무원 시험에서 우리말 속담의 뜻풀이와 관용구의 적절한 쓰임을 묻는 유형의 문제는 꾸준히 출제되고 있다. 속담은 양이 방대하여 짧은 시간에 학습할 수 없으므로 평상시 조금씩 학습해 두어야 한다.

05 정답 ②

문법과 어문 규정 > 어문 규정 > 맞춤법	정답률 57%

| 정답해설 |

'여부(與否)'는 '그러함과 그러하지 아니함'을 뜻한다. 서로 반대되는 뜻이 어울려 된 말에 '여부'를 함께 쓰면 의미가 중복되므로 함께 쓰지 않는다.

② 선택률57% '생존(生存)'은 '살아 있음. 또는 살아남음'을 뜻하고, 서로 반대되는 뜻이 어울린 말이 아니므로 '생존 여부'는 올바른 표현이다.

| 오답해설 |

① 선택률11% '찬반(贊反)'은 찬성과 반대, ③ 선택률23% '진위(眞僞)'는 참과 거짓 또는 진짜와 가짜, ④ 선택률9% '당락(當落)'은 당선과 낙선을 통틀어 이르는 말이다. 이렇게 서로 반대되는 뜻이 어울려 된 말에 '여부'를 함께 쓰지 않으므로 ①은 '찬반에 따라~', ③은 '진위에 대해~', ④는 '당락은~' 등으로 표현하는 것이 적절하다.

더 알아보기 ▶ '여부(與否)'의 올바른 사용

> - '여부'와 함께 쓰지 않는 단어: 서로 반대되는 뜻이 어울려 된 말
>   **예** 찬반(贊反), 진위(眞僞), 생사(生死), 남녀(男女), 진퇴(進退), 성패(成敗), 존폐(存廢) 등
> - '여부'와 함께 쓰는 단어: 서로 반대되는 뜻이 어울리지 않는 말
>   **예** 생존 여부, 허용 여부, 실존 여부, 지지 여부, 합격 여부, 성공 여부, 이해 여부, 참석 여부, 사실 여부 등

06 고난도 TOP 1 정답 ④

문법과 어문 규정 > 어문 규정 > 표준어 규정	정답률 39%

| 정답해설 |

④ 선택률39% '달걀 껍데기'와 '탄산칼슘으로서'는 옳게 쓰였다. '껍질'은 '물체의 겉을 싸고 있는 단단하지 않은 물질'이라는 뜻이고, '껍데기'는 '달걀이나 조개 따위의 겉을 싸고 있는 단단한 물질'이라는 뜻이다. 따라서 '달걀 껍데기'는 올바른 표현이다. 또한 '달걀 껍데기'와 '완전한 탄산칼슘'이 동등한 지위를 갖는 것으로 볼 수 있으므로 '지위나 신분, 자격을 나타내는 격 조사인 '으로서'를 쓴 '탄산칼슘으로서'는 올바른 표현이다.

| 오답해설 |

① 선택률18% 만족스런(×) → 만족스러운(○)
　'만족스럽다'는 어간 '만족스럽–' 뒤에 어미 '–은'이 붙으면 '만족스러운'과 같이 어간의 말음인 'ㅂ'이 'ㅜ'로 변하는 'ㅂ' 불규칙 활용 용언이다.

② 선택률36% 아프신데(×) → 편찮으신데(○)
　'편찮다'는 '병을 앓고 있다.'는 의미로 쓰이고 '아프다'는 '몸이 병이 나거나 들어 앓는 상태에 있다.'는 의미로 쓰인다. 높임을 나타낼 때 '몸도 편찮으신데'로 표현해야 한다.

③ 선택률7% 개인(×) → 갠(○)
　'흐리거나 궂은 날씨가 맑아지다.'의 뜻으로 사용할 경우는 '개다'가 옳다. 이를 '개이다'로 쓰는 것은 틀린 표현이다.

군무원 vs 공무원 비교분석

> 군무원 시험에서 한글 맞춤법과 표준어 규정은 3~5문항 정도 출제된다. 출제비중이 매우 높으므로 확실하게 학습해야 한다.

07 정답 ③

문법과 어문 규정 > 어문 규정 > 로마자 표기법	정답률 77%

| 정답해설 |

국어의 로마자 표기는 국어의 표준 발음법에 따라 적는 것을 원칙으로 한다. 또한 문화재명, 인공 축조물명은 붙임표(–) 없이 붙여 쓴다.

③ 선택률77% '창경궁'은 [창경궁]으로 발음되므로 'Changgyeonggung'으로 표기한다.

| 오답해설 |

① 선택률 12% Yeoui-do(×) → Yeouido(○)

'여의도'는 행정구역이 아니므로 붙임표(-)를 쓰지 않는다. 또한 '의'는 [이]로 소리 나더라도 반드시 'ui'로 쓴다.

② 선택률 4% Wangsimri(×) → Wangsimni(○)

표준 발음법에 따라 '왕십리'는 [왕심니]로 발음하므로 'Wangsimni'로 표기한다.

④ 선택률 7% Samjung-myeon(×) → Samjuk-myeon(○)

'삼죽면'은 [삼중면]으로 발음되나 붙임표(-) 앞뒤의 음운 변화는 로마자 표기에 반영하지 않으므로 'Samjuk-myeon'으로 표기한다.

---

08 고난도 TOP 2 　정답 ②

문법과 어문 규정 > 현대 문법 > 의미론 – 어휘의 문맥적 의미 　정답률 42%

| 정답해설 |

'동음이의어(同音異義語)'는 서로 다른 두 개 이상의 단어가 단지 우연히 소리만 같고 뜻은 다른 단어를 말한다. 즉, 동음이의어는 단어들이 서로 의미상 연관이 없다. 반면에, '다의어'는 하나의 단어가 여러 가지 상황에서 다양한 의미로 사용되는 단어이다.

② 선택률 42% ㉠은 '말이나 행동 따위가 사회적인 규범이나 사리에 어긋나지 아니하고 들어맞다.', ㉡은 '그늘이 지지 아니하고 햇볕이 잘 들다.'의 뜻으로, 이때의 '바르다'는 다의어이다.

| 오답해설 |

① 선택률 10% ㉠은 '사리를 분별할 수 있는 힘', ㉡은 '알맞은 시절'을 뜻하는 동음이의어이다.

③ 선택률 26% ㉠은 '찌꺼기나 건더기가 있는 액체를 체나 거름종이 따위에 밭쳐서 액체만 받아 내다.', ㉡은 '차례대로 나아가다가 중간에 어느 순서나 자리를 빼고 넘기다.'를 뜻하는 동음이의어이다.

④ 선택률 22% ㉠은 '착 달라붙지 않아 틈이 생기다.', ㉡은 '다른 곳으로 가기 위하여 있던 곳에서 다른 곳으로 떠나다.'를 뜻하는 동음이의어이다.

09 　정답 ④

문학 > 고전 문학 > 고전 산문 – 고전 소설(속담) 　정답률 81%

| 정답해설 |

④ 선택률 81% 자라는 육지에 와서 토끼의 간을 가져 가려 했으나, 빈손으로 용궁으로 돌아갔다. 따라서 '애써 하던 일이 실패로 돌아가거나 남보다 뒤떨어져 어찌할 도리가 없이 됨.'을 이르는 '닭 쫓던 개 지붕 쳐다본다'가 자라의 상황을 나타내기에 적절하다.

| 오답해설 |

① 선택률 4% 못난 놈 잡아들이라면 없는 놈 잡아간다: 아무리 잘났더라도 돈이 없고 궁하면 못난 사람 대접밖에 못 받고, 못난 사람도 돈만 있으면 좋은 대접을 받는다는 말

유 못 입어 잘난 놈 없고 잘 입어 못난 놈 없다

② 선택률 5% 왜가리 새 여울목 넘어다보듯: ㉠ 무엇을 얻을 것이 없나 하여 엿보거나 넘겨다보는 모양을 비유적으로 이르는 말. ㉡ 남의 눈을 피하여 가며 제 이익만을 취함을 비유적으로 이르는 말

③ 선택률 10% 콧병 든 병아리 같다: 꾸벅꾸벅 조는 모양을 비유적으로 이르는 말

10 　정답 ①

어휘와 관용 표현 > 한자와 한자어 > 한자 성어 　정답률 82%

| 정답해설 |

① 선택률 82% ㉠의 '기술 혁신의 역사를 돌아보고 그 의미를 되짚는' 것은 과거의 요인들을 살펴서 미래에는 이를 개선하겠다는 의미와 같다. 이처럼 옛것을 살펴서 새로운 것을 아는 것을 '法古創新(법고창신)', 또는 '溫故知新(온고지신)'이라고 한다.

| 오답해설 |

② 선택률 6% 脣亡齒寒(순망치한: 脣 입술 순/亡 망할 망/齒 이 치/寒 찰 한): 입술을 잃으면 이가 시리다는 뜻으로, ㉠ 가까운 사이의 한쪽이 망하면 다른 한쪽도 그 영향을 받아 온전하기 어려움을 비유하여 이르는 말. ㉡ 서로 도우며 떨어질 수 없는 밀접한 관계, 또는 서로 도움으로써 성립되는 관계를 비유하여 이르는 말

③ 선택률 7% 入室操戈(입실조과: 入 들 입/室 집 실/操 잡을 조/戈 창 과): 남의 방 안에 들어가 창을 휘두른다는 뜻으로, 그 사람의 학설(學說)을 가지고 그 사람을 공격함을 비유적으로 이르는 말

④ 선택률 5% 糊口之策(호구지책: 糊 풀칠할 호/口 입 구/之 갈 지/策 꾀 책): '입에 풀칠하다'라는 뜻으로, 겨우 먹고 살아가는 방책이라는 말

유 호구지계(糊口之計), 호구지방(糊口之方)

군무원 VS 공무원 비교분석

한자 성어는 모든 공무원 시험에서와 마찬가지로 군무원에서도 고르게 출제되고 있다. 짧은 시간에 학습할 수 없으므로, 평상시 조금씩이라도 매일 읽고 뜻을 외워야 한다.

11 　정답 ④

문법과 어문 규정 > 어문 규정 > 띄어쓰기 　정답률 68%

| 정답해설 |

④ 선택률 68% 가 본듯이(×) → 가 본 듯이(원칙), 가본 듯이(허용)

관형사형 어미 뒤에 오는 '듯이'는 의존 명사이므로 앞말과 띄어 써야 한다. 참고로, 어간 뒤에서 뒤 절의 내용이 앞 절의 내용과 거의 같음을 나타내는 경우의 '-듯이'는 연결 어미이므로 앞말에 붙여 쓴다. 또한 '가 보다'는 본용언과 보조 용언의 구성이므로 각각의 단어로 띄어 쓰는 것이 원칙이지만, 보조적 연결 어미 '-아'가 생략된 형태이므로 '가보다'로 붙여 쓰는 것을 허용한다.

① **선택률 11%** 이영숙 씨(○)

성과 이름, 성과 호 등은 붙여 쓰고, 이에 덧붙는 호칭어, 관직명 등은 띄어 쓴다. '씨'는 사람의 성이나 성명, 이름 아래에 쓰여 그 사람을 높이거나 대접하여 부르거나 이르는 의존 명사이므로 띄어 써야 한다. 대체로 동료나 아랫사람에게 쓴다.

② **선택률 8%** 여쭈어보았다(○)

'여쭈어 보다'는 본용언과 보조 용언의 구성으로서, 띄어 쓰는 것이 원칙이며, 붙여 쓰는 것을 허용하는 단어였다. 그러나 2017년에 '여쭈어보다'와 그 준말인 '여쭤보다'는 합성어로 인정되었는데, 합성어는 하나의 단어이므로 붙여 써야 한다.

③ **선택률 13%** 공책, 신문, 지갑 들(○)

두 개 이상의 사물을 나열할 때, 그 열거한 사물 모두를 가리키거나, 그 밖에 같은 종류의 사물이 더 있음을 나타내는 '들'은 의존 명사이므로 앞말에 띄어 쓴다. 참고로, 셀 수 있는 명사나 대명사 뒤에 붙어 복수의 뜻을 더하는 접미사 '–들'은 앞말에 붙여 쓴다.

더 알아보기 ▶ 의존 명사 '듯이'와 어미 '–듯이'

- 의존 명사 '듯이': 관형사형 어미 '–은, –는, –을' 뒤에 쓰여 짐작이나 추측의 뜻을 나타낸다. 이때의 '듯이'는 '것처럼'으로 바꿔도 비슷한 뜻이 된다.

  예 누나는 뛸 듯이 기뻐하였다.

  그는 어제 일을 모두 잊은 듯이 말했다.

- 어미 '듯이': 어간이나 선어말 어미 '–으시–, –었–, –겠–' 뒤에 붙어 앞의 내용과 뒤의 내용이 거의 같음을 나타낸다.

  예 사람마다 생김새가 다르듯이 생각도 다르다.

  그분이 네게 베풀었듯이 너도 다른 이에게 베풀어라.

군무원 ⓥⓢ 공무원 비교분석

군무원 시험에서 띄어쓰기 문항은 항상 출제된다. 띄어쓰기의 중요한 문법적 규칙 및 자주 출제되는 어휘들을 반드시 학습해야 한다.

12 정답 ②

| 문법과 어문 규정 > 어문 규정 > 맞춤법 | 정답률 91% |

| 정답해설 |

② **선택률 91%** 숫꿩(×) → 수꿩(○)

수컷을 이르는 접두사는 '수–'로 통일한다. 이에 따라 '수꿩'이 올바른 표현이고, '숫꿩'이나 '수쿵'은 잘못된 표현이다.

| 오답해설 |

① **선택률 1%** '수컷', ③ **선택률 5%** '수퇘지', ④ **선택률 3%** '숫염소'는 올바른 표기이다.

더 알아보기 ▶ 수컷을 이르는 접두사 '수–'와 '숫–'

- '수–'만 쓰는 경우

  수꿩, 수나사, 수놈, 수사돈, 수소, 수은행나무, 수캉아지, 수캐, 수컷, 수키와, 수탉, 수탕나귀, 수톨쩌귀, 수퇘지, 수평아리

- '숫–'만 쓰는 경우

  숫양, 숫염소, 숫쥐

13 고난도 TOP3 정답 ③

| 문학 > 고전 문학 > 고전 시가 – 시조 | 정답률 45% |

| 정답해설 |

③ **선택률 45%** 초장과 중장 사이의 '닫 드러라 닫 드러라', 중장과 종장 사이의 '지국총 지국총 어사와'는 후렴구에 해당하며, 이 후렴구를 제외하면 3장 6구의 평시조 형식이 된다.

| 오답해설 |

① **선택률 16%** 고려 때부터 전하여 온 「어부가(漁父歌)」를 명종 때 이현보(李賢輔)가 「어부단가(漁父短歌)」 9장으로 개작하였고, 이것을 다시 윤선도가 후렴구만 그대로 넣어 40수로 고친 것이다.

② **선택률 15%** '지국총'은 노를 저을 때 마찰되어 들리는 '찌꺽찌꺽' 하는 소리의 '음(音)'을 빌린 표기이고, '어사와'는 '어여차' 또는 '어영차'의 뜻으로 '음(音)'을 빌린 표기이다.

④ **선택률 24%** 제시된 작품은 윤선도의 「어부사시사」 중 여름을 노래한 하사의 둘째 수로서, 어부의 소박한 생활이 드러난 작품이다. 또한 ⓛ에는 갈매기와 시적 화자가 완전히 하나가 되는 물아일체(物我一體)의 경지가 드러나 있다.

더 알아보기 ▶ 윤선도, 「어부사시사(漁父四時詞)」

- 갈래: 평시조, 연시조
- 성격: 강호한정가, 자연 친화적
- 후렴구의 특징
  - ㉠ 초장과 중장 사이: 각 계절의 10수마다 출항에서 귀항까지의 과정을 보여 주며, 작품을 유기적으로 연결시킴.
  - ㉡ 중장과 종장 사이: 한자음을 빌려 의성어를 표기, 시상 전개에 사실감 부여, 평시조의 단조로움 탈피
- 주제: 자연 속에서 한가롭게 살아가는 즐거움과 흥
- 의의: 고려 말부터 작자 미상의 「어부가(漁父歌)」가 전해졌는데, 중종 때 이현보가 이를 장가 9장, 단가 5수의 「어부단가(漁父短歌)」로 개작했고, 이것을 고산 윤선도가 「어부사시사(漁父四時詞)」로 만들었다.
- 현대어 풀이: 하사2

  연꽃 잎에 밥을 싸 두고 반찬은 장만하지 말아라.

  닻을 들어라 닻을 들어라.

  대삿갓은 쓰고 있다. 도롱이를 가지고 왔느냐?

  찌거덩 찌거덩 어야차

  욕심이 없는 갈매기를 내가 따르는 건가, 갈매기가 나를 따르는 것인가?

군무원 ⓥⓢ 공무원 비교분석

고전 문학 영역은 일반 공무원 시험에 비하여 군무원 시험에서 출제비중이 높다. 작품에 대한 분석뿐만 아니라 지식형 유형으로도 출제되므로 작품의 주제, 의의, 특징 등을 암기해야 한다.

14

정답 ③

| 비문학 > 독해 비문학 > 접속어 | 정답률 94% |

| 정답해설 |

③ 선택률 94% 접속어를 찾는 문제는 먼저 앞뒤 문맥의 흐름을 파악해야 한다. 이에 따라 적절한 접속어가 사용된 것은 ③이다.

㉠은 앞의 내용과 뒤의 내용이 상반되므로 '역접'의 기능을 하는 '그러나, 그렇지만, 하지만' 등이 들어가야 한다.

㉡에는 앞의 내용을 풀어서 구체적으로 제시하여 강조하는 '다시 말해'가 적절하다.

㉢ 뒤에 이어지는 내용이 ㉢ 앞의 내용에 대한 결과가 되므로 ㉢에는 인과 관계를 나타내는 접속어인 '따라서, 그러므로, 그래서' 등이 들어가야 한다.

더 알아보기 ▶ 접속어의 기능별 분류

기능	종류
전환	그런데, 그러면, 어쨌든, 아무튼, 한편, 다음으로, 돌이켜 보건대 등
대립	그러나, 그렇지만, 차라리, 반면, 도리어, 그러기보다
병렬	그리고, 더구나, 겸하여, 게다가, 뿐더러, 거기에, 아울러
귀결	요는, 그렇다면, 그래서, 결국, 결론적으로
상술	예컨대, 말하자면, 내용인즉, 사실인즉
전개	그리고, 그래서, 더구나, 그 위에
보충	왜냐하면, 특히, 다만, 만약, 뿐더러

군무원 vs 공무원 비교분석

담화 표지인 접속어를 이해하는 것은 곧 글의 흐름을 이해하는 기본적인 독해이다. 평소 독해 문제풀이를 하면서 글의 흐름에 따라 접속어에 밑줄을 긋는 습관을 들이는 것이 좋다.

15

정답 ④

| 어휘와 관용 표현 > 순우리말 > 우리말 어휘 | 정답률 54% |

| 정답해설 |

④ 선택률 54% '하소연'은 억울한 일이나 잘못된 일, 딱한 사정 따위를 의미하는 고유어이다.

| 오답해설 |

① 선택률 22% '파렴치(破廉恥)'는 '염치를 모르고 뻔뻔스러움'을 뜻하는 한자어이다.

② 선택률 4% '빈티지(vintage)'는 '낡고 오래된 것'을 의미하는 영어이다.

③ 선택률 20% '이간질(離間-)'은 '두 사람이나 나라 따위의 중간에서 서로를 멀어지게 하는 일을 낮잡아 이르는 말'로서, 한자어 '이간(離間)'과 우리말 '-질'이 결합한 단어이다.

더 알아보기 ▶ 고유어 학습 방법

'고유어'는 '외래어, 외국어, 한자어'를 제외한 우리말을 뜻한다. '고유어'와 '한자어'는 사전을 찾거나 다양한 한자나 한자어를 알고 있어야 구별할 수 있다. 즉, 단순하게 구별하기 어려우므로 평상시 사전을 찾아보는 습관을 가져야 한다.

16

정답 ③

| 문학 > 현대 문학 > 문학사 | 정답률 62% |

| 정답해설 |

③ 선택률 62% (다) 정지용의 「유리창」은 1930년, (나) 김춘수의 「꽃」은 1952년, (가) 신동엽의 「껍데기는 가라」는 1967년, (라) 정현종의 「세상의 나무들」은 1995년에 발표되었다. 즉, '(다) – (나) – (가) – (라)'의 순서로 발표되었다.

더 알아보기 ▶ 작품 분석

(가) 신동엽, 「껍데기는 가라」
- 성격: 비판적, 저항적, 현실 참여적
- 특징
  ㉠ 단호한 명령조
  ㉡ 반복과 대조적 시어의 활용을 통해 주제 의식을 강조함.
- 주제: 왜곡된 역사 극복의 의지

(나) 김춘수, 「꽃」
- 성격: 관념적, 상징적
- 특징
  ㉠ 의미를 점층적으로 확대함.
  ㉡ 명명(命名) 행위에 의한 인식을 바탕으로 함.
- 주제: 존재의 본질 구현에 대한 소망

(다) 정지용, 「유리창」
- 성격: 주지적, 회화적, 감각적
- 특징
  ㉠ 선명한 이미지와 감각적 시어의 사용
  ㉡ 감정을 절제한 어조
  ㉢ 모순 어법을 구사해 시의 함축성을 높임.
- 주제: 죽은 아이에 대한 그리움과 슬픔.

(라) 정현종, 「세상의 나무들」
- 성격: 감상적
- 특징
  ㉠ 시각적 심상을 많이 사용함.
  ㉡ 의문형을 사용해 시선을 환기시킴.
- 주제: 나무(자연)에 대한 사랑

17

문학 > 현대 문학 > 문학사　　　　　　　　　정답률 46%

| 정답해설 |

① 선택률 46% (나)의 작가인 김춘수는 1960년대 이후 시에서 관념을 배제하기 위한 노력을 시작한다. 시에서 관념이나 사상을 제거하면 있는 그대로의 사실, 즉 존재의 본모습을 드러낼 수 있다고 판단했기 때문이다. 이러한 노력은 다시 시에서 이미지까지 배제하는 노력으로 이어지면서 이른바 '무의미시'라고 스스로 명명한 그만의 새로운 시 세계를 구축했다.

| 오답해설 |

② 선택률 30% 현실 참여시: 정치·사회 등 현실 문제에 대하여 비판적인 의식을 가지고 그 변혁을 촉구하는 내용을 담은 시이다. 우리나라에서는 1960년대의 4·19 혁명을 기점으로 현실의 모순을 비판하고 군사 독재에 저항하면서 민주화를 이룩하려는 열망이 강하게 대두하였으며, 1970년대에 우리 사회가 산업화되면서 현실 참여욕구와 저항 의식을 드러내는 참여시의 창작이 활발하게 이루어졌다. 고은의 「화살」, 김수영의 「풀」, 김지하의 「타는 목마름으로」, 신동엽의 「껍데기는 가라」, 「누가 하늘을 보았다 하는가」, 이성부의 「벼」 등이 현실 참여시에 해당한다.

③ 선택률 17% 고현학(考現學): 소설가 박태원의 창작 방법론이다. 고현학(考現學)은 현대적 일상생활의 풍속을 면밀히 조사 탐구하는 학문으로서, 이를 적용시킨 작품이 바로 박태원의 「소설가 구보씨의 일일」이다.

④ 선택률 7% 인형조종술: 소설가 김동인의 창작 방법론이다. 위대한 예술가는 마치 인형을 놀리듯이 자신이 창조한 작품 속 세계를 자유자재로 조종할 수 있어야 한다는 창작 이론이다.

더 알아보기 ▶ 김춘수의 '무의미시론'

김춘수는 의미는 산문에 보다 어울리지만 무의미는 시의 형식에만 알맞다고 생각하였다. 그렇기에 무의미는 산문으로부터 완전히 독립되는 시 고유의 영역임을 주장한다. 이것은 의미의 시에 익숙했던 우리의 전통적인 시관에 도전한 것이었다. 또한 사물에 대한 일체의 판단이나 선입관을 중지하는 방식을 통하여 의미 해체 작업을 진행하였다. 이러한 '무의미시론'은 김춘수의 1960년대 시인 「처용」, 「처용 단장」, 「샤갈의 마을에 내리는 눈」 등에 잘 나타나 있다.

18

비문학 > 이론 비문학 > 글의 전개 방식　　　　　정답률 69%

| 정답해설 |

② 선택률 69% 어렵고 복잡한 개념을 설명하고자 할 경우, 보다 친숙하고 단순한 개념 간의 유사성을 통해 쉽게 이해할 수 있도록 하는 글의 전개 방식을 '유추'라 한다. 제시된 글은 유사성에 의해 성립되는 개념을 '가족과 밧줄'의 유추를 통해 설명하였고, 여기에서 '예술'의 열린 개념을 이끌어 내고 있다.

| 오답해설 |

① 선택률 13% 비교: 둘 또는 그 이상의 사물들에 대하여 그들이 지니고 있는 비슷한 점을 밝혀내는 것이다.

③ 선택률 2% 분류: 어떤 대상들을 비슷한 특성에 근거하여 구분 짓는 방법이다. 어떤 대상들이 가지고 있는 보편적인 특성은 무엇인가, 무엇이 분류의 기준이 되는가를 잘 알아야 한다.

④ 선택률 16% 분석: 어떤 복잡한 것을 단순한 요소나 부분들로 나누어 설명하는 방법으로, 서로 연관된 여러 부분들로 이루어진 대상을 설명하는 데 효과적이다.
예 시계: 시침, 분침, 초침, 톱니바퀴 등

19

문법과 어문 규정 > 어문 규정 > 맞춤법　　　　정답률 79%

| 정답해설 |

③ 선택률 79% 단어 또는 어간의 끝음절 모음이 줄어지고 자음만 남는 경우, 그 자음을 앞 음절의 받침으로 올려붙여 적는다. 따라서 '기러기'의 준말은 '기럭'이 되고, 호격 조사 '아'가 결합하여 '기럭아'가 된다.

| 오답해설 |

① 선택률 6% 넉넉치 않다(×) → 넉넉지 않다(○)
어간의 끝음절 '하'가 아주 줄 적에는 준 대로 적는다. 따라서 '넉넉하지'의 준말은 '넉넉지'이다.

② 선택률 7% 그렇찮은(×) → 그렇잖은(○)
어미 '-지' 뒤에 '않-'이 어울려 '-잖-'이 될 적과 '-하지' 뒤에 '않-'이 어울려 '-찮-'이 될 적에는 준 대로 적는다. 따라서 '그렇지 않은'의 준말은 '그렇잖은'이다.

④ 선택률 8% 짓물다(×)
'짓무르다'는 준말로 '짓물다'를 인정하지 않는다. '무르다'가 '물다'로 줄 수 없기 때문에 '짓무르다'가 '짓물다'로 준 것도 비표준어로 본다.

더 알아보기 ▶ 한글 맞춤법 제4장 제5절 제32항

단어의 끝모음이 줄어지고 자음만 남은 것은 그 앞의 음절에 받침으로 적는다.

본말	준말
기러기야	기럭아
어제그저께	엊그저께
어제저녁	엊저녁
가지고, 가지지	갖고, 갖지
디디고, 디디지	딛고, 딛지

20 정답 없음

| 문법과 어문 규정 > 어문 규정 > 표준어 규정 | 정답률 100% |

| 정답해설 |

출제 당시에는 ①이 적절하지 않은 표현으로 정답이었다. 그러나 2017년 개정된 표준어 규정에 따라 본 문제의 정답은 없다.

* 모바일 채점 서비스에서는 전체 정답으로 처리

| 오답해설 |

① '말하고 있는 이때에 이르러서야 비로소'의 의미를 나타낼 때 부사 '이제야'를 쓴다.

참 '이제서야'는 '이제야'에 불필요한 '서'가 붙어 이루어진 말이므로 잘못된 표현이었다. 그러나 조사 '에서야'의 준말 '서야'가 2017년 표준국어대사전에 등재됨에 따라 '이제'에 '서야'를 붙인 '이제서야' 역시 표준어가 되었다.

② '에서야'는 '그때가 되어 비로소'의 뜻을 나타내는 보조사이다.

③ '인제야'는 '인제(명사)+야(보조사)'의 구성으로 올바른 표현이다.

④ 조사 '에야'는 '시간·공간상의 일정한 범위를 강조하여 나타내는 격 조사'로 격 조사 '에'에 보조사 '야'가 결합한 말이다.

더 알아보기 ▶ 추가 표준어

보조사 '서야'를 표제어로 등재함으로써 '그제야, 그제에서야, 그제서야, 그때야, 그때에서야, 그때서야, 이제야, 이제에서야, 이제서야' 등이 모두 바른 표기가 되었다.

군무원 vs 공무원 비교분석

변경된 표준어는 군무원 시험에서 자주 출제되므로 변경된 한글 맞춤법, 표준어 등은 반드시 학습해야 한다.

21 정답 ③

| 비문학 > 독해 비문학 > 글의 순서 | 정답률 84% |

| 정답해설 |

③ 선택률 84% 문장을 문맥에 맞게 연결할 때는 접속어와 지시어, 글의 흐름을 고려해야 한다. ㉠, ㉡, ㉢의 문장 앞에 모두 접속어가 있으므로 ㉣이 첫 문장으로 와야 한다. 문맥에 맞게 순서를 연결하면 다음과 같다.

㉣ 집단 속에서 생활하는 동안 위치에 따라 행동하고 → ㉢ 이때 집단 내에서 차지하고 있는 위치를 지위라 부른다. → ㉡ 그리고 지위에 기대되는 행동 양식을 역할이라고 한다. → ㉠ 따라서(결론) 인간이 집단생활을 한다는 것은 집단 내에서 지위를 차지하고 그 지위에 알맞은 역할을 수행한다는 것을 뜻한다.

군무원 vs 공무원 비교분석

군무원 시험에서 문장의 논리적 연결 또는 문단의 연결 문제는 자주 출제된다. 짧은 시간에 실력이 향상되지 않으므로 유사한 유형의 문제를 많이 풀어 보는 것이 좋다.

22 정답 ②

| 문법과 어문 규정 > 어문 규정 > 맞춤법 | 정답률 54% |

| 정답해설 |

② 선택률 54% '어떤 일이나 사람에게 전적으로 의지하다.'라는 의미의 동사는 '목매다'이므로 '적은 월급에 다섯 식구가 목매고 살고 있다.'는 올바른 표현이다. '목메이다'로 쓰지 않도록 주의한다. 참고로, '적다'는 수량과 정도를 나타낼 때 쓰고, 길이나 넓이를 나타낼 때는 '작다'를 쓴다. 따라서 '적은 월급'도 올바른 표현이다.

| 오답해설 |

① 선택률 21% 구렛나루(×) → 구레나룻(○)
'귀밑에서 턱까지 잇따라 난 수염'을 이르는 말은 '구레나룻'이다. '구레나룻'은 [구레나룯]으로 발음하며 '구레'와 '나룻'이 합쳐진 합성어이다.

③ 선택률 8% 시험을 치루고(×) → 시험을 치르고(○)
'무슨 일을 겪어 내다.' 또는 '주어야 할 돈을 내주다.'라는 의미의 동사는 '치루다'가 아니라 '치르다'이며, '치르다'는 '치르고, 치러서, 치르니, 치렀다' 등으로 활용한다.

④ 선택률 17% 개거품(×) → 게거품(○)
'사람이나 동물이 몹시 괴롭거나 흥분했을 때 입에서 나오는 거품 같은 침'은 '게거품'이다.

군무원 vs 공무원 비교분석

군무원 시험에서 한글 맞춤법 규정에 따른 올바른 표기를 묻는 유형은 반드시 출제된다. 기출문제 풀이를 통하여 자주 출제되는 어휘들은 별도로 정리하여 학습하는 것이 좋다.

23 정답 ②

| 어휘와 관용 표현 > 한자와 한자어 > 한자어 | 정답률 53% |

| 정답해설 |

② 선택률 53% '斷絕(단절: 斷 끊을 단/絕 끊을 절)'은 유대나 연관 관계를 끊음을 뜻하고, ㉡의 '계승(繼承: 繼 이을 계/承 이을 승)'은 물려받아 이어 나감을 뜻하므로 반의 관계이다.

| 오답해설 |

① 선택률 5% '先祖[선조: 先 먼저 선/祖 할아버지(조상) 조]'는 먼 윗대의 조상을 뜻하므로, ㉠의 '조상[祖上: 祖 할아버지(조상) 조/上 윗 상]'과 같은 의미이다.

③ 선택률 25% '狹小(협소: 狹 좁을 협/小 작을 소)'는 '공간이 좁고 작음'의 뜻과 '사물을 보는 안목이나 아량이 좁음'의 뜻이 있다. ㉢의 '편협(偏狹: 偏 치우칠 편/狹 좁을 협)'은 한쪽으로 치우쳐 도량이 좁고 너그럽지 못함을 뜻하므로 같은 의미이다.

④ 선택률 17% '錯認(착인: 錯 어긋날 착/認 알 인)'과 ㉣의 '오인(誤認: 誤 그르칠 오/認 알 인)'은 모두 잘못 보거나 잘못 생각함을 뜻하는 동의어이다.

한자어 문제는 많은 수험생들이 어려워한다. 어휘의 출제 범위가 특정되지 않아 양이 방대하고 짧은 시간에 학습하기 어려우므로, 평상시 한두 어휘씩이라도 꾸준히 써 가면서 암기해야 한다.

24
정답 ③

문학 > 고전 문학 > 고전 산문 – 수필 　　　　　 정답률 46%

| 정답해설 |

제시된 작품은 「산성일기(山城日記)」로서, 병자호란 당시 인조가 남한산성으로 피신하여 50여 일간 산성을 지키며 항전하던 비참한 모습이 생생히 나타나 있으며, 굴욕적인 외교의 일면과 암울했던 역사의 이면을 일기 형식을 빌려 사실적으로 기록한 고전 수필이다.

③ 선택률 46% 글쓴이는 역사적 사실을 객관적인 입장에서 기록하려고 하였다. 즉, 이 작품은 일기이지만 병자호란 당시의 사실을 객관적이며 서사적으로 기록한 글로, 사건에 대한 글쓴이의 주관적 감정이나 판단은 나타나지 않는다.

| 오답해설 |

① 선택률 19% '내간체'는 우리나라 고전 문체 중의 하나로, 부녀자들이 사용한 문체이다. 「계축일기」, 「한중록」, 「인현왕후전」, 「의유당일기」, 「산성일기」 등이 내간체 수필에 속한다.

② 선택률 20% 작가와 연대는 정확히 알려져 있지 않지만, 남한산성에서의 일을 꼼꼼히 기록한 것으로 보아, 인조를 모시던 궁녀가 썼을 것이라 추정한다.

④ 선택률 15% 「산성일기(山城日記)」는 병자호란 당시의 역사적 사실을 한글로 기록한 유일한 작품이다.

더 알아보기 ▶ 어느 궁녀, 「산성일기(山城日記)」

- 갈래: 국문 수필, 궁중 수필
- 성격: 사실적, 체험적
- 특징
  ㉠ 객관적 태도로 사실 기록
  ㉡ 간결하고 중후한 궁중어 사용
- 주제: 병자호란의 치욕과 남한산성에서의 항쟁
- 의의
  ㉠ 병자호란의 역사적 사실을 한글로 기록한 유일한 작품
  ㉡ 「계축일기」와 쌍벽을 이루는 일기체
- 현대어 풀이
  이십육 일에 이경직, 김신국이 술과 고기, 은합을 가지고 적진에 들어가니 적장이 가로되,
  "우리 군중에서는 날마다 소를 잡고 보물이 산처럼 높이 쌓여 있으니 이따위 것을 무엇에 쓰리오. 네 나라의 군신들이 돌구멍에서 굶은 지 오래되었으니, 가히 스스로 쓸 것이로다."
  하고 마침내 받지 않고 도로 보냈다.

이십칠 일에 날마다 성중을 구원하러 오는 군사를 바라되, 한 사람도 오는 사람이 없고, 강원감사 조정호가 본도군이 다 모이지 못하였기에 양평에 물러나 뒤에 오는 군사를 기다리고, 먼저 권정길로 하여금 군사를 거느리고 검단산성에 이르러 봉화불을 서로 올려 서로 응하게 하였다.

이십팔 일에 체찰사 김류가 친히 장졸들을 거느리고 북성에 가서 독전함에 도적들이 방포소리를 듣고 거짓으로 물러나며 적은 군사와 소, 말을 남겨두고 물러나니, 이것은 우리를 유인하는 꾀라. 김류가 그것을 헤아리지 못하고 군사를 독촉하여 내려가 치라 하니, 산성에 있는 군사들이 그 꾀를 알고 내려가지 아니하니, 김류가 병방비장 유호에게 환도를 주어 내려가지 않는 군사들을 어지럽게 찌르게 하니, 군사들이 내려가도 죽고 아니 내려가도 죽겠으므로 비로소 내려가 적진의 소와 말을 잡아들이되, 적들이 본 척도 아니하다가 우리 군사들이 성에서 다 내려오기를 기다려 적의 복병이 사방에서 내달리고, 물러갔던 적병들이 내달아 잠깐 동안에 우리 군사들을 다 죽이고 접전할 적에 김류가 화약을 아까워하여 한꺼번에 많이씩 주지 않고 달라고 할 때까지 기다렸다가 그제서야 조금씩 주니, 때가 급하여 미처 화약을 청하지 못하고 조총으로 서로 치다가 이기지 못하니 산길이 급하여 오르기 어려우니 이에 다 죽기에 이르렀다.

25
정답 ④

비문학 > 독해 비문학 > 글의 순서 　　　　　 정답률 78%

| 정답해설 |

④ 선택률 78% 문장을 논리적으로 연결할 때는 지시어와 문맥의 흐름을 잘 파악해야 한다. 자연스럽게 연결하면 다음과 같다.
㉤ 흥선대원군은 김정호를 감옥에 가두고~ → ㉣ 이는 ~ 나와 있는 내용이다. → ㉢ 최근까지도 이것은 사실로~ → ㉡ 그러나 (역접) ~ 사실이 아닌 것으로 ~ → ㉠ 식민 지배를 공고히 하기 위해 일제는 ~ 숨겨왔던 것이다.

9급 군무원 국어

l 전체 난이도 및 합격선

전체 난이도	합격선
下	88점

l 기출총평

2015년 군무원 시험은 문법과 어문 규정에서 다수의 문항이 출제되었고, 지문이 긴 독해 유형이 출제되었다. 특히, 기존의 표준어와 변경된 표준어를 제시하면서 변경 이유를 묻는 유형은 상당히 난도가 높았다. 전년도에는 현대 문학이 전혀 출제되지 않았으나 2015년에는 지문이 긴 소설 작품이 출제되었고, 현대 시도 두 개의 작품에서 3문항이 출제되었다. 고전 문법은 훈민정음의 제자 원리와 관련한 기본적인 지식을 묻는 문항으로 난도가 높지 않았다. 또한 「용비어천가」를 제시하고 어휘의 의미를 한자어로 묻는 유형도 새로웠으나 어렵지는 않았다. 전반적으로 1~2문항을 제외하고는 일반 공무원 시험 유형과 유사한 수준이라 할 수 있겠다.

l 영역별 출제비중

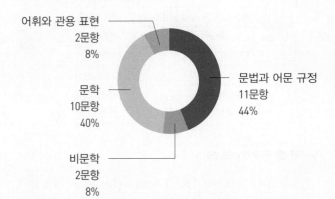

어휘와 관용 표현
2문항
8%

문학
10문항
40%

비문학
2문항
8%

문법과 어문 규정
11문항
44%

l 문항 분석

	카테고리	출제수	정답률
1	문법과 어문 규정 > 어문 규정 > 맞춤법	47회	45%
2	문학 > 현대 문학 > 수필	5회	94%
3	문법과 어문 규정 > 어문 규정 > 맞춤법	47회	54%
4	문법과 어문 규정 > 어문 규정 > 표준 발음법	18회	85%
5	문법과 어문 규정 > 어문 규정 > 표준 발음법	18회	90%
6	어휘와 관용 표현 > 한자와 한자어 > 한자어	27회	71%
7	문법과 어문 규정 > 고전 문법 > 고전문	7회	77%
8	문법과 어문 규정 > 어문 규정 > 띄어쓰기	24회	57%
고난도 TOP 2 - 9	문학 > 고전 문학 > 고전 시가 – 가사(한자 성어와 속담)	10회	32%
10	문법과 어문 규정 > 어문 규정 > 표준어 규정	17회	59%
11	문학 > 고전 문학 > 고전 시가 – 악장	3회	66%
12	비문학 > 독해 비문학 > 주제	17회	92%
13	문학 > 현대 문학 > 현대 소설 – 서술상 특징	26회	45%
14	문학 > 현대 문학 > 현대 소설 – 인물의 심리	26회	81%
15	문법과 어문 규정 > 어문 규정 > 로마자 표기법	16회	87%
고난도 TOP 3 - 16	어휘와 관용 표현 > 순우리말 > 우리말 어휘	16회	43%
고난도 TOP 1 - 17	문법과 어문 규정 > 현대 문법 > 품사	13회	27%
18	문학 > 현대 문학 > 현대 시	37회	76%
19	문학 > 고전 문학 > 고전 산문 – 고전 소설	5회	96%
20	문학 > 고전 문학 > 고전 산문 – 고전 소설	5회	59%
21	문법과 어문 규정 > 현대 문법 > 상대 높임법	3회	80%
22	문학 > 현대 문학 > 현대 시	37회	68%
23	문학 > 현대 문학 > 현대 시	37회	90%
24	문법과 어문 규정 > 현대 문법 > 품사	13회	95%
25	비문학 > 이론 비문학 > 말하기와 듣기	5회	96%

※ 고난도 TOP 1 는 해당 회차에서 정답률이 가장 낮은 문항입니다.

01	②	02	①	03	③	04	②	05	①
06	②	07	①	08	②	09	④	10	④
11	②	12	①	13	④	14	④	15	②
16	④	17	①	18	③	19	③	20	④
21	②	22	①	23	④	24	③	25	④

01 정답 ②

문법과 어문 규정 > 어문 규정 > 맞춤법   정답률 45%

| 정답해설 |

② 선택률 45% 낚시대(×) → 낚싯대(○)

순우리말인 '낚시'와 '대'가 결합하여 합성어가 되었고, 뒷말의 첫소리가 된소리로 나기 때문에 사이시옷을 받치어 적는다. 따라서 '낚싯대'가 바른 표현이다.

| 오답해설 |

① 선택률 20% 아니꼬워(○)

'아니꼽다'는 'ㅂ' 불규칙 용언으로, 어간 '아니꼽-' 뒤에 모음 어미가 연결될 때에는 어간 말음의 'ㅂ'이 'ㅜ'로 바뀐다. 따라서 '아니꼬와'가 아니라 '아니꼬워'로 활용한다.

③ 선택률 15% 두리뭉실하게(○)

'두리뭉실하다'는 본래 '두루뭉술하다'의 비표준어였으나 '두루뭉술하다'와 어감에 차이가 있는 것으로 판단하여 2011년에 표준어로 인정하였다.

④ 선택률 20% 강퍅해서(○)

'강퍅하다'는 '강팍하다'로 표기하지 않도록 주의한다.

더 알아보기 ▶ 2011년 추가된 표준어

• 현재 표준어로 규정된 말 이외에 같은 뜻으로 많이 쓰이는 말이 있어 이를 복수 표준어로 인정한 경우

기존 표준어	추가된 표준어
간질이다	간지럽히다
남우세스럽다	남사스럽다
목물	등물
만날	맨날
묏자리	묫자리
복사뼈	복숭아뼈
쌉싸래하다	쌉싸름하다
허섭스레기	허접쓰레기
토담	흙담

• 표준어로 인정된 표기와 다른 표기 형태도 많이 쓰여서 두 가지 표기를 모두 표준어로 인정한 경우

기존 표준어	추가된 표준어
태견	택견
품세	품새
자장면	짜장면

• 현재 표준어로 규정된 말과는 뜻이나 어감 차이가 있어 이를 인정하여 별도의 표준어로 인정한 경우

기존 표준어	추가된 표준어
~기에	~길래
괴발개발	개발새발
날개	나래
냄새	내음
눈초리	눈꼬리
떨어뜨리다	떨구다
뜰	뜨락
먹을거리	먹거리
메우다	메꾸다
손자(孫子)	손주
어수룩하다	어리숙하다
연방	연신
횡허케	횡하니
거치적거리다	걸리적거리다
끼적거리다	끄적거리다
두루뭉술하다	두리뭉실하다
맨송맨송	맨숭맨숭/맹숭맹숭
바동바동	바둥바둥
새치름하다	새초롬하다
야멸치다	야멸차다
오순도순	오손도손
찌뿌듯하다	찌뿌둥하다
치근거리다	추근거리다

군무원 vs 공무원 비교분석

군무원 시험에서는 추가된 표준어가 꾸준히 출제되고 있다. 맞춤법, 표준어, 띄어쓰기 등 변경된 내용은 반드시 확인하여 학습해야 한다.

02 정답 ①

| 문학 > 현대 문학 > 수필 | 정답률 94% |

| 정답해설 |

① 선택률 94% 제시된 작품은 시간의 흐름에 따라 서술된 것이 아니라, 그믐달을 중심으로 하여 초생달과 보름달을 같이 놓고 대조하는 방식을 취하고 있다.

| 오답해설 |

② 선택률 0% 대상에 대한 서로 다른 인상은 의인법을 통해 감각적으로 표현되었다.

③ 선택률 3% 비유와 대조를 통해 초생달, 보름달, 그믐달이 주는 서로 다른 인상을 효과적으로 표출하고 있다.

④ 선택률 3% 대상에 대한 객관적 묘사는 거의 없이 주관적 인상의 표출을 위주로 서술하고 있다.

더 알아보기 ▶ 나도향, 「그믐달」

> • 갈래: 경수필
> • 성격: 주관적, 낭만적
> • 특징
> ㉠ 다양한 비유와 간결한 문체를 사용함.
> ㉡ 그믐달을 초생달, 보름달과 대비하여 특성을 드러냄.
> ㉢ 직유법, 대조법을 사용하여 그믐달에 대한 애정을 드러냄.
> • 제재: 그믐달
> • 주제: 그믐달을 사랑하는 마음

군무원 🆚 공무원 비교분석

> 군무원 시험에서 현대 수필의 출제비중은 높지 않고, 출제되더라도 일반적인 독해문 유형으로 출제된다.

03 정답 ③

| 문법과 어문 규정 > 어문 규정 > 맞춤법 | 정답률 54% |

| 정답해설 |

③ 선택률 54% '강추위'는 '눈도 오지 않고 바람도 불지 않으면서 몹시 매운 추위'를 뜻하므로 '눈이 많이 내리는 강추위'는 바르지 않은 표현이다.

| 오답해설 |

① 선택률 12% 주체인 '어머니'보다 상대인 '할머니'가 더 높임의 대상이므로 압존법에 따라 주체인 '어머니'를 높이지 않는 것이 원칙이다. 다만, 부모는 항상 높임의 대상이므로 서술어에 주체 높임 선어말 어미 '-시-'를 넣어 '할머니, 어머니가 오셨어요.'로 표현하는 것을 허용한다.

② 선택률 31% '노고를 위로하다'는 '따뜻한 말이나 행동으로 괴로움을 덜어 주거나 슬픔을 달래 주다.'라는 뜻으로 올바른 표현이다.
🈠 노고를 치하하다.

④ 선택률 3% '다르다'는 '비교가 되는 두 대상이 서로 같지 아니하다.'

라는 뜻이고, '틀리다'는 '셈이나 사실 따위가 그르게 되거나 어긋나다.'라는 뜻이다. 제시된 문장에서는 두 대상을 서로 비교하여 같지 아니하다는 뜻을 나타내므로, '다르다'가 옳게 쓰였다.

군무원 🆚 공무원 비교분석

> 군무원 시험에서 맞춤법에 관한 문제는 일반적으로 1~2문항 정도 출제된다. 문장 성분 간의 호응뿐만 아니라 표준어와 맞춤법, 높임법, 적절한 단어의 의미 등을 고르게 살펴야 한다.

04 정답 ②

| 문법과 어문 규정 > 어문 규정 > 표준 발음법 | 정답률 85% |

| 정답해설 |

② 선택률 85% [넙죽](×) → [넙쭉](○)
'말대답을 하거나 무엇을 받아먹을 때 입을 너부죽하게 닝큼 벌렸다가 닫는 모양', '몸을 바닥에 너부죽하게 대고 닝큼 엎드리는 모양', '망설이거나 주저하지 않고 선뜻 행동하는 모양' 등을 나타내는 부사는 '넓죽'이 아닌 '넙죽'으로 표기하고, [넙쭉]으로 발음한다.

| 오답해설 |

① 선택률 7% '머리말', '반대말'은 [머리말]과 [반:대말]로 발음되기 때문에 사이시옷을 받쳐 적지 않는다. 그러나 '배'와 '멀미'가 결합하여 만들어진 말의 발음은 [밴멀미]로, 뒷말의 첫소리 'ㅁ' 앞에 'ㄴ' 소리가 덧난다. 따라서 사이시옷을 받치어 '뱃멀미'로 적는다.

③ 선택률 3% 'ㅖ'는 [ㅖ]로 발음하는 것이 원칙이나, '예, 례' 이외의 'ㅖ'는 [ㅔ]로도 발음하는 것을 허용한다.

④ 선택률 5% '윗잇몸'은 뒷말의 첫소리 모음 앞에서 'ㄴㄴ' 소리가 덧나므로 [윈닌몸]으로 발음한다.

더 알아보기 ▶ '머리말'과 '머릿돌'

> '머리말'은 순우리말 '머리'와 순우리말 '말'로 된 합성어인데, [머리말]과 같이 표기 그대로 발음되므로 사이시옷을 받치어 적지 않지만, '머릿돌'은 순우리말 '머리'와 순우리말 '돌'로 된 합성어로, [머리똘/머릳똘]과 같이 뒷말의 첫소리가 된소리로 나므로 사이시옷을 받치어 적는다.

05 정답 ①

| 문법과 어문 규정 > 어문 규정 > 표준 발음법 | 정답률 90% |

| 정답해설 |

① 선택률 90% 받침 'ㄷ, ㅌ(ㄾ)'이 조사나 접미사의 모음 'ㅣ'와 결합되는 경우에는 'ㅈ, ㅊ'으로 바뀌어 소리 나는 구개음화 현상이 일어난다. 따라서 '땀받이'는 [땀바지]로 발음한다.

| 오답해설 |

② 선택률 8% [유리짠](×) → [유리잔](○)
'유리잔'은 [유리잔]으로 발음한다. 다만, '술잔[술짠], 맥주잔[맥쭈짠], 소주잔[소주짠]' 등은 예외로 된소리로 발음한다.

③ 선택률 1% [송:별연](×) → [송:벼련](○)

표준 발음법 제29항의 예외 규정으로, '송별연'은 'ㄴ' 또는 'ㄹ' 음을 첨가하지 않고 받침을 연음하여 [송:벼련]으로 발음한다.

④ 선택률 1% [상결녜](×) → [상견녜](○)

'상견례'의 발음은 [상견녜]가 맞다. 표준 발음법 제20항에 따라 'ㄴ'은 'ㄹ'의 앞이나 뒤에서 [ㄹ]로 발음하지만, 예외 규정으로 다음과 같은 단어들은 'ㄹ'을 [ㄴ]으로 발음한다.

예 상견례[상견녜], 의견란[의:견난], 임진란[임:진난], 생산량[생산냥], 결단력[결딴녁], 공권력[공꿘녁], 동원령[동:원녕]

더 알아보기 ▶ 표준 발음법 제29항

합성어 및 파생어에서 앞 단어나 접두사의 끝이 자음이고 뒤 단어나 접미사의 첫음절이 '이, 야, 여, 요, 유'인 경우에는, 'ㄴ' 음을 첨가하여 [니, 냐, 녀, 뇨, 뉴]로 발음한다.

| 솜−이불[솜:니불] | 꽃−잎[꼰닙] | 한−여름[한녀름] |
| 색−연필[생년필] | 늑막−염[능망념] | 식용−유[시굥뉴] |

다만, 다음과 같은 단어에서는 'ㄴ(ㄹ)' 음을 첨가하여 발음하지 않는다.

| 3·1절[사밀쩔] | 송별−연[송:벼련] | 등−용문[등용문] |

군무원 vs 공무원 비교분석

군무원 시험과 일반 공무원 시험 모두 표준 발음법과 음운의 변동에 관한 문제는 자주 출제된다. 음운의 변동을 이해하면 국어의 표준 발음에 관한 문제도 쉽게 풀 수 있다.

06

정답 ②

| 어휘와 관용 표현 > 한자와 한자어 > 한자어 | 정답률 71% |

| 정답해설 |

② 선택률 71% 고루(固陋: 固 굳을 고/陋 더러울 루): 낡은 관념이나 습관에 젖어 고집이 세고 새로운 것을 잘 받아들이지 아니함을 뜻한다. 참고로, '공정하지 못하고 한쪽으로 치우친 생각'을 뜻하는 한자어는 '편견(偏見: 偏 치우칠 편/見 볼 견)'이다.

| 오답해설 |

① 선택률 14% 달초(撻楚: 撻 때릴 달/楚 회초리 초): 어버이나 스승이 자식이나 제자의 잘못을 징계하기 위하여 회초리로 볼기나 종아리를 때림. 윤 초달(楚撻)

③ 선택률 5% 이행(履行: 履 행하다 이/行 행하다 행): 실제로 행함을 뜻하는 말

④ 선택률 10% 회자(膾炙: 膾 회 회/炙 구울 자): 회와 구운 고기라는 뜻으로, 널리 칭찬을 받으며 사람들의 입에 오르내림을 뜻하는 말

군무원 vs 공무원 비교분석

한자어는 많은 수험생들이 어려워하는 영역이다. 범위가 특정되지 않아 어휘의 양이 방대하고, 짧은 시간에 학습할 수 없으므로 평상시 하루에 한두 개의 어휘만이라도 꾸준히 암기해야 한다.

07

정답 ①

| 문법과 어문 규정 > 고전 문법 > 고전문 | 정답률 77% |

| 정답해설 |

① 선택률 77% 기본자 'ㅅ'의 가획자는 'ㅈ, ㅊ'이다. 반치음 'ㅿ'은 가획자가 아니라 이체자에 해당한다.

더 알아보기 ▶ 훈민정음 초성 자음의 제자 원리

이름	발음기관 상형	기본자	가획자	이체자
아음(牙音)	혀뿌리가 목구멍을 막는 모양	ㄱ	ㅋ	ㆁ
설음(舌音)	혀끝이 윗잇몸에 붙는 모양	ㄴ	ㄷ, ㅌ	ㄹ (반설음)
순음(脣音)	입의 모양	ㅁ	ㅂ, ㅍ	
치음(齒音)	이의 모양	ㅅ	ㅈ, ㅊ	ㅿ
후음(喉音)	목구멍 모양	ㅇ	ㆆ, ㅎ	

군무원 vs 공무원 비교분석

군무원 시험에서 고전 문법은 일반적으로 훈민정음의 제자 원리와 운용법에서 출제된다. 따라서 자음 17자, 모음 11자의 제자 원리, 연서법, 병서법, 부서법, 성음법 등의 원리를 학습해야 한다.

08

정답 ②

| 문법과 어문 규정 > 어문 규정 > 띄어쓰기 | 정답률 57% |

| 정답해설 |

② 선택률 57% 한국만∨한(○)

체언 뒤에 오는 '만'이 앞말이 나타내는 대상이나 내용 정도에 달함을 나타내는 경우에는 보조사이므로 앞말에 붙여 쓰고, 뒤에 오는 '하다'는 용언이므로 띄어 쓴다. 다만, ④의 경우처럼 앞에 오는 말이 용언의 관형형일 때의 '만하다'는 보조 형용사이다.

| 오답해설 |

① 선택률 15% 이상하리∨만큼(×) → 이상하리만큼(○)

'−리만큼'은 '−ㄹ 정도로'의 뜻을 나타내는 연결 어미로, 앞말에 붙여 써야 한다. 참고로, '만큼'이 앞에 말한 내용과 같은 정도나 수량을 나타낼 때는 의존 명사이므로 띄어 써야 한다.

예 노력한 만큼 대가를 얻다.

③ 선택률 15% 제 9차(×) → 제9∨차, 제9차(○)

'제(第)−'는 수사 앞에 붙여 '그 숫자에 해당되는 차례'의 뜻을 더하는 접두사이므로 뒷말과 붙여 써야 한다. 또한 '차(次)'는 '번'이나 '차례'의 뜻을 나타내는 의존 명사이므로 띄어 써야 하지만 아라비아 숫자와 어울리는 경우에는 붙여 쓰는 것을 허용한다. 따라서 '제9 차'가 원칙이고, '제9차'로 붙여 쓰는 것을 허용한다.

④ 선택률 13% 주목할 만 한(×) → 주목할∨만한(○)

'만하다'는 어떤 대상이 앞말이 뜻하는 행동을 할 타당한 이유를

가질 정도로 가치가 있음을 나타내는 보조 형용사로, 본용언과 띄어 쓰는 것이 원칙이다.

군무원 VS 공무원 비교분석

일반적으로 다른 직렬의 시험에서는 띄어쓰기가 1문항 정도 출제되는데 비하여 군무원 시험에서는 2문항 정도가 출제된다. 앞말에 붙여 쓰는 조사와 어미, 띄어 쓰는 의존 명사 등을 확실하게 구별해야 한다.

09 고난도 TOP 2
정답 ④

| 문학 > 고전 문학 > 고전 시가 – 가사(한자 성어와 속담) | 정답률 32% |

| 정답해설 |

제시된 작품은 정훈의 「탄궁가」로서, 가난한 생활로 인한 화자의 고통과 걱정이 드러나 있다.

④ 선택률 32% 죽사발이 웃음이요 밥사발이 눈물이라: 먹을 것이 있어도 근심과 걱정 속에 지내는 것보다 가난하게 살더라도 걱정 없이 사는 편이 낫다는 뜻으로, 직접적으로 가난한 생활을 의미하는 것은 아니다.

| 오답해설 |

① 선택률 6% 휑한 빈 집에서 서 발 막대 거칠 것 없다: ㉠ 서 발이나 되는 긴 막대를 휘둘러도 아무것도 거치거나 걸릴 것이 없다는 뜻으로, 가난한 집안이라 세간이 아무것도 없음을 이르는 말. ㉡ 주위에 조심스러운 사람도 없고 아무것도 거리낄 것이 없음을 비유적으로 이르는 말

유 서 발 장대 거칠 것 없다

② 선택률 49% 적수공권(赤手空拳: 赤 없을 적/手 손 수/空 없을 공/拳 주먹 권): 맨손과 맨주먹이라는 뜻으로, 아무것도 가진 것이 없음을 이르는 말

③ 선택률 13% 삼순구식(三旬九食: 三 석 삼/旬 열흘 순/九 아홉 구/食 밥 식): 삼순, 즉 한 달에 아홉 번 밥을 먹는다는 뜻으로, 집안이 가난하여 먹을 것이 없어 굶주린다는 말

더 알아보기 ▶ 정훈, 「탄궁가(歎窮歌)」

- 갈래: 양반 가사
- 특징
  ㉠ 열거를 통해 궁핍한 처지를 강조함.
  ㉡ 가난을 의인화하여 대화를 통해 화자의 태도를 드러냄.
  ㉢ 고사를 인용하여 화자가 처한 상황을 부각함('안연'과 '원헌'의 가난과 화자의 가난을 비교함).
  ㉣ 의문문(설의적 표현)을 사용하여 자신의 처지를 한탄함.
  ㉤ 대구와 대조의 표현을 통해 화자의 곤궁한 처지를 강조함.
  ㉥ 가난한 생활을 구체적으로 묘사하여 사실성을 높임.
- 주제: 가난으로 인한 근심과 걱정
- 현대어 풀이
  봄날이 더디 뻐꾸기가 재촉커늘 동쪽 이웃에 쟁기 얻고 서쪽 이웃에 호미 얻고 집안에 들어가 씨앗을 마련하니 올벼씨 한 말은 반 넘게 쥐 먹었고 기장, 피, 조, 팥은 서너 되 안 되거늘, 춥고 배고픈 식구 이리하여 어찌 살리.

이봐 아이들아 어쨌거나 힘 써서 살아가라. 죽을 쑤어 국물은 상전이 먹고 건더기 건져 종을 주었는데 (종놈들이) 눈살을 찌푸리며 콧방귀만 낀다. 올벼는 한 발만 수확하고 조와 팥은 다 묵히니 싸리, 피, 바랑이 등 잡초는 나기도 싫지 않던가? 빌린 곡식의 이자는 무엇으로 장만하며 부역과 세금은 어찌하여 채워 낼까? 백방으로 생각해도 견딜 수가 전혀 없다. 잡초가 아무 걱정 모르는 것을 부러우나 어찌하리.

10
정답 ④

| 문법과 어문 규정 > 어문 규정 > 표준어 규정 | 정답률 59% |

| 정답해설 |

④ 선택률 59% '내음'은 기존 표준어인('냄새')와는 뜻이나 어감의 차이가 있어 별도 표준어로 인정한 것이다. 즉, '냄새'가 코로 맡을 수 있는 온갖 기운이라면 '내음'은 코로 맡을 수 있는 향기롭거나 나쁘지 않은 냄새나 기운을 뜻하며, 주로 문학적 표현으로 쓰인다.

| 오답해설 |

①②③ 선택률 13% 선택률 23% 선택률 5% '허접쓰레기', '흙담', '복숭아뼈'는 기존 표준어인 '허섭스레기', '토담', '복사뼈'가 있으나 유사한 의미의 다른 표현이 현실적으로 널리 쓰이는 것을 받아들여 복수 표준어로 인정한 것이다.

군무원 VS 공무원 비교분석

상당히 난도가 높은 유형의 문제이다. 일반 공무원 시험에서는 표준어와 비표준어를 구별하는 유형으로 출제되는데 비해, 제시된 문항은 모두 표준어이지만 표준어로 인정한 유형까지 구별해야 한다. 따라서 변경된 표준어는 확실하게 학습해야 한다.

11
정답 ②

| 문학 > 고전 문학 > 고전 시가 – 악장 | 정답률 66% |

| 정답해설 |

② 선택률 66% ㉠ '뮈다'는 '움직이다(動: 움직일 동)'라는 뜻이고, ㉡ '여름'은 '열매(實: 열매 실)'라는 뜻이다.

| 오답해설 |

'勤'은 '부지런할(근심할) 근'이고, '夏'은 '여름 하'로, 옛말은 '녀름'이다.

더 알아보기 ▶ 「용비어천가」 2장

- 주제: 조선 왕조의 무궁한 발전 염원
- 중심 내용
  ㉠ 기초가 튼튼한 나라는 내우외환으로 말미암아 국가의 기반이 흔들리지 않고 문화가 융성하게 발전하고 좋은 결실을 맺을 것이라는 뜻(은유법)
  ㉡ 유서 깊은 나라는 내우외환 속에서도 그 혈통이 끊어지지 아니하므로 길이 발전하게 될 것이라는 뜻(은유법)

- 현대어 풀이

  뿌리가 깊은 나무는 바람에도 움직이지 아니하므로, 꽃이 좋고 열매도 많으니

군무원 vs 공무원 비교분석

군무원 시험에서 고전 문학으로는 「용비어천가」가 꾸준히 출제된다. 특히 2장, 48장, 67장, 125장은 확실하게 정리해 두어야 한다.

12

정답 ①

| 비문학 > 독해 비문학 > 주제 | 정답률 92% |

| 정답해설 |

① 선택률 92% ㉠ 뒤에 이어지는 내용을 보면 동물은 기운을 북돋고 생산능력을 높이기 위해 그에 맞는 먹을거리를 먹는다. 또한 침팬지, 개와 고양이, 새들, 인도의 코끼리 등도 자신의 상태나 필요에 따라 스스로 약초 처방을 한다고 하였다. 따라서 ㉠에는 '야생동물은 스스로 치료하는 방법을 본능적으로 안다'가 적절하다.

13

정답 ④

| 문학 > 현대 문학 > 현대 소설 – 서술상 특징 | 정답률 45% |

| 정답해설 |

④ 선택률 45% 제시된 작품의 시점은 작가가 각 인물의 심리 상태나 행동의 동기, 감정, 의욕 등을 분석하여 서술하는 이른바 전지적 작가 시점에 해당한다. '이 자식이! 그러면서도 성삼이의 가슴 한복판이 환해짐을 느낀다.'라는 부분에서 알 수 있듯이 성삼이의 내면 심리가 서술되는가 하면, '좀 전에, 너는 총살감이라던 말이 퍼뜩 머리를 스치고 지나갔다. 이제 성삼이가 기어가는 쪽 어디서 총알이 날아오리라.'라는 부분에서는 덕재의 심리가 서술되고 있다. 하지만 작품의 전편에 걸쳐서는 주로 성삼이의 심리를 서술하고 있다는 점에서 제한적인 전지적 시점에 가깝다.

| 오답해설 |

① 선택률 15% 서술자가 작품에 직접 등장하여 자신의 생각을 드러내는 부분은 찾을 수 없다.

② 선택률 22% 극적 제시 방법은 대사와 행동으로만 사건을 전달하는 연극적인 방법을 뜻한다. 하지만 제시된 작품에서는 인물의 심리가 직접적으로 묘사되고 있다.

③ 선택률 18% 외부적인 사실만 서술하는 것은 관찰자 시점을 뜻한다.

14

정답 ④

| 문학 > 현대 문학 > 현대 소설 – 인물의 심리 | 정답률 81% |

| 정답해설 |

④ 선택률 81% 성삼은 과거 회상을 통해 덕재와 나누었던 우정을 떠올리고는 친구인 덕재에게 도망갈 기회를 주기 위해 학을 몰아오라고 한 것이다.

| 오답해설 |

① 선택률 4% 성삼은 어릴 적 친구였던 덕재가 적이 된 현실에 화를 내고 있다.

② 선택률 10% 성삼은 덕재의 말을 듣고 답답한 마음이 풀리게 되었다.

③ 선택률 5% 덕재는 앓아누운 아버지 때문에 도망가지 않았음을 밝히고 있다.

더 알아보기 ▶ 황순원, 「학」

- 배경: 6·25 전쟁 중 삼팔선 접경의 북쪽 마을
- 성격: 서정적, 인간주의적, 휴머니즘적
- 구성: 역순행적 구성(현재의 상황 → 회상의 내용 → 현재 이후의 사건)
- 주제
  ㉠ 전쟁과 이념의 증오를 넘어서는 우정의 따뜻함
  ㉡ 사상과 이념의 대립을 넘어서는 따뜻한 인간애(민족의 동질성과 동족애의 회복)
- 해제: 6·25 전쟁과 삼팔선 부근의 작은 마을을 배경으로 하여, 덕재와 성삼이라는 두 인물 간의 이념 대립과 그 해소 과정을 간결하면서도 집약적인 구조로 표현한 단편 소설이다. 이념적으로 적대 관계에 놓인 두 사람이 평화롭고 행복했던 과거의 체험을 떠올리면서 현실의 갈등을 해소하고 예전처럼 동질성을 회복하게 된다는 것이다.

15

정답 ②

| 문법과 어문 규정 > 어문 규정 > 로마자 표기법 | 정답률 87% |

| 정답해설 |

② 선택률 87% 로마자 표기법에 따르면 된소리 발음은 표기에 반영하지 않는다. 따라서 '압구정동'은 [압꾸정동]으로 발음되지만 로마자 표기는 'Apgujeong-dong'으로 표기한다.

16 고난도 TOP3

정답 ④

| 어휘와 관용 표현 > 순우리말 > 우리말 어휘 | 정답률 43% |

| 정답해설 |

④ 선택률 43% 〈보기〉의 '감실감실'은 사람이나 물체, 빛 따위가 먼 곳에서 자꾸 아렴풋이 움직이는 모양을 뜻하는 부사이다.

| 오답해설 |

① 선택률 33% 나풀나풀, ② 선택률 7% 하늘하늘, ③ 선택률 17% 둥실둥실의 뜻이다.

17 고난도 TOP1 　　　　　　　　　　　　　정답 ①

| 문법과 어문 규정 > 현대 문법 > 품사 | 정답률 27% |

| 정답해설 |

① 선택률 27% 이때의 '낫다'는 '보다 더 좋거나 앞서 있다.'의 뜻으로 형용사이다. 참고로, '낫다'가 '병이나 상처 따위가 고쳐져 본래대로 되다.'의 뜻인 경우에는 동사이다.

| 오답해설 |

② 선택률 25% '서슴다', ③ 선택률 38% '크다', ④ 선택률 10% '낡다'는 모두 동사이다.

더 알아보기 ▶ 동사와 형용사의 구분

동사와 형용사는 주로 현재 시제 선어말 어미 '-ㄴ-/-는-'의 결합 여부를 기준으로 구분한다. 또한, 동사는 명령형 종결 어미나 청유형 종결 어미가 결합할 수 있지만, 형용사는 결합할 수 없다는 점도 고려한다.

군무원 vs 공무원 비교분석

동사와 형용사의 구분뿐만 아니라 어휘의 품사를 구분하는 유형의 문제는 군무원 시험에서 꾸준히 출제되고 있다. 각 품사의 특징을 적용하여 구분할 수 있어야 한다.

18 　　　　　　　　　　　　　　　　　정답 ③

| 문학 > 현대 문학 > 현대 시 | 정답률 76% |

| 정답해설 |

③ 선택률 76% '강물'은 이별 앞에서 망설이는 화자를 재촉한다. 따라서 역사에 대한 화자의 긍정적 태도를 의미하지 않는다.

| 오답해설 |

① 선택률 2% 1·2연은 시적 화자의 내면적 갈등을, 3·4연은 시적 화자가 처한 외면적 상황을 각각 표현하고 있다.

② 선택률 12% '까마귀'와 '강물'은 시적 화자에게 떠날 것을 재촉하는 역할을 하는 소재이다.

④ 선택률 10% 4연에서는 울림소리인 'ㄹ'을 반복적으로 배치하여 실제로 강물이 부드럽게 흘러가는 듯한 인상을 준다. '흐릅디다려'라는 시구에서 종결 어미 '-ㅂ디다'는 객관화된 태도를 보여 주고 보조사 '-려(-그려)'는 강조의 의미를 가지는데, 강물의 흐름을 자신과 거리가 있는 사실로 표현할 만큼 화자의 심리적 부담이 큰 것으로 이해할 수도 있고, 계속 흘러가는 강물의 모습을 강조함으로써 화자의 안타까움을 드러낸 것으로 볼 수도 있다.

더 알아보기 ▶ 김소월, 「가는 길」

• 갈래: 자유시, 서정시
• 성격: 민요적, 전통적, 애상적
• 어조: 그리움과 아쉬움을 드러내는 부드럽고 애틋한 어조
• 특징
　㉠ 간결한 구조로 시상을 전개함.
　㉡ 절제되고 함축적인 시어를 사용함.

㉢ 유음과 비음을 사용하여 음악적 효과를 거둠.
㉣ 내면 심리와 외적 상황의 대립에 의한 시상 전개
㉤ 7·5조 3음보의 전통적 율격으로 음보의 배열에 변화를 줌.
㉥ 이별의 상황에서 느끼는 시적 화자의 아쉬움과 망설임을 자연물을 통해 표출(= 까마귀, 강물)
㉦ 함축적이면서도 절제된 시어를 구사
• 주제: 이별의 아쉬움과 그리움

19 　　　　　　　　　　　　　　　　　정답 ③

| 문학 > 고전 문학 > 고전 산문 – 고전 소설 | 정답률 96% |

| 정답해설 |

③ 선택률 96% 제시된 작품에서 서민 계층의 신분 상승 욕구와 관련지을 수 있는 내용은 제시되지 않았다. 남자 주인공 이생과 여자 주인공 최 랑의 집안은 모두 당대 지배층에 속하는 집안이다.

| 오답해설 |

① 선택률 0% 도적떼(홍건적)의 침입 사건을 기점으로 남녀 주인공이 만남과 이별을 되풀이하는 서사 구조를 보이고 있다.

② 선택률 1% 혼사 장애 모티프, 만남–이별 모티프, 명혼 모티프를 활용하여 남녀 주인공의 애틋한 사랑을 형상화하고 있다.

④ 선택률 3% 주인공에게 인생의 전환점과 시련의 계기로 작용하고 있는 사건은 도적떼(홍건적)의 침입이다. 따라서 전란이 초래한 비극적 현실의 단면을 보여 준다고 할 수 있다.

20 　　　　　　　　　　　　　　　　　정답 ④

| 문학 > 고전 문학 > 고전 산문 – 고전 소설 | 정답률 59% |

| 정답해설 |

④ 선택률 59% 「사씨남정기」는 조선 숙종 때 김만중이 지은 한글 소설이다.

| 오답해설 |

①②③ 선택률 21% 선택률 11% 선택률 9% 『금오신화』는 조선 시대에 김시습이 지은 우리나라 최초의 한문 소설로 「만복사저포기」, 「이생규장전」, 「취유부벽정기」, 「용궁부연록」, 「남염부주지」 등 5편이 수록되어 있다.

더 알아보기 ▶ 김시습, 「이생규장전」

• 갈래: 전기 소설, 한문 소설
• 특징
　㉠ 도적떼(홍건적의 난)는 이생과 최 랑의 사랑을 가로막는 현실적인 장벽이라 할 수 있음.
　㉡ 이생이 담 너머로 시를 전한 것은 인간적 욕망을 성취하려는 노력이라 할 수 있음.
　㉢ 죽은 최 랑과의 재결합은 장벽에 부딪힌 욕망이 환상적으로 성취된 것이라 할 수 있음.
　㉣ 최 랑의 집은 현실 세계에 속하지만 욕망이 실현되는 환상 세계의 성격을 함께 지녔다고 할 수 있음.

- 주제: 죽음을 초월한 남녀 간의 사랑
- 전체 줄거리: 이생은 우연히 담장 너머의 최 랑을 엿보다가 자신의 마음을 담은 글을 서로 주고받으며 사랑하게 된다. 이 사실을 알게 된 이생의 아버지는 이생을 시골로 보내고, 최 랑은 이생이 찾아오지 않자 앓아눕게 된다. 최 랑의 부모가 두 사람의 사연을 알고 이생과 정식으로 혼례를 올리게 한다. 얼마 후에 홍건적의 난이 일어나 가족들은 흩어지고 이생은 홀로 도망간다. 홍건적에 붙잡힌 최 랑은 죽음으로 항거하여 이생과의 의리를 지킨다. 폐허가 된 집에 홀로 찾아온 이생은 최 랑이 나타나자 죽은 사람임을 알면서도 함께 살기로 한다. 몇 년을 함께 살고 나서 최 랑이 자신이 죽은 몸이므로 오래 머무를 수 없다고 하며 저승으로 떠난다. 최 랑이 떠난 후에 이생도 병들어 죽는다.

군무원 VS 공무원 비교분석

다른 직렬의 시험에 비하여 군무원 시험에서는 고전 문학이 꾸준히 출제되고 있다. 고전 소설뿐만 아니라 고전 시가에 이르기까지 고르게 학습해야 한다.

21 정답 ②

| 문법과 어문 규정 > 현대 문법 > 상대 높임법 | 정답률 80% |

| 정답해설 |

상대 높임법은 종결 어미를 사용하여 상대편을 높이거나 낮추어 말하는 표현법이다. 격식체에는 '하십시오체', '하오체', '하게체', '해라체'가 있고, 비격식체에는 '해체', '해요체'가 있다.

② 선택률 80% '-어요'는 종결 어미 '-어'와 보조사 '요'가 결합한 것으로, 상대 높임법 중 비격식체인 '해요체'에 해당한다.

| 오답해설 |

① 선택률 9% '-게'는 손아래나 허물없는 사이에 무엇을 시키는 뜻을 나타내는 종결 어미로서, 상대 높임법 중 격식체인 '하게체'에 해당한다.

③ 선택률 5% '-다'는 어떤 사건이나 사실, 상태를 서술하는 뜻을 나타내는 종결 어미로서, 상대 높임법 중 격식체인 '해라체'에 해당한다.

④ 선택률 6% '-ㅂ니다'는 현재 계속되는 동작이나 상태를 그대로 나타내는 종결 어미로서, 상대 높임법 중 격식체인 '하십시오체'에 해당한다.

22 정답 ①

| 문학 > 현대 문학 > 현대 시 | 정답률 68% |

| 정답해설 |

① 선택률 68% 제시된 시는 '~은 누구의 ~입니까?'라는 시행을 반복하고 있다. 이러한 통사 구조의 반복이 시상에 통일성을 부여하고 있으며 운율감을 느낄 수 있게 한다.

| 오답해설 |

② 선택률 4% 대화체의 진술은 나타나지 않는다.

③ 선택률 5% 계절감이 드러나는 시어는 있지만 '봄 – 여름 – 가을 – 겨울'의 순서대로 시상이 전개되는 것은 아니다.

④ 선택률 23% 의문형 종결 어미로 끝을 맺고 있지만 시적 화자의 회의감이 드러나지는 않는다.

23 정답 ④

| 문학 > 현대 문학 > 현대 시 | 정답률 90% |

| 정답해설 |

④ 선택률 90% '약한 등불'은 임이 없는 암담한 현실을 견디는 화자의 미약함을 뜻한다. 따라서 임에 대한 사랑과 희생정신을 의미한다.

| 오답해설 |

①②③ 선택률 3% 선택률 4% 선택률 3% '오동잎, 푸른 하늘, 저녁놀'이라는 자연 현상을 통해 임의 모습을 형상화한 것이다.

더 알아보기 ▶ 한용운, 「알 수 없어요」

- 성격: 구도적, 관조적, 관념적, 상징적, 역설적
- 구성

  1행: 떨어지는 오동잎 = 임의 발자취

  2행: 푸른 하늘 = 임의 얼굴

  3행: 알 수 없는 향기 = 임의 입김

  4행: 작은 시내 = 임의 노래

  5행: 저녁놀 = 임의 시

  6행: 임을 향한 변함없는 정신 – 끝없는 구도 정신

- 특징

  ㉠ 산문적 리듬과 경어체를 사용함.

  ㉡ 의문형 문장의 반복(동일한 통사 구조)을 통해 신비스러운 분위기를 조성함. 주제를 심화하고 시상을 통일하는 효과가 있음.

  ㉢ 절대자나 진리 추구의 끝없는 탐구 과정 – 자연 현상을 통한 깨달음을 형상화함.

- 주제: 절대자(임)에 대한 탐구와 구도 정신

24 정답 ③

| 문법과 어문 규정 > 현대 문법 > 품사 | 정답률 95% |

| 정답해설 |

③ 선택률 95% 명령형 어미 '-어라/-아라'나 청유형 어미 '-자'와 결합할 수 있으면 동사이고, 결합할 수 없으면 형용사이다.

| 오답해설 |

① 선택률 1% 동사와 형용사는 문장의 주어를 서술하는 기능을 하는데, 이들을 묶어서 용언(用言)이라 부른다.

25

비문학 > 이론 비문학 > 말하기와 듣기　　　　　정답률 96%

| 정답해설 |

④ 선택률 96% B는 시험을 망친 A를 격려하고 있다. B의 발언은 자신에게 혜택을 주는 표현이나 자신에 대한 칭찬을 최소화하고 있다는 점에서 관용의 격률 또는 겸양의 격률을 지키고 있다. 또한 상대방의 이익이나 칭찬을 극대화하고 있다는 점에서 요령의 격률 또는 찬동의 격률을 준수하고 있다.

| 오답해설 |

① 선택률 3% 상대방을 비방하고 있다는 점에서 찬동의 격률을 준수하지 않고 있으며, 상대방에게 부담이 되는 표현을 하고 있다는 점에서 요령의 격률을 준수하지 않고 있다.

② 선택률 1% 상대방을 비방하고 있다는 점에서 찬동의 격률을 준수하지 않고 있으며, 자신에 대한 칭찬을 극대화하고 있다는 점에서 겸양의 격률을 준수하지 않고 있다.

③ 선택률 0% 자신과 상대방의 의견 사이의 다른 점을 최소화하고 공감을 극대화하는 동의의 격률이 지켜지지 않았다.

더 알아보기 ▶ 공손성의 원리(정중어법)

공손하고 예의 바르게 주고받는 말의 태도를 기반으로 대화 참여자들 사이에 사회적인 관계를 형성하고 유지시키는 기능을 하는 것을 말한다.

요령의 격률	상대방에게 부담이 되는 표현은 최소화하고 이익이 되는 표현을 극대화하는 것 예 시간 좀 내주실 수 있으십니까?
관용의 격률	요령의 격률을 화자의 관점에서 말한 것으로 화자 자신에게 이익이 되는 표현은 최소화하고 부담을 주는 표현을 최대화하는 것 예 제가 잠시 딴생각을 해서 그러는데, 다시 말씀해 주시겠어요?
찬동의 격률	상대방의 비방을 최소화하고 칭찬을 극대화하는 것 예 너의 부모님은 참 좋으신 분들 같아.
겸양의 격률	찬동의 격률을 화자의 관점에서 말한 것으로 화자 자신에 대한 칭찬은 최소화하고 비방을 극대화하는 것 예 상대: 너는 참 공부를 열심히 하는구나. 　　나: 아니야, 머리가 나빠서 이제라도 열심히 하려는 것뿐이야.
동의의 격률	자신의 의견과 상대방의 의견 사이의 차이점을 최소화하고 일치점을 극대화하는 것 예 나: 영화 한 편 보는 게 어때? 　　상대: 영화? 좋지. 그런데 요즘 벚꽃이 예쁘다던데. 다음 주면 벚꽃도 다 진다고 하더라고. 　　나: 그래? 그럼 벚꽃놀이 갈까?

9급 군무원 국어

l 전체 난이도 및 합격선

전체 난이도	합격선
下	84점

l 기출총평

2014년 군무원 시험은 문법과 어문 규정 및 비문학에서 여전히 다수 출제되었다. 문법과 어문 규정에서 한글 맞춤법, 표준 발음법, 띄어쓰기, 외래어 표기법이 출제되었고, 우리말 어휘를 묻는 문항은 어렵게 느껴졌을 것이다. 애국가의 가사를 제시하고 우리말 어휘와 조사를 묻는 유형은 군무원 시험만의 특징이라 볼 수 있다. 문학은 단순 암기형은 출제되지 않았고, 고시조에서 1문항 출제되었다. 비문학은 지문이 더욱 길어졌기 때문에 전년도에 비하여 시간 안배에 어려움이 있었을 것이다. 앞으로의 시험에 대비하여 비문학 독해 실전 감각을 길러야 한다.

l 영역별 출제비중

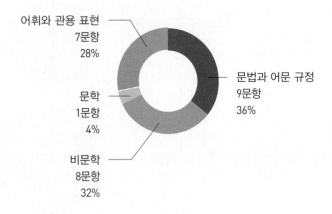

어휘와 관용 표현
7문항
28%

문학
1문항
4%

비문학
8문항
32%

문법과 어문 규정
9문항
36%

l 문항 분석

	카테고리	출제수	정답률
1	문법과 어문 규정 > 어문 규정 > 맞춤법	47회	57%
2	문법과 어문 규정 > 어문 규정 > 표준 발음법	18회	82%
3	문법과 어문 규정 > 고전 문법 > 고전문	7회	57%
4	문법과 어문 규정 > 어문 규정 > 맞춤법	47회	64%
고난도 TOP 2 5	어휘와 관용 표현 > 순우리말 > 우리말 어휘	16회	36%
6	어휘와 관용 표현 > 한자와 한자어 > 한자어	27회	54%
7	문법과 어문 규정 > 어문 규정 > 띄어쓰기	24회	66%
8	문법과 어문 규정 > 어문 규정 > 외래어 표기법	12회	74%
9	비문학 > 독해 비문학 > 내용 확인하기	22회	94%
10	어휘와 관용 표현 > 순우리말 > 우리말 어휘	15회	74%
11	어휘와 관용 표현 > 관용 표현 > 관용구	1회	70%
12	비문학 > 이론 비문학 > 조건에 맞는 표현	2회	88%
13	문법과 어문 규정 > 현대 문법 > 의미론 – 적절한 어휘	11회	80%
14	문법과 어문 규정 > 어문 규정 > 표준 발음법	18회	89%
15	어휘와 관용 표현 > 한자와 한자어 > 한자어	27회	38%
16	어휘와 관용 표현 > 한자와 한자어 > 한자 성어	21회	55%
17	어휘와 관용 표현 > 순우리말 > 우리말	1회	41%
고난도 TOP 3 18	비문학 > 독해 비문학 > 글의 순서	13회	37%
19	문학 > 고전 문학 > 고전 시가 – 시조	12회	91%
20	비문학 > 이론 비문학 > 글의 전개 방식	16회	85%
21	비문학 > 이론 비문학 > 글의 전개 방식	16회	88%
22	비문학 > 이론 비문학 > 말하기와 듣기	5회	55%
23	비문학 > 이론 비문학 > 글의 전개 방식	16회	60%
고난도 TOP 1 24	문법과 어문 규정 > 현대 문법 > 비문의 유형	13회	35%
25	비문학 > 이론 비문학 > 퇴고	3회	86%

※ 고난도 TOP 1 는 해당 회차에서 정답률이 가장 낮은 문항입니다.

01	③	02	②	03	③	04	④	05	①
06	①	07	①	08	②	09	①	10	③
11	③	12	②	13	②	14	③	15	④
16	②	17	③	18	④	19	④	20	①
21	①	22	①	23	②	24	①	25	③

기출문제편 ▶ P.83

01

정답 ③

| 문법과 어문 규정 > 어문 규정 > 맞춤법 | 정답률 57% |

| 정답해설 |

③ 선택률 57% '부딪히다'는 '부딪다'에 피동의 뜻을 더하는 접미사 '-히-'가 붙어 만들어진 말이고, '부딪치다'는 '부딪다'에 강조의 뜻을 더하는 접미사 '-치-'가 붙어 만들어진 말이다. 따라서 '부딪히다'는 피동형, '부딪치다'는 능동형이다. 제시된 문장은 주체가 부딪는 행위를 당한 경우이기 때문에 피동문으로 써야 하므로 '부딪히다'가 맞게 사용되었다.

| 오답해설 |

① 선택률 7% 사과하므로써(×) → 사과함으로써(○)

'하므로'는 동사 어간 '하-' + 까닭의 뜻을 나타내는 연결 어미 '-므로'이고, '함으로'는 '함('하다'의 명사형)' + 조사 '으로(써)'이다. 따라서 '하므로'는 '하기 때문에'란 뜻이고, '함으로'는 '하는 것으로(써)'란 뜻이다. 또한 '하므로'에는 '써'가 결합할 수 없지만 '함으로'에는 '써'가 결합할 수 있다.

② 선택률 13% 겉잡을(×) → 걷잡을(○)

주로 '없다', '못하다'와 함께 쓰여 '한 방향으로 치우쳐 흘러가는 형세 따위를 붙들어 잡다.'의 뜻일 때는 '걷잡다'가 올바른 표현이다. '겉잡다'는 '겉으로 보고 대강 짐작하여 헤아리다.'의 뜻이다.

예 걷잡아도 일주일은 걸린다.

④ 선택률 23% 얇다(×) → 가늘다(○)

물체의 두께와 관련이 있으면 '얇다'를 쓰고 긴 물체의 둘레나 너비와 관련이 있으면 '가늘다'를 쓴다. 따라서 팔뚝·허리·종아리 등에는 '얇다'가 아니라 '가늘다'를 사용해야 한다.

예 옷이 얇다.

군무원 VS 공무원 비교분석

일반 공무원 시험 및 군무원 시험에서 한글 맞춤법은 빠지지 않고 출제된다. 다만, 일반 공무원 시험에서 2~3문항 정도 출제된다면, 군무원 시험에서는 한글 맞춤법 문항이 3~4문항 정도 출제되는 등 문항 수가 조금 더 많다.

02

정답 ②

| 문법과 어문 규정 > 어문 규정 > 표준 발음법 | 정답률 82% |

| 정답해설 |

② 선택률 82% 'ᆱ'은 어말 뒤 [ㄹ]로 발음하고, 모음으로 시작하는 '으로'와 결합하여 연음해 발음한다. 이때 겹받침의 'ㅅ'이 뒤로 연음되어 된소리로 발음한다. 따라서 '외곬으로'는 [외골쓰로]로 발음한다.

| 오답해설 |

① 선택률 6% 밟게[발께](×) → [밥:께](○)

겹받침 'ᆲ'은 어말 또는 자음 앞에서 [ㄹ]로 발음하지만, '밟'은 예외적으로 [밥:]으로 발음한다. 따라서 '밟다[밥:따]', '밟게[밥:께]' 등으로 발음한다.

③ 선택률 5% 맑게[막께](×) → [말께](○)

겹받침 'ᆰ'은 어말 또는 자음 앞에서 [ㄱ]으로 발음한다. 그러나 용언의 어간 말음 'ᆰ'은 'ㄱ' 앞에서 [ㄹ]로 발음한다.

예 맑게[말께], 묽고[물꼬], 얽거나[얼꺼나]

④ 선택률 7% 닳도록[달또록](×) → [달토록](○)

'ㅎ(ㄶ, ㅀ)' 뒤에 'ㄱ, ㄷ, ㅈ'이 결합되는 경우에는 뒤 음절 첫소리와 합쳐서 [ㅋ, ㅌ, ㅊ]으로 발음한다. 따라서 '닳도록[달토록]'으로 발음한다.

예 놓고[노코], 좋던[조:턴], 많고[만:코], 닳지[달치]

군무원 VS 공무원 비교분석

한글 맞춤법 출제비중에 비하여 표준 발음법 문항은 군무원 시험에서 출제비중이 높지 않다. 또한 일반 공무원 시험에 비하여 문제의 난도도 높지 않다.

03

정답 ③

| 문법과 어문 규정 > 고전 문법 > 고전문 | 정답률 57% |

| 정답해설 |

③ 선택률 57% 서문에서 지칭한 28자는 자음 17자(ㄱ, ㅋ, ㆁ/ㄷ, ㅌ, ㄴ/ㅂ, ㅍ, ㅁ/ㅈ, ㅅ, ㅊ/ㆆ, ㅎ, ㅇ/ㄹ/ㅿ) + 모음 11자(ㆍ, ㅡ, ㅣ, ㅏ, ㅗ, ㅓ, ㅜ, ㅑ, ㅛ, ㅕ, ㅠ)이다.

| 오답해설 |

① 선택률 19% 'ㅸ'은 연서법, ④ 선택률 9% 'ㄲ'은 병서법으로 만들어진 음운이다.

군무원 VS 공무원 비교분석

일반 공무원 시험에서 고전 문법은 지식형 문항으로 1문항 정도 출제되거나 고전문을 통한 분석형 문항으로 출제된다. 군무원 시험에서는 고전 문법의 출제 빈도가 상당히 낮다. 출제가 되지 않거나, 훈민정음의 제자 원리, 운용법 등에서 1문항 정도 출제된다.

04

| 문법과 어문 규정 > 어문 규정 > 맞춤법 | 정답률 64% |

| 정답해설 |

④ 선택률 64% '붇다'는 주로 '몸'을 주어로 하여 '살이 찌다' 또는 '물에 젖어서 부피가 커지다.'라는 의미의 동사로, 제시된 문장에서 바르게 쓰였다. 참고로, '붓다'는 '액체나 가루 따위를 다른 곳에 담다.', '살가죽이 부풀어 오르다.'라는 의미의 동사이다.

| 오답해설 |

① 선택률 12% 절은(×) → 전(○)
'음식 따위에 소금기나 식초, 설탕 따위가 배어들다.'라는 의미의 동사는 '절다'이다. 어간의 끝음절이 'ㄹ'인 용언의 뒤에는 관형사형 어미 '-은'이 아니라 '-ㄴ'이 결합하고, 어간의 끝음 'ㄹ'이 탈락한다. 즉, '절- + -ㄴ = 전'이 된다.

② 선택률 19% 잘갈아야(×) → 잗갈아야(○)
'잘고 곱게 갈다'라는 뜻의 동사는 '잗갈다'이다. 끝소리가 'ㄹ'인 말과 딴 말이 어울릴 적에 'ㄹ' 소리가 'ㄷ' 소리로 나는 것은 'ㄷ'으로 적는다. 이에 따라, '잘(게) + 갈다 = 잗갈다'가 된다.

③ 선택률 5% 하얘져서(×) → 하얘져서(○)
'하얗다'는 'ㅎ' 불규칙 활용을 하는 형용사이다. 어미 '-아/-어'와 결합할 때는 '-애/-에'로 나타난다. 따라서 '하얗- + -아져서 = 하얘져서'가 된다. 어간 끝에 'ㅎ' 받침을 가진 형용사 중 '좋다' 이외의 단어는 모두 이와 같은 불규칙 활용을 보인다.

군무원 🆚 공무원 비교분석

한글 맞춤법과 표준어 규정 등은 국가직 9급 시험의 경우 1~2문항 정도 출제되는 영역이지만, 군무원 시험에서 매년 3~4문항 정도씩 출제되고 있다.

---

05 고난도 TOP2

| 어휘와 관용 표현 > 순우리말 > 우리말 어휘 | 정답률 36% |

| 정답해설 |

① 선택률 36% '버슷하다'는 '두 사람의 사이가 서로 잘 어울리지 않다.'라는 뜻이다. 따라서 '사귐성이 좋아서~'와 '버슷하게 지낸다'는 의미상 어울리지 않는다.

| 오답해설 |

② 선택률 16% 소사스럽다: '보기에 행동이 좀스럽고 간사한 데가 있다.'라는 뜻의 형용사이다.

③ 선택률 20% 기웃하다: '한쪽으로 조금 기울어져 있다.'라는 의미의 형용사이다. 참고로, '무엇을 보려고 고개나 몸 따위를 한쪽으로 조금 기울이다.'의 뜻인 경우 동사이다. 제시된 문장에서는 형용사로 쓰였다.

④ 선택률 28% 마디다: '자라는 속도가 더디다.' 또는 '쉽게 닳거나 없어지지 아니하다.'라는 뜻의 형용사이다. 제시된 문장에서는 '자라는 속도가 더디다.'의 의미로 쓰였다.

06

| 어휘와 관용 표현 > 한자와 한자어 > 한자어 | 정답률 54% |

| 정답해설 |

① 선택률 54% 첫 번째 문장에는 '제창(齊唱), 합창(合唱), 봉창(奉唱)' 등이 적절하고, 두 번째 문장에는 '제창(提唱), 주창(主唱)'이 적절하다.

더 알아보기 ▶ 제시된 한자어 분석

- 제창(齊唱: 齊 가지런할 제/唱 부를 창): 여러 사람이 다 같이 큰 소리로 외침.
- 제창(提唱: 提 끌 제/唱 부를 창): 어떤 일을 처음 내놓아 주장함.
- 합창(合唱: 合 합할 합/唱 부를 창): 여러 사람이 목소리를 맞추어서 노래를 부름.
- 봉창(奉唱: 奉 받들 봉/唱 부를 창): 경건한 마음으로 노래를 부름.
- 재창(再唱: 再 두 재/唱 부를 창): 다시 노래를 부름.
- 주창(主唱: 主 주인 주/唱 부를 창): ㉠ 주의나 사상을 앞장서서 주장함. ㉡ 노래나 시 따위를 앞장서서 부름.

07

| 문법과 어문 규정 > 어문 규정 > 띄어쓰기 | 정답률 66% |

| 정답해설 |

① 선택률 66% 안 된다(×) → 안된다(○)
'좋게 이루어지지 않다.'라는 의미의 '안되다'는 동사로, 하나의 단어이므로 붙여 써야 한다.

| 오답해설 |

② 선택률 27% '안 되다'는 '아니'라는 부사의 줄임말인 '안'과 '되다'라는 동사의 구성으로, '되다'의 부정인 '되지 않다'의 의미로 사용한다.

③ 선택률 2% 제시된 문장의 '안되다'는 '근심이나 병 따위로 얼굴이 많이 상하다.'라는 뜻의 형용사로서 하나의 단어이다.

④ 선택률 5% 제시된 문장의 '안되다'는 '섭섭하거나 가여워 마음이 언짢다.'라는 뜻의 형용사로서 하나의 단어이다.

군무원 🆚 공무원 비교분석

일반 공무원 시험에서 띄어쓰기 문항은 1문항 정도 출제된다. 그러나 군무원 시험에서는 한 회에 1문항에서 2문항까지 출제되기도 한다. 띄어쓰기는 매년 빠지지 않고 출제되는 경향을 보이고 있으므로 확실하게 학습해야 한다.

08
정답 ②

문법과 어문 규정 > 어문 규정 > 외래어 표기법 　　정답률 74%

| 정답해설 |
② 선택률 74% 외래어 표기가 옳은 것은 (나), (라), (바)이다.
- (나) 테이프(tape): 외래어 표기법 제3장 제1항의 원칙에 따라 '으'를 붙여 표기한다. 참 테잎(×)
- (라) 보디랭귀지(body language): 'body'는 '보디'로 표기한다. 참 바디랭귀지(×)
- (바) 리모컨(remote control): [ə]의 발음은 '어'로 표기한다. 참 리모콘(×)

| 오답해설 |
(가) 러쉬아워(×) → 러시아워(○)
　　[ʃ]가 [i] 모음 앞에 올 때에는 '시'로 적는다. 따라서 어말의 '-sh'는 '-쉬'가 아니라 '-시'로 표기한다.
(다) 랑데뷰(×) → 랑데부(○)
　　프랑스어 'vous'는 '부'로 읽으므로 '랑데부'로 표기한다.
(마) 컨셉(×) → 콘셉트(○)
(사) 컨택트렌즈(×) → 콘택트렌즈(○)
　　[ɔ]의 발음은 '오'로 표기한다.

더 알아보기 ▶ 'con-'의 외래어 표기법

> [ɔ]는 [o]와 구분 없이 '오'로 적는다. 따라서 'con-'의 발음이 [kɔn]으로 나는 '콘셉트(concept[kɔnsept])', '콘텐츠(contents[kɔntents])' 등은 '-오'형으로 적어야 한다. 그러나 'con-'의 발음이 [kən]으로 나는 경우인 '컨테이너(container[kənteinər])', '컨트롤(control[kəntroul])' 등은 '-어'형으로 적는다.

09
정답 ①

비문학 > 독해 비문학 > 내용 확인하기 　　정답률 94%

| 정답해설 |
① 선택률 94% 2문단의 '감상자와의 상호 작용이 강조되면서 작가와 감상자가 함께 작품을 만들기도 한다.'와 '디지털 예술에서 창작이란 대상과 감상자의 '관계'를 디자인하는 활동 자체이다.'에서 디지털 예술에서 작가는 감상자와의 상호 작용을 중시하는 것을 알 수 있다.

| 오답해설 |
② 선택률 1% 2문단에서 '디지털 기술을 바탕으로 한 디지털 예술은'이라는 표현이 나타난다.
③ 선택률 4% 2문단에서 알 수 있다. 디지털 예술은 매체 간의 변환이 가능하며 디지털 정보를 기본으로 하기 때문에 기존의 예술 장르 구분으로는 설명하기 어렵다.
④ 선택률 1% 1문단에서 알 수 있다. 디지털 이미지의 특성은 합성 이미지라는 것이며, 상상 속에서 만들어 낸 대상을 실제처럼 표현할 수 있다는 것이 특징이다.

군무원 VS 공무원 비교분석

> 비문학 지문의 독해 문항은 모든 공무원 시험에서 출제되나 군무원 시험의 독해 지문은 일반 공무원 시험에 비하여 지문이 더 길고 내용도 더 전문적인 글이 출제된다.

10
정답 ③

어휘와 관용 표현 > 순우리말 > 우리말 어휘 　　정답률 74%

| 정답해설 |
③ 선택률 74% 단위의 표현이 옳은 것은 ㉠, ㉢, ㉣이다.
- ㉠ 축: 오징어를 묶어 세는 단위로서, 한 축은 오징어 20마리를 이른다.
- ㉢ 죽: 옷, 그릇 따위의 10벌을 묶어 세는 단위이다.
- ㉣ 접: 채소나 과일 따위를 묶어 세는 단위로서, 한 접은 채소나 과일 100개를 이른다.

| 오답해설 |
㉡ 거리: 오이나 가지 따위를 묶어 세는 단위이며, 한 거리는 오이나 가지 50개를 이른다.

11
정답 ③

어휘와 관용 표현 > 관용 표현 > 관용구 　　정답률 70%

| 정답해설 |
③ 선택률 70% 문맥상 '어떤 사람이나 사물이 장차 어떻게 되리라는 것을 헤아려 판정하다.'라는 뜻의 관용구인 '금(을) 치다'가 적절하다.

| 오답해설 |
① 선택률 22% 금(을) 맞추다: 같은 종류의 물건 값을 보아서 그 물건의 값을 정하다.
② 선택률 6% 금(을) 보다: 물건의 값이 얼마나 나가는지 알아보다.
④ 선택률 2% 금(이) 닿다: 물건 값이 사고팔 수 있는 적당한 점에 미치다.

12
정답 ②

비문학 > 이론 비문학 > 조건에 맞는 표현 　　정답률 88%

| 정답해설 |
② 선택률 88% '우리 모두에게 돌아옵니다.'라는 것은 문화에 투자한 소비자가 저작권 보호의 수혜자라는 의미이다. 또한 '투자합시다'는 청유형 표현이다.

| 오답해설 |
① 선택률 6% '가까이하세요'는 명령형 표현이다.
③ 선택률 2% 두 가지 조건 모두 충족되지 않았다.

④ 선택률 4% '살립시다'라는 청유형 표현이 쓰였으나 수혜자가 곧 소비자 자신이라는 의미는 없다.

군무원 VS 공무원 비교분석

'주어진 조건에 맞게 표현하기' 문항은 군무원 시험을 포함하여 공무원 시험에서도 출제비중이 높지 않다. 아울러 문항의 난도도 평이하게 출제된다.

13 정답 ②

| 문법과 어문 규정 > 현대 문법 > 의미론 – 적절한 어휘 | 정답률 80% |

| 정답해설 |
제시된 글은 애국가 2절의 일부분이다.
② 선택률 80% ㉠은 바람과 서리를 아울러 이르는 말인 '바람서리[풍상(風霜)]'가 적절하다. 문맥상 '바람과 서리에 불변함은'이란 뜻으로 조사 '에'가 생략된 것이다. ㉡은 뒤에 오는 명사 '기상'을 수식하는 '우리의'가 되어야 하므로 조사 '의'가 생략된 것이다.

14 정답 ③

| 문법과 어문 규정 > 어문 규정 > 표준 발음법 | 정답률 89% |

| 정답해설 |
③ 선택률 89% '다만 4.'의 규정에 따르면 '민주주의'는 [민주주의(원칙)/민주주이(허용)], '우리의'는 [우리의(원칙)/우리에(허용)]로 모두 발음할 수 있다.

| 오답해설 |
① 선택률 3% '다만 1.'의 규정에 따라 '살찌어'의 준말 '살쪄'는 [살쩌]로만 발음한다.
② 선택률 3% '다만 3.'의 규정에 따라 '희망'은 [히망], '무늬'는 [무니]로 발음한다.
④ 선택률 5% '다만 2.'의 규정에 따라 '계시다'의 발음은 [계시다(원칙)/게시다(허용)] 모두 가능하다.

군무원 VS 공무원 비교분석

공무원 시험에서는 일반적으로 지식형으로 출제되는 표준 발음법 문제이다. 이번 시험에서는 〈보기〉의 조건에 따라 발음을 파악하는 수능 유형의 문항으로 출제되었다.

15 정답 ④

| 어휘와 관용 표현 > 한자와 한자어 > 한자어 | 정답률 38% |

| 정답해설 |
④ 선택률 38% 파탄(破綻: 破 깨뜨릴 파/綻 터질 탄): ㉠ 찢어져 터짐. ㉡ 일이나 계획 따위가 원만하게 진행되지 못하고 중도에서 어긋나 깨짐. 🔁 탄파(綻破)

| 오답해설 |
① 선택률 11% 사주(使主)(×) → 사주(使嗾: 使 하여금, 부리다 사/嗾 부추길 주)(○); 남을 부추겨 좋지 않은 일을 시킴.
🔁 사촉(唆囑)
② 선택률 20% 쾌유(快遊)(×) → 쾌유(快癒)(○)
• 쾌유(快遊: 快 쾌할 쾌/遊 놀 유): 즐겁고 유쾌하게 놂.
• 쾌유(快癒: 快 쾌할 쾌/癒 병 나을 유): 병이 완전히 나음.
③ 선택률 31% 피력(披力)(×) → 피력(披瀝: 披 헤칠 피/瀝 스밀 력)(○); 생각하는 것을 털어놓고 말함.

16 정답 ②

| 어휘와 관용 표현 > 한자와 한자어 > 한자 성어 | 정답률 55% |

| 정답해설 |
'이심전심(以心傳心)'은 '마음과 마음으로 서로 뜻이 통한다.'라는 뜻이다. 이와 유사한 의미로는 '교외별전(教外別傳), 불립문자(不立文字), 심심상인(心心相印), 염화미소(拈華微笑), 염화시중(拈華示衆)'이 있다.
② 선택률 55% 염화미소(拈華微笑: 拈 집을 염/華 빛날 화/微 작을 미/笑 웃음 소): '꽃을 집어 들고 웃음을 띠다.'라는 뜻으로, 말로 하지 않고 마음에서 마음으로 전하는 일을 이르는 말

| 오답해설 |
① 선택률 4% 망지소조(罔知所措: 罔 없을 망/知 알 지/所 바 소/措 둘 조): 너무 급하거나 당황하여 어찌할 줄을 모르고 갈팡질팡함을 이르는 말
③ 선택률 3% 초미지급(焦眉之急: 焦 탈 초/眉 눈썹 미/之 갈 지/急 급할 급): 눈썹이 불에 타게 될 만큼 위급한 상태란 뜻으로, 그대로 방치할 수 없는 매우 다급한 일을 비유한 말
🔁 풍전등촉(風前燈燭), 초미지액(焦眉之厄), 일촉즉발(一觸卽發), 백척간두(百尺竿頭), 누란지위(累卵之危)
④ 선택률 38% 간담상조(肝膽相照: 肝 간 간/膽 쓸개 담/相 서로 상/照 비칠 조): '간과 쓸개를 내놓고 서로에게 내보인다.'라는 뜻으로, 서로 마음을 터놓고 친밀히 사귐을 이르는 말
🔁 관포지교(管鮑之交), 금란지교(金蘭之交), 금란지의(金蘭之誼), 문경지교(刎頸之交), 백아절현(伯牙絕絃), 지란지교(芝蘭之交)

군무원 VS 공무원 비교분석

한자 성어는 모든 공무원 시험에서 항상 출제되는 영역이므로 반드시 학습해야 한다.

17 정답 ③

| 어휘와 관용 표현 > 순우리말 > 우리말 | 정답률 41% |

| 정답해설 |
③ 선택률 41% '망석중이'는 나무로 다듬어 만든 인형으로, 남이 부추기는 대로 따라 움직이는 사람을 비유적으로 이르는 말이다.

| 오답해설 |

① 선택률 6% 책상물림: 책상 앞에 앉아 글공부만 하여 세상일을 잘 모르는 사람을 낮잡아 이르는 말 유 책상퇴물

② 선택률 21% 옹춘마니: 소견이 좁고 융통성이 없는 사람

④ 선택률 32% 사시랑이: ㉠ 가늘고 약한 물건이나 사람. ㉡ 간사한 사람

군무원 vs 공무원 비교분석

일반 공무원 시험에서는 우리말의 출제비중이 높지 않다. 군무원 시험에서도 출제비중이 높지 않으나 한 회에 2문항이 동시에 출제되기도 한다.

18 고난도 TOP3 정답 ④

비문학 > 독해 비문학 > 글의 순서　　　　　정답률 37%

| 정답해설 |

④ 선택률 37% 글의 전개 순서는 지시어, 중요 어휘, 문맥의 흐름을 잘 파악해야 한다. 내용에 따라 순서를 정리하면 다음과 같다.
(나) 우리나라의 현황 및 국제사회의 탄소 배출 강제 → (가) (이런 변화에 대비) '저탄소 녹색성장'의 과제 → (라) (그렇다면) 신재생 에너지와 국가적 정책 기조의 관계 → (다) 정부의 1차 국가 에너지 기본 계획

19 정답 ④

문학 > 고전 문학 > 고전 시가 – 시조　　　　정답률 91%

| 정답해설 |

④ 선택률 91% (가)~(라)를 계절의 순서대로 나열하면 (라) – (나) – (다) – (가)이다.
(가) 눈, 셜월(雪月) – 겨울
(나) 녀름 ᄇᆞ람(여름 바람) – 여름
(다) ᄀᆞ을(가을) – 가을
(라) 벅구기, 버들숩 – 봄

더 알아보기 ▶ 윤선도, 「어부사시사」

• 갈래: 평시조, 연시조
• 성격: 자연 친화적
• 주제: 계절에 따른 강호의 한정
• 작품 해설

춘사(春詞) 4
㉠ 주제: 출항 후 멀리 보이는 강촌 봄날의 흥취
㉡ 현대어 풀이
　우는 것이 뻐꾸기인가? 푸른 것이 버들숲인가?
　노를 저어라 노를 저어라.
　(배가 나아가니) 어촌의 두어 집이 안개 속에 들락날락한다.
　찌거덩 찌거덩 어야차
　맑고도 깊은 못에서 온갖 고기가 뛰논다.

하사(夏詞) 3
㉠ 주제: 바람 따라 움직이는 배에서 느끼는 여름의 흥취
㉡ 현대어 풀이
　마른 잎에 바람이 부니 배의 창문이 서늘하다.
　돛 달아라 돛 달아라.
　여름 바람이 일정하겠는가? 가는 대로 배를 두어라.
　찌거덩 찌거덩 어야차
　북쪽 포구와 남쪽 강이 어느 곳인들 좋지 않겠는가?

추사(秋詞) 2
㉠ 주제: 속세를 떠나 바다 위에서 즐기는 기쁨
㉡ 현대어 풀이
　강촌(보길도)에 가을이 찾아드니 고기마다 살이 쪄 있다.
　닻을 들어라 닻을 들어라.
　아득히 넓고 맑은 바다 물결에 실컷 흡족하게 노닐자꾸나.
　찌거덩 찌거덩 어야차
　인간 세상(속세)을 뒤돌아보니 멀수록 더욱 좋구나.

동사(冬詞) 10
㉠ 주제: 눈 내리는 밤의 흥취
㉡ 현대어 풀이
　아아! 날이 저물어 가는구나. 이제 누워 쉬는 것이 마땅하도다.
　배 붙여라 배 붙여라.
　가는 눈이 뿌려진 길에 붉은 꽃 흩어진 곳을 따라 흥겹게 걸어가서
　찌거덩 찌거덩 어야차
　눈 내린 밤 달이 서쪽 봉우리를 넘도록 송창에 비스듬히 기대어 있노라.

20 정답 ①

비문학 > 이론 비문학 > 글의 전개 방식　　　　정답률 85%

| 정답해설 |

① 선택률 85% 우리나라에 황소개구리, 블루길 등의 도입종이 들어와 생태 환경을 변화시킨 사례를 제시하였으며, 이를 통해 우리 것을 지키지 못한 채 외래 문명에 텃밭을 빼앗기는 상황을 만들어서는 안 된다는 주장을 하고 있다.

| 오답해설 |

② 선택률 8% 통념을 비판, ③ 선택률 1% 권위자의 말, ④ 선택률 6% 제재의 점층적인 배열 등은 제시된 글에서 확인할 수 없다.

21

정답 ①

비문학 > 이론 비문학 > 글의 전개 방식 　　　　정답률 88%

| 정답해설 |

⊙은 무작정 영어를 들여오는 일을 황소개구리의 사례에 유추하여 내용을 전개하고 있다.

① 선택률 88% 경회루의 모습을 객관적으로 묘사하고 있다. 경회루의 크기와 기둥, 재질, 지붕 모양 등에 대한 정보를 사실적으로 제시하고 있는데, 이렇게 대상의 객관적 상태를 있는 그대로 그리는 것을 객관적 묘사, 과학적 묘사라고 한다.

| 오답해설 |

② 선택률 5% 인생을 장기를 두는 행위로, ③ 선택률 6% 언어의 습득을 자전거를 배우는 것으로, ④ 선택률 1% 글쓰기를 산을 오르는 노정과 집을 짓는 과정으로 유추하여 설명하고 있다.

22

정답 ①

비문학 > 이론 비문학 > 말하기와 듣기 　　　　정답률 55%

| 정답해설 |

① 선택률 55% 패널 토의는 어떤 문제에 대해 입장이 서로 다른 3~6명의 배심원이 청중 앞에서 문제에 대해 서로 의견을 주고받는 방식이다. 배심 토의라고도 한다.

| 오답해설 |

② 선택률 26% 심포지엄은 특정한 문제에 대해 두 사람 이상의 권위자나 전문가가 강연식으로 의견을 발표하고, 청중의 질의에 응답하는 토의 방식이다.

③ 선택률 17% 포럼은 공공의 장소에서 공개적으로 전문가가 간단히 주제 발표를 할 뿐 특별한 강의는 하지 않으며, 청중과 질의응답하는 토의 방식이다.

④ 선택률 2% 원탁 토의는 여러 사람들이 둥근 탁자에 앉아서 자유롭게 자신의 의견을 말하는 토의 방식으로서, 비공식적인 다양한 문제를 다루는 데 적합하다.

23

정답 ②

비문학 > 이론 비문학 > 글의 전개 방식 　　　　정답률 60%

| 정답해설 |

② 선택률 60% 제시된 글은 전기집진 방식의 원리를 설명하고, 전기집진 방식을 채택한 공기청정기의 장단점을 제시하고 있다.

| 오답해설 |

① 선택률 2% 근거와 원리 파악의 필요성, ③ 선택률 35% 공기청정기의 성능, ④ 선택률 3% 문제점의 해결 방안은 제시되지 않았다.

24 고난도 TOP1

정답 ①

문법과 어문 규정 > 현대 문법 > 비문의 유형 　　　　정답률 35%

| 정답해설 |

① 선택률 35% 문장의 호응 관계가 자연스러운 것은 (가)와 (나)이다.
　(가) 문장의 주어가 '선진국에서는'이고, '지원해 주고 있다'가 서술어로서 적절하게 호응하고 있다.
　(나) 문장의 주어가 '아리랑은'이고, 이와 호응이 되는 서술어 '평가되었습니다'가 적절하게 쓰였다.

| 오답해설 |

(다) '비용과 노력'은 서술어 '들다'와 호응할 수 있다. 그런데 '시간이 든다'라는 표현이 무조건 틀렸다고 볼 수는 없지만, 다양한 문법적 이론에 따라 '시간'은 '들다'와 호응할 수 없고 '시간이 걸리다' 등으로 표현하기를 권장하고 있다. 따라서 '~ 많은 비용과 노력이 들고, 긴 시간이 걸릴 것이다.'로 표현하는 것이 적절하다.

(라) '아무 말 없이'와 '묵묵히'는 의미가 중복되는 표현이다. '묵묵히'가 '말없이 잠잠하게'라는 의미이므로 의미가 중복되지 않도록 표현하려면 '아무 말 없이'나 '묵묵히' 중에서 하나를 삭제하는 것이 적절하다.

25

정답 ③

비문학 > 이론 비문학 > 퇴고 　　　　정답률 86%

| 정답해설 |

③ 선택률 86% ㉢은 문장 성분 간의 호응 관계를 고려하여 '늘릴 수 있다'로 수정해야 한다. 여기서 생략된 주어는 '(무산소 운동을 하는) 사람'인데 '늘려 준다는 점이다'는 주어와 호응하지 않는다.

| 오답해설 |

① 선택률 11% ㉠에서 유연성 운동에 관한 정보는 유산소 운동과 무산소 운동이라는 글의 핵심 주제에서 벗어나므로 삭제해야 한다.

② 선택률 1% ㉡에서는 앞 문단과의 의미 관계를 고려할 때 대조적인 내용을 진술해야 하므로 '반면'과 같은 표지를 사용하는 것이 적절하다.

④ 선택률 2% ㉣의 '편향'이란 '한쪽으로 치우침'이라는 뜻이므로 의미의 중복을 피하기 위해 '편향되기보다' 혹은 '어느 한쪽으로 치우치기보다'와 같이 수정하는 것이 바람직하다.

9급 군무원 국어

Ⅰ 전체 난이도 및 합격선

전체 난이도	합격선
下	88점

Ⅰ 기출총평

2013년 군무원 시험은 25문항 중 16문항이 문법과 어문 규정에서 출제되었다. 일반 공무원 시험에 비하면 출제비중이 상당히 높다. 문법과 어문 규정에서 한글 맞춤법과 띄어쓰기는 꾸준히 출제되고 있다. 어휘의 사전 등재 순서를 묻는 문항은 어렵지는 않았으나 군무원 시험에서는 생소한 유형이라 볼 수 있다. 이전과 다르게 고전 문학은 전혀 출제되지 않았고, 현대 문학도 전년도 시험에 비하여 출제 문항 수가 줄었다. 비문학은 일반 공무원 시험과 유사하게 지문의 길이가 길어지고 지문의 난도도 높아지는 추세를 보였다. 따라서 독해 풀이에 익숙해지도록 평상시 장문 유형의 독해 풀이 연습을 해야 할 것이다.

Ⅰ 영역별 출제비중

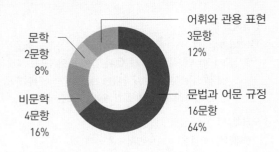

어휘와 관용 표현
3문항
12%

문학
2문항
8%

비문학
4문항
16%

문법과 어문 규정
16문항
64%

Ⅰ 문항 분석

	카테고리	출제수	정답률
1	문법과 어문 규정 > 어문 규정 > 로마자 표기법	16회	80%
2	문법과 어문 규정 > 어문 규정 > 표준어 규정	17회	66%
고난도 TOP1 3	어휘와 관용 표현 > 순우리말 > 우리말 어휘	16회	43%
4	문법과 어문 규정 > 어문 규정 > 띄어쓰기	24회	76%
고난도 TOP3 5	문법과 어문 규정 > 현대 문법 > 품사	13회	51%
6	문법과 어문 규정 > 언어 예절과 바른 표현 > 언어 예절	7회	73%
7	어휘와 관용 표현 > 한자와 한자어 > 한자 성어	21회	79%
8	문법과 어문 규정 > 어문 규정 > 문장 부호	6회	58%
9	문법과 어문 규정 > 어문 규정 > 맞춤법	47회	67%
10	문학 > 현대 문학 > 현대 소설 – 시점	26회	58%
11	문학 > 현대 문학 > 현대 소설 – 표준어	26회	59%
12	비문학 > 독해 비문학 > 글의 순서	13회	94%
13	문법과 어문 규정 > 현대 문법 > 문장 성분	2회	57%
14	문법과 어문 규정 > 어문 규정 > 표준어 규정	17회	79%
15	문법과 어문 규정 > 언어 예절과 바른 표현 > 언어 예절	7회	71%
16	문법과 어문 규정 > 현대 문법 > 의미론 – 어휘의 문맥적 의미	11회	94%
17	문법과 어문 규정 > 현대 문법 > 비문의 유형	13회	78%
18	문법과 어문 규정 > 어문 규정 > 표준 발음법	18회	94%
19	비문학 > 이론 비문학 > 어휘	2회	94%
20	문법과 어문 규정 > 어문 규정 > 맞춤법 – 사전 등재 순서	47회	91%
21	문법과 어문 규정 > 어문 규정 > 맞춤법	47회	72%
22	문법과 어문 규정 > 현대 문법 > 비문의 유형	13회	89%
23	비문학 > 독해 비문학 > 주제	17회	96%
24	비문학 > 이론 비문학 > 글의 전개 방식	16회	59%
고난도 TOP2 25	어휘와 관용 표현 > 한자와 한자어 > 한자어	27회	46%

※ 고난도 TOP1 는 해당 회차에서 정답률이 가장 낮은 문항입니다.

01	①	02	②	03	③	04	④	05	②
06	②	07	③	08	①	09	①	10	③
11	②	12	②	13	④	14	③	15	②
16	①	17	④	18	③	19	②	20	①
21	②	22	④	23	③	24	③	25	④

01   정답 ①

문법과 어문 규정 > 어문 규정 > 로마자 표기법	정답률 80%

| 정답해설 |

발음상 음운 변화가 일어날 때에는 변화의 결과에 따라 표기한다.
① 선택률 80% '같이'는 [가치]로 구개음화 현상이 나타나므로 이를
반영해서 소리 나는 대로 [gachi]로 적는다. 또한 고유 명사가
아니므로 첫 글자는 소문자로 적는다.

| 오답해설 |

② 선택률 13% 전주[jeonju](×) → 전주[Jeonju](○)
고유 명사의 첫 글자는 대문자로 적어야 한다.
③ 선택률 6% 묵호[Muko](×) → 묵호[Mukho](○)
체언에서 'ㄱ, ㄷ, ㅂ' 뒤에 'ㅎ'이 따를 때에는 'ㅎ'을 밝혀 적는
다. 따라서 '묵호'는 [무코]로 발음하지만 'ㅎ'을 밝혀 [Mukho]로
표기한다.
④ 선택률 1% 하회탈[Hahethal](×) → 하회탈[Hahoetal](○)
모음 'ㅚ'는 'oe'로 표기한다. 따라서 [Hahoetal]이 올바른 표기
이다. '하회탈'은 흔히 보통 명사로 알려져 있으나, 국보 제121호
로 지정된 탈을 지칭하는 고유 명사이기도 하다. 따라서 첫 글자
는 대문자로 표기한다.

군무원 vs 공무원 비교분석

로마자 표기법은 공무원 시험에서는 출제되지 않는 경우도 있으나 군
무원 시험에서는 매년 출제된다. 또한 공무원 시험과 달리 문장형으로
도 가끔 출제되므로 로마자 표기법의 원리를 확실하게 이해해야 한다.

02   정답 ②

문법과 어문 규정 > 어문 규정 > 표준어 규정	정답률 66%

| 정답해설 |

② 선택률 66% 의미상 차이가 없는 비슷한 발음의 형태가 몇 가지 쓰
일 경우, 더 널리 쓰이는 한 가지 형태만을 표준어로 삼는다. 이에
따라 본말인 '짓무르다'만 표준어로 삼고, 준말인 '짓물다'는 인정하
지 않는다.

| 오답해설 |

① 선택률 19% '나부랭이'와 '너부렁이'를 모두 표준어로 인정하지만,
'나부라기'는 인정하지 않는다.

③ 선택률 12% '쬐다'는 '쪼이다'의 준말이다. '쪼이다'와 '쬐다'는 모두
널리 쓰이므로 둘 다 표준어로 삼는다.
④ 선택률 3% 대답할 때 '네' 또는 '예'를 모두 쓸 수 있다. 그리고 '네'
와 '예'는 동의어이므로, 쓰임새에 차이가 없다.

군무원 vs 공무원 비교분석

공무원 시험에서는 일반적으로 표준어 규정에 맞는 어휘를 고르는 유
형이 출제되는데, 군무원 시험에서는 복수 표준어를 묻는 유형도 출
제된다. 올바른 표준어 표기법뿐만 아니라 복수 표준어도 함께 학습
해야 한다.

03 고난도 TOP1   정답 ③

어휘와 관용 표현 > 순우리말 > 우리말 어휘	정답률 43%

| 정답해설 |

③ 선택률 43% '새옹'은 '놋쇠로 만든 작은 솥'을 가리키는 말이다. 배
가 부르지 아니하고 바닥이 편평하며 전과 뚜껑이 있다. 흔히 밥
을 지어서 그대로 가져다가 상에 올려놓는다.

| 오답해설 |

① 선택률 18% '사시랑이'의 뜻풀이다.
② 선택률 37% '옹달샘'의 뜻풀이다.
④ 선택률 2% '소나기밥'의 뜻풀이다.

04   정답 ④

문법과 어문 규정 > 어문 규정 > 띄어쓰기	정답률 76%

| 정답해설 |

④ 선택률 76% '번'이 차례나 일의 횟수를 나타내는 경우에는 의존
명사로서 '한 번', '두 번', '세 번'과 같이 띄어 쓴다. 그리고 '밖에'
가 '그것 말고는'의 뜻을 나타내는 경우는 보조사이므로 앞말에
붙여 쓴다. 따라서 '한 번밖에'가 올바른 표현이다.

| 오답해설 |

① 선택률 5% 떠나온지(×) → 떠나온∨지(○)
관형사형 어미 뒤에 '지'가 붙어 시간의 경과를 나타낼 때에는 의
존 명사이므로 띄어 써야 한다.
② 선택률 12% 이런데(×) → 이런∨데(에)(○)
'데'가 '곳'이나 '장소'의 뜻을 나타내는 경우 의존 명사이므로 띄
어 쓴다. 연결 어미 '-데/-는데'와 구별하기 어려우므로 뒤에 조
사가 결합할 수 있으면 의존 명사로 구별한다.
③ 선택률 7% 김영희양에게(×) → 김영희∨양에게(○)
성이나 이름 뒤에 덧붙는 호칭어, 관직명 등은 띄어 써야 하므로
'김영희 양에게'가 올바른 표현이다.

더 알아보기 ▶ '한번/한 번'의 구분

'번'이 차례나 일의 횟수를 나타내는 의존 명사로 쓰인 경우에는 '한 번, 두 번, 세 번……' 등과 같이 띄어 써야 한다. 그러나 '한번'이 '한번 해 보다, 한번 엎지른 물은 다시 주워 담지 못한다, 한번 쥐면 펼 줄 모른다.' 등과 같이 횟수 '한 번'의 의미가 아닌 '어떤 일을 시험 삼아,' 또는 '기회 있는 어떤 때'를 뜻하는 경우는 합성어이므로 붙여 쓴다. '두 번', '세 번'으로 바꾸어 뜻이 통하면 '한 번'으로 띄어 쓰고 그렇지 않으면 '한번'으로 붙여 쓰면 된다.

05 고난도 TOP3 정답 ②

| 문법과 어문 규정 > 현대 문법 > 품사 | 정답률 51% |

| **정답해설** |

② 선택률 51% '에서'는 앞말이 출발점의 뜻을 갖는 부사어임을 나타내는 부사격 조사이므로, 격 조사에 해당한다.

| **오답해설** |

① 선택률 15% '를'은 조사 '에, 으로', 연결 어미 '-아, -게, -지, -고', 받침 없는 일부 부사의 뒤에 붙어 강조하는 뜻을 나타내는 보조사이다.

③ 선택률 8% '과'는 둘 이상의 사물이나 사람을 같은 자격으로 이어 주는 접속 조사로, 경우에 따라 생략이 가능하며 생략된 자리에는 쉼표를 찍는다.

④ 선택률 26% '이'는 받침 있는 체언이나 부사어 뒤에 붙어 앞말을 지정하여 강조하는 뜻을 나타내는 보조사이다. 참고로, 제시된 문장의 주어는 '나는'이며, 이때의 '는'도 보조사이다.

06 정답 ②

| 문법과 어문 규정 > 언어 예절과 바른 표현 > 언어 예절 | 정답률 73% |

| **정답해설** |

② 선택률 73% 오빠의 아내는 새언니, 언니, 올케(님), 올케언니 중에서 부를 수 있으며, 남동생의 아내는 올케, 올케님, ○○[이름]씨 중에서 부를 수 있으므로 공통적으로 부를 수 있는 호칭은 ②의 올케이다.

| **오답해설** |

① 선택률 7% 아가씨: ㉠ 손아래 시누이를 이르거나 부르는 말. 유 아기씨, ㉡ 시집 갈 나이의 여자를 이르거나 부르는 말

③ 선택률 7% 계수(季嫂): ㉠ 남자 형제 사이에서 동생의 아내를 이르는 말. 동 제수(弟嫂), ㉡ 남자 형제가 여러 명일 경우 막내의 부인을 이르는 말

④ 선택률 13% 동서(同壻): ㉠ 시아주버니(남편의 형)의 아내를 이르는 말. ㉡ 시동생(남편의 남동생)의 아내를 이르거나 부르는 말. ㉢ 처형(아내의 언니)이나 처제(아내의 여동생)의 남편을 이르는 말

07 정답 ③

| 어휘와 관용 표현 > 한자와 한자어 > 한자 성어 | 정답률 79% |

| **정답해설** |

③ 선택률 79% 절치부심(切齒腐心: 切 끊을 절/齒 이 치/腐 썩을 부/心 마음 심): '이를 갈고 마음을 썩이다.'라는 뜻으로, '선생님의 은혜'와 어울리지 않는다. 문맥상 '각골난망(刻骨難忘), 백골난망(白骨難忘), 결초보은(結草報恩)' 등이 적절하다.

| **오답해설** |

① 선택률 6% 부화뇌동(附和雷同: 附 붙을 부/和 화할 화/雷 우레 뇌/同 한가지 동): 우레 소리에 맞춰 함께한다는 뜻으로, 자신의 뚜렷한 소신 없이 그저 남이 하는 대로 따라가는 것을 의미하는 말

② 선택률 14% 견마지로(犬馬之勞: 犬 개 견/馬 말 마/之 갈 지/勞 일할 로): '개나 말의 하찮은 힘'이라는 뜻으로, 임금이나 나라에 충성을 다하는 노력, 또는 윗사람에게 바치는 자기의 노력을 낮추어 말할 때 쓰는 말

④ 선택률 1% 분골쇄신(粉骨碎身: 粉 가루 분/骨 뼈 골/碎 부술 쇄/身 몸 신): 뼈가 가루가 되고 몸이 부서진다는 뜻으로, 있는 힘을 다해 노력함을 의미하는 말

08 정답 ①

| 문법과 어문 규정 > 어문 규정 > 문장 부호 | 정답률 58% |

| **정답해설** |

① 선택률 58% 두 개 이상의 어구가 밀접한 관련이 있음을 나타내고자 할 때는 붙임표를 쓴다. 경우에 따라서는 붙임표 대신 쉼표나 가운뎃점을 활용할 수도 있다. 예를 들어, 붙임표를 써서 '남한 - 북한 - 일본 삼자 관계'로 표현할 수도 있고, '남한'과 '북한'과 '일본'을 단순하게 나열하고자 할 때는 '남한, 북한, 일본 삼자 관계'처럼 쉼표를 쓸 수 있다. 또한 짝을 이루는 어구로 보아 묶어서 표현하고자 한다면 '남한·북한·일본 삼자 관계'처럼 가운뎃점을 쓸 수도 있다.

| **오답해설** |

② 선택률 15% 쉼표(,)는 같은 자격의 어구를 열거할 때 그 사이에 쓴다.

③ 선택률 22% 큰따옴표(" ")는 글 가운데에서 직접 대화를 표시할 때, 말이나 글을 직접 인용할 때 쓴다.

④ 선택률 5% 대괄호([ ])는 괄호 안에 또 괄호를 쓸 필요가 있을 때 바깥쪽의 괄호를 이것으로 쓴다.

09 정답 ①

| 문법과 어문 규정 > 어문 규정 > 맞춤법 | 정답률 67% |

| **정답해설** |

① 선택률 67% 소줏잔(×) → 소주잔(○)

한자어끼리 결합하여 만들어진 합성어에는 사이시옷을 받치어 적지 않는다. 다만, 한자어 '곳간(庫間), 셋방(貰房), 숫자(數字), 찻간(車間), 툇간(退間), 횟수(回數)'는 제외한다. 따라서 '소주잔(燒酒盞)'은 [소주짠]으로 소리 나더라도 '소주잔'으로 표기한다.

| 오답해설 |

② 선택률 8% 통째(○)

'통째'는 나누지 않고 있는 그대로의 덩어리를 뜻하는 명사이다. 이때의 '-째'는 일부 명사 뒤에 붙어 '그대로', 또는 '전부'의 뜻을 더하는 접미사이다. 참 통채(×)

③ 선택률 7% 귀띔(○)

'귀띔'은 '상대편이 눈치로 알아차릴 수 있도록 미리 슬그머니 일깨워 줌.'을 뜻하는 명사이다. 참 귀뜸, 귀틤, 귀띰(×)

④ 선택률 18% 뱃멀미(○)

'뱃멀미'는 '배'와 '멀미'가 결합하여 만들어진 말로, 발음이 [밴멀미]이므로 사이시옷을 받치어 적는다.

10 정답 ③

문학 > 현대 문학 > 현대 소설 – 시점 　　　　　정답률 58%

| 정답해설 |

③ 선택률 58% 제시된 작품은 김동인의 「붉은 산」이다. 이 소설은 서술자인 '여(余)=나'가 주인공 '삵(정익호)'이라는 인물에 대하여 서술하는 1인칭 관찰자 시점의 작품이다. 즉, 서술자인 '나'는 관찰자일 뿐 주인공과는 별개의 인물이다.

| 오답해설 |

① 선택률 3% 1인칭 주인공 시점, ② 선택률 18% 3인칭 전지적 작가 시점, ④ 선택률 21% 3인칭 작가 관찰자 시점에 대한 설명이다.

11 정답 ②

문학 > 현대 문학 > 현대 소설 – 표준어 　　　　　정답률 59%

| 정답해설 |

② 선택률 59% ・일수(×) → 일쑤(○)

'흔히 또는 으레 그러는 일'을 뜻하는 명사는 '일수'가 아니라 '일쑤'이다.

・근접치(×) → 근접지(○)

어간의 끝음절 '하'가 안울림소리 받침 뒤에서 줄어진 경우에는 거센소리화 되지 않고, 준 대로 적는다. 따라서 '근접하지'의 준말은 '근접지'이다.

| 오답해설 |

① 선택률 15% ・똑똑히: '-하다'가 붙는 어근 뒤(단, 'ㅅ' 받침 제외)에 부사화 접사는 '-히'로 표기한다. 따라서 '또렷하고 분명하게'의 뜻을 지닌 부사는 '똑똑히'이다.

・느직이: '일정한 때보다 좀 늦게'의 의미를 가진 파생 부사이다.

③ 선택률 19% ・후닥닥: 갑자기 빠른 동작으로 뛰거나 몸을 움직이는 모양을 뜻하는 부사이다.

・변변치: 어간의 끝음절 '하'가 울림소리 뒤에 오는 경우 '하'의 'ㅏ'가 줄고 'ㅎ'이 다음 음절의 첫소리와 어울려 거센소리로 적는다. 따라서 '변변하지'의 준말은 '변변치'가 된다.

④ 선택률 7% ・대척하다: ㉠ 마주 응하거나 맞서다. ㉡ 남의 말을 듣고 그대로 받아들이지 아니하고 그 자리에서 제 의사를 나타내다.

・두말없이: '이러니저러니 불평을 하거나 덧붙이는 말이 없이'를 뜻하는 파생 부사이다.

더 알아보기 ▶ 김동인, 「붉은 산」

- 갈래: 단편 소설
- 배경: 식민지 시대의 만주 ××촌
- 성격: 민족주의적
- 시점: 1인칭 관찰자 시점
- 주제: 식민지 시대의 만주 이주민들이 겪었던 고통스러운 생활과 한 떠돌이 인간의 조국에 대한 사랑

12 정답 ②

비문학 > 독해 비문학 > 글의 순서 　　　　　정답률 94%

| 정답해설 |

② 선택률 94% 문단을 논리적 순서로 연결할 때는 지시어, 접속어를 먼저 보아야 한다. 그리고 각 문단의 중심 내용을 파악하여 자연스럽게 연결한다. 제시된 글은 러시아 경제학자 차야노프의 의견을 제시한 후, 이와 관련한 스콧과 팝킨의 대립적인 견해를 소개하면서 내용을 전개하고 있다. 이를 정리하면 다음과 같다. (나) 러시아 경제학자 차야노프 주장의 근본적인 문제를 제시하고 → (다) '농민'에 대한 스콧의 견해를 제시한 뒤 → (가) '이러한 스콧의 주장과는 달리' ~ '농민'에 대한 팝킨의 견해를 제시하고 → (라) '스콧과 팝킨의 주장은' 우리에게 메시지를 전달해 준다는 순서가 가장 자연스럽다.

군무원 vs 공무원 비교분석

문단을 논리적으로 연결하는 문제 유형은 일반 공무원 시험에 비하여 군무원 시험에서 출제비중이 높은 편이다. 매년 꾸준히 출제되고 있으므로 문제 풀이를 통하여 학습해야 한다.

13 정답 ④

문법과 어문 규정 > 현대 문법 > 문장 성분 　　　　　정답률 57%

| 정답해설 |

④ 선택률 57% '누구에게'는 대상을 나타내는 부사격 조사 '에게'가 쓰인 부사어로, 부속 성분이다.

| 오답해설 |

① 선택률 26% '셋이서'에서 '서'는 '혼자, 둘이, 셋이' 따위 사람의 수를 나타내는 받침 없는 체언 뒤에 붙어 그 말이 주어임을 나타내는 주격 조사이다. '셋이서'는 주어로, 주성분이다.

② 선택률 8% '홍보부에서'의 '에서'는 단체를 나타내는 명사의 뒤에 붙어 일이나 행동의 주체임을 나타내는 주격 조사이다. '홍보부에서'는 주어로, 주성분이다.

③ 선택률 9% '할머니께서'는 대상을 높임과 동시에 그 대상이 문장의 주어임을 나타내는 주격 조사 '께서'가 쓰인 주어로, 주성분이다.

14
정답 ③

| 문법과 어문 규정 > 어문 규정 > 표준어 규정 | 정답률 79% |

| 정답해설 |

③ 선택률 79% '금세'는 '금시에'가 줄어든 말로, 구어체에서 많이 사용된다. 참고로, '금새'는 물건값의 비싸고 싼 정도를 뜻하는 말이므로, 이 두 단어를 구별해서 사용해야 한다.

| 오답해설 |

① 선택률 4% 듬북(×) → 듬뿍(○)

한 단어 안에서 뚜렷한 까닭 없이 나는 된소리는 표기에 반영해야 하므로 '듬뿍'으로 적어야 한다.

② 선택률 10% 해슥해졌다(×) → 해쓱해졌다(○), 핼쑥해졌다(○)

'얼굴에 핏기나 생기가 없어 파리하다.'라는 뜻의 단어는 '해쓱하다'이다.

④ 선택률 7% 쌉살한(×) → 쌉쌀한(○)

한 단어 안에서 같은 음절이나 비슷한 음절이 겹쳐 나는 부분은 같은 글자로 적으므로 '쌉쌀하다'로 적는다.

15
정답 ②

| 문법과 어문 규정 > 언어 예절과 바른 표현 > 언어 예절 | 정답률 71% |

| 정답해설 |

② 선택률 71% 전화가 잘못 걸려 오면 "아닌데요, 전화 잘못 걸렸습니다.", "아닙니다, 전화 잘못 걸렸습니다." 하고 말하는 것이 좋다. "아닌데요."라고만 말하면 상대방이 재차 "거기 ○○○○[전화번호]번 아닌가요?" 하고 묻게 될 수도 있기 때문이다. 또한 "전화 잘못 거셨습니다.", "잘못 거셨습니다."라고 하는 말은 전화도 제대로 못 거느냐는 느낌이 들기 때문에 적절하지 않다.

| 오답해설 |

① 선택률 16% 퇴임을 맞이한 분에게 하는 인사말로는 "그동안 애 많이 쓰셨습니다.", "벌써 정년이라니 아쉽습니다." 등이 적절하다.

③ 선택률 11% 경미한 사고를 당한 사람에게는 "참 불행 중 다행입니다.", "그만하니 다행입니다."라고 말한다.

④ 선택률 2% 조문의 경우, 조문객은 상주에게 "얼마나 애통하십니까?", "삼가 조의를 표합니다.", "뭐라 드릴 말씀이 없습니다." 등의 인사말을 하고, 상주는 이에 대해 "고맙습니다.", "드릴 말씀이 없습니다."라고 답하는 것이 좋다.

16
정답 ①

| 문법과 어문 규정 > 현대 문법 > 의미론 – 어휘의 문맥적 의미 | 정답률 94% |

| 정답해설 |

① 선택률 94% 〈보기〉의 '들다'는 '어떤 일에 돈, 시간, 노력, 물자 따위가 쓰이다.'라는 의미이다. 이와 비슷한 의미로 쓰인 것은 ①이다.

| 오답해설 |

② 선택률 2% '어떤 시기가 되다.'의 뜻이다.

③ 선택률 1% '적금이나 보험 따위의 거래를 시작하다.'의 뜻이다.

④ 선택률 3% '방이나 집 따위에 있거나 거처를 정해 머무르게 되다.'의 뜻이다.

17
정답 ④

| 문법과 어문 규정 > 현대 문법 > 비문의 유형 | 정답률 78% |

| 정답해설 |

중의적 표현이란 한 단어나 문장이 두 가지 이상의 뜻으로 해석될 수 있는 표현을 말한다.

④ 선택률 78% 한 가지 뜻으로만 해석되는 문장이다.

| 오답해설 |

① 선택률 10% 그가 모자를 쓰는 중인 것을 의미하는 진행상과 모자를 쓴 상태를 의미하는 완료상의 두 가지로 해석할 수 있다(동작상의 중의적 표현).

② 선택률 10% 보조사 '은'을 주격으로 보면 '선생님이 나만 좋아한다.'로 해석되고, 목적격으로 보면 '선생님을 좋아하는 사람이 나밖에 없다.'로 해석되어 중의적 표현이 된다.

③ 선택률 2% 수량을 나타내는 부사 '다'는 의미 범주에 따라 중의적 표현이 될 수 있다. '음식을 아예 먹지 않았다.'라는 의미와 '조금 먹었지만 전부 먹은 것은 아니다.'라는 의미로 해석된다.

18
정답 ③

| 문법과 어문 규정 > 어문 규정 > 표준 발음법 | 정답률 94% |

| 정답해설 |

받침 'ㄷ, ㅌ'이 모음 'ㅣ'나 반모음 'ㅣ'로 시작하는 형식 형태소(ㅑ, ㅕ, ㅛ, ㅠ, ㅖ, ㅒ)와 만나면 역행 동화되어 구개음 'ㅈ, ㅊ'이 되는 구개음화 현상을 묻는 문제이다.

③ 선택률 94% '미닫이[미다지]'는 구개음화 현상에 해당한다.

| 오답해설 |

① 선택률 2% '밥물[밤물]'은 받침 'ㅂ'이 'ㅁ' 앞에서 'ㅁ'으로 바뀐 것으로, 자음 동화 현상에 해당한다.

② 선택률 2% '입히다[이피다]'는 받침 'ㅂ'이 뒤 음절 첫소리 'ㅎ'과 결합되는 경우에 두 음을 합쳐서 [ㅍ]으로 발음하는 축약 현상이다.

④ 선택률 2% '칼날[칼랄]'은 받침 'ㄹ' 뒤에 오는 'ㄴ'이 'ㄹ'로 바뀌는 유음화 현상에 해당한다.

19

정답 ②

비문학 > 이론 비문학 > 어휘　　　　　정답률 94%

| 정답해설 |

② **선택률 94%** 제시된 글은 유길준의 「서유견문」이다. 앞뒤 문맥의 흐름을 잘 파악해야 한다. ㉠이 지나치게 쓰는 것, 겉모양을 많이 꾸미는 자의 행실을 비판하는 말이라고 하였으므로 ㉠에는 필요 이상의 돈이나 물건을 쓰거나 분수에 지나친 생활을 하는 것을 의미하는 '사치'가 적절하다. ㉡은 뒤의 내용이 물건을 높여 쓰는 것은 깨끗하고 아름다운 물건들이 없어지게 되는 것이라고 했으므로 사치하지 않음을 의미하는 '검소'가 적절하다. 그리고 이어지는 ㉢에는 자기 신분에 맞는 한도를 뜻하는 '분수'가 적절하다.

20

정답 ①

문법과 어문 규정 > 어문 규정 > 맞춤법 – 사전 등재 순서　　　정답률 91%

| 정답해설 |

① **선택률 91%** 국어사전에 등재되는 자음과 모음의 순서는 다음과 같다.

- 자음: ㄱ ㄲ ㄴ ㄷ ㄸ ㄹ ㅁ ㅂ ㅃ ㅅ ㅆ ㅇ ㅈ ㅉ ㅊ ㅋ ㅌ ㅍ ㅎ
- 모음: ㅏ ㅐ ㅑ ㅒ ㅓ ㅔ ㅕ ㅖ ㅗ ㅘ ㅙ ㅚ ㅛ ㅜ ㅝ ㅞ ㅟ ㅠ ㅡ ㅢ ㅣ

따라서 '왕 – 왠지 – 외각 – 외곽 – 요가' 순으로 등재된다.

군무원 vs 공무원 비교분석

최근 공무원 시험에서는 거의 출제되지 않는 유형이다. 난도는 그리 높지 않으므로 낱말의 국어사전 등재 순서를 빠르게 찾아낼 수 있도록 학습해야 한다.

21

정답 ②

문법과 어문 규정 > 어문 규정 > 맞춤법　　　　정답률 72%

| 정답해설 |

'-므로'와 '-ㅁ으로'를 구분하는 문제이다. '-므로'는 까닭이나 근거를 나타내는 연결 어미로, '-기 때문에'로 대체하여 쓸 수 있다. '-ㅁ으로'는 '-는 것으로(써)'의 의미로, 수단 또는 방법을 나타낸다. '-므로'는 '-므로써'로 대체할 수 없지만 '-ㅁ으로'는 '-ㅁ으로써'로 대체할 수 있다.

② **선택률 72%** '높으시므로'는 뒤에 '-써'가 결합할 수 없고 '-기 때문에'로 대체할 수 있으므로, 까닭의 의미인 '-므로'가 바르게 쓰였다.

| 오답해설 |

① **선택률 10%** 부지런함으로(×) → 부지런하므로(○)

③ **선택률 9%** 일하므로(×) → 일함으로(써)(○)

④ **선택률 9%** 동물임으로(×) → 동물이므로(○)

22

정답 ④

문법과 어문 규정 > 현대 문법 > 비문의 유형　　　정답률 89%

| 정답해설 |

④ **선택률 89%** 따님이 있으시다(○)

'있다'는 동사와 형용사의 두 가지 쓰임이 있는데, 동사로 사용될 때는 높임말이 '계시다'가 되지만 형용사로 쓰일 때는 높임말이 '있으시다'가 된다. 제시된 문장의 '있다'는 형용사이다. 따라서 '따님이 있으시다.'는 올바른 표현이다.

| 오답해설 |

① **선택률 3%** 몰랐다(×) → 몰랐기 때문이다(○)

문장의 주어가 '원인은'이므로 서술어는 '~때문이다'로 호응을 이뤄야 한다.

② **선택률 7%** 자동차가 막히고(×) → 자동차가 밀리고(○), 길이 막히고(○)

'밀리다'는 어떤 이유로 뒤처지게 된다는 뜻으로, '교통사고로 차가 밀린다.' 또는 '항상 형에게 밀려서 뒷전이다.'와 같이 쓸 수 있다. 참고로, '차'가 아닌 '길'을 주체로 놓고 말하는 경우에는 '길'은 '밀리는 것'이 아니라 '막히는 것'이므로 '길이 밀린다.'가 아니라 '길이 막힌다.'라는 표현을 써야 한다.

③ **선택률 1%** 축사가 계시겠습니다(×) → 축사가 있으시겠습니다(○)

'축사'를 높임으로써 간접적으로 교장 선생님을 높이는 '간접 높임'이 쓰였다. 따라서 '축사가 있으시겠습니다.'로 써야 한다.

23

정답 ③

비문학 > 독해 비문학 > 주제　　　　　정답률 96%

| 정답해설 |

③ **선택률 96%** 인도의 힌두교도가 암소를 숭배한다거나 유태인과 이슬람교도가 돼지고기를 싫어하는 것이 불합리한 종교 교리인 듯 보이지만 곰곰이 살펴보면 생활 환경이나 풍토에 적응하기 위한 합리적인 결정임을 밝히는 것이 제시된 글에서 궁극적으로 말하고자 하는 바이다.

| 오답해설 |

④ **선택률 1%** 특정 음식을 먹거나 먹지 않는 이유가 표면적으로는 종교적 금기 때문인 것처럼 보이지만 실제로는 환경과 풍토에 적응하기 위해 종교 교리를 이용한 것이라는 점이 제시된 글의 요점이다.

24

정답 ③

비문학 > 이론 비문학 > 글의 전개 방식　　　정답률 59%

| 정답해설 |

③ **선택률 59%** 제시된 글은 '촛불', '모닥불과 햇불', '폭죽의 불꽃' 등 일상에서 접할 수 있는 여러 종류의 불꽃의 특징과 효과를 설명한 후, 이를 예술의 분야와 종류, 경향 등에 적용하여 설명하고 있다. 따라서 제시된 글에서 사용된 전개 방식은 유추이다.

더 알아보기 ▶ 글의 전개 방식

- 비교: 두 사물의 유사성에 근거하여 대상의 특징을 설명하는 방식
- 대조: 두 사물의 차이점에 근거하여 대상의 특징을 설명하는 방식
- 분류: 하위 항목에서 상위 항목으로 묶어 가는 방식
- 구분: 상위 항목에서 하위 항목으로 나누어 가는 방식
- 분석: 사실이나 사물의 구성 요소를 나누어 서술하는 방식
- 인과: 일이나 현상의 원인과 결과를 연관 지어 서술하는 방식
- 유추: 설명 대상을 익숙한 다른 대상에 빗대어 설명하는 방식
- 지정: 'OO은 무엇이다'처럼, 물음에 답하는 형태의 서술 방식

---

25 [고난도 TOP2] 정답 ④

어휘와 관용 표현 > 한자와 한자어 > 한자어 정답률 46%

| 정답해설 |

④ [선택률 46%] 아미(蛾眉: 蛾 나방 아/眉 눈썹 미): 가늘고 길게 굽어진 아름다운 눈썹을 이르는 말로, 미인의 눈썹을 이른다.

| 오답해설 |

① [선택률 16%] 고전(苦展)(×) → 고전(古典: 古 옛 고/典 법 전)(○)
㉠ 옛날의 의식이나 법식. ㉡ 오랫동안 많은 사람에게 널리 읽히고 모범이 될 만한 문학이나 예술 작품. ㉢ 옛날의 서적이나 작품

② [선택률 26%] 반월(反月)(×) → 반월(半月: 半 반 반/月 달 월)(○)
반달(반원형의 달)

③ [선택률 12%] 곡선(曲善)(×) → 곡선(曲線: 曲 굽을 곡/線 줄 선)(○)
모나지 아니하고 부드럽게 굽은 선

군무원 🆚 공무원 비교분석

군무원 시험에서 한자어 유형은 일반적으로 문장에 쓰인 표기를 묻는 유형으로 출제되지만, 가끔 문장형이 아닌 어휘로 제시하여 독음과 표기가 적절한지 구별하는 유형으로도 출제된다. 한자어는 짧은 시간에 학습하기 어려운 영역이므로 매일 한두 어휘라도 꾸준히 학습하는 습관을 가져야 한다.

9급 군무원 국어

I 전체 난이도 및 합격선

전체 난이도	합격선
下	88점

I 기출총평

2012년에도 여전히 문법과 어문 규정 및 비문학의 출제비중이 높았다. 문법과 어문 규정에서는 띄어쓰기, 한글 맞춤법, 로마자 표기법, 외래어 표기법, 문장 부호, 표준 발음법, 비문의 유형 등이 고르게 출제되었다. 비문학은 지문의 길이가 길어지는 추세를 보였으며, 특이한 점은 전년도와 유사하게 법조문을 제시하고 내용을 파악하는 유형이 출제된 것이다. 고전 문학은 판소리의 장단을 묻는 유형으로 1문항이 출제되었고, 현대 문학은 4문항 출제되었는데, 심상의 유형을 묻는 지식형과 작품 분석형 문항이 출제되었다. 전체적으로 문법과 어문 규정, 비문학, 현대 문학에 치중된 경향을 보인다.

I 영역별 출제비중

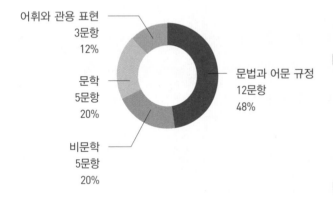

어휘와 관용 표현
3문항
12%

문학
5문항
20%

비문학
5문항
20%

문법과 어문 규정
12문항
48%

I 문항 분석

	카테고리	출제수	정답률
1	문법과 어문 규정 > 어문 규정 > 맞춤법	47회	90%
2	문법과 어문 규정 > 어문 규정 > 표준어 규정	17회	62%
3	어휘와 관용 표현 > 순우리말 > 우리말 어휘	16회	60%
4	비문학 > 이론 비문학 > 글의 전개 방식	16회	86%
5	문법과 어문 규정 > 현대 문법 > 의미론 – 어휘의 문맥적 의미	11회	79%
6	비문학 > 독해 비문학 > 주제	17회	58%
7	문법과 어문 규정 > 어문 규정 > 맞춤법과 표준어 규정	64회	86%
8	문법과 어문 규정 > 어문 규정 > 띄어쓰기	24회	54%
9	문법과 어문 규정 > 어문 규정 > 문장 부호	6회	76%
10	문법과 어문 규정 > 어문 규정 > 표준 발음법	18회	90%
11	문법과 어문 규정 > 어문 규정 > 로마자 표기법	16회	88%
고난도 TOP1 ▸ 12	문법과 어문 규정 > 어문 규정 > 맞춤법	47회	42%
13	문법과 어문 규정 > 어문 규정 > 외래어 표기법	12회	76%
14	문학 > 현대 문학 > 현대 시 – 심상	37회	88%
고난도 TOP2 ▸ 15	문학 > 현대 문학 > 우리말 어휘	16회	43%
16	어휘와 관용 표현 > 한자와 한자어 > 한자 성어	21회	54%
17	비문학 > 이론 비문학 > 말하기와 듣기	5회	58%
18	문학 > 고전 문학 > 고전 산문 – 판소리	6회	80%
19	비문학 > 독해 비문학 > 내용 확인하기	22회	92%
고난도 TOP3 ▸ 20	어휘와 관용 표현 > 한자와 한자어 > 한자어	27회	49%
21	문학 > 현대 문학 > 수필	5회	69%
22	문학 > 현대 문학 > 현대 시	37회	98%
23	문법과 어문 규정 > 어문 규정 > 맞춤법과 표준어 규정	64회	93%
24	비문학 > 독해 비문학 > 내용 확인하기	22회	89%
25	문법과 어문 규정 > 현대 문법 > 비문의 유형	13회	65%

※ 고난도 TOP1 는 해당 회차에서 정답률이 가장 낮은 문항입니다.

01	④	02	②	03	④	04	②	05	①
06	④	07	②	08	①	09	③	10	②
11	②	12	④	13	③	14	②	15	②
16	①	17	②	18	④	19	①	20	①
21	②	22	②	23	②, ③	24	④	25	①

기출문제편 ▶ P.95

01 정답 ④

| 문법과 어문 규정 > 어문 규정 > 맞춤법 | 정답률 90% |

| 정답해설 |

어미 '-지' 뒤에 '않-'이 어울려 준말이 될 때는 '-잖-'으로 적고, 어미 '-하지' 뒤에 '않-'이 어울려 준말이 될 때는 '-찮-'으로 적는다.
④ 선택률 90% '심심하지 않다'의 준말은 '심심찮다'이다.

| 오답해설 |

①③ 선택률 2% 선택률 2% '-하지' 뒤에 '않-'이 어울려 준말이 되는 경우이므로 '-찮-'으로 적는다.
② 선택률 6% 어간의 끝음절 '하'가 아주 줄 경우에는 '하'가 통째로 줄어 '넉넉하지 않다 → 넉넉지 않다 → 넉넉잖다'로 쓴다.

군무원 vs 공무원 비교분석

일반 공무원 시험에 비해 군무원 시험에서는 한글 맞춤법의 출제비중이 상당히 높다. 한 회에 3~4문항이 출제되기도 하므로, 평상시에 반드시 학습해 두어야 한다.

02 정답 ②

| 문법과 어문 규정 > 어문 규정 > 표준어 규정 | 정답률 62% |

| 정답해설 |

② 선택률 62% '삐치다'는 '성이 나거나 못마땅해서 마음이 토라지다.'의 뜻이다. 참고로, 2014년에 '삐지다'도 복수 표준어로 인정하였다. 따라서 '삐치다'와 '삐지다'는 모두 어법에 맞는 표현이다.

| 오답해설 |

① 선택률 3% 설레인다(×) → 설렌다(○)
'마음이 가라앉지 아니하고 들떠서 두근거리다.'라는 뜻의 동사는 '설레다'이다. '설레이다'는 잘못된 표현이다.
③ 선택률 10% 삼가해야(×) → 삼가야(○)
'몸가짐이나 언행을 조심하다.', '꺼리는 마음으로 양(量)이나 횟수가 지나치지 아니하도록 하다.'라는 뜻은 '삼가다'이다. '삼가하다'는 잘못된 표현이다.
④ 선택률 25% 당겼다(×) → 땅겼다(○)
문맥상 '몹시 단단하고 팽팽하게 되다.'라는 뜻의 '땅기다'가 올바른 표현이다.

03 정답 ④

| 어휘와 관용 표현 > 순우리말 > 우리말 어휘 | 정답률 60% |

| 정답해설 |

④ 선택률 60% '칠칠하다'는 '㉠ 성질이나 일 처리가 반듯하고 야무지다. ㉡ 주접이 들지 아니하고 깨끗하고 단정하다.'라는 뜻이다. 주로 '못하다'나 '않다'와 함께 쓰여 '칠칠하지 못하다(준말: 칠칠치 못하다), 칠칠치 않다'로 쓴다.

| 오답해설 |

① 선택률 4% 속손톱: 손톱의 뿌리 쪽에 있는 반달 모양의 하얀 부분
참 속발톱: 발톱의 뿌리 쪽에 있는 반달 모양의 하얀 부분
② 선택률 22% 열없다: ㉠ 좀 겸연쩍고 부끄럽다. ㉡ 담이 작고 겁이 많다.
③ 선택률 14% 낟가리: ㉠ 낟알이 붙은 곡식을 그대로 쌓은 더미. ㉡ 나무, 풀, 짚 따위를 쌓은 더미

04 정답 ②

| 비문학 > 이론 비문학 > 글의 전개 방식 | 정답률 86% |

| 정답해설 |

② 선택률 86% 제시된 글은 1문단에서 뮐러의 신화 연구가 지닌 한계를 제시하고, 2문단에서는 그러한 한계에도 불구하고 이 연구가 지니는 의의를 언급하고 있다.

| 오답해설 |

① 선택률 8% 뮐러의 신화 연구에 대한 다양한 견해들을 분석하지 않았다.
③ 선택률 1% 뮐러의 신화 연구의 한계를 제시하였으나 장점과 단점을 비교하여 전망을 제시한 것은 아니다.
④ 선택률 5% 뮐러의 신화 연구는 그 한계성에도 불구하고 시대적인 의의를 갖는다고 하였다. 즉, 뮐러의 실화 연구 외에 새로운 이론을 논증한 글이 아니다.

05 정답 ①

| 문법과 어문 규정 > 현대 문법 > 의미론 – 어휘의 문맥적 의미 | 정답률 79% |

| 정답해설 |

'벗다'는 다의어로, 다의어는 문맥적 의미에 따라 반의어가 달라질 수 있다.
① 선택률 79% '부리다'는 '사람의 등에 지거나 자동차나 배 따위에 실었던 것을 내려놓다.'라는 뜻이다. 따라서 '벗다'와 유의 관계에 있으며, '(짐을) 부리다'의 반의어는 '(짐을) 싣다'이다.

| 오답해설 |

②③ 선택률 0% 선택률 2% (양말을) 신다 ↔ (양말을) 벗다, (안경을) 끼다 ↔ (안경을) 벗다
'신다'와 '끼다'는 '사람이 자기 몸 또는 몸의 일부에 착용한 물건을 몸에서 떼어 내다.'의 뜻의 '벗다'와 반의 관계에 있다.

④ 선택률 19% (책임을) 지다 ↔ (책임을) 벗다

'지다'는 '책임이나 의무를 맡다.'의 뜻이다.

더 알아보기 ▶ 다의어의 문맥별 반의어

표제어	예문	반의어
가볍다	(책상이) 가볍다	무겁다
	(몸살이) 가볍다	심하다
	(언행이) 가볍다	신중하다
	(봄바람이) 가볍다	세다/강하다
	(응수가) 가볍다	대수롭다
	(주머니가) 가볍다	(돈이) 많다
열다	(문을) 열다	닫다
	(뚜껑을) 열다	덮다
	(입을) 열다	다물다
	(마개를) 열다	막다
	(자물쇠를) 열다	잠그다
	(회의를) 열다	마치다/끝내다
벗다	(옷을) 벗다	입다
	(모자를) 벗다	쓰다
	(안경을) 벗다	끼다
	(신을) 벗다	신다
좋다	(사람이) 좋다	싫다
	(머리가) 좋다	나쁘다
	(비위가) 좋다	약하다

06
정답 ④

비문학 > 독해 비문학 > 주제 　　　　정답률 58%

| 정답해설 |

④ 선택률 58% 2문단에서 '참된 전제에서 타당하게 추리된 것'만이 지식이라고 내린 정의는 지나치게 광범위하다고 하였다. 이 정의에서 문제는 '참된 전제'에 있다. 전제가 참이라 할지라도 '인식된 것'이 아니면 오류를 내포할 수 있기 때문이다. 따라서 '지식은 인식된 참된 전제로부터 타당하게 연역된 것'이라고 정의해야 한다.

| 오답해설 |

①②③ 선택률 6% 선택률 6% 선택률 30% 뒤에 덧붙는 내용에 상관없이 '인식'된 전제로 나아가지 못하고 '참된 전제'에만 머물렀기 때문에 중심 내용이라 할 수 없다.

07
정답 ②

문법과 어문 규정 > 어문 규정 > 맞춤법과 표준어 규정 　　정답률 86%

| 정답해설 |

② 선택률 86% 꺽으면(×) → 꺾으면(○)

'방향을 바꾸어 돌리다.'라는 뜻의 동사는 '꺽다'가 아니라 '꺾다'이다. '꺾다'는 '꺾어, 꺾어서, 꺾으면, 꺾었다' 등과 같이 활용한다.

| 오답해설 |

① 선택률 1% 건망증처럼 어떤 사실을 기억하지 못할 때는 동사 '잊다'를 쓴다. '가졌던 물건이 없어져 그것을 갖지 않게 되다.'라는 뜻의 '잃다'와 혼동하지 않도록 한다.

③ 선택률 2% '읊다'는 '억양을 넣어서 소리를 내어 시를 읽거나 외다.'라는 뜻의 동사이다.

④ 선택률 11% '긁다'는 '바닥이나 거죽을 문지르다.'라는 의미뿐만 아니라 '물건 따위를 구매할 때 카드로 결제하다.'라는 의미도 있다.

08
정답 ①

문법과 어문 규정 > 어문 규정 > 띄어쓰기 　　　　정답률 54%

| 정답해설 |

① 선택률 54% 느낀대로(×) → 느낀 대로(○)

'대로'가 용언의 관형사형 어미 '-ㄴ' 또는 '-는' 뒤에 오면 의존 명사이므로 앞말과 띄어 쓴다.

| 오답해설 |

② 선택률 8% 바른대로(○)

'바른대로'는 부사로서, 한 단어이므로 붙여 쓴다.

③ 선택률 14% 것대로(○)

체언 뒤에 오는 '대로'는 보조사이다. 보조사는 앞말과 붙여 쓴다.

④ 선택률 24% 도착하는 대로(○)

관형사형 어미 '-는' 뒤에 오는 '대로'는 의존 명사이므로 앞말과 띄어 쓴다.

군무원 vs 공무원 비교분석

군무원 시험에서 띄어쓰기 문제는 반드시 출제된다. '대로, 만큼, 뿐'과 같이 헷갈리기 쉬운 동음이의어의 띄어쓰기는 확실하게 학습해 두어야 한다.

09
정답 ③

문법과 어문 규정 > 어문 규정 > 문장 부호 　　　　정답률 76%

| 정답해설 |

③ 선택률 76% 짝을 이루는 어구들 사이에 쓰는 문장 부호는 가운뎃점(·)이다.

예 한국·중국 간의 무역량이 늘고 있다.
　　우리는 그 일의 참·거짓을 따질 겨를도 없었다.

더 알아보기 ▶ 쌍점(:)의 사용

- 표제 다음에 해당 항목을 들거나 설명을 붙일 때 쓴다.
  - 예 문방사우: 종이, 붓, 먹, 벼루
    - 일시: 2020년 10월 9일 10시
- 희곡 등에서 대화 내용을 제시할 때 말하는 이와 말한 내용 사이에 쓴다.
  - 예 김 과장: 난 못 참겠다.
    - 아들: 아버지, 제발 제 말씀 좀 들어 보세요.
- 시와 분, 장과 절 등을 구별할 때 쓴다.
  - 예 오전 10:20(오전 10시 20분)
    - 두시언해 6:15(두시언해 제6권 제15장)
- 의존 명사 '대'가 쓰일 자리에 쓴다.
  - 예 65 : 60(65 대 60)
    - 청군 : 백군(청군 대 백군)

10   정답 ②

| 문법과 어문 규정 > 어문 규정 > 표준 발음법 | 정답률 90% |

| 정답해설 |

② 선택률 90% 겹받침 'ㄼ'은 어말 또는 자음 앞에서 [ㄹ]로 발음하지만, 예외로 '밟-'은 자음 앞에서 [ㅂ]으로 발음한다. 따라서 '밟다'와 그 활용형은 '밟다[밥:따], 밟고[밥:꼬], 밟는[밤:는], 밟지[밥:찌]' 등으로 발음한다.

| 오답해설 |

①④ 선택률 1% 선택률 2% 겹받침 'ㄳ', 'ㄵ', 'ㄼ, ㄽ, ㄾ', 'ㅄ'은 어말 또는 자음 앞에서 각각 앞 자음인 [ㄱ, ㄴ, ㄹ, ㅂ]으로 발음한다. 따라서 '짧게'는 [짤께]로 발음한다. 다만, '넓둥글다'와 '넓죽하다'의 경우에는 [넙]으로 발음한다.

③ 선택률 7% 겹받침 'ㄺ, ㄻ, ㄿ'은 어말 또는 자음 앞에서 각각 뒤 자음인 [ㄱ, ㅁ, ㅂ]으로 발음한다. 따라서 '맑다'와 그 활용형은 '맑다[막따], 맑더라[막떠라], 맑지[막찌]' 등으로 발음한다. 다만, 용언의 어간 말음 'ㄺ'은 'ㄱ' 앞에서 [ㄹ]로 발음하므로 '맑게[말께], 묽고[물꼬]'로 발음한다.

11   정답 ②

| 문법과 어문 규정 > 어문 규정 > 로마자 표기법 | 정답률 88% |

| 정답해설 |

② 선택률 88% 'ㄹ'은 모음 앞에서는 'r'로, 자음 앞이나 어말에서는 'l'로, 'ㄹㄹ'은 'll'로 표기한다. 그러므로 대관령[대:괄령]의 로마자 표기는 'Daegwallyeong'이다.

| 오답해설 |

① 선택률 2% 압구정[압꾸정]: Apkujeong(×) → Apgujeong(○)
된소리 발음은 표기에 반영하지 않는다.

③ 선택률 8% 독립문[동님문]: Dongnipmun(×) → Dongnimmun(○)
음운 변화가 일어날 때에는 변화의 결과에 따라 표기한다.

④ 선택률 2% 샛별[새:뼐 / 샏:뼐]: saetbbeol(×) → saetbyeol(○)
된소리 발음은 표기에 반영하지 않는다.

12 고난도 TOP 1   정답 ④

| 문법과 어문 규정 > 어문 규정 > 맞춤법 | 정답률 42% |

| 정답해설 |

④ 선택률 42% '무리 가운데 섞이다.'의 동사는 '끼이다'이고, '끼이다'의 준말은 '끼다'이다. 따라서 '끼여(끼이어), 끼어' 모두 올바른 표현이다.

| 오답해설 |

① 선택률 5% 놀랬다(×) → 놀랐다(○)
'놀래다'는 '놀라다'의 사동 표현이다. 제시된 문장은 우리들이 스스로 놀란 것이므로 '놀랐다'가 올바른 표현이다.

② 선택률 20% 되뇌였다(×) → 되뇌었다(○)
'같은 말을 되풀이하여 말하다.'라는 뜻의 동사는 '되뇌다'이다. '되뇌이다'는 올바른 표현이 아니다.

③ 선택률 33% 굵어진(×) → 굵은(○)
'굵어지다'는 동사이고, '굵다'는 형용사이다. 제시된 문장은 현재의 상태를 의미하므로 형용사 '굵다'를 써서 '허리가 굵은'으로 표현하는 것이 적절하다.

13   정답 ③

| 문법과 어문 규정 > 어문 규정 > 외래어 표기법 | 정답률 76% |

| 정답해설 |

③ 선택률 76%
- supermarket: 'super-'의 [su:-], [sju:-] 두 가지 발음 중 널리 쓰인다고 판단되는 [sju:-] 발음을 기준으로 하여 '슈퍼마켓'으로 표기한다.
  참 수퍼마켓(×), 수퍼마킷(×)
- juice: 외래어를 표기할 때에는 '쟈, 져, 죠, 쥬, 챠, 쳐, 쵸, 츄'의 이중 모음을 적지 않으므로 '쥬스'가 아니라 '주스'로 표기한다.

| 오답해설 |

① 선택률 2% 케잌(×) → 케이크(○)

② 선택률 21% 프로포즈(×) → 프러포즈(○)

④ 선택률 1% 맛사지(×) → 마사지(○)

14   정답 ②

| 문학 > 현대 문학 > 현대 시 – 심상 | 정답률 88% |

| 정답해설 |

'금빛 게으른 울음'은 울음이라는 청각을 금빛으로 시각화한 공감각적 심상이 나타난다.

② 선택률 88% '바알간 숯불'은 숯불의 색을 강조한 표현으로, 시각적 심상이 나타난다.

| 오답해설 |

① 선택률 1% 청각(종소리)을 시각화(푸른)한 공감각적 심상이다.

③ 선택률 2% 청각(울음)을 시각화(붉은)한 공감각적 심상이다.

④ 선택률 9% 청각(말소리)을 후각화(향기로운)한 공감각적 심상이다.

15 고난도 TOP2   정답 ②

문학 > 현대 문학 > 우리말 어휘	정답률 43%

| 정답해설 |

② 선택률 43% 홰: ㉠ 새장이나 닭장 속에 새나 닭이 올라앉게 가로질러 놓은 나무 막대. ㉡ 새벽에 닭이 올라앉은 나무 막대를 치면서 우는 차례를 세는 단위

| 오답해설 |

① 선택률 9% 종지: 간장·고추장 따위를 담아서 상에 놓는 작은 그릇.
참 주발: 놋쇠로 만든 밥그릇

③ 선택률 15% 싱둥겅둥: 정성을 들이지 않고 대강대강 일을 하는 모양
참 갈팡질팡: 갈피를 잡지 못하고 이리저리 헤매는 모양

④ 선택률 33% 호드기: 봄철에 물오른 버드나무 가지의 껍질을 고루 비틀어 뽑은 껍질이나 짤막한 밀짚 토막 따위로 만든 피리
참 호루라기: 살구씨의 양쪽에 구멍을 뚫고 속을 파내어 만든 호각 모양의 부는 물건

16   정답 ①

어휘와 관용 표현 > 한자와 한자어 > 한자 성어	정답률 54%

| 정답해설 |

'처삼촌 뫼에 벌초하듯'은 일에 정성을 들이지 아니하고 마지못하여 건성으로 함을 비유적으로 이르는 말이다.

① 선택률 54% 走馬看山(주마간산: 走 달릴 주/馬 말 마/看 볼 간/山 뫼 산): '말을 타고 달리면서 산을 바라본다.'라는 뜻으로, 바빠서 자세히 살펴보지 않고 대강 보고 지나감을 이른다.
유 수박 겉 핥기

| 오답해설 |

② 선택률 22% 山溜穿石(산류천석: 山 뫼 산/溜 처마물 류/穿 뚫을 천/石 돌 석): '산에서 흐르는 물이 바위를 뚫는다.'라는 뜻으로, ㉠ 작은 노력이라도 끈기 있게 계속하면 큰일을 이룰 수 있음. ㉡ 작은 것이라도 모이고 쌓이면 큰 것이 됨을 뜻한다.
유 우공이산(愚公移山)

③ 선택률 13% 東問西答(동문서답: 東 동녘 동/問 물을 문/西 서녘 서/答 대답 답): 동쪽을 묻는데 서쪽을 대답한다는 뜻으로, 묻는 말에 대하여 전혀 엉뚱한 대답을 하는 것을 이른다.

④ 선택률 11% 他山之石(타산지석: 他 다를 타/山 뫼 산/之 갈 지/石 돌 석): 다른 산에서 나는 거칠고 나쁜 돌이라도 숫돌로 쓰면 자기의 옥을 갈 수가 있다는 뜻으로, 다른 사람의 하찮은 언행이라도 자기의 지덕을 닦는 데 도움이 됨을 비유해 이르는 말이다.

17   정답 ②

비문학 > 이론 비문학 > 말하기와 듣기	정답률 58%

| 정답해설 |

② 선택률 58% 특정한 주제(노인 복지의 실천 과제)에 대해 발표자가 강연식으로 발표한 뒤, 청중도 질의응답 형식을 통해 참가하는 방식을 심포지엄이라고 한다. 보통 3~5명의 전문가로 구성된 연사들이 하나의 주제에 대해 여러 각도에서 의견을 제시하므로 주제에 대해 체계적·권위적인 설명을 들을 수 있다.

| 오답해설 |

① 선택률 1% 원탁 토의: 10명 정도의 구성원이 모두가 동등한 자격으로, 특별한 절차나 규칙에 얽매이지 않고 자유롭게 의견을 제시하는 형식이다. 대체로 사회자를 따로 두지 않는다.

③ 선택률 20% 패널 토의: 배심 토의라고도 불리며, 전문 지식을 가진 3~6명의 소집단으로 이루어진 토의 집단이 특정 주제에 대해 의도적인 대화의 형식으로 토의한다. 토의가 끝난 후 청중들이 참여하거나 질문을 한다.

④ 선택률 21% 포럼: 어떤 문제에 대해 직접 관련 있는 사람들이 모여 공개적으로 토의하는 것으로, 다른 토의와는 달리 처음부터 청중의 참여로 이루어지는 토의이다.

18   정답 ④

문학 > 고전 문학 > 고전 산문 – 판소리	정답률 80%

| 정답해설 |

제시된 부분은 「춘향가」에서 이몽룡이 암행어사가 되어 출도하는 장면이다. 정신없는 상황을 극적으로 형성하는 데에는 빠른 장단이 효과적이다.

④ 선택률 80% 자진모리 장단: 빠르게 소리를 몰아가는 장단으로서, 어떤 일이 차례로 벌어지거나 격동하는 대목에서 흔히 쓰인다.

| 오답해설 |

① 선택률 8% 중모리 장단: 판소리 장단 가운데 진양조 다음으로 느리며, 판소리의 기본이 되는 장단이다. 어떤 사연을 담담히 서술하는 대목이나 서정적인 대목에서 쓰인다.

② 선택률 7% 진양조 장단: 판소리 장단 가운데 가장 느린 장단이다. 극의 상황이 느슨하고 서정적인 대목에서 흔히 쓰인다.

③ 선택률 5% 엇모리 장단: 판소리 장단 가운데 가장 이질적인 장단으로, 특이한 인물이 등장할 때 쓰인다.

19
정답 ①

| 비문학 > 독해 비문학 > 내용 확인하기 | 정답률 92% |

| 정답해설 |

① 선택률 92% 〈보기〉의 제67조 ①의 내용에서 친권자나 후견인은 미성년자의 근로 계약을 대리할 수 없다고 하였으므로 부모가 대신 고용 계약을 체결할 수 없다.

| 오답해설 |

② 선택률 2% 제68조에 따르면, 미성년자는 독자적으로 임금을 청구할 수 있다.

③ 선택률 0% 제67조 ②에 따르면, 고용노동부장관은 근로 계약이 미성년자에게 불리하다고 인정하는 경우에는 이를 해지할 수 있다.

④ 선택률 6% 제69조에 따르면, 미성년자의 근로 시간은 1주에 35시간을 초과하지 못한다. 다만, 1주에 5시간을 한도로 연장할 수 있다.

20 고난도 TOP3
정답 ①

| 어휘와 관용 표현 > 한자와 한자어 > 한자어 | 정답률 49% |

| 정답해설 |

① 선택률 49% 최근: 最根(×) → 最近(○)

얼마 되지 않은 지나간 날부터 현재 또는 바로 직전까지의 기간을 뜻하는 '최근'은 '最近(最 가장 최/近 가까울 근)'으로 표기한다.

| 오답해설 |

② 선택률 22% 전시(展示: 展 펼 전/示 보일 시): ㉠ 여러 가지 물품을 한곳에 벌여 놓고 보임. ㉡ 책, 편지 따위를 펴서 봄. 또는 펴서 보임.

③ 선택률 11% 본래(本來: 本 근본 본/來 올 래): 사물이나 사실이 전하여 내려온 그 처음

④ 선택률 18% 기념(記念: 記 기록할 기/念 생각 념): 어떤 뜻깊은 일이나 훌륭한 인물 등을 오래도록 잊지 아니하고 마음에 간직함.

21
정답 ②

| 문학 > 현대 문학 > 수필 | 정답률 69% |

| 정답해설 |

제시된 작품에서 글쓴이는 선비의 정신인 지조를 지킬 것을 강조하고 있다.

② 선택률 69% 이방원의 「하여가」로, 고려 왕조에 충절을 지키고자 하는 정몽주를 회유하기 위해 지은 노래이다. 즉, 지조를 강조하는 글쓴이의 입장과는 정반대의 삶의 태도를 보이고 있다.

| 오답해설 |

①③ 선택률 11% 선택률 6% 임금을 향한 절의가 나타나 있다.

④ 선택률 14% 임에 대한 사랑가이다.

더 알아보기 ▶ 작품 분석

• 「금생여수라 혼들」

㉠ 작품: 박팽년 시조, 절의가

㉡ 해제: 분별없이 여러 임금을 섬길 수 없다는 것을 비유적으로 노래했다. 수양 대군이 단종을 몰아내고 왕위에 올랐으므로, 어린 단종을 위한 충정을 담아 노래한 작품이다.

㉢ 현대어 풀이

여수(중국의 금이 나는 강)에서 금이 난다고 한들 물마다 금이 나며, 곤강(중국의 옥이 나는 산)에서 옥이 난다고 한들 산마다 옥이 나겠느냐. 아무리 사랑이 중하다고 한들 임마다 따르랴?

• 「이 몸이 죽어가서」

㉠ 작품: 성삼문 시조, 절의가

㉡ 해제: 가상적인 전제로 이루어진 이 작품은 우의적 표현('백설이 만건곤할 제'는 '수양 대군이 집권하는 세월'을, '독야청청'은 '꿋꿋한 절개'를 의미)을 사용하였다. 또한 중장~종장은 혼탁한 세태에 휩쓸리지 않고 외로운 길을 택한 지은이의 정신적 승리를 뜻한다.

㉢ 현대어 풀이

이 몸이 죽어서 무엇이 될 것인가 하니.
(저 신선이 살고 있다는) 봉래산 가장 높은 봉우리에 싱싱하게 자라난 큰 소나무가 되었다가.
흰 눈이 온 누리를 덮었을 적에라도 나만은 푸르디푸른 빛을 보여 주리라.

• 「님을 미들 것가」

㉠ 작품: 이정구 시조, 사랑가

㉡ 해제: 믿을 수 없는 임이기는 하지만 믿지 않을 수 없는 심정을 토로한 작품이다. 이 시조에서 '임'은 임금이 아니라 이성(異性), 즉 사랑하는 임을 뜻한다.

㉢ 현대어 풀이

임을 믿을 것인가? 아마도 믿지 못할 것은 임이로다.
믿어 온 그 시절도 믿을 바가 못 되는 줄로 알았도다.
믿기야 어려웠지만 임을 믿지 않고 어찌하겠는가?

22
정답 ②

| 문학 > 현대 문학 > 현대 시 | 정답률 98% |

| 정답해설 |

〈보기〉의 내용은 대조적으로 연결되어 있으므로 서로 반대되는 특성을 정리하며 빈칸에 들어갈 말을 찾는다.

② 선택률 98% ㉠에는 소멸하지 않는 하늘나라의 아름다움과 비교해야 하므로, 아끼고 보존하려 해도 '영원'할 수 없음을 유추할 수 있다. ㉡은 ㉢과 함께 비교해 보면 '떨어지는' 것과 대비되는 '피어남'을 찾을 수 있고, ㉣은 '기쁨'과 대비되는 '슬픔'을 찾아낼 수 있다.

더 알아보기 ▶ 김영랑, 「모란이 피기까지는」

- 갈래: 서정시
- 성격: 낭만적, 상징적
- 구성: 수미상관
- 특징: 역설적 표현의 사용
- 제재: 모란의 개화와 낙화
- 주제: 소망이 이루어지기를 기다림.

23
정답 ②, ③

문법과 어문 규정 > 어문 규정 > 맞춤법과 표준어 규정　정답률 93%

| 정답해설 |

② 선택률 8% 것이요(○) / 것이오(○)

출제 당시에는 종결 어미 '-이오'가 표준어였다. 그런데 2021년 보조사 '이요'의 형태도 표준어로 인정하였다. 따라서 변경된 내용을 적용하면 '것이오'와 '것이요'는 모두 올바른 표현이다.

┌ 것(의존 명사)+이-(서술격 조사 '이다'의 어간)+-오(종결 어미)
└ 것(의존 명사)+이요(보조사)

③ 선택률 85% '으레'는 '두말할 것 없이 당연히'라는 뜻의 부사이다. '으례'로 잘못 쓰지 않도록 주의해야 한다.

* 모바일 채점 서비스에는 ②, ③ 중 하나만 체크하면 정답으로 처리

| 오답해설 |

① 선택률 3% 일찌기(×) → 일찍이(○)

부사에 '-이'가 붙어서 또 부사가 되는 경우에는 어간을 밝혀 적는다.

④ 선택률 4% 믿음으로서(×) → 믿음으로(써)(○)

조사 '로서'는 주로 직위를 나타내는 명사 다음에 붙어 그 사람의 자격이나 지위를 나타내고, 조사 '로써'는 기타의 명사 뒤에 붙어 수단이나 재료임을 나타내거나 셈에 넣는 기준을 나타낸다.

24
정답 ④

비문학 > 독해 비문학 > 내용 확인하기　정답률 89%

| 정답해설 |

④ 선택률 89% 마지막 문단의 '경상도식은 미꾸라지를 삶아 으깨어 ~ 서울에서는 ~ 통째로 삶아 놓은 미꾸라지를 넣어 끓인다.'라는 내용에서 알 수 있다.

| 오답해설 |

① 선택률 3% 3문단에 추어탕이 너무나 서민적인 음식이기에 조선 시대 기록에서 소외됐다는 내용이 있다.

② 선택률 6% 2문단에 '상치(尙齒) 마당'이라는 동네잔치에 대한 설명이 나오지만 이 동네잔치가 현대까지 계승되고 있는지는 확인할 수 없다.

③ 선택률 2% 1문단에 미꾸라지는 가을에 제맛이 난다고 하여 추어(秋魚)라는 이름으로 불리기도 하고, 진흙에 사는 미꾸라지라는 의미로 니추(泥鰍)라고도 함을 확인할 수 있다.

25
정답 ①

문법과 어문 규정 > 현대 문법 > 비문의 유형　정답률 65%

| 정답해설 |

① 선택률 65% 주어인 '고객'을 높이기 위하여 높임의 의미를 가진 격 조사 '께서'와 서술어에 주체 높임의 선어말 어미 '-시-'를 붙여 '구입하신', '요구하실'로 올바르게 표현하였다.

| 오답해설 |

② 선택률 14% 대등 접속 조사 '와'가 쓰여 문장 성분의 호응이 맞지 않다. '그림을 그리다'는 올바른 표현이지만 '글씨를 그리다'는 호응이 맞지 않다. 따라서 '글씨를 쓰고 그림을 그릴 때~'로 고쳐야 한다.

③ 선택률 15% '간과되어져서는'은 이중 피동이므로, '간과되어서는'으로 고쳐야 한다.

④ 선택률 6% 두 문장을 연결하면서 공통되지 않은 요소를 생략하였다. 후속 절에 '가까운 친구에게'를 넣어 '우리는 가끔 가까운 친구를 실망시키기도 하고, 또 가까운 친구에게 실망하기도 한다.'로 고쳐야 한다.

2011.06.25. 국방부(육·해·공군) 시행

9급 군무원 국어

I 전체 난이도 및 합격선

전체 난이도	합격선
中	76점

I 기출총평

2011년 군무원 시험은 문학에서 지식형 유형의 비중이 줄고 작품 분석형 유형이 출제된 것이 특징적이다. 또한 비문학의 문항 수도 여전히 증가하는 추세이다. 아울러 최근 출제경향에 따라 문법과 어문 규정은 띄어쓰기, 로마자 표기법, 한글 맞춤법, 표준어 등이 고르게 출제되었다. '가검물(可檢物)'의 순화어는 일상적으로 사용하는 어휘가 아니었으므로 정답을 찾기가 쉽지 않았을 것이다. 수험생들이 어려워하는 한자어는 출제되지 않았으나, 한자 성어의 의미 관계를 묻는 문항이나 현대 문법의 형태소를 찾는 문항은 어려웠을 것이다. 법조문을 제시하고 어휘의 문맥적 의미를 묻는 유형은 군무원 시험만의 특이한 문제 유형이라 볼 수 있겠다.

I 영역별 출제비중

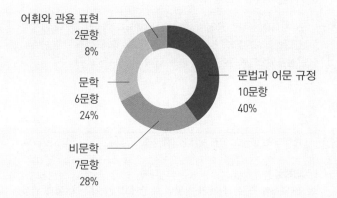

어휘와 관용 표현
2문항
8%

문학
6문항
24%

비문학
7문항
28%

문법과 어문 규정
10문항
40%

I 문항 분석

	카테고리	출제수	정답률
1	문법과 어문 규정 > 어문 규정 > 표준어 규정	17회	62%
2	문법과 어문 규정 > 어문 규정 > 로마자 표기법	16회	79%
3	비문학 > 독해 비문학 > 어휘	2회	57%
4	문학 > 고전 문학 > 고전 시가 – 고대 가요	1회	86%
고난도 TOP1 5	비문학 > 이론 비문학 > 논증과 오류의 유형	1회	25%
6	문학 > 현대 문학 > 현대 시	37회	72%
7	문학 > 현대 문학 > 현대 시	37회	72%
8	문학 > 고전 문학 > 고전 시가 – 시조	12회	59%
9	문학 > 고전 문학 > 고전 시가 – 시조	12회	82%
10	문법과 어문 규정 > 현대 문법 > 비문의 유형	13회	69%
고난도 TOP2 11	문학 > 현대 문학 > 현대 소설	26회	30%
12	문법과 어문 규정 > 현대 문법 > 의미론 – 어휘의 의미 관계	11회	65%
13	비문학 > 독해 비문학 > 내용 확인하기	22회	89%
14	비문학 > 이론 비문학 > 퇴고	3회	92%
15	어휘와 관용 표현 > 한자와 한자어 > 한자 성어	21회	34%
16	문법과 어문 규정 > 어문 규정 > 맞춤법	47회	65%
17	비문학 > 이론 비문학 > 글의 전개 방식	16회	96%
18	문법과 어문 규정 > 현대 문법 > 언어와 국어	3회	66%
19	문법과 어문 규정 > 어문 규정 > 표준 발음법	18회	95%
20	비문학 > 독해 비문학 > 주제 – 주제문	17회	76%
21	문법과 어문 규정 > 현대 문법 > 형태소	4회	75%
고난도 TOP3 22	문법과 어문 규정 > 현대 문법 > 언어와 국어 – 순화 표현	3회	33%
23	어휘와 관용 표현 > 한자와 한자어 > 한자 성어	21회	64%
24	문법과 어문 규정 > 어문 규정 > 띄어쓰기	24회	82%
25	비문학 > 독해 비문학 > 내용 확인하기	22회	54%

※ 고난도 TOP1 는 해당 회차에서 정답률이 가장 낮은 문항입니다.

01	④	02	②	03	②	04	②	05	①
06	③	07	③	08	③	09	②	10	②
11	②	12	①	13	②	14	④	15	②
16	①	17	③	18	②	19	①	20	③
21	②	22	②	23	①	24	①	25	③

01

정답 ④

문법과 어문 규정 > 어문 규정 > 표준어 규정　　정답률 62%

| 정답해설 |
④ 선택률 62% 만만하게 여길 만큼 평범한 사람을 일컫는 표준어는 '보통내기, 여간내기, 예사내기'이다. '행꾼', '행내기'는 표준어가 아니다.

| 오답해설 |
① 선택률 13% 행동이 느리거나 게으른 사람을 낮잡아 이르는 말로서 '느리광이'와 '느림보', '늘보'는 모두 표준어로 삼는다. 다만, '느리배기'는 표준어가 아니다.
② 선택률 15% 깃과 섶을 달지 않은, 갓난아이의 옷을 뜻하는 '깃저고리'와 '배내옷', '배냇저고리'는 모두 표준어로 삼는다. 다만, '삼옷'은 표준어가 아니다.
③ 선택률 10% '사이가 꽤 떨어지게'를 뜻하는 부사로, '멀찌가니'와 '멀찌감치', '멀찍이'는 모두 표준어로 삼는다.

02

정답 ②

문법과 어문 규정 > 어문 규정 > 로마자 표기법　　정답률 79%

| 정답해설 |
② 선택률 79% Beopaksa(×) → Beophaksa(○)
'ㄱ, ㄷ, ㅂ, ㅈ'이 'ㅎ'과 합하여 거센소리로 소리 나는 경우에는 발음에 따라 표기하지만, 체언에서 'ㄱ, ㄷ, ㅂ' 뒤에 'ㅎ'이 따를 때에는 'ㅎ'을 밝혀 적는다. 따라서 '법학사'의 발음은 [버팍싸]이지만 'ㅎ'을 밝혀 적어야 하므로 'Beophaksa'로 표기해야 한다.

| 오답해설 |
① 선택률 10% 벚꽃[벋꼳]: beotkkot(○)
'ㄷ'은 초성 자리에서는 'd'로, 종성 자리에서는 't'로 적으며, 'ㄲ'은 'kk'로 표기한다. '벚꽃'은 [벋꼳]으로 발음되므로 'beotkkot'으로 표기한다.
③ 선택률 9% 인왕리[이낭니]: Inwang-ri(○)
행정 구역 단위 앞에는 붙임표(-)를 넣는다. '인왕리'는 [이낭니]로 발음하지만, 붙임표(-) 앞뒤에서 일어나는 음운 변화는 표기에 반영하지 않는다. 따라서 'Inwang-ri'로 표기한다.
④ 선택률 2% 알약[알략]: allyak(○)
'ㄹ'은 모음 앞에서는 'r'로, 종성 자리에서는 'l'로, 'ㄹㄹ'은 'll'로 적는다. '알약'은 [알략]으로 발음되므로 'allyak'으로 표기한다.

더 알아보기 ▶ 'ㅎ'의 로마자 표기

• 'ㄱ, ㄷ, ㅂ, ㅈ'이 'ㅎ'과 합하여 거센소리로 소리 나는 경우에 따라 표기한다.

좋고[조코]	joko	놓다[노타]	nota
잡혀[자펴]	japyeo	낳지[나치]	nachi

• 다만, 체언에서 'ㄱ, ㄷ, ㅂ' 뒤에 'ㅎ'이 따를 때에는 'ㅎ'을 밝혀 적는다.

묵호[무코]	Mukho	집현전[지편전]	Jiphyeonjeon

군무원 vs 공무원 비교분석

군무원 시험에서 로마자 표기법은 꾸준히 1문제 정도씩 출제되고 있다. 따라서 로마자 표기법의 기본 원칙 및 중요 어휘의 표기법은 확실하게 학습해야 한다.

03

정답 ②

비문학 > 독해 비문학 > 어휘　　정답률 57%

| 정답해설 |
② 선택률 57% 제시된 글은 「대한민국국기법」의 일부로, 제5조 제2항에서 국가 및 지방자치단체는 국기의 제작·계양 및 관리 등에 있어서 국기의 존엄성이 유지될 수 있도록 필요한 조치를 강구하여야 한다고 하였으며, 제8조 제5항에서 국기가 심한 눈·비와 바람 등으로 그 훼손이 우려되는 경우에는 이를 계양하지 아니한다고 하였다.

군무원 vs 공무원 비교분석

군무원 시험은 일반 공무원 시험과 달리 애국가, 태극기, 국기에 대한 맹세문 등 우리나라와 관련된 내용이 지문으로 출제되기도 한다. 난도는 높지 않으므로 관련 사항을 평소에 알아 두어야 한다.

04

정답 ②

문학 > 고전 문학 > 고전 시가 – 고대 가요　　정답률 86%

| 정답해설 |
② 선택률 86% '돌'은 화자의 기원의 대상이고 '즌 ᄃᆡ'는 어둠과 위험을 의미하는 장소로서, 이 둘은 대립적 이미지를 나타낸다. 하지만 이를 이용하여 아내의 질투심을 표현하고 있지는 않다. 「정읍사」는 여성 화자가 남편이 무사히 돌아오기를 달님에게 기원하는 내용이다.

| 오답해설 |
① 선택률 4% 「정읍사」는 현재까지 전해지는 유일한 국문의 백제 가요이다.
③ 선택률 4% 「정읍사」의 배경 설화는 망부석 모티프를 가지고 있으며, 이는 신라의 「치술령곡」(박제상의 아내가 치술령에 올라가

남편을 기다리면서 부른 노래)과 백제의 「선운산가」(기한이 넘도록 돌아오지 않는 부역 나간 남편을 기다리는 노래)와 주제가 유사하다.

④ **선택률 6%** 「정읍사」는 고전 시가 가운데 시조와 가장 유사한 형식을 보여 주고 있어 시조 형식의 원형이 드러난 작품으로 보기도 한다.

더 알아보기 ▶ 백제 가요, 「정읍사(井邑詞)」

- 갈래: 고대 가요, 서정 가요
- 형식: 3장 6구(후렴구 제외)
- 성격: 서정적, 기원적, 민요적, 망부가
- 표현: '돌(광명)'과 '즌 뒤(어둠, 위험)'의 대립 구조
- 구성
  ㉠ 1~4행: 달님에게 남편이 오는 길을 밝혀 줄 것을 기원함.
  ㉡ 5~7행: 시장에 가신 남편에게 좋지 않은 일이 생길까 걱정함.
  ㉢ 8~11행: 남편과 자신의 앞날이 어두워질까 두려워함.
- 주제: 행상 나간 남편의 안전을 기원함.
- 의의
  ㉠ 현전하는 유일한 백제 가요
  ㉡ 국문으로 기록된 가장 오래된 백제 가요
  ㉢ 시조 형식의 연원(후렴구를 제외하면 3장 6구의 형식)으로 추정

군무원 VS 공무원 비교분석

군무원 시험에서 고전 문학은 작품 분석형 문제뿐만 아니라 작품의 특징을 암기해야 하는 지식형으로도 출제된다. 이를 해결하기 위해서는 미리 각 시대별 대표 작품들의 주제, 문학사적 의의, 갈래 등을 암기하고 있어야 한다.

05 [고난도 TOP 1] 정답 ①

비문학 > 이론 비문학 > 논증과 오류의 유형 　　　　정답률 25%

| 정답해설 |

① **선택률 25%** 〈보기〉의 글은 상황에 따라 적용해야 할 원칙이 다른데도 이를 혼동하여 생기는 '우연의 오류(원칙 혼동의 오류)'에 해당한다.

| 오답해설 |

② **선택률 4%** 무지에 호소하는 오류: 어떤 주장이 반증된 적이 없다는 이유로 받아들여야 한다고 주장하거나, 결론이 증명된 것이 없다는 이유로 거절되어야 한다고 주장하는 오류이다.
예 어떤 수학자도 그 유명한 '페르마의 마지막 정리'가 참임을 증명할 수 없다. 그러므로 그 정리는 거짓이다.

③ **선택률 25%** 합성의 오류: 부분이나 원소의 성질을 전체의 속성으로 보는 오류이다.
예 이 오케스트라의 구성원은 모두 일급 연주가들이기 때문에, 이 오케스트라는 일급입니다.

④ **선택률 46%** 논점 일탈의 오류: 어떤 논점을 뒷받침하기 위해 제시한 논거가 실제로는 다른 논점을 뒷받침하는 오류이다.

예 자식들을 엄하게 키우지 않으면 안 됩니다. 왜냐하면 요즘 세상에 소비 풍조가 만연하고 있기 때문입니다.

06 정답 ③

문학 > 현대 문학 > 현대 시 　　　　정답률 72%

| 정답해설 |

'소리 없는 아우성'은 표면상으로는 논리에 맞지 않는 말들을 결합한 역설적 표현이다.

③ **선택률 72%** 울고 싶은 시적 화자가 눈물을 흘리지 않겠다고 말하고 있는 것이므로 본래 의도와 반대로 표현하여 시적 화자의 마음을 강조한 반어적 표현에 해당한다.

| 오답해설 |

① **선택률 7%** '사랑을 위하여서는 이별이 있어야 하네.' ② **선택률 10%** '외로운 황홀한 심사' ④ **선택률 11%** '죽지 않은 그대가 이 세상에는 없고나.'는 역설적 표현에 해당한다.

더 알아보기 ▶ 역설법과 반어법

- 역설법(Paradox): 표면적으로는 이치에 안 맞는 듯하나, 실은 그 속에 절실한 뜻이 담기도록 하는 수사법
  예 이것은 소리 없는 아우성 　　　　 – 유치환, 「깃발」

  찬란한 슬픔의 봄 　　　　 – 김영랑, 「모란이 피기까지는」
- 반어법(Irony): 표면적 의미와 문맥적 의미(내포적 의미)가 상반성을 띠는 경우
  예 나 보기가 역겨워 / 가실 때에는 / 죽어도 아니 눈물 흘리우리다
  　　　　 – 김소월, 「진달래꽃」

  내 그대를 생각함은 항상 그대가 앉아 있는 배경에서 해가 지고 바람이 부는 일처럼 사소한 일일 것이나
  　　　　 – 황동규, 「즐거운 편지」

  한 줄의 시(詩)는커녕 / 단 한 권의 소설도 읽은 바 없이
  그는 한평생을 행복하게 살며 / 많은 돈을 벌었고
  높은 자리에 올라 / 이처럼 훌륭한 비석을 남겼다
  　　　　 – 김광규, 「묘비명」

07 정답 ③

문학 > 현대 문학 > 현대 시 　　　　정답률 72%

| 정답해설 |

③ **선택률 72%** ㉢의 '이념의 푯대'는 이상향에 도달할 수 없는 근원적인 한계를 상징한다.

| 오답해설 |

①②④ **선택률 5%** **선택률 6%** **선택률 17%** 제시된 시에서 '아우성, 손수건, 순정, 애수, 마음'은 모두 깃발을 비유한 보조 관념이다.

더 알아보기 ▶ 유치환, 「깃발」

- 갈래: 서정시, 자유시
- 성격: 상징적, 역설적
- 특징: 중심 이미지인 '깃발'에 '아우성', '손수건', '순정', '애수', '마음'이라는 5개의 보조 관념이 연결된 확장 은유의 형태
- 주제: 이상향에 대한 그리움과 비애

08   정답 ③

| 문학 > 고전 문학 > 고전 시가 – 시조 | 정답률 59% |

| 정답해설 |

③ 선택률 59% '이어라, 이어라'는 '(노를) 저어라, (노를) 저어라'라는 의미를 지닌 여음이다. 따라서 아무 의미가 없다는 설명은 바르지 않다.

| 오답해설 |

① 선택률 12% 「어부사시사」의 형성 과정은 「어부가」(고려, 작자 미상) → 「어부단가」(조선 전기, 이현보 개작) → 「어부사시사」(조선 후기, 윤선도)'로 이어진다. 윤선도의 「어부사시사」는 춘하추동 각 10수씩 총 40수로 이루어져 있다.

② 선택률 14% (가)의 '우는 것이 벅구기'에서는 청각적, 동적 이미지를 확인할 수 있고, '프른 거시 버들숩'에서는 시각적, 정적 이미지를 확인할 수 있다. 이렇듯 청각과 시각이 짝을 이루어 한가롭고 평화로운 어촌 마을의 봄 경치가 잘 나타난다.

④ 선택률 15% '지국총'은 노를 저을 때 마찰되어 들리는 '찌꺽찌꺽' 하는 소리의 음차 표기이고, '어사와'는 '어여차' 또는 '어영차'의 소리를 표현하기 위한 한자의 음차 표기이다.

09   정답 ②

| 문학 > 고전 문학 > 고전 시가 – 시조 | 정답률 82% |

| 정답해설 |

② 선택률 82% (나)에 쓰인 시어 중 '청약립'은 연잎 줄기나 푸른 대 껍질로 만든 푸른색 삿갓이고, '녹사의'는 비를 막기 위해 띠나 풀 등을 엮어서 만든 비웃이다. 둘 다 비를 막기 위한 도구이므로 (나)의 계절적 배경은 장마가 있는 여름이라는 것을 알 수 있다.

10   정답 ②

| 문법과 어문 규정 > 현대 문법 > 비문의 유형 | 정답률 69% |

| 정답해설 |

② 선택률 69% 주어진 문장에 쉼표(,)가 없었다면 '솔직하고 성실한'이 '학생'을 수식하는지 '태도'를 수식하는지 알 수가 없으므로 중의적 표현이 되었을 것이다. 그러나 쉼표를 넣어 '솔직하고 성실한'이 '태도'를 수식하고 있음을 명확히 하였으므로 중의성이 없는 올바른 문장이다.

| 오답해설 |

① 선택률 4% '한'의 지배 범주에 따른 중의적 표현이다. 즉, '모든 남자들이 각각 다른 한 명의 여성을 사랑한다.', '모든 남자들이 어떤 한 명의 여성만 사랑한다.'의 두 가지 의미로 해석될 수 있다.

③ 선택률 16% 부정문의 지배 범주에 따른 중의적 표현이다. 제시된 문장은 '책을 읽은 사람은 동생이 아니다.', '동생이 읽은 것은 책이 아니다.', '동생이 책을 읽지는 않았으나 보거나 만지는 등 다른 행동을 했다.' 등의 의미로 해석될 수 있다.

④ 선택률 11% 조사 '의'의 중의적 표현이다. '김 과장이 (다른 사람에게) 점수를 가장 높게 준다.', '(다른 사람이) 김 과장에게 가장 높은 점수를 준다.' 등의 의미로 해석될 수 있다.

군무원 VS 공무원 비교분석

군무원 시험에서 중의적 표현이나 문장 성분 간의 호응 관계를 파악하는 어법 문항은 꾸준히 출제되고 있으므로 비문의 유형 학습을 철저히 해야 한다.

11 고난도 TOP2   정답 ②

| 문학 > 현대 문학 > 현대 소설 | 정답률 30% |

| 정답해설 |

② 선택률 30% 정한숙의 「금당벽화」는 고구려의 화가이자 승려인 '담징'이 예술적 포부를 가지고 조국을 떠나 일본에 거주하며 벽화를 그렸다는 역사적 사실에 근거한 소설이다. 따라서 작품 속의 '조국'은 '고구려'를 뜻한다.

| 오답해설 |

① 선택률 25% 제시된 소설은 3인칭 전지적 작가 시점으로서, 서술자가 '담징'의 심리나 행동을 분석하여 서술하고 있다.

③ 선택률 5% 제시된 소설은 서기 612년, 일본을 배경으로 실존했던 역사적 인물인 '담징'을 주인공으로 하여 조국애와 불심을 예술적으로 승화한 작품이다.

④ 선택률 40% 제시된 소설에서 담징은 북쪽 오랑캐의 끊임없는 침범으로 시달림을 받는 조국, 고구려 땅에서는 자신의 예술적 포부를 실현할 수 없다며 나라를 떠난다. 종교적 보시(布施)라는 명목으로 백제와 신라를 거쳐 일본으로 왔지만, 위기에 처한 조국을 버리고 떠나온 것에 대한 자책감에 시달린다. '담징'은 을지문덕이 수를 물리쳤다는 소식을 듣기 전에는 붓을 쥘 수조차 없었으나, 조국의 승전 소식을 들은 후에야 비로소 금당 벽화를 완성할 수 있었다. 이 과정에서 벽화를 그려야 하지만 그리지 못하는 고민과 조국을 걱정하는 조국애의 갈등을 찾아볼 수 있다.

더 알아보기 ▶ 정한숙, 「금당벽화(金堂壁畵)」

- 갈래: 단편 소설, 역사 소설
- 배경: ㉠ 시간 – 서기 612년, ㉡ 공간 – 일본 나라현(奈良縣) 법륭사
- 시점: 3인칭 전지적 작가 시점
- 특징: 서사적 묘사와 연상 수법을 주로 사용함.
- 주제: 조국애와 불심의 예술적 승화

12
정답 ①

| 문법과 어문 규정 > 현대 문법 > 의미론 – 어휘의 의미 관계 | 정답률 65% |

| 정답해설 |

'하룻강아지'와 '범'은 대립 관계에 있다.
① 선택률 65% '자라'와 '토끼'도 대립 관계에 있다.

| 오답해설 |

② 선택률 9% '낫'과 '기역 자'는 형태의 유사성이 있다.
③ 선택률 17% '어물전'과 '꼴뚜기'는 전체와 부분의 관계이다.
④ 선택률 9% '과부'와 '홀아비'는 상황의 유사성이 있다.

13
정답 ②

| 비문학 > 독해 비문학 > 내용 확인하기 | 정답률 89% |

| 정답해설 |

② 선택률 89% 제시된 글은 「민원 처리에 관한 법률」 제19조의 내용이다. 여기서 '첫날'은 민원을 접수한 날을 가리킨다.

14
정답 ④

| 비문학 > 이론 비문학 > 퇴고 | 정답률 92% |

| 정답해설 |

④ 선택률 92% '~에 대하여'는 영어의 'about'을 번역한 일본어 후치사 '~に対して'를 직역한 번역 투 표현이다. 따라서 고치기 전인 '나는 학생들에게 관심을 많이 두고 있다.'가 더 적절한 표현이다. 참고로, '관심을 기울이다'는 우리말 표현이 아니므로 '~에(게) 관심이 있다', '~에(게) 관심을 두다'로 표현해야 한다.

| 오답해설 |

① 선택률 1% 주어와 서술어의 호응이 잘못된 경우이다. '이번 과업의 문제는'이라는 주어가 '수행하지 못했다'라는 서술어와 호응할 수 없으므로 '수행하지 못했다는 점이다' 혹은 '수행하지 못했다는 것이다'와 같이 고쳐 써야 한다.
② 선택률 5% '문의하시는 질문'에서 '문의'는 '물어서 의논함'이라는 뜻이므로, '묻다'의 의미가 중복되어 있다. 의미를 명확하게 하기 위해서는 '문의'를 삭제해야 한다.
③ 선택률 2% '~에 있어(서)'는 일본어의 '~において'를 직역한 표현이므로 '~에'나 '~에서'로 표현해야 한다. '~에 있어서, ~에 다름 아니다, ~에 의하여, ~에 의하면, ~에의, ~에로의, ~(으)로서의, ~(으)로서도, 서로의'와 같은 표현은 모두 일본어 번역 투이다.

15
정답 ②

| 어휘와 관용 표현 > 한자와 한자어 > 한자 성어 | 정답률 34% |

| 정답해설 |

② 선택률 34% '先公後私'(선공후사)와 '憑公營私'(빙공영사)는 반의

관계이다. '선공후사'는 공적인 일을 먼저 하고 사사로운 일은 뒤로 미룬다는 뜻이고, '빙공영사'는 공적인 것을 빙자하여 사적인 이득을 꾀한다는 뜻이다.

| 오답해설 |

①③④는 모두 유의 관계이다.
① 선택률 13% 矯枉過直(교왕과직: 矯 바로잡을 교/枉 굽을 왕/過 지날 과/直 곧을 직): 굽은 것을 바로잡으려다가 정도에 지나치게 곧게 한다는 뜻으로, 잘못된 것을 바로잡으려다가 너무 지나쳐서 오히려 나쁘게 됨을 이르는 말
유 교각살우(矯角殺牛), 소탐대실(小貪大失)
속 빈대 잡으려다 초가삼간 다 태운다
③ 선택률 27% 心心相印(심심상인: 心 마음 심/心 마음 심/相 서로 상/印 도장 인): 마음에서 마음으로 전한다는 뜻으로, 묵묵한 가운데 서로 마음이 통함.
유 불립문자(不立文字), 염화미소(拈華微笑), 염화시중(拈華示衆), 이심전심(以心傳心)
④ 선택률 26% 伯仲之勢(백중지세: 伯 맏 백/中 가운데 중/之 갈 지/勢 형세 세): 서로 우열을 가리기 힘든 형세를 이르는 말
유 난형난제(難兄難弟)

16
정답 ①

| 문법과 어문 규정 > 어문 규정 > 맞춤법 | 정답률 65% |

| 정답해설 |

① 선택률 65% 쓰느라고(×) → 쓰노라고(○)
'–느라고'는 앞 절의 사태가 뒤 절의 사태에 목적이나 원인이 됨을 나타내는 연결 어미로서, '하는 일로 인하여'란 뜻을 표시한다. '자기 나름으로는 한다고'란 뜻을 표시하는 경우에는 '–노라고'를 써야 한다.

| 오답해설 |

② 선택률 10% '되어'의 준말은 '돼'이다. 따라서 '되어서인지'의 준말인 '돼서인지'를 썼으므로 올바른 문장이다.
③ 선택률 21% 모음 'ㅔ' 뒤에 '–어'가 어울려 줄 적에는 준 대로 적는다. 즉 '베어'의 준말은 '베'이므로 올바른 문장이다.
④ 선택률 4% '–ㄹ게'는 어떤 것을 하겠다고 약속하는 뜻을 나타낸다. 발음은 [–ㄹ께]로 나지만 된소리로 표기하지 않으므로 올바른 문장이다.

더 알아보기 ▶ '–노라고 / –느라고'의 구분

- –노라고: 자기 나름대로 꽤 노력했음을 나타내는 연결 어미
예 하노라고 했는데 마음에 드실지 모르겠습니다.
쓰노라고 썼는데, 이 모양이다.
- –느라고: 앞 절의 사태가 뒤 절의 사태에 목적이나 원인이 됨을 나타내는 연결 어미
예 그는 웃음을 참느라고 딴 데를 보았다.
먼 길을 오느라고 힘들었겠구나.

17

비문학 > 이론 비문학 > 글의 전개 방식 　　정답률 96%

| 정답해설 |
제시된 글은 간장과 된장의 주재료인 메주를 만드는 방법을 순서대로 설명하고 있다.
③ 선택률 96% '과정'이란 어떤 일의 순서를 안내하거나 어떤 현상이 일어나게 된 절차에 대한 정보를 전달하는 내용 전개 방법이다.

| 오답해설 |
① 선택률 1% 서사: 일정한 시간 내에서 일어나는 사건이나 행동의 전개를 서술하는 방법이다.
② 선택률 1% 분석: 어떤 대상이나 개념을 구성 요소로 나누어 가며 설명하는 방법이다.
④ 선택률 2% 인과: 어떤 현상에 대한 원인과 결과를 설명하는 방법이다.

18
정답 ②

문법과 어문 규정 > 현대 문법 > 언어와 국어 　　정답률 66%

| 정답해설 |
② 선택률 66% 국어는 접속사뿐만 아니라 관사, 관계 대명사, 전치사 등의 품사가 없다. 접속의 기능을 하는 단어들의 품사는 모두 부사이다.

| 오답해설 |
① 선택률 9% 국어는 농사 관련 어휘가 발달하였다. 특히 쌀과 관련된 어휘가 많이 발달하였는데, 이는 예로부터 우리나라가 농경 사회를 형성하고 있었음을 반영하는 것이다.
③ 선택률 18% 국어는 '체언+조사', '어간+어미'의 형태로 문법적 관계를 나타내는 조사와 어미가 발달한 첨가어이다.
④ 선택률 7% 국어의 어순은 일반적으로 '주어+목적어+서술어'이지만, 조사와 주어, 목적어 등 여러 문장 성분의 생략이 가능하다.

더 알아보기 ▶ 국어의 특징

- 국어의 어휘상 특징
  − 외래어 중 차용어, 특히 한자어가 많다.
  − 높임말이 발달하였다.
  − 색채어, 감각어 등 형용사가 매우 발달하였다.
  − 의성어, 의태어 등 음성 상징어가 발달하였다.
- 국어의 문법상 특징
  − 어순은 주어 + 목적어 + 서술어이다.
  − 성의 구별이 없고 단수, 복수의 개념이 불분명하다.
  − 관사, 관계 대명사, 전치사, 접속사가 없다.
  − 수식어는 피수식어 앞에 위치한다.

19
정답 ①

문법과 어문 규정 > 어문 규정 > 표준 발음법 　　정답률 95%

| 정답해설 |
① 선택률 95% 밟고[발:꼬](×) → [밥:꼬](○)
겹받침 'ㄼ'은 [ㄹ]로 발음한다. 다만, '밟−'은 자음 앞에서 [ㅂ]으로 발음한다. 따라서 밟다[밥:따], 밟지[밥:찌], 밟는([밥:는] → [밤:는]), 밟고[밥:꼬]로 발음한다.

| 오답해설 |
② 선택률 1% 'ㅎ(ㅀ)' 뒤에 'ㄱ, ㄷ, ㅈ'이 결합되는 경우에는 뒤 음절 첫소리와 합쳐서 [ㅋ, ㅌ, ㅊ]으로 발음한다. 따라서 '뚫고'는 [뚤코]로 발음한다.
③ 선택률 3% 받침 'ㅂ(ㄼ)'이 뒤 음절 첫소리 'ㅎ'과 결합되는 경우에는 두 음을 합쳐서 [ㅍ]으로 발음한다. 따라서 '넓혔다'는 [널펻따]로 발음한다.
④ 선택률 1% 'ㅎ(ㅀ)' 뒤에 'ㅅ'이 결합되는 경우에는 'ㅅ'을 [ㅆ]으로 발음한다. 따라서 '많소'는 [만:쏘]로 발음한다.

20
정답 ③

비문학 > 독해 비문학 > 주제 – 주제문 　　정답률 76%

| 정답해설 |
③ 선택률 76% '흥미로운 도시'는 말하고자 하는 바가 모호한 표현으로 중심 내용을 알기 어렵다. 따라서 주제문으로 바르지 않다.

| 오답해설 |
①②④ 선택률 11% 선택률 3% 선택률 10% 완결된 하나의 문장으로, 말하고자 하는 바가 명확히 드러난 표현이므로 주제문이 될 수 있다.

더 알아보기 ▶ 주제문의 요건

- 완결된 하나의 문장으로 진술한다.
- 의문문, 감탄문, 모호한 표현을 사용하지 않는다.
- 가능한 한 논의 대상을 한정한다.
- 증명될 수 있는 것으로 한정한다.
- 필자의 의견이나 태도를 분명히 나타낸다.
- 두 개의 내용이 양립되지 않아야 한다.
- 표현이 정확하고 구체적이어야 한다.
- 내용이 새롭고 신선한 것이어야 한다.

21
정답 ②

문법과 어문 규정 > 현대 문법 > 형태소 　　정답률 75%

| 정답해설 |
의존 형태소는 자립성이 없는 형태소로서 용언의 어간과 어미, 접사, 조사 등이 이에 해당한다.
② 선택률 75% 〈보기〉 문장의 형태소를 분석해 보면 '우리 + 는(보조사), 동해 + 의(격 조사), 섬, 독도 + 를(격 조사), 지키−(용언의 어

간) + −ㄹ(관형사형 어미), 의무 + 가(격 조사), 있−(용언의 어간) + −다(종결 어미)'이다.

| **오답해설** |

① 선택률 0% 모두 자립 형태소이며 실질 형태소이다.

③ 선택률 2% 모두 실질 형태소이다.

④ 선택률 23% 모두 형식 형태소이며, 의존 형태소이다. 그러나 용언의 어간인 '지키−'와 '있−'이 누락되었다.

22 고난도 TOP3
정답 ②

문법과 어문 규정 > 현대 문법 > 언어와 국어 − 순화 표현   정답률 33%

| **정답해설** |

② 선택률 33% '가검물'은 병균의 유무를 알아보기 위하여 거두는 물질을 뜻하며, '검사물'로 순화한다.

| **오답해설** |

① 선택률 34% 로드맵(road map): '단계별 이행안'으로 순화한다.

③ 선택률 21% 매뉴얼(manual): 내용이나 이유, 사용법 따위를 설명한 글로서, '설명서', '안내서', '지침'으로 순화한다.

④ 선택률 12% 관유물(官有物): 정부나 관청 소유의 물건으로서, '공공기관 물건'으로 순화한다.

23
정답 ①

어휘와 관용 표현 > 한자와 한자어 > 한자 성어   정답률 64%

| **정답해설** |

① 선택률 64% 九牛一毛(구우일모: 九 아홉 구/牛 소 우/一 한 일/毛 터럭 모): 아홉 마리 소 가운데 박힌 털 한 가닥이라는 뜻으로, ㉠ 아주 큰 물건 속에 있는 아주 작은 물건. ㉡ 대단히 많은 것 중의 아주 적은 것을 비유하는 말이다.

속 아홉 마리의 소에서 털 하나 뽑기다

| **오답해설** |

② 선택률 20% 望洋之歎(망양지탄: 望 바랄 망/洋 큰 바다 양/之 갈지/歎 탄식할 탄): 넓은 바다를 보고 탄식한다는 뜻으로, ㉠ 남의 원대함에 감탄하고, 나의 미흡함을 부끄러워함. ㉡ 어떤 일에 제 힘이 미치지 못할 때 하는 탄식을 비유하는 말

③ 선택률 10% 兩寡分悲(양과분비: 兩 두 양/寡 적을 과/分 나눌분/悲 슬플 비): 두 과부가 슬픔을 서로 나눈다는 뜻으로, 같은 처지에 있는 사람끼리 서로 동정함을 비유하는 말

유 동병상련(同病相憐)

④ 선택률 6% 賊反荷杖(적반하장: 賊 도둑 적/反 돌이킬 반/荷 멜하/杖 지팡이 장): 도둑이 도리어 몽둥이를 든다는 뜻으로, 잘못한 사람이 도리어 잘한 사람을 나무라는 것을 비유하는 말

24
정답 ①

문법과 어문 규정 > 어문 규정 > 띄어쓰기   정답률 82%

| **정답해설** |

① 선택률 82% 나간 지, 사흘 만(○)

시간을 나타내는 '동안'이나 시간의 경과를 의미하는 '지'와 '만'은 의존 명사이므로 앞말과 띄어 쓴다.

| **오답해설** |

② 선택률 5% 비는 커녕(×) → 비는커녕(○)

'는커녕'은 받침 없는 체언류나 부사어 뒤에 붙어 앞말을 지정하여 어떤 사실을 부정하는 뜻을 강조하는 보조사이므로 앞말과 붙여 써야 한다.

③ 선택률 6% 10년차에(×) → 10년 차에(○)

'차(次)'가 일정한 기간을 나타내는 명사구 뒤에 쓰여 주기나 경과의 해당 시기를 나타내는 경우는 의존 명사이므로 앞말과 띄어 써야 한다.

④ 선택률 7% 내일중으로(×) → 내일 중으로(○)

'중(中)'은 주로 '중으로'의 꼴로 쓰여 어떤 시간의 한계를 넘지 않는 동안을 뜻하는 의존 명사이므로 앞말과 띄어 써야 한다.

더 알아보기 ▶ 의존 명사 '지'와 연결 어미 '−(으)ㄴ지'

> • 의존 명사 '지': 어떤 일이 있었던 때로부터 지금까지의 동안을 나타내며, 앞말과 띄어 쓴다.
>   예 그를 만난 지도 꽤 오래되었다.
>   집을 떠나온 지 어언 3년이 지났다.
>   강아지가 집을 나간 지 사흘 만에 돌아왔다.
> • 연결 어미 '−(으)ㄴ지': 막연한 의문이 있는 채로 그것을 뒤 절의 사실이나 판단과 관련시키는 데 쓰는 연결 어미로, 앞말과 붙여 쓴다.
>   예 기분이 좋은지 휘파람을 분다.
>   얼마나 부지런한지 세 사람 몫의 일을 해낸다.

25
정답 ③

비문학 > 독해 비문학 > 내용 확인하기   정답률 54%

| **정답해설** |

③ 선택률 54% 3문단의 '오른쪽 사이드 미러에는 볼록 거울을 사용한다. 볼록 거울은 시야각이 커서 넓은 범위를 보여 주기 때문이다. 여기에도 반사의 법칙이 적용된다.'라는 내용과 둘째 단락의 '반사각이 입사각과 같다는 것이 바로 반사의 법칙이다.'라는 내용으로 미루어 볼 때, 볼록 거울의 경우에도 입사각과 반사각이 같다는 것을 알 수 있다.

| **오답해설** |

① 선택률 4% 3문단의 내용을 통해 확인할 수 있다.

②④ 선택률 34% 선택률 8% 4문단의 내용을 통해 확인할 수 있다.

가장 어두운 시간은
바로 해 뜨기 직전

– 파울로 코엘료(Paulo Coelho), 『연금술사』, 문학동네

2010.06.26. 국방부(육·해·공군) 시행

9급 군무원 국어

┃ 전체 난이도 및 합격선

전체 난이도	합격선
下	88점

┃ 기출총평

2010년 군무원 시험은 전체적으로 문학과 비문학의 지문이 길어졌다. 이전까지 유형은 대체로 지식형 유형의 문항이 대부분이었던데 반해, 비문학의 문항 수가 늘고 지문의 길이도 길어져 이런 유형에 익숙하지 않은 수험생들은 체감 난도가 높았을 것이다. 전체적으로 비문학 및 문법과 어문 규정의 출제비중이 높았고, 이전까지 다수 출제되었던 문학은 문항 수가 대폭 줄었다. 문학은 고전 문학 작품을 창작 시대순으로 연결하는 지식형과 현대 시 작품을 분석하는 유형으로 출제되었다.

┃ 영역별 출제비중

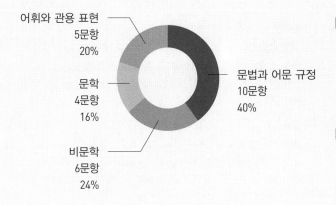

어휘와 관용 표현
5문항
20%

문학
4문항
16%

비문학
6문항
24%

문법과 어문 규정
10문항
40%

┃ 문항 분석

	카테고리	출제수	정답률
1	문법과 어문 규정 > 현대 문법 > 단어	5회	89%
2	비문학 > 이론 비문학 > 글의 전개 방식	16회	74%
3	문법과 어문 규정 > 현대 문법 > 비문의 유형	13회	89%
4	문법과 어문 규정 > 어문 규정 > 로마자 표기법	16회	90%
5	문법과 어문 규정 > 현대 문법 > 의미론 – 어휘의 의미 관계	11회	88%
6	문법과 어문 규정 > 어문 규정 > 표준 발음법	18회	74%
7	문학 > 고전 문학 > 문학사	2회	74%
8	문학 > 고전 문학 > 고전 시가 – 통합	1회	76%
9	문학 > 고전 문학 > 고전 시가 – 향가	2회	78%
고난도 TOP1 10	어휘와 관용 표현 > 한자와 한자어 > 한자어	27회	32%
11	어휘와 관용 표현 > 한자와 한자어 > 한자 성어와 속담	30회	65%
고난도 TOP2 12	어휘와 관용 표현 > 한자와 한자어 > 한자 성어	21회	59%
13	문학 > 현대 문학 > 현대 시	37회	67%
14	비문학 > 이론 비문학 > 퇴고	3회	93%
15	문법과 어문 규정 > 현대 문법 > 의미론 – 어휘의 문맥적 의미	11회	88%
고난도 TOP3 16	문법과 어문 규정 > 어문 규정 > 표준어 규정	17회	60%
17	비문학 > 독해 비문학 > 내용 확인하기	22회	95%
18	비문학 > 이론 비문학 > 글의 전개 방식	16회	64%
19	문법과 어문 규정 > 현대 문법 > 높임법	2회	77%
20	어휘와 관용 표현 > 순우리말 > 우리말 어휘	16회	67%
21	비문학 > 독해 비문학 > 주제	17회	95%
22	문법과 어문 규정 > 어문 규정 > 맞춤법	47회	71%
23	비문학 > 이론 비문학 > 집필	1회	97%
24	문법과 어문 규정 > 현대 문법 > 품사	13회	69%
25	어휘와 관용 표현 > 한자와 한자어 > 한자어	27회	89%

※ 고난도 TOP1 는 해당 회차에서 정답률이 가장 낮은 문항입니다.

01	①	02	②	03	③	04	④	05	①
06	①	07	①	08	②	09	③	10	④
11	②	12	③	13	②	14	②	15	③
16	③	17	③	18	④	19	②	20	①
21	②	22	④	23	④	24	①	25	①

01
정답 ①

| 문법과 어문 규정 > 현대 문법 > 단어 | 정답률 89% |

| 정답해설 |

① 선택률 89% 접사의 결합으로 품사가 바뀌지 않는 단어를 찾는 문제이다. '일꾼'은 어간 '일'에 '어떤 일을 전문적으로 하는 사람' 또는 '어떤 일을 습관적으로 하는 사람'의 뜻을 더하는 접미사 '-꾼'이 결합한 파생어로, '일'도 명사이고, 파생어 '일꾼'도 명사이므로 파생 후에도 품사가 변하지 않았다.

| 오답해설 |

②③④는 모두 동사가 명사로 바뀌었다.

② 선택률 3% 놀(다)−(동사)+−이(명사 파생 접미사) → 놀이(명사)

③ 선택률 4% 달리(다)−(동사)+−기(명사 파생 접미사) → 달리기(명사)

④ 선택률 4% 지우(다)−(동사)+−개(명사 파생 접미사) → 지우개(명사)

02
정답 ②

| 비문학 > 이론 비문학 > 글의 전개 방식 | 정답률 74% |

| 정답해설 |

② 선택률 74% 예시란 어떤 대상에 대해 구체적인 예를 들어 알기 쉽게 설명하는 방법이다. 제시된 글은 대기 오염의 심각성을 설명하기 위해 서울의 일부 지역과 중국 상해의 경우를 예로 들었다.

| 오답해설 |

① 선택률 15% 유추란 어렵고 복잡한 개념을 설명하고자 할 경우, 잘 알려진 사물이나 현상에 빗대어 비유적으로 표현하는 방법이다.

③ 선택률 11% 분석이란 대상을 구성하는 요소들을 설명하는 방법이다.

④ 선택률 0% 분류란 어떤 대상들을 비슷한 특성에 근거하여 구분 짓는 방법이다.

03
정답 ③

| 문법과 어문 규정 > 현대 문법 > 비문의 유형 | 정답률 89% |

| 정답해설 |

③ 선택률 89% 제시된 문장에 쉼표(,)가 없었다면 '용감한'이 '그'를 꾸미는지, '아버지'를 꾸미는지가 불분명한 중의적 문장이 된다.

그러나 쉼표를 씀으로써 '용감한'이 '아버지'를 꾸민다는 것을 밝힌 올바른 문장이 되었다.

| 오답해설 |

① 선택률 8% 자문을 구하여(×) → 자문하여/자문을 하여(○)
'자문'이란 어떤 일을 좀 더 효율적이고 바르게 처리하려고 그 방면의 전문가나 전문가들로 구성된 기구에 의견을 묻는 것을 말한다. 상대방에게 무엇을 묻는 것이므로 '자문을 구하다'로 표현하는 것은 어색하다. 따라서 '자문하다', '자문을 하다'로 표현해야 한다.

② 선택률 1% 저희 나라(×) → 우리나라(○)
나라는 다른 민족 앞에서 낮출 대상이 아니므로 '우리나라'라고 표현해야 한다.

④ 선택률 2% 사과와 귤 두 개를(×) → 사과 한 개와 귤 두 개를/사과와 귤을 한 개씩(○)
사과 한 개와 귤 두 개인지, 사과와 귤이 각각 한 개씩 총 두 개인지 알 수 없는 중의적 표현이므로 의미를 명확하게 밝혀야 한다.

군무원 vs 공무원 비교분석

비문의 유형은 문장 성분 간의 호응뿐만 아니라 맞춤법, 중의적 표현 등을 복합적으로 판단해야 한다. 일반 공무원 시험에 비하여 군무원 시험의 어법 문제는 난도가 높지 않다.

04
정답 ④

| 문법과 어문 규정 > 어문 규정 > 로마자 표기법 | 정답률 90% |

| 정답해설 |

④ 선택률 90% Gyeongbok-gung(×) → Gyeongbokgung(○)
'경복궁[경:복꿍]'은 문화재이므로 붙임표(-) 없이 붙여 쓰고, 된소리되기는 표기에 반영하지 않으므로 'Gyeongbokgung'으로 표기한다.

| 오답해설 |

① 선택률 1% 행정 구역 '군'은 'gun'으로 적고, 그 앞에는 붙임표(-)를 넣으므로 '함평군'은 'Hampyeong-gun'으로 표기한다.

② 선택률 2% 'ㄱ'은 어말에서 'k'로 표기하므로 '옥천'은 'Okcheon'으로 표기한다.

③ 선택률 7% '으'는 'eu'로 표기하므로 '음성'은 'Eumseong'으로 표기한다.

군무원 vs 공무원 비교분석

군무원 시험에서 로마자 표기법은 매년 꾸준히 출제되고 있다. 로마자 표기법의 기본적인 원리를 정확히 학습하여 모르는 단어가 나와도 원리를 적용할 수 있어야 한다.

05

문법과 어문 규정 > 현대 문법 > 의미론 – 어휘의 의미 관계 　　　　　　　　　　　　　　　정답률 **88%**

| 정답해설 |

① 선택률**88%** '덥다−춥다'는 두 단어 사이에 중간 단계가 있는 '정도 반의어'에 속한다. 따라서 '덥다'를 부정한 '덥지 않다'는 덥지도 춥지도 않은 상태를 의미하는 것일 수 있으므로 '춥다'와 동일한 의미로 볼 수 없다.

| 오답해설 |

② 선택률**1%** '옥니'는 '안으로 난 이', '벋니'는 '바깥쪽으로 난 이'를 가리킨다. 따라서 이 두 단어는 반의 관계이다.

③ 선택률**10%** 기준에 따라 하나의 단어에 여러 가지 반의어가 존재할 수 있다. 성별을 기준으로 하면 '할아버지'의 반의어는 '할머니'이지만, 세대를 기준으로 하면 '할아버지 – 손자'도 반의 관계가 성립한다.

④ 선택률**1%** 반의 관계는 두 단어가 여러 공통 의미 요소를 가지고 있으면서 다만 하나의 의미 요소가 다를 때 성립한다. '남자 – 여자'는 사람이라는 공통적인 요소를 가지고 있으면서 '성별'이라는 의미 요소만 다른 반의어이다.

06

문법과 어문 규정 > 어문 규정 > 표준 발음법 　　정답률 **74%**

| 정답해설 |

① 선택률**74%** 여덟이다[여덜비다](○)
겹받침이 모음으로 시작된 조사나 어미, 접미사와 결합되는 경우에는, 겹받침 중 뒤의 것을 뒤 음절 첫소리로 옮겨 발음한다. 따라서 '여덟이다'는 겹받침 'ㄼ'의 뒤 자음 'ㅂ'을 연음하여 [여덜비다]로 발음한다.

| 오답해설 |

② 선택률**11%** 밝다[발따](×) → [박따](○)
겹받침 'ㄺ'은 어말 또는 자음 앞에서 [ㄱ]으로 발음한다. 따라서 '밝다[박따], 밝지[박찌]' 등으로 발음한다.

③ 선택률**9%** 무릎이[무르비](×) → [무르피](○)
홑받침이나 겹받침이 모음으로 시작된 조사나 어미, 접미사와 결합되는 경우에는 제 음가대로 뒤 음절 첫소리로 옮겨 발음한다. 따라서 '무릎이'도 받침 'ㅍ' 뒤에 모음으로 된 조사 '이'가 결합하므로 연음하여 [무르피]로 발음한다.

④ 선택률**6%** 넓게[넙께](×) → [널께](○)
겹받침 'ㄼ'은 어말 또는 자음 앞에서 [ㄹ]로 발음한다. 따라서 '넓다[널따], 넓게[널께]' 등으로 발음한다.

더 알아보기 ▶ 겹받침의 발음

> 겹받침이 모음으로 시작된 조사나 어미, 접미사와 결합되는 경우에는, 뒤엣것만을 뒤 음절 첫소리로 옮겨 발음한다(이 경우, 'ㅅ'은 된소리로 발음함).
>
> **예** 넋이[넉씨], 앉아[안자], 닭을[달글], 젊어[절머]
> 　　곬이[골씨], 핥아[할타], 읊어[을퍼], 값을[갑쓸]
> 　　없어[업ː써], 닭이[달기], 여덟을[여덜블], 삶에[살ː메]
> 　　읽어[일거], 밟을[발블], 옮은[올믄], 통닭을[통달글]

07

문학 > 고전 문학 > 문학사 　　　　　　　　정답률 **74%**

| 정답해설 |

(가)는 고대 가요인 「공무도하가」, (나)는 신라 시대 향가인 월명사의 「제망매가」, (다)는 고려 시대의 고려 가요인 「가시리」, (라)는 조선의 기생 황진이의 시조이다.

① 선택률**74%** 창작 시대순으로 바르게 나열하면 (가) → (나) → (다) → (라)가 된다.

08

문학 > 고전 문학 > 고전 시가 – 통합 　　　　정답률 **76%**

| 정답해설 |

② 선택률**76%** (나)는 승려 월명사가 죽은 누이의 명복을 비는 추모적 성격의 노래이다. 이른 나이에 요절한 누이를 안타깝게 여기는 애상적 정서가 담겨 있다.

| 오답해설 |

①③④ 선택률**4%** 선택률**8%** 선택률**12%** (가), (다), (라)는 모두 남녀 간 이별의 정한을 주제로 한 작품이다. 이러한 '이별의 정한'은 「가시리」를 비롯한 여타의 고려 속요, 정지상의 「송인」과 같은 한시, 황진이의 시조, 민요 「아리랑」, 김소월의 「진달래꽃」 등 많은 문학 작품에 보편적 정서로 나타나고 있다.

더 알아보기 ▶ 월명사, 「제망매가」 현대어 풀이

> 삶과 죽음의 길은
> 이(이승)에 있음에 머뭇거리고
> 나(죽은 누이)는 간다는 말도
> 못다 이르고 갔는가?
> 어느 가을 이른 바람에
> 여기저기에 떨어지는 나뭇잎처럼
> 하나의 가지(한 부모)에 나고서도
> (네가) 가는 곳을 모르겠구나
> 아아, 극락세계에서 만나 볼 나는
> 불도를 닦으며 기다리겠노라

09

문학 > 고전 문학 > 고전 시가 – 향가　　　정답률 78%

| 정답해설 |

③ 선택률 78% '흔 든 가재'는 '하나의 가지'라는 뜻으로, 한 부모를 의미한다.

더 알아보기 ▶ 작품 분석

(가) 고대 가요, 「공무도하가」
　『해동역사(海東繹史)』에 한역되어 전하는 이 작품은 남편이 물에 빠져 죽자 아내가 그 슬픔을 노래하고 있다.

(나) 월명사, 「제망매가」
　이 작품은 신라 시대의 승려 월명사가 죽은 누이를 추모하기 위해 지은 노래이다. 참신한 비유를 적절히 구사하여 누이의 죽음으로 인해 느끼는 인생의 무상함을 불교적인 윤회 사상으로 극복하려는 의지를 보여 주고 있다.

(다) 고려 속요, 「가시리」
　작자와 연대 미상의 고려 속요로, 『악장가사』와 『시용향악보』에 전한다. 함축적인 시어를 사용하여 이별의 슬픔을 노래하였으며, 떠나는 임과의 재회를 바라는 마음을 표현하였다.

(라) 황진이의 시조
　조선 중종 때의 기생인 황진이의 작품으로서, 임을 떠나보낸 후의 회한을 진술하게 나타내며 자신의 애틋한 심리를 섬세하고 정결하게 표현하였다.

10 고난도 TOP1

어휘와 관용 표현 > 한자와 한자어 > 한자어　　　정답률 32%

| 정답해설 |

④ 선택률 32% 담보(膽保)(×) → (擔保)(○)
빚진 사람이 빚을 갚지 않을 경우를 대비하여 그 빚을 대신할 수 있는 신용으로 받는 것을 뜻하는 '담보'는 '擔保'로 표기한다. '膽保'는 없는 단어이다.

| 오답해설 |

① 선택률 27% 단계(段階: 段 층계 단/階 섬돌 계): 일의 차례를 따라 나아가는 과정

② 선택률 21% 겸손(謙遜: 謙 겸손할 겸/遜 겸손할 손): 남을 존중하고 자기를 낮추는 태도가 있음.

③ 선택률 20% 개념(槪念: 槪 대개 개/念 생각할 념): 어떤 사물이나 현상에 대한 일반적인 지식

군무원 vs 공무원 비교분석

군무원 시험에서 한자어와 한자 성어는 매년 출제되는 유형이다. 한자어는 그 양이 방대하여 짧은 시간에 학습할 수 없어 수험생들이 어려워하는 영역이다. 따라서 평상시에 꾸준히 학습해야 한다.

11

어휘와 관용 표현 > 한자와 한자어 > 한자 성어와 속담　　　정답률 65%

| 정답해설 |

② 선택률 65% • 순망치한(脣亡齒寒: 脣 입술 순/亡 망할 망/齒 이 치/寒 찰 한): 입술이 없으면 이가 시리다는 뜻으로, 가까운 사이의 한쪽이 망하면 다른 한쪽도 그 영향을 받아 온전하기 어려움을 비유하여 이르는 말이다.
　• 이 없으면 잇몸으로 산다: 요긴한 것이 없으면 안 될 것 같지만 없으면 없는 대로 그럭저럭 살아 나갈 수 있음을 이르는 말이다.

| 오답해설 |

① 선택률 3% • 교각살우(矯角殺牛: 矯 바로잡을 교/角 뿔 각/殺 죽일 살/牛 소 우): 소의 뿔을 바로잡으려다가 소를 죽인다는 뜻으로, 잘못된 점을 고치려다가 그 방법이나 정도가 지나쳐 오히려 일을 그르침을 이르는 말이다.
　• 빈대 잡으려고 초가삼간 태운다: 손해를 크게 볼 것을 생각지 아니하고 자기에게 마땅치 아니한 것을 없애려고 그저 덤비기만 하는 경우를 비유적으로 이르는 말이다.

③ 선택률 20% • 도견상부(道見桑婦: 道 길 도/見 볼 견/桑 뽕나무 상/婦 아내자 부): 길에서 뽕잎을 따는 여자를 보고 말을 한다는 뜻으로, 하고 싶은 대로 일시적인 이익을 구하려다가 결국에는 기존에 갖고 있던 것까지 모두 잃게 됨을 비유하는 말이다.
　• 산돼지를 잡으려다가 집돼지까지 잃는다: ㉠ 산돼지를 잡겠다고 욕심을 부리던 나머지 집돼지를 잘못 간수한 탓으로 잃어버리게 되었다는 뜻으로, 지나치게 욕심을 부리다가 이미 차지한 것까지 잃어버리게 됨을 비유적으로 이르는 말. ㉡ 새로운 일을 자꾸만 벌여 놓으면서 이미 있는 것을 챙기는 데에 소홀하면 도리어 손해를 봄을 비유적으로 이르는 말이다.

④ 선택률 12% • 일거양득(一擧兩得: 一 하나 일/擧 들 거/兩 두 양/得 얻을 득): 한 가지 일을 하여 두 가지 이익을 얻음을 이르는 말이다.
　• 배 먹고 배 속으로 이를 닦는다: 배를 먹으면 이까지 하얗게 닦아진다는 뜻으로, 한 가지 일에 두 가지 이로움이 있음을 비유적으로 이르는 말이다.

12 고난도 TOP2

어휘와 관용 표현 > 한자와 한자어 > 한자 성어　　　정답률 59%

| 정답해설 |

③ 선택률 59% '자강불식(自强不息)'은 스스로 힘써 몸과 마음을 가다듬어 쉬지 아니한다는 뜻이다. 자기의 언행으로 인하여 자신이 꼼짝 못하게 되는 것을 비유적으로 이르는 말은 '자승자박(自繩自縛)'이다.

| 오답해설 |

① 선택률 14% 고식지계(姑息之計: 姑 시어미 고/息 쉬다 식/之 갈 지/計 셈할 계): 당장의 편한 것만을 택하는 일시적이며 임시변

통의 계책을 이르는 말

② 선택률 20% 궁서설묘(窮鼠齧猫: 窮 다할 궁/鼠 쥐 서/齧 물 설/猫 고양이 묘): 궁지에 몰린 쥐가 고양이를 문다는 뜻으로, 궁지에 몰리면 약자라도 강자에게 필사적으로 반항함을 이르는 말

④ 선택률 7% 침소봉대(針小棒大: 針 바늘 침/小 작을 소/棒 막대 봉/大 큰 대): 작은 일을 크게 과장하여 말하는 것을 이르는 말

13 정답 ②

| 문학 > 현대 문학 > 현대 시 | 정답률 67% |

| 정답해설 |

② 선택률 67% 1연의 1~4행에는 내적 번민을 느꼈던 과거, 5~8행에는 앞으로(미래)의 순수한 삶에 대한 결의를 다지는 내용이 드러나고, 2연에는 순수한 삶에 대한 의지와 현실적 시련 간의 갈등이 드러난다. 따라서 '과거 → 미래 → 현재'의 시상 전개 방식을 보여 준다.

| 오답해설 |

① 선택률 21% 시에서 '별'은 순수와 희망의 세계, 이상적 삶이라는 긍정적인 이미지를 지니고 있고, '밤'은 암울한 시대 상황과 시련이라는 부정적인 이미지를 지니고 있다.

③ 선택률 11% '잎새에 이는 바람'으로 괴로워하는 화자의 모습에서 '바람'은 외부적인 어려움이 아닌 화자 자신의 내면적 갈등, 심리적 동요를 의미한다.

④ 선택률 1% 이 시는 자신의 삶을 반성하고, 순수하며 결백한 삶을 살겠다는 다짐과 결의를 표현하고 있는 내용으로서, 고백적이고 의지적인 어조의 작품이다.

더 알아보기 ▶ 윤동주, 「서시」

- 성격: 자아 성찰적, 고백적, 의지적, 상징적
- 어조: 고백적 어조, 의지적 어조
- 구성
  ㉠ 1연 1~4행: 과거
  ㉡ 1연 5~8행: 미래
  ㉢ 2연: 현재
- 주제: 부끄러움이 없는 순결한 삶에 대한 간절한 소망, 식민지 지식인의 고뇌와 현실 극복 의지

14 정답 ②

| 비문학 > 이론 비문학 > 퇴고 | 정답률 93% |

| 정답해설 |

② 선택률 93% '있다'의 높임 표현에는 '계시다'와 '있으시다'가 있다. 제시된 문장에서 높임의 대상은 주어인 '선생님'이다. 이 문장에서 '딸'은 주어인 '선생님'의 가족에 해당하므로 간접 높임의 대상이다. 일반적으로 '계시다'는 주체 높임의 상황에 사용하고, '있으시다'는 간접 높임에 사용하므로 수정 전인 '선생님은 두 살 된 따님이 있으시다.'로 적는 것이 어법에 맞다.

| 오답해설 |

① 선택률 0% 주어인 '아버지'가 높임의 대상이므로 주체 높임법을 문장에 적용해야 한다. 따라서 '말한다'를 주체 높임 선어말 어미 '-시-'를 사용하여 '일하신다'로 수정해야 한다.

③ 선택률 1% '내일'은 미래 시제와 관련된 명사이므로 '비가 오는 것'과 같은 현재 시제는 어울리지 않는다. 따라서 '비가 올 것'으로 수정하는 것이 적절하다.

④ 선택률 6% '전망'은 '미리 내다봄(사람이 할 수 있는 행동).'의 의미를 갖는 동작 명사로서, '-하다'나 '-되다'와 결합하고 '-이다'와는 결합하지 않는다. 따라서 '~ 것으로 전망됩니다.'로 고쳐야 한다.

15 정답 ③

| 문법과 어문 규정 > 현대 문법 > 의미론 - 어휘의 문맥적 의미 | 정답률 88% |

| 정답해설 |

③ 선택률 88% 〈보기〉의 밑줄 친 '말하다'는 '평하거나 논하다.'의 뜻이다. 이와 유사한 의미로 쓰인 것은 ③이다.

| 오답해설 |

① 선택률 4% 주로 '~으로 말하면'의 구성으로 쓰이며 확인이나 강조의 뜻을 나타낸다.

② 선택률 6% '무엇을 부탁하다.'의 뜻이다.

④ 선택률 2% 말리는 뜻으로 타이르거나 꾸짖을 때 쓴다.

16 고난도 TOP3 정답 ③

| 문법과 어문 규정 > 어문 규정 > 표준어 규정 | 정답률 60% |

| 정답해설 |

③ 선택률 60% 절대절명(×) → 절체절명(○)
'절대절명'은 바른 표기가 아니다. 몸도 목숨도 다 되었다는 뜻으로, 어찌할 수 없는 궁박한 경우를 비유적으로 이르는 말은 '절체절명'이다.

| 오답해설 |

① 선택률 6% '삐지다'는 '칼 따위로 물건을 얇고 비스듬하게 잘라 내다.'라는 뜻이다. 참고로, '삐지다'는 동음이의어로서 '성나거나 못마땅해서 마음이 토라지다.'라는 뜻도 있다.

② 선택률 31% '맛적다'는 '재미나 흥미가 거의 없어 싱겁다.'라는 뜻이다.

④ 선택률 3% '괴발개발'은 '고양이의 발과 개의 발'이라는 뜻으로, 글씨를 되는대로 아무렇게나 써 놓은 모양을 이르는 말이다. 참고로, '개발새발'은 본래 '괴발개발'의 비표준어였으나 2011년 '괴발개발'과 뜻에 차이가 있는 것으로 판단하여 표준어로 인정하였다.

17

| 비문학 > 독해 비문학 > 내용 확인하기 | 정답률 95% |

| 정답해설 |

③ 선택률 95% 2문단에 매체 클래스를 선정하기 위한 매체 클래스 간 비교는 성격이 다른 매체들끼리의 비교이기 때문에 매체의 도달률 등과 같은 양적 기준만으로 비교하기 어렵고 제품의 특성, 광고 목표 등과 같은 질적 요인들도 고려되어야 한다고 언급하고 있다.

| 오답해설 |

① 선택률 2% 1문단에 '매체 기획에서는 소비자들에게 광고를 효과적으로 전달하기 위해 광고 매체의 클래스와 비이클을 선정하는 일이 중심이 된다. 매체 선정 과정에서 가장 먼저 결정해야 할 대상은 매체 클래스이다.'라고 언급되어 있다. 또한 셋째 단락에서 '매체 클래스가 결정된 다음에는 광고를 매체 클래스의 어떤 부분에 배치할 것인가를 고려해야 하는데.'라고 하였다. 따라서 매체 기획은 광고 매체의 클래스와 비이클을 선택해 가는 의사 결정 과정임을 알 수 있다.

② 선택률 2% 3문단의 내용과 같이 광고 매체 기획에서는 대부분 예산이 한정적이기 때문에 매체 비이클을 선정할 때에는 최소의 비용으로 최대한 많은 수의 구매자들에게 도달할 수 있는, 즉 경제성이 높은 매체 비이클을 선택한다.

④ 선택률 1% 1문단의 내용인 '광고 매체는 광고주가 소비자들에게 광고 메시지를 전달할 목적으로 활용하는 대중 매체를 말한다.'를 통해 확인할 수 있다.

18
정답 ④

| 비문학 > 이론 비문학 > 글의 전개 방식 | 정답률 64% |

| 정답해설 |

④ 선택률 64% 앞 문장에서 도량형의 통일이 없었다면 큰 혼란을 초래할 수 있었다는 일반적 내용을 제시한 후, 구체적인 예시를 통해 이러한 혼란을 보여 주고 있다. 따라서 제시된 글은 '예시'의 설명 방식을 보여 주는 사례로 적절하다.

| 오답해설 |

① 선택률 2% 유사한 사례에 빗대어 설명하는 '유추'를 활용하고 있다.

② 선택률 2% 반론권의 의미를 '정의'하고 있다.

③ 선택률 32% 연극과 영화의 차이점을 '대조'하고 있다.

19
정답 ②

| 문법과 어문 규정 > 현대 문법 > 높임법 | 정답률 77% |

| 정답해설 |

② 선택률 77% 목적어인 '할머니'를 높이기 위해 '만나 보다' 대신 '뵙다'라는 특수한 동사를 사용하였고 '(할머니께) 여쭈어보아라.'에서는 생략된 부사어 '할머니께'를 높이기 위해 '여쭈다'라는 특수한 동사를 사용하였다.

| 오답해설 |

① 선택률 4% '있으시겠습니다'는 주어와 관련된 대상을 높임으로써 주어를 간접적으로 높이는 표현이다.

③ 선택률 1% 주체가 높여야 할 대상이지만 청자가 더 높을 때는 높임법을 사용하지 않는 것을 압존법이라고 한다. 제시된 문장에서는 청자인 할아버지가 주체인 아버지보다 높으므로 아버지에게 높임법을 사용하지 않았다.

④ 선택률 18% 높여야 할 대상의 신체 부분, 소유물, 생각 등과 관련된 말을 높임으로써 주체를 간접적으로 높이는 표현이다.

20
정답 ①

| 어휘와 관용 표현 > 순우리말 > 우리말 어휘 | 정답률 67% |

| 정답해설 |

① 선택률 67% '손'은 한 손에 잡을 만한 분량을 세는 단위이다. 조기, 고등어 따위의 한 손은 두 마리를 이르고, 미나리나 파 따위의 한 손은 한 줌 분량을 이른다. 참고로, '붓 10자루'는 '한 동'이라고 한다.

| 오답해설 |

② 선택률 11% 쌈: 바늘을 묶어 세는 단위로서, 한 쌈은 바늘 24개를 이른다.

③ 선택률 11% 축: 오징어를 묶어 세는 단위로서, 한 축은 오징어 20마리를 이른다.

④ 선택률 11% 쾌: 북어를 묶어 세는 단위로서, 한 쾌는 북어 20마리를 이른다.

21
정답 ②

| 비문학 > 독해 비문학 > 주제 | 정답률 95% |

| 정답해설 |

② 선택률 95% (가)는 지역마다 유사한 내용의 축제가 열려서 해마다 관광객의 수가 줄어들고 있다는 내용이고, (나)에서는 나비 축제가 성공할 수 있었던 요인을 농촌 지역의 특색을 살린 데서 찾고 있다. (다)의 설문 조사 결과를 보면 특색이 없는 유사한 축제의 범람을 가장 큰 문제점으로 지적하고 있다. 이로 미루어 볼 때, 세 가지 자료의 공통점을 '지역의 특색을 살린 축제의 필요성'으로 정리할 수 있다. 따라서 ②의 '지역적 특색을 보여 줄 수 있는 프로그램을 개발해야 한다.'를 이끌어 낼 수 있을 것이다.

22
정답 ④

| 문법과 어문 규정 > 어문 규정 > 맞춤법 | 정답률 71% |

| 정답해설 |

④ 선택률 71% 사람이대요(×) → 사람이데요(○)
문맥상 말하는 이가 자신이 직접 경험한 사실을 현재의 장면에 옮겨 와서 말할 때 쓰는 종결 어미인 '-데'를 쓰는 것이 옳다.

| 오답해설 |

① 선택률 7% '-ㄴ데'는 일정한 대답을 요구하며 물어보는 뜻을 나타
내는 종결 어미이다.

② 선택률 15% '-데요'는 말하는 이가 자신이 경험한 사실을 현재의
장면에 옮겨 와서 말함을 나타내는 종결 어미이다.

③ 선택률 7% '-대'는 '-다고 해'가 줄어든 말로, 어떤 내용을 간접적
으로 전할 때 쓰인다.

더 알아보기 ▶ '-데'와 '-대'의 구분

- -데: 경험한 지난 일을 돌이켜 말할 때 쓰는 종결 어미
- -대: '-다(고) 해'의 준말로, 화자가 다른 사람으로부터 들은 이야기를
  간접적으로 전달할 때 쓰는 종결 어미

23
정답 ④

| 비문학 > 이론 비문학 > 집필 | 정답률 97% |

| 정답해설 |

제시된 글은 '1문단: 국가가 인터넷을 통제해야 하는가? → 2문단:
국가의 통제로 인터넷의 문제점을 해결할 수 있다. → 3문단: 국가
에 의한 통제는 인터넷을 위축되게 만든다.'의 흐름을 보여 준다.
1~3문단에서는 '국가가 인터넷을 통제해야 하는가 통제하지 않아
야 하는가'라는 문제를 제기하고, 통제할 때 나타날 수 있는 긍정적
인 면과 부정적인 면을 논의하고 있으므로, 이어질 내용으로는 결
론이 나오는 것이 적절하다. 통제해야 한다는 결론을 내리려면 통
제할 때의 문제점을 고려해야 하고, 통제하지 않아야 한다는 결론
을 내리려면 문제를 해결할 방안도 언급해야 논지의 흐름이 자연스
럽다.

④ 선택률 97% 국가가 인터넷을 통제해야 한다는 주장을 분명하게
드러냈고, 제도적 장치를 통해 최소로 통제하자는 문제 해결의
방향도 제시했으며, 반대되는 입장도 고려하고 있다. 따라서 이
를 결론으로 하면 논지의 흐름 역시 자연스럽게 이어진다.

| 오답해설 |

① 선택률 1% 국가가 인터넷을 통제해야 한다는 주장은 드러나지만
논지의 흐름이 저작권 침해로 축소되어 자연스럽게 마무리되지
않았다.

② 선택률 1% 국가에 의한 통제를 반대하면서 문제 해결의 방향은
제시하지 않았다.

③ 선택률 1% 글쓴이의 주장이 분명하게 드러나지 않았으므로 조건
에 맞지 않다.

24
정답 ①

| 문법과 어문 규정 > 현대 문법 > 품사 | 정답률 69% |

| 정답해설 |

① 선택률 69% '에서'는 단체를 나타내는 명사 뒤에 붙어 앞말이 주
어임을 나타내는 주격 조사이다. 따라서 '당국에서'는 주어로 쓰
였다.

| 오답해설 |

②③④ 모두 조사가 부사격 조사로 쓰였다.

② 선택률 4% '에서'는 앞말이 출발점의 뜻을 갖는 출발점 부사격
조사이다.

③ 선택률 10% '에서'는 앞말이 장소의 뜻을 갖는 처소 부사격 조사
이다.

④ 선택률 17% '에서'는 앞말이 근거의 뜻을 갖는 원인(이유) 부사
격 조사이다.

25
정답 ①

| 어휘와 관용 표현 > 한자와 한자어 > 한자어 | 정답률 89% |

| 정답해설 |

① 선택률 89% '눌변(訥辯: 訥 말 더듬거릴 눌/辯 말씀 변)'은 '서툴
게 더듬거리는 말솜씨'를 뜻한다.

| 오답해설 |

② 선택률 1% 궤적: 어떠한 일을 이루어 온 과정

③ 선택률 3% 주창: 주의나 사상을 앞장서서 주장함.

④ 선택률 7% 궤변: 이치에 닿지 않은 말로 그럴듯하게 꾸민 말

9급 군무원 국어

ǀ 전체 난이도 및 합격선

전체 난이도	합격선
下	88점

ǀ 기출총평

2009년 군무원 시험은 2008년 시험과 유사하게 한글 맞춤법, 비문의 유형, 문장 부호, 언어 예절, 관용구, 우리말 어휘 등에서 다수 출제되었다. 어휘와 관용 표현 내 한자 문제와 비문학은 각각 3문항이 출제되어 문항 수가 이전보다 증가하였으나 난도는 평이하였다. 현대 문법은 이전과 비슷한 비중으로 출제되었으나 형태소, 사동과 피동, 품사 등의 난도가 이전보다 더욱 심화되었다. 문학은 지식형 문항뿐만 아니라 작품 분석형도 출제되었다. 특히 고전 문학은 수험생들에게 익숙하지 않은 작품이므로 앞으로 작품 분석 유형의 문제에 대비하여야 할 것이다. 또한 일반 공무원 시험에서 출제되었던 「훈민정음 어지」를 제시하고 고전 문법과 어휘의 의미 변화를 묻는 유형의 문항도 출제되어 수험생들이 다소 어려움을 느꼈을 것이다.

ǀ 영역별 출제비중

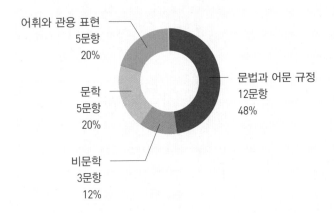

어휘와 관용 표현
5문항
20%

문학
5문항
20%

비문학
3문항
12%

문법과 어문 규정
12문항
48%

ǀ 문항 분석

	카테고리	출제수	정답률
1	문법과 어문 규정 > 어문 규정 > 맞춤법	47회	93%
고난도 TOP1 2	어휘와 관용 표현 > 한자와 한자어 > 한자어	27회	28%
고난도 TOP2 3	문법과 어문 규정 > 현대 문법 > 형태소	4회	36%
4	어휘와 관용 표현 > 순우리말 > 우리말 어휘	16회	53%
5	비문학 > 이론 비문학 > 주제	17회	94%
6	문법과 어문 규정 > 어문 규정 > 로마자 표기법	16회	75%
7	문학 > 현대 문학 > 신소설	4회	83%
8	문학 > 현대 문학 > 신소설 – 속담	4회	80%
9	문법과 어문 규정 > 어문 규정 > 표준 발음법	18회	88%
10	문법과 어문 규정 > 현대 문법 > 비문의 유형	13회	91%
11	어휘와 관용 표현 > 한자와 한자어 > 한자 성어	21회	64%
12	문법과 어문 규정 > 현대 문법 > 비문의 유형	13회	55%
13	어휘와 관용 표현 > 한자와 한자어 > 한자어	27회	71%
14	문법과 어문 규정 > 어문 규정 > 문장 부호	6회	76%
15	문법과 어문 규정 > 언어 예절과 바른 표현 > 언어 예절	7회	85%
16	문학 > 고전 문학 > 고전 시가 – 고려 속요	5회	79%
17	문학 > 고전 문학 > 고전 시가 – 고려 속요(발상 및 표현)	5회	70%
18	어휘와 관용 표현 > 관용 표현 > 속담	9회	51%
19	문법과 어문 규정 > 현대 문법 > 단어	5회	87%
고난도 TOP3 20	문학 > 고전 문학 > 고전 산문 – 민속극(탈춤)	6회	38%
21	문법과 어문 규정 > 현대 문법 > 품사	13회	70%
22	문법과 어문 규정 > 고전 문법 > 고전문	7회	85%
23	문법과 어문 규정 > 고전 문법 > 고전문	7회	78%
24	비문학 > 독해 비문학 > 내용 확인하기	22회	82%
25	비문학 > 독해 비문학 > 내용 확인하기	22회	94%

※ **고난도 TOP1** 는 해당 회차에서 정답률이 가장 낮은 문항입니다.

01	②	02	②	03	③	04	①	05	②
06	③	07	④	08	③	09	③	10	③
11	①	12	①	13	②	14	②	15	①
16	②	17	③	18	②	19	④	20	②
21	④	22	①	23	③	24	④	25	③

01 ㅤㅤㅤㅤㅤㅤㅤㅤㅤㅤㅤㅤㅤ정답 ②

| 문법과 어문 규정 > 어문 규정 > 맞춤법 | 정답률 93% |

| 정답해설 |

② 선택률 93% 안치다(○)

'안치다'는 '밥, 떡, 찌개 따위를 만들기 위하여 그 재료를 솥이나 냄비 따위에 넣고 불 위에 올리다.'라는 뜻으로, '앉히다'와 구별해서 써야 한다. '앉히다'는 '앉다'의 사동사로서 '앉게 하다'의 의미를 갖는다.

| 오답해설 |

① 선택률 4% 웬지(×) → 왠지(○)

'왠지'는 '왜 그런지 모르게. 또는 뚜렷한 이유도 없이'라는 뜻으로 '왜인지'의 준말이다. 따라서 제시된 문장에서는 '왠지'를 써야 한다. '왠지'는 부사이고, '웬'은 '어찌 된'의 의미로 쓰는 관형사이다.

예 웬 걱정이 그리 많아?

③ 선택률 2% 벌렸다(×) → 벌였다(○)

'벌이다'는 일을 시작하거나 펼쳐 놓을 때 쓰는 말이다. 물건을 늘어놓는 일이나 전쟁이나 말다툼 등도 '벌이는' 것이다. '벌리다'는 둘 사이를 넓히거나 멀게 하는 일이나 오므라진 것을 펴지게 하거나 열리게 하는 것을 의미한다.

④ 선택률 1% 닫히고(×) → 닫치고(○)

'닫치다'는 '열린 문짝, 뚜껑, 서랍 따위를 꼭꼭 또는 세게 닫다.'라는 뜻이다. '닫히다'는 '닫다(열린 문짝, 뚜껑, 서랍 따위를 도로 제자리로 가게 하여 막다.)'의 피동사이므로 구별해서 쓰도록 주의한다.

군무원 vs 공무원 비교분석

일반 공무원 시험에 비하여 군무원 시험에서는 한글 맞춤법, 표준어 규정에 관한 문제가 더 많이 출제된다. 중요 어휘의 맞춤법, 혼동되는 표준어 등은 평상시에 확실하게 학습해야 한다.

02 고난도 TOP 1 ㅤㅤㅤㅤㅤㅤㅤㅤㅤ정답 ②

| 어휘와 관용 표현 > 한자와 한자어 > 한자어 | 정답률 28% |

| 정답해설 |

② 선택률 28% '간선'과 '지선'은 반의 관계이며, 나머지 어휘는 모두 유의 관계이다.

• 간선(幹線: 幹 줄기 간/線 줄 선): 도로, 수로, 전신, 철도 따위에서 줄기가 되는 주요한 선

• 지선(支線: 支 지탱할 지/線 줄 선): 철도나 수로, 통신 선로 따위에서 본선에서 곁가지로 갈려 나간 선

| 오답해설 |

① 선택률 19% • 허두(虛頭: 虛 빌 허/頭 머리 두): 글이나 말의 첫머리

• 모두(冒頭: 冒 무릅쓸 모/頭 머리 두): 말이나 글의 첫머리

③ 선택률 26% • 피력(披瀝: 披 헤칠 피/瀝 스밀 력): 생각하는 것을 털어놓고 말함.

• 고백(告白: 告 고할 고/白 흰 백): 마음속에 생각하고 있는 것이나 감추어 둔 것을 사실대로 숨김없이 말함.

④ 선택률 27% • 소요(逍遙: 逍 노닐 소/遙 멀 요): 자유롭게 이리저리 슬슬 거닐며 돌아다님.

• 산책(散策: 散 흩을 산/策 꾀 책): 휴식을 취하거나 건강을 위해서 천천히 걷는 일

군무원 vs 공무원 비교분석

군무원 시험에서 한자어의 의미 관계를 묻는 유형은 출제비중이 높지는 않지만 주요 한자어의 유의어, 반의어 등은 구별할 수 있어야 한다.

03 고난도 TOP 2 ㅤㅤㅤㅤㅤㅤㅤㅤㅤ정답 ③

| 문법과 어문 규정 > 현대 문법 > 형태소 | 정답률 36% |

| 정답해설 |

실질 형태소이면서 의존 형태소인 것은 용언의 어근이다.

③ 선택률 36% 주어진 문장에서 용언의 어근은 '마개'의 '막-', '막혀'의 '막-', '있었지만'의 '있-', '들고'의 '들-', '다니다가'의 '다니-', '흘리고'의 '흐르-', '말았다'의 '말-'로, 모두 7개이다.

더 알아보기 ▶ 제시된 문장의 형태소 분석

• 마개: 막-(동사의 어근)＋-애(접사)

• 막혀: 막-(동사의 어근)＋-히-(접사)＋-어(연결 어미)

• 있었지만: 있-(형용사의 어근)＋-었-(과거 시제 선어말 어미)＋-지(연결 어미)＋만(보조사)

　참 '-지만'은 연결 어미로 하나의 형태소로 분석하기도 하고, 종결 어미 '-지' 뒤에 보조사 '만'이 결합된 것으로 보기도 한다.

• 들고: 들-(동사의 어근)＋-고(연결 어미)

• 다니다가: 다니-(동사의 어근)＋-다가(연결 어미)

• 흘리고: 흐르-(동사의 어근)＋-이-(접사)＋-고(연결 어미)

• 말았다: 말-(동사의 어근)＋-았-(과거 시제 선어말 어미)＋-다(종결 어미)

04

정답 ①

어휘와 관용 표현 > 순우리말 > 우리말 어휘	정답률 53%

| 정답해설 |

① 선택률 53% 마파람: 뱃사람들의 은어로, '남풍(南風)'을 이르는 말이다.

| 오답해설 |

② 선택률 7% 가시버시: 부부를 낮잡아 이르는 말이다. 식물의 뿌리를 뜻하는 말은 '땅가시'이다.

③ 선택률 18% 핫아비: 아내가 있는 남자를 뜻한다. 아내를 잃고 혼자 지내는 사내는 '홀아비'라고 한다.

④ 선택률 22% 나비잠: 갓난아이가 두 팔을 머리 위로 벌리고 자는 잠이다. 깊이 들지 못하고 자꾸 놀라 깨는 잠은 '노루잠'이라고 한다.

05

정답 ②

비문학 > 독해 비문학 > 주제	정답률 94%

| 정답해설 |

② 선택률 94% 제시된 글은 아이가 부모에게 반말을 사용하는 것을 예로 들어 아이에게 올바른 언어 예절을 교육하는 것의 중요성을 부모님들에게 인식시키고자 한다. 이와 함께 아이의 올바른 언어 사용을 위해 부모가 해야 할 일을 제시하고 있다.

| 오답해설 |

①③④ 선택률 4% 선택률 2% 선택률 0% 제시된 글의 논지와 관련이 없다.

06

정답 ③

문법과 어문 규정 > 어문 규정 > 로마자 표기법	정답률 75%

| 정답해설 |

③ 선택률 75% Samjung-myeon(×) → Samjuk-myeon(○)
행정 구역 단위인 '면'은 'myeon'으로 적고, 그 앞에는 붙임표(−)를 넣는다. 붙임표(−) 앞뒤에서 일어나는 음운 변화를 표기에 반영하지 않으므로 '삼죽면'은 [삼중면]으로 발음하지만, 'Samjuk-myeon'으로 표기해야 한다.

| 오답해설 |

① 선택률 19% 'Haeundae'는 [해:운대] 또는 [하은대]로 발음이 될 수 있다. 발음상 혼동의 우려가 있을 때에는 음절 사이에 붙임표(−)를 쓸 수 있으므로 'Hae-undae'로 적는다.

② 선택률 3% '의'는 'ui'로 표기하고, '시'는 행정 구역 단위이므로 그 앞에 붙임표(−)를 넣어 'Uijeongbu-si'로 적는다.

④ 선택률 3% 음운 변화가 일어날 때에는 변화의 결과에 따라 적는다. '학여울'의 표준 발음은 [항녀울]이므로, 이를 표기하면 'Hangnyeoul'이 된다.

군무원 🆚 공무원 비교분석

군무원 시험에서 로마자 표기법 문제는 빠지지 않고 매년 출제된다. 로마자 표기의 기본 원리를 이해하고, 중요 어휘의 표기법은 확실하게 학습해 두어야 한다.

07

정답 ④

문학 > 현대 문학 > 신소설	정답률 83%

| 정답해설 |

④ 선택률 83% 제시된 작품에 드러난 개화 의식은 외세에 대한 경각심이 없는 무분별한 수용이라는 점에서 문제를 안고 있다. 일본인 이노우에 소좌를 통하여 일본을 미화하는 내용이나 청국을 비난하는 내용에서 작가의 친일 의식이 그대로 드러난다.

| 오답해설 |

① 선택률 5% 제시된 작품은 이인직의 「혈의 누」로 신교육과 개화사상에 대한 예찬을 담고 있으며, 우리나라 최초의 신소설로 알려져 있다.

② 선택률 9% 첫 번째 문장의 '일청 전쟁(日淸戰爭)'이란 표현을 통해서 '청일전쟁'을 배경으로 하였음을 알 수 있고, '~이라', '~더라'라는 표현에서 문어체 표현을 사용하였음을 확인할 수 있다.

③ 선택률 3% 이 작품은 구한말을 배경으로 변화하는 시대에 필요한 문명개화와 신교육, 자유 결혼이라는 근대적 계몽 이념을 담고 있으며, 고전 소설과 현대 소설의 다리 역할을 한 작품으로 평가받고 있다.

08

정답 ③

문학 > 현대 문학 > 신소설 – 속담	정답률 80%

| 정답해설 |

㉠은 딸 옥련이를 찾아 헤매는 부인의 모습을 표현한 것이다.

③ 선택률 80% 내 코가 석 자: 내 사정이 급하고 어려워서 남을 돌볼 겨를이 없음을 이르는 말이다.

| 오답해설 |

① 선택률 5% 다 퍼먹은 김칫독에 빠진다: ㉠ 남들이 이익을 보고 다 물러간 뒤에 함부로 덤벼들었다가 큰 손해를 보는 것을 비유적으로 이르는 말. ㉡ 아무런 이익도 손해도 볼 것이 없음을 비유적으로 이르는 말

② 선택률 6% 가는 방망이 오는 홍두깨: 이쪽에서 방망이로 저쪽을 때리면 저쪽에서는 홍두깨로 이쪽을 때린다는 뜻으로, 자기가 한 일보다 더 가혹한 갚음을 받게 되는 경우를 비유적으로 이르는 말

④ 선택률 9% 봄 꿩이 제 울음에 죽는다: 꿩이 소리를 내어 자기가 있는 곳을 알려 죽게 된다는 뜻으로, 제 허물을 제가 드러냄으로써 화를 스스로 불러옴을 비유적으로 이르는 말

더 알아보기 ▶ 이인직, 「혈의 누」

- 갈래: 신소설, 계몽 소설
- 배경
  - ㉠ 시간: 청일 전쟁(1894) ~ 광무 6년(1902)
  - ㉡ 공간: 평양, 일본(오사카), 미국(워싱턴)
- 성격: 계몽적, 교훈적
- 시점: 3인칭 전지적 작가 시점
- 주제: 신교육 사상과 개화 의식의 고취

09 정답 ③

문법과 어문 규정 > 어문 규정 > 표준 발음법	정답률 88%

| 정답해설 |

③ 선택률 88% '흙이', '흙을'은 받침을 연음하여 [흘기], [흘글]로 발음하고 '넓다'와 '넓고'는 받침 'ㅂ'을 탈락시켜야 하므로 '[널따], [널꼬]'로 발음하는 것이 올바르다. '해님'은 사잇소리 현상이 적용되지 않으므로 표기 그대로 [해님]으로 발음한다.

더 알아보기 ▶ 받침의 발음

- 겹받침 'ㄳ', 'ㄵ', 'ㄼ, ㄽ, ㄾ', 'ㅄ'은 어말 또는 자음 앞에서 각각 [ㄱ, ㄴ, ㄹ, ㅂ]으로 발음한다.
  - 예 넋과[넉꽈], 앉다[안따], 여덟[여덜], 넓다[널따], 외곬[외골], 핥다[할따], 값[갑], 없다[업ː따]
    - 다만, '밟-'은 자음 앞에서 [밥]으로 발음하고, '넓-'은 다음과 같은 경우에 [넙]으로 발음한다.
      - 예 밟다[밥ː따], 밟는[밥ː는 → 밤ː는], 밟고[밥ː꼬] 넓죽하다[넙쭈카다], 넓둥글다[넙뚱글다]
- 겹받침 'ㄺ, ㄻ, ㄿ'은 어말 또는 자음 앞에서 각각 [ㄱ, ㅁ, ㅂ]으로 발음한다.
  - 예 흙과[흑꽈], 맑다[막따], 늙지[늑찌], 젊다[점ː따], 읊고[읍꼬]
    - 다만, 용언의 어간 말음 'ㄺ'은 'ㄱ' 앞에서 [ㄹ]로 발음한다.
      - 예 맑게[말께], 묽고[물꼬], 얽거나[얼꺼나]

10 정답 ③

문법과 어문 규정 > 현대 문법 > 비문의 유형	정답률 91%

| 정답해설 |

③ 선택률 91% '모름지기'는 '~해야 한다'와 호응하는 부사어이다. 따라서 '학생은 모름지기 열심히 공부해야 한다.'는 부사어와 서술어의 호응이 자연스러운 문장이다.

| 오답해설 |

① 선택률 4% '여간'은 '~지 않다'와 같은 부정 표현과 호응한다.
② 선택률 1% '절대로'는 주로 '~지 마라/~수 없다/~아니다'와 같은 부정 표현과 호응한다.
④ 선택률 4% '설령'은 '양보'의 뜻을 나타내는 '~더라도/~ㄹ지라도'와 호응한다.

군무원 vs 공무원 비교분석

비문의 유형은 맞춤법이나 띄어쓰기뿐만 아니라 문장 성분 간의 호응, 부사어의 호응 관계도 파악할 수 있어야 한다.

11 정답 ①

어휘와 관용 표현 > 한자와 한자어 > 한자 성어	정답률 64%

| 정답해설 |

① 선택률 64% 유방백세(流芳百世: 流 흐를 유/芳 꽃다울 방/百 일백 백/世 인간 세): 향기가 백대에 걸쳐 흐른다는 뜻으로, 훌륭한 명성이나 공적이 후대에 길이 전하여지는 것을 비유한다.
유취만년(遺臭萬年)
참고로, 시기가 늦어 기회를 놓친 것이 원통해서 탄식함을 이르는 말은 '만시지탄(晚時之歎: 晚 늦을 만/時 때 시/之 갈 지/歎 탄식할 탄)'이다.

| 오답해설 |

② 선택률 24% 팽두이숙(烹頭耳熟: 烹 삶을 팽/頭 머리 두/耳 귀 이/熟 익을 숙): 머리를 삶으면 귀까지 익는다는 뜻으로, 한 가지 일이 잘되면 다른 일도 저절로 이루어짐을 비유적으로 이르는 말이다. 🔒 망거목수(網擧目隨)
③ 선택률 7% 호의미결(狐疑未決: 狐 여우 호/疑 의심할 의/未 아닐 미/決 결단할 결): 여우가 의심이 많아 결단을 내리지 못한다는 뜻으로, 어떤 일에 대하여 의심이 많아 결행하지 못함을 비유하는 말이다. 🔒 호의불결(狐疑不決)
④ 선택률 5% 누란지세(累卵之勢: 累 여러 누/卵 알 란/之 갈 지/勢 형세 세): 층층이 쌓아 놓은 알의 형세라는 뜻으로, 몹시 위태로운 형세를 비유적으로 이르는 말이다. 🔒 백척간두(百尺竿頭)

12 정답 ①

문법과 어문 규정 > 현대 문법 > 비문의 유형	정답률 55%

| 정답해설 |

① 선택률 55% '좋은 시간을 보내다.'는 외래어 번역 투가 쓰이지 않은 바른 표현이다. 흔히 사용하는 '좋은 시간을 가지다.'라는 표현은 영어의 'have a good time'을 직역한 것이다.

| 오답해설 |

② 선택률 20% '~로 인(因)하여'는 일본어 번역 투 표현이다. '이번 사고는 관리자의 부주의로 발생하였습니다.'로 고쳐야 한다.
③ 선택률 13% '~고 있는 중이다'는 영어의 'be + ~ing(현재 진행형)' 구문을 그대로 번역한 표현이다. '연구하고 있는 중이다.'를 '연구하고 있다.'로 고쳐야 한다.
④ 선택률 12% '~에 대(對)하여'는 영어의 'about'을 번역한 일본어의 후치사 '~に対して'를 직역한 번역 투 표현이다. '우리 모두를 위한 길이 무엇인지 이야기해 봅시다.'로 표현하는 것이 적절하다.

13

정답 ②

| 어휘와 관용 표현 > 한자와 한자어 > 한자어 | 정답률 71% |

| 정답해설 |

② **선택률 71%** '재원(才媛: 才 재주 재/媛 여자 원)'은 재주가 뛰어난 젊은 여자를 뜻한다. 제시된 문장에서는 '김 선생님의 아들'이라고 했으므로 '재원'을 쓸 수 없다. 재주가 뛰어난 젊은 남자를 뜻하는 단어는 '재자(才子)'이다.

| 오답해설 |

① **선택률 20%** 후안(厚顔: 厚 두터울 후/顔 낯 안): 낯가죽이 두껍다는 뜻으로, 몹시 뻔뻔스러움을 이르는 말이다.

③ **선택률 6%** 회자(膾炙: 膾 회 회/炙 구울 자): '회와 구운 고기'라는 뜻으로, 널리 칭찬을 받으며 사람들의 입에 오르내림을 뜻하는 말이다.

④ **선택률 3%** 와전(訛傳: 訛 그릇될 와/傳 전할 전): 사실과 다르게 전함을 뜻하는 말이다.

14

정답 ②

| 문법과 어문 규정 > 어문 규정 > 문장 부호 | 정답률 76% |

| 정답해설 |

② **선택률 76%** 특정한 어구의 내용에 대하여 의심, 비꼬거림 등을 표시할 때, 또는 적절한 말을 쓰기 어려울 때 소괄호 안에 물음표(?)를 쓴다. 따라서 "우리 집 강아지가 가출(?)을 했어요."라고 표현해야 한다.

| 오답해설 |

① **선택률 5%** 문장 중간에 끼어든 어구의 앞뒤에 쉼표(,)를 쓴다. 이때 쉼표 대신 줄표를 쓸 수도 있다.

　예 나는 ─ 솔직히 말하면 ─ 그 말이 별로 탐탁지 않아.

③ **선택률 7%** 한 문장 안에 몇 개의 선택적인 물음이 이어질 때에는 맨 끝의 물음에만 물음표(?)를 쓰고, 각 물음이 독립적일 때에는 각 물음의 뒤에 물음표(?)를 쓴다.

④ **선택률 12%** 열거된 항목 중 어느 하나가 자유롭게 선택될 수 있음을 보일 때 중괄호({ })를 쓴다.

15

정답 ①

| 문법과 어문 규정 > 언어 예절과 바른 표현 > 언어 예절 | 정답률 85% |

| 정답해설 |

① **선택률 85%** 언어 예절에 맞는 인사 표현은 ㉠, ㉡이다.

　㉠ 문상을 할 때에는 상주에게 아무 말도 하지 않거나 말을 해야 할 상황이라면 '삼가 조의를 표합니다.', '뭐라 드릴 말씀이 없습니다.', '고인의 명복을 빕니다.'라고 말하는 것이 좋다.

　㉡ 정년퇴직을 축하할 때는 '그동안 애 많이 쓰셨습니다.', '벌써 정년이시라니 아쉽습니다.'와 같은 말로 그동안의 공적을 기리는 마음, 건강하게 공무를 수행할 수 있었던 것에 대한 축하의 마음을 전할 수 있다.

| 오답해설 |

㉢ '좋은 아침입니다.'는 영어 'Good morning'을 그대로 번역한 표현일 뿐만 아니라 예의 바른 인사말이라는 느낌이 들지 않는 표현이다. 이 경우에는 '안녕히 주무셨습니까?'라고 말하는 것이 가장 좋다.

㉣ '수고'라는 말은 동료나 아랫사람에게 쓰는 말이므로 윗사람에게 써서는 안 된다. 이 경우에는 '수고하십시오.' 대신 '감사합니다.'라고 하는 것이 좋다.

㉤ '들어가세요.'는 명령형 문장이므로 윗사람에게 쓰기에 적절하지 않다. 전화를 끊을 때에는 '이만 끊겠습니다.' 또는 '안녕히 계십시오.'라고 하는 것이 좋다.

16

정답 ②

| 문학 > 고전 문학 > 고전 시가 – 고려 속요 | 정답률 79% |

| 정답해설 |

제시된 작품은 작자 미상의 고려 속요인 「정석가(鄭石歌)」이다. 1연에서는 무쇠와 철사로 지은 옷이 다 헐어야, 2연에서는 무쇠로 만든 소가 무쇠 풀이 나는 산의 풀을 다 먹어야 임과 이별하겠다고 말하고 있다. 즉, 화자는 불가능한 상황을 설정하여 임과 이별하지 않겠다는 자신의 의지를 역설적으로 드러내고 있다.

② **선택률 79%** 감정 이입된 표현은 드러나지 않으며, 삶의 비극성과도 관련이 없다.

| 오답해설 |

① **선택률 11%** '유덕(有德)ᄒ신 님 여히ᄋ와지이다'의 표면적 의미는 '임과 이별하겠다'이지만, 이는 불가능한 상황을 가정하여 내린 결론이므로 결국 '임과 이별할 수 없다'는 역설적·반어적 의미를 지닌다.

③ **선택률 4%** 「정석가」는 전 6연의 분절체로 된 작품으로, 각 절의 '유덕(有德)ᄒ신 님 여히ᄋ와지이다'가 후렴구이다.

④ **선택률 6%** 1연에서는 무쇠와 철사로 지은 옷이 다 헐어야, 2연에서는 무쇠로 만든 소가 무쇠 풀이 나는 산의 풀을 다 먹어야 임과 이별하겠다고 말하고 있다.

17

정답 ③

| 문학 > 고전 문학 > 고전 시가 – 고려 속요(발상 및 표현) | 정답률 70% |

| 정답해설 |

「정석가」는 불가능한 일을 가정하여 임과의 사랑을 강조하는 역설과 반어가 사용되었다.

③ **선택률 70%** 나무토막을 깎아 닭을 만들어 놓고 닭이 울기를 바라는 것이므로, 불가능한 상황을 설정하여 어머니가 영원히 늙지 않기를 바라는 역설적 표현을 사용하였다.

| 오답해설 |

① **선택률 9%** 벼슬을 하지 않고 산중에서 은거하는 몸이라 국록을 먹거나 군은(君恩)을 입은 바 없지마는 임금이 승하했다는 소식을 듣고 애도하는 마음이 듦을 표현한 시조이다.

② 선택률 17% 유배지로 가는 도중 철령에서 임금을 생각하며 자신의 충절을 보이고 자신의 억울함을 호소하는 내용의 작품이다.

④ 선택률 4% 세속을 떠나 조용한 초가에 홀로 앉아서 거문고를 타며 풍류를 즐기며 산다는 내용의 작품이다.

더 알아보기 ▶ 작자 미상, 「정석가(鄭石歌)」

- 갈래: 고려 속요
- 형식: 전 6연(1연은 3구, 2~6연은 6구), 3음보
- 표현: 과장법, 역설법, 반어법
- 특징: 불가능한 상황을 설정해 놓고 영원한 사랑을 노래함. (역설적, 반어적)
- 주제: 임에 대한 영원한 연모의 정
- 의의
  ㉠ 영원무궁한 사랑을 노래한 작품
  ㉡ 불가능한 사실을 전제로 한 완곡(婉曲)한 표현법을 살린 작품

18 정답 ②

어휘와 관용 표현 > 관용 표현 > 속담　　정답률 51%

| 정답해설 |

② 선택률 51% '아귀(가) 무르다'는 '㉠ 마음이 굳세지 못하고 남에게 잘 꺾이다. ㉡ 손으로 잡는 힘이 약하다.'의 의미이다. 제시된 문장에는 '마음이 굳세어 남에게 잘 꺾이지 아니하다.'의 '아귀(가) 세다'라는 관용적 표현이 어울린다.

| 오답해설 |

① 선택률 23% 바닥(을) 보다
  ㉠ 밑천이 다 없어지다.
    예 그는 그 많던 재산을 다 쓰고 <u>바닥을 봤다.</u>
  ㉡ 끝장을 보다.
    예 박 사장은 한번 일을 시작하면 <u>바닥을 본다.</u>
    한번 시작한 일이니 <u>바닥을 보아야지</u> 중도에서 그만둘 수는 없다.

③ 선택률 9% 사개(가) 맞다: 말이나 사리의 앞뒤 관계가 빈틈없이 딱 들어맞다.
  예 그 판사의 판결은 언제나 <u>사개가 맞아</u> 원고와 피고 모두가 동의할 수밖에 없게 만든다.

④ 선택률 17% 자빡(을) 대다[치다]: 아주 딱 잘라 거절하다.
  예 차라리 안 된다고 설득을 할 것이지 그렇게 <u>자빡을 대나.</u>
    그 사람은 보험을 들어 달라는 친구의 간절한 부탁에 <u>자빡을 쳤다.</u>

19 정답 ④

문법과 어문 규정 > 현대 문법 > 단어　　정답률 87%

| 정답해설 |

④ 선택률 87% ㉠은 동사 '웃다'에 접미사 '-기-'가 붙어 사동의 의미가 더해졌고, ㉡은 동사 '쫓다'에 접미사 '-기-'가 붙어 피동의 의미가 더해졌다.

| 오답해설 |

① 선택률 4% ㉠은 동사 '알다'에 접미사 '-리-'가 붙어 사동의 의미가 더해졌고, ㉡은 동사 '돌다'에 접미사 '-리-'가 붙어 사동의 의미가 더해졌다.

② 선택률 4% ㉠은 동사 '놓다'에 접미사 '-이-'가 붙어 피동의 의미가 더해졌고, ㉡은 형용사 '높다'에 접미사 '-이-'가 붙어 사동의 의미가 더해졌다.

③ 선택률 5% ㉠은 동사 '누르다'에 접미사 '-리-'가 붙어 피동의 의미가 더해졌고, ㉡은 동사 '팔다'에 접미사 '-리-'가 붙어 피동의 의미가 더해졌다.

20 고난도 TOP3 정답 ②

문학 > 고전 문학 > 고전 산문 – 민속극(탈춤)　　정답률 38%

| 정답해설 |

② 선택률 38% '꼭두각시놀음'은 남사당패에 의해 서울 지역에서만 전승되는 것으로, 탈춤 중에서도 유일하게 중요 무형 문화재로 지정되어 있다.

더 알아보기 ▶ 우리나라 탈춤의 계층별 분류

- 서울·경기 지역 산대가면극 계통: 양주별산대놀이, 송파산대놀이
- 경상/강원 지역 서낭신제가면극 계통: 하회별신굿탈놀이, 강릉관노탈놀이
- 황해도 지역 해서 가면극 계통: 봉산탈춤, 강령탈춤, 은율탈춤
- 경상남도 해안지방 일대 야유/오광대 계통: 가산오광대, 통영오광대, 고성오광대, 동래야류, 수영야류

21 정답 ④

문법과 어문 규정 > 현대 문법 > 품사　　정답률 70%

| 정답해설 |

동사 뒤에서 '-지 않다' 구성으로 쓰이는 '않다'는 보조 동사이고, 형용사 뒤에서 '-지 않다' 구성으로 쓰이는 '않다'는 보조 형용사이다.

④ 선택률 70% 본용언 '좋지'가 형용사이므로 뒤의 보조 용언 '않아서'는 보조 형용사이다.

| 오답해설 |

①②③ 선택률 2% 선택률 19% 선택률 9% 본동사 뒤에 위치한 보조 동사이다.

- 보조 동사: 본동사 뒤에서 '-지 않다' 구성으로 쓰여 앞말이 뜻하는 행동을 부정하는 뜻을 나타내는 보조 동사

  예 그는 이유도 묻지 <u>않고</u> 돈을 빌려 주었다.

  선생님의 은혜를 잊지 <u>않겠습니다</u>.

  행사에 참석하지 <u>않을</u> 사람은 미리 알려 주시기 바랍니다.

- 보조 형용사: 본 형용사 뒤에서 '-지 않다' 구성으로 쓰여 앞말이 뜻하는 상태를 부정하는 뜻을 나타내는 보조 형용사

  예 일이 생각만큼 쉽지 <u>않다</u>.

  건강이 좋지 <u>않아서</u> 여행 가는 것을 포기했다.

  서둘러 가면 늦지 <u>않겠군</u>.

---

22 정답 ①

| 문법과 어문 규정 > 고전 문법 > 고전문 | 정답률 85% |

| 정답해설 |

① 선택률 85% 마지막 구절인 ':사ᄅᆞᆷ:마·다:히·여:수·ᄫᅵ니·겨·날·로·ᄡᅮ·메 便뼌安ᅙᅡᆫ·킈 ᄒᆞ·고·져 ᄒᆞᆯᄊᆞ·ㄹᄆᆡ·니·라', 즉 '모든 사람으로 하여금 쉽게 익혀서 날마다 쓰는 데 편하게 하고자 할 따름이다.'라는 표현을 통해, 세종은 한글이 배우기 쉽고 사용하기 쉬운 글자임을 밝히고 있다.

| 오답해설 |

② 선택률 7% '제 ·ᄠᅳ·들 시·러 펴·디:몯홇·노·미 하·니·라·내 ·이·ᄅᆞᆯ 爲·윙·ᄒᆞ·야'라는 표현에서 알 수 있다.

③ 선택률 1% 우리말과 중국말이 다르므로 한자로는 우리말을 적을 수 없다고 한 내용에서 자주정신과 창조 정신이, 의사 표현을 못 하는 일반 백성들의 현실을 고려했다는 점에서 애민 정신이, 누구나 쉽게 편하게 사용할 수 있다는 점에서 실용 정신이 담겨 있다.

④ 선택률 7% '나·랏:말ᄊᆞ·미 中듕國·귁·에 달·아 文문字·ᄍᆞ·와·로 서르 ᄉᆞᄆᆞᆺ·디 아·니ᄒᆞᆯ·ᄊᆡ'라는 설명에서 알 수 있다.

더 알아보기 ▶ 「세종어제훈민정음」 현대어 풀이

우리나라 말이 중국과 달라 한자와 서로 통하지 아니하니 이런 까닭에 어리석은 백성이 말하고자 하는 바가 있어도 마침내 제 뜻을 능히 펴지 못하는 사람이 많다. 내가 이를 가엾게 여기어 새로 스물여덟 글자를 만드니, 모든 사람들로 하여금 쉽게 익혀서 날마다 쓰는 데 편하게 하고자 할 따름이니라.

---

23 정답 ③

| 문법과 어문 규정 > 고전 문법 > 고전문 | 정답률 78% |

| 정답해설 |

③ 선택률 78% 후대에 의미가 변하는 것은 '어린(ⓒ)', '노미(ⓔ)', '어엿비(ⓜ)'이다.

ⓒ 어린: 중세 국어에서는 '어리석은'의 뜻이었으나 현대 국어에서는 '나이가 적은'의 뜻으로 의미가 이동하였다.

ⓔ 노미: 중세 국어에서는 '보통 사람'을 뜻하는 평칭이었으나 현대 국어에서는 남자를 낮잡아 이르는 말로 의미가 축소하였다.

ⓜ 어엿비: 중세 국어에서는 '가엾게, 불쌍하게'의 뜻이었으나 현대 국어에서는 '예쁘게, 어여쁘게'의 뜻으로 의미가 이동하였다.

| 오답해설 |

㉠ ᄉᆞᄆᆞᆺ디: 'ᄉᆞᄆᆞᆺ-(8종성법) + -디(보조적 연결 어미)'로 분석할 수 있다. 'ᄉᆞᄆᆞᆺ다'는 '멀리까지 미치거나 깊이 꿰뚫다.'라는 뜻의 옛말로서, 현대에는 쓰이지 않는 사멸된 어휘이다.

㉡ 젼ᄎᆞ로: '젼ᄎᆞ(명사) + 로(원인 부사격 조사)'로 분석할 수 있다. '젼ᄎᆞ'는 '까닭(일이 생기게 된 원인이나 조건)'의 옛말로서, 현대에는 쓰이지 않는 사멸된 어휘이다.

---

24 정답 ④

| 비문학 > 독해 비문학 > 내용 확인하기 | 정답률 82% |

| 정답해설 |

④ 선택률 82% 제시된 글은 유럽에서 수도원이 중심이 되어 책을 만들던 시기부터 중국에서 종이가 전래되고 구텐베르크가 인쇄술을 발명한 시기, 그리고 18세기와 19세기에 책의 제작과 보급이 어떻게 이루어졌는지를 설명하고 있다. 즉, 통시적 관점에서 책의 제작, 보급과 관련 있는 변화 양상을 설명하였다.

| 오답해설 |

① 선택률 13% 인쇄술이 우리 사회에 미친 영향을 다양한 관점으로 분석하지는 않았다.

② 선택률 1% 여러 관점에서 책의 가치를 분석한 부분은 제시되지 않았다.

③ 선택률 4% 책에 대한 사람들의 인식이 어떻게 변모하게 되었는지는 설명하고 있지 않다.

---

25 정답 ③

| 비문학 > 독해 비문학 > 내용 확인하기 | 정답률 94% |

| 정답해설 |

③ 선택률 94% 2문단에서 유럽에 종이가 전래되자 기존의 기록 매체인 양피지가 사라지고 종이가 그 자리를 차지하게 되었으나, 중세가 끝날 때까지도 책은 희귀하고 값어치가 높은 물건이었다고 했다. 또한 '중세가 끝날 때까지 대부분의 사람들은 여전히 글을 읽을 줄도, 쓸 줄도 몰랐다.'라는 내용으로 미루어 볼 때 중세에 일반 대중에게 책이 널리 보급되었다는 내용은 적절하지 않다.

| 오답해설 |

① 선택률 1% 1문단에서 수도원에서는 필경실을 건립해 책의 제작에 힘썼으며, 이 과정에서 수도사들이 책을 발간하는 데에 주도적인 역할을 했다는 내용을 찾을 수 있다.

② 선택률 2% 1문단의 끝부분에서 확인할 수 있다.

④ 선택률 3% 4문단에서 확인할 수 있다.

9급 군무원 국어

I 전체 난이도 및 합격선

전체 난이도	합격선
下	84점

I 기출총평

2008년 군무원 시험은 이전까지와는 다른 비중으로 출제되었다. 이전까지 비중이 높지 않았던 문법과 어문 규정의 출제비중이 높아졌는데, 띄어쓰기, 한글 맞춤법, 외래어 표기법, 표준 발음법, 언어 예절 등에서 고르게 출제되었다. 이들은 앞으로 수험생들이 주의해서 꼼꼼하게 학습해야 할 영역이다. 문학은 여전히 지식형 유형 또는 난도가 높지 않은 단순 분석형 위주의 경향을 유지하고 있다.

I 영역별 출제비중

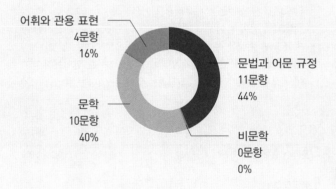

어휘와 관용 표현
4문항
16%

문학
10문항
40%

문법과 어문 규정
11문항
44%

비문학
0문항
0%

I 문항 분석

	카테고리	출제수	정답률
1	문법과 어문 규정 > 어문 규정 > 띄어쓰기	24회	72%
2	어휘와 관용 표현 > 관용 표현 > 속담	9회	95%
3	문학 > 현대 문학 > 현대 시 – 시어	37회	90%
고난도 TOP 1 ▶ 4	어휘와 관용 표현 > 한자와 한자어 > 한자어	27회	37%
5	문법과 어문 규정 > 어문 규정 > 표준어 규정	17회	86%
6	문법과 어문 규정 > 어문 규정 > 맞춤법	47회	88%
7	문법과 어문 규정 > 어문 규정 > 맞춤법	47회	94%
8	어휘와 관용 표현 > 한자와 한자어 > 한자어	27회	64%
9	어휘와 관용 표현 > 한자와 한자어 > 한자 성어	21회	69%
10	문법과 어문 규정 > 어문 규정 > 맞춤법	47회	75%
11	문법과 어문 규정 > 어문 규정 > 외래어 표기법	12회	91%
12	문법과 어문 규정 > 어문 규정 > 표준 발음법	18회	88%
13	문학 > 현대 문학 > 현대 시 – 심상	37회	99%
14	문법과 어문 규정 > 언어 예절과 바른 표현 > 언어 예절	7회	71%
15	문학 > 고전 문학 > 고전 시가 – 시조	12회	68%
16	문법과 어문 규정 > 언어 예절과 바른 표현 > 언어 예절	7회	92%
고난도 TOP 3 ▶ 17	문법과 어문 규정 > 현대 문법 > 단어	5회	50%
18	문학 > 고전 문학 > 고전 시가 – 시조	12회	81%
19	문학 > 고전 문학 > 고전 시가 – 시조	12회	84%
20	문학 > 고전 문학 > 고전 시가 – 시조	12회	69%
21	문학 > 고전 문학 > 고전 산문 – 판소리	6회	81%
22	문법과 어문 규정 > 어문 규정 > 맞춤법	47회	67%
고난도 TOP 2 ▶ 23	문학 > 현대 문학 > 현대 시	37회	39%
24	문학 > 현대 문학 > 현대 소설	26회	71%
25	문학 > 고전 문학 > 고전 시가 – 향가	2회	91%

※ 고난도 TOP 1 는 해당 회차에서 정답률이 가장 낮은 문항입니다.

01	①	02	②	03	②	04	①	05	④
06	②, ③	07	④	08	③	09	③	10	①
11	②	12	④	13	④	14	①	15	①
16	②	17	②	18	②	19	④	20	①
21	③	22	④	23	③	24	③	25	③

01
정답 ①

문법과 어문 규정 > 어문 규정 > 띄어쓰기	정답률 72%

| 정답해설 |

① 선택률 72% '일정한 수준에 못 미치거나 그 일을 할 능력이 없다.' 는 뜻의 '못하다'는 동사로, 한 단어이므로 붙여 써야 한다.

| 오답해설 |

② 선택률 11% 못∨하다(×) → 못하다(○)
'비교 대상에 미치지 아니하다.'라는 뜻의 '못하다'는 형용사로서, 한 단어이므로 붙여 써야 한다.

③ 선택률 12% 못했다(×) → 못∨했다(○)
부정 부사 '못'을 사용하는 '못' 부정문은 의도는 있지만 능력이 부족하여 주체의 의지대로 되지 않았거나, 타의에 의해 주체의 의지대로 되지 않은 일을 나타낸다. 따라서 '(일을) 하다'를 부정하는 표현은 '하다' 앞에 부사 '못'을 쓴 '(일을) 못 하다'이다.

④ 선택률 5% 못∨해서(×) → 못해서(○)
주로 '-다(가) 못해'의 구성으로 쓰여 앞말이 뜻하는 행동이나 상태가 극에 달해 더 이상 그것을 유지할 수 없음을 나타내는 보조 형용사이다. 하나의 단어이므로 붙여 써야 한다.

| 더 알아보기 ▶ '못하다', '못 하다' |

- 동사: 어떤 일을 일정한 수준에 못 미치게 하거나, 그 일을 할 능력이 없다.
  예 철수는 영희보다 노래를 못한다.
  공부를 못한다고 슬퍼할 필요는 없다.
- 형용사
  − 비교 대상에 미치지 아니하다.
    예 음식 맛이 예전보다 못하다.
  − 아무리 적게 잡아도.('못해도'의 꼴로 쓰임)
    예 아무리 못해도 스무 명은 족히 넘을 것이다.
- 보조 동사: 본동사 뒤에서 '-지 못하다'의 구성으로 쓰여 앞말이 뜻하는 행동에 대하여 그것이 이루어지지 않거나 그것을 이룰 능력이 없음을 나타내는 말
  예 눈물 때문에 말을 잇지 못했다.
  바빠서 동창회에 가지 못했다.
- 보조 형용사
  − 형용사 뒤에서 '-지 못하다'의 구성으로 쓰여 앞말이 뜻하는 상태에 미치지 아니함을 나타내는 말
    예 음식 맛이 좋지 못하다.
    그런 태도는 옳지 못하다.

− 주로 '-다(가) 못해'의 구성으로 쓰여 앞말이 뜻하는 행동이나 상태가 극에 달해 그것을 더 이상 유지할 수 없음을 나타내는 말
  예 희다 못해 푸른빛이 도는 치아
  기다리다 못해 돌아갔다.
- 못 + 하다: 동사 '하다'와 관련된 동작을 할 수 없다거나 상태가 이루어지지 않았다는 부정의 뜻을 나타내려고 부사 '못'을 '하다' 앞에 쓰는 경우에는 '기가 막혀 말을 못 하다.'와 같이 '못 하다'로 띄어 쓴다.

군무원 vs 공무원 비교분석

군무원 시험에서 띄어쓰기 문제는 매년 1~2문항씩 출제되고 있다. 띄어쓰기가 혼동되는 어휘들은 반드시 학습해 두어야 한다.

02
정답 ②

어휘와 관용 표현 > 관용 표현 > 속담	정답률 95%

| 정답해설 |

② 선택률 95% '얕은 내도 깊게 건너라'와 '돌다리도 두들겨 보고 건너라'는 잘 아는 일이라도 세심하게 주의를 기울이라는 의미이다.

| 오답해설 |

① 선택률 2% 부뚜막의 소금도 집어넣어야 짜다: 가까운 부뚜막에 있는 소금도 넣지 않으면 짠맛이 날 수 없다는 뜻으로, 아무리 좋은 조건이 마련되었거나 손쉬운 일이라도 힘을 들여 이용하지 않으면 소용이 없음을 비유적으로 이르는 말

③ 선택률 1% 팥이 풀어져도 솥 안에 있다: 손해를 본 것 같지만 따지고 보면 손해를 본 것이 없음을 비유적으로 이르는 말

④ 선택률 2% 거미도 줄을 쳐야 벌레를 잡는다: 무슨 일이든지 거기에 필요한 준비가 있어야 그 결과를 얻을 수 있다는 말

03
정답 ②

문학 > 현대 문학 > 현대 시 – 시어	정답률 90%

| 정답해설 |

② 선택률 90% 삶을 마무리하는 어머니의 모습은 '누에'로, 다시 먼 세상으로부터 이켠으로 환생한 어머니의 모습은 '목련'으로 표현했다.

군무원 vs 공무원 비교분석

제시된 작품은 수험생들에게 익숙하지 않은 작품이다. 일반 공무원 시험에서는 출제된 작품이 다시 출제되는 경향이 높지만, 군무원 시험에서는 새로운 작품, 지식형(암기형) 유형의 문항이 출제되기도 한다.

04 고난도 TOP1 　　　　　　　　　　　 정답 ①

| 어휘와 관용 표현 > 한자와 한자어 > 한자어 | 정답률 37% |

| 정답해설 |

① 선택률 37% '訣別'(결별: 訣 이별할 결/別 나눌 별)은 기약 없는 이별을 뜻하는 한자어로, 말[言]과 관련된 한자어가 아니다.

| 오답해설 |

② 선택률 36% 妄發(망발: 妄 망령될 망/發 필 발): 실수로 그릇된 말 또는 행동을 함.

③ 선택률 6% 橫說竪說(횡설수설: 橫 가로 횡/說 말씀 설/竪 세울 수/說 말씀 설): 조리가 없이 말을 이러쿵저러쿵 지껄임을 뜻하는 말

④ 선택률 21% 長廣舌(장광설: 長 길 장/廣 넓을 광/舌 혀 설) ㉠ 길고도 세차게 잘하는 말솜씨. ㉡ 쓸데없이 장황하게 늘어놓는 말

05 　　　　　　　　　　　　　　　 정답 ④

| 문법과 어문 규정 > 어문 규정 > 표준어 규정 | 정답률 86% |

| 정답해설 |

④ 선택률 86% 환장이(×) → 환쟁이(○)

기술자에게는 '-장이', 그 외에는 '-쟁이'가 붙는 것이 올바른 표기이다. 따라서 '화가(그림 그리는 것을 직업으로 하는 사람)'를 낮잡아 이르는 말은 '환장이'가 아니라 '환쟁이'이다.

| 오답해설 |

① 선택률 6% 점쟁이(○)

점치는 일도 기술에 해당하는 것으로 본다면 '점장이'가 옳을 듯하지만, 육체적인 전문 기술과는 거리가 먼 것으로 보아 '점쟁이'를 표준어로 정하였다.

② 선택률 6% 미장이(○)

'미장이'는 건축 공사에서 벽이나 천장, 바닥 따위에 흙, 회, 시멘트 따위를 바르는 일을 직업으로 하는 사람을 뜻한다. 이는 기술적인 일이므로 '-장이'를 붙인다.

③ 선택률 2% 겁쟁이(○)

'겁쟁이'는 겁이 많은 사람을 낮잡아 이르는 말이다. 기술과 상관없으므로 '-쟁이'를 붙인다.

군무원 vs 공무원 비교분석

군무원 시험에서 한글 맞춤법, 표준어 규정은 반드시 출제된다. 일반 공무원 시험에 비하여 출제 문항 수도 3~6문항 정도로 많은 편이다.

06 　　　　　　　　　　　 정답 ②, ③

| 문법과 어문 규정 > 어문 규정 > 맞춤법 | 정답률 88% |

| 정답해설 |

② 선택률 21% '말다'에 직접 명령형 어미 '-아(라)'가 결합하는 경우 어간의 끝음 '-ㄹ'이 탈락하여 '말 + 아 = 마, 말 + 아라 = 마라'가

된다. 따라서 "밤을 새우지 마라는(마란) 말이야."이 올바른 표현이다. 한편 어간의 끝음 '-ㄹ'이 탈락하지 않는 '말 + 아 = 말아, 말 + 아라 = 말아라'의 형태도 2015년에 표준어형으로 인정하였다. 따라서 "밤을 새우지 마라는(마란) 말이야."와 "밤을 새우지 말라는(말란) 말이야."는 모두 어법에 맞는 표현이다.

③ 선택률 67% '김치·술·장·젓갈 따위를 만드는 재료를 버무리거나 물을 부어서 익거나 삭도록 그릇에 넣어 두다.'라는 의미의 동사는 '담그다'이다. 어간 '담그-' 뒤에 모음으로 시작하는 어미 '-아/-아서'가 붙으면 '담가, 담가서'와 같이 활용할 수 있다. '담구다'는 바른 표현이 아니므로 '담궈, 담궈서'도 잘못된 표현이다.

* 모바일 채점 서비스에서는 ②, ③ 중 하나만 체크하면 정답으로 처리

| 오답해설 |

① 선택률 7% 씌었다(×) → 씌웠다(○)

'쓰다'의 사동사는 '씌우다(쓰 + 이우)'이다. 따라서 '씌우- + -었다 = 씌웠다'가 알맞은 표현이다.

④ 선택률 5% 개였다(×) → 개었다(○)

'흐리거나 궂은 날씨가 맑아지다.'라는 의미의 동사는 '개다'이다. 따라서 과거형일 경우 '개- + -었다 = 개었다'가 된다. 흔히 사용하는 '날씨가 개이다.', '개인 하늘' 등은 잘못된 표현이다.

07 　　　　　　　　　　　　　　　 정답 ④

| 문법과 어문 규정 > 어문 규정 > 맞춤법 | 정답률 94% |

| 정답해설 |

④ 선택률 94% '무거운'의 기본형은 '무겁다'이다. '무겁다'는 'ㅂ' 불규칙 용언이므로 어간 '무겁-' 뒤에 어미 '-은'이 붙어 '무거운'으로 변하는 현상은 어법에 맞는 표현이다.

| 오답해설 |

① 선택률 1% 졸립다(×) → 졸리다(○)

자고 싶은 느낌이 들 때 쓸 수 있는 동사는 '졸리다'이다. '졸립다'는 잘못된 표현이다.

② 선택률 2% 사랑스런(×) → 사랑스러운(○)

'사랑스럽다'는 어간 '사랑스럽-' 뒤에 어미 '-은'이 붙어 '사랑스러운'이 된다. 'ㅂ'이 탈락한 '사랑스런'은 잘못된 표현이다.

③ 선택률 3% 시끄러(×) → 시끄러워(○)

'시끄럽다'는 어간 '시끄럽-' 뒤에 어미 '-어'가 붙어 '시끄러워'가 된다. 'ㅂ'이 탈락한 '시끄러'는 잘못된 표현이다.

08 　　　　　　　　　　　　　　　 정답 ③

| 어휘와 관용 표현 > 한자와 한자어 > 한자어 | 정답률 64% |

| 정답해설 |

한자어 '樂'은 '즐기다, 즐거워하다'의 의미인 경우 '락(나)'으로 읽고, '노래, 풍류, 연주하다'의 의미인 경우에는 '악'으로 읽으며, '좋아하다'의 의미인 경우에는 '요'로 읽는다.

③ 선택률 64% '和樂'(화락: 和 화할 화/樂 즐길 락)은 화평하고 즐거움을 뜻하는 말로, 여기에서의 '樂'은 '즐길 락'으로 읽는다.

| 오답해설 |

① 선택률 17% 知足常樂(지족상락: 知 알 지 / 足 발 족 / 常 항상 상 / 樂 즐길 락): 만족할 줄 알면 항상 즐겁다는 말

② 선택률 4% 聲樂(성악: 聲 소리 성 / 樂 노래 악): 사람의 음성으로 하는 음악을 뜻하는 말

④ 선택률 15% 樂山樂水(요산요수: 樂 좋아할 요 / 山 뫼 산 / 樂 좋아할 요 / 水 물 수): 산수(山水)의 자연을 즐기고 좋아함.

09 정답 ③

| 어휘와 관용 표현 > 한자와 한자어 > 한자 성어 | 정답률 69% |

| 정답해설 |

③ 선택률 69% 계명구도(鷄鳴狗盜: 鷄 닭 계 / 鳴 울 명 / 狗 개 구 / 盜 도둑 도): '닭의 울음소리를 잘 내는 사람과 개의 흉내를 잘 내는 좀도둑'이라는 뜻으로, 하찮은 재주를 가진 사람도 때로는 요긴하게 쓸모가 있음을 비유하여 이르는 말. 🔁 계명지객(鷄鳴之客)

| 오답해설 |

① 선택률 16% 낭중지추(囊中之錐: 囊 주머니 낭 / 中 가운데 중 / 之 갈 지 / 錐 송곳 추): 주머니 속에 있는 송곳이란 뜻으로, 재능이 아주 빼어난 사람은 숨어 있어도 저절로 남의 눈에 드러남을 비유적으로 표현한 말
🔁 군계일학(群鷄一鶴), 발군(拔群), 백미(白眉)

② 선택률 8% 망양보뢰(亡羊補牢: 亡 망할 망 / 羊 양 양 / 補 기울 보 / 牢 우리 뢰): 양을 잃고 우리를 고친다는 뜻으로, 이미 어떤 일을 실패한 뒤에 뉘우쳐도 아무 소용이 없음을 이르는 말

④ 선택률 7% 포호빙하(暴虎馮河: 暴 사나울 포 / 虎 범 호 / 馮 업신여길 빙 / 河 물 하): 맨손으로 범을 때려잡고 걸어서 황하강을 건넌다는 뜻으로, 용기는 있으나 무모함을 이르는 말

10 정답 ①

| 문법과 어문 규정 > 어문 규정 > 맞춤법 | 정답률 75% |

| 정답해설 |

① 선택률 75% '-(으)므로'는 '-기 때문에'라는 의미로, 까닭이나 근거를 나타내는 연결 어미이다. 반면, '-(으)ㅁ으로(써)'는 '-는 것으로(써)'라는 의미로 수단 또는 방법, 재료 등의 의미를 나타낸다. 제시된 문장에서는 '열심히 공부하기 때문에'라는 의미이기 때문에 '공부하므로'가 바르게 쓰였다.

| 오답해설 |

② 선택률 5% 보여진다(×) → 보인다(○)
'보다'의 피동사는 '보이다'이다. '보여지다'는 피동사 '보이다' 뒤에 피동의 뜻을 나타내는 '-어지다'가 또 붙은 형태로, 이는 지나친 피동 표현이다. 따라서 '보다'의 피동사 '보이다'를 써서 '보인다'와 같이 표현해야 한다.

③ 선택률 12% 들려서(×) → 들러서(○)
'지나는 길에 잠깐 들어가 머무르다.'라는 의미의 동사는 '들르다'이므로 '들르- + -어서 = 들러서'로 활용한다. '들려서'는 '들리'

다'에 '-어서'가 붙은 말이다.

④ 선택률 8% 갈꺼니?(×) → 갈 거니?(○)
'갈꺼니'는 '갈 것이니'의 구어적 표현으로 '-(으)ㄹ 것이다'는 전망이나 추측, 또는 주관적 소신 따위를 나타낸다. '거('것'의 구어적 표현)' 뒤에, 물음의 종결 어미 '-니'가 결합된 것이다. '가- + -ㄹ' 거니'의 구성이므로 '갈'과는 띄어서 '갈 거니?'처럼 써야 한다.

11 정답 ②

| 문법과 어문 규정 > 어문 규정 > 외래어 표기법 | 정답률 91% |

| 정답해설 |

② 선택률 91% 'America'는 굳어진 관용적 표현을 존중하여 '어메리카'가 아니라 '아메리카'로 표기한다.

| 오답해설 |

① 선택률 2% 플래쉬(×) → 플래시(○)
어말의 [ʃ]는 '쉬'가 아니라 '시'로 적는다.

③ 선택률 5% 카톨릭(×) → 가톨릭(○)
'Catholic'을 발음에 따라 표기하면, '캐설릭'이다. 그러나 우리나라 천주교에서의 관례적 표기를 존중하여 '가톨릭'으로 표기한다.

④ 선택률 2% 앨토(×) → 알토(○)
이탈리아어로서, 알토(alto)로 표기한다. '앨토, 엘토' 등은 바른 표기가 아니다.

군무원 vs 공무원 비교분석

일반 공무원 시험에 비하여 군무원 시험에서는 외래어 표기법을 묻는 문항이 반드시 출제된다. 중요 외래어의 표기법은 확실하게 학습해야 한다.

12 정답 ④

| 문법과 어문 규정 > 어문 규정 > 표준 발음법 | 정답률 88% |

| 정답해설 |

④ 선택률 88% 탈영[탈령](×) → 탈영[타령](○)
'탈영'은 'ㄴ(ㄹ)' 음을 첨가하여 발음하지 않고 앞 음절의 받침을 연음하여 [타령]으로 발음한다.

| 오답해설 |

① 선택률 1% 6·25[유기오](○), ② 선택률 3% 3·1절[사밀쩔](○) 소리의 첨가 없이 연음하여 발음한다.

③ 선택률 8% 합성어 및 파생어에서, 앞 단어나 접두사의 끝이 자음이고 뒤 단어나 접미사의 첫음절이 '이, 야, 여, 요, 유'인 경우에는, 'ㄴ' 음을 첨가하여 [니, 냐, 녀, 뇨, 뉴]로 발음한다. 따라서 늑막염의 발음은 [늑마겸]이 아닌 [능망념]으로 발음한다.

더 알아보기 ▶ 'ㄴ(ㄹ)' 첨가

- 합성어 및 파생어에서, 앞 단어나 접두사의 끝이 자음이고 뒤 단어나 접미사의 첫음절이 '이, 야, 여, 요, 유'인 경우에는, 'ㄴ' 음을 첨가하여 [니, 냐, 녀, 뇨, 뉴]로 발음한다.
  - **예** 솜-이불[솜:니불], 내복-약[내:봉냑], 늑막-염[능망념], 식용-유 [시굥뉴]
  - – 다만, 다음과 같은 말들은 'ㄴ' 음을 첨가하여 발음하되, 표기대로 발음할 수 있다.
    - **예** 검열[검:녈/거:멸], 금융[금늉/그륭]
- 'ㄹ' 받침 뒤에 첨가되는 'ㄴ' 음은 [ㄹ]로 발음한다.
  - **예** 설-익다[설릭따], 물-약[물략], 서울-역[서울력], 휘발-유[휘발류]
- 다음과 같은 단어는 'ㄴ(ㄹ)' 음의 첨가 없이 연음하여 발음한다.
  - **예** 6·25[유기오], 3·1절[사밀쩔], 송별-연[송:벼련]

13
정답 ④

| 문학 > 현대 문학 > 현대 시 – 심상 | 정답률 99% |

| 정답해설 |
후각적 이미지는 냄새를 묘사한 심상이다.
④ `선택률 99%` '퀴퀴하다'는 상하고 찌들어 비위에 거슬릴 정도로 구린 냄새를 뜻한다.

| 오답해설 |
① `선택률 1%` '붉은 울음'은 청각적 심상을 시각적으로 표현한 공감각적 심상이 쓰였다.
② `선택률 0%` '서느런 옷자락'은 촉각적 심상이 쓰였다.
③ `선택률 0%` '분수처럼 흩어지는 푸른 종소리'는 청각적 심상을 시각적으로 표현한 공감각적 심상이 쓰였다.

14
정답 ①

| 문법과 어문 규정 > 언어 예절과 바른 표현 > 언어 예절 | 정답률 71% |

| 정답해설 |
① `선택률 71%` 젊은 선생님과 어머니를 소개해야 하는 경우 친소 관계를 따져 자기와 가까운 사람을 먼저 소개해야 하므로, 어머니를 선생님에게 먼저 소개하는 것이 옳다.

| 오답해설 |
② `선택률 2%` 지위가 낮은 사람을 높은 사람에게 먼저 소개한다.
③ `선택률 2%` 연소자를 연장자에게 먼저 소개한다.
④ `선택률 25%` 남성과 여성을 소개할 때는 남성을 여성에게 먼저 소개한다.

15
정답 ①

| 문학 > 고전 문학 > 고전 시가 – 시조 | 정답률 68% |

| 정답해설 |
① `선택률 68%` 제시된 작품에서 시적 화자는 자연은 봄이 오면 눈이 녹아 다시 푸르러지는 데 비해, 인간의 흰 머리(귀 밑에 해묵은 서리)는 녹지 않는다고 하며 늙음을 탄식하고 있다.

| 오답해설 |
②③④ `선택률 7%` `선택률 8%` `선택률 17%` 제시된 작품에 강호한정(江湖閑情), 이별의 정한, 임금을 사모하는 연군지정(戀君之情)은 드러나지 않는다.

더 알아보기 ▶ 김광욱, 「율리유곡(栗里遺曲)」

- 갈래: 평시조, 연시조
- 성격: 전원적
- 특징: 설의법을 사용하여 주제 의식 강조
- 주제: 전원의 소박한 생활에 대한 만족

16
정답 ②

| 문법과 어문 규정 > 언어 예절과 바른 표현 > 언어 예절 | 정답률 92% |

| 정답해설 |
② `선택률 92%` 친한 사이일지라도 사석이 아닌 장소에서는 상대방을 이름만으로 호칭해서는 안 된다.

| 오답해설 |
① `선택률 1%` 직함이 없는 동료를 부를 때는 남녀 상관없이 '김철수 씨', '김영희 씨'와 같이 성과 이름에 '씨'를 붙여 부른다.
③ `선택률 1%` '미스'와 '미스터'는 외국어이므로 되도록이면 사용을 지양해야 한다.
④ `선택률 6%` 직함이 없는 선배, 또는 직급이 같지만 나이가 많은 동료 직원은 '○○○ 씨'라고 하기 어려우므로 '○○○ 선생님'으로 부를 수 있다.

---

17 `고난도 TOP 3`
정답 ②

| 문법과 어문 규정 > 현대 문법 > 단어 | 정답률 50% |

| 정답해설 |
② `선택률 50%` 단어는 자립하여 쓸 수 있는 말이나 그 뒤에 붙어 문법적 기능을 나타내는 말이므로 단어의 개수를 셀 때에는 띄어쓰기 단위에서 조사만 분리하면 된다. 따라서 제시된 문장에서 단어는 '내, 가, 좋아하는, 달콤한, 사과, 와, 귤'로, 모두 7개이다.

군무원 VS 공무원 비교분석

군무원 시험에서 단어의 개수를 묻는 유형의 문항은 출제비중이 높지 않다. 그러나 음운, 음절, 형태소, 단어 등의 개념을 알고 분석할 수 있어야 한다.

| 정답해설 |

제시된 작품은 윤선도가 영덕에 유배되었다가 풀려나 해남에 은거하고 있을 때 지은 『산중신곡(山中新曲)』 속 6수로 된 연시조 「만흥(漫興)」의 일부이다. 귀양살이에서 풀려나 산중 생활을 흐뭇하게 즐기는 심정을 읊었다.

② 선택률 81% 제1수에서는 '산슈간 바회아래 뛰집'을 짓고 사는 분수에 맞는 생활, 제2수에서는 자연에서 안빈낙도하는 삶, 제3수에서는 술잔을 들고 바라보는 산(자연)이 그리운 임보다 더 좋은 물아일체의 삶, 제4수에서는 속세의 공명을 버리고 자연 속에 은거하고자 하는 삶 등 모두 자연 친화적 태도가 드러나 있다.

더 알아보기 ▶ 윤선도, 「만흥」

> - 갈래: 연시조(전 6수)
> - 성격: 자연 친화적
> - 특징
>   ⊙ 화자의 안분지족하는 삶의 자세와 물아일체의 자연 친화적 태도가 잘 드러남.
>   ⓒ 세속적인 것과 자연을 대비시켜 주제를 드러냄.
> - 주제: 자연에 묻혀 사는 즐거움과 임금님의 은혜
> - 현대어 풀이
>   – 제1수의 주제: 분수에 맞는 생활
>   산과 시내 사이 바위 아래에 움막을 지으려 하니
>   나의 뜻을 모르는 사람들은 비웃는다고 한다마는
>   어리석고 시골뜨기인 내 마음에는 이것이 분수에 맞는 것이라 생각하노라.
>   – 제2수의 주제: 자연에서 안빈낙도하는 삶
>   보리밥과 풋나물을 알맞게 먹은 다음에
>   바위 끝 물가에서 실컷 노니노라.
>   그 나머지 다른 일이야 부러워할 것이 있겠느냐.
>   – 제3수의 주제: 자연과 동화되어 물아일체의 경지를 즐기는 삶
>   잔을 들고 혼자 앉아서 산을 바라보니 참으로 좋구나.
>   그리워하던 임이 찾아온다고 이렇게까지 반가우랴.
>   말하거나 웃지 아니하여도 더욱 좋아하노라.
>   – 제4수의 주제: 속세의 공명을 버리고 자연 속에 은거하고자 하는 삶
>   어떤 사람이 삼공(높은 벼슬)보다 (자연의 삶이) 낫다고 하더니, 황제의 삶이 이보다 좋겠는가.
>   이제 생각해 보니 (속세를 멀리하고 자연에 은거했던) 소부와 허유가 현명했구나.
>   아마도 자연에서 느끼는 한가한 흥취는 비길 데가 없으리라.

| 정답해설 |

④ 선택률 84% 제시된 작품은 윤선도의 「어부사시사(漁父四時詞)」 중 동사(冬詞) 10수 중 4번째와 5번째 수이다. 제시문의 첫 번째 작품 초장에 '눈 갠 후'라는 표현과 중장의 '천텹옥산(눈 덮인 산의 모습)'을 통해 계절이 겨울이라는 것을 알 수 있다. 또한 두 번째 작품의 '된브람'은 뱃사람들의 말로 '북풍(北風)'을 이르는 말로서, 겨울에 부는 바람을 뜻한다.

더 알아보기 ▶ 윤선도, 「어부사시사(漁父四時詞)」

> - 갈래: 연시조 – 춘, 하, 추, 동 각 10수(모두 40수)
> - 성격: 강호한정가(江湖閑情歌)
> - 형성 과정: 「어부가(漁父歌)」(고려, 작자 미상) → 「어부단가(漁父短歌)」(조선 전기, 이현보 개작) → 「어부사시사(漁父四時詞)」(조선 후기, 윤선도)
> - 제재: 어부의 생활과 자연의 경치
> - 주제: 강호의 한정(閑情), 철따라 펼쳐지는 자연의 경치와 어부 생활의 흥취
> - 특징
>   ⊙ 초장과 중장 사이, 중장과 종장 사이에 고려 속요와 같은 여음을 사용
>   ⓒ 종장 3·4조의 음수율
> - 내용
>   ⊙ 춘사(春詞): 이른 봄에 고기잡이를 떠나는 광경을 동양화처럼 그림
>   ⓒ 하사(夏詞): 소박한 어옹(漁翁)의 생활
>   ⓒ 추사(秋詞): 속세를 떠나 자연과 동화된 생활
>   ⓔ 동사(冬詞): 은유를 통해 정계(政界)에 대해 근심하는 작가의 마음을 표현
> - 현대어 풀이
>   – 동사(冬詞) 4
>   간 밤에 눈 갠 뒤에 경치가 달라졌구나
>   노 저어라 노 저어라
>   앞에는 유리처럼 잔잔한 넓은 바다, 뒤에는 겹겹이 둘러싸인 백옥 같은 산이로다.
>   찌거덩 찌거덩 어여차
>   아, 여기는 신선이 사는 선경인가? 부처가 사는 정토인가? 인간 속세는 아니로다.
>
>   – 동사(冬詞) 5
>   그물 낚시 잊어두고 뱃전을 두드린다
>   노 저어라 노 저어라
>   앞 바다를 건너고자 몇 번이나 생각하고
>   찌거덩 찌거덩 어여차
>   공연한 된바람이 행여 아니 불어올까

20
정답 ①

| 문학 > 고전 문학 > 고전 시가 – 시조 | 정답률 69% |

| 정답해설 |

① **선택률 69%** 제시된 작품은 정철의 「훈민가」의 한 부분이다. 초장은 '남남으로 생긴 중에 벗(친구)같이 신의가 있는 사이가 또 있는가?', 종장은 '이 몸이 벗(친구) 아니면 사람됨이 쉽겠는가?'라는 뜻이므로, 예찬의 대상은 '친구'이다.

더 알아보기 ▶ 정철, 「훈민가」

- 갈래: 연시조(전 16수)
- 성격: 계몽적, 교훈적, 설득적
- 주제: 유교 윤리의 실천 권장
- 특징
  ㉠ 순우리말을 사용하여 이해하기 쉬움.
  ㉡ 연시조의 형태를 취하고 있으나 각 수가 독립되어 있음.
  ㉢ 평이하고 정감 있는 어휘를 사용하여 내용을 효과적으로 전달함.
- 현대어 풀이
  남남으로 생긴 중에 벗같이 신의가 있는 사이가 또 있는가?
  나의 옳지 못한 일을 다 말하여 주려 하는구나.
  이 몸이 (이같이 잘못을 일깨워 주는) 친구가 아니면 사람됨이 쉽겠는가?

21
정답 ③

| 문학 > 고전 문학 > 고전 산문 – 판소리 | 정답률 81% |

| 정답해설 |

③ **선택률 81%** 「구지가」는 수로왕의 강림 신화와 함께 전하는 고대 가요로서, 새로운 군장(君長)을 맞이하기 위한 제의적 노래이다. 개인적 서정에 앞서 출현한 집단적 서사시의 모습을 보여 준다.

| 오답해설 |

판소리 12마당은 「춘향가」, 「심청가」, 「흥보가(박타령)」, 「수궁가(토별가)」, 「적벽가」, 「변강쇠타령」, 「배비장타령」, 「장끼타령」, 「옹고집타령」, 「강릉매화타령」, 「무숙이타령」, 「숙영낭자타령」이다. 현재는 「춘향가」, 「심청가」, 「흥보가」, 「수궁가」, 「적벽가」 총 5마당만이 전해지고 있고, 이를 제외한 나머지는 기록으로 전해지되 창이 전승되지 않았다.

22
정답 ④

| 문법과 어문 규정 > 어문 규정 > 맞춤법 | 정답률 67% |

| 정답해설 |

④ **선택률 67%** '아는 일'을 뜻하는 '앎'은 명사로, '알다'의 어간 '알-'에 명사를 만들어 주는 '-ㅁ'이 붙어 '앎'이 된 것이다. 참고로, '사람끼리 서로 아는 일'의 의미일 때는 '-음'이 붙어 '알음'으로 적는다.

| 오답해설 |

① **선택률 6%** 닫쳤다(×) → 닫혔다(○)
'닫다'의 피동사는 '닫히다'이다. '닫치다'는 '열린 문짝, 뚜껑, 서랍 따위를 세게 닫다.'라는 뜻으로, 능동사이다. 제시된 문장에서는 바람에 의해 동작이 행하여졌기 때문에 피동형인 '닫혔다'를 써야 한다.

② **선택률 19%** 부치다(×) → 붙이다(○)
'붙다(겨루는 일 따위가 서로 어울려 시작되다.)'의 사동사는 '붙이다'이다.

③ **선택률 8%** 공부하노라고(×) → 공부하느라고(○)
'-노라고'는 '자기 나름대로는 한다고'의 뜻을 지닌다. 화자가 자신의 행동에 대한 의도나 목적을 나타낼 때 쓰인다.
예 잠도 못 자며 하노라고 했는데 어떨지 모르겠다.
반면, 어미 '-느라고'는 '~하는 일로 말미암아'라는 의미로, 이유나 원인을 나타내는 데 쓰인다.
예 웃음을 참느라고 힘들었다.
　책을 읽느라고 밤을 새웠다.
제시된 문장에서는 밤을 새운 이유를 뜻하므로 '-느라고'로 표현해야 한다.

23 고난도 TOP2
정답 ③

| 문학 > 현대 문학 > 현대 시 | 정답률 39% |

| 정답해설 |

③ **선택률 39%** 제시된 작품은 안도현의 「낙숫물」이다. '빗방울' 하고 어울리고 싶어 하고 '깨금발'로 놀고 싶어 한다는 표현에서, 처마 끝에서 떨어지는 '낙숫물'의 이미지를 연상할 수 있다.

24
정답 ③

| 문학 > 현대 문학 > 현대 소설 | 정답률 71% |

| 정답해설 |

제시된 작품은 이청준의 「눈길」로, 아들에 대한 어머니의 깊은 배려와 그런 어머니를 애써 외면하려는 아들의 이야기이다. 이때, 어머니에 대한 아들의 외면은 오히려 어머니의 모성을 드러낸다. 아들은 특히 새벽 눈길에 대한 어머니의 이야기를 듣게 됨으로써 마침내 어머니의 깊은 사랑을 느끼게 된다.

③ **선택률 71%** '노인'은 어머니를 지칭하는 것으로서, 어머니에 대한 '나'의 심리적 거리감을 보여 준다.

더 알아보기 ▶ 이청준, 「눈길」

- 갈래: 단편 소설, 순수 소설, 귀향 소설
- 성격: 회고적, 상징적, 서정적
- 시점: 1인칭 주인공 시점
- 주제: 어머니의 깊은 사랑에 대한 깨달음과 화해

문학 > 고전 문학 > 고전 시가 – 향가　　　　　　정답률 91%

| 정답해설 |

③ 선택률 91% 'ᄒᆞᄃᆞᆫ 가재'는 '하나의 가지'란 뜻으로 같은 부모를 뜻한다. 따라서 'ᄒᆞᄃᆞᆫ 가재'는 화자와 시적 대상 간의 관계 즉, 작가와 누이의 관계를 나타낸다.

| 오답해설 |

① 선택률 2% 이른 ᄇᆞᄅᆞ매: '이른 바람에'라는 뜻으로, 누이의 요절을 의미한다.

② 선택률 4% ᄠᅥ딜 닙다이: '떨어지는 나뭇잎처럼'이라는 뜻으로, 세상을 떠난 죽은 누이를 의미한다.

④ 선택률 3% 彌陀刹(미타찰): 아미타불이 있는 서방 정토(西方淨土), 즉 극락을 의미한다.

더 알아보기 ▶ 월명사, 「제망매가(祭亡妹歌)」

> • 구성
>   ㉠ 기(1~4구): 누이의 죽음을 마주 대한 화자의 괴로운 심정
>   ㉡ 서(5~8구): 누이에 대한 안타까움과 인생 무상감
>   ㉢ 결(9~10구): 슬픔의 종교적 극복 및 승화
> • 주제: 죽은 누이의 명복을 빎.
> • 현대어 풀이
>   삶과 죽음의 길은
>   이(이승)에 있음에 머뭇거리고
>   나(죽은 누이)는 간다는 말도
>   못다 이르고 갔는가?
>   어느 가을 이른 바람에
>   여기저기에 떨어지는 나뭇잎처럼
>   같은 나뭇가지(같은 부모)에 나고서도
>   (네가) 가는 곳을 모르겠구나.
>   아아, 극락 세계에서 만나 볼 나는
>   불도를 닦으며 기다리겠노라.

군무원 VS 공무원 비교분석

> 군무원 시험에서는 현대 문학뿐만 아니라 고전 문학에서도 지식형(암기형) 유형의 출제비중이 높다. 중요 작품들의 제목, 주제, 문학사적 의의 등을 학습해 두어야 한다.

9급 군무원 국어

┃ 전체 난이도 및 합격선

전체 난이도	합격선
下	84점

┃ 기출총평

2007년 군무원 시험은 전년도 시험에 비하여 큰 변화 없이 무난한 수준으로 출제되었다. 문법과 어문 규정에서는 어문 규정과 관련된 문제들이 주로 출제되었다. 문학의 출제비중이 높았는데, 문학은 작품 분석형보다는 지식형으로 출제되었다. 수험생들에게 익숙하지 않은, 일제 강점기에 불리던 「감자꽃」의 작가를 묻는 유형은 상당히 어려웠을 것이다. 또한 한문에서 한자어나 한자 성어가 아니라 문장형으로 한자어를 찾는 문항도 체감 난도를 높이는 유형이었다.

┃ 영역별 출제비중

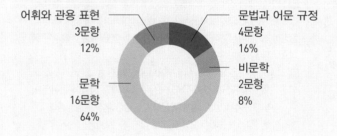

어휘와 관용 표현
3문항
12%

문법과 어문 규정
4문항
16%

비문학
2문항
8%

문학
16문항
64%

┃ 문항 분석

	카테고리	출제수	정답률
1	문법과 어문 규정 > 어문 규정 > 맞춤법	47회	83%
2	문학 > 현대 문학 > 문학사	6회	40%
3	문학 > 현대 문학 > 현대 시 – 심상	37회	62%
4	문학 > 고전 문학 > 고전 산문 – 판소리	6회	65%
5	문법과 어문 규정 > 현대 문법 > 언어와 국어 – 국어의 계통상 갈래	3회	92%
고난도 TOP3 6	문학 > 고전 문학 > 고전 시가 – 시조	12회	36%
7	어휘와 관용 표현 > 한자와 한자어 > 한자어	27회	53%
8	비문학 > 이론 비문학 > 표현 기법	1회	57%
9	문학 > 고전 문학 > 고전 시가 – 고려 속요	5회	53%
고난도 TOP2 10	문학 > 현대 문학 > 희곡	3회	27%
11	문학 > 현대 문학 > 현대 시조	2회	83%
12	문학 > 현대 문학 > 현대 시조 – 표현 기법	2회	48%
13	비문학 > 이론 비문학 > 글의 전개 방식	16회	56%
14	문학 > 고전 문학 > 고전 산문 – 설화(모방담)	2회	73%
15	문학 > 현대 문학 > 현대 소설 – 인물의 성격 제시 방법	26회	73%
16	어휘와 관용 표현 > 순우리말 > 우리말 어휘	16회	57%
17	어휘와 관용 표현 > 한자와 한자어 > 한자어와 맞춤법	74회	64%
18	문학 > 현대 문학 > 문학사	6회	53%
19	문학 > 현대 문학 > 신소설	4회	69%
20	문학 > 현대 문학 > 희곡	3회	89%
21	문학 > 현대 문학 > 문학사	6회	38%
22	문학 > 고전 문학 > 고전 산문 – 패관 문학	1회	46%
23	문법과 어문 규정 > 어문 규정 > 외래어 표기법	12회	92%
24	문법과 어문 규정 > 현대 문법 > 음운	1회	71%
고난도 TOP1 25	문학 > 현대 문학 > 현대 시	37회	26%

※ 고난도 TOP1 는 해당 회차에서 정답률이 가장 낮은 문항입니다.

01	①	02	②	03	③	04	②	05	③
06	①	07	③	08	④	09	②	10	①
11	①	12	②	13	①	14	④	15	①
16	③	17	④	18	④	19	③	20	④
21	④	22	③	23	④	24	④	25	①

01
정답 ①

| 문법과 어문 규정 > 어문 규정 > 맞춤법 | 정답률 83% |

| 정답해설 |

① 선택률 83% 아래마을(×) → 아랫마을(○)

'아랫마을'은 순우리말 '아래'와 '마을'의 합성어로서, 앞말이 모음으로 끝나고 뒷말의 첫소리 'ㅁ' 앞에서 'ㄴ' 소리가 덧나 [아랜마을]로 발음되므로 사이시옷을 받치어 '아랫마을'로 적어야 한다.

| 오답해설 |

② 선택률 2% 선짓국(○)

'선짓국'은 순우리말 '선지'와 '국'의 합성어로서, 앞말이 모음으로 끝나고 뒷말의 첫소리가 된소리인 [선지꾹/선짇꾹]으로 발음되므로 사이시옷을 받치어 '선짓국'으로 적는다.

③ 선택률 11% 전세방(○)

'전세방'은 한자어 '전세(傳貰)'와 한자어 '방(房)'의 합성어로서, 사이시옷의 조건('순우리말 + 한자어' 또는 '순우리말 + 순우리말')에 해당하지 않으므로 '전세방'으로 적는다.

④ 선택률 4% 등굣길(○)

'등굣길'은 한자어 '등교(登校)'와 순우리말 '길'의 합성어로서, 앞말이 모음으로 끝나고, 뒷말의 첫소리가 된소리인 [등교낄/등굗낄]로 발음되므로 사이시옷을 받치어 '등굣길'로 적는다.

02
정답 ②

| 문학 > 현대 문학 > 문학사 | 정답률 40% |

| 정답해설 |

② 선택률 40% 우리나라 시(詩) 유파의 발생 순서는 다음과 같다.

계몽주의(창가 및 신체시, 1900년대 초) → 낭만주의(1920년대 초) → 신경향파의 경향시[= 예맹파(KAPF), 1920년대 중반] → 순수시파(1930년대 시문학파) → 모더니즘(1930년대 주지시파) → 생명파(1930년대) → 청록파(1930년대 말)

군무원 VS 공무원 비교분석

일반 공무원 시험과 달리 군무원 시험에서는 문학사 영역에서 지식형(암기) 유형의 문제가 꾸준히 출제되고 있다. 시대적 흐름에 따라 시대별 특징, 대표 작가, 주요 작품 등을 암기하고 있어야 한다.

03
정답 ③

| 문학 > 현대 문학 > 현대 시 – 심상 | 정답률 62% |

| 정답해설 |

③ 선택률 62% 묘사적 심상은 묘사 또는 감각적인 수식어의 구사를 통해 사물의 영상을 직접 드러내는 심상이다. 이 작품에서는 '바알간 숯불', '붉은 산수유 열매'의 붉은색과 '눈'의 흰색이 색채 대비를 이루고, 어린 목숨을 지키고 계신 할머니, 눈 속을 헤치고 산수유 열매를 따 오신 아버지를 감각적으로 서술하고 있다.

| 오답해설 |

① 선택률 8% 비유적 심상은 비유에 의한 이미지 형성법으로, 직유, 은유, 대유, 의인 등의 수사적 표현 방법에 의해 형성되는 심상을 말한다.

② 선택률 27% 상징적 심상은 감각적으로 가시화될 수 없는 추상적인 사물이나 관념 또는 사상을 구체적인 사물로 나타내는 것을 말한다.

예 전쟁터에 한 마리 비둘기가 날아왔다. → 비둘기: 평화

④ 선택률 3% 역동적 심상은 격렬한 시어와 동작적인 용언을 활용함으로써 제시된다.

예 푸름 속에 펄럭이는 피깃발의 외침 – 박두진, 「3월 1일의 하늘」

더 알아보기 ▶ 심상의 종류

- 묘사적 심상: 묘사 또는 감각적 수식어의 구사로 이루어지는 심상
  예 어두운 방 안엔 / 바알간 숯불이 피고
- 비유적 심상: 직유, 은유, 의인화 등의 비유에 의해 이루어지는 심상
  예 늘어선 고층 창백한 묘석(墓石)같이 황혼에 젖어 / 찬란한 야경 무성한 잡초인 양 헝클어진 채 / 사념(思念) 벙어리 되어 입을 다물다.
- 상징적 심상: 상징으로 이루어지며, 한 작가의 다른 작품 속에서 반복적으로 제시되기도 한다.
  예 고향에 돌아온 날 밤에 / 내 백골이 따라와 한 방에 누웠다. // 어 둔 방은 우주로 통하고 / 하늘에선가 소리처럼 바람이 불어온다. → 이 작품에서 '밤'은 일제 강점하의 암담한 현실을 상징한다.
- 감각적 심상: 색채·명암·모양 등으로 나타나는 시각적 심상, 음향이나 음성 등으로 나타나는 청각적 심상, 맛으로 나타나는 미각적 심상, 냄새로 나타나는 후각적 심상, 피부의 여러 감각으로 나타나는 촉각적 심상이 있다. 이 외에도 하나의 대상에 두 가지 이상의 감각이 어우러져 나타나는 공감각적 심상이 있다.

04
정답 ②

| 문학 > 고전 문학 > 고전 산문 – 판소리 | 정답률 65% |

| 정답해설 |

② 선택률 65% 판소리의 내용을 '창'이 아닌 '말', 즉 회화체로 전달하는 것을 '아니리'라고 한다. 한 대목의 소리와 다음 대목의 소리 사이에 가락을 붙이지 않고 말하듯이 사설을 엮어 가는 것으로, 판소리 창자는 아니리를 통해 극적인 전개를 보충하여 설명할 수 있고, 다음 소리를 위해 잠시 쉴 수도 있다.

| 오답해설 |

①③ 선택률 18% 선택률 13% 발림(너름새, 사체): 판소리에서 창자가 소리의 가락이나 사설의 극적인 내용에 따라서 손·발 등의 신체를 사용하여 소리나 이야기의 감정을 표현하는 몸짓을 가리키는 용어이다.

④ 선택률 4% 추임새: 판소리에서 장단을 짚는 고수(鼓手)가 창의 군데군데에서 소리의 끝부분에 창자의 흥을 돋우기 위하여 '좋다', '좋지', '으이', '얼씨구', '흥' 등의 감탄사를 넣어 주는 것을 말한다.

05   정답 ③

| 문법과 어문 규정 > 현대 문법 > 언어와 국어 – 국어의 계통상 갈래 | 정답률 92% |

| 정답해설 |

③ 선택률 92% 알타이 어족은 '퉁구스어군, 몽골어군, 투르크어군'의 세 분류로 나뉜다. 한국어는 퉁구스어군에 가까우며, 한국어, 일본어, 만주어, 몽골어, 터키어, 퉁구스어 등이 알타이 어족에 속한다.

| 오답해설 |

① 선택률 5% 인도·게르만 어족: 인도어, 이란어, 영어, 불어, 독어, 스페인어, 이탈리아어 등

② 선택률 0% 햄·셈 어족: 이집트어, 아라비아어, 아시리아어, 헤브라이어 등

④ 선택률 3% 우랄 어족: 핀란드어, 헝가리어 등

더 알아보기 ▶ 알타이 어족의 특징

- 어두에 자음의 제약이 따른다.
- 모음 조화 현상이 있다.
- 첨가어적 특질을 가지고 있다.
- 명사에 성(Gender)과 수(Number)의 구분이 없다.
- 수식어가 항상 피수식어 앞에 놓인다.
- S+O+V 어순으로 구성된다.
- 관계 대명사나 관사, 전치사, 접속사가 없다.
- 보조 용언은 본용언 뒤에 놓인다.
- 모음 교체 및 자음 교체가 없다.

06 고난도 TOP3   정답 ①

| 문학 > 고전 문학 > 고전 시가 – 시조 | 정답률 36% |

| 정답해설 |

① 선택률 36% 임은 시적 화자에게 말솜씨를 뽐내고 있는 것이 아니라 달콤한 말로 화자의 호감을 얻고자 한다.

| 오답해설 |

② 선택률 23% 임은 '차뭐것튼 단 말솜'으로 호감을 얻고자 한다.

③ 선택률 10% 초장의 '슈박것치 두렷한 님'을 통해 임의 모습을 수박에 비유하고 있음을 알 수 있다.

④ 선택률 31% 중장과 종장에서 임의 말은 '왼말'과 '속 성긘 말'이라 하며 임의 말을 믿을 수 없음을 표현하며 임에 대한 원망을 드러내고 있다.

더 알아보기 ▶ 작자 미상의 시조

- 주제: 약속을 지키지 않는 임에 대한 원망
- 현대어 풀이
  수박같이 뚜렷한 님이여, 참외같이 달콤한 말씀 하지 마오.
  갖가지 하시는 말씀이 말마다 그른 말씀이오.
  구월 시월의 씨동아같이 속 텅 빈 말 하지 마소.

07   정답 ③

| 어휘와 관용 표현 > 한자와 한자어 > 한자어 | 정답률 53% |

| 정답해설 |

③ 선택률 53% 불충(不忠): 정성을 다하지 않음.
불신(不信): 신의가 없음.
불습(不習): 익히지 않음.

| 오답해설 |

① 선택률 17% 義(의) – 仁(인) – 習(습)

② 선택률 19% 學(학) – 義(의) – 忠(충)

④ 선택률 11% 性(성) – 學(학) – 信(신)

더 알아보기 ▶ 제시문의 현대어 풀이

증자왈(曾子曰): 증자가 말하기를
오(吾) 일삼성오신(日三省吾身)하나니: 나는 매일 나 자신을 세 번씩 반성한다고 하였다.
위인모이불충호(爲人謀而不忠乎)아.: 남을 위해서 일을 하는 데 불충(충실하지 않음)했던가.
여붕우교이불신호(與朋友交而不信乎)아.: 벗과 더불어 사귀는 데 불신(신의가 없음)했던가.
전불습호(傳不習乎)아니라.: 전수받은 가르침을 불습(익히지 않음)했던가.

08   정답 ④

| 비문학 > 이론 비문학 > 표현 기법 | 정답률 57% |

| 정답해설 |

④ 선택률 57% 제시된 글은 김구의 「나의 소원」으로, 반복법, 문답법, 점층법 등이 쓰였다. 이 중 '독립'을 간절히 바라는 필자의 의지를 강조하며 소원의 절실함을 나타내는 수사법은 점층법이다.

| 오답해설 |

① 선택률 30% 반복법: 나의 소원을 '대한 독립', '우리나라의 독립', '우리나라 대한의 완전한 자주 독립'이라고 유사한 어구를 반복하고 있다.

② 선택률 0% 제시된 글에서는 비유법이 쓰이지 않았다.

③ 선택률 13% 문답법: 하느님이 묻고 글쓴이가 답하는 방식을 취하고 있다.

09

정답 ②

| 문학 > 고전 문학 > 고전 시가 – 고려 속요 | 정답률 53% |

| 정답해설 |

② **선택률 53%** 「유구곡」은 자연에 대한 예찬을 소박하게 형상화한 고려 시대에 지어진 작자 미상의 속요로, 『시용향악보(時用鄕樂譜)』에 실려 있다.

| 오답해설 |

남녀상열지사란 남녀가 서로 사랑하면서 즐거워하는 가사라는 뜻으로, 사랑을 꾸밈없이 적나라하게 노래한 고려 가요, 고려 속요를 뜻한다. 「이상곡」, 「만전춘」, 「쌍화점」 등이 대표적이다.

10 고난도 TOP 2

정답 ①

| 문학 > 현대 문학 > 희곡 | 정답률 27% |

| 정답해설 |

① **선택률 27%** 맹진사는 사위가 될 김판서(김명정) 댁 아들 김미언이 절름발이란 이야기를 듣고 딸 갑분이를 친척집으로 피신 보낸다. 그런데 다리가 멀쩡한 김미언이 나타나고 급히 하인을 시켜 갑분이를 데려 오려고 혼인식을 자꾸 미룬다. 그러한 사정을 모르는 맹진사의 아버지 맹노인은 신부를 빨리 데려오라고 하니 참봉이 소리를 지르는 장면이다.

더 알아보기 ▶ 오영진, 「맹진사댁 경사」

- 갈래: 창작 희곡, 계략 희곡
- 배경: 조선 시대의 맹진사댁
- 성격: 해학적, 풍자적
- 구성
    - ㉠ 발단: 김 판서댁 도령과 갑분의 혼약
    - ㉡ 전개: 신랑이 절름발이로 소문남.
    - ㉢ 위기: 신부를 하녀 입분이로 바꿈.
    - ㉣ 반전: 신랑이 헌헌 장부로 밝혀짐.
    - ㉤ 결말: 입분이는 판서댁 며느리가 됨.
- 주제: 인간의 허욕과 우매함에 대한 풍자와 비판, 권선징악

11

정답 ①

| 문학 > 현대 문학 > 현대 시조 | 정답률 83% |

| 정답해설 |

① **선택률 83%** 시행의 배열이 규칙적인 시조는 고시조이다. 고시조는 3장 6구의 형식을 철저히 지키는 반면, 현대 시조는 비교적 자유로운 배열 형식을 취하기도 한다.

더 알아보기 ▶ 현대 시조의 특징

- 주제가 다양하다.
- 제목과 작자가 분명히 밝혀져 있다.
- 하나의 제목에 여러 수가 이어지는 연시조가 많다.
- 구별 배행과 같이 비교적 자유로운 배열 형식을 취하기도 한다.
- 양장 시조나 자유시(구별 배행 등)의 형태를 취한다.

12

정답 ②

| 문학 > 현대 문학 > 현대 시조 – 표현 기법 | 정답률 48% |

| 정답해설 |

② **선택률 48%** 종장의 '반달이 함(艦)을 따라 웃는고.'에서 달을 의인화하며 시적 화자의 감정을 투영해 달맞이의 반가움을 영탄적 어조로 드러내고 있다.

더 알아보기 ▶ 이태극, 「서해상의 낙조(落照)」

- 갈래: 연시조, 장별 배행 시조
- 성격: 묘사적, 사실적, 관조적
- 특징
    - ㉠ 시간의 진행에 따라 추보식 구성으로 서해 바다의 장엄한 일몰 광경을 사실적으로 묘사함.
    - ㉡ 현재형을 사용하여 현장감 및 생동감을 느낄 수 있음.
    - ㉢ 주로 시각적 이미지를 통해 대상의 모습을 드러냄.
    - ㉣ '반달이 함(艦)을 따라 웃는고.'에서는 사물에 인격을 부여해 감흥을 드러냄.
    - ㉤ 영탄적 표현으로 심리를 직접적으로 표출함.
- 주제: 낙조의 아름다움과 그 감동

13

정답 ①

| 비문학 > 이론 비문학 > 글의 전개 방식 | 정답률 56% |

| 정답해설 |

① **선택률 56%** 제시된 글은 관에서 출판한 책을 반사하는 것에 대한 개념을 '정의'하고 그에 포함되는 내용을 구체적으로 서술하고 있다.

| 오답해설 |

② **선택률 31%** 분석: 어떤 복잡한 것을 단순한 요소나 부분들로 나누어 설명하는 방법이다.

③ **선택률 12%** 분류: 어떤 대상들을 일정한 공통 기준에 의하여 위로 묶어 나가거나 아래로 나누어 나가는 방법이다.

④ **선택률 1%** 유추: 어렵고 복잡한 개념을 설명하고자 할 때, 그보다 친숙한 예를 가지고 비교하여 설명함으로써 개념을 더욱 쉽게 이해시키려는 방법이다.

군무원 ⓥⓢ 공무원 비교분석

일반 공무원 시험에서는 글의 전개 방식이 동일한 것을 찾는 유형으로 출제된다. 그러나 군무원 시험에서는 단순한 지식형으로 출제된다. 정의, 서사, 묘사, 유추, 분류, 분석, 대조, 비교 등 대표적인 글의 전개 방식들은 확실하게 학습해 두어야 한다.

14 정답 ④

| 문학 > 고전 문학 > 고전 산문 – 설화(모방담) | 정답률 73% |

| 정답해설 |

④ 선택률 73% 「흥부전」은 어느 한쪽이 다른 한쪽을 흉내 내다 실패한다는 모방담의 성격을 지니고 있다. 이와 동일하게 모방담의 성격을 지닌 설화로는 「혹부리영감」, 「소금장수」, 「부자 방망이」, 「금도끼 은도끼」, 「방이설화」 등이 있다.

더 알아보기 ▶ 모방담

최초의 행위는 보상을 받고 모방 행위는 벌을 받는다는 설정은 모방담의 중요한 특징이다.

- 혹부리영감 유형: 선량한 혹부리영감이 부르는 노래를 듣고 감동한 도깨비들이 준 선물을 보고 욕심이 난 이웃의 혹부리영감이 이를 따라 하다가 보물은커녕 혹까지 덤으로 얻은 이야기
- 금도끼 은도끼 유형: 우연히 빠뜨린 도끼를 건져 준 산신령에게 정직하게 대한 나무꾼은 금·은도끼를 받지만 욕심 때문에 거짓말을 한 나무꾼은 자신의 도끼마저 잃게 되는 이야기
- 샘물 유형: 이웃 사람이 마시고 젊어졌다는 샘물 이야기를 듣고 그 샘물을 한없이 마시다가 결국 어린 아기가 되어버린 이야기

15 정답 ①

| 문학 > 현대 문학 > 현대 소설 – 인물의 성격 제시 방법 | 정답률 73% |

| 정답해설 |

① 선택률 73% 등장인물의 외양 묘사, 행동, 대화 등 객관적인 상황을 묘사함으로써 인물의 성격을 보여 주는 방식은 간접적 제시 방법이며, 극적 제시 방법이라고도 부른다.

| 오답해설 |

② 선택률 4% 분석적 제시 방법: 서술자가 직접적으로 인물의 특성을 요약하며 소개하는 직접적 제시 방법이다.

③ 선택률 10% 평면적 제시 방법: 인물의 성격이 변하지 않는 전형적인 인물을 제시한다.

④ 선택률 13% 희화적 제시 방법: 특징이 두드러진 성질을 과장해 표현함으로써 우스꽝스러운 인물을 제시한다. 해학이나 풍자의 수단으로 적합하다. 채만식의 「태평천하」와 김유정의 작품 등이 그 예이다.

16 정답 ③

| 어휘와 관용 표현 > 순우리말 > 우리말 어휘 | 정답률 57% |

| 정답해설 |

③ 선택률 57% '여름철에 여러 날을 계속해서 비가 내리는 현상이나 날씨 또는 그 비'를 뜻하는 '장마'는 고유어이다.

| 오답해설 |

①②④ 선택률 17% 선택률 11% 선택률 15% 수라상(水剌 + 床), 소문(所 + 聞), 모자(帽 + 子)는 모두 한자어이다.

17 정답 ④

| 어휘와 관용 표현 > 한자와 한자어 > 한자어와 맞춤법 | 정답률 64% |

| 정답해설 |

④ 선택률 64% 한자음 '랴, 려, 례, 료, 류, 리'가 단어의 첫머리에 올 적에는, 두음 법칙에 따라 '야, 여, 예, 요, 유, 이'로 적는다. 다만, 단어의 첫머리 이외의 경우에는 본음대로 적는다. 따라서 첫째 음절은 '열', 둘째 음절은 본음대로 '렬'로 표기한다.

| 오답해설 |

① 선택률 9% 가정난(×) → 가정란(○)
'한자어 + 欄'은 그 '欄'이 독립성이 없는 것으로 보아 '란'으로 적고, '고유어(또는 외래어) + 欄'은 그 '欄'이 독립성이 있는 것으로 보아 '난'으로 적는다. 즉 '한자어 + 란', '고유어(또는 외래어) + 난'으로 표기한다. 따라서 '가정(家庭)'은 한자어이므로 '가정란'으로 표기한다.

② 선택률 17% 년간(×) → 연간(○)
한자음 '녀, 뇨, 뉴, 니'가 단어 첫머리에 올 적에는 두음 법칙에 따라 '여, 요, 유, 이'로 적는다. 따라서 '연간'으로 표기한다.

③ 선택률 10% 출산률(×) → 출산율(○)
'ㄴ' 받침 뒤에 이어지는 '률'은 '율'로 적는다. 따라서 '출산율'로 표기한다.

18 정답 ④

| 문학 > 현대 문학 > 문학사 | 정답률 53% |

| 정답해설 |

④ 선택률 53% 카프(KAPF)는 문학도 프롤레타리아 해방에 이바지해야 한다는 목적으로 조직된 문예 운동 단체이며, 1935년 해체될 때까지 계급 문학의 중심이 되었다. 박영희, 김기진, 이호, 김영팔, 박용대, 이적효, 이상화, 김온, 김복진, 안석영, 송영, 최승일, 심훈, 조명희, 이기영, 박팔양, 한설야, 김양, 임화, 김남천, 권환, 안막 등이 대표적인 인물이다.

| 오답해설 |

① 선택률 12% 조지훈, 박목월, 박두진은 청록파 시인이다.

② 선택률 18% 서정주, 유치환은 생명파 시인이다.

③ 선택률 17% 김영랑, 박용철은 시문학파 시인이다.

더 알아보기 ▶ 1920년대 계급주의 문학

- 계급주의 문학(KAPF)의 주요 인물: 김기진, 박영희, 이익상, 이상화, 안석주, 송영
- 계급주의 문학의 특성
  - 소재를 빈궁한 곳에서 찾은 빈궁의 문학
  - 결말이 방화나 살인 등의 본능적 저항으로 이루어진 반항의 문학
  - 하층민의 빈곤한 생활상을 객관적으로 묘사한 생활의 문학
  - 순수 문학을 부정하고 사회주의 운동을 배경으로 하여 정치성을 띤 문학

19　　정답 ③

| 문학 > 현대 문학 > 신소설 | 정답률 69% |

| 정답해설 |

③ 선택률 69% 「옥중화(獄中花)」는 이해조가 고소설 「춘향가」를 개작한 신소설이다.

| 오답해설 |

① 선택률 19% 「자유종(自由鐘)」: 이해조가 지은 신소설로, 정치색이 강한 작품이다.
② 선택률 6% 「추월색(秋月色)」: 최찬식이 지은 신소설로, 1900년대 초기 개화된 젊은이들의 애정을 일본·만주·영국까지 확대한 무대 안에 전개시킨 애정 신소설이다.
④ 선택률 6% 「재봉춘(再逢春)」: 이상협의 신소설로, 개화 의식의 수용을 둘러싼 갈등과 고난 등을 형상화한 작품이다.

더 알아보기 ▶ 이해조가 고소설을 개작한 신소설

- 「춘향가」를 각색한 「옥중화」
- 「심청전」을 각색한 「강상련」
- 「흥부전」을 각색한 「연의 각」
- 「토끼전」을 각색한 「토의 간」

20　　정답 ④

| 문학 > 현대 문학 > 희곡 | 정답률 89% |

| 정답해설 |

④ 선택률 89% 서술자는 작가가 독자에게 이야기를 전달하기 위해 만들어 낸 인물로서, 서술자에 의해 사건이 전개되는 것은 소설의 특징이다.

군무원 🆚 공무원 비교분석

일반 공무원 시험에서는 거의 출제되지 않는 유형이다. 시, 소설, 수필, 희곡 등 각 장르의 특징을 정리해 둔다.

21　　정답 ④

| 문학 > 현대 문학 > 문학사 | 정답률 38% |

| 정답해설 |

④ 선택률 38% '토월회'는 일제 강점기에 일본에서 결성된 연극 공연 단체이고, '극예술연구회'는 1931년에 창립된 신극 운동 단체로, 두 단체는 서구의 새로운 사조와 방법에 영향을 받아 연극의 문학성을 강조한 신극 운동을 표방했다.

| 오답해설 |

① 선택률 11% 신파극은 한일병합조약 체결 직후인 1910년대에 우리나라에 유입되어 인기를 끌었다. 1940년대에 들어서면서 일제의 연극 통제는 획일화되었고 친일 연극 운동이 전개되었는데, 이후 일제의 패망과 함께 신파극도 일본의 것이라는 여론에 밀려 사라졌다.
② 선택률 31% '신파'란 말은 원래 일본에서 처음 쓴 신극 용어의 하나로서, 일본의 가부키 연극에 대립하는 칭호로 사용하였던 것이다.
③ 선택률 20% 우리나라의 신파극은 1911년 임성구의 혁신단이 처음으로 공연하였다.

군무원 🆚 공무원 비교분석

일반 공무원 시험에서는 신파극에 대한 문제는 거의 출제되지 않는다. 군무원 시험에서는 시대별 문학의 특징을 묻는 유형으로 출제되므로 시대적 흐름에 따른 문학사를 학습해야 한다.

22　　정답 ③

| 문학 > 고전 문학 > 고전 산문 – 패관 문학 | 정답률 46% |

| 정답해설 |

③ 선택률 46% '패관 문학'은 패관(稗官)이 임금의 정사를 돕기 위하여 민간의 가담과 항설 등을 수집하여 모아 엮은 일종의 설화 문학을 말한다. 고려 중·후기에 성행하였고, 이규보의 「백운소설」, 이인로의 「파한집」, 최자의 「보한집」, 이제현의 「역옹패설」 등이 대표적인 패관 문학이다.

| 오답해설 |

① 선택률 30% 「정시자전」, 「국순전」, 「공방전」은 모두 고려 시대 작품들로, 인간이 아닌 사물을 의인화하여 그 일대기를 전기의 형식으로 허구적으로 그려 낸 가전체(假傳體) 문학이다.
② 선택률 14% 「흥부전」, 「춘향전」, 「심청전」은 판소리계 고전 소설이다.
④ 선택률 10% 「열하일기」는 박지원의 한문 수필이고, 「조침문」, 「동명일기」는 조선 후기 한글 수필이다.

에듀윌 군무원 기출문제집
에듀윌 군무원 기출문제집

더 알아보기 ▶ 패관 문학

작품	작자	연대	내용
수이전	박인량	고려 문종	신라의 설화를 수록한 책으로, 현재 전하지 않음
백운 소설	이규보	고려 고종	홍만종의 『시화총림』에 전해 오던 유명한 시화를 모은 책으로, 소설이란 명칭은 쓰고 있지만 소설이 아닌 자잘한 이야기란 뜻
파한집	이인로	고려 명종	우리나라 최초의 시화집으로 제목 '파한'은 심심할 때 읽어 보라는 뜻. 시, 이야기, 당시의 풍물을 재미있게 엮음.
보한집	최자	고려 고종	파한집의 후속으로 주로 고려 문인들의 시를 비평한 글
역옹 패설	이제현	고려 말	대부분 시에 관한 논의서로 시에 대한 높은 안목의 해석과 평가를 내린 시 비평서
용재 총화	성현	조선 중종	『대동야승』에 수록되어 있으며 풍속, 지리, 역사, 문물, 음악, 예술, 인물, 설화 등 각 방면에 대하여 유려한 산문으로 생생하게 묘사한 글

군무원 vs 공무원 비교분석

일반 공무원 시험에서는 거의 출제되지 않는 유형이다. 군무원 시험에서는 지식형 유형으로 출제되므로 각 시대별 문학의 특징, 대표적인 작품들은 암기해야 한다.

23　　　　정답 ④

| 문법과 어문 규정 > 어문 규정 > 외래어 표기법 | 정답률 92% |

| **정답해설** |

④ 선택률 92% 리더십(○)

'leadership'의 발음은 [liːdəʃɪp]인데, 이때 [ɪ]는 '이'로 표기하고 [ʃ]가 [i] 모음 앞에 올 때에는 '시'로 적는다. 따라서 '리더십'은 올바른 표기이다. 참 리더쉽(×)

| **오답해설** |

① 선택률 3% 로보트(×) → 로봇(○)

외래어 표기법에서는 짧은 모음 다음의 어말 무성 파열음을 받침으로 적는다. 이에 따라 '로봇'이 옳은 표기이다.

② 선택률 3% 메세지(×) → 메시지(○)

'message'를 외래어 표기법에 따라 적으면 '메시지'가 된다. 참 '메세지'(×)

③ 선택률 2% 레져(×) → 레저(○)

외래어 표기 시, 'ㅈ, ㅊ' 다음에는 이중 모음 'ㅑ, ㅕ, ㅛ, ㅠ'를 쓰지 않는다. 따라서 '레저'로 표기한다.

24　　　　정답 ④

| 문법과 어문 규정 > 현대 문법 > 음운 | 정답률 71% |

| **정답해설** |

④ 선택률 71% 음운 전위란 한 어휘 내에서 인접한 음운이나 음절의 위치가 서로 바뀌는 현상으로, 음운 도치라고도 한다.

예 시혹('혹시'의 옛말) > 혹시(음절 도치)

빗복('배꼽'의 옛말) > 빗곱 > 배꼽(음운 도치)

| **오답해설** |

① 선택률 4% 모음 조화: 두 음절 이상의 단어에서, 뒤 음절의 모음이 앞 음절 모음의 영향을 받아 아주 같거나 그에 가까운 성질의 모음이 어울리는 현상이다. 즉 앞 음절의 모음이 양성모음이면 뒤 음절도 양성모음, 앞 음절이 음성모음이면 뒤 음절도 양성모음끼리 어울리는 현상이다.

예 퐁당퐁당/풍덩풍덩, 깡충깡충/껑충껑충

② 선택률 19% 음운 동화: 소리와 소리가 이어서 날 때 한 소리가 다른 소리의 영향을 받아서 그와 같거나 비슷하게 소리가 나는 음운 현상으로, 원순 모음화·유음화 등이 이에 해당한다.

③ 선택률 6% 모음 동화: 모음이 다른 모음이나 자음의 영향을 받아서 그와 같은 성질을 지닌 모음으로 되는 현상이다.

25　고난도 TOP1　　　　정답 ①

| 문학 > 현대 문학 > 현대 시 | 정답률 26% |

| **정답해설** |

① 선택률 26% 제시된 작품은 항일 독립운동가이자 아동 문학가인 권태응 시인의 동시 「감자꽃」이다.

| **오답해설** |

② 선택률 38% 사물의 이면에 내재하는 본질을 파악하는 시를 쓴 시인으로, 대표작으로는 「꽃」이 있다.

③ 선택률 18% 「강아지똥」, 「몽실언니」 등의 작품을 쓴 아동문학가이다.

④ 선택률 18% 「김 강사와 T 교수」를 쓴 소설가이다.

2007 9급 군무원 국어　155

9급 군무원 국어

┃ 전체 난이도 및 합격선

전체 난이도	합격선
下	80점

┃ 기출총평

2006년 군무원 시험은 전체적으로 난도가 낮았다. 문법과 어문 규정에서는 3문항만 출제되었으며, 수험생들이 어려워하는 한문에서 한자어는 출제되지 않았다. 또한 독서와 관련한 한자 성어, 한자 성어와 속담을 연결하는 문제 등도 평이한 수준으로 출제되었다. 현대 문학은 10문항, 고전 문학은 7문항 등 문학 영역에서 17문항이 출제되었다. 문학에서는 작품의 주제, 문학 장르의 특징, 시가의 발생 순서 등 지식형(암기) 문항이 출제된 것이 특징적이다. 따라서 문학 영역을 학습할 때에는 작품에 대한 배경 지식을 중점적으로 보아야 할 것이다.

┃ 영역별 출제비중

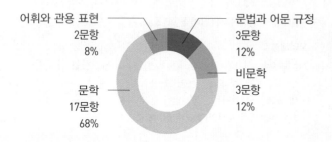

어휘와 관용 표현
2문항
8%

문법과 어문 규정
3문항
12%

비문학
3문항
12%

문학
17문항
68%

┃ 문항 분석

	카테고리	출제수	정답률
1	문학 > 현대 문학 > 희곡	3회	91%
2	문법과 어문 규정 > 현대 문법 > 형태소	4회	80%
3	문학 > 현대 문학 > 현대 소설 – 인물의 성격 제시 방법	26회	86%
4	어휘와 관용 표현 > 한자와 한자어 > 한자 성어	21회	45%
5	문법과 어문 규정 > 현대 문법 > 문장	1회	85%
6	문법과 어문 규정 > 현대 문법 > 비문의 유형	13회	64%
7	비문학 > 독해 비문학 > 주제	17회	98%
8	문학 > 고전 문학 > 고전 시가 – 악장(시적 화자의 태도)	3회	79%
9	문학 > 현대 문학 > 현대 시 – 심상	37회	55%
10	문학 > 고전 문학 > 고전 산문 – 민속극(탈춤)	6회	57%
11	문학 > 고전 문학 > 고전 산문 – 민속극(탈춤)	6회	89%
12	문학 > 고전 문학 > 고전 산문 – 민속극(탈춤)	6회	93%
13	문학 > 고전 문학 > 고전 산문 – 민속극(탈춤)	6회	73%
고난도 TOP2 14	문학 > 고전 문학 > 고전 산문 – 판소리계 소설	1회	42%
고난도 TOP1 15	문학 > 현대 문학 > 현대 시 – 시어	37회	29%
16	비문학 > 독해 비문학 > 주제	17회	96%
17	문학 > 현대 문학 > 수필 – 표현 기법	5회	95%
18	문학 > 현대 문학 > 수필 – 문장 성분	5회	94%
19	문학 > 현대 문학 > 수필	5회	97%
20	비문학 > 이론 비문학 > 말하기와 듣기 – 화법, 토론	5회	92%
21	문학 > 고전 문학 > 문학사	2회	75%
22	문학 > 현대 문학 > 현대 소설 – 서술상 특징	26회	61%
23	문학 > 현대 문학 > 문학사	6회	66%
고난도 TOP3 24	문학 > 현대 문학 > 현대 소설	26회	43%
25	어휘와 관용 표현 > 한자와 한자어 > 한자 성어와 속담	30회	78%

※ 고난도 TOP1 는 해당 회차에서 정답률이 가장 낮은 문항입니다.

01	③	02	④	03	③	04	④	05	④
06	②	07	③	08	①	09	④	10	②
11	①	12	②	13	③	14	④	15	①
16	③	17	④	18	②	19	③	20	②
21	③	22	③	23	②	24	①	25	①

기출문제편 ▶ P.127

01 정답 ③

문학 > 현대 문학 > 희곡 　　　정답률 91%

| 정답해설 |

③ 선택률 91% 문학에서 '복선'은 앞으로 전개될 사건을 미리 짐작하게 하는 것을 말한다. 어떤 사건이 우발적으로 일어난 것이 아니라는 인상을 주기 위해 미리 그 사건의 가능성을 암시해 두는 것이다. 복선은 모든 문학 장르에서 사용될 수 있는 기법이지만, 희곡에 반드시 복선이 있어야 하는 것은 아니다.

| 오답해설 |

① 선택률 3% 희곡은 배우의 연기를 통해 무대 위에서 인간의 행동을 표출하는 행동의 문학이다.

② 선택률 4% 희곡은 무대 상연을 목적으로 하기 때문에 시간, 공간, 등장인물의 수에 제약이 있다.

④ 선택률 2% 희곡에서 대사는 다양한 역할을 한다. 인물의 성격을 드러내고 사건을 진행하며, 인물의 내적 심리를 표현하기도 한다. 대사는 보통 '대화, 독백, 방백'으로 이루어진다.

더 알아보기 ▶ 희곡과 소설의 차이점

구분	희곡	소설
목적	무대 상연	읽는 것
제약	시·공간의 제약이 있음.	시·공간의 제약이 없음.
인물의 수와 성격	인물의 수에 제약이 있고 인물 간 성격의 대립이 뚜렷함.	인물의 수와 성격에 제약이 없음.
사건의 전개	대사와 행동을 통해 사건을 전개함.	서술자의 설명과 묘사, 인물의 대화 등으로 사건을 전개함.
시제	현재형으로 표현함.	시제의 제한을 받지 않음.

02 정답 ④

문법과 어문 규정 > 현대 문법 > 형태소 　　　정답률 80%

| 정답해설 |

④ 선택률 80% 제시된 문장의 형태소를 분석하면 다음과 같다. '나(명사) + 는(보조사), 푸르-(형용사의 어간) + -ㄴ(관형사형 어미), 나무(명사) + 를(조사), 무척(부사), 아끼-(동사의 어간) + -ㄴ다(현재 시제 종결 어미)' 즉 9개의 형태소로 이루어져 있다.

더 알아보기 ▶ '-ㄴ다', '-는다'의 형태소 분석

국립국어원에서는 '-ㄴ다'를 하나의 현재 진행형 종결 어미로 보고 이를 형태소 1개로 취급하지만, 다른 관점에서는 '-ㄴ-(현재 시제 선어말 어미)'과 '-다(종결 어미)'로 분리하여 형태소가 2개라고 보는 관점도 있다. 다만, 『표준국어대사전』은 '-ㄴ다', '-는다'를 현재 사건이나 사실을 서술하는 뜻을 나타내는 하나의 종결 어미로 보고 있다. 이처럼 어미 형태에 관한 판단은 문법적 견해에 따라 다를 수 있다.

03 정답 ③

문학 > 현대 문학 > 현대 소설 – 인물의 성격 제시 방법 　　정답률 86%

| 정답해설 |

③ 선택률 86% 극적 제시 방법은 서술자가 인물의 성격을 직접 말해 주지 않고 인물의 행동이나 대화 등을 통하여 간접적으로 보여 주는 방법이다.

더 알아보기 ▶ 소설에서 인물의 성격을 제시하는 방법

- 직접 제시 방법
  - 서술자가 인물의 성격, 특징, 심리 상태 등을 직접 독자들에게 이야기해 주는 방법으로 '말하기(telling)'라고도 한다.
  - 인물에 대한 서술자의 주관적 판단이 개입된 것으로 해설적 성격을 지닌다.
  - 인물의 성격을 집중적으로 전달하기에는 유리하지만 종합적, 분석적, 추상적인 설명이 되기 쉽다는 약점이 있다.
- 간접 제시 방법
  - 서술자가 인물의 성격을 직접 말해 주지 않고 인물의 행동이나 대화 등을 통하여 간접적으로 보여 주는 방법이다.
  - '보여 주기(showing)'라고도 하며, 장면마다 에피소드를 통해 제시되기 때문에 '장면적 제시' 또는 '극적 제시'라고도 한다.
  - 독자들에게 인물의 성격을 눈에 보이듯 생생하게 제공한다는 장점이 있다.

04 정답 ④

어휘와 관용 표현 > 한자와 한자어 > 한자 성어 　　정답률 45%

| 정답해설 |

④ 선택률 45% 사단취장(捨短取長: 捨 버릴 사/短 짧을 단/取 가질 취/長 길 장): 나쁜 것은 버리고 좋은 점은 취한다는 뜻으로, 독서와 관련이 없다.

| 오답해설 |

① 선택률 41% 한우충동(汗牛充棟: 汗 땀 한/牛 소 우/充 채울 충/棟 마룻대 동): '수레에 실어 운반하면 소가 땀을 흘리게 되고, 쌓아 올리면 들보에 닿을 정도의 양'이라는 뜻으로, 책이 많음을 이르는 말

② **선택률 4%** 위편삼절(韋編三絕: 韋 가죽 위/編 엮을 편/三 석 삼/絕 끊을 절): 종이가 없던 옛날에는 대나무에 글자를 써서 책으로 만들어 사용했었는데, 공자가 책을 하도 많이 읽어서 그것을 엮어 놓은 끈이 세 번이나 끊어졌다는 데에서 비롯된 말로, 한 권의 책을 몇 십 번이나 되풀이해서 읽음을 비유할 때 쓰는 말

③ **선택률 10%** 수불석권(手不釋卷: 手 손 수/不 아닐 불/釋 놓을 석/卷 책 권): 손에서 책을 놓지 않는다는 뜻으로, 늘 책을 가까이하여 학문을 열심히 함을 뜻하는 말

05 정답 ④

문법과 어문 규정 > 현대 문법 > 문장	정답률 85%

| 정답해설 |

④ **선택률 85%** 제시된 문장은 '마음을 잃어 가고 있다.'와 '관계도 잃어 간다.'라는 두 문장이 '~으므로'라는 연결 어미를 통해 인과 관계로 연결되어 있으므로 종속적으로 이어진 문장이다.

더 알아보기 ▶ 문장의 갈래

```
문장 ┬ 홑문장
     └ 겹문장 ┬ 안은 문장: 서술절, 관형절, 부사절, 명사절, 인용절
              └ 이어진 문장 ┬ 대등적으로 이어진 문장
                            └ 종속적으로 이어진 문장
```

06 정답 ②

문법과 어문 규정 > 현대 문법 > 비문의 유형	정답률 64%

| 정답해설 |

② **선택률 64%** 주체인 '어머니'를 높이기 위해 주체 높임의 표현인 '계시다'를 사용했으므로 어법에 맞는 문장이다.

| 오답해설 |

① **선택률 3%** 왔으면 한다(×) → 오는 것이다(○)
주어와 서술어의 호응 관계가 적절하지 않으므로, 서술어를 주어 '것은'과 호응이 되는 '오는 것이다'로 표현하는 것이 적절하다.

③ **선택률 13%** 정서의 함양과(×) → 정서를 함양하고(○)
대등 접속 조사 '과'로 연결하여 문장 성분의 호응이 되지 않는 문장이다. 즉, '사회적 덕목을 계발해야 한다.'만 보면 올바른 문장이지만 '정서의 함양을 계발해야 한다.'는 호응이 되지 않는다. 따라서 '학교에서는 정서를 함양하고 사회적 덕목을 계발해야 한다.'로 표현하는 것이 적절하다.

④ **선택률 20%** 믿겨지지(×) → 믿기지(○)
'믿겨지다'는 피동 접사 '-기-'와 통사적 피동형 '-어지다'가 결합한 이중 피동문이다. 따라서 '믿겨지지'를 '믿기지'로 표현해야 어법에 맞는 문장이 된다.

07 정답 ③

비문학 > 독해 비문학 > 주제	정답률 98%

| 정답해설 |

③ **선택률 98%** '인간은 일상생활에서 다양한 역할을 수행한다.'라는 주제문을 뒷받침하기 위해서는 일상생활의 다양한 역할이 무엇인지에 대한 구체적인 내용이 이어져야 한다. 따라서 가족, 학교, 지역 사회에서 인간이 수행하는 역할들을 말하고 있는 ③이 뒷받침 문장으로 알맞다.

| 오답해설 |

① **선택률 0%** 다양한 사고와 갈등, ② **선택률 1%** 다양한 인간관계, ④ **선택률 1%** 인간이 가진 다양한 감정 등은 인간이 수행하는 다양한 역할과 관계가 없다.

08 정답 ①

문학 > 고전 문학 > 고전 시가 – 악장(시적 화자의 태도)	정답률 79%

| 정답해설 |

제시된 작품은 「용비어천가(龍飛御天歌)」의 제1장과 제2장으로서, 조선 건국을 기리는 송축가이다. 시적 화자는 조선에 대한 예찬적 태도를 보이고 있다.

① **선택률 79%** 고려 속요인 「동동(動動)」의 2월령으로서, 임의 훌륭한 인품을 '노피 현 등ㅅ블'로 비유하여 예찬적 태도를 보이고 있다.

| 오답해설 |

② **선택률 2%** 고구려 유리왕이 지은 「황조가(黃鳥歌)」이다. 꾀꼬리 한 쌍이 정답게 노는 모습과 자신의 외로운 모습을 대조함으로써 외로움을 강조하고 있다.

③ **선택률 10%** 백제 가요인 「정읍사(井邑詞)」이다. 달님에게 남편이 가는 길에 달빛을 환히 비춰 주라고 기원하고 있다.

④ **선택률 9%** 정서의 「정과정(鄭瓜亭)」이다. 임(임금)을 그리워하는 시적 화자의 마음을 접동새에 이입하여 표현하였고, 자신의 결백을 잔월효성에 빗대어 표현하고 있다.

군무원 ⚡ 공무원 비교분석

일반 공무원 시험에 비하여 군무원 시험에서는 고전 문학의 출제 빈도가 높다. 아울러 고전 문학은 단순 지식형 유형으로도 출제되니 중요 작품들의 장르별 특징, 대표 작품, 문학사적 의미 등을 학습해야 한다.

09 정답 ④

문학 > 현대 문학 > 현대 시 – 심상	정답률 55%

| 정답해설 |

④ **선택률 55%** '간간하다'는 것은 '입맛 당기게 약간 짠 듯하다'라는 뜻이고, '짭조름하다'는 '조금 짠 맛이 있다'라는 뜻이다. '미각적 심상'과 '후각적 심상'은 함께 나타나는 경우가 많은데, 이는 맛과 냄새가 대체로 혼합되어 감지되기 때문이다. '간간하고 짭조

름한 미역 냄새'도 어느 부분에 초점을 맞추어 보느냐에 따라 두 심상 모두 관련이 있다. 따라서 감각의 전이가 아니라 미각적 심상 또는 후각적 심상으로 볼 수 있다.

| 오답해설 |

① 선택률 23% 시각의 후각화, ② 선택률 14% 촉각의 시각화, ③ 선택률 8% 청각의 시각화로 감각이 전이된 공감각적 심상이다.

군무원 VS 공무원 비교분석

일반 공무원 시험에서는 한 편의 작품을 제시하고 표현상의 특징을 분석하는 유형으로 출제되는데, 군무원 시험에서는 지식형으로 출제되는 경향이 있다. 특히 시에서 공감각적 심상은 빈출 개념이므로 반드시 학습해 두어야 한다.

10 정답 ②

문학 > 고전 문학 > 고전 산문 – 민속극(탈춤)   정답률 57%

| 정답해설 |

② 선택률 57% 「봉산탈춤」은 7개의 과장으로 구성되어 있으나, 각 과장은 독립적인 옴니버스식 구성을 취한다. 또한 과장을 이루는 각각의 재담은 서로 인과 관계가 없어 순서가 바뀌거나 삭제되어도 전체 의미는 손상되지 않는다.

| 오답해설 |

① 선택률 14% 산대도감 계통의 탈놀이로서 현전하는 것은 중부 지방의 양주별산대놀이·송파산대놀이, 서북 지방의 봉산탈춤·강령탈춤·은율탈춤, 영남 지방의 통영오광대·고성오광대·가산오광대·수영야류·동래야류가 있다.

③ 선택률 5% '양반춤 과장'은 「봉산탈춤」의 전체 7개 과장 중 여섯 번째 과장으로, 양반을 모시고 다니는 말뚝이가 관객, 악공과 한패가 되어 양반의 권위를 실추시키거나 무시함으로써 그들을 희롱하는 것이 주된 내용이다. 이 과장에서 말뚝이는 익살과 과장, 열거와 대조, 양반의 어법을 흉내 내고 뜻을 뒤집는 반어 등을 자유롭게 구사하며 양반을 신랄하게 풍자한다.

④ 선택률 24% 봉산탈춤은 해서(황해도) 일대의 주요 읍이나 장터인 봉산, 황주, 서흥, 평산 등지에서 성행하다가 황해도 전 지역에 퍼진 민속극이다.

더 알아보기 ▶ 「봉산탈춤」의 표현상 특징

- 양반을 조롱하는 재담과 언어유희가 돋보인다.
- 비속어와 한자어가 동시에 사용되어 언어 사용의 양면성을 보인다.
- 서민적인 체취가 풍기는 언어를 구사하여 당시의 생활상을 반영한다.
- 근대적인 서민 의식을 바탕으로 반어 및 익살, 과장 등을 사용하여 고도의 풍자성을 이루어 낸다.

11 정답 ①

문학 > 고전 문학 > 고전 산문 – 민속극(탈춤)   정답률 89%

| 정답해설 |

① 선택률 89% 말뚝이는 재치 있는 언행을 통하여 양반을 조롱하고 비판하는데, 이는 양반 계층에 대한 서민들의 비판 의식을 대변한다고 볼 수 있다.

| 오답해설 |

③ 선택률 3% 양반 3형제에 대한 설명이다. 양반 3형제는 양반 계층의 어리석음과 무능함을 상징하는 인물들로, 우스꽝스러운 외모와 언행을 통하여 자신들의 어리석음을 스스로 폭로한다.

12 정답 ②

문학 > 고전 문학 > 고전 산문 – 민속극(탈춤)   정답률 93%

| 정답해설 |

② 선택률 93% '희화화'란 인물의 외모나 성격, 또는 사건을 의도적으로 우스꽝스럽게 묘사하거나 풍자하는 것이다. [가]에 나타난 양반 3형제는 '언청이'이며 '입이 삐뚤어졌고', '어색하게 춤을 추며', '면상을 부채로 때리며 방정맞게' 군다. 이는 모두 양반들을 희화화한 표현이다.

13 정답 ③

문학 > 고전 문학 > 고전 산문 – 민속극(탈춤)   정답률 73%

| 정답해설 |

③ 선택률 73% 박지원의 「호질」은 유학자로 존경받는 '북곽 선생'과 열녀로 추앙받는 '동리자'의 이중적 행동과 의인화된 동물인 '범'의 직접적인 언급을 통하여 당시 양반 계층의 부패한 도덕관념과 허위의식을 풍자한 작품이다.

| 오답해설 |

① 선택률 19% 「저생전」: 고려 말기에 이첨이 지은 가전체 문학으로, 종이를 의인화하여 위정자들에게 올바른 정치를 권유하는 내용이다.

② 선택률 3% 「찬기파랑가」: 신라 경덕왕 때 지어진 향가로, 화랑인 기파랑의 고결한 인격을 칭송하는 내용이다.

④ 선택률 5% 「운영전」: 궁녀 운영과 김 진사의 이루어질 수 없는 사랑을 그린 몽유록 형식의 애정 소설로, 액자식 구성을 통해 사건이 전개된다.

14 고난도 TOP 2 정답 ④

문학 > 고전 문학 > 고전 산문 – 판소리계 소설   정답률 42%

| 정답해설 |

④ 선택률 42% 「광문자전」은 연암 박지원의 한문 소설로, 당시 세태와 양반 사회를 비판·풍자하고, 헛된 욕심을 부리지 않는 삶의 태도를 칭송한 작품이다.

더 알아보기 ▶ 판소리계 소설

더 알아보기 ▶ 판소리계 소설

> 판소리계 소설은 판소리로 불리었던 소설을 포함하여 판소리와 밀접한 관계에 있는 소설을 통칭하는 명칭이다. 판소리계 소설은 설화를 바탕으로 이루어진 판소리의 사설을 소설화한 것이기 때문에 작가를 알 수 없으며, 구전되어 이본이 많다. 대표적인 작품으로는 「춘향전」, 「흥부전」, 「심청전」, 「토끼전」, 「배비장전」, 「옹고집전」, 「장끼전」, 「숙영낭자전」 등이 있다. 판소리계 소설은 세속 소설의 대표적인 작품들로서 민중의 발랄성과 진취성을 기반으로 한 민중의 공동작이라고 할 수 있다.

15 고난도 TOP1 정답 ①

문학 > 현대 문학 > 현대 시 – 시어	정답률 29%

| 정답해설 |

① 선택률 29% 3연과 4연은 각각 의미상 대칭적 구조를 이루고 있다. 3연은 '꽃 – 열매'가 대칭을 이루므로 4연에는 '눈물'과 대칭적 의미가 되는 '웃음'이 들어가야 한다.

더 알아보기 ▶ 김현승, 「눈물」

> • 특징: '눈물'의 의미를 새롭게 해석하면서 경어체를 통해 경건한 시적 분위기를 조성하고 있음.
> • 시상 전개
> 꽃(일시적 대상) = 웃음(가변적 현상)
> ↔ 열매(영원한 대상) = 눈물(불변의 본질)
> • 주제: 슬픔의 종교적 승화, 순수하고 진실한 영혼의 기원

16 정답 ③

비문학 > 독해 비문학 > 주제	정답률 96%

| 정답해설 |

③ 선택률 96% 제시된 문장은 국어와 문학이 서로 뗄 수 없는 관계임을 말하고 있다. 즉, 국어와 문학의 불가분리성에 대하여 설명하는 문장이다.

| 오답해설 |

① 선택률 0% 양면성이란 한 가지 사물에 속하여 있는 서로 맞서는 두 가지의 성질을 말한다.

② 선택률 3% 의존성이란 다른 것에 의지하여 생활하거나 존재하는 성질을 말한다.

④ 선택률 1% 현학성이란 이론이 깊고 어려워 깨닫기 힘든 학문으로서의 성질을 말한다.

17 정답 ④

문학 > 현대 문학 > 수필 – 표현 기법	정답률 95%

| 정답해설 |

④ 선택률 95% ㉠은 'A는 B이다'의 형태로, 표현 속에 비유를 숨기는 은유법이 쓰였다. 이와 같은 기법이 쓰인 것은 '오월은 계절의 여왕이다'이다.

| 오답해설 |

① 선택률 2% 빈 수레가 요란하다: 우화, 속담 등을 내세워서 원관념은 숨기고 보조 관념으로만 본래의 의미를 암시하는 풍유법이 쓰였다.

② 선택률 2% 인간은 빵만으로 살 수 없다: 대유법 중에서도 일부로써 전체를 대표하게 하는 기법인 제유법이 쓰였다.

③ 선택률 1% 꼬리를 감추며 멀어져 가는 기차: 무생물을 생물로, 무정물을 유정물로 나타내는 활유법이 쓰였다.

더 알아보기 ▶ 피천득, 「수필」

> • 갈래: 경수필
> • 성격: 비평적, 주관적, 비유적
> • 특징
> ① 대상에 대한 비유가 독창적이고 기발함.
> ② 이미지를 통해 대상을 정서적으로 전달함.
> ③ 섬세하면서도 단정적인 문체를 사용함.
> • 주제: 수필의 본질과 특성

18 정답 ②

문학 > 현대 문학 > 수필 – 문장 성분	정답률 94%

| 정답해설 |

② 선택률 94% ㉡ 문장의 전체 서술어는 '있다'이므로, '있다'와 호응하는 '그 길은'이 주어이다.

| 오답해설 |

① 선택률 1% 부사어, ③ 선택률 2% 관형절의 주어, ④ 선택률 3% 부사어이다.

19 정답 ③

문학 > 현대 문학 > 수필	정답률 97%

| 정답해설 |

제시된 작품은 피천득의 「수필」이라는 수필이다. 수필은 글쓴이가 생활 속에서 경험하거나 생각한 것을 일정한 형식 없이 자유롭게 쓴 비교적 짧은 글을 말한다.

③ 선택률 97% 객관적인 자료를 제시하여 독자를 설득하는 글은 논설문이다.

20
정답 ②

| 비문학 > 이론 비문학 > 말하기와 듣기 – 화법, 토론 | 정답률 92% |

| 정답해설 |

토론은 어떤 논제에 대해 찬성 측 토론자와 반대 측 토론자가 각각 논거를 들어 자신의 주장이 옳음을 내세우고, 상대방의 주장이나 논거가 부당하다는 것을 명백히 밝히는 화법의 한 형태이다.

② 선택률 92% 교실 안 CCTV 설치는 찬성과 반대의 논거로 토론이 가능한 주제이다.

| 오답해설 |

①③④ 선택률 6% 선택률 1% 선택률 1% 토의의 주제로 적절한 주제들이다.

토의는 여러 사람이 모여서 공동의 문제를 해결하기 위해 협의하는 화법으로서, 공동의 문제에 대한 다양한 의견을 교환함으로써 문제에 다각도로 접근하여 최선의 해결 방안을 찾아내고자 한다.

더 알아보기 ▶ 토론의 논제

- 논제란 토론에서 해결하고자 하는 문제로, 다른 사람의 판단을 참조할 때 더 적절한 판단을 내릴 수 있는 것. 공공성이 강한 것이 논제로 적합하다.
- 논제의 요건: 찬반 대립이 가능한 것, 하나의 주장일 것, 분명한 용어를 사용할 것, 중립적인 표현을 사용할 것, 평서문으로 진술할 것
- 논제의 종류
  - 사실 논제: 증거를 통한 논리적 사실 입증이 필요한 논제
  - 가치 논제: 옳고 그른지, 좋고 나쁜지와 같은 가치 판단을 전제로 하는 논제. 어떤 가치가 다른 가치보다 더 바람직한지 따져 보아야 한다.
  - 정책 논제: 구체적인 사안에 대해 문제점과 해결 방안을 찾아야 하는 논제

21
정답 ③

| 문학 > 고전 문학 > 문학사 | 정답률 75% |

| 정답해설 |

③ 선택률 75% 우리나라 시가 문학의 발생 순서는 '고대 가요 → 신라 시대의 향가 → 고려 시대의 속요, 경기체가, 시조 → 조선 시대의 악장, 가사'이다.

22
정답 ③

| 문학 > 현대 문학 > 현대 소설 – 서술상 특징 | 정답률 61% |

| 정답해설 |

제시된 작품은 현진건의 「운수 좋은 날」이다.

③ 선택률 61% 제시된 작품의 시점은 3인칭 전지적 작가 시점으로, 작품 밖의 서술자가 인물의 내면에 개입하여 그 심리까지 드러내고 있다.

| 오답해설 |

① 선택률 31% 3인칭 작가 관찰자 시점, ② 선택률 4% 1인칭 관찰자 시점, ④ 선택률 4% 1인칭 주인공 시점에 대한 설명이다.

더 알아보기 ▶ 소설의 시점

- 1인칭 주인공 시점: 주인공 '나'가 자신의 이야기를 하는 시점으로, 주인공의 내면세계를 그리는 데 효과적이다.
- 1인칭 관찰자 시점: '나'가 관찰자의 입장에서 주인공에 대해 이야기하는 시점으로, 독자는 '나'가 전해 주는 내용을 통해 주인공의 심리나 성격을 추측한다.
- 전지적 작가 시점: 서술자가 인물의 심리나 행동을 분석하여 서술하는 시점으로, 서술자가 작품 속에 직접 개입하여 사건을 진행시키고, 인물을 논평한다.
- 3인칭 관찰자 시점: 작가가 외부 관찰자의 입장에서 객관적으로 서술하는 시점으로, 서술자의 태도가 객관적이므로 독자의 상상력이 개입할 부분이 많다.

23
정답 ②

| 문학 > 현대 문학 > 문학사 | 정답률 66% |

| 정답해설 |

현진건의 「운수 좋은 날」은 일제 치하의 1920년대 대표적인 사실주의 단편 소설이다.

② 선택률 66% 「무진기행」은 김승옥의 작품으로, 1960년대의 허무와 회의 의식을 드러낸 여로형 단편 소설이다.

| 오답해설 |

① 선택률 15% 채만식의 「태평천하」, ③ 선택률 11% 채만식의 「치숙」, ④ 선택률 8% 염상섭의 「삼대」 등은 1930년대 작품으로, 모두 일제 치하를 배경으로 한다.

더 알아보기 ▶ 현진건, 「운수 좋은 날」

- 갈래: 단편 소설, 사실주의 소설
- 성격: 사실적, 반어적, 비극적
- 배경
  - ㉠ 시간: 일제 강점하의 어느 비 오는 겨울날
  - ㉡ 공간: 서울 빈민가
- 시점: 3인칭 전지적 작가 시점
- 주제: 일제 강점기 하층민의 비참한 생활상

24 고난도 TOP3 정답 ①

문학 > 현대 문학 > 현대 소설 정답률 43%

| 정답해설 |

① **선택률 43%** 제시된 작품의 제목 「운수 좋은 날」은 표면적으로는 '운수 좋은 날'을 말하고 있는 듯하지만, 사실상 아내가 죽은 날이다. 즉, 병든 아내에게 설렁탕 한 그릇 사 주지 못하는 극한 상황에 놓인 도시 빈민층에게 닥친 불행을 '운수 좋은 날'이라는 반어적 제목으로 표현함으로써 그 비극성을 더욱 심화시키고 있다. 따라서 이 작품에서 '운수 좋은 날'이란, 돈을 많이 벌게 된 어느 운수 좋은 날이 아니라 아내가 죽은 비극적인 날의 반어적 표현이라 할 수 있다.

| 오답해설 |

② **선택률 29%** 1920년대 하층 노동자의 궁핍한 삶을 사실적으로 드러낸 단편 소설이다.

③ **선택률 15%** '설렁탕'은 아내에 대한 김첨지의 사랑을 드러내는 소재이다. 또한 김첨지가 아내를 위해 설렁탕을 사 왔음에도 불구하고 죽은 아내는 설렁탕을 먹을 수 없다. 따라서 '설렁탕'은 비극적 상황을 심화시키는 매개체라고 할 수 있다.

④ **선택률 13%** 주인공인 '김첨지'는 인력거꾼으로, 비록 겉으로는 거칠고 상스러우면서 몰인정하게 보이지만 속으로 아내를 걱정하는 마음을 가진 인물이다.

25 정답 ①

어휘와 관용 표현 > 한자와 한자어 > 한자 성어와 속담 정답률 78%

| 정답해설 |

① **선택률 78%** • 하석상대(下石上臺: 下 아래 하/石 돌 석/上 윗 상/臺 대 대): '아랫돌 빼서 윗돌 괴고, 윗돌 빼서 아랫돌 괴기'라는 뜻으로, 임시변통으로 이리저리 둘러맞춤을 이르는 말이다.

 속 눈 가리고 아웅, 언 발에 오줌 누기

 • 계란에도 뼈가 있다: 운이 나쁜 사람은 모처럼 좋은 기회가 와도 뜻대로 되는 일이 없다는 의미로, '계란유골(鷄卵有骨)'과 의미가 통하는 속담이다.

| 오답해설 |

② **선택률 14%** 고식지계(姑息之計: 姑 잠시 고/息 쉴 식/之 갈 지/計 셈할 계): '잠시 모면하는 일시적인 계책'이라는 뜻으로, 근본적인 해결책이 아닌 임시방편이나 당장에 편안한 것만을 취하는 꾀나 방법을 말한다. 속 언 발에 오줌 누기

③ **선택률 5%** 권불십년(權不十年: 權 권세 권/不 아닐 불/十 열 십/年 해 년): 권세는 10년을 넘지 못한다는 뜻으로, 아무리 높은 권세라도 오래가지 못하고 늘 변한다는 뜻이다.

 속 달도 차면 기운다

④ **선택률 3%** 구밀복검(口蜜腹劍: 口 입 구/蜜 꿀 밀/腹 배 복/劍 칼 검): 입으로는 달콤함을 말하나 뱃속에는 칼을 감추고 있다는 뜻으로, 겉으로는 친절하나 마음속은 음흉한 것을 품고 있다는 뜻이다. 속 등 치고 간 낸다, 웃음 속에 칼이 있다

7급 군무원 국어

I 전체 난이도 및 합격선

전체 난이도	합격선
上	76점

I 기출총평

일반 공무원 시험은 비문학 영역이 중점적으로 출제되면서 문법과 어문 규정의 비중이 대폭 줄었다. 그러나 군무원 시험은 여전히 문법과 어문 규정, 문학 영역에서 다수 문항이 출제되고 있다. 이번 시험에서는 문학이 9문항으로 가장 많이 출제되었으며, 문법과 어문 규정에서 8문항, 비문학에서 6문항이 출제되었다. 비문학 지문은 9급 군무원 시험보다 지문의 길이가 긴 경우도 있었지만 제시된 지문 속에서 내용을 쉽게 파악할 수 있었기 때문에 난도가 높지 않았다. 다만, 비문학이나 소설 등의 지문에 들어갈 어휘를 추론하는 문제, 소설 속 어휘의 뜻풀이, 단어에 결합되어 사용된 '대'의 특성을 묻는 유형 등 몇몇 문항이 변별력을 높이는 유형으로 출제되었다. 한글 맞춤법, 표준 발음법, 띄어쓰기, 외래어 표기법, 한자어, 한자 성어 등은 매년 꾸준히 출제되는 유형이지만, 단어에 결합되어 사용된 '대'의 특성, 현대 한국어의 발음 특성을 묻는 유형은 새로운 유형이라 할 수 있다.

2023년 7급 시험을 보면 앞으로의 출제경향은 문법과 어문 규정, 비문학, 문학에서 다수 문항이 출제될 것으로 보인다. 따라서 수험생은 군무원 출제경향에 맞춰 학습해야 한다.

I 영역별 출제비중

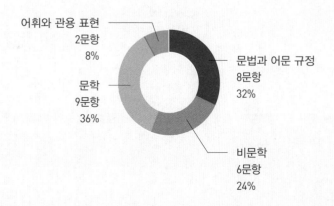

어휘와 관용 표현
2문항
8%

문학
9문항
36%

문법과 어문 규정
8문항
32%

비문학
6문항
24%

I 문항 분석

	카테고리	출제수	난이도
1	문법과 어문 규정 > 어문 규정 > 표준어 규정	17회	중
2	어휘와 관용 표현 > 한자와 한자어 > 한자어	27회	상
3	비문학 > 독해 비문학 > 주제	17회	하
4	문법과 어문 규정 > 어문 규정 > 표준 발음법	18회	하
5	문학 > 현대 문학 > 현대 소설 – 빈칸 어휘 추론	26회	중
6	비문학 > 독해 비문학 > 빈칸 내용 추론	6회	중
7	문법과 어문 규정 > 현대 문법 > 음운론	1회	하
8	문법과 어문 규정 > 어문 규정 > 띄어쓰기	24회	중
9	비문학 > 독해 비문학 > 주제	17회	중
10	문법과 어문 규정 > 현대 문법 > 상대 높임법	3회	하
11	문법과 어문 규정 > 어문 규정 > 외래어 표기법	12회	중
12	문법과 어문 규정 > 어문 규정 > 맞춤법	47회	하
13	문법과 어문 규정 > 현대 문법 > 단어의 형성	3회	상
14	문학 > 고전 문학 > 고전 시가 – 시조	12회	하
15	문학 > 고전 문학 > 고전 산문 – 수필	3회	상
16	문학 > 고전 문학 > 고전 시가 – 한시	1회	하
17	문학 > 현대 문학 > 현대 시 – 시어의 함축적 의미	37회	중
18	문학 > 현대 문학 > 현대 수필 – 빈칸 어휘 추론	4회	하
19	비문학 > 독해 비문학 > 내용 확인하기	22회	중
20	비문학 > 독해 비문학 > 글의 전개 방식	16회	하
21	비문학 > 독해 비문학 > 내용 확인하기	22회	중
22	문학 > 고전 문학 > 고전 시가 – 창작 시기	1회	하
23	어휘와 관용 표현 > 한자와 한자어 > 한자의 짜임	1회	상
24	문학 > 현대 문학 > 현대 소설 – 어휘의 의미	26회	상
25	문학 > 현대 문학 > 현대 소설 – 인물의 심리	26회	중

※ 해당 연도는 1초 합격예측 서비스의 데이터 누적 기간이 충분하지 않아 `고난도` 기재를 생략하였습니다.

기출문제편 ▶ P.134

01	④	02	①	03	②	04	③	05	④
06	①	07	①	08	③	09	③	10	④
11	④	12	②	13	④	14	①	15	③
16	④	17	④	18	②	19	③	20	③
21	②	22	④	23	②	24	②	25	①

01

정답 ④

문법과 어문 규정 > 어문 규정 > 표준어 규정　　난이도 **중**

| 정답해설 |

④ 구레나룻(○) − 구렛나루(×)

　'귀밑에서 턱까지 잇따라 난 수염'을 뜻하는 말은 '구레나룻'이다. '구레나룻'은 '구레'와 '나룻'의 순우리말 합성어로, 뒷말의 첫소리 'ㄴ' 앞에서 'ㄴ' 소리가 덧나지 않고 [구레나룯]으로 소리 난다. 따라서 사이시옷을 받치지 않고 '구레나룻'으로 적는다. 참고로, '구레나룻'에서 '구레'는 소나 말의 머리나 목에 매는 줄을 뜻하는 '굴레'의 옛말이며, '나룻'은 수염을 뜻하는 고유어 '날옷'에서 온 말이다. 따라서 '구레나룻'은 굴레처럼 난 수염을 뜻한다.

| 오답해설 |

① 만날(○) − 맨날(○)

　'만날(萬−)'은 '매일같이 계속하여서.'라는 뜻으로, 명사 '만(萬)'과 명사 '날'이 결합하여 만들어진 합성 부사이다. '맨날'은 본래 '만날(萬−)'의 비표준어였으나 2011년에 '만날'과 동일한 뜻으로 널리 쓰이는 것으로 판단하여 복수 표준어로 인정하였다.

② 가엾다(○) − 가엽다(○)

　'가엾다'는 '마음이 아플 만큼 안되고 처연하다.'라는 뜻이다. '가엾다'와 '가엽다'가 모두 널리 쓰이므로 복수 표준어로 인정한다. 다만, '가엾다'는 '가엾어', '가엾으니', '가엾고'로 활용하고 '가엽다'는 '가여워', 가여우니', '가엽고'로 활용한다.

③ 멀찌감치(○) − 멀찌가니(○)

　'멀찌감치'는 '사이가 꽤 떨어지게.'라는 뜻이다. '멀찌가니'와 '멀찌감치', '멀찍이'는 모두 널리 쓰이므로 모두 표준어로 삼는다.

군무원 **vs** 공무원 비교분석

　한글 맞춤법 문제는 일반 공무원 시험과 마찬가지로 군무원 시험에서도 꾸준히 출제되고 있다. 다만, 일반 공무원 시험에 비하여 군무원 시험에서는 기존의 기출 어휘뿐만 아니라 낯선 단어의 맞춤법까지 폭넓게 출제되기도 한다. 따라서 한글 맞춤법, 표준어 규정 등은 확실하게 학습해 두어야 한다.

02

정답 ①

어휘와 관용 표현 > 한자와 한자어 > 한자어　　난이도 **상**

| 정답해설 |

① ㉠ 解明[해명: 解 풀(설명하다) 해/明 밝을(밝히다, 명료하게 드러나다) 명]: 까닭이나 내용을 풀어서 밝힘.

　㉡ 發言[발언: 發 필(드러내다, 밝히다) 발/言 말씀(의견) 언]: 말을 꺼내어 의견을 나타냄. 또는 그 말

　㉢ 陳述[진술: 陳 베풀(늘어놓다, 말하다) 진/述 펼(서술하다, 말하다, 밝히다) 술]: 일이나 상황에 대하여 자세하게 이야기함. 또는 법률 용어로서, 구체적인 법률 상황이나 사실에 관한 지식, 관련되는 상황을 알리는 일

더 알아보기 ▶ 한자 학습

　한자 학습은 낱글자를 하나하나 학습하기보다는 한자어로 익히는 것이 좋다. 하나의 한자가 반드시 하나의 의미로만 쓰이는 것이 아니기 때문이다. 또한 짧은 시간에 학습하기 어려우므로 평상시 생활 어휘를 중심으로 반복해서 학습해야 한다.

03

정답 ②

비문학 > 독해 비문학 > 주제　　난이도 **하**

| 정답해설 |

② 제시된 기사에서는 가정 내 아동학대에 대응하기 위해 만들어진 아동학대처벌법이 학교에도 일괄 적용되면서 교사가 학생의 문제행동을 지적하거나 제지하는 일까지 아동학대로 신고하는 일이 잦아졌음을 밝히고 있다. 또한 아동학대 신고만으로도 직위해제나 담임 교체 조치를 당하거나 경찰 조사를 받아야 하는 것이 교사들의 사기 저하와 생활지도 포기의 원인이라고 하였다. 따라서 기사문의 주장은 '교사들의 교직 만족도 하락의 원인'으로 볼 수 있다.

| 오답해설 |

제시된 기사에서 교사의 강압적 태도(①), 교사들의 직권남용과 교직 태만의 원인(③), 교사들의 아동학대에 대한 실태(④)는 제시되어 있지 않다.

04

정답 ③

문법과 어문 규정 > 어문 규정 > 표준 발음법　　난이도 **하**

| 정답해설 |

③ '희망, 무늬'와 같이 자음을 첫소리로 가지고 있는 음절의 'ㅢ'는 [ㅣ]로 발음하는 것이 원칙이고, [ㅢ]로 발음하지 않는다.

　예 희망[히망], 무늬[무니], 틔다[티:다], 늴리리[닐리리], 닁큼[닁큼]

| 오답해설 |

① 모음 '의'는 [ㅢ]로 발음하는 것이 원칙이고, 단어의 둘째 음절 이하에 표기된 '의'는 [ㅢ] 이외에 [ㅣ]로 발음하는 것도 허용한다.

예 회의[회의(원칙)/회이(허용)], 민주주의[민주주의(원칙)/민주주이(허용)]

② 관형격 조사 '의'는 [ㅢ]로 발음하는 것이 원칙이되 현실 발음에 따라 [ㅔ]로 발음하는 것도 허용한다.

예 우리의[우리의(원칙)/우리에(허용)], 꽃의[꼬츼(원칙)/꼬체(허용)]

④ 단어의 첫음절에 사용된 '의'는 [ㅢ]로 발음하는 것이 원칙이다.

예 의사[의사], 의자[의자]

05

정답 ④

| 문학 > 현대 문학 > 현대 소설 – 빈칸 어휘 추론 | 난이도 중 |

| 정답해설 |

④ '나'는 위층의 드르륵거리는 소리에 항의하기 위해 슬리퍼를 들고 올라갔다. 그러나 휠체어에 앉은 젊은 여자를 보고 '나'는 할 말을 잃은 채 부끄러움으로 얼굴만 붉히며 슬리퍼 든 손을 뒤로 감추었다. 따라서 빈칸에는 '정신이 얼떨떨하여 어찌할 바를 모르는 모양'을 뜻하는 '우두망찰'이 들어가는 것이 적절하다. 참고로, '우두망찰'은 부사로, 한자어가 아닌 고유어이다. 🈁 우두망절

| 오답해설 |

① 역지사지(易地思之: 易 바꿀 역/地 땅(장소, 바탕, 신분, 처지, 형편) 지/思 생각 사/之 갈 지): 처지를 바꾸어서 생각하여 봄.

② 황당무계(荒唐無稽: 荒 거칠 황/唐 당황할 당/無 없을 무/稽 상고할 계): 말이나 행동 따위가 참되지 않고 터무니없음.
🈁 황탄무계(荒誕無稽)

③ 자승자박(自繩自縛: 自 스스로 자/繩 노끈 승/自 스스로 자/縛 얽을 박): 자기의 줄로 자기 몸을 옭아 묶는다는 뜻으로, 자기가 한 말과 행동에 자기 자신이 옭혀 곤란하게 됨을 비유적으로 이르는 말

더 알아보기 ▶ 오정희, 「소음공해」

- 주제: 이웃에게 무관심한 현대인에 대한 비판과 반성
- 해제: 이웃 사이에 교류가 거의 없는 삭막한 도시의 아파트 생활을 무대로 한 콩트이다. 주인공은 장애인 시설에서 자원봉사를 하는 인물로, 스스로를 교양 있고 사려 깊은 사람으로 평가하고 있다. 그러나 정작 자신의 위층에 살고 있는 장애인에게는 관심을 기울이지 못하는 아이러니한 상황을 연출하고 있다. 작가는 '나'의 행동과 인터폰이나 슬리퍼와 같은 소재를 활용하여 현대인들이 이웃에게 얼마나 무관심한지를 묘사하고 있다.

06

정답 ①

| 비문학 > 독해 비문학 > 빈칸 내용 추론 | 난이도 중 |

| 정답해설 |

① 1문단에서는 탄소중립을 실천하기 위해 '나무를 목재로 사용하면 된다.'라고 하였고, 2문단에서는 '나무를 다 베어서는 안 된

다.'라는 우려에 대해 산림청이 '걱정할 필요가 없다.'라고 한 내용이 제시되어 있다. 그리고 ㉠의 뒷부분에서 우리나라는 풍성한 숲을 보유하고 있고, 이를 잘 활용해서 환경 보호에 적극적으로 사용해야 한다고 하였다. 따라서 ㉠에는 나무를 목재로 사용해도 걱정할 필요가 없는 이유가 제시되어야 한다. 1문단과 2문단의 내용을 고려하면, ㉠에는 '목재를 보전하는 숲'과 '수확하는 숲'을 따로 관리한다는 내용이 들어가는 것이 가장 적절하다.

| 오답해설 |

② 열대지역에서 목재를 수입한다는 것은 1문단의 내용에는 이어질 수 있으나 2문단의 내용을 포함하지 못한다.

③ 버려지는 폐목재를 가공하여 재사용한다는 것은 ㉠의 뒷부분에 이어지는 우리나라가 풍성한 숲을 보유하고 있다는 내용과 연결되지 않는다.

④ 나무를 베지 않고 숲의 공간을 활용하여 주택을 짓는다는 것은 제시된 기사의 논지와 관련이 없다.

07

정답 ①

| 문법과 어문 규정 > 현대 문법 > 음운론 | 난이도 하 |

| 정답해설 |

① 초성의 'ㅇ'과 종성의 'ㅇ'은 음운론적으로 동일한 가치를 갖고 있지 않다. 음운이란 말의 뜻을 구별해 주는 소리의 단위이다. 초성에 쓰인 'ㅇ'은 소리가 나지 않으므로 소릿값(음가)이 없어서 음운이 아니다. 다만, 초성에 'ㅇ'을 표기하는 것은 음절 단위 표기에서 초성이 없음을 나타낸 것이다. 그러나 종성에 쓰인 'ㅇ'은 소리가 있으므로 제 소릿값(음가)을 가진 음운이다.

- 알[알] - 음운의 개수 2개[ㅏ, ㄹ]
- 강[강] - 음운의 개수 3개[ㄱ, ㅏ, ㅇ]

| 오답해설 |

② 초성에서는 19개의 자음 중 'ㅇ'을 제외한 18개의 자음이 발음된다. 그러나 종성에서는 7개의 자음(ㄱ, ㄴ, ㄷ, ㄹ, ㅁ, ㅂ, ㅇ)만 발음된다.

③ 종성에서 발음되는 7개의 자음(ㄱ, ㄴ, ㄷ, ㄹ, ㅁ, ㅂ, ㅇ) 중 'ㅇ'은 초성에서 발음되지 않는다.

④ 국어의 초성과 종성에서는 자음, 중성에서는 모음이 발음된다. 모음과 모음 사이에는 최대 2개의 음절이 올 수 있으며, 이때 앞 음절의 종성과 뒤 음절의 초성 등 최대 2개까지 발음된다. 다만, 앞 음절의 종성 받침이 없고 뒤 음절의 초성에 'ㅇ'이 표기된 경우 모음과 모음 사이에 발음되는 자음은 없다.

더 알아보기 ▶ 음절을 이루는 모음과 모음 사이의 자음 개수

- 밤비[밤비] - 모음 'ㅏ'와 'ㅣ' 사이 자음은 2개(ㅁ, ㅂ)
- 밤이[바미] - 모음 'ㅏ'와 'ㅣ' 사이 자음은 1개(ㅁ)
- 우정[ㅜ정] - 모음 'ㅜ'와 'ㅓ' 사이 자음은 1개(ㅈ)
- 우유[ㅜㅠ] - 모음 'ㅜ'와 'ㅠ' 사이 자음은 0개

군무원 VS 공무원 비교분석

해당 문제는 음운론의 기초적인 지식을 묻고 있지만, 일반 공무원 시험에서는 출제되지 않는 군무원 시험만의 특징이 반영된 유형이라 할 수 있다. 군무원 시험에서는 현대 문법의 지식형 유형이 꾸준히 출제되고 있으므로 기본 원리부터 체계적으로 학습해야 한다.

08
정답 ③

문법과 어문 규정 > 어문 규정 > 띄어쓰기　　난이도 **중**

| 정답해설 |

③ 넣는∨족족(○)

관형사형 어미(-는/-ㄴ) 뒤의 '족족'은 '어떤 일을 하는 하나하나'를 뜻하는 의존 명사이므로 앞말과 띄어 쓴다.

　예 ·그는 원서를 넣는 <u>족족</u> 합격을 했다.
　　　·채소를 떼 오는 <u>족족</u> 다 팔렸다.

| 오답해설 |

① 많을∨뿐더러(×) → 많을뿐더러(○)

'-ㄹ뿐더러'는 '어떤 일이 그것만으로 그치지 않고 나아가 다른 일이 더 있음'을 나타내는 연결 어미이므로 앞말과 붙여 쓴다.

② 주기는∨커녕(×) → 주기는커녕(○)

'는커녕'은 보조사 '는'에 보조사 '커녕'이 결합한 말이므로 앞말과 붙여 쓴다.

④ 보이는구먼∨그래(×) → 보이는구먼그래(○)

여기서 '그래'는 청자에게 문장의 내용을 강조함을 나타내는 보조사이므로 앞말과 붙여 쓴다.

더 알아보기 ▶ 감탄사 '그래'

> · 긍정하는 뜻으로 대답할 때 쓰는 말로, 해라할 자리에 쓴다.
> 　**예** 응, 그래.
> · 상대편의 말에 대한 감탄이나 가벼운 놀라움을 나타낼 때 쓴다.
> 　**예** 그래? 그 말은 처음 듣는데!
> · 다잡아 묻거나 강조할 때 쓰는 말로, 주로 의문문에서 삽입어로 쓴다.
> 　**예** 이 상황에서, 그래, 놀러 가자는 말이 나오니?

군무원 VS 공무원 비교분석

일반 공무원 시험에서는 띄어쓰기 유형은 1문항 정도 출제된다. 그러나 9급 군무원 시험에서는 2019년과 2022년, 7급 군무원 시험에서는 2021년 시험에서 2문항씩 출제되기도 하였다. 주요 띄어쓰기 규정은 반드시 학습해 두어야 한다.

09
정답 ③

비문학 > 독해 비문학 > 주제　　난이도 **중**

| 정답해설 |

③ 〈보기〉는 '책상'을 통해 '질'과 '양'의 관계를 설명하고 있다. 다른 사물들과 구분해 주는 책상의 '질(책을 읽거나 글을 쓰는 상)'은 '양(책상의 높이)'이 변해도 달라지지 않는다. 즉, 책상임에는 변함이 없다. 그러나 마지막 문장에서, '양(책상의 높이)'을 일정한 한도가 넘는 수준으로 낮추어 버리면 그 책상은 '질(책상의 기능)'을 수행할 수 없게 되어 더이상 책상이라 할 수 없게 될 것이라고 하였다. 따라서 이를 종합하면 '양(책상의 높이)'의 변화는 일정한 한도 내에서 질(책상의 기능)의 변화를 이끌지 못하지만 어느 한도를 넘으면 질의 변화를 초래한다.'가 된다.

| 오답해설 |

① 양의 변화가 일정한 한도를 넘으면 질의 변화를 초래하는 것은 맞다. 그러나 질의 변화가 양의 변화를 이끈다는 내용은 확인할 수 없다.

② 양의 변화(책상의 높이)는 누적되는 것이 아니다. 또한 일정한 한도 내에서의 양의 변화는 질의 변화를 초래하지 않는다. 따라서 '양의 변화는 변화된 양만큼 질의 변화를 이끈다.'라는 설명도 적절하지 않다.

④ 양이나 질의 변화가 본래의 상태로 환원되는 과정은 아니고, 두 변화가 본질적으로 동일한지는 알 수 없다.

10
정답 ④

문법과 어문 규정 > 현대 문법 > 상대 높임법　　난이도 **하**

| 정답해설 |

④ 안녕히 계십시오.(×) → 안녕히 계세요.(○)

상대 높임은 종결 어미와 보조사로 실현되므로 먼저 종결 어미와 보조사를 찾아야 한다. 비격식체인 '해요체'의 '-어요'는 종결 어미 '-어'와 보조사 '요'가 결합한 것이다. 따라서 '계시다'의 해요체는 '계시 + 어요 = 계세요'가 된다. '계십시오'는 종결 어미 '-오'가 쓰였으므로 격식체인 '하오체'에 해당한다.

　예 ·문을 당기시오. → 하오체
　　　·문을 당기세요. → 해요체

| 오답해설 |

① ㉠: '같네'의 '-네'는 하게체(예사 낮춤) 종결 어미이다.

② ㉡: '모르겠구려'의 '-구려'는 하오체(예사 높임) 종결 어미이다.

③ ㉢: '나가'는 '나가-(어간) + -아(어미)'의 구성에서 동음탈락 현상으로 어미가 생략된 형태이다. '-아'는 해체(두루 낮춤) 종결 어미이다.

더 알아보기 ▶ 격식체와 비격식체의 구분

격식체와 비격식체를 구분할 때는 먼저 비격식체를 찾는 것이 요령이다. 비격식체는 '해요체'와 '해체' 두 종류인데, 종결 어미에 보조사 '요'가 결합되어 있으면 '해요체'이고, 보조사 '요'가 결합할 수 있는데 생략되어 있으면 '해체'이다. 그 외의 종결 어미는 모두 격식체에 해당한다.

예
- 계획대로 밀고 나가요. → 해요체
- 계획대로 밀고 나가. → 해체

11

문법과 어문 규정 > 어문 규정 > 외래어 표기법   **난이도 중**

| 정답해설 |

④ 윈도(○)

외래어 표기법에 따라 중모음(重母音)은 각 단모음의 음가를 살려서 적되 [ou]는 '오'로 적는다. 따라서 'window[windoʊ]'는 '윈도우'가 아니라 '윈도'로 표기한다.

| 오답해설 |

① 휴즈(×) → 퓨즈(fuse)(○)

외래어의 1음운은 원칙적으로 1기호로 적는다. 'f'는 'ㅎ'이 아니라 'ㅍ'으로 표기한다. 따라서 'f'로 시작하는 외래어는 '필름, 패밀리, 파이팅, 프라이팬, 파운데이션, 달걀 프라이, 퓨즈, 피날레, 프리킥' 등과 같이 써야 한다.

② 커텐(×) → 커튼(curtain)(○)

'창이나 문에 치는 휘장'을 의미하는 'curtain'은 '커튼'으로 표기해야 한다.

③ 행거(×) → 행어(hanger)(○)

'행어(hanger)'는 '걸다'라는 뜻의 영단어 'hang'과 '~하는 것'이라는 뜻의 접미사 '~er'의 합성어이다. 대다수 한국인이 옷걸이 'hanger'를 '행거'라고 하는 데 반해, 미국과 영국에서는 99% 이상이 '행어'로 읽는다. 그리고 외래어 표기법에 따르면 '행거', '행거'가 아니라 '행어'로 표기해야 한다.

참 행거(hangar): 격납고. 즉, 비행기를 점검하거나 정비하기 위해 설치된, 비행기 주기 공간을 확보하기 위한 장소

더 알아보기 ▶ 무성 파열음([p], [t], [k])의 표기

- 짧은 모음 다음의 어말 무성 파열음([p], [t], [k])은 받침으로 적는다.
- 짧은 모음과 유음·비음([l], [r], [m], [n]) 이외의 자음 사이에 오는 무성 파열음([p], [t], [k])은 받침으로 적는다.
- 위 경우 이외의 어말과 자음 앞의 무성 파열음([p], [t], [k])은 '으'를 붙여 적는다. 따라서 'curtain[kə́ːrtən]'은 '커튼'으로 적어야 한다.

12

문법과 어문 규정 > 어문 규정 > 맞춤법   **난이도 하**

| 정답해설 |

② 물고(×) → 물꼬(○)

'물꼬'는 논에 물이 넘어 들어오거나 나가게 하기 위하여 만든 좁은 통로 또는 어떤 일의 시작을 비유적으로 이르는 말이다. '물꼬'는 '물'과 '꼬'의 복합어로 보이지만 '꼬'가 정확하게 어떤 어원을 가지는지 밝혀지지 않았으며, 원래 '물이 드나드는 길'을 의미했으나 현대 국어에서는 '어떤 일의 시작'을 비유적으로 말할 때 자주 쓰인다.

| 오답해설 |

① 싹둑(○)

'ㄱ, ㅂ' 받침 뒤에서 나는 된소리는 같은 음절이나 비슷한 음절이 겹쳐 나는 경우가 아니면 된소리로 적지 아니한다. 따라서 '싹둑'이 맞는 표기이다. '싹뚝'으로 쓰지 않도록 주의한다. 또한 양성 모음이 음성 모음으로 바뀌어 굳어진 단어는 음성 모음 형태를 표준어로 삼는 원칙에 따라 '싹둑'을 표준어로 삼는다.

- 싹둑: 어떤 물건을 도구나 기계 따위가 해결할 수 있을 만큼의 힘으로 단번에 자르거나 베는 소리. 또는 그 모양. '삭둑'보다 센 느낌을 준다. 유 삭둑, 석둑, 썩둑

③ 깍두기(○)

'-하다'나 '-거리다'가 붙을 수 없는 어근에 '-이'나 또 다른 모음으로 시작되는 접미사가 붙어서 명사가 된 것은 그 원형을 밝히어 적지 않음을 원칙으로 한다. 또 한 단어 안에서 'ㄱ, ㅂ' 받침 뒤에 나는 된소리는 같은 음절이나 비슷한 음절이 겹쳐 나는 경우가 아니면 된소리로 적지 아니한다. 따라서 '깍뚜기'로 적지 않고 '깍두기'가 맞는 표기이다.

- 깍두기: ㉠ 무를 작고 네모나게 썰어서 소금에 절인 후 고춧가루 따위의 양념과 함께 버무려 만든 김치. ㉡ 어느 쪽에도 끼지 못하는 사람이나 그런 신세를 비유적으로 이르는 말

④ 따듯해서(○)

'따듯하다'는 '따뜻하다'와 서로 어감의 차이가 있을 뿐 모두 표준어이다.

- 따듯하다: 덥지 않을 정도로 온도가 알맞게 높다. '따뜻하다'보다 여린 느낌을 준다.

더 알아보기 ▶ '깍두기'의 어원

'깍두기'의 옛말인 '싹둑이'는 19세기 문헌에서부터 등장한다. '싹둑이'는 '조금 단단한 물건을 단칼에 뚝 써는 모양'을 의미하는 의태어 '싹둑'에 명사 파생 접미사 '-이'가 결합한 것이다. 19세기 이후 'ㄱ'의 된소리 표기가 'ㅺ'에서 'ㄲ'으로 바뀌고, 종성의 'ㄱ'이 연철로 표기됨에 따라 '깍두기'로 표기되면서 현재에 이르렀다.

13   정답 ④

문법과 어문 규정 > 현대 문법 > 단어의 형성   난이도 ❸

| 정답해설 |

④ '세계 7대 불가사의, 한국 30대 기업'에 사용된 '대'는 수를 나타내는 말 뒤에 쓰여 규모나 가치 면에서 그 수 안에 꼽힘을 이르는 명사인 '대(大)'이다.

- '대(對)': 사물과 사물의 대비나 대립을 나타내는 의존 명사이다.

  예 자본주의 대 공산주의 / 청군 대 백군 / 삼 대 일로 졌다.

| 오답해설 |

① '기후대, 무풍대'에 사용된 '대'는 '띠 모양의 공간' 또는 '일정한 범위의 부분'의 뜻을 더하는 접미사 '帶'이다.

- 기후대(氣候帶: 氣 기운 기/候 기후 후/帶 띠 대): 공통적인 기후 특성에 따라 구분한 지대
- 무풍대(無風帶: 無 없을 무/風 바람 풍/帶 띠 대): 바다에서 일 년 내내 또는 계절에 따라서 바람이 거의 없는 지역

② '도서대, 신문대'에 사용된 '대'는 물건을 나타내는 일부 명사 뒤에 붙어 '물건값으로 치르는 돈'의 뜻을 더하는 접미사 '代'이다.

- 도서대[圖書代: 圖 그림(서적) 도/書 글 서/代 대신할 대]: ㉠ 책을 파는 값. ㉡ 책을 사는 데 드는 돈
- 신문대(新聞代: 新 새 신/聞 들을 문/代 대신할 대): 신문을 정기적으로 받아 보기 위하여 치르는 값

  참 도서대(圖書臺)와 신문대(新聞臺)

  - 도서대[圖書臺: 圖 그림(서적) 도/書 글 서/臺 대(높고 평평한 건축물) 대]: 책을 놓거나 전시하는 대
  - 신문대[新聞臺: 新 새 신/聞 들을 문/臺 대(높고 평평한 건축물) 대]: 신문을 올려놓을 수 있게 만든 대

③ '만 원대, 백삼십만 원대'에 사용된 '대'는 값이나 수를 나타내는 대다수 명사 또는 명사구 뒤에 붙어 '그 값 또는 수를 넘어선 대강의 범위'의 뜻을 더하는 접미사 '臺'이다.

더 알아보기 ▶ 명사 '대(臺)'와 접미사 '-대(臺)'

'대(臺)'는 '높고 평평한 건축물', '무대', '받침대', '탁자' 등을 뜻한다.

- 명사 '대(臺)'
  - ㉠ 흙이나 돌 따위로 높이 쌓아 올려 사방을 바라볼 수 있게 만든 곳
  - ㉡ 물건을 떠받치거나 올려놓기 위한 받침이 되는 기구를 통틀어 이르는 말
  - ㉢ 받침이 되는 시설이나 이용물의 뜻을 나타내는 말

    예 급수대, 조회대, 독서대
- 접미사 '-대(臺)': (값이나 수를 나타내는 대다수 명사 또는 명사구 뒤에 붙어) '그 값 또는 수를 넘어선 대강의 범위'의 뜻을 더하는 접미사

  예 만 원대, 백삼십만 원대, 수천억대

14   정답 ①

문학 > 고전 문학 > 고전 시가 - 시조   난이도 ❸

| 정답해설 |

① '정조[情調: 情 뜻 정/調 고를(취향, 가락) 조]'는 단순한 감각에 따라 일어나는 감정을 뜻한다. 예를 들어, 아름다운 빛깔에 대한 좋은 감정, 추위나 나쁜 냄새에 대한 불쾌한 감정 따위를 의미한다. (가)는 이조년의 「다정가(多情歌)」로, 봄밤에 느끼는 애상적 정서를 시각적 심상과 청각적 심상을 활용하여 형상화한 작품이다. (나)와 (다)는 고려 왕조의 멸망에 대한 회고의 정서가 드러나고, (라)는 고려 왕조에 대한 충성심을 표현하고 있다. 따라서 정조가 다른 것은 (가)이다.

| 오답해설 |

② (나): 원천석의 「회고가(懷古歌)」로, 고려 왕조의 멸망으로 인한 무상감이 탄식의 어조 속에 잘 드러나 있다.

③ (다): 길재의 「회고가(懷古歌)」로, 고려의 옛 도읍지를 돌아보면서 망국의 한과 무상감을 드러내고 있다.

④ (라): 정몽주의 「단심가(丹心歌)」로, 정몽주를 회유하기 위해 이방원이 지은 「하여가」에 화답하는 평시조이다. 고려에 대한 충성심을 드러내고 있다.

더 알아보기 ▶ 작품 분석

(가) 이조년, 「이화에 월백하고」

- 갈래: 평시조
- 특징: 시각적 심상과 청각적 심상의 조화를 통한 감각적 표현이 뛰어남.
- 주제: 봄밤의 애상적 정서

(나) 원천석, 「흥망이 유수하니」

- 갈래: 평시조
- 특징

  ㉠ 시각적·청각적 이미지로 인생무상의 정서를 표현함.

  ㉡ 비유적 표현과 중의적 표현을 통해 주제를 형상화함.
- 주제: 고려 왕조의 멸망을 슬퍼함. (고려 왕조에 대한 회고)

(다) 길재, 「오백 년 도읍지를」

- 갈래: 평시조
- 특징: 비유적 표현과 대구법, 영탄법을 사용하여 고려 왕조 멸망의 한을 노래함.
- 주제: 고려 왕조의 멸망을 슬퍼함. (망국의 한과 인생무상)

(라) 정몽주, 「이 몸이 죽고 죽어」

- 갈래: 평시조
- 특징: 직설적인 언어와 반복법, 점층법, 설의법 등의 표현 기법을 통해 자신의 굳은 의지를 강하게 드러냄.
- 주제: 고려 왕조에 대한 변함없는 충절

| 문학 > 고전 문학 > 고전 산문 – 수필 | 난이도 **상** |

| 정답해설 |

③ • 첫 번째 괄호: '양각(兩脚: 양쪽 다리)을 놀려', '버혀(베어 내다)'라는 특징을 가지고 있으므로, 옷감을 자르는 기구인 '가위'를 의인화한 '교두 각시'가 적절하다. 가위의 교차된 모습을 본떠 '교두(交頭)'라 이름을 붙였다.

• 두 번째 괄호: '마련(마름질: 옷감이나 재목 따위를 치수에 맞도록 재거나 자르는 일)'을 잘하는 특징을 가지고 있으므로, 길이를 재는 데 쓰는 도구인 '자'를 의인화한 '척(尺: 자) 부인'이 적절하다.

• 세 번째 괄호: 바늘을 의인화한 '세요'의 귀에 질리었으되 낯가족이 두꺼워 견뎔 만한 특징을 가지고 있으므로, 바느질할 때 바늘귀를 밀기 위하여 손가락에 끼는 도구인 '골무'를 의인화한 '감토 할미'가 적절하다.

• 네 번째 괄호: 바늘을 의인화한 '세요'의 뒤를 따라 다닌다고 했으므로 '실'을 의인화한 '청홍 각시'가 적절하다. 여러 색을 가진 실을 본떴으므로 본래 '청홍흑백 각시'이지만, 그냥 줄여서 '청홍 각시'라 불린다.

더 알아보기 ▶ 작자 미상, 「규중칠우쟁론기(閨中七友爭論記)」

> • 주제: 역할과 직분에 따른 성실한 삶의 추구
> • 해제: 이 작품은 규중 부인이 바느질에 사용하는 '자, 가위, 바늘, 실, 골무, 인두, 다리미'를 의인화하여 인간의 심리 변화와 이해관계에 따른 세태를 우화적으로 풍자하고 있다.
> • '규중 칠우' 별명의 근거

규중 칠우	별명	별명의 근거	속성
자	척 부인	한자 '척(尺)'의 뜻이 '자'임.	의미
가위	교두 각시	가윗날이 교차하는 모습	생김새
바늘	세요 각시	허리가 가는 모습	생김새
실	청홍흑백 각시 (청홍 각시)	실의 다양한 색깔	생김새
골무	감토 할미	감투와 생김새가 비슷함.	생김새
인두	인화 낭자	불에 달구어 사용함.	쓰임새
다리미	울 랑자	한자 '울(熨)'의 뜻이 '다리다'임.	의미

| 문학 > 고전 문학 > 고전 시가 – 한시 | 난이도 **하** |

| 정답해설 |

④ 시적 자아는 나무토막으로 만든 당닭이 '꼬끼오' 하고 울면 그제서야 어머님 얼굴이 늙으시라고 말하고 있다. 즉, 실현 불가능한 상황을 설정하여 어머니가 늙지 않기를 바라는 마음을 반어적으로 표현한 것이다. 따라서 시적 자아의 심정으로 적절한 것은

'마음속에서 우러나와 바라는 정도가 매우 절실함'을 뜻하는 '간절함'이다.

| 오답해설 |

① 몽환적(夢幻的: 夢 꿈 몽/幻 헛보일 환/的 과녁 적): 현실이 아닌 꿈이나 환상과 같은 것

② 이상적(理想的: 理 다스릴 이/想 생각 상/的 과녁 적): 생각할 수 있는 범위 안에서 가장 완전하다고 여겨지는 것

③ 허망(虛妄: 虛 빌 허/妄 망령될 망)함: ㉠ 거짓되고 망령됨. ㉡ 어이없고 허무함.

더 알아보기 ▶ 이제현, 「오관산(五冠山)」

> • 주제: 홀어머니에 대한 효성
> • 해제: 문충은 오관산 밑에 살면서 모친을 지극히 효성스럽게 섬겨 봉양과 보살핌에 조금의 소홀함도 없었다. 문충은 모친이 늙는 것을 개탄하여 불가능한 상황을 설정해 놓고 거기에 맞추어 영원하기를 비는 형식으로 '오관산요'를 지었다고 전해지며, 이제현이 『익제난고』 소악부에 한시로 번역하여 이 노래를 풀이하였다.

| 문학 > 현대 문학 > 현대 시 – 시어의 함축적 의미 | 난이도 **중** |

| 정답해설 |

④ '한 발 재겨 디딜 곳조차 없다'라는 것은 발끝이나 뒤꿈치만 땅에 닿게 할 곳조차 없는 절박하고 절망적인 상황을 의미한다. 따라서 (라) '한 발 재겨 디딜 곳'은 자신의 삶을 지탱해 나갈 절대적 공간이라 할 수 있다. 그러나 (가)~(다)는 모두 시적 화자가 처한 한계 상황을 의미한다.

| 오답해설 |

① '매운 계절'은 일제 강점기라는 고통스러운 시대 상황을 의미하고, '챗죽(채찍)'은 일제의 가혹한 탄압과 그로 인한 시련을 의미한다. 따라서 (가) '매운 계절의 챗죽'은 시적 화자를 극한 상황으로 몰아가는 존재라고 할 수 있다.

② (나) '지쳐 끝난 고원(高原)'은 화자의 소망도 그만 지쳐 버린 수직적 한계 상황을 의미한다.

③ (다)의 '서리빨', '칼날'은 모두 고통과 시련을 나타내며, 화자가 처한 극한 상황을 드러낸다.

더 알아보기 ▶ 이육사, 「절정(絕頂)」

> • 주제: 절망적 현실에 대한 초월 의지
> • 해제: 화자는 '매운 계절의 채찍에 갈겨' '북방 → 고원 → 칼날진 그 위'로 내몰리게 된다. '한 발 재겨 디딜 곳조차 없'는 극한 상황에 처한 화자는 관조의 자세로 현실을 응시한 후, '겨울은 강철로 된 무지개'라는 인식에 도달함으로써 비극적 현실에 대한 초월 의지를 보인다.

군무원 vs 공무원 비교분석

군무원 시험에서 문학의 출제비중은 일반 공무원 시험에 비해 높은 편이다. 특히, 현대 시의 경우 국가직이나 지방직 시험에서 일반적으로 1개의 작품이 출제되는 데 반해, 군무원 시험에서는 2022년에는 3개의 작품, 2021년에는 4개의 작품이 출제되기도 하였다. 따라서 주요 문학 작품의 주제, 표현상 특징, 시어의 함축적 의미, 화자의 정서와 태도 등을 꼭 정리해 두어야 한다.

18
정답 ②

문학 > 현대 문학 > 현대 수필 – 빈칸 어휘 추론　　난이도 하

| 정답해설 |

② 빈칸에는 '포장마차를 타고 일생을 전전하고 사는' 생활, '노래와 모닥불가의 춤과 사랑과 점치는 일로 보내는 짧은 생활'을 하는 사람이 들어가야 하므로, 정처 없이 떠돌아다니며 방랑 생활을 하는 사람을 비유적으로 이르는 '집시'가 적절하다.

| 오답해설 |

① 카우보이: 미국 서부 지방이나 멕시코 등지의 목장에서 말을 타고 일하는 남자를 이르는 말

③ 가수: 노래 부르는 것이 직업인 사람

④ 무용수: 극단이나 무용단 따위에서 춤을 추는 일을 전문으로 하는 사람

더 알아보기 ▶ 전혜린, 「먼 곳에의 그리움」

- 주제: 새로운 세계에 대한 동경과 기대
- 해제: 이 작품은 새해를 맞아 소망을 기도하는 형식으로 구성되어 있다. 그 소망이 헛된 것임을 알면서도 속물적 일상으로부터 벗어나 자유를 만끽하고, 찰나적이지만 환상적인 기성의 관계와 단절된 세계에 몰입하고 싶어 하는 것이다. 현실에 안주하기를 부정하며 작가가 가고자 하는 '먼 곳'은 일상인들의 동경과 기대와는 차원이 다른, '모르는 얼굴과 마음과 언어 사이'에서 철저하게 혼자인 곳이다. 작가는 그 소망에의 그리움을 간결하고 압축적인 문장으로 표현하여, 지적이고 세련된 정서를 표출하고 있다. 그리고 이 소망은 성취 여부와 관계없으며, 그 소망을 이루기 위해 노력하는 과정이 중요한 것으로 제시되고 있다.

19
정답 ③

비문학 > 독해 비문학 > 내용 확인하기　　난이도 중

| 정답해설 |

③ 2문단에서 주자의 가르침 중 하나인 위기지학(爲己之學)의 이념을 따르면 공부의 목적이 성인(聖人)이 되는 데 있는 것이지, 출세하여 부귀영화를 누리기 위함이 아니라고 하였다. 따라서 신진 사대부가 관직에 진출하기 위해 주자학을 공부했다고 볼 수 없다.

| 오답해설 |

① 2문단과 3문단에서 주자의 가르침 가운데 위기지학(爲己之學)의

이념과 격물치지(格物致知) 정신이 신진 사대부들의 마음을 사로잡았다고 하였다.

② 1문단에서 주자가 주자학을 만든 이유는 '자연과학과 심리학의 도움으로 도덕 이론을 더 정확하게 설명하기 위해서'였다고 하였다. 따라서 주자학은 자연과학과 심리학의 영향을 받았다고 할 수 있다.

④ 1문단에서 공자와 맹자의 말씀은 소박한 가르침에 지나지 않았고, 주자는 이를 철학적으로 훨씬 더 세련되게 다듬었다고 하였다.

군무원 vs 공무원 비교분석

지식형 위주로 출제되었던 군무원 시험의 초기 출제경향에 비해, 해마다 비문학 독해 영역의 출제비중이 높아지고 있다. 특히, 일반 공무원 시험에 비해 장문으로 출제되는 경우가 많기 때문에 문제풀이 시간 안배도 중요하다. 풀이 시간을 줄이기 위해서는 문제와 선지를 먼저 읽고 그다음에 지문을 독해해야 한다.

20
정답 ③

비문학 > 독해 비문학 > 글의 전개 방식　　난이도 하

| 정답해설 |

ㄴ. 1문단의 '주자학이란 무엇일까? 주자학은 ~ 새롭게 해석한 유학이라 할 수 있다.'와 4문단의 '그렇다면 공자의 말씀을 가장 깊고 넓게 알고 있었던 사람들은 누구일까? 다름 아닌 신진 사대부로, ~'에서 묻고 답하는 방식을 통해 논의를 전개하고 있다.

ㄷ. 1문단에서 '극기복례(克己復禮)', '충서(忠恕)', 2문단에서 '위기지학(爲己之學)', 3문단에서 '격물치지(格物致知)' 등 어려운 용어를 풀어 써서 독자의 이해를 돕고 있다.

| 오답해설 |

ㄱ. 유추는 어렵고 복잡한 개념을 설명하고자 할 때 보다 친숙하고 단순한 개념과 비교함으로써 좀더 쉽게 이해할 수 있도록 서술하는 방법이다. 제시된 글은 유추의 방법으로 전개하고 있지 않다.

ㄹ. 은유와 상징은 드러나지 않는다.

- 은유법: 흔히 'A는 B이다'의 형식으로 원관념과 보조 관념을 직접 연결시키는 방법이다. 본뜻은 숨기고 비유하는 형상만 드러내어 표현하려는 대상을 설명하거나 그 특질을 묘사하는 표현 방법이므로 '암유법(暗喩法)'이라고도 한다.
- 상징법: 원관념이 생략된 채 보조 관념만 제시되는 방법으로, 추상적 관념을 구체화하는 데 쓰인다.

21

비문학 > 독해 비문학 > 내용 확인하기　　　　난이도 **중**

| 정답해설 |

② 1문단은 중국의 정원, 2문단은 일본의 정원의 특징을 설명하고 있다. 그리고 한국 정원의 특징은 3~4문단에 제시되어 있다. 3문단에서 '우리 원림에서는 ~ 자연 경관을 경영하는 것이다.'라고 하였고, 4문단에서 로랑 살로몽의 말을 인용하여 '한국의 전통 건축물은 단순한 건축물이 아니라 자연이고 풍경'이라고 하여 우리나라 전통 정원의 특징을 설명하고 있다. 따라서 한국 정원의 특징으로 가장 적절한 것은 '자연 경관의 경영(經營)'이라 할 수 있다.

| 오답해설 |

① 3문단에서 '인공적인 조원이 아니'라고 했고, 4문단에서 로랑 살로몽의 말을 인용하여 한국의 전통 건축물은 자연이고 풍경이며, 인위적으로 세운 것이 아니라고 하였다. 따라서 한국 정원은 '자연과 인공의 조화'가 아니다.

③ 3문단을 보면 울타리 바깥의 자연 경관을 정원으로 끌어들이는 차경(借景)이 중요한 요소로 작용하는 것은 중국과 일본의 정원인 원림(園林)임을 알 수 있다.

④ 1문단을 보면 자연을 인공적으로 재현한 것은 중국의 4대 정원임을 알 수 있다.

22

문학 > 고전 문학 > 고전 시가 – 창작 시기　　　　난이도 **하**

| 정답해설 |

④ ㉠ (가)~(라) 중 가장 먼저 지어진 작품은 고려 23대 고종 때 한림(翰林)의 학자들이 지은 (라) 「한림별곡(翰林別曲)」이다. 제작 연대는 1216~1230년 사이로 추정된다.

㉡ (가)~(라) 중 '훈민정음'으로 가장 먼저 표기된 작품은 (가) 「용비어천가(龍飛御天歌)」이다.

더 알아보기 ▶ 작품 분석

(가) 정인지, 권제, 안지 외, 「용비어천가(龍飛御天歌)」 제2장
- 주제: 새 왕조 창업의 정당성 (제2장: 조선 왕조의 번성과 무궁한 발전 기원)
- 해제: 조선 세종 27년(1445)에 정인지, 권제, 안지 등이 지어 세종 29년(1447)에 간행한 악장으로, 훈민정음으로 쓴 최초의 작품이다.

(나) 이조년, 「梨花에 月白ᄒᆞ고」
- 주제: 봄밤의 애상적 정서
- 해제: 고려 25대 충렬왕의 계승 문제로 당론이 분열되었을 때 이조년(1269~1343)이 주도파의 모함으로 귀양살이를 하던 중, 임금에 대한 걱정과 유배지에서의 은둔 생활의 애상을 표현한 시조이다.

(다) 정철, 「사미인곡(思美人曲)」 결사
- 주제: 임금을 향한 일편단심, 연군지정(戀君之情) (결사: 죽어서도 임을 따르겠다는 염원)

- 해제: 조선 선조 18년(1585)에 정철이 관직에서 밀려나 4년 동안 전라남도 창평에서 지내면서 임금에 대한 그리운 정을 간곡하게 읊은 가사 작품이다.

(라) 한림 제유, 「한림별곡(翰林別曲)」 제1장
- 주제
  ㉠ 신진 사대부들의 학문적 자부심과 의욕적 기개
  ㉡ 귀족들의 향락적 풍류 생활과 퇴폐적인 기풍
  (제1장: 옛 문장 예찬과 과거 시험장의 풍경)
- 해제: 고려 23대 고종 때 한림(翰林)의 학자들이 무신 집권하에서 문인들의 향락적·유흥적 생활 감정을 읊은 경기체가로, 현전하는 경기체가 가운데 가장 먼저 창작된 작품이다.

23

어휘와 관용 표현 > 한자와 한자어 > 한자의 짜임　　　　난이도 **상**

| 정답해설 |

② 한자는 '글자들이 뿔뿔이 따로 만들어진 것이 아니고 대부분 (가)와 같은 방식으로 만들어져 그렇게 대단한 부담이 아니'라고 하였으므로, (가)에는 글자들이 합쳐진 방식으로 만들어져 부담 없이 배울 수 있는 글자 제작 방식인 '형성(形聲)'이 들어가야 한다. 형성(形聲) 문자는 한자를 보고 뜻과 음을 유추할 수 있으므로 그 수가 많더라도 대단한 부담이 되지 않는다.

더 알아보기 ▶ 한자의 '육서(六書) 원리'

한자는 기본적으로 표의문자에 속하나, 문자가 만들어지고 사용되는 방법에 따라서 더 자세하게 나눌 수 있다. '육서(六書)'는 한자의 구성 및 운용에 관한 여섯 가지의 명칭을 뜻하며, '상형(象形), 지사(指事), 회의(會意), 형성(形聲), 전주(轉注), 가차(假借)'의 여섯 가지를 일컫는다.

1. 상형(象形) 문자: 사물의 모양 그대로 본뜬 글자로, 거의 부수글자에 포함된다.
   예 • 구(口: 입): 사람의 입 모양을 본뜸.
   • 목(木: 나무): 나무의 뿌리와 가지의 모양을 본뜸.
   • 산(山: 뫼): 산의 모양을 본뜸.
   • 모(母: 어머니): 아기에게 젖을 물리는 어머니를 표현함.

2. 지사(指事) 문자: 직접 그려 낼 수 없는 추상적이면서 비교적 기본적인 개념을 표현하기 위해 만든 형식으로, 점과 선을 이용해서 상징이 될 수 있는 부호로 글자를 만드는 방식이다.
   예 • 상(上: 위): 上(상)은 一(일) 위에 짧은 一(일)을 쓰기도 하고, 긴 一(일) 위에 'ㆍ'을 쓰기도 하여 어떤 위치보다도 높은 곳을 나타낸다. '上' 자는 하늘을 가리키고 있는 것으로 '위'나 '윗'을 뜻한다.
   • 하(下: 아래): '아래'나 '밑', '끝'이라는 뜻을 가진 글자로, 밑의 것이 위의 것에 덮여 있는 모양이며 上(상)에 대한 아래, 아래쪽, 낮은 쪽을 뜻한다.

3. 회의(會意) 문자: 이미 만들어진 한자를 합쳐 새로운 뜻을 만들어 낸 글자로, 뜻과 뜻이 합쳐져 새로운 뜻이 생성된다.

예 • 동체회의(同體會意): 같은 글자 합치기
  - 염(炎: 불꽃) = 火(불 화) + 火(불 화)
  - 훤(吅: 부르짖다) = 口(입 구) + 口(입 구)
  • 이체회의(異體會意): 다른 글자 합치기
  - 명(明: 밝다) = 日(날 일) + 月(달 월)
  - 휴(休: 쉬다) = 亻(사람인변 인) + 木(나무 목)
  • 변체회의(變體會意), 생체회의(省體會意): 합쳐지는 글자의 획이나 모양을 변형하기
  - 효(孝: 효도) = 老(老: 늙다) + 子(子: 아들)
  - 존(存: 있다) = 子(子: 아들) + 在(在: 있다)

4. 형성(形聲) 문자: 뜻을 나타내는 부분과 음을 나타내는 부분이 합쳐져서 만들어진 글자로, 한자의 80% 이상을 차지한다.

예 • 매(梅: 매화) = 뜻: 목(木: 나무) + 음: 매(每: 매양)
  • 양(洋: 큰 바다) = 뜻: 수(水: 물) + 음: 양(羊: 양)
  • 전(錢: 돈) = 뜻: 금(金: 쇠) + 음: 잔(戔: 나머지, 적다)

5. 전주(轉注) 문자: 이미 있는 한자의 뜻을 확대·발전시켜 다른 뜻으로 돌려 쓰는 글자이다.

예 '악(樂: 풍류 악)'이 '락(樂, 즐기다 락)', '요(樂, 좋아하다 요)'로 쓰이는 것

6. 가차(假借) 문자: 이미 만들어진 글자의 뜻과는 관계없이 글자의 음만 빌려 쓰는 문자이다. 주로 외래어, 의성어, 의태어에 쓰인다.

예 • 불란서(佛蘭西: 佛 부처 불 / 蘭 난초 란 / 西 서녘 서): 프랑스(France)의 음역(音譯)
  • 아세아(亞細亞: 亞 버금 아 / 細 가늘 세 / 亞 버금 아): 아시아(asia)의 음역(音譯)

---

24 정답 ②

| 문학 > 현대 문학 > 현대 소설 – 어휘의 의미 | 난이도 **상** |

| **정답해설** |
② '가난뱅이 농투성이가 남의 세토 얻어 비지땀 흘려 가면서 일 년 농사 지어 절반도 넘는 도지 물'어야 한다고 했으므로, ⓛ의 '도지'는 '풍년이나 흉년에 관계없이 해마다 일정한 금액으로 정하여진 소작료'를 뜻한다. 참고로, '세토(稅土)'란 해마다 일정한 양의 벼를 주인에게 세(稅)로 바치고 부치는 논밭을 말한다.

| **오답해설** |
① ㉠ 미상불(未嘗不: 未 아닐 미 / 嘗 맛볼 상 / 不 아닐 불): 아닌 게 아니라 과연
③ ㉢ 모자라나따나 = 모자라–(어간) + –나따나(연결 어미)
  • 모자라다: 기준이 되는 양이나 정도에 미치지 못하다.
  • –나따나: 연결 어미 '–더라도'의 방언(경상)
④ ㉣ 시뿌듬하다: '시쁘둥하다(마음에 차지 아니하여 아주 시들한 기색이 있다.)'의 방언(전라)
  참 시큰둥하다: 달갑지 아니하거나 못마땅하여 시들하다.

더 알아보기 ▶ '도지(賭只)'와 '도지(賭地)'

• 도지(賭只: 賭 내기 도 / 只 다만 지): 풍년이나 흉년에 관계없이 해마다 일정한 금액으로 정하여진 소작료
• 도지[賭地: 賭 내기(노름, 도박) 도 / 地 땅 지]
  ㉠ 일정한 대가를 주고 빌려 쓰는 논밭이나 집터
  ㉡ 남의 논밭을 빌려서 부치고 논밭을 빌린 대가로 해마다 내는 벼
  ㉢ 조선 후기에, 도지권의 대가로 생산물의 25~33%를 소작료로 물던 정액제 소작 형태

---

25 정답 ①

| 문학 > 현대 문학 > 현대 소설 – 인물의 심리 | 난이도 **중** |

| **정답해설** |
① '독립이 되기 전 일본 정치 밑에서도 남의 세토 얻어 도지 물고 나머지나 천신하는 가난뱅이 농투성이에서 벗어날' 일은 없었기 때문에 '독립이 되었다고 만세를 부르며 날뛰고 할 흥이 한생원으로는 나는 것'이 없었지만, '전쟁이 끝이 나서 공출과 징용이 없어진 것이 다행일 따름'이라고 생각하고 있다. 또한 '한생원은 나라를 도로 찾는다는 것은 구한국 시절로 다시 돌아가는 것'으로 생각한다. 따라서 독립이라는 것이 소작농의 삶에 아무런 영향을 끼치지 않는다고 생각한 것은 아니다.

| **오답해설** |
② 한생원은 '가난뱅이 농투성이가 남의 세토 얻어 비지땀 흘려 가면서 일 년 농사 지어 절반도 넘는 도지 물고, 나머지로 굶으며 먹으며 연명이나 하여 가기는 독립이 되거나 말거나 매양 일반 일 터'라고 생각하고 있다. 즉, 한생원은 해방이 되어도 나라가 사회 모순을 해결하지 못할 것이라고 생각한다.
③ '한생원은 나라를 도로 찾는다는 것은 구한국 시절로 다시 돌아가는 것으로밖에는 달리 생각할 수가 없었다.'에서 알 수 있다.
④ 한생원의 아버지가 품삯을 받아 푼푼이 모으고 악의악식하면서 모은 돈으로 산 논의 열서 마지기를 산 지 겨우 오 년 만에 고을 원에게 빼앗겨 버렸다는 내용에서 한생원이 소작농의 궁핍한 삶에 국가의 책임도 적지 않다고 생각함을 짐작할 수 있다.

더 알아보기 ▶ 채만식, 「논 이야기」

• 주제: 광복 직후 농지 정책에 대한 비판과 소아(小我)적 인물에 대한 비판
• 해제: 이 작품은 광복 직후 과도기적 사회 모습을 풍자적으로 그리고 있다. 일본에 나라를 빼앗기고도 아픔을 느끼지 못하는 무지함과 해방이 된 후 개인적 이익에 집착하는 한 생원의 사고를 풍자함으로써 역사적 전환기에 선 우리 민족의 삶의 자세를 돌아보게 한다.

7급 군무원 국어

I 전체 난이도 및 합격선

전체 난이도	합격선
上	72점

I 기출총평

2022년 7급 시험은 비문학이 10문항으로 가장 많이 출제되었고, 문학이 6문항, 문법과 어문 규정이 6문항이었다. 전체적인 난도는 전년도와 마찬가지로 무난한 편이라 할 수 있으며, 2022년 군무원 9급 시험과 비교하여 훨씬 쉬운 편이라 할 수 있겠다.

비문학에서는 글의 전개 방식, 조건에 따른 글쓰기, 주장과 근거, 글의 제목, 글의 순서, 내용 파악, 내용 추론 등 다양한 유형으로 출제되었다. 문법과 어문 규정은 전년도 7급에서는 고르게 출제된 반면 올해는 꾸준히 출제되었던 한글 맞춤법, 외래어, 로마자 표기법 등은 출제되지 않고, 띄어쓰기만 1문항 출제되고, 오히려 현대 문법에서 품사, 안긴 문장, 능동 표현과 피동 표현 등 5문항이 출제되었다. 난도는 높지 않았지만, 품사에서만 3문항 출제된 것과 안긴 문장은 대학수학능력시험에서 출제된 문제가 그대로 출제된 것이 특징적이다. 문학의 경우 고전 문학은 출제되지 않았고 현대 문학에서만 6문항이 출제되었다. 최인훈의 「광장」, 오상원의 「유예」, 김영랑의 「모란이 피기까지는」, 김수영의 「사령」 등은 일반 공무원 시험에서도 이미 출제되었던 작품으로서 수험생들에게 익숙한 작품이라 할 수 있으나, 오세영의 「열매」는 처음 출제된 작품이다. 한자어와 우리말 어휘 문제는 어려웠을 것으로 보인다. 한자어와 우리말 어휘는 꾸준히 학습해야 한다.

전체적으로 비문학은 독서, 화법, 작문 등 고르게 학습해야 하고, 문학과 문법에 비중을 두고 학습해야 할 것이다.

I 영역별 출제비중

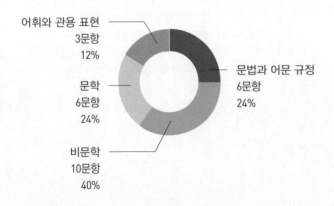

어휘와 관용 표현
3문항
12%

문학
6문항
24%

비문학
10문항
40%

문법과 어문 규정
6문항
24%

I 문항 분석

	카테고리	출제수	정답률
1	문법과 어문 규정 > 현대 문법 > 품사	13회	63%
2	문학 > 현대 문학 > 현대 소설 – 표현상 특징	26회	88%
3	비문학 > 독해 비문학 > 한자 성어	21회	80%
4	문학 > 현대 문학 > 현대 시	37회	44%
5	비문학 > 독해 비문학 > 글의 전개 방식	15회	63%
고난도 TOP2 6	어휘와 관용 표현 > 순우리말 > 우리말 어휘	16회	31%
7	비문학 > 이론 비문학 > 작문 – 조건에 따른 글쓰기	2회	88%
고난도 TOP3 8	어휘와 관용 표현 > 한자와 한자어 > 한자어	27회	40%
고난도 TOP1 9	비문학 > 독해 비문학 > 주장과 근거	1회	25%
10	비문학 > 독해 비문학 > 글의 제목	4회	81%
11	문학 > 현대 문학 > 현대 시	37회	100%
12	문법과 어문 규정 > 현대 문법 > 문장의 갈래	3회	81%
13	비문학 > 독해 비문학 > 글의 순서	13회	94%
14	어휘와 관용 표현 > 한자와 한자어 > 한자어	27회	47%
15	문학 > 현대 문학 > 현대 수필 – 내용 파악	4회	94%
16	비문학 > 독해 비문학 > 글의 제목	4회	63%
17	문법과 어문 규정 > 현대 문법 > 품사	13회	81%
18	비문학 > 독해 비문학 > 내용 확인하기	22회	100%
19	문법과 어문 규정 > 현대 문법 > 품사	13회	69%
20	비문학 > 독해 비문학 > 내용 확인하기	22회	81%
21	비문학 > 독해 비문학 > 내용 추론	1회	94%
22	문학 > 현대 문학 > 현대 시 – 시어의 함축적 의미	37회	81%
23	문법과 어문 규정 > 어문 규정 > 띄어쓰기	24회	88%
24	문법과 어문 규정 > 현대 문법 > 능동 표현과 피동 표현	1회	94%
25	문학 > 현대 문학 > 현대 소설 – 구절의 의미	26회	81%

※ **고난도 TOP1** 는 해당 회차에서 정답률이 가장 낮은 문항입니다.

01

정답 ①

| 문법과 어문 규정 > 현대 문법 > 품사 | 정답률 63% |

| 정답해설 |

① 선택률 63% 〈보기〉의 특징을 모두 만족하는 품사는 관형사이다. ①의 '달리'는 부사로서, 관형사와 동일하게 격조사와 결합할 수 없고, 독립된 품사로서 띄어 쓴다. 그러나 관형사와 달리 보조사와 결합할 수 있고, 주로 용언을 꾸며 준다.
   예 똑같은 대상도 관점에 따라 달리도 볼 수 있다. → 달리(부사)+도(보조사), 뒤에 용언 '볼(동사)'을 수식한다.

| 오답해설 |

② 선택률 13% 서너: 그 수량이 셋이나 넷임을 나타내는 관형사
   예 작업을 마치려면 서너 시간은 걸릴 듯하다.
③ 선택률 19% 어떤: 사람이나 사물의 특성, 내용, 상태, 성격이 무엇인지 물을 때 쓰는 관형사
   예 그는 어떤 사람이니?
④ 선택률 5% 갖은: 골고루 다 갖춘. 또는 여러 가지의
   예 그는 갖은 고생 끝에 드디어 작품을 완성했다.

군무원 vs 공무원 비교분석

품사를 묻는 유형은 일반 공무원 시험과 마찬가지로 꾸준히 출제되는 유형이다. 특히 2020년, 2018년, 2017년 군무원 9급 시험에서도 출제되었다. 문장 성분과 혼동하지 않도록 품사의 개념을 명확하게 학습해야 한다.

02

정답 ④

| 문학 > 현대 문학 > 현대 소설 – 표현상 특징 | 정답률 88% |

| 정답해설 |

④ 선택률 88% 제시된 작품에서는 주인공인 '그(나)'의 의식(감정)의 흐름에 따라 상황이 전개되고 있다. 이러한 '의식의 흐름'이라는 소설 기법은 시간 순서에 따른 사건 전개를 무시하고 주인공의 의식의 흐름을 중심으로 사건을 전달하는 것이다.

| 오답해설 |

① 선택률 0% 제시된 작품에서 마주 대하여 이야기를 주고받는 대화는 드러나지 않는다. "뭐 하고 있어! 빨리 나와!"라는 부분은 일방적인 명령의 표현으로서, 인물 간에 이루어지는 대화라 할 수 없다.

② 선택률 12% '그들'에게 끌려나오는 '그(나)'의 행동이 드러나지만, 이러한 행동이 주제를 드러내지는 않는다. 전쟁과 죽음이라는 극한 상황 속에서 죽음과 정면으로 맞서는 등장인물의 의식을 통해서 전쟁의 비극성(잔인성)이라는 주제를 드러내고 있다.
③ 선택률 0% '그들'과 '그(나)'의 갈등 상황으로 볼 수는 있으나, 주된 전개는 죽음을 받아들이는 주인공인 '그(나)'의 의식의 흐름이다.

더 알아보기 ▶ 오상원, 「유예(猶豫)」

• 주제: 전쟁이라는 극한 상황 속에서의 인간의 고뇌와 죽음(전쟁의 비인간성)
• 해제: 이 작품은 전쟁 중 포로가 된 주인공이 적군의 회유를 거부하고 총살되기까지 주인공의 의식의 세계와 독백을 중심으로 서술하고 있다. 주인공이 처한 현재의 상황과 그와 관련된 주인공의 의식의 흐름에 초점을 맞추고 있어 시간의 순차성은 거의 무시되고 있다. 전쟁의 무의미성, 가치를 상실한 인간 생명을 세밀하게 포착하여 전쟁과 죽음이라는 극한 상황 속에서 죽음과 정면으로 맞서는 등장인물의 모습을 보여 주고 있다. 이를 통해 작가의 실존주의적인 문학관을 확인할 수 있다.

03

정답 ①

| 비문학 > 독해 비문학 > 한자 성어 | 정답률 80% |

| 정답해설 |

① 선택률 80% ㉠은 타인을 배려하는 공생의 원칙에 의해 통제되어야 한다는 '사회적 효율성'에 관한 것이므로 상대방의 처지에서 생각해 보는 것을 뜻하는 '역지사지(易地思之)'가 들어가는 것이 적절하다.
   ㉡은 '수익자 부담의 원칙'이라는 상식을 따르지 않는 경우에 관한 사자성어가 들어가야 한다. '수익자 부담의 원칙'은 이익을 얻은 개발업자가 개발부담금을 납부하지 않거나 이익을 보는 도로 사용자가 도로유지비용을 부담하지 않는 것은 '수익자 부담의 원칙'이라는 상식을 따르지 않는 것이다. 그러므로 덕을 보고도 이를 저버리고 배신하는 태도를 뜻하는 '배은망덕(背恩忘德)'이 들어가는 것이 적절하다.

| 오답해설 |

② 선택률 20% ㉠ 십시일반(十匙一飯: 十 열 십/匙 숟가락 시/一 한 일/飯 밥 반): 열 사람이 한 숟가락씩 밥을 보태면 한 사람이 먹을 만한 양식이 된다는 뜻으로, 여럿이 힘을 합하면 한 사람쯤은 도와주기 쉽다는 것을 비유하는 말이다.
   ㉡ 동량지재(棟梁之材: 棟 마룻대 동/梁 들보 량/之 갈 지/材 재목 재): 기둥이나 들보가 될 만한 훌륭한 인재라는 뜻으로, 한 집이나 한 나라의 중요한 일을 맡을 만한 사람을 의미한다.
③ 선택률 0% ㉠ 인지상정(人之常情: 人 사람 인/之 갈 지/常 항상 상/情 뜻 정): 사람이라면 누구나 가지는 보통의 인정, 또는 생각을 의미한다.
   ㉡ 부수청령(俯首聽令: 俯 구부릴 부/首 머리 수/聽 들을 청/令 하여금 령): 고개를 숙이고 명령을 따른다는 뜻으로, 윗사람의 위엄에 눌려 명령대로 좇아 행함을 이르는 말이다.
   유 부수청명(俯首聽命)

④ 선택률 0% ㉠ 오월동주(吳越同舟: 吳 성 오/越 넘을 월/同 한가지 동/舟 배 주): '오나라 사람과 월나라 사람이 한 배에 타고 있다.' 는 뜻으로, 어려운 상황에서는 원수라도 협력하게 됨을 의미한다. 즉, 서로 원수지간이면서도 어떤 목적을 위해서는 부득이 협력을 하는 상태를 일컫는다.

㉡ 수주대토(守株待兎: 守 지킬 수/株 그루 주/待 기다릴 대/兎 토끼 토): '그루터기를 지켜 토끼를 기다린다.'는 뜻으로, 고지식하고 융통성이 없어 한 가지 일에만 얽매여 발전을 모르는 어리석음을 비유한다.

더 알아보기 ▶ '易'의 한자음

'易'은 '바꾸다. 고치다'의 의미로 쓰인 경우 '역'으로 읽고, '쉽다. 가볍게 보다'는 의미로 쓰인 경우 '이'로 읽는다. '역지사지(易地思之)'는 '처지를 서로 바꾸어 생각함'을 뜻하는데, 이때 '易'은 '바꾸다'로 쓰인 것이므로 '역'으로 읽는다. 그러나 '소년은 늙기 쉬우나 학문을 이루기는 어렵다.'는 뜻의 '소년이로학난성(少年易老學難成)'과 '손바닥을 뒤집는 것 같이 쉽다.'는 뜻으로, 일이 매우 쉬움을 이르는 '이여반장(易如反掌)'에서 '易'는 '쉽다'의 뜻으로 쓰였으므로 '이'로 읽는다.

04   정답 ④

| 문학 > 현대 문학 > 현대 시 | 정답률 44% |

| 정답해설 |

④ 선택률 44% '죽은 영혼'을 뜻하는 제목 「사령(死靈)」이 암시하듯이, 화자는 불의에 항거하지 못하고 소극적인 입장을 취한 자신을 스스로 질책하고 반성하고 있다. 그러나 화자에게서 세상을 싫어하고 모든 일을 어둡고 부정적, 비관적인 것으로 보는 염세적(厭世的) 태도는 드러나지 않는다.

| 오답해설 |

① 선택률 12% '자조적(自嘲的)'이란 자기를 스스로 비웃는 듯한 것을 말한다. 5연 4행 '우스워라 나의 영은 죽어 있는 것이 아니냐'는 행동하지 못하는 자신의 무기력함에 대한 자조적인 반성의 표현이다.

② 선택률 44% '자성적(自省的)'이란 자기 자신의 태도나 행동을 스스로 반성하는 것이다. 자유와 정의가 소멸되어 활자로만 존재하는 부도덕한 현실에 적극적으로 항거하지 못하고 자유를 말하지 못하는 자신에 대해 '나의 영(靈)은 죽어 있는 것이 아니냐', '마음에 들지 않어라'라고 하면서 스스로 반성하고 있다.

③ 선택률 0% '나의 영(靈)은 죽어 있는 것이 아니냐'라는 1연이 5연에서 반복, 변주되는 수미상관의 구조를 통해서 화자의 정서(자조와 반성)가 강조되고 있다.

더 알아보기 ▶ 김수영, 「사령(死靈)」

- 주제: 불의에 적극적으로 항거하지 못하는 지식인의 자기반성
- 해제: '죽은 영혼'이라는 뜻의 제목이 암시하듯이 부정적인 현실에 적극적으로 대항하지 못하고 침묵하는 자신의 삶을 비판하고 있는 작품이다. '벗(활자, 그대)'에게 자신의 무기력함을 고백하는 문체를 사용하여 자신의 삶에 대한 자조적 태도를 효과적으로 형상화하고 있다.

05   정답 ④

| 비문학 > 독해 비문학 > 글의 전개 방식 | 정답률 63% |

| 정답해설 |

④ 선택률 63% '분류'란 여러 대상이나 개념에 대해 공통적인 특성 및 기준을 근거로 하위 개념에서 상위 개념으로 종류를 묶어가며 설명하는 방식이다. '장미는 잎, 줄기, 뿌리로 구성되어 있다.'는 것은 대상을 하위 개념으로 쪼개어 그것의 특징을 밝히는 분석에 해당한다.

| 오답해설 |

① 선택률 18% ㉠: '비교'란 둘 이상의 사물이나 개념 사이의 공통점을 중심으로 설명하는 방식이고, 대조는 둘 이상의 사물이나 개념 사이의 차이점을 중심으로 설명하는 방식이다. '장미'와 '국화'의 공통점과 차이점을 들어 설명하고 있다.

② 선택률 19% ㉡: '유추'란 생소한 개념이나 현상을 설명할 때, 낯선 개념을 익숙한 대상에 비유하여 설명하는 방식이다. '장미'의 특성을 '은장도'의 특성에 유추하여 설명하고 있다.

③ 선택률 0% ㉢: '예시'란 이미 알고 있는 개념을 구체화하는 방법으로서 예를 들어 설명하여 개념을 쉽게 이해할 수 있도록 설명하는 방식이다. 문학 작품에 쓰인 장미의 예로 '어린왕자'를 제시하였다.

더 알아보기 ▶ 혼동하기 쉬운 전개 방식

- 정의와 지정: '정의'는 대상의 개념이나 뜻을 밝히는 것이고, '지정'은 대상을 손으로 가리키듯 직접 설명해 주는 방식이다.
- 비교와 유추: '비교'는 둘 이상의 사물을 견주어 서로 간의 유사점을 서술하는 것이고, '유추'는 같은 종류의 것 또는 비슷한 것에 기초하여 다른 사물을 미루어 추측하는 것이다.
- 비교와 대조: '비교'는 둘 이상의 사물들에 대해 공통점을 설명하는 것이고 '대조'는 차이점을 설명하는 것이다.
- 분석과 분류: '분석'은 대상을 구성 요소로 나누어 진술하는 방식이고, '분류'는 비슷한 특성에 근거하여 하위개념을 상위개념으로 묶어 주는 진술하는 방식이다.
- 과정과 서사: '과정'은 어떤 결과를 이르게 하는 순서에, '서사'는 시간의 흐름에 따른 인물의 행위에 초점을 두고 전개하는 방법이다.

06 고난도 TOP2   정답 ②

| 어휘와 관용 표현 > 순우리말 > 우리말 어휘 | 정답률 31% |

| 정답해설 |

② 선택률 31% '늡늡하다'는 '성격이 너그럽고 활달하다.'라는 뜻이다.

| 오답해설 |

① 선택률 6% 머줍다: 동작이 둔하고 느리다.
예 초보자라서 일하는 것이 좀 머줍다.

③ 선택률 50% 골막하다: 담긴 것이 가득 차지 아니하고 조금 모자란 듯하다.
예 할머니는 죽을 그릇에 넘지 않도록 골막하게 담아 주셨다.

④ 선택률 13% 동뜨다

　⊙ 다른 것들보다 훨씬 뛰어나다.
　　예 그녀는 우리 동기 가운데서 가장 동뜬 학생이었다.
　ⓛ 평상시와는 다르다.
　　예 한밤중의 거리는 대낮의 거리와는 너무나 동뜬 분위기이다.
　ⓒ 동안이 뜨다.
　　예 우리는 기차 시간과 약속 시간이 크게 동뜨지 않도록 차 시간을 미리 알아보았다.

군무원 vs 공무원 비교분석

순우리말 어휘에 관한 문제는 일반 공무원 시험에 비하여 군무원 시험에서 꾸준히 출제되고 있다. 군무원 9급 시험에서는 우리말 어휘와 한자어를 구별하는 유형으로 출제되기도 하였다. 순우리말 어휘의 양이 방대하여 짧은 시간에 학습할 수 없으므로, 평상시 국어사전을 활용하거나 기본서에 정리된 어휘를 중심으로 꾸준히 학습해야 한다.

07　　　　정답 ④

| 비문학 > 이론 비문학 > 작문 – 조건에 따른 글쓰기 | 정답률 88% |

| 정답해설 |

④ 선택률 88% '힘내! 우리는 젊잖아'는 동생이 아픈 데에 집안 사정도 어려워진 친구를 위로하는 희망적인 내용에 해당한다. 그리고 '엎친 데 덮친 격'이라는 격언을 인용하였고, '햇빛처럼 환한 너의 웃음'에서 연결어 '~처럼'을 사용한 직유의 표현이 드러나 있다.

| 오답해설 |

① 선택률 0% '하면 된다.'는 격언을 인용하였으나, 아픈 친구에게 할 수 있는 표현으로는 적절하지 않다. 또 희망적인 내용과 직유나 은유의 표현도 사용하지 않았다.

② 선택률 12% '친구 따라 강남 간다.'라는 속담을 인용하였으나, 이 속담은 자기는 하고 싶지 아니하나 남에게 끌려서 덩달아 하게 되는 것을 뜻하므로 친구가 떠나서 섭섭해 하는 상대방을 위로하는 표현으로는 적절하지 않다. 다만, '너무 아파하지 말고 툭툭 털고 일어나렴.'은 희망적인 내용이라 할 수 있고, '봄의 새싹같이'에서는 직유법을 사용하였다.

③ 선택률 0% '선생님의 그림자는 밟지도 않는다.'라는 속담을 인용하였으나, 이 속담은 스승의 그림자도 밟지 않을 정도로 스승을 존경한다는 의미이므로 선생님께 혼나서 속상한 친구에게 할 수 있는 위로의 표현으로 적절하지 않다. ③은 위로의 표현일 뿐 희망적인 내용이라 할 수 없으며, 직유나 은유의 표현도 사용하지 않았다.

08　고난도 TOP3　　　　정답 ④

| 어휘와 관용 표현 > 한자와 한자어 > 한자어 | 정답률 40% |

| 정답해설 |

④ 선택률 40% '방증(傍證)'은 '사실을 직접 증명할 수 있는 증거가 되지는 않지만 주변의 상황을 밝힘으로써 간접적으로 증명에 도움

을 줌. 또는 그 증거'를 뜻한다. ④는 은메달 스트레스가 메달 지상주의를 부추기는 올림픽의 현실을 간접적으로 증명하는 예라는 것을 의미하므로 한자의 쓰임이 적절하다.

　┌ 방증(傍證: 傍 곁 방/證 증거 증): 사실을 직접 증명할 수 있는 증거가 되지는 않지만, 주변의 상황을 밝힘으로써 간접적으로 증명에 도움을 줌. 또는 그 증거
　└ 반증(反證: 反 돌이킬 반/證 증거 증): 어떤 사실이나 주장이 옳지 아니함을 그에 반대되는 근거를 들어 증명함. 또는 그런 증거

| 오답해설 |

① 선택률 20% 계발(啓發)(×) → 개발(開發)(○)

'계발(啓發)'은 '상상력 계발, 소질 계발'처럼 슬기나 재능, 사상 등을 일깨워준다는 것을 뜻한다. '개발(開發)'은 토지나 천연자원 등을 유용하게 만들거나 산업·경제 등을 발전하게 하는 일로, 새로운 물건을 만들거나 새로운 생각을 내어놓을 때도 '자원 개발, 산업 개발, 신제품 개발'과 같이 쓰인다.

　┌ 계발(啓發: 啓 열 계/發 필 발): 슬기나 재능, 사상 따위를 일깨워 줌.
　└ 개발(開發: 開 열 개/發 필 발): 새로운 물건을 만들거나 새로운 생각을 내어놓음.

② 선택률 13% 혼돈(混沌)(×) → 혼동(混同)(○)

'혼돈(混沌)'은 구별이 확실하지 않은 상태나 갈피를 잡지 못하는 상태를 가리키며, 판단능력을 갖지 못할 때 나타난다. '혼동(混同)'은 어떤 대상이 다른 것과 같은 것으로 보는 것으로, 즉 둘의 차이를 전혀 알지 못하여 잘못 생각하는 것을 말한다.

　┌ 혼돈(混沌: 混 섞을 혼/沌 엉길 돈): ⊙ 마구 뒤섞여 있어 갈피를 잡을 수 없음. 또는 그런 상태. ⓛ 하늘과 땅이 아직 나누어지기 전의 상태. 📖 혼돈(渾沌)
　└ 혼동(混同: 混 섞을 혼/同 한가지 동): ⊙ 구별하지 못하고 뒤섞어서 생각함. ⓛ 서로 뒤섞이어 하나가 됨.

③ 선택률 27% 체제(體制)(×) → 체계(體系)(○)

'체제(體制)'는 기본적인 원리나 사상을 뜻하는 것으로, '자본주의 체제, 냉전 체제, 지도 체제'와 같이 쓰인다. '체계(體系)'는 방법이나 조직 전체를 뜻하는데, '지휘 체계, 교통신호 체계, 이론 체계'와 같이 쓰인다.

　┌ 체제(體制: 體 몸 체/制 절제할 제): ⊙ 생기거나 이루어진 틀. 또는 그런 됨됨이. ⓛ 사회를 하나의 유기체로 볼 때에, 그 조직이나 양식, 또는 그 상태를 이르는 말. ⓒ 일정한 정치 원리에 바탕을 둔 국가 질서의 전체적 경향
　└ 체계(體系: 體 몸 체/系 맬 계): 일정한 원리에 따라서 낱낱의 부분이 짜임새 있게 조직되어 통일된 전체

더 알아보기 ▶ 혼동하는 단어들의 의미 구별

이 한자어들은 맞춤법으로도 자주 혼동하는 단어들이다. 한자 표기뿐만 아니라 맞춤법으로도 출제되므로 단어의 의미를 확실하게 구별할 수 있어야 한다.

| 오답해설 |

① 선택률 0% 이 시는 '모란이 피기까지의 기다림(1, 2행) – 모란의 상실로 인한 슬픔(3행~10행) – 다시 모란이 피기까지의 기다림(11, 12행)'이라는 순환 구조를 보이고 있다.

③ 선택률 0% 시적 화자에게 있어 모란이 피는 '봄'은 기쁨과 환희의 계절인 동시에 '봄'이 지나면 모란이 진다는 것을 알기에 슬프고 고통스러운 계절이기도 하다. 하지만 모란이 지는 것은 다시 모란이 피기까지의 기다림으로 이어져 결코 슬픈 것만은 아니라는 인식을 역설적인 표현을 통해 전달하고 있다.

④ 선택률 0% 화자는 모란을 볼 수 있는 '봄'을 기다린다. 하지만 화자는 '봄'이 되면 모란이 피지만 '봄'이 지나면 모란이 진다는 것을 알고 있다. 따라서 화자에게 '봄'은 모란이 피는 기쁜 '찬란한' 시간이지만 모란이 지기 때문에 '슬픔'의 시간이다. 이러한 화자의 태도는 '찬란한 슬픔의 봄'이라는 역설적 표현으로 축약되어 제시되고 있다.

더 알아보기 ▶ 김영랑, 「모란이 피기까지는」

- 주제: 대상(절대적 가치)에 대한 간절한 소망과 기다림
- 해제: 이 시는 모란이 피기를 기다리는 화자를 통해 어떠한 대상에 대한 간절한 기다림을 드러낸 작품이다. 화자에게 모란은 단순히 꽃이 아니라, 인간이 추구할 수 있는 최고의 가치나 내면적 순결성을 의미하는 것일 수도 있다. 그렇기에 화자의 삶은 오로지 모란이 피는 순간만을 지향하며, 그것에 대한 간절한 기다림의 자세를 계속 유지할 수 있는 것이다. 하지만 화자는 모란이 뚝뚝 떨어져 버리자 봄을 여읜 설움에 잠긴다. 그렇기 때문에 화자의 봄은 찬란하기만 한 봄이 아니라 슬픔의 봄이기도 하다. 이 시의 마지막 부분에 제시된 '찬란한 슬픔의 봄'이라는 표현은 이와 같은 환희와 그 소멸로 인한 슬픔이 한데 섞인 화자의 심정을 드러낸다.

---

09 고난도 TOP1

비문학 > 독해 비문학 > 주장과 근거　　정답률 25%

| 정답해설 |

② 선택률 25% 제시된 글의 논지는 토착어에서 한자어로, 또 서구 외래어로 변신할 때마다 판매자가 이윤을 더 비싸게 붙일 수 있는 위력이 생긴다는 것이다. 이를 통해서 외래어가 상품의 사용 가치보다는 교환 가치를 높이는 데에 이용됨을 설명하고 있다. 따라서 외래어가 판매자의 이윤을 높이거나 교환가치를 높이는 것을 비판하면서 언어 순화는 서구 외래어에서 토착어의 방향, 즉 판매자의 이익이 아닌 소비자의 이익을 위하는 방향으로 전개되어야 한다고 주장할 수 있다.

| 오답해설 |

① 선택률 50% 외래어가 교환 가치를 높이는 데에 이용된다는 것은 외래어의 경제적 가치를 반영한 것이다. 따라서 언어 순화의 방향이 아니다.

③ 선택률 19% 토착어의 순수성은 이 글에서 제시되지 않았다.

④ 선택률 6% 토착어나 한자어, 외래어 모두 의사소통의 공통성이 약한 문제점은 제시되지 않았다.

10

비문학 > 독해 비문학 > 글의 제목　　정답 ①　　정답률 81%

| 정답해설 |

① 선택률 81% 제시된 글은 '시장 설계'의 개념을 먼저 설명하고, 시장 설계의 방법으로 양방향 매칭과 단방향 매칭을 소개하고 있다. 따라서 '시장 설계와 방법'이 글의 제목으로 가장 적절하다.

| 오답해설 |

② 선택률 6% 글의 앞부분에서 경제 주체들은 시장을 통해 재화가 자신들에게 유리하게 배분되도록 노력한다는 것을 설명하고 있으나, 재화 배분과 방법은 제시되지 않았다.

③ 선택률 0% 글의 마지막 부분에서 양방향 매칭은 경제 주체들 간의 매칭을, 단방향 매칭은 경제 주체에게 재화를 배분하는 매칭을 찾는 것이라는 설명은 있지만, 매칭의 방법은 제시되지 않았다.

④ 선택률 13% 글의 요지는 시장 설계와 시장 설계의 방법이다. 따라서 '경제 주체와 매칭'은 글의 제목으로 적절하지 않다.

11

문학 > 현대 문학 > 현대 시　　정답 ②　　정답률 100%

| 정답해설 |

② 선택률 100% 제시된 작품에서 화자는 모란이 피기까지 기다리고, 모란이 지면 섭섭해 운다. 그리고 다시 모란이 피기까지 기다린다. 이를 통해 모란은 화자가 소망하는 미적 대상이라 할 수 있다. 하지만 화자는 이미 모란이 지고 난 후의 슬픔을 알고 있으며, 그럼에도 모란에 대한 기다림을 지속하겠다는 의지를 보이고 있는 것이지 모란의 '영원한 아름다움'을 찬양하는 것은 아니다.

12

문법과 어문 규정 > 현대 문법 > 문장의 갈래　　정답 ③　　정답률 81%

| 정답해설 |

③ 선택률 81% ⊙은 '담징은 땀을 씻었다.'와 '땀이 이마에 흐른다.'라는 문장을 결합하여 안긴 문장을 만든 것이다. 따라서 '이마에 흐르는'의 생략된 주어는 '담징'이 아니라 '땀'이다.

| 오답해설 |

① 선택률 0% ⊙은 관형사형 어미 '–는'으로 이루어진 관형절, ⊙은 명사형 어미 '–ㅁ'으로 이루어진 명사절, ⊙은 부사 '없이'로 이루어진 부사절로 안긴 문장이다.

② 선택률 6% ⊙의 관형절은 뒤의 체언 '땀'을 수식하며, 전체 문장(안은 문장)의 관형어의 기능, ⊙의 명사절은 목적격 조사와 결합하여 목적어의 기능, ⊙의 부사절은 뒤에 나오는 '잘난 척을 해'를 수식하는 부사어의 기능을 하는 안긴 문장이다.

④ 선택률 13% ⊙에서 '그가 착한 사람임'은 명사절이다. 그런데 '그가 착한'과 '그가 착한 사람임을 모르는'도 관형사형 어미 '–ㄴ'과 '–는'으로 관형절을 이루어진 안긴 문장이다.

13　정답 ②

| 비문학 > 독해 비문학 > 글의 순서 | 정답률 94% |

| 정답해설 |

② 선택률 94% (나)에서는 인간을 규정하는 관점이 여러 가지가 있다는 일반 명제를 제시하고, 그중 성선설과 성악설을 언급하며 글의 화제를 제시하고 있으므로 가장 먼저 나와야 한다. 그리고 (가)에서 이 두 관점 중 '인간은 선하다.'고 보는 관점인 성선설에 대해 설명하고 있다. (다)에서는 뒤에 오는 말이 앞의 내용과 상반됨을 나타내는 '반면'으로 이어져 (가)에 나온 '성선설'과 상반된 '성악설'을 구체적으로 설명하고 있다. 그러므로 (가) 뒤에는 (다)가 와야 한다. 그리고 (라)에서 '이렇게 볼 때'로 시작하며 앞서 제시한 내용을 바탕으로 인간을 보는 관점은 '누가 권력을 잡아야 하는가에 대한 논의로 연결된다.'라며 결론을 맺고 있으므로 가장 마지막에 나오는 것이 적절하다. 따라서 '(나) − (가) − (다) − (라)'의 순서가 가장 적절하다.

군무원 vs 공무원 비교분석

글의 연결 순서를 묻는 유형은 2021년 군무원 7급 시험에서도 출제되었고, 일반 공무원 시험에서도 꾸준히 출제되는 유형이다. 이 문제의 난도는 높지 않으나, 장문의 문단으로 출제되는 경우 수험생들이 어려워하기도 한다. 이러한 유형을 해결하기 위해서는 평소에 인문, 사회, 철학 등 다양한 비문학 독해 연습을 해야 한다.

14　정답 ①

| 어휘와 관용 표현 > 한자와 한자어 > 한자어 | 정답률 47% |

| 정답해설 |

① 선택률 47% 詰責: 질책 → 힐책
- 힐책(詰責: 詰 물을 힐/責 꾸짖을 책): 잘못된 점을 따져 나무람.
- 질책(叱責: 叱 꾸짖을 질/責 꾸짖을 책): 꾸짖어 나무람.

| 오답해설 |

② 선택률 20% 포착(捕捉: 捕 잡을 포/捉 잡을 착): ㉠ 꼭 붙잡음. 요점이나 요령을 얻음. ㉡ 어떤 기회나 정세를 알아차림.

③ 선택률 13% 피습(被襲: 被 입을 피/襲 엄습할 습): 습격을 받음.

④ 선택률 20% 알선(斡旋: 斡 돌 알/旋 돌 선): 남의 일이 잘되도록 주선하는 일

군무원 vs 공무원 비교분석

군무원 시험에서 한자어 문제는 일반적으로 1~2문항 정도 출제된다. 힐책(詰責)과 질책(叱責), 알선(斡旋) 등은 일반 공무원 시험에서도 출제된 한자어이다. 군무원 시험의 경우 생활 한자어뿐만 아니라 전문 용어가 출제되기도 하므로 폭넓게 학습해야 한다.

15　정답 ④

| 문학 > 현대 문학 > 현대 수필 – 내용 파악 | 정답률 94% |

| 정답해설 |

④ 선택률 94% 2문단에서 '중력을 거부하는 힘의 동력, 인위적인 그 동력이 끊어지면 분수의 운동은 곧 멈추고 만다.'고 설명하고 있다. 즉 힘의 동력이 끊어지면 분수의 운동이 멈추는 것이지 '힘의 한계'에 부딪쳐 멈추는 것이 아니다.

| 오답해설 |

① 선택률 0% 1문단에서 분수는 '물의 본성에 도전하는 물줄기'라고 하였다.

② 선택률 0% 1문단에서 분수는 '가장 물답지 않은 물, 가장 부자연스러운 물의 운동이다.'라고 하였다.

③ 선택률 6% 1문단에서 '분수는 거역하는 힘, 인위적인 힘의 산물'이라고 하였고, 2문단의 마지막 부분에서 '서양의 역사와 그 인간 생활을 지배해 온 힘'이라고 하였다.

더 알아보기 ▶ 이어령, 「폭포와 분수」

- 주제: 폭포와 분수의 특징으로 본 동서양의 문화적 차이와 가치관의 차이
- 해제: 이 작품은 폭포와 분수의 특성을 통하여 동서양의 문화적인 차이를 비교, 설명하고 있다. 자연의 상태 그대로를 보여 주는 폭포는 자연의 질서와 섭리에 순응하려는 세계관을 가진 동양인들이 즐겨 노래했던 소재이지만, 서양 사람들은 분수를 만들고 즐겼다. 이는 자연을 인위적으로 거부하고 개조하려는 서양인들의 자연관을 보여 주는 것이다. 이 작품에서 작가는 글의 소재가 되고 있는 '폭포와 분수'에서 사물의 특성을 발견하고 이를 통해 동서양의 문화적인 차이와 특성을 비교하고 있다. 일상적인 소재에서 보편적인 의미와 가치를 찾아내는 작가의 통찰력이 잘 드러나 있다.

16　정답 ③

| 비문학 > 독해 비문학 > 글의 제목 | 정답률 63% |

| 정답해설 |

③ 선택률 63% 제시된 글은 앞부분에서 '영국의 곡물법'을 설명하고, 수입 곡물에 대해 관세를 더욱 높일 것을 요구하였던 농부들과 지주들의 주장, 수입 곡물에 대한 관세 인상을 반대하고 곡물법의 즉각적인 철폐를 요구하였던 공장주들의 의견을 이어서 소개하고 있다. 따라서 이 글의 제목으로는 '영국 곡물법에 대한 (농부, 지주, 공장주들의) 의견'이 적절하다.

| 오답해설 |

① 선택률 6% 제시된 글의 앞부분에서 영국 곡물법의 개념을 설명하고 있으나, 글 전체를 아우르는 중심 내용은 아니다.

② 선택률 6% 영국 곡물법의 철폐를 주장한 것은 공장주들의 의견으로, 글 전체 내용 중 일부에 해당한다.

④ 선택률 25% 글의 앞부분에서 영국의 곡물법이 자국의 농업 생산

을 장려하고자 하는 목적에서 제정된 것이라고 설명하고 있으나, 곡물법의 변화는 제시되지 않았다.

17
정답 ③

| 문법과 어문 규정 > 현대 문법 > 품사 | 정답률 81% |

| 정답해설 |
사물의 수량이나 순서를 나타내는 수사와 사물의 수나 양을 나타내는 수 관형사를 구별하는 문제이다.
③ 선택률 81% 체언(명사, 대명사, 수사)은 격조사와 결합할 수 있고, 수식언(관형사, 부사)은 격조사와 결합할 수 없다. 따라서 '한'은 조사가 결합할 수 없고 뒤에 체언 '사람'을 수식하는 수 관형사이다.

| 오답해설 |
① 선택률 0% '하나'는 목적격 조사 '를'이 결합하여 '사과'의 수량을 나타내는 양수사이다.
② 선택률 6% '열'은 관형격 조사 '의', '서른'은 서술격 조사 '이다'와 결합하여 쓰인 수사이다. 다만, '세'는 격조사와 결합할 수 없고 뒤에 체언 '곱'을 수식하는 수 관형사이다.
④ 선택률 13% '첫째'는 부사격 조사 '로'와 결합하여 순서가 가장 먼저인 차례를 의미하는 수사이다.

| 더 알아보기 ▶ '첫째'의 품사 |

- 수사: 순서가 가장 먼저인 차례
  - 예 그가 원하는 것의 첫째는 명예요, 둘째는 돈이다.
- 관형사: 순서가 가장 먼저인 차례의
  - 예 우리 동네 목욕탕은 매월 첫째 주 화요일에 쉰다.
- 명사
  - (주로 '첫째로' 꼴로 쓰여) 무엇보다도 앞서는 것
    - 예 신발은 첫째로 발이 편안해야 한다.
  - 여러 형제자매 가운데서 제일 손위인 사람
    - 예 김 선생의 첫째가 벌써 초등학교 5학년이다.

18
정답 ④

| 비문학 > 독해 비문학 > 내용 확인하기 | 정답률 100% |

| 정답해설 |
④ 선택률 100% 제시된 글의 마지막 부분에서 아인슈타인의 시공간은 '시간에 해당하는 차원이 한 방향으로만 진행한다.'라는 한계가 있기 때문에 제한적인 4차원 공간이라는 특징이 있다고 설명하고 있다.

| 오답해설 |
① 선택률 0% 아인슈타인은 시간과 공간을 합쳐서 '시공간(space-time)'이라고 하였다. 이 시공간은 시간과 공간으로 서로 구별되지 않는다.
② 선택률 0% 아인슈타인의 특수 상대성 이론이 발표되기 전까지 물리학자들은 시간과 공간을 별개의 독립적인 물리량으로 보았다.

③ 선택률 0% 아인슈타인의 특수 상대성 이론이 발표되기 전까지 물리학자들은 공간은 상대적인 물리량인 데 비해, 시간은 '절대적인 물리량으로서 공간이나 다른 어떤 것의 변화에 의해 변하지 않는다.'고 보았다.

19
정답 ③

| 문법과 어문 규정 > 현대 문법 > 품사 | 정답률 69% |

| 정답해설 |
③ 선택률 69% 체언(명사, 대명사, 수사)은 격조사와 결합이 가능하고, 수식언(관형사, 부사)은 격조사와 결합할 수 없다. '여기'는 부사격 조사 '에'의 결합이 가능하므로 체언에 해당하며, 그중 말하는 이에게 가까운 곳을 가리키는 지시 대명사이다.

| 오답해설 |
①②④는 격조사와 결합할 수 없으므로 수식언(관형사, 부사)이며, 뒤의 체언을 수식하고 있으므로 관형사이다.
① 선택률 0% '그'는 뒤에 나오는 체언 '사람'을 수식하며, 듣는 이에게 가까이 있거나 듣는 이가 생각하고 있는 대상을 가리키는 관형사이다.
② 선택률 25% '천'은 뒤에 나오는 의존 명사 '년'을 수식하는 관형사이다.
④ 선택률 6% '이'는 뒤에 나오는 체언 '물건'을 수식하며, 말하는 이에게 가까이 있거나 말하는 이가 생각하고 있는 대상을 가리킬 때 쓰는 관형사이다.

군무원 🆚 공무원 비교분석

> 본 시험에서 1번, 17번, 19번 문항이 모두 품사와 관련된 문제이다. 일반 공무원 시험에서는 품사 관련 문제가 1문항 출제되는 데 비하여 군무원 시험에서는 한 영역에서 다수의 문항으로 출제되기도 한다.

20
정답 ②

| 비문학 > 독해 비문학 > 내용 확인하기 | 정답률 81% |

| 정답해설 |
② 선택률 81% 2문단과 3문단을 보면, 육당(六堂), 춘원(春園) 이전의 신문학이란 지금 우리가 사용하는 의미보다는 훨씬 광의로 사용되었고, 신문학이란 말은 곧 신학문의 별칭이었음을 알 수 있다. 따라서 '신문학'이라는 말이 '신학문'이라는 말과 같은 의미로 사용된 것은 현재가 아니라 육당(六堂), 춘원(春園) 이전이라 할 수 있다.

| 오답해설 |
① 선택률 6% 1문단, 2문단에서 '신문학'이란 말이 어느 때 누구의 창안으로 쓰이기 시작했는지는 알 수 없으나, 현재 우리가 쓰는 의미의 개념으로는 육당(六堂), 춘원(春園) 이후에 비롯된 듯하다고 하며 '신문학'이라는 말의 유래를 설명하고 있다. 그리고 4문단에서 당시에는 신문학이란 말은 곧 신학문의 별칭이었으나,

현재는 시, 소설, 희곡, 비평을 의미하는 문학, 즉 예술문학까지가 포함되어 있는 것이라며 현재적 개념을 서술하고 있다.

③ **선택률 0%** 4문단에서 『황성신문(皇城新聞)』 논설에 쓰인 '문학'이라는 말은 현재 우리가 사용하는 의미의 문학이 아니라 학문 일반의 의미였으므로 신문학이란 말은 곧 신학문의 별칭이라고 설명하고 있다.

④ **선택률 13%** 4문단에서 현재의 '문학'('literature'의 역어)은 시, 소설, 희곡, 비평을 의미하는 문학, 즉 예술문학까지가 포함되어 있는 것이라고 설명하고 있다.

21 정답 ②

비문학 > 독해 비문학 > 내용 추론　　　　정답률 **94%**

| 정답해설 |

② **선택률 94%** 버크는 일반 국민이란 무지하고 교육을 받지 못한 다수를 의미하고, 대중이 그들 자신을 위한 유·불리의 이해관계를 알지 못한다는 가정을 전제로, 분별력 있는 지도자가 독립적 판단을 통해 국가를 이끌어가야 한다고 했다. 또한 지도자는 '스스로 판단해서 대신할 의무'가 있다고 보았다. 따라서 '국민은 지도자에게 자신의 모든 권리를 위임한다.'라는 것이 버크의 견해로 적절하다.

| 오답해설 |

① **선택률 6%** 지도자는 국민 전체의 이익이 무엇인가를 스스로 판단해서 대신할 의무가 있으며, 지도자가 국민의 의견을 좇아 자신의 판단을 단념한다면 그것은 국민에게 봉사하는 것이 아니라 국민을 배신하는 것이라고 했다. 따라서 지도자는 국민 다수의 의견을 따르는 것이 아니라 국민 전체의 이익이 무엇인가를 스스로 판단해서 대신해야 한다.

③ **선택률 0%** 탁월한 지도자를 선택하는 국민의 자질은 제시되지 않았다. 또한 버크는 일반 국민을 무지하고 교육을 받지 못한 다수로 보았으므로 그다지 신뢰할 만하지 않다고 하였다. 따라서 버크는 국민의 자질이 아닌 '스스로 판단해서 대신할 의무'가 있는 지도자의 자질을 더 중요하게 여겼을 것이다.

④ **선택률 0%** 버크의 견해에 따르면 대중이 그들 자신을 위한 유·불리의 이해관계를 알지 못한다는 가정을 전제로, 분별력 있는 지도자가 독립적 판단을 통해 국가를 이끌어가야 한다고 했다. 따라서 국민이 지도자를 선택한 이후에도 다수결을 통해 지도자의 결정에 대한 수용과 비판의 지속적인 태도를 보여 주어야 한다는 것은 버크의 견해로 적절하지 않다.

더 알아보기 ▶ 추론적 독해의 방법

추론적 독해란 명시적으로 드러나지 않고 생략된 내용, 의미, 주제, 글쓴이의 의도 등을 논리적으로 추측하여 깊이 있게 이해하는 독해 방식이다. 따라서 글의 흐름과 짜임, 맥락 등에 유의하여 생략된 내용을 추론해야 한다. 또한 글의 중심 화제와 글쓴이가 말하고자 하는 바가 무엇인지를 염두에 두고 논리적인 인과 관계에 따라 파악해야 한다.

22 정답 ①

문학 > 현대 문학 > 현대 시 – 시어의 함축적 의미　　　정답률 **81%**

| 정답해설 |

① **선택률 81%** 제시된 시는 둥근 원과 직선의 대립적 이미지를 통해 시상을 전개하고 있다. 둥근 모양을 가진 '열매, 탱자, 능금'과 직선 모양인 '뿌리, 가지'를 대조하고 있는데, '열매, 탱자, 능금'은 원만함과 희생을 의미하지만, '뿌리, 가지, 모'는 파고들어 뻗어가는 공격성을 의미한다. 또한 3연에서 먹는 자의 예리한 '이빨'도 공격적 이미지를 보여준다.

| 오답해설 |

② **선택률 6%** '하늘로 뻗어가는 가지는 뾰족'하다. 따라서 날카로운 직선의 이미지를 지닌다.

③ **선택률 0%** 나무의 뿌리와 가지는 직선으로 자라나 '모'가 나지만, '스스로 익어 떨어질 줄 아는 열매'는 '모'가 나지 않는다. 따라서 '모'는 뿌리와 가지의 날카로움과 뾰족함의 이미지를 지닌다.

④ **선택률 13%** 3연은 먹는 자의 예리한 '이빨'과 먹히는 부드러운 '능금'이 서로 대비를 이루고 있다. 따라서 '이빨'은 공격적이고 탐욕스러운 이기심을 의미한다.

더 알아보기 ▶ 오세영, 「열매」

- 주제: 열매의 모양에 담긴 원만한 삶의 자세와 생명력
- 해제: 열매의 모양이 둥근 것으로부터 바람직한 삶의 자세를 깨닫는 과정을 그리고 있는 작품이다. 둥근 모양을 가진 열매와 직선 모양인 뿌리, 가지를 대조하여, 원형의 이미지를 지닌 열매에서 다른 존재에 대한 사랑과 희생을 발견하고, 열매의 모나지 않은 모습과 부드러움 속에서 강한 생명력을 포착하고 있다.

23 정답 ②

문법과 어문 규정 > 어문 규정 > 띄어쓰기　　　정답률 **88%**

| 정답해설 |

② **선택률 88%** '지'가 관형사형 어미 뒤에서 어떤 일이 있었던 때로부터 지금까지의 동안을 나타내는 경우에는 의존 명사이므로 앞말과 띄어 쓴다.

| 오답해설 |

① **선택률 6%** 세달이(×) → 세∨달이(○)
- 세: 그 수량이 셋임을 나타내는 관형사로 띄어 쓴다.
- 달: (주로 고유어 수 뒤에 쓰여) 한 해를 열둘로 나눈 것 가운데 하나의 기간을 세는 단위를 뜻하는 의존 명사이므로 띄어 쓴다.

③ **선택률 0%** 생각∨뿐이었다(×) → 생각뿐이었다(○)
- 뿐: '(체언이나 부사어 뒤에 붙어) 그것만이고 더는 없음 또는 오직 그렇게 하거나 그러하다는 것'을 뜻하는 보조사이므로 앞말에 붙여 쓴다.
- '뿐'이 관형사형 어미 뒤에 쓰이거나 '–다 뿐이지' 구성으로 쓰이는 경우 의존 명사이므로 앞말과 띄어 써야 한다.
  예 이 가게의 채소는 싱싱할 뿐 아니라 값도 싸다.

④ 선택률 6% 노력한만큼(×) → 노력한∨만큼(○)

- 만큼: 관형사형 어미 뒤에 쓰이는 경우 의존 명사이므로 앞말에 붙여 쓴다.
- '만큼'이 체언의 바로 뒤에 붙어 앞말과 비슷한 정도나 한도임을 나타내는 경우 부사격 조사이므로 앞말에 붙여 쓴다.
  예 나도 당신만큼은 할 수 있다.

더 알아보기 ▶ 의존 명사 '지'와 연결 어미 '-지'

- 의존 명사 '지'는 시간의 경과를 나타낸다. '~한 지', '~년 만에'의 형태로 외워두면 된다.
  예 그를 만난 지도 꽤 오래되었다.
- 어미 '-ㄴ(ㄹ)지'는 '…할지 안 할지' 즉 '추정/의문' 등을 나타내는 데 쓰이는 말이다.
  예 기분이 좋은지 휘파람을 분다.

24

정답 ③

문법과 어문 규정 > 현대 문법 > 능동 표현과 피동 표현   정답률 94%

| 정답해설 |

능동 표현은 주어가 어떤 행동을 제 힘으로 하는 것을 나타내는 표현이고, 피동 표현은 주어가 다른 대상에 행동을 당하는 것을 나타내는 표현이다. 피동 표현을 능동 표현으로 바꿀 때는 피동 표현의 주어는 목적어가 되고, 부사어는 주어로, 피동사는 능동사로 바꿔야 한다.

③ 선택률 94% '철수가 감기에 걸렸다'를 능동 표현으로 바꾸면 '감기가 철수를 걸었다'가 된다. '감기'는 어떤 행동을 제 힘으로 하는 능동적 주체가 될 수 없으므로 능동 표현으로 바꿀 수 없다.

| 오답해설 |

① 선택률 0% ┌ 피동 표현: 그 문제가 어떤 수학자에 의해 풀렸다.
　　　　　　 └ 능동 표현: 어떤 수학자가 그 문제를 풀었다.

② 선택률 6% ┌ 피동 표현: 그 책은 많은 사람들에게 읽혔다.
　　　　　　 └ 능동 표현: 많은 사람들이 그 책을 읽었다.

④ 선택률 0% ┌ 피동 표현: 아이가 어머니에게 안겼다.
　　　　　　 └ 능동 표현: 어머니가 아이를 안았다.

더 알아보기 ▶ 피동문에 대응하는 능동문이 없는 경우

┌ 날씨가 풀렸다. – 능동문
└ 날씨를 풀었다. (×)

┌ 손에 못이 박혔다. – 능동문
└ 손이 못을 박았다. (×)

┌ 가족들이 감기에 걸렸다. – 능동문
└ 감기가 가족들을 걸었다. (×)

┌ 문이 바람에 닫혔다. – 능동문
└ 바람이 문을 닫았다. (×)

┌ 하연이가 난처한 입장에 놓였다. – 능동문
└ 난처한 입장이 하연이를 놓았다. (×)

25

정답 ③

문학 > 현대 문학 > 현대 소설 – 구절의 의미   정답률 81%

| 정답해설 |

③ 선택률 81% '권력'이라는 약을 팔려고 말로 속인 꼬인 자들은 지식인들이 아니라 '마술사'들이다. '마술'은 지식인들이 관념적으로 추구했던 이상적 이데올로기를 현실에 실현시킬 수 있다는 허황된 믿음을 의미한다고 볼 수 있다. 그 '마술'로 지식인들을 속인 '마술사'들은 문맥상 '자본주의와 공산주의라는 이데올로기로 군중을 속인 남한과 북한의 권력자들'이며, '마술사의 말'이라는 것은 '그들이 주장하는 이데올로기가 절대적인 행복을 가져다준다는 속임수'인 것이다. '참을 알고 돌아온 바다의 난파자들'은 이데올로기의 모순과 허황됨을 깨달은 지식인들이며, '그들은 감옥에 가둘 것이다'라는 것은 이데올로기의 모순과 허황됨을 깨달은 지식인들은 결국 권력에 의해 감옥에 갇히게 될 것이라는 것을 의미한다.

| 오답해설 |

① 선택률 7% ㉠에서 설득자는 명준에게 '지식인일수록 불만이 많은 법'이라 하여 명준을 지식인으로 칭하고, '당신 한 사람을 잃는 건, 무식한 사람 열을 잃는 것보다 더 큰 민족의 손실'이므로 '조국의 품으로 돌아와서, 조국을 재건하는 일꾼'이 돼 달라고 설득하고 있다. 그리고 밑줄 친 부분의 뒤에 이어지는 내용에서 '만일 남한에 오는 경우에, 개인적인 조력을 제공할 용의'가 있다는 말을 통해 설득자가 남한 측 사람임을 알 수 있다.

② 선택률 6% ㉡에서 명준은 설득을 물리치고 중립국을 선택한 데 대해 마음껏 웃음을 터뜨렸다. 그 이유는 ㉢을 통해 드러나고 있다. '권력(항구)'을 차지한 '마술사(남한과 북한의 권력자들)'가 '참을 알고 돌아온 바다의 난파자들(이데올로기의 모순과 허황됨을 깨달은 지식인들)'을 감옥에 가둘 것이기 때문이다.

④ 선택률 6% ㉢에서 '난파자들'은 이데올로기의 모순과 허황됨을 깨달은 지식인들이고, '환상'은 '바다를 한 잔의 영생수'로 바꿔 준다는 마술사의 말로서, 남북한 이상적 이데올로기에 대한 허황된 믿음을 뜻한다. ㉣에서 명준은 '대일 언덕 없는 난파꾼은 항구를 잊어버리기로 하고', '환상의 술에 취해 보지 못한 섬'에 닿기를 바라며, 그리고 그 섬에서 환상 없는 삶을 살기 위해 중립국행을 결정한 것이다. 따라서 명준은 ㉢에서 언급한 마술사들의 '환상'에 대한 회의감 때문에 중립국을 선택한 것이다.

더 알아보기 ▶ 최인훈, 「광장(廣場)」

- 주제: 분단 이데올로기의 갈등 속에서 바람직한 삶과 사회에 대한 추구
- 해제: 이 작품은 남북 분단의 비극을 이데올로기적 측면에서 본격적으로 다룬 작품으로 6·25 전쟁 이후 남과 북의 이념과 체제 대립의 현실에 맞서 이상적인 삶을 추구하는 인물의 행로를 그리고 있다.

군무원 VS 공무원 비교분석

최인훈의 「광장(廣場)」은 일반 공무원 시험에서도 자주 출제된 작품이다. 작품의 줄거리 및 주제, 문학사적 의의 등을 미리 학습해 두면 구절의 의미를 쉽게 파악할 수 있다.

2024 에듀윌 군무원 18개년 기출문제집 국어

발 행 일	2023년 11월 23일 초판
편 저 자	송운학
펴 낸 이	양형남
펴 낸 곳	(주)에듀윌
등록번호	제25100-2002-000052호
주　　소	08378 서울특별시 구로구 디지털로34길 55
	코오롱싸이언스밸리 2차 3층

www.eduwill.net

대표전화 1600-6700

여러분의 작은 소리
에듀윌은 크게 듣겠습니다.

본 교재에 대한 여러분의 목소리를 들려주세요.
공부하시면서 어려웠던 점, 궁금한 점,
칭찬하고 싶은 점, 개선할 점, 어떤 것이라도 좋습니다.

에듀윌은 여러분께서 나누어 주신 의견을
통해 끊임없이 발전하고 있습니다.

에듀윌 도서몰 book.eduwill.net
• 부가학습자료 및 정오표: 에듀윌 도서몰 → 도서자료실
• 교재 문의: 에듀윌 도서몰 → 문의하기 → 교재(내용,출간) / 주문 및 배송

에듀윌 군무원 18개년 기출문제집

국어 분석해설편

고객의 꿈, 직원의 꿈, 지역사회의 꿈을 실현한다

펴낸곳 (주)에듀윌 **펴낸이** 양형남 **출판총괄** 오용철
주소 서울시 구로구 디지털로34길 55 코오롱싸이언스밸리 2차 3층
대표번호 1600-6700 **등록번호** 제25100-2002-000052호
협의 없는 무단 복제는 법으로 금지되어 있습니다.

에듀윌 직영학원에서
합격을 수강하세요

언제나 전문 학습 매니저와 상담이 가능한 안내데스크

고품질 영상 및 음향 장비를 갖춘 최고의 강의실

재충전을 위한 카페 분위기의 아늑한 휴게실

에듀윌의 상징 노란색의 환한 학원 입구

에듀윌 직영학원 대표전화

공인중개사 학원	02)815-0600
주택관리사 학원	02)815-3388
전기기사 학원	02)6268-1400
부동산아카데미	02)6736-0600

공무원 학원	02)6328-0600
경찰 학원	02)6332-0600
소방 학원	02)6337-0600

편입 학원	02)6419-0600
세무사·회계사 학원	02)6010-0600
취업아카데미	02)6486-0600

공무원학원
바로가기

꿈을 현실로 만드는
에듀윌

공무원 교육
- 선호도 1위, 신뢰도 1위!
  브랜드만족도 1위!
- 합격자 수 2,100% 폭등시킨
  독한 커리큘럼

자격증 교육
- 7년간 아무도 깨지 못한 기록
  합격자 수 1위
- 가장 많은 합격자를 배출한
  최고의 합격 시스템

직영학원
- 직영학원 수 1위, 수강생 규모 1위!
- 표준화된 커리큘럼과 호텔급 시설
  자랑하는 전국 27개 학원

종합출판
- 4대 온라인서점 베스트셀러 1위!
- 출제위원급 전문 교수진이
  직접 집필한 합격 교재

어학 교육
- 토익 베스트셀러 1위
- 토익 동영상 강의 무료 제공
- 업계 최초 '토익 공식' 추천 AI 앱 서비스

콘텐츠 제휴 · B2B 교육
- 고객 맞춤형 위탁 교육 서비스 제공
- 기업, 기관, 대학 등 각 단체에 최적화된
  고객 맞춤형 교육 및 제휴 서비스

부동산 아카데미
- 부동산 실무 교육 1위!
- 상위 1% 고소득 창업/취업 비법
- 부동산 실전 재테크 성공 비법

공기업 · 대기업 취업 교육
- 취업 교육 1위!
- 공기업 NCS, 대기업 직무적성,
  자소서, 면접

학점은행제
- 99%의 과목이수율
- 15년 연속 교육부 평가 인정 기관 선정

대학 편입
- 편입 교육 1위!
- 업계 유일 500% 환급 상품 서비스

국비무료 교육
- '5년우수훈련기관' 선정
- K-디지털, 4차 산업 등 특화 훈련과정

에듀윌 교육서비스 **공무원 교육** 9급공무원/7급공무원/경찰공무원/소방공무원/계리직공무원/기술직공무원/군무원 **자격증 교육** 공인중개사/주택관리사/감정평가사/노무사/전기기사/경비지도사/검정고시/소방설비기사/소방시설관리사/사회복지사1급/건축기사/토목기사/직업상담사/전기기능사/산업안전기사/위험물산업기사/위험물기능사/도로교통사고감정사/유통관리사/물류관리사/행정사/한국사능력검정/한경TESAT/매경TEST/KBS한국어능력시험·실용글쓰기/IT자격증/국제무역사/무역영어 **어학 교육** 토익 교재/토익 동영상 강의/인공지능 토익 앱 **세무/회계** 회계사/세무사/전산세무회계/ERP정보관리사/재경관리사 **대학 편입** 편입 교재/편입 영어·수학/경찰대/의치대/편입 컨설팅·면접 **공기업·대기업 취업 교육** 공기업 NCS·전공·상식/대기업 직무적성/자소서·면접 **직영학원** 공무원학원/경찰학원/소방학원/공인중개사 학원/주택관리사 학원/전기기사학원/세무사·회계사 학원/편입학원/취업아카데미 **종합출판** 공무원·자격증 수험교재 및 단행본 **학점은행제** 교육부 평가인정기관 원격평생교육원(사회복지사2급/경영학/CPA)/교육부 평가인정기관 원격 사회교육원(사회복지사2급/심리학) **콘텐츠 제휴·B2B 교육** 교육 콘텐츠 제휴/기업 맞춤 자격증 교육/대학 취업역량 강화 교육 **부동산 아카데미** 부동산 창업CEO과정/실전 경매 과정/디벨로퍼과정 **국비무료 교육 (국비교육원)** 전기기능사/전기(산업)기사/소방설비(산업)기사/IT(빅데이터/자바프로그램/파이썬)/게임그래픽/3D프린터/실내건축디자인/웹퍼블리셔/그래픽디자인/영상편집(유튜브)디자인/온라인 쇼핑몰광고 및 제작(쿠팡, 스마트스토어)/전산세무회계/컴퓨터활용능력/ITQ/GTQ/직업상담사

교육
문의 **1600-6700** www.eduwill.net